承德避暑山庄及周围寺庙文化遗产
保护工程实录系列丛书

承德

殊像寺

文物保护工程实录

承德市文物局　承德避暑山庄及周围寺庙文化
遗产保护工程指挥部工作办公室　编著

陈　东　李林俐　主编

文物出版社

图书在版编目（CIP）数据

承德殊像寺文物保护工程实录 / 承德市文物局，承德避暑山庄及周围寺庙文化遗产保护工程指挥部工作办公室编著；陈东，李林俐主编 . -- 北京：文物出版社，2022.3

（承德避暑山庄及周围寺庙文化遗产保护工程实录系列丛书）

ISBN 978-7-5010-6608-7

Ⅰ . ① 承… Ⅱ . ① 承… ② 承… ③ 陈… ④ 李… Ⅲ . ① 寺庙—文物保护—研究—承德 Ⅳ . ① K878.64

中国版本图书馆 CIP 数据核字（2021）第 099913 号

承德殊像寺文物保护工程实录

编　　著：承德市文物局　承德避暑山庄及周围寺庙文化遗产保护工程指挥部工作办公室

主　　编：陈　东　李林俐

责任编辑：吕　游　李　睿

责任印制：张　丽

封面摄影：郭　峰

装帧设计：谭德毅

出版发行：文物出版社

社　　址：北京市东城区东直门内北小街 2 号楼

邮政编码：100007

网　　址：http://www.wenwu.com

经　　销：新华书店

制版印刷：北京荣宝艺品印刷有限公司

开　　本：787×1092毫米 1/8

印　　张：77.5

版　　次：2022年3月第1版

印　　次：2022年3月第1次印刷

书　　号：ISBN 978-7-5010-6608-7

定　　价：1080.00元

国家文物保护专项资金补助项目

《承德避暑山庄及周围寺庙 文化遗产保护工程实录系列丛书》
编辑委员会

《承德殊像寺文物保护工程实录》
编辑委员会

编委会主任： 谭永才　相　阳

编委会委员： 李林俐　陈　东　陈继福　穆　焱　刘绍辉　闫军民　陈　晶
　　　　　　　缪革新　王　博　东海梅　韩永祥　周国学

主　　　编： 陈　东　李林俐

副　主　编： 于　洋　王　炜

编写人员： 刘　伟　马思思　薄如纳　柴　彬　刘　廷　张舒怡　缪革新
　　　　　　刘绍辉　王艳秋　郭　峰　张　冲　赵晶然　李俊兴　陈建春
　　　　　　王　博　东海梅　张炳元　李维民　张守仁　马　骁　张　昊
　　　　　　王兴凤　刘慧轩　邢　远　靳　松　闫军民　巴玉玲　常　征
　　　　　　张英健　张志伟　于志强　高　平　彭　岚　王　超　马景余
　　　　　　杨　磊　王金磊　张　超　田文起　辛　宇　孙继梁　姜可辛
　　　　　　王红杰　王　淇　张丽霞　高占鹏　隋佳琪

图纸绘制： 于　洋　王　炜　刘　伟　陈　东　马思思　刘　廷　张舒怡
　　　　　　薄如纳　李俊兴

摄　　　影： 陈　东　李林俐　柴　彬　孔凡敏　郭　峰　张　冲　谢麟冬
　　　　　　常　征　熊　炜　等

编写单位： 承德市文物局
　　　　　　承德避暑山庄及周围寺庙文化遗产保护工程指挥部工作办公室

参编单位： 中国文化遗产研究院
　　　　　　李　黎　邵明申　许　东　张俊杰　陈卫昌　刘建辉　梁行洲
　　　　　　王子艺　陈　青　胡　源　宗　树
　　　　　　河北省古代建筑保护研究所
　　　　　　孙荣芬　田　林　林秀珍　张剑玺　孙颖卓　张　勇　赵　喆
　　　　　　郭瑞海　张建勋　次立新　孟　琦　刘国宾　檀平川　张　枫
　　　　　　许　军
　　　　　　天津大学建筑学院
　　　　　　杨　菁　白成军　范一鸣　付蜜桥

序　言

承德避暑山庄及周围寺庙是举世瞩目的世界文化遗产，由世界上现存最大的古典皇家园林避暑山庄和普陀宗乘之庙、殊像寺、普宁寺、溥仁寺等 12 座风格迥异的皇家寺庙组成。其中殊像寺位于避暑山庄外的北侧山坡上，东临普陀宗乘之庙，西临广安寺，始建于清乾隆三十九年（1774 年），占地面积 2.44 万平方米。

承德殊像寺是乾隆皇帝仿照山西五台山殊像寺建造的，寺庙坐北朝南，分为主庙区和东、西跨院三个部分。主庙区位于寺庙中轴线上，地势由南向北顺山势逐渐抬高。中轴线南端第一个建筑为山门，面南墙上镶嵌乾隆皇帝满汉蒙藏四种文字御笔书写的"殊像寺"石匾；门前东西两侧配置两尊石狮子，象征皇家寺庙的威严；山门东、西两侧院墙上设腰门，山门正北为天王殿，天王殿前两侧分别建造钟楼和鼓楼，天王殿后两侧是配殿馔香堂和演梵堂。过天王殿拾级而上是高大的两层月台；月台上正中为主殿会乘殿，供文殊、观音、普贤三大士；月台东西两侧是配殿指峰殿和面月殿。会乘殿北面是由山石堆叠的大型假山，依山就势，地形陡然升高，象征五台山的清凉五峰；假山上居中位置的建筑为宝相阁，供骑青狮文殊像；主庙区中轴线上最北面的建筑是清凉楼，假山上设四个配殿，分别是云来殿、雪净殿、吉晖殿、慧喜殿。殊像寺东跨院有僧房 5 栋，大厨房 1 栋，北侧是活佛居住的四合院。西跨院南侧也有僧房 5 栋，北侧是乾隆皇帝及皇室成员来寺庙时临时休憩的小型园林庭院，由香林室、倚云楼、四方亭、八方亭和游廊组成。

承德殊像寺虽是仿五台山殊像寺而建，但仅是布局和造像艺术的略仿，而更多的是根据寺庙环境和功能重新规划建造的一座寺庙，特别是主庙区后半部分用大体量假山营造出五台山的意象，使寺庙与园林景观巧妙地融为一体，成为该庙的一大特色。此外，承德殊像寺不同于承德的其他寺庙，寺内喇嘛皆是满族人，而且诵习满文经卷，在历史和宗教方面具有特殊的意义。承德殊像寺与承德避暑山庄及周围寺庙共同构成了清朝多民族统一国家的象征，是研究中国清代历史民族、宗教的重要实例，也是研究中国古典园林史、建筑史的重要实物遗存。1988 年，殊像寺被国务院公布为第三批全国重点文物保护单位，1994 年作为避暑山庄及周围寺庙的重要组成部分一起被联合国教科文组织列入世界文化遗产名录。

但清朝末年和民国期间，承德避暑山庄及周围寺庙遭到了严重破坏，殊像寺原有清代建筑仅山门、钟鼓楼、会乘殿、腰门和一栋僧房幸存，亟待做好保护和利用。自 1976 到 2005 年，国家先后实施了三个十年整修规划，对避暑山庄及周围寺庙进行了抢救性保护修缮，殊像寺珍贵的文物资源也得到了抢救和保护。2010 年 8 月，国家六部委在承德召开现场办公会，确定"十二五期间"国家财政投资 6 亿元用于避暑山庄及周围寺庙的保护修缮。范围包括避暑山庄、普乐寺、普陀宗乘之庙、须弥福寿之庙等 10 个文物保护单位，工程内容涉及古建筑保护修缮、安消防能力提升、遗址保护、文物科技保护、避暑山庄水环境综合整治、文物保护基础工作等 6 个方面，共计 105 个单体项目。历寒暑九载，攻坚克难，至 2019 年全部工程完工并通过了河北省和国家文物局组织的工程验收。

殊像寺文物保护工程正是这一鸿篇巨制中最浓墨重彩的篇章，共涉及古建筑保护修缮、遗址保护、彩画保护、假山保护、石质文物保护、安防、消防、防雷等 9 个单项文物保护工程，工程总投资约 3000 万元。而且，殊像寺文物保护工程还是承德文化遗产保护工程中较为特殊的一类。因为早在 2001 年，作为推广《中国文物古迹保护准则》的试点，按照国家文物局要求，承德市文物局与美国盖蒂保护研究所在承德殊像寺开展文物保护研究国际合作项目。到 2007 年，殊像寺中外合作项目完成了现状勘察、测绘和基础研究工作，并编辑整理了内部研究成果《承德殊像寺评估报告》和《承德殊像寺概念性规划》。2007 年之后，按照国家文物局要求，承德市文物局委托河北省古代建筑保护研究所、中国文化遗产研究院等设计单位在《承德殊像寺评估报告》和《承德殊像寺概念性规划》研究成果的基础上开始编制各项文物保护工程设计方案。2010 年，殊像寺 9 项文物保护工程纳入到承德文化遗产保护工程中。2011 年 9 月，殊像寺各项文物保护工程陆续开工，共有河北省古代建筑保护研究所、中国文化遗产研究院、天津大学建筑学院、北京园林古建筑工程有限公司、河南东方文物建筑监理有限公司等十余家设计、勘察、施工、监理单位参与了工程建设。至 2019 年 9 月，历时 9 年，殊像寺全部文物保护工程完工并通过了工程竣工验收。

殊像寺文物保护工程在实施过程中严格按照"最小干预"和"不改变文物原状"的文物保护原则组织施工，严格按照设计标准和要求，坚持采用原工艺、原材料、原做法的文物保护理念实施文物保护工程，严格把控工程质量和施工安全，努力打造精品典范工程；在注重秉承和延续传统工艺做法的同时，积极探索古建筑保护行之有效的新工艺、新方法，特别是在清代彩画、石质文物保护等施工环节，深入研究，多次试验，将现代施工技术融入到了文物保护工程之中，解决了传统古建筑修缮技术解决不了的难题，得到了国家文物局专家的一致好评和赞赏。通过此次殊像寺文物保护工程，对殊像寺现存所有古建筑进行了全面的保护修缮，解决了古建筑屋顶渗漏、彩画空鼓起翘、建筑遗址构件歪闪下沉等问题，彻底消除文物安全隐患，使古建筑的历史信息和历史风貌得以更好地延续和展示。通过对殊像寺假山进行抢救性保护，归安加固走闪坍塌的山石，恢复殊像寺独特的假山景观风貌，更好地体现了文物的完整性。通过石质文物科技保护工程的实施，对殊像寺精美的石雕石刻文物进行了实验性的保护尝试，探索出一条适合承德文物科技保护的新道路，为以后承德古建筑附属文物得到科学、合理、有效的保护和研究奠定了良好的基础。通过3项安全消防能力提升工程的实施，使殊像寺文物安全防护能力从低水平的"人防"为主，实现了向现代"技防"为主的转变，消除重大安全隐患，初步建立了消防系统、安防监控、古建筑防雷三大文物安全防护体系，安消防设施水平达到了国家一级风险单位标准。殊像寺文物保护工程走过了漫长的道路，也为承德世界文化遗产的文物保护，甚至全国的文物保护探索出一条新的道路，那就是在《中华人民共和国文物保护法》的框架指导下，用《中国文物古迹保护准则》处理保护与管理问题，并按照《中国文物古迹保护准则》理念和思路进行文物古迹的保护和利用。

对于古建筑来说，文物保护工程本身就是值得研究和记载的历史，也是开展传统文物建筑研究千载难逢的机遇。《殊像寺文物保护工程实录》不仅全面、翔实、客观的记录了这次文物保护工程实施的全过程，从繁杂的各种工程资料中斟选、归纳、总结工程实录，为以后再次实施文物保护工程总结和积累了经验。同时，《殊像寺文物保护工程实录》也是一部对殊像寺历史、建筑、艺术、文化综合研究的专著，专门增加了古建筑遗址复原研究的内容，为后人留下珍贵的档案资料，也为未来殊像寺的保护、研究、利用奠定了非常好的基础。

承德避暑山庄及周围寺庙是世界上面积最大、保存最完整的古代园林与寺庙建筑群，是全国重点文物保护单位，也是世界文化遗产。承德文化遗产保护工程也是迄今为止我国规模最大的单项文物保护维修工程，受到国际、国内各界的广泛关注。目前，承德文化遗产保护工程已经出版《普乐寺文物保护工程实录》《殊像寺文物保护工程实录》两个文物保护单位的专题工程报告，希望它的出版能为承德其他文物保护工程报告的编写提供借鉴和参考，起到抛砖引玉的作用，促进尽早完成承德文化遗产保护工程报告系列丛书的编辑与出版，为今后承德世界文化遗产的保护、研究和利用谱写新的篇章。

王荣昌

2022年3月于承德避暑山庄

目 录

001 殊像寺全景鸟瞰（郭峰 摄影）

承德殊像寺位于避暑山庄外，北侧南邻狮子沟旱河的山坡上，地理坐标为东经118º33'，北纬41º28'。殊像寺始建于清乾隆三十九年（1774年），寺庙坐北朝南，依山而建，后部地势逐渐抬高并用大体量假山模拟山西五台山。寺庙东西宽115米，南北长208米，总占地面积为2.44万平方米（2.44公顷），原有建筑面积约5340平方米（图001）。殊像寺是承德避暑山庄及周围寺庙中的一座重要的寺庙，是清政府为巩固西北边疆，促进民族融合和国家统一而敕建的一座皇家寺庙。殊像寺以其精湛的建筑技术、精美的佛教造像艺术和古朴自然的寺庙园林闻名于世，寺庙整体布局将清代官式建筑与园林景观巧妙地融合在一起，在塞外承德模仿五台山营造出文殊菩萨的道场，是清代皇家寺庙的典范，其殿堂陈设和造像艺术具有深厚的宗教蕴涵，在避暑山庄周围寺庙中独树一帜，具有极高的历史、艺术、文化及社会价值。1988年1月13日，国务院公布殊像寺为第三批全国重点文物保护单位，1994年作为避暑山庄及周围寺庙的重要组成部分一起被联合国教科文组织列入世界文化遗产名录（图002）。

清朝末年和民国期间，殊像寺遭到了严重破坏，古树被大量砍伐，古建筑几近坍塌，佛像与陈设被军阀盗取，就连寺庙院墙都大部分塌毁。新中国成立以来，避暑山庄及周围寺庙的保护工作得到了中央、省、市各级政府和领导的高度重视。自1976到2005年，国家先后实施了三个十年整修规划，对避暑山庄及周围寺庙进行了抢救性保护修缮，1956、1959、1975和1982年分别对殊像寺进行了抢险维修和全面整修，使一批珍贵的文物资源得到了抢救和保护。距离上次大修已近30年，殊像寺的古建筑又出现了一些新的安全隐患和亟待解决的问题，例如现存主体建筑会乘殿、山门、钟鼓楼瓦面松动、墙灰脱落、彩画残坏、台基和散水局部残损（图003-004），现存唯一的僧房椽飞望板严重糟朽、屋顶漏雨，清代假山局部坍塌、山石走闪错位，古建筑遗址被淤土覆盖，杂草灌木丛生，安防、消防、防雷设施严重老化，这些都影响了古建筑的安全性与稳定性，致使文物本体的原真性和完整性不能很好地保存与延续，殊像寺又进入了新的维修周期。

为了更好地保护承德的世界文化遗产，2001年，按照国家文物局要求，承德市文物局与美国盖蒂保护研究所在承德殊像寺开展文物保护研究国际合作项目，作为推广《中国文物古迹保护准则》（以下简称《准则》）的试点，使用《准则》处理保护与管理问题，并按照《准则》的程序和要求进行文物古迹保护。到2007年，殊像寺合作项目完成了现状勘察、测绘和基础研究工作，并整理印刷了内部研究成果《承德殊像寺评估报告》和《承德殊像寺概念性规划》。2007年之后，按照国家文物局要求，承德市文物局委托河北省古代建筑保护研究所、

003 会乘殿墙体抹灰空鼓脱落（陈东 摄影）

004 会乘殿彩画、横披窗破损（陈东 摄影）

中国文化遗产研究院等设计单位在《承德殊像寺评估报告》和《承德殊像寺概念性规划》研究成果的基础上开始编制各项文物保护工程设计方案。

为切实保护好承德避暑山庄及周围寺庙这一珍贵的世界文化遗产，2010年7月10日，时任中共中央政治局常委李长春同志到承德视察调研，对加强世界文化遗产避暑山庄及周围寺庙保护利用、深入挖掘其政治历史文化内涵做出重要指示。为落实李长春同志重要指示，2010年8月9日，国家六部委召开了承德现场办公会议，确定今后5年中央财政投入资金6亿元保护承德避暑山庄及周围寺庙，其中5.2亿元用于文物本体保护，8000万元用于避暑山庄水环境综合治理（图005-006）。按照《承德避暑山庄及周围寺庙文物保护总体规划》的具体要求和承德世界文化遗产保护的实际情况，承德避暑山庄及周围寺庙文化遗产保护工程包括了避暑山庄、普陀宗乘之庙、须弥福寿之庙、殊像寺、普宁寺、普佑寺、安远庙、普乐寺、溥仁

005 为落实李长春同志指示精神，国家六部委在承德召开现场办公会（孔凡敏 摄影）

006 国家六部委领导视察承德文化遗产（孔凡敏 摄影）

寺、广缘寺等10个文物保护单位的保护，涉及古建筑保护修缮、安消防能力提升、遗址保护、文物科技保护、避暑山庄水环境综合整治、文物保护基础工作等6个方面，共计105个单项工程，其中，殊像寺有9项文物保护单项工程被列入承德文化遗产保护工程项目之中，具体包括了古建筑修缮、遗址保护、彩画保护、假山保护、石质文物保护、安防、消防、防雷等多个方面（表1），工程总投资约3000万元。

表 1　殊像寺文物保护工程项目情况表

序号	项目名称	概算（万元）	结算（万元）	审批文号	核准文号	项目内容
1	殊像寺现存建筑保护修缮	150	49	文物保函〔2010〕330 号	冀文物发〔2011〕132 号	对山门、钟鼓楼进行保护修缮，对外八庙仅存的僧房进行重点修缮
2	殊像寺会乘殿保护修缮	72	52	文物保函〔2012〕807	冀文物发〔2012〕97 号	主体建筑会乘殿的保护修缮，包括瓦面整修、补配装修、墙体修缮、台基整修等内容
3	殊像寺古建筑基址及院落整治	936	555	文物保函〔2011〕394 号	冀文物函〔2011〕79 号	对天王殿、馔香堂、慧喜殿、六角亭、清凉楼、香林室等 12 座古建筑基址进行归安保护和现状整修加固。整修寺庙甬路和围墙
4	殊像寺清代彩画保护	600	468	文物保函〔2012〕1019	冀文物函〔2012〕88 号	对殊像寺清代彩画进行现状保护加固
5	殊像寺假山抢险	1000	888	文物保函〔2013〕427 号	冀文物发〔2013〕140 号	对殊像寺乾隆时期的假山进行研究和保护，按照历史原貌归安坍塌假山，对其他假山进行现状加固保护
6	殊像寺石质文物科技保护	339	273	文物保函〔2015〕1838 号	冀文物发〔2015〕261 号	对急需保护、具有重要文物价值的石狮、须弥座、幢竿石等风化严重的石质文物进行抢救性保护
7	殊像寺安防	106	103	文物督函〔2011〕346 号	冀文物发〔2011〕172 号	按照一级风险单位及一级风险部位标准建设符合国家规范要求的安防系统
8	殊像寺消防	300	286	文物督函〔2013〕843 号	—	按照国家规定标准，建设蓄水池、发电机房、地下泵房、火灾报警、消防给水等文物建筑消防系统
9	殊像寺古建筑本体防雷	111	79	文物督函〔2012〕253 号	冀文物发〔2012〕134 号	按照一级风险单位标准建设符合国家规范要求的古建筑防雷系统
	合计	3614	2753			

　　2011 年 9 月，殊像寺第一项文物保护工程——现存建筑保护修缮工程正式开工，随后殊像寺消防工程也开工建设。2013 年 1 月，殊像寺会乘殿保护修缮工程、古建筑基址及院落整治工程、清代彩画保护工程、安防工程、古建筑本体防雷系统工程等 5 项工程陆续开工。2017 年 2 月，殊像寺最后一项工程石质文物科技保护工程开工。至 2019 年底，殊像寺 9 项文物保护工程全部完工并通过工程验收和审计。

　　此次历时 9 年实施的殊像寺系列文物保护工程按照不改变文物原状和最小干预的原则实施了殊像寺文化遗产的保护，对现存 5 座古建筑进行了全面、系统、科学的修缮，归安加固了古建筑遗址，疏浚院内排水系统，整修了寺庙的道路和院墙，对清代彩画、假山、石质文物等重要的古建筑附属文物进行了专项保护，同时升级改造了寺庙安防、消防和防雷系统，全面排除了古建筑安全隐患，有效保护了这一重要的世界文化遗产。

第一篇 ◎

综述研究

承德殊像寺文物保护工程实录

第一章 寺庙概况

第一节 承德概况

承德市位于河北省东北部，地理坐标位于东经 115°54′–119°15′、北纬 40°11′–42°40′ 之间。承德市处于华北和东北两个地区的连接过渡地带，西南与南分别紧邻北京与天津，北临内蒙古和辽宁，距北京市 221 千米；省内与秦皇岛、唐山两个沿海城市以及张家口相邻（图 007）。

承德地区属暖温带季风气候区，夏季凉爽多雨，冬季寒冷，昼夜温差大。年平均气温 9.0℃，年平均降雨量 542 ㎜。

殊像寺所在的承德市区域，早在新石器晚期（距今约 5000 年）就有古人类活动，曾在这一区域发现大量新石器时期古人类活动遗迹。战国时期，现在的承德市区域属燕国领地。

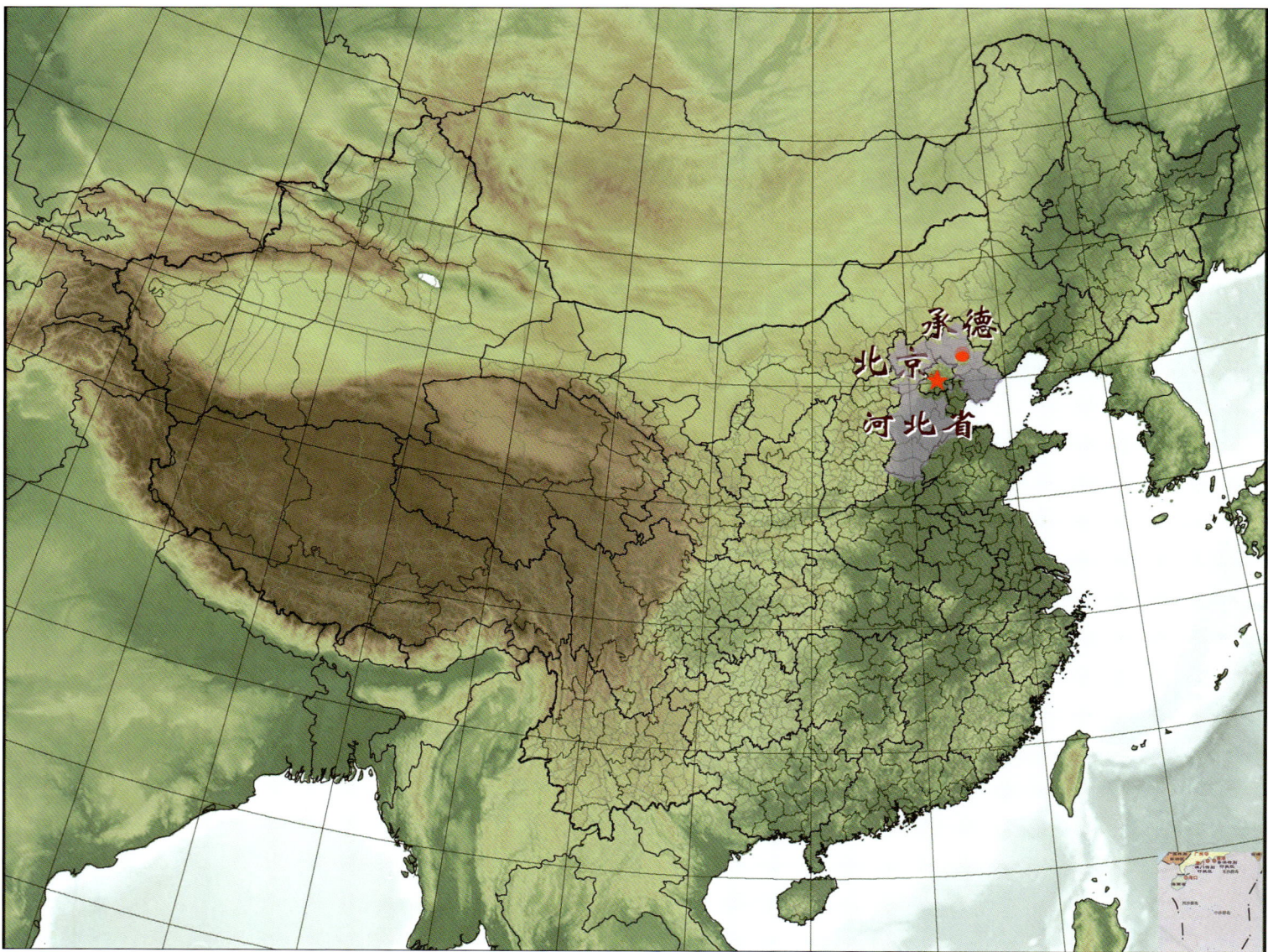

007 河北省承德市区位图

秦汉至唐宋时期，匈奴、鲜卑、库莫奚、契丹、女真等少数民族曾先后在此游牧。

承德市区及周边拥有众多的丹霞地貌奇观，有磬锤峰、蛤蟆石、双塔山、僧冠峰、罗汉山等著名的十大名山。北魏时期，著名的地理学家郦道元在《水经注》中曾描述承德的山水地形："武烈水东南历石挺下，挺在层峦之上，孤石云举，临崖危峻，可高百余仞。牧守所经，命选练之士，弯弓弧矢，无能屈其崇标者。"这里所说的"石挺"，就是位于殊像寺外东侧山峦之上的奇特山峰磬锤峰（图008-009），俗称棒槌山，位居承德十大名山之首。

元明时期，承德属北平（今北京）府，为喀喇沁、翁牛特、察哈尔等蒙古族的游牧地。明代这里属"边外弃地"，无人居住，林木得以繁衍。

清初，现今的承德市附近只有名为"热河上营"的小村庄，是一个"名号不掌于职方"的小村落。康熙四十二年（1703年），康熙皇帝北巡木兰秋狝，在武烈河西岸修建热河上营行宫，8年后定名为避暑山庄。为适应皇帝每年都要北巡木兰秋狝和到承德避暑的需要，各蒙古王公、朝廷大臣争相在承德建设府邸宅院，康熙又在避暑山庄外的东面修建了皇家寺庙溥仁寺和溥善寺（后者仅存遗址），承德的工商业也随之高速发展，附近人口与日俱增，逐步形成了"生理农桑事、聚民至万家"的盛况。雍正元年（1723年）在承德设热河厅，次年设热河总管，统理东蒙民政事务。雍正十一年（1733年），胤禛取"承受先祖德泽"之意，取消热河厅，设立承德直隶州，这是"承德"名称的由来。乾隆六年（1741年），乾隆皇帝开始恢复木兰秋狝，承德再次进入繁荣期。乾隆时期，陆续在避暑山庄外的东面和北面修建了普宁寺、安远庙、普乐寺、普陀宗乘之庙、广安寺（仅存遗址）、殊像寺、罗汉堂（仅存遗址）、普佑寺、广缘寺、须弥福寿之庙等10座大型的藏传佛教皇家寺庙（图010），还在承德市敕建了热河城隍庙、关帝庙、热河文庙等道教寺庙和儒教建筑群。

008 自避暑山庄远望磬锤峰、蛤蟆石、武烈河（左下角为避暑山庄内的永佑寺，磬锤峰下的寺庙是普乐寺）

009 磬锤峰（陈东 摄影）

010 避暑山庄及周围寺庙在承德市的位置

图例

避暑山庄

周围寺庙

乾隆四十三年（1778 年），乾隆皇帝描述道："热河自皇祖建山庄以来，迄今 60 余年，户口日滋，耕桑益辟，俨然一大都会。"是年升为承德府（图 011）。

辛亥革命后，废除府建制，民国三年（1914 年）设热河特别区，民国十七年（1928 年）改建热河省，承德为热河省省会。1933 年，承德被日军侵占，成立伪满洲特别行政区。1945 年，承德第一次解放并成立承德市人民政府。1946 年 8 月，国民党军队占领承德。1948 年承德再次获得解放。1955 年撤销热河省，承德划归河北省。

第二节 殊像寺概况

乾隆二十六年（1761年）春季，"值圣母皇太后七旬大庆，爰奉安舆诣五台"，乾隆皇帝第三次陪太后到山西省五台山礼佛祝厘，殊像寺文殊菩萨像端庄严肃，令人生敬，乾隆皇帝便"默识其像以归"。乾隆二十七年（1762年），乾隆皇帝先于北京香山仿五台山殊像寺建宝相寺，后又于乾隆三十八年（1773年）在圆明园绮春园仿建正觉寺，最后于乾隆三十九年（1774年）在承德仿建成殊像寺，3座寺庙均由满族喇嘛管理（图012）。

承德殊像寺位于狮子沟旱河北侧的山坡上，坐北朝南，正南面对避暑山庄北侧山区的宫墙。寺庙院墙东西宽115米，南北长200米；山门前条石海墁宽14米，长34米；总占地面积24400平方米，建筑面积约5340平方米。寺庙布局为典型的中国汉式寺庙，前半部分建于平地，后半部分因山就势地势逐渐抬高。承德殊像寺有明显的中轴线，沿中轴线分别建有山门、天王殿、大雄宝殿（会乘殿）、佛阁（宝相阁）、后楼（清凉楼），轴线两侧对称建造钟鼓楼和8座配殿，东、西两个跨院建有僧房，西跨院北侧还有乾隆特意建造的寺庙园林庭院香林室，主殿会乘殿后是体量庞大、格调自然的假山，象征五台山（图013）。

清盛期，殊像寺有各种建筑30余座，清朝末年至民国期间大部分建筑被拆除或损毁，现存建筑仅有山门、钟鼓楼、会乘殿、宝相阁、僧房、角门和腰门等，其余建筑仅存遗址。

012 殊像寺东南视角全景（陈东 摄影）

清凉楼

圆台殿

六方亭

宝相阁

三圣殿

香林室

倚云楼

四方亭

会乘殿

霭月殿

指峰殿

清净堂

溪香堂

天王殿

鼓楼

钟楼

僧房

山门

第二章　历史沿革

014 鸟瞰避暑山庄及周围寺庙、磬锤峰（郭峰 摄影）

清康熙二十年（1681年），康熙皇帝设置木兰围场，以"习武绥远"，训练军队，团结边疆少数民族，即历史上著名的"木兰秋狝"。康熙四十一年（1702年），康熙皇帝在北京至木兰围场的沿途修建了8处行宫，并将其中的热河上营行宫进行大规模扩建，至康熙五十年（1711年）命名为避暑山庄，此后历经康熙、雍正、乾隆、嘉庆百余年的整修经营，避暑山庄内有康熙乾隆钦定的72景，拥有殿、堂、楼、馆、亭、榭、阁、轩、斋、寺等建筑一百余处，成为中国现存最大的皇家园林。清代康熙、乾隆、嘉庆三代帝王往往每年在这里驻跸数月，在此进行避暑、理政、召见、宴赏等多项活动，使避暑山庄成为当时中国的第二政治中心。

围绕着避暑山庄，康熙和乾隆皇帝在其东侧和北侧星罗棋布地建造了12座藏传佛教寺庙，有如众星捧月围绕着避暑山庄，蔚为壮观。清王朝广建藏传佛寺是朝廷既定的宗教政策。即实行"因其教而不易其俗"，"以习俗为治"来怀柔蒙、藏及边疆各少数民族。也就是乾隆皇帝所说的"兴黄教，即所以安众蒙古，所系非小，故不可不保护之"。通过"深仁厚泽"来"柔远能迩"，以达到清王朝"合内外之心，成巩固之业"的政治目的（图014）。

承德避暑山庄周围的这些庙宇为清代敕建寺庙，由朝廷拨款建造。康熙时期建造两座，为溥仁寺、溥善寺；乾隆时期建造10座，按照建造时间先后顺序依次为普宁寺、普佑寺、安远庙、普乐寺、普陀宗乘之庙、广安寺、殊像寺、罗汉堂、须弥福寿之庙、广缘寺（图015-020）。以上寺庙均由理藩院管理，又因其分属八个管理机构，故俗称之为外八庙。外八庙的建立都是在特定的历史背景下，为了一定的政治目的而由皇帝敕建。如庆祝平定西陲，维护了祖国统一；或部落来归，迁居于此；或诸藩、法王朝觐，以示升平；或庆祝乾隆七旬万寿，班禅来朝等原因。所以，外八庙的建筑规格极高，建筑艺术成就十分辉煌。它不但反映了清代建筑工程技术方面的成就，也表现了在各族建筑艺术交流过程中，形成的活跃、生动的建筑艺术风格。

承德清代敕建的藏传佛教寺庙可分成三种建筑风格。其一为汉式，即寺院布局仍维持一正两厢的"伽蓝七堂"制度，即山门、天王殿、大雄宝殿、钟楼、鼓楼、东西配殿，或在此基础上有所增减，例如增加碑亭或省略钟鼓楼等。其建筑构造采用汉式木构坡屋顶的建筑形式，仅在供奉的佛像及建筑细部装饰上有些藏传佛教的风格。汉式寺庙多流行于京畿及我国北方地区，承德的

汉式寺庙有溥仁寺、溥善寺、普佑寺、殊像寺、罗汉堂、广缘寺。另一为汉藏混合式，其布局有所变化，有的将大雄宝殿改为多建筑组合楼阁殿堂，并在其后部增加佛阁、坛城、塔幢等。其建筑风格即在木构坡顶殿堂的基础上，加入部分藏式平顶建筑，梯形的盲窗、藏式喇嘛塔等。具体造型亦有多样化的表现，这类建筑多用在蒙古族宗教信仰地区，承德的普宁寺、安远庙、普乐寺、普陀宗乘之庙、须弥福寿之庙均属此风格。其三为藏式，即按西藏碉房式构造修建的寺庙。其布局多因山就势，自由灵活，不再拘泥于中轴对称原则，一座寺庙中可以有多座佛殿、经堂，并配有学院、僧舍等。其建筑构造采用石墙、平顶、鎏金铜瓦屋面，有都纲式的大经堂、各式喇嘛塔等，与汉式的风格迥异。此式多用在青海、川西、西藏等地区，承德的广安寺属这种风格（表2）*。承德的12座寺庙的建筑风格涵盖了上述三种藏传佛寺的形制，并且灵活多变，显示出高超的建筑艺术，是清代藏传佛寺建筑艺术的重要实例。其中殊像寺更是其中的一个典型代表，该寺以其统一完整的布局、极具特色的主体建筑、庄严的文殊造像、象征五台山的大型假山而蜚声国内外。

[*]：引自孙大章著《承德普宁寺》

015 溥仁寺鸟瞰（张冲 摄影）

016 普宁寺和普佑寺鸟瞰（张冲 摄影）

017 安远庙鸟瞰（郭峰 摄影）

018 普乐寺鸟瞰（郭峰 摄影）

019 普陀宗乘之庙鸟瞰（郭峰 摄影）

020 须弥福寿之庙鸟瞰（郭峰 摄影）

表 2　承德避暑山庄周围藏传佛教寺庙建造情况表

寺庙名称	修建年代	建筑风格	占地面积（公顷）	建造缘起
溥仁寺	康熙五十二年（1713 年）	汉式	3.44	康熙 52 岁寿辰，蒙古诸部诣阙朝贺，为帝祝厘
溥善寺	康熙五十二年（1713 年）	汉式	1.09	康熙 52 岁寿辰，蒙古诸部诣阙朝贺，为帝祝厘
普宁寺	乾隆二十年（1755 年）－二十三年（1758 年）	汉藏混合式	7.33	纪念平定准噶尔部达瓦齐的叛乱，在承德大宴蒙古厄鲁特四部首领，建筑仿西藏桑耶寺
普佑寺	乾隆二十五年（1760 年）	汉式	0.68	为普宁寺的辅寺
安远庙	乾隆二十九年（1764 年）	汉藏混合式	2.79	为满足迁居热河的准噶尔部达什达瓦部信仰需求，建筑仿新疆固尔札庙
普乐寺	乾隆三十一年（1766 年）	汉藏混合式	2.12	哈萨克族、布鲁特族首领来热河朝觐，按坛城形制建造
普陀宗乘之庙	乾隆三十二年（1767 年）－三十六年（1771 年）	汉藏混合式	21.59	庆祝乾隆帝 60 寿辰、皇太后 80 寿辰，同时纪念土尔扈特部万里回归，首领渥巴锡来热河朝觐，建筑仿西藏布达拉宫
广安寺	乾隆三十七年（1772 年）	藏式为主	0.92	为皇太后祝厘，并纪念土尔扈特归顺，内有戒台
殊像寺	乾隆三十九年（1774 年）	汉式	2.44	为皇太后祝厘，仿五台山殊像寺
罗汉堂	乾隆三十九年（1774 年）	汉式	1.11	仿浙江海宁安国寺罗汉堂
须弥福寿之庙	乾隆四十五年（1780 年）	汉藏混合式	7.52	庆祝乾隆 70 寿辰，六世班禅来热河朝觐，建筑仿西藏扎什伦布寺
广缘寺	乾隆四十五年（1780 年）	汉式	0.25	

第二节　修建殊像寺的历史背景

一、文殊菩萨

文殊菩萨梵名的汉语音译为文殊师利、曼殊室利或满祖室哩，意译为妙德、妙吉祥、妙乐、法王子等。据《文殊师利般涅槃经》记载，文殊菩萨是舍卫国多罗聚落梵德婆罗门之子。其生之时，家内屋宅化如莲花，从母右胁出，身紫金色，堕地能语，有七宝盖随覆其上。后来皈依佛教，住首楞严三昧。佛涅槃后，文殊菩萨至雪山，为五百仙宣畅演说十二部经，教化成熟五百仙人。后还本生地，在尼拘楼陀树下入涅槃。《放钵经》中佛陀说，今我得以成佛，都是文殊菩萨的恩德！过去无数诸佛，也都是文殊师利弟子，未来当成佛者，也都是文殊菩萨威神力所致。就好像世间的小孩有父母一样，文殊菩萨是一切众生在佛道中的父母（图021）。

021 清丁观鹏绘莲座文殊像（台北故宫博物院藏）

在佛教寺院中，文殊菩萨像一般位于释迦牟尼佛的左边，为释迦牟尼的左胁侍，普贤菩萨为右胁侍。文殊菩萨是智慧的象征，身紫金色，形如童子；右手持金刚宝剑，表示智能之利，能斩群魔，断一切烦恼；左手持莲花，花上有金刚般若经卷宝，

象征所具无上智慧；坐骑为青狮，表示智能威猛。文殊菩萨形象多变，依照其形象，可分为一字、五字、六字、八字文殊，其中最常见的是五字文殊，也写作五髻文殊，五髻文殊是因头顶绑了五个髻而得名。

文殊是菩萨，在佛教中的地位仅次于佛，菩萨的职责是协助佛，用佛教的宗旨和教义普度众生。在中国的佛教中，将观音、文殊、普贤三位菩萨合称为"三大士"，供奉三位菩萨的佛殿称作"三大士殿"。通常情况是观音居中，文殊在左，普贤在右。此外，文殊菩萨与观音、普贤、地藏被称作佛教四大菩萨。

此外，唐代时期兴起了"护国文殊"的信仰。据《清凉山志》："（唐）代宗广德元年（763年），吐蕃攻陷京师，帝在华阴，文殊现形，以狄语授帝。及郭子仪克复京师，驾还长安，诏修五台山文殊殿。"另据许栋、许敏《新样文殊中的于阗王及其相关问题研究》，在唐代僧人不空三藏的影响下，唐代宗开始信奉护王护国型文殊信仰，永泰二年（766年），在五台山修建金阁寺，成为密宗在五台山传播文殊信仰的中心，并在全国下诏修建文殊菩萨寺院，咏诵《佛顶尊胜陀罗尼经》为国家祈福。使文殊菩萨在传统的文殊信仰之外又增加了文殊护国、破敌以及消灾解难的功能，而这一新的文殊信仰也使其后的封建统治者开始信仰护国护王文殊，并一直影响到清代。

二、五台山

五台山位于山西省五台县台怀镇，是中国四大佛教圣地之一，因有5座相互环绕、挺拔秀丽的高山，故被称作五台山，又被称作清凉山。据《文殊师利法宝藏陀罗尼经》记载，佛祖释迦牟尼对金刚密迹主菩萨说："我灭度后，于此瞻部洲东北方，有国名大振那。其国中有山，号曰五顶。文殊师利童子，游行居此，为诸众生，于中说法。"中国正好位于印度的东北方向，而五台山与佛经里的"五顶山"同名，所以被公认是文殊菩萨的道场（图022）。

五台山在东汉时名为紫府山，也称作五峰山，传说最早是道家在此建有紫府庙，并无佛教寺庙。东汉时期，印度二高僧在五台山建灵鹫寺，汉明帝赐名"大孚灵鹫寺"。此后，佛教开始在五台山迅速发展，最终成为中国的佛教中心之一。

南北朝时期，五台山佛教的发展出现第一个高潮。北魏孝文帝对灵鹫寺进行规模较大的扩建，并在周围兴建了善经院、真容院等十二个寺院。北齐时，五台山寺庙增到200余座。到了隋朝，隋文帝又下诏在五个台顶各建一座寺庙。其中东台望海寺供聪明文殊、南台普济寺供智慧文殊、西台法雷寺供狮子文殊、北台灵应寺供无垢文殊、中台演教寺供孺童文殊。从此以后，凡到五台山朝拜的人，都希望到5个台顶寺庙里礼拜，叫作朝台。

在佛教极盛的唐代，五台山寺院多达360多处，各座寺院中普遍供奉文殊菩萨，被尊奉为文殊菩萨的道场，香火极盛。唐武宗会昌灭法，五台山寺庙大量减少。宋、辽、金、元各代虽屡有修建，但由于战乱毁坏，未能尽数复原。到了明代，佛教再兴，五台山重修和创建寺庙院庵多达百余处。清代以来，随着藏传佛教传入五台山，有的青庙改为黄庙，并新建大量黄庙，出现了青黄二庙各具特色，汉、藏、蒙、满各族僧众和睦相处的佛地风貌。

五台山是文殊菩萨道场，有众多的专门供奉文殊菩萨的寺庙，例如显通寺、塔院寺、大文殊寺、殊像寺等，其中最有名的是菩萨顶的大文殊寺（图023）。传说在建造这座寺庙的文殊像时，天现祥云，金光照耀，五彩云中文殊菩萨显出真容。这时寻找画匠描摹已来不及了，工匠急中生智，用厨房的荞面

022 从菩萨顶俯瞰五台山台怀镇（陈东 摄影）

023 山西五台山菩萨顶（陈东 摄影）

照着菩萨真容的样子捏出了菩萨面容，然后又在外面贴了金，塑成佛像，所以人们就称此像为"荞面头菩萨"。这一说法在民间广为流传，推崇五台山文殊寺为文殊菩萨示现地。按《山西通志》记载："大文殊寺在台怀，即菩萨顶真容院。唐僧法云创建。相传塑像时塑工安生祷求，菩萨现身七日，倏显现全像，遂绘图模塑，名真容院。"

三、五台山殊像寺

五台山殊像寺是非常著名的一座寺庙，是五台山五大禅林和十大青庙之一，坐落在五台山台怀镇西南凤林谷口的北侧，创建于东晋初年（317-420年），后毁于灭佛运动。在唐代（618-907年）重建，元泰定二年（1325年）再次重建，后毁于大火。明成化二十三年（1487年）再建，现存的文殊大殿为明弘治二年（1489年）铁林果禅师主持兴建，明弘治九年（1496年）完成文殊菩萨塑像。后虽经明清多次修葺，但大殿的构架和塑像、悬塑都保持了明弘治时期的原物，其余的山门殿、老爷殿、祖师殿、藏经阁和钟鼓楼均系清代的建筑。

五台山殊像寺主院为两进院，两侧有东西跨院，整体坐北朝南。主院最南端为门殿三间，也做天王殿使用，门前蹲卧狮一对；主院中间主殿为文殊殿，前有月台，上置各代碑记；主殿东西两侧最南端是钟鼓楼，然后是伽蓝殿和祖师殿各三间，再往北是东西配殿各五间；主殿后有藏经阁五间，藏经阁两侧各有耳楼三间。整个寺院布局规整严谨，主次分明。

五台山殊像寺最著名的建筑是大殿文殊殿（图024），面宽五间，进深三间，重檐歇山顶，是五台山台怀中心区最大的

殿宇。殿内正中佛台上供奉的文殊骑狮像，总高约9.87米，是五台山诸寺中最高大的一尊文殊塑像（图025）。此外，殿内的墙壁上还塑造了五百罗汉渡江故事的大型彩色悬塑。《山西通志》记载："殊像寺在梵仙山左，有文殊大士跨狻猊像，传

025 五台山殊像寺骑狮文殊像（引自陈捷《圆明园正觉寺文殊像复原研究报告》）

024 五台山殊像寺文殊殿（东南视角）（陈东 摄影）

为神工。"清高士奇《扈从西巡日录》也记载"山左有殊像寺，塑文殊驾狻猊像，庄严独绝，传为神人所造，见者肃然"。康熙皇帝也曾写了一首名为《殊像寺法相最异》的诗称赞道："五髻瞻殊像，千花聚法筵。经营思哲匠，仿佛见初禅。绁马明霞外，燃灯画壁前。不须仙梵放，清磬已泠然。"

四、清朝皇帝与文殊信仰

有着"清凉世界"美誉的山西五台山是中国最早形成的佛教名山之一，自南北朝以来，这里就成为僧俗大众巡礼朝拜的文殊信仰中心。到了唐代，逐渐成为全国性的、甚至亚洲佛教信仰圈公认的佛教圣地，文殊信仰成为五台山信仰的核心与灵魂。此外，五台山也是清代距离都城北京最近的佛教中心，而清朝的多位帝后也都是信奉佛教的，因此把巡幸五台作为一项重要的政治活动。巡幸，即皇帝离京巡视地方，是古代帝王的一项重要活动。清代皇帝的大规模巡幸活动主要是北巡、西巡和南巡，而西巡就是指的五台山。

清代中央政府如此重视佛教圣地五台山，其原因是多方面的，表面看是为了礼佛，通过祭拜文殊，达到祈福延年、庇佑国祚的愿望。第二个原因是通过重视黄教达到怀柔蒙藏的既定国策。而最重要的原因是佛经中有"东方主尊菩萨是文殊"的说法，恰巧"文殊"的音译是"曼殊师利"，其中的"曼殊"与清朝的发祥地"满洲"音近，所以顺治十年（1653年）五世达赖喇嘛在书信中称呼顺治皇帝为"至上文殊大皇帝"，也就是称颂清朝的皇帝是文殊菩萨转世。这一说法对清朝皇帝的政治统治非常有利，文殊菩萨和满洲在读音上的巧合成为清朝政

府利用宗教信仰稳定边疆、团结信奉藏传佛教的西藏和蒙古等边疆少数民族的绝好机会。为此，顺治皇帝派遣大臣和喇嘛专程到五台山朝礼。康熙皇帝确定藏传佛教中的黄教为国教，并五次西巡五台山，修庙兴教，也是为了达到这一政治目的。而乾隆皇帝更是将这一政治手段运用到了极致，他曾六次巡幸五台山，一方面推崇藏传佛教，信仰文殊菩萨，并将自己扮演成文殊菩萨转世的形象；另一方面在北京香山和圆明园以及承德仿建殊像寺，打造文殊菩萨新的道场，这些都是为了更好地利用宗教信仰实现民族团结统一这一政治目的。

因为以上原因，乾隆时期的文殊信仰在清政府的宗教和政治活动中显得尤为重视，最终成就了承德避暑山庄及周围寺庙中这一座特殊的寺庙——殊像寺。

五、乾隆仿建殊像寺

乾隆二十六年（1761年），适逢皇太后七十寿辰，举国同庆。这一年春天，乾隆陪同太后第三次到文殊菩萨的道场山西五台山进香，看到五台山殊像寺内的骑狮文殊"妙相端严"，则"默识以归。既归则心追手摹"，凭记忆亲手绘制了文殊画稿，并命画师丁观鹏等绘制了多幅彩绘文殊像。第二年，即乾隆二十七年（1762年），他命人在北京香山建寺，佛像仿照五台山殊像寺文殊菩萨像雕塑，寺名为宝相寺（图026）。

满族统治者入关后，尊崇藏传佛教中的黄教为国教，但佛经有汉文、藏文、蒙文，却唯独没有满文经书。乾隆皇帝认为在满族统治的国度里，不可没有满文经书，于是在乾隆三十八年（1773年）成立经馆，译制满文藏经。并于同年在北京圆明

026 香山宝相寺的主殿"旭华之阁"（Jhr mr dr A.J. van Citters 1902 年拍摄 引自老北京网）

园内修建正觉寺（图027），供奉文殊菩萨像，驻满族喇嘛，诵习满文经卷。

乾隆三十九年，乾隆又仿山西五台山殊像寺的殿堂楼阁和文殊菩萨像在承德兴建殊像寺。乾隆四十年（1775年），承德殊像寺落成，乾隆参加瞻礼，并作诗道："殊像全规台庙模，撰辰庆落礼曼殊。金经蒙古犹常有，宝帙皇朝可独无？

译以国书宣白业，习之修土翙浮图。虽然名实期相称，师利应嗤谓是乎。"承德殊像寺的喇嘛也皆为满族，而且专门研习满语经文，译经馆翻译的满文佛经专门供奉在殊像寺会乘殿的经柜内。

乾隆皇帝仿五台山殊像寺建造3座寺庙的详细过程和异同之处详见本书第三篇第二章"五台山殊像寺写仿建筑对比研究"。

027 圆明园正觉寺（法国摄影师 Alfred Dutertre1909 年拍摄 引自刘阳《三山五园旧影》）

第三节　殊像寺的修建与清代的维修

一、乾隆年间

（一）乾隆三十九年，殊像寺始建

乾隆三十九年（1774年）春季，承德殊像寺建造工程全面开工，最初的设计方案预算除行取围场砍伐木植值银二万六千九百五十九两三钱五分外，净估需物料工价并拉运围场木植车脚共银十五万七千二百五十三两八钱八厘。此时，乾隆皇帝还没有给寺庙正式命名，部分文献档案中将此庙称作热河新建"文殊菩萨庙"或"热河新建庙"。此年，乾隆皇帝十分关注殊像寺工程的进展，殊像寺主要殿堂的建筑样式、室内装修、陈设等都是由皇帝钦定，并多次到施工现场指导工程实施。乾隆皇帝亲自派驻承德负责热河殊像寺工程施工的监督是员外郎天德。

三月二十四日，乾隆皇帝要求铸炉处在热河专门定制斋象铜锅一口。此锅径过七尺五寸，深四尺二寸，共用黄铜一万二千八十四斤四两，用银四百九十九两四钱三分二厘。此铜锅现在承德普宁寺保存（图028）。

五月，乾隆要求文殊菩萨庙大殿内经柜除供奉前藏经、续藏经共三百三十套外，增加供奉番字前藏经、番字续藏经和清字甘珠尔经，刷印、托裱、经书盒等专门交武英殿、造办处、

028 现存放于承德普宁寺的殊像寺大铜锅（陈东 摄影）

织染局等处制作，样式参照弘仁寺现在供奉前藏经式样制作。

殊像寺大殿和宝相阁内悬挂的门幡是乾隆要求在苏州织造专门制作的，其中大殿为蓝缎织黄龙欢门幡，八方殿（宝相阁）内欢门幡按照溥仁寺织宝蓝地香色云龙成做。

殊像寺大殿内的铜五供原本乾隆希望参照正觉寺现供五供尺寸制作，并由官员金辉按照正觉寺现供五供尺寸绘制纸样，后来设计人员建议"新造文殊菩萨庙大殿系柱高三丈有余，面宽一丈六尺，诚恐照正觉寺五供尺寸矮小，是以拟画得云龙葵花花纹放大尺寸纸样一分"，并专门将图样命人从北京送到热河给乾隆皇帝圣览。乾隆批示："准照放大五供纸样，上凿龙花纹成造。"做好的铜五供也是经过乾隆最后审阅后才到殊像寺安放。

六月十一日，奉旨将花梨木九塔龛三座（内供铜佛各九尊，玻璃欢门）、花梨木三塔龛四座（内供铜佛各三尊，玻璃欢门）、紫檀木三塔龛二座（内供铜佛各三尊，玻璃欢门）配木箱盛装，送往热河新建庙内安供。

此外，乾隆皇帝十分重视宝相阁宝顶的制作，四月初让内务府大臣刘浩专门完成设计画样给乾隆御览。然后制作一比一木样，由乾隆亲自检验比例效果。在宝顶制作、安装、镀金过程中，乾隆皇帝也多次亲自检验。是年九月十三日宝顶安装完成。根据文献记载，此宝顶"通高七尺一寸，下座径过五尺，顶珠上径五尺六寸，下口径过四尺，内除顶盖四尺不镀金外，其余花素活约共折见方寸一千九百四十二寸，按例每寸用金五厘，计九两七钱一分。素活折见方寸一万六百四十九寸六分，按例每寸用金四厘，计四十二两五钱九分八厘，通共约用金叶五十二两三钱八厘（图029）"。现此宝顶保存有部分琉璃底座构件，铜宝珠无存。

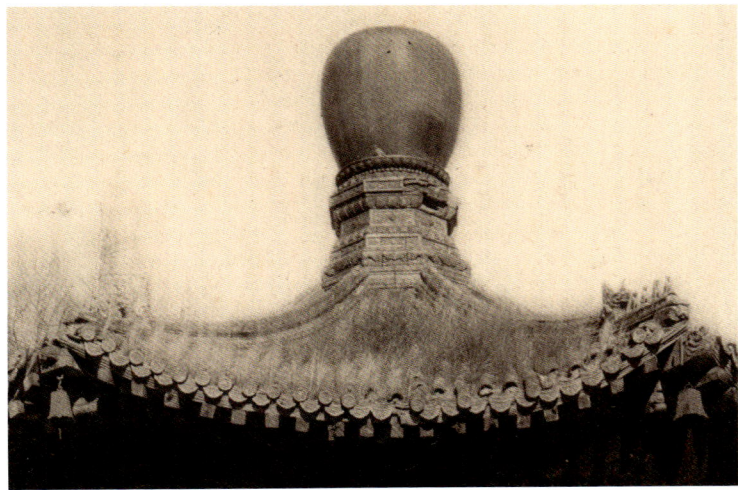

029 宝相阁的宝顶（日本关野贞1933年摄影 引自《热河》）

乾隆三十九年（1774年）八月十二日，按照乾隆皇帝要求，将殊像寺刚刚做完的琉璃顶旗杆和避暑山庄、外八庙其他8处旗杆一同改为铜镀金顶，乾隆四十年十月二十四日在养心殿呈览给皇帝亲自审阅后更换。

乾隆三十九年（1774年）夏天，殊像寺工程基本完工，乾隆皇帝莅临热河后亲自到殊像寺现场指导施工，并且自九月二十九日起多次要求对工程进行修改和完善，包括："殊像寺内后楼头停改筑绿色琉璃瓦边，添盖僧房三座计十五间，大墙外看守房六座计十二间，山门前添安青白石狮子一对、红砂石

海墁二块，角门前冰纹石甬路二道。西大墙随墙门口改盖门楼一座。大殿、八方亭添安龙匾二面，各殿素线斗字匾十面。会乘殿内添安供柜三张、藏经杉木夹板经板各二百十六块、经柜添锭黄铜什件二十二份。经堂内经桌六十四张，经床六十四张。斋堂内斋桌一百张，画藏经看面写泥金字，铜炉瓶做做灵芝龙蜡。拆挪山门前粘碍民房九十间，挪盖龙王庙正殿三间，山门一座，院墙凑长十六丈一尺。""续添九项工作共需银八千七百二十六两八分五厘"。

根据档案记载，乾隆三十九年（1774年）修建殊像寺的木材砍伐自承德坝上地区的木兰围场。乾隆四十年统计，在围场"砍伐木植共三十六万五千五百四十九件"。其中"热河园内外粘修殿座房间，并添建布达庙、罗汉堂、戒台、殊像寺、文园等十七项，用过木植四万七千二百十九件"，其中殊像寺行取围场砍伐木植值银预估为二万六千九百五十九两三钱五分。

乾隆三十九年（1774年）十月二十四日，热河副都统三全、总管永和缮清字折奏称："殊像寺将及告成，应添设弁兵看守，请照布达拉之例量为酌减，庙内添设正千总一员、兵二十名。再查罗汉堂、广安寺两庙殿宇较小，均未设有正千总，请就近派新设正千总兼管，庙外周围派绿营兵看守，等因具奏。"乾隆皇帝朱批道："依议。钦此"并将兵20名圈批修改为15名。

（二）乾隆四十年至五十年，添补装修与陈设

殊像寺工程建造速度极快，乾隆三十九年（1774年）年底建筑施工部分基本完工，但是宝相阁的铜宝顶还没有安装。乾隆四十年（1775年）四月初一日，乾隆皇帝要求将"热河文殊菩萨庙铜镀金顶即着金，再镀金一次"。"加镀一次，按例应用金五十五两一钱七分三厘，请向广储司银库支领应用，交原办镀金之库掌马清阿、笔帖式同德等带领匠役前往，敬谨镀饰"。并要求"俟驾幸热河时呈览后再行安设"。

乾隆四十年（1775年）七月十八日，时值承德普陀宗乘之庙大红台局部坍塌，需要派驻监工大臣前往修理。大臣英廉上奏乾隆皇帝，拟派驻员外郎天德等4名大臣作为工程监督，在"京中现在匠头内择其谙练谨愿者，木石瓦土四作各选匠头二名，共八人"，"由京带土夫二百名"前往维修。奏折中提到"员外郎天德，系承修热河殊像寺监督。今工已告竣，该员尚在热河"。说明此时殊像寺主体工程已经基本完工。

乾隆四十年（1775年）夏秋季，乾隆皇帝亲自或遣人到殊像寺上香的记录共有7次，可谓十分重视。其中六月初八日，用头号红香二支，二号红香四支；六月初九日再次去殊像寺，在演梵堂用头号红香一支；六月十八日，第三次去殊像寺，用头号红香二支；七月初一日，第四次去殊像寺，用头号红香一支；八月十三日，第五次去殊像寺，用头号红香二支，二号红香二支；八月十五日，第六次去殊像寺，用头号红香二支，二号红香二支；九月十四日，第七次去殊像寺，用头号红香二支。

乾隆四十年（1775年），乾隆皇帝多次亲临殊像寺，他对寺内一些外观与陈设并不十分满意，多次要求进行局部调整，并陆续增加了大量御笔字横批字对。

六月初五日，传旨："将殊像寺字二张、字条一张各厢一寸蓝绫边托贴。"六月初七日，首领董五经交："粉红绢字对一副、米色绢字条一张、绿绢字对一副、粉红绢字条一张、黄绢字斗一张、粉红建筑字对一副、宣纸弘昑画斗二张、宣纸弘

昨画对二付、白笺纸字横披一张。以上俱殊像寺等处。”传旨：“将粉红绢字对一副、绿绢字对一副、米色绢字条一张、粉红绢字条一张仍用旧边托贴；其余俱镶一寸蓝绫边托贴。”六月二十四日传旨：“御笔绿绢字横披一张（殊像寺）”，“着用旧边托贴，将梁国治字横披换下交进”。六月二十五日传旨：做“御笔黄绢字条一张（殊像寺）”。七月初二日，首领董五经交：“御笔黄绢字对一副（殊像寺）”，传旨：“俱镶一寸蓝绫边托贴”。七月初三日，首领董五经交：“御笔米色笺纸字横披一张（殊像寺）”，传旨：“其字横披用旧边托贴。”九月初三日，接得员外郎六格押帖一件，内开八月十二日接得报上带来首领董五经交：“宣纸一张，长三尺七寸，宽三尺二寸”，传旨：“热河殊像寺行宫香林室殿内西间东墙画斗一张，着贾全画花卉。”乾隆四十一年十月初五日，接得首领董五经交宣纸二张，乾隆皇帝传旨“热河殊像寺行宫倚云楼下南间南墙字对两边画对一副，着贾全画花卉”。

乾隆四十年（1775年）六月二十日，传旨“热河殊像寺都罡殿内照依雍和宫都罡殿内现供释迦牟尼佛并佛龛样式成造释迦牟尼佛一尊，佛龛一座，赶出哨以前造得送来”。但经内务府办理时发现“雍和宫都罡殿，即是法轮殿内现供释迦佛并无随龛，现随背光安供。即照背光样画的背光纸样一张，将此情节说明，伊持进呈览”。乾隆皇帝要求“照样准做”。

六月二十日传旨“热河殊像寺御座楼下经桌上现供九尊无量寿佛前，照无量寿佛法身尺寸成造执剑文殊菩萨九尊，现供成收供大益利扎什琍玛或大利益番铜唎吗文殊菩萨请出，拨蜡样随报发来呈览，准时再造，赶出哨以前送来”。

乾隆四十一年（1776年），乾隆皇帝专门传旨设计并制作了殊像寺会乘殿室内铜钟（图030–032）。八月二十八日，乾隆皇帝先是传旨：“寄信传与舒文，着伊查万寿山、静明园、静宜园等处所有现供铸钟之素炉共有多少件，俱各撤下，换供珐琅炉。将此撤下之铜炉料估铸造小铜钟一件，得时在热河殊像寺殿内安挂。其换供之珐琅即与各等并圆明园库贮内查供。先将三山现供之铜炉数目查明，料估可得多大尺寸铜钟一件，查明回奏。”八月二十八日，又传旨：“寄信传与舒文，着伊查三山等处各殿内，如有现陈设成对大小素铜鼎炉或单件铜鼎炉共有多少件，其燻香小铜炉不必查办。再将铸炉处现有收贮破坏铜炉，亦查数目，共合计可得多少铜斤，先行具奏。其所铸造殊像寺并珠圆寺（珠源寺）之铜钟大小尺寸向永和要，铸造之钟样款要仿古。俟朕回銮时再拨蜡样呈览。”九月二十八日舒文将画得安远庙、殊像寺、珠源寺、法林寺、普陀宗乘之庙、碧峰寺等处的铜钟设计图给乾隆皇帝呈览。其中殊像寺铜钟高二尺二寸，口径一尺八寸钟样一张，上贴“大清乾隆年造”款样。乾隆评价说：“碧峰寺钟样矮了，着放高；再法林寺并东护法台钟样太素，着俱添画花纹，其余照样准做。得时俱刻大清乾隆年造款。”九月二十九日，舒文将修改完的设计图再次给乾隆御览，奉旨：“俱照样准做。其口上八卦内乾卦挪在中间之右，顺卦名排起。”

030 会乘殿殿内铜钟（李林俐 摄影）

031 会乘殿殿内铜钟钟钮细部（李林俐 摄影）

032 会乘殿殿内铜钟钟钮细部（李林俐 摄影）

乾隆四十四年（1779年）五月二十九日，首领董五经交“御笔蓝笺纸字条一张”，乾隆要求在殊像寺陈设：“俱厢一寸蓝绫边，做一块玉璧子挂屏，安闷钉护眼。”

乾隆四十四年（1779年）七月，“福隆安、和珅谨奏，为奏闻事。前经臣和珅遵旨查奏，热河各庙所存仪仗颜色糟旧，奏请一律更换鲜明，以壮观瞻。其罗汉堂、殊像寺、戒台三处向未设有仪仗。恭逢皇上临幸，原可向各庙通融，似可毋庸补做。”乾隆皇帝同意了此奏请。

乾隆四十四年（1779年）十一月，乾隆皇帝筹备编写《钦定热河志》，其中殊像寺和其他寺庙需要绘制插图，要求：“著于明春启銮后，派著姚文瀚前往热河亲身履看，详细绘画进呈。”姚文瀚是乾隆时期著名的宫廷画师，号濯亭，说明是他主持绘制了《钦定热河志》中殊像寺等处的插图（详见第五篇第二章）。

乾隆四十五年（1780年）乾隆皇帝要求将避暑山庄芳园居库存的青玉靶碗一件配紫檀木托座，在殊像寺摆放，其中新制作的紫檀木托座高二寸六分，径过三寸五分。

乾隆四十六年（1781年），为殊像寺填设御笔藏经纸文殊菩萨经一册、磁青纸经一部。

乾隆四十六年（1781年）之后，殊像寺陈设基本齐全，乾隆皇帝新增陈设的档案记载明显减少。

乾隆四十七年（1782年），乾隆皇帝传旨："殊像寺殿内现供征瑞呈进之紫檀木塔，殿大塔小。将塔之尺寸发往京内交英廉，查看慈宁宫后殿现供之塔，与征瑞呈进之塔高矮尺寸较比。如慈宁宫塔尺寸高大，请来在殊像寺供，将此处所供之塔移在慈宁宫供。先将高矮尺寸较比，随报发来具奏。"测量的结果是"查看得慈宁宫后殿现供楠木雕花拘金八方塔二座，每一座三层，连座通高二丈，径过六尺六寸。每层八面皆供有佛像，通共供佛三百四尊。再查殊像寺殿内所供征瑞呈进之紫檀木塔二座，画样签开每一座九层，通高一丈四尺六寸，下座见方四尺二寸，九层通共供佛一百二十尊，较比慈宁宫现供之塔，高少五尺六寸，径过少二尺四寸，若移换安供，其高矮大小似属相宜。谨照慈宁宫现供之塔绘画小样一张，上贴尺寸黄签，一并恭呈御览，伏候训示，为此谨奏"。之后，乾隆下旨："殊像寺现供之紫檀木塔，即着征瑞送至京内，在慈宁宫安供；将慈宁宫现供之楠木，亦着征瑞派人送往热河殊像寺安供。"现在殊像寺会乘殿室内的两座楠木塔就是这次从慈宁宫换过来的"楠木雕花拘金八方塔二座"，可惜塔内供奉的佛像均已被盗（图033）。

033 会乘殿殿内东侧的楠木塔（李林俐 摄影）

（三）乾隆五十一年至六十年，大修与添改陈设

乾隆五十一年（1786年），殊像寺建成后12年，会乘殿内三大士佛像出现严重质量问题，乾隆皇帝命将佛像拆卸重做。具体是："殊像寺会乘殿内三大士三尊，盘膝坐像法身，各通高一丈六寸，莲座三分，各面阔七尺六寸，进深五尺，

高二尺，俱改做柏木胎骨。狮子一匹，身形通长一丈四尺七寸，抬头高九尺五寸；象一匹，身形通长一丈二尺五寸，抬头高七尺二寸；吼一匹，身形通长一丈四尺，抬头高九尺五寸，俱身形腿木改做楠木胎骨，外皮柏木别攒。番草背光三套，各通高二丈六尺，俱仍做椴木胎骨并漆饰地仗，装颜金身。"施工期间，还需在"大殿地面铺垫黄土，成搭保护陈设塔罩棚二间"。经和珅等大臣检查，此次佛像返工属工程质量问题，"原办监督俱已物故，查刘浩系长川在热河管工大臣，当时并不经心，以致匠作任意修造，不能坚久，殊属不合。刘浩虽已物故，应著落刘浩之子、员外郎刘朴分赔二成，应赔缴银三千二百七十一两六钱九分五厘"。

乾隆五十年（1785年）之后，殊像寺陈设已基本齐全，但乾隆每年来殊像寺仍会增加诗文贴落，也有少量添改陈设的记载。

乾隆五十五年（1790年）殊像寺行宫新增宣纸胡桂画一张，长五尺四寸，宽二尺八寸，镶一寸蓝绫边托贴；宣纸董诰画条一张。

乾隆五十六年（1791年），内务府清字经馆印刷裱装《中阿含经》十分，乾隆皇帝特意要求："热河殊像寺、香山宝谛寺亦应供奉。着将中阿含经并从前发过之大般若等经俱照式刷裱装潢二分，颁发该二处供奉，嗣后凡有刷裱大式各经，俱着预备十二分。"

乾隆五十八年（1793年），在殊像寺倚云楼下明间西墙门上用字横披一张，高一尺八寸，宽八尺八寸，要求一寸蓝绫边在外托贴。

乾隆五十八年（1793年）六月初七日，乾隆要求将殊像寺现供铜镀金塔二座，着交福克精额送京交造办处，照样各配座。其木座亦照样各配做一座。七月初八日奉堂谕："此次往热河运送新旧铜镀金四方塔四座，连木座，着派副库掌成泰送往。"八月初二日，铸炉处副库掌成泰送到铜镀金塔二对，各随紫檀木座，于九月二十八日持交太监鄂勒里呈览。奉旨："将莲瓣束腰塔一对暂供殊像寺，其素四方台塔一对，将原样留下，新造之塔仍持回，照样再成造铜塔一对，亦配紫檀木座，得时四座一堂，在殊像寺供奉，换下莲花束腰塔一对在别庙供奉。"乾隆五十九年五月十九日将造得殊像寺供奉红铜胎钑镀金塔一对，随做样塔一对，安在九洲清晏呈览。乾隆皇帝传旨："新旧塔三座不必送往，遇有热河便人到京时，着伊带往安供原处。"

二、嘉庆年间

嘉庆四年（1799年），殊像寺山门内拆换旗杆二根，戗木六根；拆砌旗杆台二座（图034）；补砌外围坍倒大墙二段，凑长三丈二尺。嘉庆六年（1801年），殊像寺大墙坍倒一段，长二丈七尺。进行紧急抢修。嘉庆十年（1805年），殊像寺庙外拆修堆拨房二间。

殊像寺建成31年后，嘉庆十年（1805年），热河殊像寺会乘殿走错残坏，并山门、天王殿沉陷渗漏，墙垣鼓裂。此年计划对会乘殿、山门、天王殿、配殿、经堂、钟鼓楼等建筑进行大修。具体内容是："今照旧式拆修。挑换椽望，粘补装修，换安酥碱石料下埋头。台基通高一丈四尺五寸，拆去原旧碎磶拦土，周围台帮包砌大料石二进，高七层，内里改安大料石磶二千四百四十九两七钱二分四厘。（图035）"

此次会乘殿大修没有处罚监工大臣，说明应该不是工程管理质量问题，从档案中分析，最初建造时会乘殿北面假山山脚处雨水长期积存，受积水和冻融影响，普通的砖礓碴拦土的基础很难长久，所以此次大修改为"大料石礓碴拦土"。此外，外八庙中的普乐寺、普陀宗乘之庙、殊像寺等寺庙在新建不久后都进行了大修，这与建造之时规划设计不周全、抢工期施工、使用木料潮湿都有很大的关系。

嘉庆十一年（1806年），殊像寺又增加揭瓦堆拨房四间，补砌大墙一段，长四丈一尺。嘉庆十一年（1806年），嘉庆皇帝询问殊像寺大修工程进展："殊像寺工程现在做有几成？如能于本年朕抵热河时完竣，即可开光。如不能完竣，亦不必赶紧修理，俟于明岁开光亦可。"主管工程的佶山、穆腾额回答："殊像寺工程，因本年春夏雨水过多，工匠未能逐日工做。奴才佶山、穆腾额又恐经雨之工未能坚久，是以不敢偾催。现在地脚柱顶俱已赶得安砌大料，随即竖立大木，约于八月内即可苫背瓦瓦。所有油饰等活因热河寒冻较早，需俟明岁春融，方能油画，以期坚固，本年未能一律完竣。"这次殊像寺大修工程施工内容远远小于当初的殊像寺新建工程，但没有赶工期一年内完成，也是考虑了承德地区气候冬季寒冷、夏季多雨，有效施工工期较短的因素，为了确保工程质量将油漆彩画工序安排在第二年实施。最终，该工程于嘉庆十二年六月初六日竣工。

嘉庆十三年至十四年（1808至1809年），"殊像寺东面虎皮石大墙坍倒二段，凑长六丈七尺；挡子墙坍倒二段，凑长三

034 殊像寺西旗杆台基和夹杆石（陈东 摄影）

礓拦土，并神台底垫高九层；山檐墙上身原系沙滚砖，今改灰砌城砖；地脚刨去叠落土坎，槽底落平，添下地丁，满筑灰土十二步，内里添厢夹打灰黄土二十三步；后檐拆去山石沟帮，改安大料石二进，高六层，地脚下丁，筑打灰土十五步；殿座前檐叠落月台一座，拆砌台帮、宇墙、踏跺、台面提溜、筑打灰土五步。并拆修山门三间，揭瓦天王殿五间，东西配殿六间。夹垄经堂十间、钟鼓楼二座。粘修角门四座。拆砌鼓裂看墙四段，凑长二十九丈二尺四寸；勾抿抹饰看墙六段，凑长三十四长八尺八寸。以及殿座油饰彩画、糊饰窗心博缝、拆锭檐檬看叶、修补雨搭、挪请佛像、拆安背光、狮象吼粘补见新、成搭棚座圈厂，出运渣土等项工程。"此项大修工程"净准估需工料银五万六千八百八十六两四钱七分外，取用围场木植值银

035 会乘殿与月台（郭峰 摄影）

丈六尺"。"殊像寺东面大墙坍倒一段，长二丈"。嘉庆十八年（1813年），"殊像寺东大墙随墙门口一座，木植糟朽，大墙坍倒一段，长一丈九尺"。嘉庆二十年（1815年），"殊像寺宝相阁一座，头停渗漏，瓦片脱节，飞檐椽糟吊"。嘉庆二十四年，"殊像寺拆修旗杆二座，揭瓦僧房十五间"。"殊像寺僧房十一间，俱头停渗漏，椽望木植间有糟朽，山檐墙闪裂"，均进行了抢险维修。

此外，清中后期曾对殊像寺大厨房进行过大修，具体年代不详。修缮内容是："殊像寺大厨房一座五间，大木拆安，后檐柱木、装修、石料、拆安、装板、柱顶、埋头、阶条、压面、角柱、压砖板、腰线等石拆砌，台帮、山墙、槛墙、头停铲苦灰泥背，排山拆调大脊垂脊，揭瓦二号布筒板瓦，后檐地脚加下长七尺柏木地丁，虎皮石掐当。拆换西旗杆一根，拆砌旗杆台一座，并东旗杆台石料占斧见新、台帮拘梗。通共销算工料银五千六百七十六两。"

三、道光年间

道光年间，清政府国势衰微，秋弥礼废，但热河的园林和寺庙由于年代久远，残坏加剧，岁修经费需求与日俱增。道光三年（1823年），"热河一带地方，于五月二十六日起至六月初一日止，随节经阵雨，旋或晴霁。嗣于初二日起阴雨连绵，至十九日方止，先后据该处苑副千总等呈报，殿宇、房间、石堤、桥闸、内外围墙均有坍塌渗漏倒坏冲塌之处"。"园内、狮子园、外庙并南北两路行宫各等处坍倒外围墙垣共计五百五十段，凑长一千六百六十四丈四尺"。"坍倒墙垣缺空处所，两边多有闪裂之处，若再经雨水，必至倾圮日增，而钱粮益增糜费，非独

于防守攸关"。"按例估计应需工料银一万七千一百八十九两八钱二分八厘"。其中"殊像寺坍倒外围墙六段，凑长十一丈九尺"。为保证热河庭院和寺庙安全，清政府不得不筹款进行维修。

此后，夏季雨后避暑山庄和各寺庙围墙经常出现坍塌，均进行了抢修。如道光八年（1828年），"殊像寺修砌大墙二段，凑长二丈七尺；院墙一段，长九尺；门口一座"。又如，道光十年（1830年），"殊像寺修砌大墙二段，凑长八丈五尺；院墙二段，凑长三丈三尺；随门口一座"。再如，道光十一年（1831年），"殊像寺僧房十座，计三十七间。内拆修长高一座五间，拆修五座十六间，揭瓦四座十六间；修砌大墙六段，凑长十八丈三尺；院墙七段，凑长十一丈四尺五寸；随门口六座"。

道光十二年（1832年），殊像寺宝相阁、清凉楼、斋经堂、天王殿头停渗漏，木植间有糟朽，檐头脱落坍塌，地脚稍有沉陷之处。各庙旗杆、吗呢杆木植多有损坏，石料间有酥碱；内外堆拨值房查有坍塌渗漏之处。但当时清政府已无力维修，道光皇帝只能朱批："俱著停缓，钦此。"

道光十七年（1837年）十二月谕令内务府"依嘉庆朝陈设清册，清点各处什物，酌集于几处，著人妥为照管""狮子园陈设与外八庙等处陈设，遵照原奏，俱归并坦坦荡荡存收"。根据殊像寺道光十七年（1837年）陈设档，移走的陈设共计42件套（详见表3）。第二年，殊像寺的部分文物按道光皇帝旨意继续集中到避暑山庄内的坦坦荡荡（详见表4）。据统计，道光十七年和十八年（1837年和1838年）所移陈设和供像均来自香林室、倚云楼两处建筑，共57件套，其中佛供像2套、佛经2部、供法器6件、佛塔1座、书5部及家具陈设41件套。

表3 道光十七年殊像寺移走陈设情况表

建筑名称	移走陈设情况	建筑名称	移走陈设情况
香林室	铜掐丝珐琅有盖炉一件	倚云楼	铜珐琅米碟一件
	苏长公全集一部，计二套		镶嵌宝石银塔一件
	元文类一部，计二套		洋磁瓶一对
	青花白地大罇一件		玉靶碗一件
倚云楼	紫檀嵌玉如意一柄		嘎叭拉碗一件
	填漆痰盒一件		铜文殊菩萨九尊
	竹股扇一柄		铜无量寿佛九尊
	紫檀黄杨木冠架一件		龙泉釉三足鼎一件
	青绿铜炉瓶盒一分		词谱二部
	官釉铜口元洗一件		三彩僧帽壶一件
	大圣文殊师利菩萨赞佛法身礼经一部，计九套	倚云楼	青绿铜双环方瓶一件
	前中设经一部		紫檀嵌玉如意一柄
	铜珐琅奔靶壶一件		填漆痰盒一件
	铜铃杵一分		竹股扇一柄
	嘎叭拉鼓一件		紫檀黄杨嵌牙磁木瓜盘一件

建筑名称	移走陈设情况	建筑名称	移走陈设情况
倚云楼	黑漆描金香几一件	倚云楼	青玉鳌鱼花瓶一件
	青花白地磁炉瓶盒一分		花梨木边黑漆心琴桌一张
	填白磁木瓜盘一件		古铜四足鼎一件
	紫檀木炕桌一张		唐文粹上下二套
	青绿铜鎏金筒子炉一件		青白玉磬一件
	欧磁蓍草瓶一件		官窑双管瓶一件

表 4 道光十八年殊像寺移走陈设情况表

建筑名称	移走陈设情况	建筑名称	移走陈设情况
香林室	紫檀嵌玉如意一柄	香林室	紫檀玉如意一柄
	填漆痰盒一件		填漆痰盒一件
	竹股扇一柄		竹股扇一柄
	黑漆描金炕案一对		绿磁冠架一件
	分类字锦一部 计八套		黑漆描金香几一件
	铜珐琅炉瓶盒一分		铜珐琅炉瓶盒一分
	绿磁冠架一件		填白磁木瓜盘一件
	欧磁木瓜盘一件		

道光二十六年（1846 年），清政府财政困难，只好削减减热河喇嘛钱粮。"除殊像寺专习满洲经卷，广缘寺系擦噜克堪布自行建立，向系专缺，毋庸议外，其余普陀宗乘等庙正项支食钱粮班第遇有缺出，无论升故，随时裁汰。统俟班第裁至过半，再将该管喇嘛等一并约数裁汰。其所裁喇嘛名下随缺折色钱粮一体核裁"（图 036）。

036 会乘殿南侧雪景（陈东 摄影）

四、清朝末年（表5）

咸丰十一年（1861年）七月，咸丰皇帝在承德病逝后，慈禧和慈安发动辛酉政变，垂帘听政。十月十一日，慈禧太后传达旨意："热河避暑山庄停止巡幸已四十余年，所有殿庭各工日久未修，多就倾颓。上年我皇考大行皇帝举行秋狝，驻跸山庄，不得已于各处紧要工程稍加葺治。现在梓宫已恭奉回京，朕奉两宫皇太后亦已旋跸。所有热河一切未竟工程，著即停止。钦此。"至此，除特殊原因外，清朝政府基本不再对承德的皇家园林和寺庙进行大规模的维修。

同治九年（1870年），"兹于六月二十六、七月初四等日屡经大雨，山水陡发。随据各路苑副、千总呈报，园庭内殿座及外庙殿宇、房间以及仓廒、墙垣、石桥、泊岸、闸口被雨冲灌，间有渗漏、倒坍各等情，呈请查验前来。当经奴才等逐处履勘，详加周查，均与所报无异。惟查园内殿座，除钱粮处、月色江声、如意洲三处曾经修过之处尚属齐整，其余各处殿座久经渗漏，间有斜塌之处。伏思此项工程需款甚巨，未敢遽请修理，惟年复一年，雨水浸灌，情形愈重。奴才等不敢壅于上闻，谨将各殿座及城墙等渗漏、倒斜情形另缮清单，恭呈御览。可否于明春择要修理之处，伏候圣裁"。其中殊像寺："香林室殿三间，头停渗漏、椽望、木植糟朽，瓦片脱节，后廊坍塌二间；倚云楼一座，头停渗漏，愣木糟朽，瓦片脱节；东西配殿十间，头停渗漏，大脊闪裂，瓦片脱节；前廊坍塌二间。"为了防止建筑进一步损坏，军机大臣奉旨："著内务府派员查勘，分别应修、应缓各工奏明办理，单并发。钦此。"

为了使承德的避暑山庄和周围寺庙得到必要的抢修，热河总管想到了一个新的资金来源，即"园庭内外殿座、房间、墙垣遇有情形较重，随时奏明，请旨遵办在案。其每年零星活计，由生息项下动支粘补，归于年终生息折内奏销，并咨报总管内务府核销，历经办理亦在案"。用此项银两对"惟查最为紧要之收存陈设库房""官兵值房、办事各科房""斜倒外皮城墙、出水闸口均系要隘""择要粘补修理""归入年终生息项下奏销，仍咨报内务府核销"。不是必须修理的紧要建筑，就会拆卸大木、墙体、清点陈设，存放于库房。

光绪、同治两朝殊像寺的殿堂陈设，在数量上无太多变化。到了宣统年间，一些纸质文物出现了较严重的"风碎"现象。据宣统三年十二月《殊像寺佛像供器漆木器皿等项清档》统计，殿内有佛像1916尊，供、法、乐器485件，经卷18部216套，佛龛87座、其他陈设品632件，总计3354件，比清朝盛期少了111项陈设（图037）。

037 会乘殿北侧雪景（陈东 摄影）

表5 殊像寺清代重大事件统计表

日期	公元	历史事件	来源
乾隆三十九年春季		开始兴建殊像寺，逾年落成。工程施工负责官员是德龄、天德	第一历史档案馆活计档
乾隆三十九年三月		铸炉处在热河定制斋象铜锅一口	
乾隆三十九年五月		经柜除供奉前藏经、续藏经共三百三十套外，增加供奉番字前藏经、番字续藏经和清字甘珠尔经	《清宫热河档案》
乾隆三十九年六月		专门设计并制作殊像寺铜五供、门簾、室内陈设	
乾隆三十九年四月至九月		专门设计并制作宝相阁铜宝顶	
乾隆三十九年八月		将殊像寺琉璃顶旗杆改为铜镀金顶	
乾隆三十九年九月	1774年	清凉楼改筑绿色琉璃瓦边 添盖僧房三座共十五间 墙外添盖看守房六座共十二间 山门前添安青白石狮子一对，红砂石海墁二块 角门前冰纹甬路二道 西大墙随墙门口改盖门楼一座 其他添设物： ——会乘殿和宝相阁添设龙匾二面 ——各殿添设素线斗字匾共十面 ——会乘殿内添设供柜三张、藏经杉木夹板经板各二百十六块、经柜添锭黄铜什件二十二分 ——演梵堂添设经桌六十四张，经床六十四张。 ——馔香堂添设斋桌一百张 ——会乘殿添画藏经看面写泥金字，铜炉瓶配做灵芝龙蜡 拆挪山门前民房九十间，挪盖龙王庙正殿三间，山门一座，院墙十六丈一尺	第一历史档案馆奏销档
		殊像寺将及告成，应添设弁兵看守，乾隆皇帝核准庙内添设正千总一员、兵十五名	《热河园庭则例》
乾隆四十年		一年内至少7次去殊像寺上香，大量增设室内陈设、御笔字、字画	
乾隆四十年一月	1775年	殊像寺御笔黄绢字对一副，镶一寸蓝绫边托贴	
乾隆四十年六月		热河殊像寺宣纸二张着发往京内交如意馆，着贾全、魏鹤龄分画	
乾隆四十一年		设计并制作会乘殿室内铜钟	《清宫热河档案》 《清宫内务府造办处档案总汇》
乾隆四十一年四月	1776年	制作殊像寺嘎布拉鼓	
乾隆四十一年五月		在殊像寺三世佛三堂背板上贴墨刻经塔三张	
乾隆四十四年	1779年	命画师姚文瀚绘制殊像寺等外八庙鸟瞰白描图，收录为《钦定热河志》插图	
		热河各庙所存仪仗颜色糟旧，一律更换鲜明，以壮观瞻。其罗汉堂、殊像寺、戒台三处向未设有仪仗，恭逢皇上临幸，原可向各庙通融，未进行补做	
		殊像寺御笔黄笺纸字横披一张	
乾隆四十五年	1780年	避暑山庄芳园居库存的青玉靶碗放殊像寺摆放	
乾隆四十六年	1781年	御笔藏经纸文殊菩萨经一册	《清宫内务府造办处档案总汇》
		制作磁青纸经三部，交殊像寺一部	
乾隆四十七年	1782年	殊像寺现供之紫檀木塔送至京内，在慈宁宫安供；将慈宁宫现供之楠木塔送往热河殊像寺安供	
乾隆五十一年	1786年	会乘殿三大士佛像拆卸重做	《清宫热河档案》 《清宫内务府造办处档案总汇》
乾隆五十二年	1787年	宣纸胡桂画一张，镶一寸宽蓝绫边托贴	
		宣纸董诰书条一张，镶一寸蓝绫边托贴	
乾隆五十六年	1791年	供奉满文《中阿含经》	
乾隆五十八年	1793年	殊像寺现供铜镀金塔二座增配紫檀木座	
嘉庆四年	1799年	山门内拆换旗杆二根，戗木六根；拆砌旗杆台二座；补砌外围坍倒大墙二段，凑长三丈二尺	
嘉庆六年	1801年	殊像寺大墙坍倒一段，长二丈七尺	
嘉庆十年	1805年	殊像寺庙外拆修堆拨房二间	《清宫热河档案》
嘉庆十年		会乘殿、山门、天王殿、配殿、经堂、钟鼓楼、角门、院墙等建筑进行大修	
嘉庆十一年	1806年	揭瓦堆拨房四间，补砌大墙一段，长四丈一尺	
嘉庆十三年至十四年	1808至1809年	殊像寺东面虎皮石大墙坍倒二段，凑长六丈七尺；掐子墙坍倒二段，凑长三丈六尺 殊像寺东面大墙坍倒一段，长二丈	

日期	公元	历史事件	来源
嘉庆十七年	1812 年	殊像寺等处殿座补安吊落琉璃，以及油饰裱糊，出运渣土，清理地面等	《嵩年奏档》
嘉庆十八年	1813 年	殊像寺东大墙随墙门口一座，木植糟朽，大墙坍倒一段，长一丈九尺	《清宫热河档案》
嘉庆二十年	1815 年	殊像寺宝相阁一座，头停渗漏，瓦片脱节，飞檐椽糟吊	《嵩年奏档》
嘉庆二十四年	1819 年	殊像寺拆修旗杆二座，揭瓦僧房十五间	
		殊像寺僧房十一间，俱头停渗漏，椽望木植间有糟朽，山檐墙闪裂	
嘉庆年或道光初年		殊像寺大厨房大修，拆换西旗杆，维修东旗杆	
道光三年	1823 年	殊像寺修砌坍倒外围墙六段，凑长十一丈九尺	
道光八年	1828 年	殊像寺修砌大墙二段，凑长二丈七尺；院墙一段，长九尺；门口一座	《清宫热河档案》
道光十年	1830 年	殊像寺修砌大墙二段，院墙二段，随门口一座。	
道光十一年	1831 年	殊像寺僧房拆修长高一座五间，拆修五座十六间，揭瓦四座十六间；修砌大墙六段，院墙七段，随门口六座	
无朝年		殊像寺补砌大墙四段，凑长八丈二尺	
道光十二年	1832 年	殊像寺宝相阁、清凉楼、斋经堂、天王殿头停渗漏，清政府已无力维修	
道光十七年	1837 年	殊像寺部分室内陈设移至避暑山庄坦坦荡荡集中保存	第一历史档案馆
道光二十六年	1846 年	除殊像寺专习满洲经卷，广缘寺系擦噜克堪布自行建立外，裁撤外八庙其余寺庙喇嘛钱粮	《清宫热河档案》
咸丰十一年	1861 年	上谕，所有热河一切未完工程著即停止	
同治九年	1870 年	香林室殿三间，头停渗漏，椽望、木植糟朽，瓦片脱节，后廊坍塌二间；倚云楼一座，头停渗漏，愣木糟朽，瓦片脱节；东西配殿十间，头停渗漏，大脊闪裂，瓦片脱节；前廊坍塌二间	《热河园庭则例》

第四节　近代的历史变迁

　　清朝末年，清政府内忧外患，殊像寺的古建筑日益残坏，各建筑檐头糟朽、屋顶渗漏的情形日益严重，但清朝政府已经没有能力对殊像寺进行有效的维修（表6）。从承德摄影师薛桐轩在清末至民国初年拍摄的殊像寺全景历史照片（详见本书第五篇第三章）可知，当时殊像寺的建筑和树木整体保存还十分完整，各主要建筑、配殿、香林室和跨院僧房还都部分建筑残存，但是绝大部分建筑都已经开始出现檐头糟朽、屋顶渗漏、墙体局部坍塌的现象，围墙出现严重的坍塌和缺失。

　　清朝灭亡后，1914年军阀姜桂题占据热河，以陈列山庄文物为名，将一些珍贵文物装船运走。其中有殊像寺会乘殿中楠木佛龛里的金、玉、翠质佛像，乾隆使用过的金碗筷、瓷盘、文殊菩萨身上的108颗珍珠。

　　1926年，汤玉麟任热河都统，在其统治期间，从殊像寺拿走饰有99颗珍珠的文殊菩萨经一部，镀金铜佛730尊（高八寸），铜五供1套（每件高一尺），绢地丝边画释迦牟尼佛像十轴（每轴长一丈三尺，宽五尺），镀金铜释迦佛1尊（高六寸）。并拆毁了馔香堂和演梵堂，变卖木料，大量砍伐古松。法国凯布朗利博物馆收藏的这一时期的殊像寺历史照片和瑞典斯文·赫定所著《帝王之都——热河》中刊载的殊像寺照片显示（详见本书第五篇第三章），这一时期天王殿东侧两间已经坍塌；宝相阁门窗全部缺失，屋顶残损十分严重。

　　1933年，日本侵略军占领热河，对外八庙进行了明目张胆的掠夺，从外八庙抢劫各式镀金银佛像143尊，殿内陈设文物200余件。1933-1945年日本学者关野贞、竹岛卓一、逸见梅荣、五十岚牧太、德国女摄影师海达·莫理循等人拍摄了大量殊像寺的历史照片。其中，1934年关野贞、竹岛卓一在日本出版专著《热河》影集，收录殊像寺照片23张（图038-039）；1937年在日本出版《热河解说》一书，对避暑山庄、殊像寺和其他寺庙进行了详细的描述；1934年2月日本的《亚东印画辑》收录殊像寺照片3张；1935-1937年，德国女摄影师海达·莫理循拍摄了殊像寺的历史照片4张；20世纪40年代日本逸见梅荣著《满蒙北支的宗教美术》收录殊像寺照片22张，其中包含了大量室内佛像与陈设的情况；1942年，由日本学者五十岚牧太撰写的《热河古迹与西藏艺术》一书对殊像寺进行了介绍，并刊载了7张殊像寺历史照片，这些照片拍摄于20世纪30年代（详见本书第五篇第三章）。

　　20世纪30至40年代，由于年久失修和大量的人为破坏，殊像寺和民国初年相比已经有了非常大的变化。一是寺庙围墙此时已经大部分坍塌，失去了防护功能；清凉楼、香林室、大部分配殿和部分僧房已经被拆除，仅保留建筑台基和部分残存的墙体，配殿中只有会乘殿两侧的指峰殿和面月殿两配殿还残存；现存建筑室内陈设和小型佛龛、佛像大部分缺失不存。二是殊像寺现存古建筑残坏更加严重，大部分建筑都出现严重的椽望糟朽、屋顶漏雨、屋脊脱落、装修缺失、油饰彩画剥落的现象，特别是山门、鼓楼、天王殿、会乘殿、宝相阁的檐头出现大面积塌陷；天王殿东侧两间坍塌不存，东侧的两尊天王处于露天状态保存，残损严重（图040）；钟鼓楼二层的木栈板墙已缺失不存（图041）；但从照片上看各主体建筑的墙体、

038 月台和会乘殿（日本 关野贞 1933 年摄影 引自《热河》）

039 宝相阁的佛像（日本 关野贞 1933 年摄影 引自《热河》）

040 天王殿（日本 关野贞 1933 年摄影 引自《热河》）

041 钟楼（日本 关野贞 1933 年摄影 引自《热河》）

台基、大木梁架、佛像、陈设和建筑基础保存相对较好。三是庙内外的古树遭到了大量的砍伐，殊像寺庙内的古松也至少有一多半被砍伐，薛桐轩清末拍摄的照片显示，自对面山坡眺望殊像寺，主庙区只能看见山门、鼓楼、馔香堂、演梵堂和宝相阁的屋顶，两侧跨院只能看到前半部分的僧房，其他建筑和假山区域都被茂密的松林覆盖。但 1933 年相似位置的照片可以透过松林清晰地看见钟鼓楼、会乘殿、宝相阁和各处僧房，假山区域和寺庙后半部分山坡的松树被大量砍伐（图 042-043）。

1945 年至 1948 年，中华民国时期，国民党十三军肆意砍伐古树木，盗窃文物，拆毁僧房几十间，殊像寺又遭受一次空前浩劫。到新中国成立前夕，历尽沧桑的殊像寺古建筑群已是残垣断壁、画栋剥落、满目疮痍，茂密的古松剩余不足百株。

表 6　殊像寺近代重大事件统计表

日期	历史事件	资料来源、备注
1914 年	姜桂题盗走了会乘殿中的许多珍贵物品	《承德殊像寺评估报告》
1926 年	热河都统汤玉麟盗走了许多珍贵物品，拆毁了馔香堂和演梵堂	
民国时期	承德摄影师薛桐轩拍摄的殊像寺全景照片	
1926 年	法国凯布朗利博物馆收藏 2 张历史照片	法国凯布朗利博物馆
1930 年	瑞典斯文·赫定 1930 年拍摄 3 张照片	《帝王之都——热河》

日期	历史事件	资料来源、备注
1933 年	日本军队占领承德，在此期间大藏经下落不明。	《承德殊像寺评估报告》
1933–1937 年	关野贞和竹岛卓一两名日本学者对殊像寺现状进行拍照和描述	《热河》《热河解说》
1934 年	日本的《亚东印画辑》收录殊像寺照片 3 张	《亚东印画辑》
1935–1937 年	德国女摄影师海达·莫理循拍摄了 4 张殊像寺照片	美国哈佛大学燕京图书馆
1940 年前后	日本逸见梅荣拍摄殊像寺照片 22 张	《满蒙北支的宗教美术》
1942 年	日本人五十岚牧太对殊像寺现状进行了拍照和描述	《热河古迹与西藏艺术》
1947 年	国民党十三军拆毁僧房几十间并砍伐古树，在此期间，殊像寺的陈设可能有所丢失。	《承德殊像寺评估报告》

042 殊像寺全景（局部）（薛桐轩 1911-1933 年摄影）

043 殊像寺全景（日本 关野贞 1933 年摄影 引自《热河》）

第五节　新中国成立后的保护与利用

一、建立保护机构和保护维修 *

新中国成立以来，避暑山庄及周围寺庙的保护工作得到了中央、省、市各级政府和领导的高度重视。1948年11月12日，承德解放后，在党和人民政府的高度重视下成立了外八庙管委会，隶属民族事务委员会，专门对殊像寺和其他皇家寺庙进行保护维修。1949年初，经中共热河省委、省政府批准，成立了热河省文物保管所。

1950年，对殊像寺进行普查和现状勘测。现存山门一座，后檐坍塌。天王殿五间，坍塌四间，破烂不堪。钟鼓楼墙体坍塌。会乘殿后坡坍塌，群墙破坏，门窗不全。东西配殿两座，坍塌严重。宝相阁坍塌情形严重。吉晖殿、慧喜殿、指峰殿、面月殿、清凉楼、倚云楼等建筑坍塌无存，群墙不齐。

1951年，建立了外八庙管理处。1952年7月，成立了离宫管理处，下设热河省博物馆筹备处、园林队、园务处、古建队，管辖外八庙。1953年，文化部发出《关于保护热河承德古建筑及文物的通知》。1954年，经热河省政府批准，成立了热河省文物管理委员会。在此期间，组织专人对外八庙文物全面系统的调查整理，对古建进行重点的测绘，使外八庙文物、古建得到了较好的保护和管理，并开放普宁寺、普佑寺。

1954年，热河省人民政府拨款52628.27元修缮殊像寺。同年，殊像寺演梵堂后面的三间偏房被殊像寺村委会占用，建成殊像寺小学。1956年，河北省文化局文化处处长戴书泽亲自主持了殊像寺会乘殿的修复工程，参与工程维修任务的还有原市政处302工地工长关怀卿。据关师傅介绍，工程于1956年秋季动工，1957年春季换瓦，更换会乘殿全部椽飞望板，更换檩子和上、下檐角梁。上檐子、老角梁均更换过，下檐东西两侧除一根子角梁外，其余角梁全部更换。殿顶部分琉璃瓦片已经破损，更换了部分新瓦。殿顶脊兽、兽吻仍为原样。

1959年5月18日，外八庙管理处古建队对殊像寺山门、两侧围墙及钟鼓楼进行维修，对残破的建筑拍照存档（图044）。1959年7月对濒临坍塌的宝相阁进行拍照记录（图045）。

[*]：部分内容引自《承德殊像寺评估报告》

044　1959年鼓楼、钟楼残损情况（外八庙管理处藏）

045 1959年宝相阁残损情况（外八庙管理处藏）

1967年3月，外八庙管理处古建队根据河北省文物管理处专家意见对宝相阁进行保护性落架拆除，把大木构件存放在储材厂，之后又将残存的天王殿建筑构件整理，放入库房保存。

1972年，在天王殿两侧新建两幢房屋作为殊像寺小学教室。7月将殊像寺现有建筑及已坍塌建筑物的基址进行拍照存档。10月把殊像寺每年阴历腊月初八用来煮"腊八粥"的铜锅从馔香堂移至普宁寺大雄宝殿院内，现用来蓄水防火。按照当时的测量，此锅直径2.41米，锅深1.33米，壁厚6厘米，由88块铜板铸接而成。

1975年8月，承德市文物局古建队对殊像寺山门进行维修。当时门殿因年久失修，瓦顶渗漏，椽飞望板糟朽，檐部塌落。进行了补换大木、斗栱，撤换并重新安设椽飞望板、连檐及瓦口等。

1982年至1984年，承德市文物局古建队修复殊像寺钟鼓楼，撤换全部椽飞望板、连檐及瓦口等，补配木栈板墙，重做屋顶（图046-047）。补配会乘殿槅扇缺失的菱条。对殊像寺庙内及后部宝相阁、清凉楼等处进行基址清理。归安馔香堂、演梵堂、指峰殿、面月殿等处遗址。复建殊像寺庙围墙，采取原作法，用毛石垒砌，东、西、北墙墙顶砌抹灰馒头顶，西部山坡挖土处砌毛石护坡，东部挖窖处加筑混凝土、毛石基础及护坡。

1982年7月23日，河北省人民政府公布殊像寺为省级重点保护单位。

1986年，迁出殊像寺小学。

1987年，承德市文物局购置消防器材并给殊像寺现存古建筑安装避雷针，同年成立了殊像寺文保所，王淑珍担任所长。

1988年1月13日，国务院公布殊像寺为第三批全国重点文物保护单位。1991年初，依据《中华人民共和国文物保护法》和《河北省文物保护管理条例》划定殊像寺保护范围（重点保护区和一般保护区）。

自1989年开始，承德市文物局古建处假山班组贾俊明、孟宪义等人清理会乘殿至宝相阁之间假山主路上散落的山石，并进行了局部简单归安。

1994年初，殊像寺与承德避暑山庄及其他皇家寺庙一起被联合国教科文组织列入世界文化遗产名录。同年，殊像寺向游人开放，罗昶担任所长。由于游客较少，1996年，殊像寺停止向游客开放。

1998年7月，对寺庙内部古松安装避雷针并做了安全加固支架。

照片号/底片号　　　44.
事由
时间　1982.3.
地点　殊像寺鼓楼
人物　上檐正脊北端
背景
摄影者　张生同
参见号

照片号/底片号　　　48.
事由
时间　1981.4.4.
地点　殊像寺鼓楼
人物　上层梁架
背景
摄影者　付清远
参见号

照片号/底片号　　　4.
事由
时间　1982.3.
地点　殊像寺鼓楼上
人物　檐正脊
背景
摄影者　张生同
参见号

照片号/底片号　　　49
事由
时间　1981.4.4.
地点　殊像寺鼓楼
人物　斗栱拔檐
背景
摄影者　付清远
参见号

照片号/底片号　　　46.
事由
时间　1982.3.
地点　殊像寺鼓楼
人物　上檐北山花
背景
摄影者　张生同
参见号

照片号/底片号　　　50.
事由
时间　1981.4.4.
地点　殊像寺鼓楼
人物　下层角梁
背景
摄影者　付清远
参见号

照片号/底片号　　　47.
事由
时间　1982.3.
地点　殊像寺鼓楼
人物　北山西北戗脊
背景
摄影者　张生同
参见号

照片号/底片号　　　51.
事由
时间　1982.9.16
地点　殊像寺鼓楼
人物　花梁头
背景
摄影者　付清远
参见号

046 钟鼓楼修缮前残损情况（付清远 张生同 1981-1982 年摄影 承德市文物局档案馆藏）

照片号/底片号 52.
事由
时间 1982.9.16
地点 殊像寺鼓楼
人物 北山脊近景
背景
摄影者 付清远
参见号

照片号/底片号 56.
事由
时间 1983.6
地点 殊像寺鼓楼
人物 施工
背景
摄影者 王福山
参见号

照片号/底片号 53.
事由
时间 1982.9.16
地点 殊像寺鼓楼
人物 北山博风
背景
摄影者 付清远
参见号

照片号/底片号 57.
事由
时间 1983.6
地点 殊像寺鼓楼
人物 施工
背景
摄影者 王福山
参见号

照片号/底片号 54.
事由
时间 1982.9.16
地点 殊像寺鼓楼
人物 角梁后尾大木
背景
摄影者 付清远
参见号

照片号/底片号 58.
事由
时间 1984.6.10
地点 殊像寺鼓楼
人物 正面
背景
摄影者 张生同
参见号

照片号/底片号 55.
事由
时间 1982.9.16
地点 殊像寺鼓楼
人物 花架兔B甬景
背景
摄影者 付清远
参见号

照片号/底片号 59.
事由
时间 1984.6.10
地点 殊像寺鼓楼
人物
背景
摄影者 张生同
参见号

047 钟鼓楼修缮（付清远 张生同 王福山 1982-1984 年摄影 承德市文物局档案馆藏）

自 1984 年对殊像寺进行全面的保护修缮之后，承德市文物局每年均安排殊像寺的古建筑岁修保养和维护，主要包括瓦面勾抹扫垄、排水沟清淤、墙面局部整修、走闪台基归安、墙体下碱局部找补青灰勾缝、古建筑台基及遗址除草等内容。

2000 年，为保护石雕须弥座，承德市文物局复建了殊像寺宝相阁，施工单位为承德市文物局古建处。2002 年 10 月，承德市文物局委托承德双滦金纺创意工作室完成了宝相阁佛像的修复，修复的佛像部分使用了宝相阁落架保护时残存的佛像构件。

2002 年，承德市文物局委托古建处修复了山门北侧至天王殿遗址之间的冰纹石道路，路面石板间采用水泥砂浆进行勾缝。同年，对会乘殿后大山洞南侧局部坍塌的假山进行了抢险加固，也采用水泥砂浆进行了勾缝。2002 年 5 月，承德市文物局与美国盖蒂保护所，按照《中国文物保护准则》展开合作，将殊像寺列为落实《中国文物保护准则》的古建保护试点。组织殊像寺现场勘查测绘，编写《殊像寺评估报告》和《殊像寺概念性保护规划》。

2003 年 7 月，河北省第十届人大常务委员会批准《承德避暑山庄及周围寺庙保护管理条例》。

2003 年 11 月，承德市文物局组织对清凉楼、六方亭、倚云楼、香林室、四方亭、灶房、上房、值房等地点进行考古发掘；在东西跨院内挖掘探沟。由于遗址石构件风化严重，2004 年 11 月，承德市文物局组织对以上遗址进行回填保护。

2006 年，承德市文物局委托中国文化遗产研究院编制了《避暑山庄及周围寺庙文物保护总体规划（2011–2020）》，2011 年规划通过国家文物局和河北省政府审批，有关殊像寺保护规划的内容详见本书第二篇。

2010 年至 2017 年，国家六部委在承德召开现场办公会，同意实施承德避暑山庄及周围寺庙文化遗产保护工程，殊像寺涉及 9 项单项工程，详见本书。

二、原址重建宝相阁 *

宝相阁是殊像寺的主要建筑之一，位于寺庙中轴线后部假山之巅，初建于清乾隆三十九年（1774 年）。该建筑形式为正八角形重檐绿琉璃瓦黄剪边攒尖顶殿佛阁，上檐七踩斗栱，下檐五踩斗栱，六角菱花装修，井口天花，殿内供奉骑狮文殊菩萨像一尊，左右护法神二尊。

1967 年，由于年久失修，宝相阁局部坍塌渗漏，大木严重糟朽。因无力维修，不得已采取落架保护，构件入库保存。主要的构件有檐柱 6 件、金柱 7 件、下檐大额枋 6 件、下檐额枋 7 件、下檐老角梁 1 件、所有构件榫卯残损严重；另有座斗 35 件、正心瓜栱 60 件、正心万栱 70 件、单材瓜栱 70 件、单材万栱 70

件、厢栱 120 件、翘 65 件、昂 50 件、蚂蚱头 50 件、麻叶头 35 件、桁椀 40 件。

2000 年对宝相阁进行修复，历时 3 年（图 048）。修复中坚持尽可能使用原构件，能修补使用的不做更换。具体内容如下：

（一）大木维修

1. 将柱根严重糟朽的部分裁掉，测定剩余柱高，计算相差尺寸，采用钢筋混凝土柱找平，并用钢筋做管脚榫，与柱子联结严紧，对柱头卯口进行加固，对保存较好的木柱，在根部刷防腐油漆并作通风处理。

2. 大小额枋，补配榫头、裹棱、镶补裂缝。

3. 斗栱，进行修补，旧斗栱基本用于正面及侧面。

（二）补做大木、椽望、装修

根据旧件尺寸及老照片，对不存构件进行补配，大木均采用落叶松制作，装修均采用一等红松制作。

（三）匾额补配

按照设计尺寸，参照普乐寺旭光阁匾额纹饰高浮雕龙纹，用 2 毫米紫铜板补配满汉藏蒙四种文字的"宝相阁"匾。

（四）瓦作

根据现场出土的旧瓦件尺寸，确定瓦件样数，确定琉璃瓦面，一勾、二筒、黄琉璃剪边，围、垂脊件均按原样。下檐兽前三联砖上用仙人、龙、凤、狮三路小兽，上檐用仙人、龙、凤、狮、天马、海马五路小兽；宝顶顶座琉璃纹饰按旧件重新烧制，宝顶用紫铜板镀钛制作。

（五）油饰彩画

上架各构件和匾额构件做两布六灰地仗，椽头、连檐、瓦口、斗栱三道灰地仗，上架露明大木构件做金线大点金旋子彩画，椽飞头分别做龙眼万字。

（六）台基

对酥碎的地面石、柱顶石及原墁地灰泥进行拆除，台明石、槛垫石不动。由于采用钢筋混凝土柱墩的形式，在做柱顶石时，在钢筋混凝土墩处改为套卡柱顶，柱础墩与地基础板结为一体浇筑，保证了柱墩的稳固，地面石改用 1∶3 水泥砂浆墁厚 25–30 毫米，600×600 毫米灰白色花岗岩板材，槛垫石未动，墙缝内清理干净，用细石砾灌注，榻板石用原材料补配整齐。

（七）避雷针

按设计图布线，均以焊接方式由殿内引下，各部弯曲半径不得小于 15 厘米，地极引下线埋深不少于 80 厘米。

（八）采用原有石材对须弥座进行修补

（九）塑像

2002 年，由德双滦金纺创意工作室修复完成了对宝相阁文殊像的重新塑造；重塑的文殊像使用了部分清代原有塑像的残块（图 049–050）。

[*]：整理自承德市文物局档案馆工程资料

048 2000年修复的宝相阁（郭峰 摄影）

照片号/底片号　　16
时间　2002. 10. 15
地点　殊像寺
事由
　　宝相阁宝装背花

摄影者　孔凡敏
参见号

照片号/底片号　　20
时间　2002. 10. 15
地点　殊像寺宝相阁
事由
　　安装背花施工过程

摄影者　孔凡敏
参见号

049 宝相阁佛像修复工程施工（孔凡敏摄影 承德市文物局档案馆藏）

050 宝相阁佛像修复工程施工（孔凡敏摄影 承德市文物局档案馆藏）

三、遗址清理发掘与回填 *

2003 年 10 月至 11 月中旬，根据承德市文物局与美国盖蒂保护研究所合作工作项目的需要，承德市文物局组织了对殊像寺清凉楼、香林室及其附属建筑的考古清理工作。本次发掘的目的是为了确认古建筑遗址保存状况，并进行详细的勘察测绘。考古清理后发现遗址风化十分严重，无法露天保存，经勘查测绘后进行了遗址回填保护。

（一）遗址考古清理与保存状况

1. 香林室组

香林室及其附属建筑位于殊像寺寺院的西北部；一道高约 3.5 米的石砌虎皮墙将其与寺院内的其他建筑分隔开来，形成了一个相对独立的院落。整组建筑由香林室、倚云楼、方亭、蹬道、游廊、六角亭及假山组成（图 051）。上述建筑基址依次分布在高差在 13.4 米的山坡上；院内中轴线上的建筑从前到后依次为假山（部分已坍塌）、香林室、假山、蹬道及围墙（围墙中段已坍塌）；六角亭位于院外轴线最高处，四方亭和倚云楼分别位于香林室前部的东西两侧，相互间有游廊及蹬道相连，形成一个基本对称的格局（图 052-055）。该组建筑毁于 20 世纪 30 年代，发掘前大部分基址被山体滑落的土石及近现代垃圾所覆盖。覆盖物深度由 0.30 米到 1.20 米不等，院内长满杂草及野生乔、灌木。部分基址暴露，暴露的基址石料严重风化、酥裂。地表散落柱础、砖瓦、琉璃及其他一些建筑构件。

此次发掘从 2003 年 10 月 19 日开始，至 11 月 16 日结束，发掘面积约 1000 平方米。地层堆积较为简单，可分二层：第一层：现代叠压层，厚 0.15-1.5 米。土黄褐色，内杂大量的砖瓦及砾石碎块；该层下即为清代建筑基址。第二层：清代建筑基址，厚约 0.2-1.0 米，该层打破山体原生土。

[*]：引自《承德殊像寺评估报告》

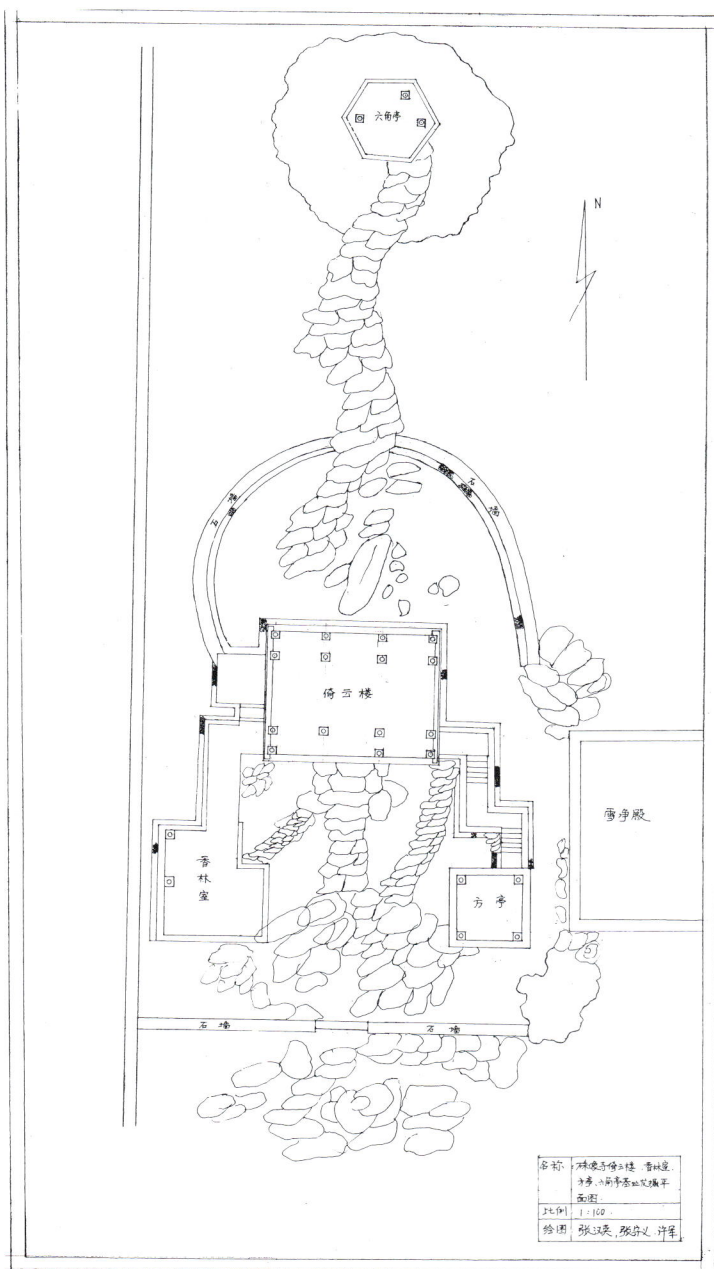

051 殊像寺倚云楼、香林室、方亭、六角亭基址发掘平面图（张汉英、张守义、许军 绘制）

052 香林室遗址全景（陈东 摄影）

053 香林室正殿（陈东 摄影）

054 东侧游廊与四方亭遗址（陈东 摄影）

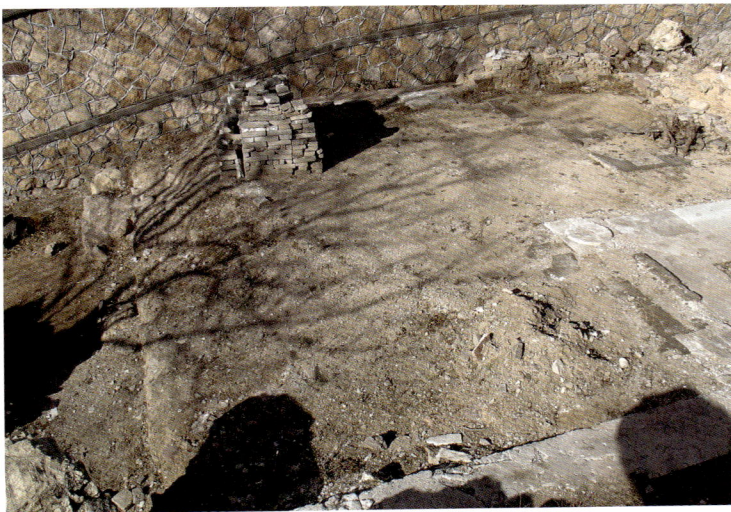

055 倚云楼遗址（陈东 摄影）

南侧台基及部分柱础暴露，台基上的压面石及柱础严重风化、酥裂。根据所存柱础分析，该建筑面阔三间，进深三间，方向略偏东南，四周均用鹦鹉岩质石条压面，石条宽 0.58-0.6 米，长 1.8-2.1 米不等，厚 0.23 米，石条下为石砌基础。基址东西长 11.55 米，南北宽 9.5 米，柱础东西向每排四个，共四排，柱础上部为圆形，直径 46 厘米，下部基座为方形，60×60 厘米，柱间距 3.25 米；南北向同样每排四个，房屋进深 8.3 米，前后廊进深 1.3 米，后墙及东、西山墙北侧均保留部分墙体，西山墙残高 0.3-0.5 米，墙角为砖砌，墙体为石砌，宽 0.45 米；东侧山墙北侧保留部分原墙，内部为磨砖砌成，主墙体为石砌，屋内地面为青砖铺成，青砖分两种尺寸：方砖 47×45 厘米；条砖 40×27 厘米。后墙中部开门，出门后即为用自然石块砌成的蹬道，它与假山及院外高岗上的六角亭相连。前门踏步同样为大块自然石铺砌，不规则，出门外约三米处呈"人"字形分为两条线路，一条通过天井，穿假山出院门与院外假山的蹬道相通，另一条向西侧斜出，与倚云楼东侧游廊相连。

清理出的基址包括：香林室、倚云楼、方亭、蹬道、游廊、六角亭及部分假山。现将相关基址现状介绍如下：

（1）基址现状

香林室为该组主建筑。发掘前的基址北部为土石所覆盖，前廊东西两侧均与游廊相通，西侧游廊呈曲尺形，进游廊后北侧为一 3.35 米见方的方形小室（净房）；向西约九米进入倚云楼。东侧游廊为"之"字形，沿游廊曲行可达方亭。游廊与倚云楼相连处南侧又一出口，与游廊通往方亭的出口并列，踏步用自然石块砌成，沿此踏步可出游廊，沿石砌甬道进入天井，而后通向假山与倚云楼前通假山的甬道相合。

方亭位于香林室东南部，有游廊相通，游廊两个拐角处各有 5 阶踏步。方亭边长 5.47 米，周围条石压面，条石宽 53 厘米。柱础方形，座宽 55×55 厘米，柱础部分 35×35 厘米，柱间距 4.06 米。亭内东北部留有部分墁地砖，条形，尺寸 27×14 厘米，砖下为三合土基础。

倚云楼位于香林室西南部，北部有游廊与倚云楼相连，南部已被破坏，台基压面石缺失。根据发掘基址测量，南北长 8 米，东西宽 7.8 米，东北部凹进 3.1×2.15 米，故整个建筑布局为曲尺形。西、北面残存部分原墙体砖石混砌，残高 0.3~0.8 米，柱础座为方形，0.7×0.7 米，上部为圆形，直径 0.43 米。

六角亭位于倚云楼北部院外的小山顶部，边长 4.9 米，仅存基址（图 056）。

（2）出土遗存建筑构件

1）筒瓦，可分为两种，一种通长 20 厘米，另一种通长 13 厘米。

2）瓦当，种类多样，根据材质，分三种类型，第一种为普通莲纹，另两种分别为绿琉璃龙纹瓦当和黄琉璃龙纹瓦当，直径 14 厘米。

3）板瓦，分大小两种；大号 15×13 厘米，小号 11×10 厘米。

4）琉璃筒瓦，分黄、绿两色，通长 29 厘米。

5）绿琉璃正吻残块，龙纹。

056 六角亭遗址（陈东 摄影）

6）墙面砖，外做绿色龟背锦彩绘。

7）铁构件 9 枚，分别为钉、扒锔。

8）石栏杆两个，均残，其中一个稍完整，通长 75 厘米，鼓形，上下直径分别为 9 厘米、8 厘米，中部有两个直径 4 厘米的孔，距端点 2.5 厘米处饰一周乳丁纹。

9）内装修构件，团花、卧蚕等。

（3）存在问题及认识

通过对该组遗址的发掘对遗址的全貌有了初步概念。该组建筑在寺庙整体建筑群中等级特殊，建筑形式多样，具有较高的建筑艺术价值。但该遗址暴露的所用石料均为就地所采鹦鹉岩材质，该种石材吸水性强，脱水后易酥裂，特别是长期暴露，自然损害更加严重（图 057-059）。今后应加强对该种石材的研究，采取可行的技术手段对这类石质文物加以科学的保护。

057 香林室角柱风化情况（陈东 摄影）

058 香林室前檐台明石风化情况（陈东 摄影）

059 游廊踏步风化情况（陈东 摄影）

060 清凉楼遗址（陈东 摄影）

2. 西跨院探沟发掘情况

为了解殊像寺西跨院遗址的分布情况，在对香林室组古建基址进行清理的同时，还在殊像寺西跨院原僧房所在处开探沟一条。探沟方向北偏西15度，宽0.5米，长46.5米，深0.7米。其中发现古建基址三处、单独石条三处、石质柱础一处。可基本确定僧房的位置。

该处地层可分二层，具体情况如下：

第一层：现代叠压层，厚0.15-0.5米。内杂大量的砖瓦及砾石碎块。该层下即为清代建筑基址。第二层：清代建筑基址厚约0.2-0.5米。深度或达到原生土层。

3. 清凉楼

清凉楼毁于20世纪30年代，发掘前大部分基址被山体滑落的土石及原古建落房土所覆盖，覆盖物深度由0.1米到1.5米不等，长满杂草及野生灌木。部分基址、柱础暴露，暴露的部分石料严重风化、酥裂。地表可见散落柱础、砖瓦、琉璃及其他一些建筑构件残块。

发掘及地层情况

此次发掘从2003年10月19日开始，至11月16日结束，发掘面积约800平方米，地层较为简单，可分二层：

第一层：为现代叠压层，厚0.15-1.5米。土黄褐色，内杂大量的砖瓦及砾石碎块。该层下即为清代建筑基址。

第二层：清代建筑基址，厚约0.2-1米。该层打破山体原生土。

现将相关基址现状介绍如下：

（1）基址现状

清凉楼发掘前大部为土石所覆盖，南侧台基及部分柱础暴露，台基上的压面石及柱础严重风化、酥裂（图060-064）。根据所存柱础分析，该建筑面阔九间，进深三间，方向正南，四周用鹦鹉岩质石条压面，石条宽0.58-0.6米，长1.8-2.1米不等，厚0.23米，石条下为石砌基础。基址东西长34.47米，南北宽10.85米，柱础共四排，东西向每排十个，部分缺失或残损。柱础为上部为圆形，直径46厘米，下部基座为方形，60×60厘米，柱间距3.52米；南北向同样每排四个，房屋进深5.82米，前后廊进深1.62米，现殊像寺后院墙应为清凉楼后檐墙，后山墙下保存石质须弥座五座，东、西山墙北侧均保留部分石质墙体，屋内地面为青色方砖铺成，青砖尺寸：47×45厘

061 清凉楼遗址（陈东 摄影）

062 清凉楼遗址出土构件（陈东 摄影）

063 清凉楼遗址出土构件（陈东 摄影）

064 清凉楼遗址出土构件（陈东 摄影）

米；前门踏步为大块自然石铺砌，不规则，出门后即为用自然石块砌成的蹬道，通过假山与南侧坡下的宝相阁相连。

（2）出土遗存建筑构件

1）筒瓦，发现较多，按尺寸可分为两种，一种通长 20 厘米，另一种通长 13 厘米。

2）瓦当，种类多样，根据材质，分三种类型，第一种为普通莲纹；另两种分别为绿琉璃龙纹瓦当和黄琉璃龙纹瓦当，直径 14 厘米。

3）板瓦，分大小两种，大号 15×13 米，小号 11×10 厘米。

4）琉璃筒瓦，分黄、绿两色，通长 29 厘米。

5）绿琉璃龙纹正吻残块。

6）墙面砖，饰绿色龟背锦图案彩绘。

（3）发掘遗址的保护

发掘遗址的保护方案是由河北省文物局和盖蒂保护所磋商之后决定的。具体方案和要求由河北省文物局编制，方案于 2004 年 12 月实施落实。

（二）殊像寺遗址回填保护

由于年久失修及人为破坏，殊像寺的山门直至最北的清凉楼，会乘殿西侧香林室、倚云楼、方亭、六角亭等建筑现已无存。2003 年，承德市文物局组织人员对部分基址进行了发掘，由于遗址石构件非常容易风化，现有技术条件无法有效保存，暴露后的基址如不进行妥善保护，将受到极大损害。为做好基址的保护工作，承德市文物局委托河北省古建研究所多次现场勘察，对基址进行了现状分析：

1. 遗址保存现状

由于遗址考古发掘后，石瓦构件迅速脱水，裸露的压面石、阶条石、柱顶石等各类石质构件出现了严重的劈裂、崩裂现象。遗址槛墙、山墙、台基等砌体表层脱落严重；部分地面砖劈裂，表层风化严重。

2. 破坏因素分析

（1）冻融

承德地区纬度偏北，冰冻期较长，昼夜温差较大。夜晚结冰，白天在阳光曝晒下，温度迅速回升。渗入遗址内的水分，在冻融作用下，使遗址出现酥裂、崩裂现象。

（2）雨水浸泡

遗址裸露后，由于缺乏必要的排水措施，遗址凸凹不平，低洼地段多处存水、雨水直接浸泡遗址；近年来，北方地区空气污染严重，空气中二氧化硫与水结合，形成酸雨，对遗址具有严重的腐蚀作用。

3. 回填保护原则

（1）以国家有关法律、法规和标准、行业规则为依据，在进行文物遗址回填保护时，坚持"不改变文物原状"的原则；

（2）保护遗址的完整性和真实性原则；

（3）回填方案遵循可逆性原则。

在此基础上制定了完善的回填保护方案，经河北省文物局、承德市文物局同意后，由承德市文物局古建处承担整个工程的实施。

4. 回填措施

施工队根据现有的经济和技术条件，遵照河北省古建所制定的《此殊像寺基址保护维修方案》，根据实际情况，确定了本次维修的目的主要是达到不塌、不倒、更好保护的目标。在组织施工中，基址保护备料和施工均严格遵守《文物保护法》的相关规定和省古建所的设计方案，而且精益求精。如使用的材料采用石家庄产的精制蛭石和上等白灰、黄土，铺垫材料采用小日防晒网。施工中，为确保文物安全，根据不同基址的不同情况，因地制宜，对基址进行原位整体加固，制订了较详细的维修施工方案，主要为：

（1）对基址上多年生的灌木连根清理，拔除杂草，砂石压面归安；台基坍塌部位的旧石料干渣归安，清除四周腐殖土，露出砖石散水。

（2）支模板：在台基侧立面支 20 厘米厚灰土模板，根据散水变形的实际情况，在基址四周外边 8 厘米处开始向外弹出相距 20 厘米的两边线，先选择里边安装竖立档、横档及斜撑、钉侧板在顶部用线垂吊直、找平、钉实，再立另一边模板，上口加撑头中间用十号线固定后，将模板内打扫干净。

（3）打灰土：将蛭石土灰搅拌均匀，在模板内虚铺约 22 厘米灰土搂平，先人工踩两遍，然后用夯筑打，按照传统的夯打程序分"行头夯""行二夯""行余夯""掖边"，然后铲平。整个过程重复三遍，使灰土密实之后，用水洇湿，水量控制在将最底层灰土洇湿为度，做到"冬见霜、夏看帮"，多次铺土夯实直到达到标高为准，然后回填内侧蛭石 5 厘米。

（4）按要求分层铺漫：干铺蛭石 5 厘米；白灰蛭石 20 厘米；黄土蛭石 30 厘米；三合土 15 厘米；工序同打灰土夯实，留出散水以防止积水。

（5）为防止冬季冻融后边帮坍塌，经河北省文物局专家同意，保留部分外帮模板，不易保留外帮模板的地方作斜坡处理。

该项工程自 2004 年 11 月 23 日开始实施，至 12 月 29 日完成，分别对"香林室""倚云楼""方亭""清凉楼""六角亭"等基址按照要求采取了保护。通过此项工作的实施，为避暑山庄及周围寺庙的基址保护提供了宝贵的经验。

2004 年 12 月 28 日，河北省文物局专家和承德市文物局文物科、工程管理科及施工单位共同对该项施工进行了现场验收，验收后认为该项工程基本达到了设计要求（图065-067）。因施工期间已进入冬季，为防止夯土由冻结到天气转暖发生的冻融散落、开裂粉化等，因此在 2005 年春季再对全部基址进行加夯。

四、文物保护国际合作项目

作为推广《中国文物古迹保护准则》的试点，2001年，按照国家文物局要求，承德市文物局与美国盖蒂保护所合作在承德殊像寺开展文物保护研究项目，按照《中国文物古迹保护准则》的要求处理保护与管理问题，开展文化遗产的研究和保护。

2002至2004年为评估与研究阶段，包括对文献资料的搜集整理、主要建筑基址考古发掘、勘察测绘、彩画油饰状况评估和取样分析等工作（图068-069）。2004年11月，合作完成了《承德殊像寺评估报告》（图070）。具体内容包括对殊像寺的历史文化价值评估、现状评估、管理条件评估、内部陈设调查以及考古调查资料等，同时，对殊像寺各种古建筑材料取样化验分析。2004年11月8-10日，国家文物局聘请王世仁、张生同、晋宏逵、顾玉才、付清远、王立平、吕舟、谢飞、孟琦等专家对《承德殊像寺评估报告》进行论证。专家认为，殊像寺评估工作是一次在《中国文物古迹保护准则》指导下的文物保护前期研究工作的实践，对承德以及中国的文物保护工作起到引导作用，所提供的方法和理念，对殊像寺保护方案的形成和选择起到指导作用，也对中国其他遗产地的管理展示起到借鉴作用。《承德殊像寺评估报告》取得的成果为殊像寺保护方案的制订和下一步方案的实施打下了基础，并可能产生更为广泛的影响（表7）。

065 香林室遗址回填后（李林俐 摄影）

066 清凉楼遗址回填中（李林俐 摄影）

067 清凉楼遗址回填后（李林俐 摄影）

068 2004 年承德市文物局与美国盖蒂保护研究所共同进行殊像寺勘察与测绘（李林俐 摄影）

069 2004 年在殊像寺取样进行材料检测

070 承德市文物局与美国盖蒂保护研究所专家共同讨论殊像寺评估报告

2005 年至 2007 年为殊像寺规划阶段。编制完成了《殊像寺保护与利用概念性计划》，包括殊像寺概念性规划综述和建筑、园林、彩画、安防、展陈等 10 个专项规划。2007 年 10 月，《殊像寺保护与利用概念性规划》在国家文物局组织的研讨会上获得通过（图 071）。

071 2007 年殊像寺现场论证会（裴江生 摄影）

2008 年之后，承德市文物局按照国家文物局要求，在《承德殊像寺评估报告》和《承德殊像寺概念性规划》研究成果的基础上，委托具备文物保护工程甲级资质设计单位编制各项保护工程方案，并组织实施文物保护工程。在此期间，美国盖蒂保护所主要以顾问形式参与承德殊像寺文物保护合作项目，一直关注殊像寺环境数据监测、彩画科技保护试验研究、保护工程方案设计、保护工程实施等项目进展，提供数据分析并提出了很多合理化建议。

（一）参与环境数据监测分析

为加强对殊像寺古建筑及附属文物保存状况的研究，自2005年秋季开始，承德市文物局与美国盖蒂保护所制定了殊像寺环境气象数据监测计划，根据古建筑、佛像、彩画的保存状况和研究需要，专门设置了17个微型气象数据自动监测仪，对各研究部位的温度、湿度和光照强度进行监测，每半年下载一次监测数据并进行汇总、整理和分析，此监测项目一直延续到2012年12月完成。美国盖蒂保护所一直关注殊像寺的环境监测，并协助对监测数据进行汇总分析。殊像寺环境气象数据监测结果为殊像寺彩画、佛像和古建筑的保护修缮工程设计方案的编制提供了科学、准确的数据支持，为分析殊像寺古建筑及附属文物保存状况、病害成因和保护措施的制定起到了重要的作用。

（二）参与彩画科技保护试验研究

殊像寺会乘殿保留了清代乾隆时期的精美彩画，但由于年代久远，保存条件较差，大部分彩画和地仗出现空鼓、剥落、褪色、起翘等病害。为了更好地保护殊像寺彩画，2005年，承德市文物局、美国盖蒂保护所和中国文化遗产研究院共同合作开展了殊像寺彩画保护研究实验。选取会乘殿内檐、外檐脱落的彩画、油饰样品，用不同的方法和粘贴材料将地仗层粘贴到旧的木构件上。并在样品表面进行不同的除尘处理、加固处理和封护处理。实验样品分实验室加速老化和殊像寺现场自然老化两种对照实验。通过实验研究分析殊像寺彩画老化和残坏的原因和机理，筛选适宜的保护材料和保护工艺。

彩画科技保护试验研究现场自然老化监测记录一直延续到2011年12月，由承德文物局组织业务人员定期对试验样品进行记录和拍照，与盖蒂所和中国遗产院专家共同进行实验分析，实验成果用于殊像寺彩画保护设计方案和保护工程实施中，为科学、有效的保护殊像寺清代彩画起到了关键作用，并为承德外八庙其他寺庙的彩画保护提供了借鉴和指导（图072）。殊像寺会乘殿彩画保护试验、设计方案和具体实施内容详见本书第四篇第四章内容。

（三）为殊像寺文物保护工程提出合理化建议

2005年至2007年，承德市文物局、美国盖蒂保护所和中国文化遗产研究院共同合作编制完成了《殊像寺保护与利用概念性规划》，并在国家文物局组织的研讨会上获得通过。按照国家文物局的要求，自2008年开始，承德市文物局委托河北省古代建筑保护研究所、中国文化遗产研究院等设计单位按照殊像寺概念性规划内容编制了10项文物保护工程设计方案，包括古建筑修缮、彩画保护、遗址保护、假山保护、佛像保护、石质文物保护、安防、消防、防雷等多个方面。在方案编制过程中，美国盖蒂保护所一直关注着保护方案的内容和进展情况，并通过电子邮件与承德市文物局和设计单位进行讨论和沟通，在保护修缮理念、原则和具体保护措施上提供了很多的合理化建议，并为殊像寺彩画保护方案提供了环境监测分析数据和彩画实验研究结果，使殊像寺保护方案的内容更加符合《中国文物古迹保护准则》的程序、理念和深度要求。2013年和2014年初，美国盖蒂保护所承德项目组专程到殊像寺现场了解保护修缮工程的实施情况，对殊像寺古建筑保护修缮工程和彩画保护修缮工程的实施提出了很多合理化建议，并对保护工程中的档案记录工作予以充分肯定（图073-074）。

073 2013年美国盖蒂保护研究所专家考察殊像寺保护工程实施情况（陈东 摄影）

072 殊像寺彩画保护试验（李林俐 摄影）

074 2013年美国盖蒂保护研究所专家与中国古建筑彩画修复师傅探讨殊像寺彩画的保护（李林俐 摄影）

表 7 殊像寺现代重大事件统计表

日 期	干预活动、事件	资料来源、备注
1950 年	对殊像寺进行普查和现状勘测	外八庙资料室《殊像寺调查记录》
1954 年	对殊像寺进行普查和现状勘测	
1954 年	殊像寺演梵堂后面的三间偏房被殊像寺村委会占用，建成殊像寺小学	
1956 年	河北省文化局文化处处长戴书泽亲自主持了殊像寺会乘殿的修复工程，参与工程维修任务的还有原市政处 302 工地工长关怀卿	《会议纪要》——与古建筑专家谈殊像寺的修缮
1959 年 5 月 18 日	承德市文物局古建队对殊像寺山门、两侧围墙及钟鼓楼进行维修，对残破的建筑拍照存档	外八庙资料室《殊像寺调查记录》
1967 年 3 月	承德市文物局古建队对宝相阁进行保护性落架拆除。把大木构件存放在储材厂，之后又将已经坍塌的天王殿的大木构件移至库房保存	
1972 年	在天王殿两侧新建两幢房屋作为殊像寺小学教室	
1972 年	7 月将殊像寺现有建筑及已坍塌建筑物的基址进行拍照存档。10 月把殊像寺每年阴历腊月初八用来煮"腊八粥"的铜锅从馈香堂移至普宁寺	
1975 年 8 月	承德市文物局古建队对殊像寺山门进行维修	承德市文物局档案馆工程档案
1982-1984 年	承德市文物局古建队补配会乘殿外檐装修，重点修缮钟鼓楼。复建殊像寺围墙。对殊像寺庙内及后部宝相阁、清凉楼等处进行基址清理，归安馈香堂、演梵堂、指峰殿、面月殿等处遗址	承德市文物局档案馆工程档案
1982 年 7 月 23 日	河北省人民政府公布殊像寺为省级重点保护单位	外八庙资料室《殊像寺调查记录》
1986 年	迁出殊像寺小学	
1987 年	承德市文物局购置消防器材并安装避雷针，同年成立了殊像寺文保所，王淑珍担任所长	
1988 年 1 月 13 日	国务院公布殊像寺为第三批全国重点文物保护单位	
1989 年始	承德市文物局古建处对会乘殿至宝相阁之间假山山洞和主路进行简单的局部清理和归安	贾俊明、孟宪义回忆
1991 年初	依据《中华人民共和国文物保护法》和《河北省文物保护管理条例》划定殊像寺保护范围（重点保护区和一般保护区）	
1994 年初	承德避暑山庄及周围寺庙确定为世界遗产地。殊像寺向游人开放，罗昶担任所长。遗址东北区的松树可能是在这一时段栽种	外八庙资料室《殊像寺调查记录》
1996 年	殊像寺停止向游客开放	
1998 年 7 月	对寺庙内部古松安装避雷针并做了安全加固支架	
2000-2002 年	修复宝相阁，阁内三尊佛像的残余部件由承德双滦金纺创意工作室修复，工程于 2002 年 10 月 22 日完工	承德市文物局档案馆工程档案
2002 年	采用水泥铺设冰纹石道路，局部抢险加固会乘殿后假山	
2002-2007 年	2002 年 5 月，承德市文物局与美国盖蒂保护所，按照《中国文物保护准则》展开合作，将殊像寺列为落实《中国文物保护准则》的古建保护试点。编制《殊像寺评估报告》和《殊像寺概念性保护规划》	
2003 年 7 月	河北省第十届人大常务委员会批准《承德避暑山庄及周围寺庙保护管理条例》	
2003 年 11 月	对清凉楼、六方亭、倚云楼、香林室、四方亭、灶房、上房、值房等地点进行发掘；在东西跨院挖掘探沟	承德市文物局档案馆工程档案
2004 年 5 月	会乘殿的南、东侧安装了脚手架以调查彩画现状；防鸟网被卸下来以进行彩画调查，调查结束之后重新安装防鸟网。在靠近遗存僧房位置建造犬舍	
2004 年 11 月	对香林室和清凉楼古建筑遗址进行回填保护	
2004 年秋季	在山门前构筑水泥障碍物阻止车辆在清代的海墁上行驶，在庙内设置厕所标志与防火标志	
2004 年 12 月	完成倚云楼、清凉楼和御厨房基址回填	承德市文物局档案馆工程档案
2005 年 9-10 月	在会乘殿东立面架设脚手架；对东立面彩画进行现场处理的定点试验对会乘殿内的陈设物与装饰物进行定点清洁试验将庙内消防道路改到演梵堂北边，以避开天王殿基址	
2011 年	《避暑山庄及周围寺庙文物保护总体规划（2011-2020）》通过国家文物局和河北省政府审批，有关殊像寺的内容详见本书第二篇	
2011-2017 年	实施承德避暑山庄及周围寺庙文化遗产保护工程，殊像寺涉及 9 项单项工程，详见本书第四篇	

第三章　建筑特色

在承德避暑山庄周围敕建寺庙中，殊像寺占地面积并不是最大，建筑等级也不是最高，寺庙中没有金瓦殿，也没有太多的琉璃建筑，建筑规模也和与之相邻的普陀宗乘之庙和须弥福寿之庙难以相提并论。佛像规模与其他藏传佛教寺庙比较如普宁寺千手千眼观世音菩萨和安远庙普度殿绿度母也相差甚远，而就是这样一座朴实庄严、极具园林韵味的寺庙得到了乾隆和嘉庆皇帝更多的青睐（图075）。殊像寺建成后，乾隆皇帝每

年来承德期间都会专程去殊像寺瞻礼。而且皇帝在承德期间，每月初一、十五或重要日子都会亲自或派遣专人去殊像寺上香。例如，《清宫热河档案》记录了乾隆四十年（1775年）乾隆皇帝亲自或遣人去殊像寺上香7次（详见本书第五篇第一章），可见其对殊像寺的重视程度。此外，乾隆皇帝在殊像寺专门题写诗篇10首，嘉庆皇帝为殊像寺题诗1首，从侧面反映出了两位皇帝对殊像寺重视程度（表8）。

075 鸟瞰会乘殿与月台（郭峰 摄影）

表 8　乾隆和嘉庆在承德各寺庙中题写诗文和上香次数统计表

寺庙名称	乾隆御制碑文（篇）	乾隆御制诗（首）	嘉庆御制诗（首）	乾隆四十年上香次数（次）
溥仁寺	0	17	0	3
溥善寺	0	0	0	2
普宁寺	3	4	0	3
普佑寺	0	0	0	3
安远庙	1	6	0	4
普乐寺	1	2	0	4
普陀宗乘之庙	3	6	4	3
广安寺	0	7	0	3
殊像寺	0	10	1	7
罗汉堂	0	2	0	3
须弥福寿之庙	1	7	1	—

一、选址规划

康熙时期修建的溥仁寺、溥善寺和乾隆初期修建的普宁寺、普佑寺、安远庙、普乐寺都位于避暑山庄外的东面和东北区域，在避暑山庄北面并未修建皇家寺庙。但避暑山庄之北狮子沟一带的北山非常适宜建造大型寺庙。乾隆三十二年（1767年）乾隆皇帝首先在此修建普陀宗乘之庙。乾隆三十七年（1772年）在普陀宗乘之庙西侧修建广安寺。两年之后，在普陀宗乘之庙和广安寺之间紧邻广安寺修建殊像寺，同年在广安寺之西修建罗汉堂。乾隆四十五年（1780年），最后在普陀宗乘之庙之东修建须弥福寿之庙。至此，5座寺庙并列在狮子沟北山，均为坐北朝南，面朝避暑山庄，组成雄伟的寺庙建筑群（图076）。

在此选址修建殊像寺和其他皇家寺庙是有一定原因的。在中国古代，将选址称作"相地""堪舆"，无论是寺庙还是园林景观的营建，"相地合宜、构园得体"都是建园伊始的关键。殊像寺在选址方面除了考虑建庙的基本要求外（小气候条件、水源、交通、薪源等），还要综合考虑宗教要求、风水要求、政治要求和园林要求。

1. 宗教要求

宝相阁内楹联写道："佛说是本师，宏宣象教；天开此初地，示现狮峰。"一语双关的印证了在狮子沟北侧山麓修建殊像寺的宗教意义。狮子是文殊菩萨的坐骑，象征智能威猛，而殊像寺前的山沟被称作狮子沟，狮子沟的主峰就是狮子岭，在此选址修建文殊菩萨的寺庙暗合"天意"。

2. 风水要求

负阴抱阳，背山面水，坐北朝南，这是中国古代风水观念

076 避暑山庄北侧的普陀宗乘之庙和须弥福寿之庙

中相地的基本原则和格局。所谓负阴抱阳即指选址的后面有主峰来龙山，左右有次峰或岗阜的砂山，即青龙、白虎山，前面有池塘或河流，水的对面还有一座对景朝山。正如《地理五诀》中认为："乃众砂聚会之所，后枕靠，前朝对，左龙砂，右虎砂，正中明堂。"这样的选址俗称"前有照、后有靠、左右抱"，选址地位于山环水抱的中央，地势平坦而具有一定的坡度，形成背山面水的基本格局，这样的自然环境有利于形成良好的局部小气候，背山可以凭挡冬日北来的寒流，朝阳可以取得良好的日照。狮子沟北侧屏山麓正好符合这一风水要求。乾隆皇帝

在殊像寺诗文中描述殊像寺周围的环境是"双峰恒并峙"，并且在诗注中解释道"与普陀宗乘之庙各据一峰，相去半里"，诗文中指的这两座山峰属金山余脉，连绵起伏，一脉相承，至狮子沟北山，双峰并峙，都可以作为选址地的"靠山"；双峰两侧有砂山和天然山谷以屏蔽侧风，排泄山水（图077）；狮子沟旱河在门前流过，满足风水中对水的要求；对面避暑山庄的北岭可以作为"朝山"，也就是"照山"。这两座山峰的阳坡都是绝佳的"风水宝地"。

3. 政治要求

纵览承德的皇家寺庙，营建时间虽然延续80余年，但寺庙的择址却不约而同地选择了朝向避暑山庄，这绝不是偶然的。承载多民族宗教信仰的寺庙众星捧月般簇拥在象征中央政府的避暑山庄周围，这正是"民族大团结"与"皇权为中心"的统治思想在景观上的生动体现。象征满族皇权利益的殊像寺当然也服从了这一"规划思想"。

殊像寺的选址远离城区，在建造殊像寺之前，这里本有"民房九十间，龙王庙正殿三间，山门一座，院墙凑长十六丈一尺"，其余都是旷野山地、无人居住。在此修建殊像寺并不需要进行大规模搬迁，不会劳民伤财引起民愤。乾隆三十九年（1774年），乾隆下旨将民房和龙王庙迁移，所需经费由政府承担。另外，殊像寺是乾隆来热河经常驾临拈香礼佛的地方，礼佛后可以自西北门就近返回避暑山庄，这也是选址的一个重要因素。

4. 园林要求

外八庙中安远庙、普乐寺是台地建庙；溥仁寺、溥善寺、普佑寺和广缘寺是平地建庙；其他寺庙均为坡地建庙。《园冶》相地篇中认为"园地为山林最胜"，坡地建庙的选址则更能体

077殊像寺风水地形（陈东 摄影）

现出寺庙的园林要求。地形的复杂多变和地势的逐级抬高，不但使主体建筑层层步入高潮，增加了寺庙的雄伟气势，而且也是"因高借远"和"对景"成功的关键（图078）。在乾隆时期，殊像寺所处的山麓古树参天、草木丰茂，南有旱河流经，是建庙的首选之地。殊像寺向东可借景普陀宗乘之庙和磬锤峰，这一点也被乾隆皇帝所乐道，"双峰恒并峙，半里弗多纡""分台麓示居国，座挹锤峰供养云"。向西可借景广安寺和罗汉堂。向南可远借避暑山庄的虎皮宫墙和古俱亭。同样，在普陀宗乘之庙红台顶和古俱亭俯视松柏掩映的殊像寺更是一处盛景。

二、平面布局

根据乾隆诗文记述，承德殊像寺的布局和"堂殿楼阁略仿台山"，但实际上是局部上的仿建，在具体规划设计和单体建筑样式方面都没有完全照搬五台山殊像寺。

五台山殊像寺坐北朝南，东西宽约70米，南北进深约120米，占地面积约为8400平方米，只有承德殊像寺的三分之一。寺庙建筑体量较小，布局紧凑；主院为两进院，两侧原有东西跨院；寺庙有明显中轴线，轴线上依次建有山门、文殊殿、后殿，

文殊殿前有月台，轴线两侧对称建有钟鼓楼和多座配殿；庙内没有天王殿，没有大体量假山。

承德殊像寺坐北朝南，寺庙的围墙东西宽约115米，南北进深约200米，占地面积约为24400平方米，寺庙规模远大于五台山殊像寺，单体建筑体量也较大。寺庙分为主院和东西两个跨院，有明显中轴线，各建筑沿轴线对称布局。主院前半部分基本按照中国传统寺庙伽蓝七堂的布局形式。即中轴线上建造山门、天王殿、大雄宝殿，两侧对称布局钟鼓楼和配殿，共9座殿堂。这部分采用轴线对称手法，给人以严谨庄重的感觉。不同于伽蓝七堂布局的是承德殊像寺的主院前半部分按照五台山殊像寺的规制在大雄宝殿前设置了四座配殿，而不是两座；会乘殿前仿文殊殿设置了大月台；但比五台山殊像寺增加了天王殿。承德殊像寺主院后半部分的布局可谓匠心独具，建筑构思极其丰富而又合理，用大体量假山在原有山坡模仿五台山的五座山峰构建"清凉五峰"，中心象征中台，建造八角重檐的宝相阁；以宝相阁为中心，在周围四个假山顶对称建造四座配殿，象征五台山其余四座山峰；建筑中轴线最后建造两层的清凉楼，登楼顶可以俯瞰整

078 殊像寺南视角全景（郭峰 摄影）

座后院假山。承德殊像寺的东西跨院用于建造僧房和园林庭院。据此，承德殊像寺主院前半部分的布局"略仿"五台山殊像寺，但后半部分以宝相阁为中心采用大体量假山营建"清凉五峰"，西跨院建造园林庭院，这是乾隆皇帝亲定的寺庙及寺庙园林布局形式（图079）。

079 俯瞰殊像寺全景（郭峰 摄影）

三、竖向设计

殊像寺依山而建，前半部分位于平地，地势平坦而开阔；后半部位于山坡，地势突起。前院海拔为369米，至庙之北端海拔高达394米，落差达25米。寺庙中轴线的立面上呈阶梯状排列各个主殿，特别是在会乘殿前利用地势高差设置两层高大的月台，在会乘殿后整体用假山堆砌自然山坡，营建复杂的山形地貌。这样的竖向设计不但使寺庙远景丰富多样，层叠变幻，不拘一格（图080）；近景迂回险峻，妙趣横生使礼佛者步步高攀，抬头仰视佛国的殿宇，崇敬之心油然而生。这也是中国寺庙规划布局惯用的手法，承德的普乐寺、普宁寺、普陀宗乘之庙和须弥福寿之庙都采用了这种竖向设计形式。

四、寺庙布局

（一）庙前

殊像寺山门前设有条石海墁，东西两侧各有石雕狮子一座，乾隆时期在石狮子南侧栽植四株国槐（现仅存东侧一株，图081）。殊像寺门前有一条土路，经小桥（不存）过狮子沟旱河，向东南盘山而上，可达避暑山庄西北门。乾隆皇帝经常由此路往返避暑山庄与外八庙。

（二）主院前半部分

殊像寺主院前半部分以汉式伽蓝七堂布局为基础，略仿五台山殊像寺建筑布局。

080 殊像寺东侧立面（陈东 摄影）

081 殊像寺山门前海墁和石狮（郭峰 摄影）

中轴线上第一个建筑是山门（图082），为殊像寺正门，面阔三间，进深一间，单檐五檩歇山布瓦顶，建筑面积100.8平方米，檐下施单栱交麻叶斗栱，外檐墙红色抹灰，明间设券门洞，次间设石盲窗，露明大木饰旋子彩画。山门南墙石券门上嵌有满、汉、藏、蒙四种文字"殊像寺"石匾。山门内东西供哼哈二将。

进山门为殊像寺主院第一进院落，四面由山门、天王殿和围墙封闭，东西长56.61米，南北宽37.40米。通往天王殿的主路中央为条石御路，两侧冰裂纹散水，至天王殿前随礓磋宽度

形成冰裂纹海墁，东西两侧有冰裂纹甬路通往钟鼓楼。山门和天王殿两侧的院墙上各建有角门一座，共四座，砖石结构，单檐歇山布瓦顶，随门内、外建有冰裂纹石板甬路，以供日常出入。第一进院东西两侧围墙北端各有随墙门一道，南端建单檐硬山清水脊门楼，铺设冰裂纹石板甬路通往东西跨院。庭院绿地对称栽植油松，钟鼓楼南侧绿地中各设旗杆一座（现仅存旗杆台基和夹杆石，图083）。

中轴线上第二个建筑是天王殿（遗址），面阔五间、进深一间，单檐五檩歇山布瓦顶建筑，建筑面积174.76平方米（图084）。原天王殿前后檐封以木栈板墙，两侧砌山墙，明次三间设木券门和礓磋，稍间设木券窗，外檐悬满、汉、藏、蒙文四体"天王殿"陡匾一面，殿内供弥勒佛坐像一尊、韦陀立像一尊，两侧供四大天王坐像。

第一进院落的东侧为钟楼（图085），西侧为鼓楼，对称布置，均为两层单檐五檩歇山布瓦顶建筑，建筑面积均为106.74平方米。钟鼓楼下层面阔五间，进深三间，四面封护墙，正面设石券门，室内设楼梯；上层面阔三间，进深一间，四面木栈板墙各开一券窗，内分别置钟和鼓。

穿过天王殿进入到第二进院落。院落南部平坦宽阔，西侧为馔香堂（遗址），东侧为演梵堂（遗址），中间的十字甬路为红砂岩条石路面，两侧为青砂岩冰裂纹散水和海墁。第二进院落北部地势随山坡逐渐抬高，依地势设置有两层月台，上建有主殿会乘殿和配殿指峰殿、面月殿（遗址）。第二进院和月台上也规整对称栽植油松。

082 山门南立面（陈东 摄影）

083 东北视角鸟瞰殊像寺前院（郭峰 摄影）

084 天王殿遗址（陈东 摄影）

085 鼓楼东南（陈东 摄影）

会乘殿面阔七间，进深五间，重檐歇山黄琉璃瓦顶建筑（图086），建筑面积588.09平方米。会乘殿上下檐施斗栱，金龙和玺彩画。上檐明间悬挂"会乘殿"云龙陡匾，用满、汉、藏、蒙四种文字书写。室内供文殊、观音、普贤三大士，两山置藏经柜和楠木八角塔。

第二进院落东配殿为馔香堂（遗址），西为演梵堂（遗址），面阔五间、进深四间，前出廊，单檐七檩硬山布瓦顶皮条脊建筑，建筑面积各309.08平方米，现仅存遗址（图087）。室内明间后檐墙设有后门通往东西跨院。

月台上东配殿为指峰殿（遗址），西为面月殿（遗址），均面阔三间、进深二间，前出廊，单檐五檩歇山布瓦顶建筑，建筑面积各132.34平方米。指峰殿和面月殿室内原供奉无量寿佛各三尊。

086 坐落在高大月台上的会乘殿（陈东 摄影）

087 馔香堂遗址（陈东 摄影）

（三）主院后半部分

殊像寺主体院落的后半部分，采用象征手法叠砌大体量假山，仿造山西五台山的清凉五峰（图088）。山峰、山谷、山洞、悬崖、峭壁等山体要素一应俱全，假山上散植大量油松。沿假山山洞或蹬道盘旋而上可先达半山坡一平台，在假山顶的中轴线上建单层八角重檐绿琉璃瓦黄剪边攒尖顶佛阁，八面均设槛窗格扇，檐下施斗栱，绘金线大点金旋子彩画，阁内供骑狮文殊菩萨及两侍者像，前檐面南悬挂"宝相阁"陡匾。四面假山的峰顶沿中轴线两侧对称各建配殿一座，分别以假山蹬道和石板桥连接。其中南端两座配殿地势较低，分别为云来殿和雪净殿（遗址），均面阔三间，进深两间，前出廊，单檐五檩歇山布瓦顶建筑，殿内均供无量寿佛三尊；北端两个配殿地势较高，分别为吉晖殿和慧喜殿（遗址），均面阔五间，进深一间，前出廊，单檐五檩硬山布瓦顶建筑，内各供无量寿佛五尊。假山最北端地势最高处，于中轴线上建佛楼一座（遗址），面阔九间，进深二间，前出廊，重层单檐五檩硬山建筑，布瓦心绿琉璃瓦剪边式屋顶，二层前檐悬挂"清凉楼"匾，楼内上下层各供文殊菩萨像五尊。

（四）东西跨院

殊像寺东跨院和西跨院南部是僧房区，建有各类僧房14座，均为硬山布瓦顶建筑。根据不同的使用功能用墙体将各僧房分隔成大小不同的院落，有的作为御厨房，有的是主持院、有的是看守房、有的供僧人居住。

（五）园林庭院

西跨院北部山坡建有一小型园林庭院，东西长27.88米，南北宽42.5米，由白粉墙围成匚形封闭院落。庭院主体建筑是面阔三间，进深三间的单檐硬山布瓦顶的主殿，前后出廊，乾隆命名为"香林室"；香林室东侧是单檐攒尖布瓦顶四角亭，西侧是面阔二间的二层小楼，单檐硬山布瓦顶，乾隆命名"倚云楼"。四角亭和倚云楼通过叠落游廊与香林室连接。园林庭院内点缀假山，庭院南墙设圆形月亮门，通过假山蹬道通往会乘殿北侧和大月台西侧；北院墙上设八角月亮门，通过假山蹬道可达庭院之外的单檐攒尖布瓦顶六角亭。此外，庭院东侧围墙接一假山山洞，沿假山谷底的石板路可达宝相阁南侧假山。

五、建筑样式规划

殊像寺整组建筑规划巧夺天工，布局严谨。在屋顶样式规划中，主院中轴线上的建筑山门、天王殿为单檐歇山布瓦顶建筑；会乘殿屋顶样式等级明显高于其他建筑，采用重檐黄琉璃瓦歇山顶样式；宝相阁为重檐八角攒尖屋顶，采用绿琉璃瓦黄剪边瓦面；清凉楼为两层楼硬山式屋顶，瓦面布瓦顶绿琉璃瓦剪边，主院配殿中，钟鼓楼、指峰殿、面月殿、云来殿、雪净殿和角门均为单檐歇山布瓦顶建筑，馔香堂、演梵堂、吉晖殿、慧喜殿为单檐硬山布瓦顶建筑。东西跨院的僧房全部为单檐硬

088 殊像寺北视角全景（张冲 摄影）

山布瓦顶建筑；香林室园林庭院中的香林室和倚云楼为硬山布瓦顶，四角亭和六角亭为单檐攒尖布瓦顶样式。殊像寺所有建筑屋顶均采用标准清官式屋脊样式和吻兽，没有像承德其他大部分皇家寺庙那样采用特意设计的琉璃花脊和吻兽。

在建筑体量与样式规划方面，会乘殿体量最大，面阔七间，进深五间，但并没有像其他常规主殿那样采用前出廊或者周围廊的结构，而是采用不出廊结构，简单而朴素。位于中轴线上的天王殿和清凉楼面阔为五间，山门面阔三间，宝相阁为八角形建筑，但只有清凉楼为前出廊结构，其余主体建筑均未出廊。殊像寺的钟鼓楼面阔三间，进深一间，是外八庙中唯一没有出廊的钟鼓楼，（其他钟鼓楼均为周围廊结构）。在主院的配殿中，馔香堂、演梵堂、指峰殿、面月殿、云来殿、雪净殿面阔为三间，吉晖殿、慧喜殿为五间，虽屋顶样式有硬山也有歇山，但与寺庙主体建筑恰恰相反，配殿全部都采用前出廊式建筑形式。园林庭院中建筑体量均较小，主殿香林室为前后出廊建筑，倚云楼为二层小楼，但均为硬山式建筑；四角亭和六角亭建筑体量也很小。此外，整个殊像寺中，只有钟鼓楼、清凉楼、倚云楼四个建筑是重楼建筑，其余均为单层建筑（图089）。

在斗栱应用方面，殊像寺的建筑只有中轴线上的山门、天王殿、会乘殿和宝相阁采用了斗栱，其余建筑如钟鼓楼、馔香堂、

云来殿等并没有像外八庙其他寺庙那样设置斗栱。其中山门和天王殿采用的是简单的装饰性的单栱交麻叶式斗栱，会乘殿和宝相阁采用了比较复杂一些的五踩和七踩斗栱。

承德避暑山庄周围的12座藏传佛教寺庙很多都融合了蒙藏的建筑元素，但其中，殊像寺、罗汉堂、普佑寺、广缘寺、溥仁寺、溥善寺这6座寺庙整体上仍然是以传统的汉式建筑风格为主。以殊像寺为例，只有会乘殿室内六字真言天花体现了藏式建筑风格元素。

殊像寺的建筑样式规划主次分明、简洁有序；建筑体量适中，布局朗朗。在单体建筑规划中没有采用太复杂的建筑样式，没有规划非常多的琉璃瓦建筑，没有使用太多的斗栱提高建筑等级，没有使用花板、雀替、藻井和精美的雕刻做装饰，没有太多的海墁辅装化地面；但专门设置两层大月台烘托主体建筑，特别设置优雅别致的寺庙园林庭院，堆叠大体量的假山营造清凉五峰，采用天然石板铺装道路和月台台面，大量栽植长青油松。所有建筑中只有前院的中心建筑会乘殿和后院的中心建筑宝相阁采用复杂的斗栱和高等级的重檐屋顶样式，而只有会乘殿采用满面黄的琉璃屋顶，使之与附属建筑灰绿色的屋顶样式形成鲜明对比，使主体建筑更加醒目和突出。这样的规划设计使殊像寺组成一个沉稳庄严、错落有致、主次分明、极具园林特色的建筑群（表9）。

089 殊像寺东南视角全景（郭峰 摄影）

表 9 殊像寺建筑样式统计表

建筑名称	屋顶样式	面阔（间）	进深（间）	出廊	斗栱	建筑面积（平方米）
山门	单檐歇山布瓦顶	3	1	无	单栱交麻叶	100.80
天王殿	单檐歇山布瓦顶	5	1	无	单栱交麻叶	174.76
钟鼓楼	两层楼，单檐歇山布瓦顶	5	5	无	无	106.74
角门	单檐歇山布瓦顶	—	—	无	无	6.29
会乘殿	重檐歇山黄琉璃瓦顶	7	5	无	上下檐均为五踩斗栱	588.09
馔香堂、演梵堂	单檐硬山布瓦顶	5	3	前出廊	无	317.35
指峰殿、面月殿	单檐硬山布瓦顶	3	2	前出廊	无	133.07
宝相阁	八角重檐攒尖顶，绿琉璃瓦心黄剪边	8	3	无	下檐五踩斗栱，上檐七踩斗栱	270.15
云来殿、雪净殿	单檐硬山布瓦顶	3	2	前出廊	无	309.08
清凉楼	两层楼，单檐硬山布瓦顶，绿琉璃剪边	9	2	前出廊	无	748.00
吉晖殿、慧喜殿	单檐硬山布瓦顶	5	1	前出廊	无	141.74
香林室	单檐硬山布瓦顶	3	1	前后廊	无	109.27
倚云楼	两层楼，单檐硬山布瓦顶	2	1	接抱厦	无	63.51
方亭	单檐四角攒尖布瓦顶	1	1	无	无	29.38
游廊	单檐悬山布瓦顶	14	1	无	无	55.37
净房	单檐硬山布瓦顶	1	1	无	无	11.32
六方亭	六角攒尖布瓦顶	6	1	周围廊	无	42.61
僧房	单檐硬山布瓦顶干槎瓦清水脊	5	1	无	无	90.00

第二节 单体建筑特色

一、山门

山门坐北朝南，是殊像寺的正门殿，也是位于寺庙中轴线上的第一座建筑（图 090-092）。此建筑建在高 0.88 米的台基上，面阔三间，进深一间，单檐歇山布瓦顶建筑。其中明间面阔 4.20 米，次间面阔 3.86 米，通面阔 11.92 米，进深 5.21 米。台明通长 14 米，宽 7.2 米，建筑面积 100.8 平方米。山门四面均由檐墙封护，前后墙明间辟拱券门一堂，两次间辟石券窗各一堂，前后均设礓磜坡道。前檐墙明间拱券上方正中嵌有乾隆御笔"殊像寺"满、汉、藏、蒙 4 种文字的石匾，采用凝灰岩

090 山门南侧（熊炜 摄影）

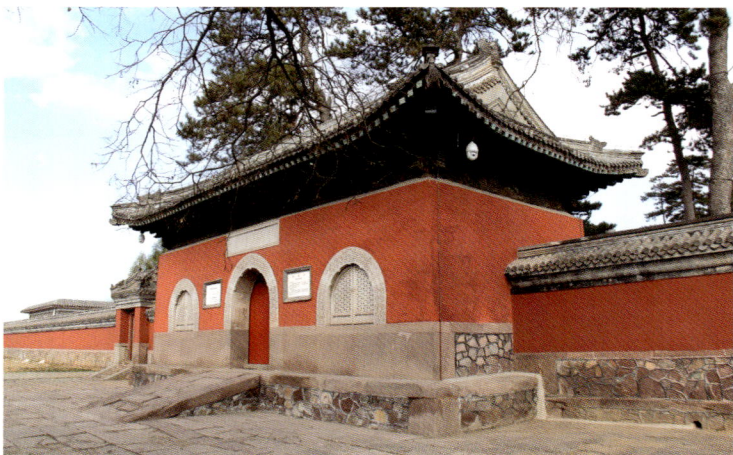

091 山门东南（陈东 摄影）

092 山门东北（陈东 摄影）

（当地俗称鹦鹉岩）雕刻（图093）。

台基：山门南北两侧院落存在地势高差，南侧台基露明高0.88米，北侧台基露明高0.53米。台帮为毛石砌筑，勾青灰鼓子缝，四面设红砂岩角柱石，上施红砂岩阶条石压面。阶条石断面尺寸640×260毫米；南侧两个角柱高620毫米，宽640毫米；东侧两个角柱露明高270毫米，宽600毫米。台基前后均设一路礓磋坡道，垂带宽640×160毫米。台基南侧无散水，铺墁红砂岩条石海墁，海墁东西长33.5米，南北宽13米。台基北侧为石子散水，散水宽700毫米，其中砖牙子宽60毫米。

地面：室内地面做法较为特殊，并没有采用常规的方砖地面，而是采用红砂岩条石顺铺地面，墁地石平均规格为宽480毫米，长900-1200毫米不等。8根檐柱中的4根角柱被包砌在檐墙内，明间4根檐柱在室内墙面做八字柱门，柱下施鼓镜柱顶石，共8个，规格为720×720毫米，鼓径520毫米，高30毫米。

墙体：前后檐墙和室内墙体的下碱均为红砂岩石陡板砌筑，以体现较高的建筑等级，但山墙外墙的下碱却采用毛石砌筑；墙体下碱高均为900毫米，上置190毫米高红砂岩腰线石；室外下碱墙转角施红砂岩角柱石。外墙墙体上身二样城砖掺灰泥糙砌，靠骨灰做底，外抹饰红灰；室内墙体上身

抹饰包金土界绿边红白线。前后檐门券、窗券均为凝灰岩，浮雕汉文纹饰。大门为实榻木门，次间为凝灰岩石雕六角菱花窗。明间石券脸宽2730毫米，高1980毫米，次间宽2355毫米，高1735毫米。

梁架结构：采用清官式抬梁式歇山结构，五檩五架梁用二柱。檐柱径为360毫米，梁架中施檩、垫、枋三件，脊部三架梁上施角背、瓜柱，五架梁上施柁墩承托三架梁，下施五架随梁（图094）。歇山部位梁架为在五架梁上施顺扒梁承托山面踩步金。步架分4步，檐部步架1300毫米，举架五举，脊部步架1300毫米，举架七举。檐柱8根，圆形，直径360毫米，高4310毫米。

斗栱：檐下施单栱交麻叶斗栱。前后檐明间平身科8攒，次间平身科8攒，进深平身科10攒，柱头科共4攒，角科4攒，总计76攒。斗口为64毫米。

木基层：檐出1345毫米，其中檐椽平出865毫米，飞椽平出480毫米。椽子断面95×95毫米，飞椽径110毫米。前后檐正身各48椽，山面正身各16椽，翼角9翘。大连檐高80毫米，望板厚25毫米。

彩画：龙锦枋心旋子彩画，室内彻上露明造。

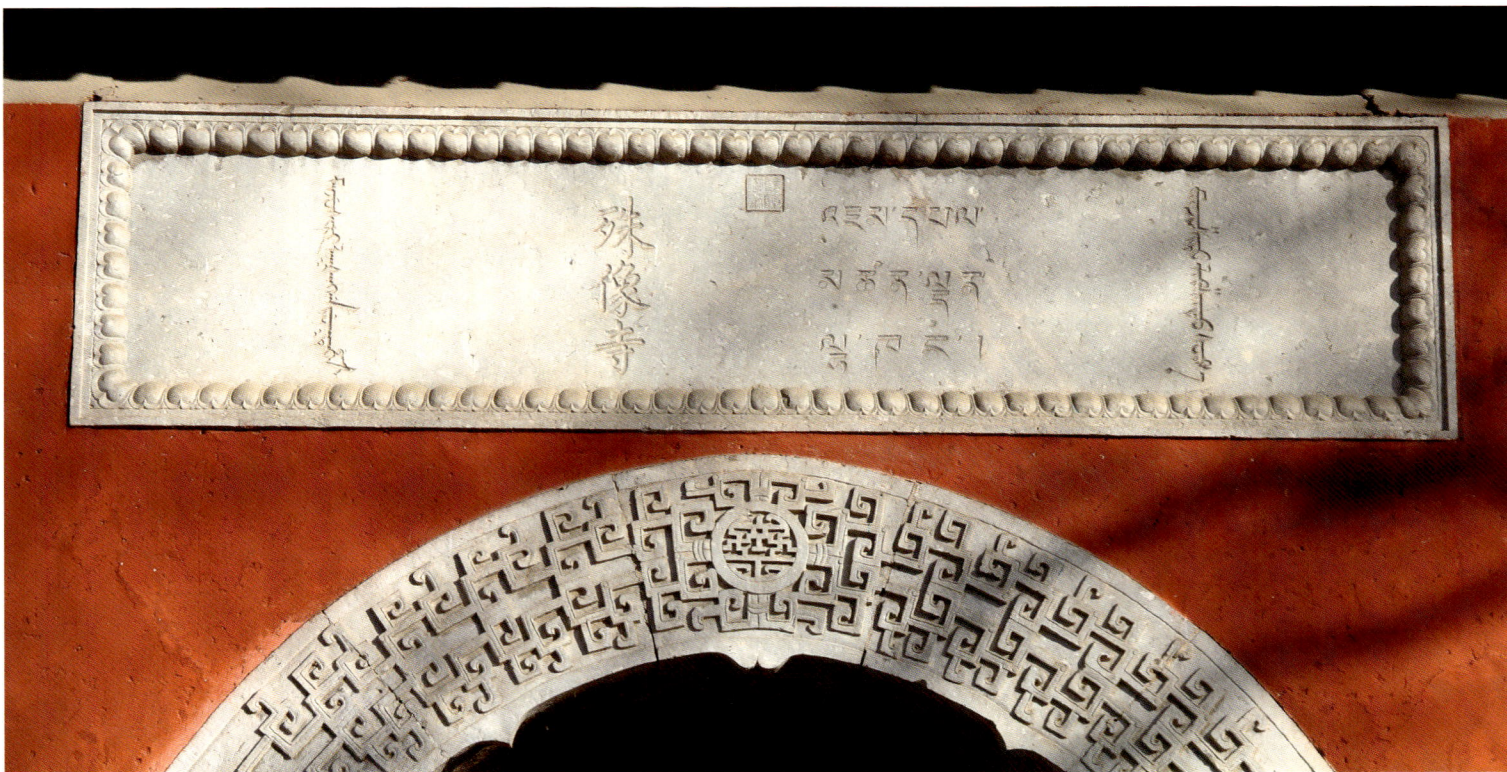

093 山门石匾（陈东 摄影）

094 山门内梁架及斗栱（李林俐 摄影）

装修：前后檐明间均安实榻木板门，共 4 扇。板门为一麻五灰地仗，二珠红油饰。

瓦顶：为二号筒板瓦布瓦屋面，檐面各 80 垄，山面各 44 垄。砖砌山花博缝。正脊为官式正脊样式，两端设正吻。四条垂脊顶端制安垂兽。岔脊施垂兽，原岔脊兽前为一狮四马小兽，现不存。

佛像：山门殿内有彩色泥塑护法神像两尊，俗称哼哈二将（图 095-096）。门殿中间现有弥勒佛像一尊。这尊雕像原供于天王殿内，1933 年左右由于天王殿东半部坍塌，特将弥勒佛像迁至会乘殿暂存，后来又迁至山门殿内。

095 山门殿内哼将（李林俐 摄影）

096 山门殿内哈将（李林俐 摄影）

二、天王殿（遗址）

　　中轴线上第二座建筑为天王殿，面阔五间、进深一间，单檐歇山布瓦顶建筑，现仅存遗址（图 097–098）。原天王殿建在高 0.85 米的台基上，明间 3.87 米，次间 3.56 米，稍间 3.58 米，通面阔 18.15 米，进深一间 6.47 米。台明通长 20.25 米，宽 8.63 米，建筑面积 174.76 平方米。天王殿前后檐原设木栈板墙体，明、次间为券门，梢间为券形隔扇窗，现已不存。两山墙现保存较好，墙中与寺庙院墙相连，以分隔第一进和第二进院落。前后檐明次间为礓磜坡道。

097 俯瞰天王殿遗址（郭峰 摄影）

098 北视角鸟瞰天王殿遗址（郭峰 摄影）

台基：天王殿台基南北两侧院落存在地势高差，南侧台基露明高 0.85 米，北侧台基露明高 0.61 米（图 099-100）。台帮毛石砌筑，勾青灰鼓子缝，四周红砂岩阶条石压面，四角设红砂岩角柱石，阶条石断面尺寸 720×320 毫米；角柱石断面尺寸 700×700 毫米。台明四周为鹅卵石散水，宽 650 毫米，外栽 90 毫米厚砖牙。室内顺铺红砂岩条石地面，宽 500 毫米，长 900-1200 毫米不等。天王殿红砂岩檐柱顶石共 12 个，规格为 700×700 毫米，鼓径 480 毫米，高 50 毫米，柱顶石上糙做痕迹显示檐柱径为 360 毫米。台基前后在明次间各设三路红砂岩碌碡坡道，南碌碡长 3300 毫米，北碌碡长 2050 毫米，下设红砂岩土衬石，前置 840 毫米宽红砂岩燕窝石；碌碡在各间柱中线位置用垂带石相隔，垂带宽 665 毫米，厚 280 毫米，象眼部位毛石砌筑，勾青灰缝。台基中间设有凝灰岩石质须弥座，高 940 毫米，佛座上原供奉弥勒和韦陀佛像，佛台间原设有木栈板将弥勒和韦陀隔开，现仅存安设木栈板的两块方形柱顶石，规格为 480×480 毫米，鼓径，300×300 毫米，高 30 毫米；两梢间残存有毛石砌筑的佛台，原供四大天王坐像。

墙体：残存东西山墙以腰线石为界，下碱毛石砌筑，青灰勾缝，两端设红砂岩角柱石；上身毛石砌筑，麻刀灰打底，外饰红灰，内饰包金土。山墙通高 3855 毫米，其中下碱高 1155 毫米，石腰线厚 200 毫米（图 101）。

099 天王殿遗址南立面 （陈东 摄影）

100 从月台向南俯瞰天王殿遗址（陈东 摄影）

101 天王殿保存完整的清代山墙（陈东 摄影）

三、钟鼓楼

一进院山门两侧为钟鼓楼，建筑形制完全相同，均为两层单檐歇山布面顶建筑，其中东侧为钟楼，西侧为鼓楼，寓意晨钟暮鼓（图102-107）。钟鼓楼面阔五间，明间3.23米，次间2.27米，稍间0.97米，通面阔9.71米；进深三间，明间3.88米，次间0.97米，通进深5.82米。一层台明南北长10.71米，东西宽6.82米，建筑面积73.04平方米；二层面阔三间，进深一间，建筑面积33.7平方米；总建筑面积106.74平方米。钟鼓楼一层四面封护墙体，前檐明间中部设券门，二层面阔进深各收分一间，四面木栈板墙封护，四面设拱券窗，一层室内设楼梯到达二层。

台基：台基高600毫米，台帮毛石砌筑，勾青灰鼓子缝，四周红砂岩阶条石压面，四角设红砂岩角柱石，阶条石厚260毫米；角柱石断面尺寸520×520毫米。红砂岩柱顶石共24个，其中廊柱柱顶石16个，金柱柱顶石8个，全部覆盖在四面墙体内，仅在内墙明间四个柱子位置的墙体上做出八字柱门露出金柱及部分柱顶石，柱顶石规格为630×630毫米，鼓径420毫米，高65毫米。前檐出垂带踏跺4级，长1240毫米，宽1945毫米，垂带尺寸为520×230毫米，踏跺露明断面310×150毫米，毛石砌筑象眼。台基四周为冰裂纹石散水，散水宽700毫米，牙子石宽100毫米。以上所有露明台基石构件材质均为红砂岩。

地面：底层室内地面为方砖墁地，本次修缮前方砖不存，仅余黄土地面，新铺墁方砖规格为350×350毫米。二层室内为木楼板地面。

墙体：一层在檐柱和金柱之间采用毛石掺灰泥满砌墙体，墙厚达1.40米，墙通高3.00米，其中下碱高1.04米。外墙下碱为虎皮石墙面勾青灰鼓子缝，四角置角柱石，上置160毫米厚腰线石，上身外抹靠骨灰、红罩面灰，上身之上做砖挑檐，青灰抹肩至额枋；内墙下碱虎皮石墙面，上身清代原饰包金土，1982年改为砂子灰打底，麻刀白灰罩面。在一层前檐设门口，角柱石上置石拱券券门，简单浮雕卷草纹饰，门口宽1225毫米，净高2000毫米，内安实榻大门。券脸石、腰线石、角柱石和压面石石材均为红砂岩。二层檐里装木栈板墙，四面设券窗，宽975毫米，高800毫米，现仅存门窗口，未恢复窗扇。

大木构架：檐柱径为260毫米，一层檐柱上置抱头梁，承接檐檩垫枋，金柱上安装承椽枋、围脊枋，一层出腰檐，四举，檐出870毫米。二层五架梁用二柱，五檩歇山，均分四步架，

102 俯瞰钟楼（张冲 摄影）

103 钟楼东侧（张冲 摄影）

104 钟楼西南（柴彬 摄影）

105 钟楼南侧及东侧（柴彬 摄影）

106 鼓楼西北（郭峰 摄影）

107 鼓楼东南（陈东 摄影）

每步均为 970 毫米，五架梁上置方形垫墩承托三架梁，三架梁上置瓜柱承托檩部构件；歇山部位在明间南北缝五架梁上置顺趴梁承托踩步金；檩部构件为檩、垫、枋三件（图108）。圆檩之上为圆椽，为斜搭掌钉法，圆椽之上为望板、苫背、

108 钟楼内梁架（柴彬 摄影）

筒板瓦；上檐檐出也是 870 毫米，檐椽断面 90 毫米，飞椽为 80×80 毫米。椽子分布为下檐正面正身 45 根，翼角 7 根；山面正身 23 根，翼角 7 根；上檐正身 40 根，翼角 5 根；山面正身 20 根，翼角 5 根。

油饰彩画：外檐梁枋大木绘龙锦枋心旋子彩画，钟楼下檐仅残存少量清代彩画；室内大木为二珠红油饰二道；下架为一麻五灰地仗，二珠红油饰，现油饰地仗均不存。

屋面：二号筒板瓦屋面，正脊两端置正吻，垂、戗脊施垂兽和戗兽，兽前一狮二马；一层围脊角部置合角吻。瓦垄分布：下檐正面 60 垄，山面 40 垄；上檐正身 38 垄，翼角 6 垄，山面 32 垄。

钟楼上层悬挂铜钟一口，鼓楼内藏皮鼓一面，现已不存。钟楼内仍有明代铜钟一口；钟高五尺五寸，钟钮高一尺三寸，钟口径三尺四寸。承德的清代皇家寺庙不仅殊像寺悬挂了前朝的钟，普乐寺钟鼓楼的钟同样也是明代遗物。

四、角门

第一进院共有角门（腰门）4 座（图 109–110），分别设置在山门殿和天王殿两侧的院墙上，砖石结构建筑，台基长 3.42 米，宽 1.84 米，建筑面积 6.29 平方米。屋顶为单檐歇山布瓦顶。角门台基压面石、角柱石、地面石、垂带、踏步均用红砂岩。墙体下碱为毛石砌筑，勾青灰鼓子缝，置红砂岩角柱石和腰线石；上身做红灰抹饰。上身以上置过梁石，外用青砖贴面，上砌筑砖挑檐，其上为布瓦瓦顶，施官式脊兽。两山墙中安木板门两扇，红色油饰。角门前后施垂带踏跺，前后有冰裂纹石甬路相通。

五、月台

会乘殿是殊像寺的主殿，是中轴线上由南至北的第三座建筑，建造在两层大月台上，殿前两侧月台之上分别建有面月殿

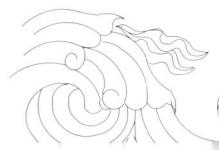

109 山门东侧角门（陈东 摄影）

110 天王殿东侧角门（陈东 摄影）

和指峰殿两座配殿（图 111）。月台东西长 58.94 米，南北通宽 50.35 米，总高 4 米，其中第一层月台南北宽 8.34 米。月台内部由多层三合土夯筑，外面包砌毛石台帮，外勾青灰鼓子缝，台帮边缘置红砂岩压面和角柱石。月台地面沿南北中轴线方向的主路和东西向连接配殿的支路铺墁红砂岩条石御路，其余空地满铺青砂岩冰纹石板，之间用红砂岩牙子分隔。其中条石御路主路宽 900 毫米，牙子宽 160 米。冰裂纹海墁中对称分布 42

个红砂岩六角树池，内栽植油松；其中会乘殿东西两侧各 8 株，会乘殿、面月殿、指峰殿之间的 4 块海墁中各 4 株，第一层月台东西两侧各 5 株；每个树池对边尺寸为 1.38 米。

一层月台前设有 26 级踏步的红砂岩台阶，台阶东西长 15.12 米，南北宽 8.5 米，每步平均宽 315 毫米，高 150 毫米，台阶由四路宽 570 毫米的垂带石分隔成 3 路。二层月台前设九级台阶，做法与一层月台台阶相同。台阶象眼均为毛石砌筑，

111 会乘殿与月台（李林俐 摄影）

勾青灰鼓子缝。月台一层和二层东、西、南三面压面石上和台阶的斜垂带上原设有宇墙，1933年的照片上月台宇墙依然清晰可见，现仅存宇墙角柱石和斜抱鼓。一层和二层月台南侧压面石上各有8个红砂岩石挑头，挑出月台宇墙以便排水。2003年11月，在月台东北侧清理假山淤土时发现了残存宇墙遗址。宇墙墙体下碱为六层干摆砖，上身为毛石砌筑，表面有红色抹灰。另外，月台西北角的宇墙中设有一个门口，由假山蹬道连接，通往西跨院的香林室园林庭院，现仅存门口两端的宇墙角柱石。会乘殿门口前有五个雕刻精美的须弥座用来盛放五供。

六、会乘殿

会乘殿面阔七间，进深五间（图112-115）。面阔方向明间4.85米，次间4.84米，稍间4.16米，尽间2.3米；山面各间开间尺寸为明间5.15米，南北次间3.22米，南北稍间2.3米。

台明东西长30.55米，南北长19.25米，建筑面积588.09平方米。会乘殿建筑形式为重檐歇山黄琉璃瓦顶建筑，施清官式屋脊和脊兽，檐下施斗栱。上檐明间中部额枋处悬挂"会乘殿"云龙木雕陛匾一块，用满、汉、藏、蒙四种文字书写。

平面布置：前檐明次间及后檐明间檐步设槅扇，前檐稍间、尽间檐柱间置槛窗；山面和后檐稍、尽间用墙体围护。室内减去前内柱，室内空间扩大，后内柱与金柱间设石质须弥座佛台，台上塑三大士佛像，后檐明、次间金柱间置木栈板；两山尽间紧靠山墙处置藏经柜，两梢间中部置八角形三层楠木佛塔。

台基：台基通高0.95米，按照文献记载，台帮内侧没有像其他建筑那样采用毛石砌筑，而是包砌两进大料石，各高七层，外面再包砌陡板石，边缘置红砂岩阶条石和角柱石，阶条石断面尺寸1030×320毫米。室内地面用640×680毫米方整石十字错缝顺铺，台明散水用不规则片石铺墁，外栽牙子石，散水宽

112 殊像寺会乘殿（陈东 摄影）

113 会乘殿北侧（陈东 摄影）

114 殊像寺外望会乘殿东侧（陈东 摄影）

115 东南视角鸟瞰会乘殿（郭峰 摄影）

1.09 米，牙子石宽 0.15 米。台明前设三路六步红砂岩垂带踏跺；垂带宽 1030 毫米，厚 280 毫米，中正对各间轴线；踏步露明断面尺寸平均为 320×160 毫米；象眼为红砂岩石材；台阶下设红砂岩土衬石，金边宽 100 毫米；前置 840 毫米宽红砂岩燕窝石。会乘殿后檐设有小月台，宽 2.16 米，东西两侧设五步抄手踏跺，小月台北侧设有石质圆柱状望柱，中设两道木质栏杆，栏杆于 2013 年恢复。

墙体：墙体周圈施腰线石，下碱用凝灰岩陡板石砌筑，高 1.215 米，墙厚 0.985 米；上身用青砖白灰掺黄泥砌筑，做靠骨灰，外抹饰红灰，室内抹饰包金土，周边画绿边，上身高 3.25 米，条砖规格 450×210×85 毫米、350×210×85 毫米两种。

梁架结构（图 116）：会乘殿檐柱径为 500 毫米。明、次间为前七架梁后双步梁用三柱（相当于九架梁），上置柁墩承托七架梁，下施随梁，七架梁上置柁墩承托五架梁，五架梁上置柁墩承托三架梁，三架梁上施角背、瓜柱；稍间为七架梁前后单步梁用四柱，梁架用材较大；步架分八步，檐部步架 1940 毫米，举架四九举，下金步 1280 毫米，举架五八举，上金步 1290 毫米，举架六七举，脊步 1280 毫米，举架八六举。山面歇山部位：在九架梁位置置顺趴梁，上承踩步金。柱头施平板枋承托斗栱，柱间施大额枋、小额枋及由额垫板联系构件，加强柱间的连接。室内井口天花，上置九架梁上置井口天花，下檐单步梁上置井口天花，天花绘六字真言圆光井口天花。檩部构件为檩、垫、枋三件。

斗栱：下檐施单翘单昂五踩斗栱，里拽双翘五踩，斗口 70 毫米，单材 100 毫米，足材 135 毫米，前后檐明、次间置八攒平身科斗栱，稍间置六攒平身科斗栱，尽间置三攒平身科斗栱，

116 会乘殿梁架（熊炜 摄影）

山面明间置八攒平身科斗栱，南北次间置五攒平身科斗栱，稍间置三攒平身科斗栱。上檐施重昂五踩斗栱，里拽双翘五踩，斗口 70 毫米，单材 95 毫米，足材 130 毫米，斗栱布置与下檐相同。

椽望：圆檩之上为圆椽，为斜搭掌钉法，檐椽直径 150 毫米，檐部施飞椽，飞椽为 140×130 毫米，椽上钉铺望板。下檐正面椽飞：正身 80 根，翼角 11 根；山面椽飞：正身 40 根，翼角 11 根；上檐正面椽飞：正身 64 根，翼角 13 根；山面椽飞：正身 26 根，翼角 13 根。

装修：前檐明间中间两槅扇外设帘架，前后檐明、次间檐柱间置六扇五抹槅扇门，前檐稍间六扇槛窗，尽间两扇槛窗，

心屉为三交六椀菱花；槅扇上置横披窗。

屋顶：歇山黄琉璃瓦顶，瓦件为5样琉璃瓦，正吻高1.75米、宽1.22米；正脊高0.71米，厚0.3米。垂脊为官式垂脊样式，顶端制安黄琉璃垂兽。上下檐岔脊兽前置仙人，后为黄琉璃龙、凤、狮、海马、天马5个官式脊兽。下檐正面瓦垄：正身84垄，翼角14垄；山面瓦垄：正身49垄，翼角14垄；上檐正面瓦垄：正身80垄，翼角8垄；山面瓦垄：正身40垄，翼角8垄。

彩画：室内外露明梁架、檩枋等木构件均绘清官式金龙和玺彩画。箍头为连珠贯套箍头，藻头、枋心内均为片金龙纹，五大线皆沥粉贴金，所有贴金部位采用两色金跳色。特殊之处是额垫板上绘制红地轱辘草，天花绘制藏传佛教风格的六字真言（图117-119）。

117 会乘殿室内斗栱与彩画（李林俐 摄影）

118 会乘殿室内斗栱与彩画（李林俐 摄影）

119 会乘殿室内斗栱与彩画（李林俐 摄影）

佛像：殿内明次间后檐金柱位置设木栈板照壁，照壁前为1590毫米高的凝灰岩雕刻石须弥座，须弥座上为三大士佛像（图120）。其中主尊为居中的文殊，骑坐于青狮之上；西侧的观音骑坐于朝天吼之上；东侧的普贤骑坐于白象之上。

陈设：会乘殿内门上挂有两面乾隆御笔匾，一面为"会通三际"，另一面为乾隆四十一年御制诗。三大士前置三张供桌，供桌髹粉红漆，贴金边，上原有五供、七珍和八宝，现不存。供桌间保存有两件清代木质珊瑚树两座。佛像之间的柱子上挂

120 会乘殿乾隆御笔楹联与三大士（李林俐 摄影）

乾隆御笔楹联两面，内容为："发心为众生缘，深入善权菩萨果；现相如三世佛，了分身住曼殊床。"供桌两侧各有一座三层八角楠木塔，塔上各有 304 个小佛龛，龛内原有铜鎏金万寿佛已不存。大殿两侧经柜前原有钟、鼓各一，现仅存钟木架一座，铜钟一口。

殿内东西两侧山墙内置杉木经柜，每侧有经格 44 个，共 88 个。经柜每侧共 4 层格，每层 11 格，其中上面 3 层高度较小，采用镶嵌门；下面一层高度较高，采用合页对开门。经柜内原存放满文《大藏经》《大藏全咒经》、满文《西番丹书克经》

《药师琉璃光如来本愿功德经》《千手千眼观世音菩萨大悲心陀罗尼经》等。经柜为二朱红色油饰，镶嵌门上浮雕佛八宝图案。经柜顶部装饰有绿地片金硬夔龙纹毗卢帽，经柜上方再装饰一层木质毗卢帽和垂柱花板，这层毗卢帽采用青地片金软夔龙纹纹饰（图 121）。

七、馔香堂、演梵堂（遗址）

馔香堂和演梵堂是第二进院落会乘殿月台前的配殿（图 122–126），面阔五间、进深三间，前出廊，单檐硬山布瓦顶建筑，东西朝向，现仅存遗址。明间 3.88 米，次间 3.54 米，稍间 3.39 米，通面阔 17.74 米；进深当心间 5.24 米，后次间 4.55 米，前次间 3.24 米，前出廊 1.31 米，通进深 14.34 米。台明通长 19.15 米，宽 16.14 米，建筑面积 309.08 平方米。

台基：台基通高 0.91 米，台帮为红砂岩毛石砌筑，勾青灰鼓子缝，四面为红砂岩角柱石和阶条石压面。阶条石断面尺寸 580×260 毫米；角柱石断面尺寸 600×260 毫米。室内铺 400×400 毫米方砖地面，廊内铺 460×460 毫米方砖地面。置红砂岩檐柱顶石共 12 个，规格为 640×640 毫米，鼓径 450 毫米，柱顶石上糙做痕迹显示檐柱径为 320 毫米；红砂岩金柱顶石共 6 个，规格为 700×700 毫米，鼓径 510 毫米；红砂岩老金柱顶石共 12 个，规格为 790×790 毫米，鼓径 510 毫米；后檐明间对应前廊轴线的位置设置两个小型方柱顶石，320 毫米见方，柱顶石轴线南北间距 2.77 米，中部有 60 毫米宽糙做痕迹，应为后墙后门前的木栈板屏风。台明四周设石子散水，外栽砖牙子，散水总宽 745 毫米。台明前檐明间设六步红砂岩垂带踏跺；垂带宽 570 毫米，厚 260 毫米，中正对明间轴线；踏步露明断

121 会乘殿楠木塔与经柜（李林俐 摄影）

122 俯瞰演梵堂遗址（郭峰 摄影）

123 馔香堂遗址 （柴彬 摄影）

124 馔香堂遗址西面（陈东 摄影）

125 演梵堂遗址东北（陈东 摄影）

126 演梵堂遗址东面（陈东 摄影）

面尺寸平均为 360×152 毫米；象眼为红砂岩毛石砌筑；台阶下设红砂岩土衬石，前置 650 毫米宽红砂岩燕窝石。

墙体：前檐金里安装修，明、次间设槅扇，稍间槛窗；后檐明间设 1.5 米宽对开门，其余为檐墙封护。槛墙厚 480 毫米，下碱采用石陡板，上置石踏板，柱门处抹八字，陡板间加铁扒锔，灌纯白灰浆。山墙和后墙厚 810 毫米，下碱内包金为石陡板槛墙，置腰线石；前檐墀头角柱石和后檐角柱石为红砂岩；下碱外包金中部采用毛石砌筑虎皮石墙；上身墙体缺失不存，做法应为毛石砌筑，内墙面饰包金土，外墙面饰红灰。台基、墙体所用石材全部为红砂岩（青砂岩为后期更换）；馔香堂、演梵堂槛墙、山墙、后墙的墙体下碱高度相等，石陡板高 910 毫米，厚约 160 毫米；腰线石宽度为两拼，厚 200 毫米。

八、指峰殿、面月殿（遗址）

指峰殿和面月殿是第二进院落会乘殿前月台上的配殿（图 127-131），面阔三间、进深二间，前出廊，单檐歇山布瓦顶建筑，东西朝向，现仅存遗址。明间 4.18 米，次间 3.86 米，通面阔 8.04 米；进深明间 5.2 米，出廊 1.32 米，通进深 7.84 米。台明通长 13.7 米，宽 9.66 米，建筑面积 133.07 平方米。

台基：台基通高 0.7 米，台帮为红砂岩毛石砌筑，勾青灰鼓子缝，四面为红砂岩角柱石和阶条石压面。阶条石断面尺寸 580×260 毫米；角柱石断面尺寸 640×260 毫米。室内铺 400×400 毫米方砖地面，廊内铺 450×450 毫米方砖地面。置

红砂岩檐柱顶石共 8 个，规格为 650×650 毫米，鼓径 460 毫米，柱顶石上糙做痕迹显示檐柱径为 300 毫米；红砂岩金柱顶石共 8 个，规格为 690×690 毫米，鼓径 490 毫米。台明四周设冰裂纹散水，外栽砖牙子，散水总宽 800 毫米。台明前檐明间设四步垂带踏跺；垂带宽 580 毫米，厚 260 毫米，中正对明间轴线；踏步露明断面尺寸平均为 320×175 毫米；象眼为红砂岩毛石砌筑；台阶下设红砂岩土衬石，前置 520 毫米宽燕窝石。阶条石、角柱石、柱顶石、垂带、踏跺、土衬石、燕窝石均为红砂岩。

墙体：前檐金里安装修，明间槅扇，次间槛窗。槛墙厚 450 毫米，下碱采用石陡板，上置石踏板，柱门处抹八字，陡板间加铁扒锔，灌纯白灰浆，石陡板高 1100 毫米。山墙和后墙厚 720 毫米，下碱内包金为石陡板槛墙，置腰线石；前檐墀角柱石和后檐角柱石为红砂岩；下碱外包金中部采用毛石砌筑虎皮石墙；上身墙体缺失不存，做法应为毛石砌筑，内墙面饰包金土，外墙面饰红灰；山墙和后墙下碱低于槛墙，其中石陡板高 1100 毫米，单块厚约 160 毫米，墙宽 420 毫米；腰线石宽度为两拼，厚 190 毫米。墙体陡板石、腰线石、角柱石全部采用红砂岩。

佛台：台基后廊部每间各设红砂岩石质须弥座一座，高 960 毫米，佛座上原供菩萨三尊。

九、宝相阁

宝相阁是殊像寺主体建筑之一，位于寺庙后部假山之上，

127 俯瞰指峰殿遗址（张冲 摄影）

128 东侧视角鸟瞰指峰殿遗址（张冲 摄影）

129 东南视角鸟瞰指峰殿遗址（郭峰 摄影）

130 面月殿遗址西南（熊炜 摄影）

131 月台上的指峰殿遗址东侧（陈东 摄影）

是中轴线上第四座建筑，建筑形式为单层八角形重檐绿琉璃瓦黄剪边攒尖顶（图132-137）。檐部开间6.19米，金部开间4.55米，进深11.88米，廊步架2.14米，台基边长7.44米，建筑面积270.15平方米。下檐施五踩斗栱，上檐施七踩斗栱，檐部安六角菱花装修，旋子彩画，室内井口天花，殿内供奉骑狮文殊菩萨一尊，左右护法神二尊。上檐面南悬挂满、汉、藏、蒙四种文字的"宝相阁"陛匾。该建筑于1967年落架保护。2000年对宝相阁修复，历时三年。

台基：宝相阁台基露明高0.45米，台帮、阶条石、角柱石、墁地石全部采用凝灰岩制作（现墁地石改为水磨石地面）。阶条石断面尺寸1020×380毫米。檐柱柱顶石8个，规格为720×720毫米，鼓径520毫米，高30毫米。金柱柱顶石8个，规格为720×720毫米，鼓径520毫米，高30毫米。台基东西南北四面均设假山石踏跺，台基各转角点缀假山抱角。

墙体与装修：檐里安装修，东西南北四面各设六抹槅扇六

扇，横批五扇；其余四面设四抹槛窗六扇，横批五扇，槛墙的踏板和陡板均为凝灰岩制作；上层檐每面设横批三扇。所有外檐装修均为三交六椀六角菱花芯屉。

梁架结构：采用清官式抬梁式八角攒尖结构，下架平面有两围柱子，各八根，外围一圈檐柱，内围一圈金柱。檐柱径为480毫米，金柱径为560毫米。金柱通达上层檐，又作为上檐檐柱。在外围檐柱柱头间安装大小额枋、由额垫板、平板枋，上置斗栱和桁檩。檐柱和金柱之间水平方面置穿插枋和抱头梁，下层檐椽后尾置于金柱的承椽枋之上，承椽枋上再安装围脊板和围脊枋。上层檐檐柱上安装大额枋、平板枋，上置斗栱和桁檩。桁檩上采用长短趴梁形成井字形梁架，趴梁上再设金枋、金檩，承接上檐檐椽。再上沿八个角安放角梁、由戗，正中设雷公柱。

斗栱：下檐施单翘单昂五踩斗栱，每间平身科10攒，各柱头上置角科1攒；上檐施单翘重昂七踩斗栱，每间平身科6攒，

132 南视角鸟瞰宝相阁（郭峰 摄影）

133 俯瞰宝相阁（郭峰 摄影）

134 会乘殿东北侧假山（陈东 摄影）

135 宝相阁西南（熊炜 摄影）

136 宝相阁南侧（熊炜 摄影）

137 宝相阁北侧（张冲 摄影）

各柱头上置角科 1 攒，总计 144 攒。斗口为 64 毫米。

木基层：檐出 1345 毫米，其中檐椽平出 865 毫米，飞椽平出 480 毫米。椽子断面 95×95 毫米，飞椽径 110 毫米。前后檐正身各 48 椽，山面正身各 16 椽，翼角 9 翘。大连檐高 80 毫米，望板厚 25 毫米。

彩画：上架露明大木构件为金线大点金旋子彩画，椽飞头分别做龙眼万字。

瓦顶：屋面为绿琉璃瓦黄剪边的六样琉璃瓦面，檐头一勾二筒为黄琉璃剪边，上下檐 16 条黄琉璃垂脊上置垂兽，兽前为仙人、龙、凤、狮、天马、海马五路黄琉璃小兽；下檐屋檐尾端沿围脊枋下皮设黄琉璃围脊，八个转角处各安置两个黄琉璃合角吻；宝顶底座为黄绿琉璃纹饰，宝顶原为铜鎏金做法。

佛像：阁内中央偏北置 1.27 米高凝灰岩石质须弥座，平面呈方形，上满面雕刻万字纹串枝西番莲花及其精细，边长 6.46 米。须弥座上供骑师文殊像，两侧各有一护法神像。宝相阁内的文殊菩萨像仿五台山殊像寺塑造，木骨泥胎制作，高 11.6 米，比五台文殊像高出 2 米。

十、云来殿、雪净殿（遗址）

云来殿、雪净殿是会乘殿后、宝相阁前的配殿，面阔三间、

138 俯瞰云来殿遗址（郭峰 摄影）

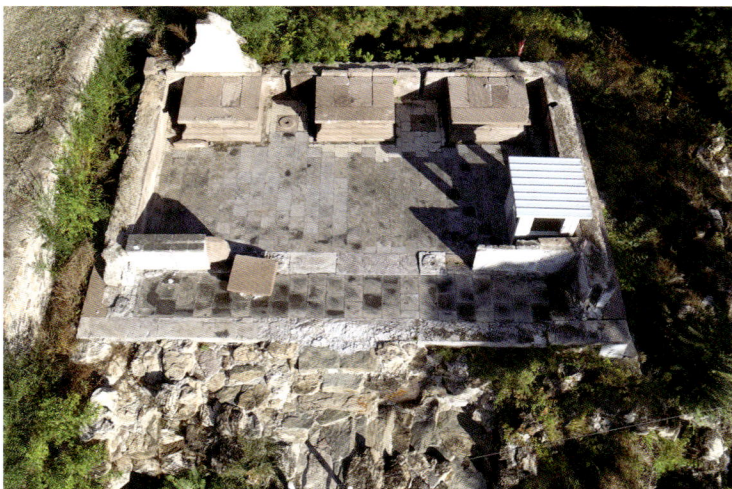

139 西侧视角鸟瞰云来殿遗址（郭峰 摄影）

140 云来殿遗址归安后（熊炜 摄影）

141 俯瞰雪净殿遗址（郭峰 摄影）

142 雪净殿遗址东北（陈东 摄影）

143 雪净殿遗址西南（熊炜 摄影）

进深二间，前出廊，单檐歇山布瓦顶建筑、东西朝向、现仅存遗址（图138-143）。明间 4.01 米，次间 3.94 米，通面阔 11.89 米；进深 5.18 米，出廊 1.32 米，通进深 7.82 米。台明通长 13.65 米、宽 9.58 米，建筑面积 130.77 平方米。

台基：云来殿和雪净殿的大小、样式、做法基本相同，但东侧的云来殿下有天然的山体，台基是直接建造在山体岩石之上的，台基高 1.65 米。而西侧的雪净殿下原有山形地貌的地势较低，没有天然山体，所以采用红砂岩条石砌筑成 5 米高的高大基座（内部做法不详，按照承德其他类似官式建筑做法，可能为多层三合土夯筑），基座每面比雪净殿台基宽出 110 毫米。基座外面对大假山的三面大量包砌假山石，与对面的云来殿假山形成对称格局；但西侧面向香林室园林庭院一侧则裸露陡峭的条石基座，没有大量包砌假山石。这

样既可以作为香林室园林的东院墙，又可以给园林庭院保留充足的建造空间。此外，因为雪净殿下建有高大基座，其台基就只有云来殿的一半高度，即 0.8 米。云来殿和雪净殿的台帮均为红砂岩毛石砌筑，勾青灰鼓子缝，特别的是只有前檐角柱石和阶条石采用质地比较高的凝灰岩制作，其余三面为红砂岩角柱石和阶条石压面。阶条石断面尺寸 575×260 毫米；角柱石断面尺寸 640×260 毫米。室内铺 400×400 毫米方砖地面。室内置红砂岩檐柱顶石共 8 个，规格为 610×610 毫米，鼓径 460 毫米，高 30 毫米，柱顶石上糙做痕迹显示檐柱径为 320 毫米；红砂岩金柱顶石共 8 个，规格为 660×660 毫米，鼓径 500 毫米，高 30 毫米。台明四周不设散水，点缀抱角假山，台基前檐在明间设假山石蹉道。台基后廊部每间各设红砂岩石质须弥座一座，高 1000 毫米，佛座上原供菩萨三尊。

墙体：前檐金里安装修，明间槅扇，次间槛窗。采用石陡板槛墙，厚 340 毫米。为节约材料，槛墙外包金采用质地好的凝灰岩，内包金采用红砂岩，石陡板高 940 米，平均厚度 160 毫米，柱门处抹八字，陡板间加铁扒锔，灌纯白灰浆。山墙厚 660 毫米，下碱内包金为红砂岩石陡板槛墙，石陡板高 0.92 米；外包金前墀头采用凝灰岩制作，后檐角柱石为红砂岩，下碱中部采用毛石砌筑虎皮石墙；山墙上身采用城砖糙砌，外饰红灰，内饰包金土。后墙厚 670 毫米，下碱为红砂岩石陡板槛墙、角柱石、腰线石；上身采用城砖糙砌，外饰红灰，内饰包金土；后墙下碱通高 1.12 米，上身最大残高 2.83 米。与雪净殿不同，云来殿后墙上身不是用砖而是由毛石砌筑。

十一、清凉楼（遗址）

殊像寺中轴线上最后一个建筑是清凉楼，在全庙地势最高

144 清凉楼遗址（陈东 摄影）

145 清凉楼遗址东次间（回填前）（李林俐 摄影）

146 清凉楼遗址石质须弥座（回填前）（李林俐 摄影）

处，坐北朝南，为二层楼阁，面阔九间，进深二间，前出廊，单檐硬山顶，瓦面为布瓦心，绿琉璃瓦剪边，设官式绿琉璃瓦正脊、正吻，现仅存遗址（图144-146）。明间和次间均为3.86米，次二间3.55米，稍间3.52米，尽间3.58米，通面阔32.88米；进深方向明间5.82米，出廊1.62米，通进深9.06米。台明通长34.47米，宽10.85米，一层建筑面积374平方米，上下层总建筑面积748平方米。原楼上前檐悬挂"清凉楼"木质陡匾，室内挂"相合台怀"匾。根据文献记载，楼内上下二层曾各有五尊文殊塑像，并有大小不同的229座铜文殊像。

台基：清凉楼台基高0.6米，台带为陡板石，四面置阶条石，角柱石。阶条石宽640毫米。室内铺450×450毫米石材地面。檐柱顶石共20个，规格为720×720毫米，鼓径520毫米，柱顶石上糙做痕迹显示檐柱径为300毫米；金柱顶石共20个，规格为760×760毫米，鼓径550毫米。台明四周不设散水，点缀假山抱角，台基前檐在明间、次间、次二间共五间均设三步假山石蹬道。台基后廊部每间各设石质须弥座一座，佛座上原供文殊菩萨佛。陡板石、阶条石、角柱石、柱顶石、须弥座均采用凝灰岩制作。

墙体：前檐金里安装修，中间五间为槅扇，稍间、尽间置槛窗。采用凝灰岩石陡板槛墙，墙宽460毫米。山墙厚900毫米，后墙厚940毫米，凝灰岩角柱石，下碱内包金为凝灰岩陡板石，外包金为毛石砌筑；墙体上身外饰红灰，内饰包金土。清理出的彩绘砖构件可知，清凉楼有部分墙体为城砖干摆砌筑，并绘绿色龟背锦纹饰。殊像寺的北院墙原与清凉楼后墙相连，由于清凉楼损毁不存，现在清凉楼后墙位置砌筑寺庙北院墙。

十二、吉晖殿和慧喜殿（遗址）

吉晖殿和慧喜殿是位于宝相阁北侧的配殿，面阔五间、进深二间，前出廊，单檐硬山布瓦顶建筑，东西朝向，现仅存遗址（图147-150）。明间3.52米，次间3.22米，稍间3.28米，通面阔16.51米；进深4.58米，出廊1.32米，通进深5.9米。台明通长18.01米，宽7.87米，建筑面积141.74平方米。

台基：台基前檐露明高0.4米，后檐露明高约1米，台带为红砂岩毛石砌筑，勾青灰鼓子缝，四面为红砂岩角柱石和阶条石压面。阶条石断面尺寸640×260毫米；角柱石断面尺寸640×260毫米。室内铺400×400毫米方砖地面，廊内铺480×480毫米方砖地面。置红砂岩檐柱顶石共12个，规格为640×640毫米，鼓径430毫米，柱顶石上糙做痕迹显示柱径为300毫米；红砂岩金柱顶石共6个，规格为680×680毫米，鼓径460毫米，台明四周无散水。台明前檐明间设二步假山石踏跺。阶条石、角柱石、柱顶石均为红砂岩。

墙体：前檐金里安装修，明间和次间槅扇，稍间为槛窗。槛墙厚380毫米，下碱采用陡板石，上置石踏板，柱门处抹八字，陡板石间加铁扒锔，灌纯白灰浆，石陡板高940毫米。山墙和后墙厚760毫米，下碱内包金为石陡板槛墙，置腰线石；前檐埠角柱石和后檐角柱石为红砂岩；下碱外包金中部采用毛石砌筑虎皮石墙；上身毛石糙砌，内墙面饰包金土，外墙面饰红灰；山墙和后墙下碱低于槛墙，通高1100毫米，其中石陡板高910毫米，厚约160毫米；腰线石宽度为两拼，厚190毫米。墙体陡板石、腰线石、角柱石全部为红砂岩。

佛台：台基后廊部每间各设红砂岩石质须弥座一座，高

147 俯瞰吉晖殿遗址（郭峰 摄影）

148 西侧视角鸟瞰吉晖殿遗址（郭峰 摄影）

149 东侧视角鸟瞰慧喜殿遗址（张冲 摄影）

150 慧喜殿遗址（陈东 摄影）

940 毫米，佛座上原供菩萨五尊。

十三、僧房

殊像寺东跨院和西跨院南部建有各类僧房 10 座 50 间，均为硬山布瓦顶建筑。现仅存东跨院最南端僧房一座（图 151–154），坐北朝南，面阔五间，进深一间，单檐硬山布瓦顶，干槎瓦清水脊。明间 3.25 米，次间 3.25 米，稍间 3.25 米，通面阔 16.25 米，进深 3.94 米。台明通长 17.31 米，宽 5.2 米，平均建筑面积 90 平方米。

台基：台基露明高 0.12 米，台帮为毛石砌筑，勾青灰鼓子缝，四面设红砂岩角柱石，上施红砂岩阶条石压面，压面石宽 300 毫米。室内顺铺条砖地面，十字缝糙墁，规格为 280×140×70 毫米。红砂岩柱顶石共 12 个，规格为 400×400 毫米。

墙体：两山墙墀头墙用条砖砌筑，五进五出，设砖腰线，墙面中部为虎皮石墙面，勾青灰鼓子缝。山墙下碱高 0.87 毫米。后檐墙下碱虎皮石墙面，上身用砖和毛石糙砌，内外白灰抹面。前檐槛墙条砖砌筑，高 0.87 米，砖规格 265×130×50 毫米，木踏板厚 80 毫米。

梁架结构：采用清官式抬梁式硬山结构，檐柱径 210 毫米，五檩五架梁用二柱。五架梁上置瓜柱承托三架梁，三架梁上置瓜柱承托檩部构件。檐部为檩垫枋三件，金部为檩枋两件无垫板。前后檐不施飞椽，檐椽和脑椽为 70×70 方椽，前后檐椽

152 僧房南侧（张冲 摄影）

153 僧房北侧（柴彬 摄影）

子各 90 根。

装修：前檐两次间为门连窗，明间和两梢间为槛窗，芯屉为步步锦。室内西次间和明间之间用槛窗和门分槅，槛窗芯屉为步步锦，明间和东次间用槅墙分槅。

瓦顶：干槎仰瓦顶屋面，屋面施清水正脊，两稍各施两垄筒瓦。

十四、香林室建筑群（遗址）

（一）香林室（遗址）

香林室是园林庭院的主殿（图 155），面阔三间、进深一间，前后出廊，单檐硬山布瓦顶建筑，坐北朝南，现仅存遗址。明次间均为 3.45 米，通面阔 10.35 米；进深 5.07 米，出廊 1.32 米，通进深 7.71 米。台明通长 11.49 米，宽 9.51 米，建筑面积 109.27 平方米。

台帮为红砂岩毛石砌筑，勾青灰鼓子缝，四面为角柱石和阶条石压面。阶条石宽 610 毫米。室内细墁 480×480 毫米方

154 僧房东北（柴彬 摄影）

砖地面，明间槅扇下与前檐山墙两廊桶门下为凝灰岩石材地面。檐柱顶石共 8 个，规格为 580×580 毫米，鼓径 460 毫米；金柱顶石共 8 个，规格为 640×640 毫米，鼓径 480 毫米。根据柱顶

155 香林室遗址（回填前）（陈东 摄影）

石痕迹确定檐柱径为 290 毫米。台明四周设石子散水，外栽砖牙子，散水总宽 640 毫米。阶条石、角柱石、柱顶石均为凝灰岩材质。

前檐金里安装修。后檐明间和东次间金里安装修，西次间檐里安装修。前后檐明间设槅扇，外接假山踏跺。次间为槛墙，青砖干摆砌筑，宽 360 毫米，柱门处抹八字。山墙墀头采用凝灰岩角柱石，墀头宽 530 毫米，墙体下碱为毛石砌筑，墙体内包金有残存木栈板墙痕迹。前檐山墙在廊部设廊筒子门通往两侧游廊，廊筒子门宽 700 毫米，包砌木栈板。特殊的是墀头不是采用挑檐砖砌筑，而是采用凝灰岩整体制作石挑檐。

香林室西山墙外建有净房一座，东西长 3.1 米，南北宽 3.65 米，建筑面积 11.32 平方米。其压面石均为鹦鹉岩制作，应为单檐硬山布瓦顶建筑。

（二）倚云楼（遗址）

倚云楼位于园林庭院的西南侧，坐西朝东、面阔二间、进深一间（图 156），南间的开间和进深都大于北间。原建筑为二层单檐硬山布瓦顶建筑，现仅存遗址。其中南间面阔 4.23 米，进深 6.22 米；北间面阔 3.48 米，进深 4.25 米。建筑面积 63.51 平方米。

倚云楼台帮为红砂岩毛石砌筑，勾青灰鼓子缝，前檐和山面为凝灰岩阶条石和角柱石，后檐采用红砂岩角柱石和阶条石压面。前檐阶条石宽 520 毫米。室内细墁 350×350 毫米方砖地面。凝灰岩（当地俗称鹦鹉岩）柱顶石 6 个，规格为 560×560 毫米，鼓径 430 毫米；位于前檐南北间之间轴线上增设凝灰岩方形柱顶石 1 个，规格为 520×520 毫米，鼓径 390×390 毫米。根据柱顶石痕迹确定檐柱径为 280 毫米。台明四周设石子散水，外栽砖牙子。

北间前檐设槅扇，外接假山踏跺经庭院通往香林室，也可自北间山墙上的廊筒子门经游廊通往香林室。南北两山墙和后墙采用毛石砌筑，其中山墙墙身厚 620 毫米，山墙墀头采用凝灰岩石材制作，宽 495 毫米。

（三）四方亭（遗址）

四方亭位于园林庭院的东南侧（图 157），方形建筑，面阔一间，进深一间，单檐四角攒尖顶，布瓦屋面。开间尺寸为 3880 毫米，台明长 5.42 米，建筑面积 29.38 平方米。

台帮为红砂岩毛石砌筑，勾青灰鼓子缝，四面为凝灰岩角

156 倚云楼和西游廊遗址（回填前）（陈继福 摄影）

157 四方亭和东游廊遗址（回填前）（陈东 摄影）

柱石和阶条石压面。阶条石宽 520 毫米。室内铺 400×400 毫米方砖地面。方亭东北角与游廊相连，可通往香林室。在接游廊部位增设柱顶石一个，共有凝灰岩方形檐柱顶石 5 个，规格为 500×500 毫米，鼓径 370×370 毫米，根据柱顶石痕迹确定檐柱为方柱，断面尺寸为 250×250 毫米。台明四周设石子散水，外栽砖牙子。方亭北面西侧残存青砖干摆墙体一段。

（四）游廊（遗址）

香林室东西两侧设抄手叠落游廊共 14 间，总建筑面积 55.37 平方米。其中东侧较为复杂，四折三层跌落共 9 间，建筑面积 34.42 平方米；西侧为曲尺形，应为 5 间，建筑面积 20.95 平方米。游廊进深为 1320 毫米，平均宽度为 2280 毫米，阶条石和室内踏步均为凝灰岩材质。其中阶条石宽 320 毫米，踏步一步平均宽度 320 毫米，方柱断面尺寸 160×160 毫米。

（五）六方亭（遗址）

香林室后檐沿假山蹬道登山 12 米，过院墙的八角形月亮门，再攀登 6 米，可达六方亭，也称六角亭（图 158）。该建筑为六角形布瓦攒尖顶亭子，建筑面积约 42 平方米，从残存遗址分析，应该有两排柱子，红砂岩金柱顶石规格为 520×520 毫米，金柱径 260 毫米，檐柱径约为 240 毫米，台基边长约为 4050 毫米，廊部尺寸约为 980 毫米，台帮为毛石砌筑，台基六面设红砂岩角柱石和阶条石压面，磉墩采用条砖砌筑（表 10）。

十五、院墙

殊像寺外围院墙东西长 112 米，南北宽 207 米。天王殿两侧、主院和东西跨院之间、云来殿东侧设腰墙进行分隔，东西跨院僧房庭院另用围墙分隔。主院院墙墙体全部采用毛石砌筑，墙厚 900 毫米，下碱高 900 毫米，上设 120 厚红砂岩石腰线。其中南侧院墙和第一、二进院腰墙，做法比较讲究，下碱下设毛

石砌筑台基并设压面石和角柱石；上身高 1280 毫米，抹饰红灰，上设五层砖砌冰盘檐，筒板瓦墙顶皮条脊；院墙下设排水孔、石雕沟门。东西北三面院墙做法比较简单，上身高 1700 毫米，勾青灰鼓子缝，上设一层砖挑檐，墙顶做青灰馒头顶，院墙随山坡处自然起伏。

香林室园林庭院围墙也用毛石砌筑，墙厚 900 毫米，下碱勾青灰鼓子缝，上身抹饰白灰，墙头帽装饰瓦花。

十六、道路

殊像寺的道路做法与承德其他皇家寺庙区别较大，溥仁寺、普宁寺、普佑寺、安远庙、普乐寺、罗汉堂、广缘寺等寺庙的主要道路均采用青砖道路，很少采用园林化的冰裂纹道路；建筑散水也以砖散水为主；海墁以青砖为主，部分采用条石海墁。普陀宗乘之庙和须弥福寿之庙寺庙前半部分采用青砖道路，后半部分采用冰裂纹道路，海墁做法有青砖、冰裂纹、条石三种做法。而殊像寺所有室外主要道路、散水、海墁均采用天然石材制作，而不采用人工烧制的砖材质（除少量石子散水的牙子），使道路更加古朴自然，更具园林特色，而且主路的石材做法等级高于青砖道路。其中寺庙的主路采用红砂岩条石御道配冰裂纹散水，次路采用冰裂纹道路，假山区域采用山石道路和冰裂纹海墁的组合；散水以冰裂纹散水为主，少量建筑采用石子散水；海墁区域以红砂岩条石海墁为主，附以冰裂纹海墁。更加独特的是，殊像寺的条石、牙子石均选用红砂岩，冰裂纹道路、散水、海墁主要选用青砂岩，原做法均为精挑细选，磨石对缝的"细墁"做法，而不是石缝较大的"糙墁"做法。青红两色石材质感古朴、色彩柔和、对比鲜明，使殊像寺庭院道路别具一格，清新而自然（图 159）。

158 六方亭遗址（回填前）（陈东 摄影）

159 殊像寺一、二进院的道路（陈东 摄影）

十七、旗杆

旗杆是寺庙的重要装饰性和标识性建筑，承德其他皇家寺庙大部分均设有旗杆，有的立于寺前山门两侧，有的竖在山门后面两侧，普陀宗乘之庙还在主体建筑大红台前增设四幢幡杆。殊像寺的旗杆竖立在山门内东西两侧（图160），正对钟鼓楼山门中心。旗杆下为毛石砌筑的一丈见方（3.24 米）的台基，设红砂岩角柱石和压面石。台基中心为红砂岩夹杆石，两拼，1米见方，露明高 1.7 米，上按照清官式做法浮雕蕉叶、连珠、仰俯莲、如意云，中部用铁兜绊固定。夹杆石中原为木质旗杆，柱径约 480 毫米，四面设木质戗杆及戗石，顶部为铜鎏金宝顶。按照文献记载，乾隆三十九年殊像寺初建时旗杆为琉璃宝顶，此年十二月十二日，乾隆皇帝要求将刚安装好不久的殊像寺旗杆琉璃宝顶和山庄内外其他八处寺庙的一同更换为铜镀金宝顶，并要求大臣画纸样由皇帝亲自审阅同意后，制作铜镀金宝顶实物再送到养心殿呈览，最终于第二年初夏更换完成。

160 西侧旗杆座（陈东 摄影）

表 10　殊像寺建筑尺寸统计表

建筑名称	建筑面积（平方米）	檐柱径（毫米）	面阔（毫米）				进深（毫米）		廊（毫米）	备注
			明间	次间	稍间	尽间	明间	次间		
山门	100.8	360	4200	3860			5210			
天王殿	174.76	360	3870	3560	3580		6470			
钟鼓楼	106.74	260	3230	2270			3880		970	
角门	6.29									
会乘殿	588.09	500	4850	4840	4160	2300	5150	3220	2300	
馔香堂、演梵堂	309.08	320	3880	3540	3390		5240	4550 3240	1310	进深三间
指峰殿、面月殿	133.07	300	4180	3900			5200		1320	
宝相阁	270.15	480	6190				1188	2140		

建筑名称	建筑面积（平方米）	檐柱径（毫米）	面阔（毫米）				进深（毫米）		廊（毫米）	备注
			明间	次间	稍间	尽间	明间	次间		
云来殿、雪净殿	130.77	320	4010	3940			5180		1320	
清凉楼	748	300	3860	3860	3550	3520	5820		1620	
吉晖殿、慧喜殿	141.74	300	3520	3220	3280		4580		1320	
香林室	109.27	290	3450	3450			5070		1320	
倚云楼	63.51	280	4230	3480			6220	4250		
四方亭	29.38	250	3880				3880			方柱
游廊	55.37	160					1320			方柱
净房	11.32	160	2610				2690			方柱
六方亭	42.61	230	3200						950	
大厨房	249.57	320	3840	3840	3840		5210	2660		
僧房	90	210	3250	3250	3250		3940			平均值
建筑面积总计约	5340									部分门楼面积为推测

第三节　工艺做法

殊像寺各建筑主要工艺做法整体属清官式做法，但也在一些细部进行了调整，或是采用地方的特色工艺做法。

一、地基基础

根据档案记载，殊像寺各建筑营建最初首先是开槽挖方，一般深度达非冻土层或是坚实岩石。然后在土质槽底均匀筑打柏木桩，即地丁，其上整体夯筑多步三七灰土，每步厚半尺，即160毫米。灰土一般采用"一块玉"的满堂红灰土，以增加基础的整体性。嘉庆十年，殊像寺仅建成后31年就由于会乘殿北面雨水长期积存，受积水和冻融影响，造成严重的走错残坏，不得已进行大修。会乘殿大修时夯筑的灰土层非常厚，为十二步，即厚度达1.92米。灰土之上一般是用条砖在柱位下砌筑磉墩来承接和传递上层建筑的荷载，磉墩间用砖或者毛石砌筑拦土墙连接加固磉墩。拦土墙之间空隙分步夯筑灰黄土，即现代所谓的"三合土"，被称作"内里添厢"。会乘殿大修时"内里添厢夹打灰黄土二十三步"，相当于3.68米，加上十二步灰土的厚度，也就是说会乘殿挖槽深度在5.6米以上，已经远远超过了冻土层的深度。为防止重蹈覆辙，这次大修不仅加深加强了基础做法，还将常规的砖砌磉墩更换为"大料石磉磴拦土"，将原有的毛石砌筑台帮改为"周围台帮包砌大料石二进，高七层"，"后檐拆去山石沟帮，改安大料石二进，高六层，地脚下丁，筑打灰土十五步"。

二、台基做法

殊像寺中轴线的主体建筑会乘殿、宝相阁、清凉楼采用凝灰岩或红砂岩陡板台帮、角柱石和压面石（图161）。其余建筑均采用毛石砌筑台帮，其中重要建筑香林室、四方亭、游廊采用凝灰岩角柱石和压面石；倚云楼、云来殿、雪净殿在前檐

161 会乘殿的台基（柴彬 摄影）

主要部位采用凝灰岩角柱石和压面石，其他部位采用红砂岩材质；其余建筑一律使用红砂岩角柱石和压面石。

殊像寺前院建筑除山门和天王殿在前后设红砂岩礓磋外，其余建筑均设踏步、垂带。后院建筑和园林庭院采用的是假山踏跺。

承德其他皇家寺庙一般使用砖散水，但殊像寺没有使用砖散水，主体建筑的散水以冰裂纹散水为主，少量使用石子散水；园林庭院中的建筑和部分围墙采用石子散水；假山中其他建筑不设散水。

室内地面方面，主体建筑山门、天王殿、会乘殿、宝相阁采用条石地面，其中山门和天王殿为红砂岩顺铺矩形条石，会乘殿、宝相阁为凝灰岩方形仿青砖十字缝铺墁。其余建筑的室内均采用方砖铺墁地面。

殊像寺建筑台基石材都是就近取材，选用本地红砂岩和凝灰岩，而没有使用皇家宫殿经常使用的青白石或汉白玉。

三、大木做法

殊像寺除宝相阁和两座亭子为攒尖顶外，其他均为硬山或歇山顶，各建筑的大木结构均为清官式的抬梁式做法。一般是在柱上架多层横梁，梁上承接檩垫枋，檩上承椽，柱间设水平的额枋（单层或两层）、穿插枋连接，形成稳固的大木结构。歇山角部用45度角梁，后尾交于金柱或下金檩与踩步金的交叉点处，翼角用翘椽飞。

清代较大木构件采用包镶、拼装形式，会乘殿、宝相阁等较大建筑均采用包镶柱，外拼木条包裹圆形木芯，用多道铁箍。大额枋和大梁一般用2块或3块木料上下拼合，用铁箍束紧，而小额枋一般为整料。檐椽、花架椽、脑椽均圆形，飞椽方形无卷杀。

四、墙体做法

殊像寺除天王殿前后檐和钟鼓楼二层为木栈板墙外，其余墙体做法基本相同。无论是山墙、槛墙还是檐墙，主要建筑的墙体下碱采用石陡板做法，而不像其他清代官式建筑那样使用青砖干摆做法；非主要建筑和主要建筑的次要部位墙体下碱均采用毛石砌筑，勾青灰鼓子缝；下碱墙的墀头和转角部位均施石质角柱石，上置腰线石，重要建筑采用承德本地凝灰岩材质，一般建筑采用红砂岩；而且特别的是，殊像寺的建筑下碱由于都是采用毛石和陡板石做法，没有采用青砖干摆墙体，因此外墙对应柱子的部位没有像其他寺庙那样设置砖雕透风砖，以利于柱木通风防腐。各建筑墙体上身部位基本都采用城砖糙砌，或者毛石糙砌，靠骨灰做底，外墙抹饰红灰，室内抹饰包金土。

殊像寺台基、墙体、道路、散水等建筑做法不像常见清代官式建筑那样大量采用干摆砖和青砖，而是大量使用具有承德地方特色的毛石来砌筑"虎皮石"台帮或"冰裂纹"地面。这种毛石砌筑做法，古朴自然，易于取材，又极具园林特色，所以不仅殊像寺大量使用这种砌筑方法，避暑山庄的宫墙、道路和很多建筑的檐墙也都采用这种做法。清乾隆时期，朝鲜使者朴趾源在他的著作《热河日记》中描述："热河城高三丈余，周三十里。康熙五十二年，杂石冰纹甃筑，所谓哥窑纹，人家墙垣尽为此法。城上虽施堞，无异墙垣，不及所经郡县城郭。"这样的描述将这种毛石砌筑的做法由形象的"虎皮石墙"和"冰裂纹墙"的称谓上升到一个更高的艺术境界，即类似陶瓷开片形成的著名"哥窑纹"。

五、斗栱样式

殊像寺是承德外八庙中使用斗栱较少的寺庙之一，而且主体建筑也没有采用豪华的藻井做装饰。各建筑中只有中轴线的主体建筑山门、天王殿、会乘殿、宝相阁等装饰有斗栱（图162-164），斗口均为二寸，即64毫米。其中山门和天王殿施单栱交麻叶斗栱，会乘殿和宝相阁施五踩或七踩斗栱。特别的是一般重檐建筑下檐采用五踩斗栱，上檐采用七踩斗栱，但会乘殿下檐施单翘单昂五踩斗栱，上檐施重昂五踩斗栱，没有采用七踩斗栱。

162 山门南外檐东次间斗栱（陈东 摄影）

163 会乘殿内檐斗栱（李林俐 摄影）

164 宝相阁外檐斗栱（陈东 摄影）

六、门窗做法

殊像寺各建筑门窗做法规律性较强。山门殿和钟鼓楼一层采用石券门，制安实榻大门，山门两次间设石券窗，石质芯屉雕刻六角菱花图案。天王殿与钟鼓楼二层做法类似，前后檐均采用木栈板墙，设木券门券窗。其他主要建筑如会乘殿、宝相阁等建筑檐部均为六抹格扇门，设槛墙，制安四抹槛窗、格扇、槛窗和横披窗芯屉均为六角菱花图案（图165）。角门采用木质攒边大门，现存僧房装修芯屉为步步锦。香林室园林庭院原有装修样式无考，但从遗址发现的花卡子分析，应为园林风格的步步锦、灯笼锦或者套方之类。

七、屋顶样式

殊像寺主院中轴线上的建筑山门、天王殿为单檐歇山顶布瓦顶建筑；会乘殿屋顶样式等级明显高于其他建筑，采用重檐黄琉璃瓦歇山顶样式；宝相阁为重檐八角攒尖顶屋顶，采用黄琉璃绿剪边瓦面；清凉楼为两层楼硬山式屋顶，瓦面为布瓦心绿琉璃瓦剪边。主院配殿中，钟鼓楼、指峰殿、面月殿、云来殿、雪净殿和角门均为单檐歇山顶布瓦顶建筑，馔香堂、演梵堂、吉晖殿、慧喜殿为单檐硬山布瓦顶建筑。东西跨院的僧房全部为单檐硬山布瓦顶建筑；香林室园林庭院中的香林室和倚云楼为硬山布瓦顶，四角亭和六角亭为单檐攒尖布瓦顶样式。殊像寺所有的屋顶样式均为清官式屋脊和吻兽，没有像承德其他大部分皇家寺庙那样采用专门设计的琉璃花脊和吻兽。这样的屋顶设计简洁有序，主次分明，使殊像寺组成一个错落有致的建筑群，主殿采用重檐的高等级屋顶样式，黄色和绿色的琉璃与一般建筑普通屋顶形成鲜明对比，使主体建筑更加醒目和突出（图166）。

殊像寺的所有古建筑均为大式建筑，屋面做法一般是在望板上施护板灰、掺灰泥、青灰背和大麻刀灰，上施琉璃瓦或布瓦。重檐顶均用围脊、合角吻，歇山顶建筑设正脊、正吻，山面设垂脊、戗脊，端部有垂兽、戗兽及跑兽。琉璃建筑歇山山面设铃铛排山，琉璃博缝和山花；布瓦歇山建筑采用砖博缝和山花。琉璃建筑勾头、滴水采用龙形图案，勾头上施帽钉，布瓦瓦当滴水以莲花纹为主。

八、油饰彩绘

殊像寺所有建筑下架大木施朱红色油饰。主体建筑会乘殿采用金龙和玺彩画，主院其余建筑均采用旋子彩画（图167-169）。会乘殿和宝相阁室内采用井口天花，其中会乘殿是六字真言天花，宝相阁纹饰为片金二龙戏珠。各建筑地仗做法基本相同，下架大木为二麻一布七灰地仗或一麻五灰地仗，椽飞望板三道灰地仗，装修一布四灰地仗。清代皇家寺庙椽飞头一般绘虎眼和万字彩画，现各建筑椽头仅作油饰断白，未复原椽头彩画。

165 会乘殿南侧外檐明次间装修（陈东 摄影）

166 殊像寺南视角全景（郭峰 摄影）

167 山门室内清代旋子彩画（陈东 摄影）

168 钟楼下檐残存的清代旋子彩画（柴彬 摄影）

169 会乘殿内檐清代和玺彩画（陈东 摄影）

第四节　建筑材料

清代在承德修建皇家寺庙"所有动工兴修并应需物料酌量分别在京及热河就近办理"，一般高丽纸、油漆彩绘、金箔、金属等高档材料由北京内务府领取，木材、石材、砖瓦等普通材料在当地采办。殊像寺使用的古建筑材料主要包括石材、木材、砖瓦、灰土等，下面分别进行介绍。

一、石材

除了假山石外（详见本篇第六章园林部分），殊像寺在古建筑上使用了 3 种不同的石材，分别是鹦鹉岩、红砂岩、青砂岩，产地均为承德市附近。清代承德营建皇家寺庙工程所需石材一般委托"石商"按照设计要求的质地、规格和数量从本地开采。以普陀宗乘之庙工程为例，"据石作商匠王亮宽等六人在臣福隆安前呈称，从前造盖布达拉庙工所用石料，原是我们承办。四十年间，因庙内台座坍塌重修，总理工程大人仍派令我们承办豆渣石五、六万丈，定限于去年正月内拉运到工。因需用石料甚多，另觅新塘开采，甚费周章。而所开之石多有性软，不堪应用，徒费工作。且拉运艰难，运价加倍，工程限急，夫匠工时加增。又遇隆冬日短，匠役费工，各作人夫云集，米粮骤长，种种情节。所领官项不敷应用，以致赔累难堪。因思从前工程如遇雨水泥泞，米粮昂贵之时，曾有加增过钱粮之例，我们曾在管工大人处将此情形屡次具呈，恳请照例加增钱粮。迄今日久，未蒙准办。现在负债甚多，所欠夫匠车户等工食钱文被逼甚紧，实在情急无奈，所以赴案下具呈，只求查照从前工程加增钱粮之例办理等情"。"查豆渣石大料较从前路远二十里、四十里不等，应按里核计发给运价。从前修庙工时计用石一万余丈，开采四年，石塘最远者五十里，近者三四十里，今四十年重修用石五万四千余丈，旧塘九处仅采石八千余丈，路远自七十余里至九十余里不等，系半年间俱行到工，其拉运车脚较多糜费之。新开塘石山沟窄狭难行，均重开道路，平垫坑洼，其开荒人工亦多

费用，拟按道路远近将运脚酌核加增，以石料丈尺核重斤两，每一千五百斤装一载，按例每载每里加给银二分。除旧塘所开石料毋庸加给外，余应照运远里数加给"*。以上记载可以了解清代开采石材的一些具体情况。这些石材会根据不同的外观效果和材料性能，分别用在不同的建筑和不同部位。

1. 鹦鹉岩

鹦鹉岩是一种凝灰岩，因为产自承德市隆化县鹦鹉川（图170）而得名，也称作英武岩，清代称作"青白石"，

170 隆化县鹦鹉川采石场（陈东 摄影）

其色泽灰白色，质地细腻柔软，易于雕刻，装饰效果较好。民间通常称这种石头为"磨石"，用来磨砺刃器和其他一些农用、日用金属工具。在承德其他皇家寺庙中，鹦鹉岩是各种石材中象征建筑等级最高的一种石材，大量应用在主体建筑上，而附属建筑一般使用红砂岩以示区别。在殊像寺，鹦鹉岩是古建筑石材中使用最多的种类，所有主体建筑和大部分附属建筑都大量的使用，一般用于各建筑的台基、墙体和雕饰构件，包括阶条、角柱、陡板石、踏步、垂带、柱顶石、腰线石、挑檐石、栏杆、须弥座、石质门窗、石狮等。

由于鹦鹉岩质地较为疏松，吸水率高，如长期处

[*]：邢永福，师力武，等．清宫热河档案 [M]．北京：中国档案出版社，2003

于室外，受水分和冻融影响非常容易风化。在殊像寺，位于室内的须弥座和有屋檐保护的腰线石、石质门窗等鹦鹉岩石构件保存较为完好，几乎没有受到自然风化的影响。但是阶条、踏步、垂带等长期暴露在室外的鹦鹉岩则风化十分严重。

2. 红砂岩

红砂岩也是殊像寺使用较多的一种石材，普遍应用在建筑台基石构件、墁地石、道路与散水牙子等处，也大量用于台基的毛石台帮、围墙的毛石墙体砌筑等处（图 171）。在清代，红砂岩主要集中在承德市区周边的牛圈子沟、红石砬沟和张百湾等地，本次工程更换和补配的红砂岩构件主要是各建筑遗址台基石构件和道路牙子石，均使用了承德本地产的红砂岩。

3. 青砂岩

青砂岩是一种颜色灰绿色的砂岩，在承德产量比较少，在承德避暑山庄和其他寺庙中使用也较少，殊像寺是承德清代皇家建筑使用青砂岩最多的地方，主要使用在道路路面、建筑散水、钟鼓楼的毛石砌筑墙体上。特别是殊像寺的冰纹道路使用红砂岩做路牙石，青砂岩做路面石，形成了较好的颜色对比效果（图 172）。在清代，青砂岩主要集中在承德市

区南边的十八盘，本次工程更换和补配的青砂岩也产自此处。但自 2014 年以后承德市市区附近禁止开采石材，青砂岩采石场已不能继续开采石材。

4. 花岗岩

花岗岩在清代被称作豆渣石，质地坚硬，但颗粒较为粗糙。清代承德经常使用本地产花岗岩，颜色为黑白杂色或浅红色。产地主要是距离普乐寺 10 千米的狮子沟镇大窝铺村。在殊像寺，花岗岩只应用于建筑的基础，一般不用于露明部位。

5. 假山石

殊像寺的假山石采用了 3 种不同颜色和材质的石材，分别是青黑色的青石、黄白色的黄石和紫红色的火山岩，形成了特殊的假山艺术效果（详见本篇第六章园林部分）。

二、木材

木材是殊像寺最主要的建筑材料之一，用于建筑物的柱子和梁架。殊像寺柱子、梁、檩等大木主要使用了油松，部分采用了云杉（Picea）。按照文献记载，清代殊像寺建设工程所用的木材主要采自当地的木兰围场附近，顺河流运至工程现场。在清代，木兰围场有十分茂密的林木，每年自然死亡的树木不计其数。"回乾（死亡）木植虽多，而疏密不一。或一山之间得木三五件至十数件不等"。乾隆中期，承德陆续修建安远庙、普乐寺、普陀宗乘之庙、广安寺、罗汉堂、殊像寺等大型寺庙。乾隆三十年，乾隆皇帝专门派大臣到木兰围场查勘死亡树木情况，当时"围场内永阿柏至他里雅图等二十二围场内回乾大小黄红松木 34729 件"，"西面英图等四围三十一处得共计堪用回乾黄红松木 87405 件"，"围场内北面都咛岱莫多图至陀豁隆货赍等四围六处堪用回乾大小黄红松木 120615 件"。这些天然死亡的树木胸径都在 30 厘米以上，其中有很多"径 2 尺（64 厘米），长 3 丈 5 尺（11.2 米）的黄松木和红松木"，这些死亡的树木都被砍伐用于建造普乐寺等皇家工程，并作为"梁枋檩"等建筑材料使用，其中的黄松就是指油松。至乾隆三十六

171 天王殿遗址台基石构件为红砂岩，须弥座为鹦鹉岩（陈东 摄影）

172 红砂岩与青砂岩色彩的对比效果（陈东 摄影）

至四十年，修建普陀宗乘之庙、殊像寺、避暑山庄文园等建筑时，由于皇家工程众多，围场的"回乾"树木无法满足工程需求，都是大量砍伐成活的林木用于工程。经乾隆四十年统计"砍伐木植共三十六万五千五百四十九件"。其中"热河园内外粘修殿座房间，并添建布达拉庙、罗汉堂、戒台、殊像寺、文园等十七项，用过木植四万七千二百十九件"。由于大量砍伐围场树木，加上难以禁止的林木盗伐，至清朝末年木兰围场的树木被砍伐殆尽，由原始森林退化为草原甚至是荒漠。

三、砖

清代用于殊像寺的砖主要有两大类，一类是条砖，主要用于木结构古建筑上，包括砌筑建筑基础的磉墩、砌筑墙体下碱的干摆砖和砌筑上身的糙砌砖、建筑和围墙散水、庭院道路的路牙等处。另一类是方砖，主要用于各建筑室内地面，规格是尺二方砖和尺四方砖。

修建殊像寺时，清代皇家已经在普乐寺北侧的五窑沟等处专门修建了砖窑，用于生产皇家工程所需的砖瓦和琉璃构件。例如嘉庆年间修建承德寺庙时提到，"砖瓦一项，应用糙砖瓦片，查热河窑烧造者尚堪适用，仍在热河窑就近置办。其有应用京窑之件，遵照东栅栏门之例，在于热河砖窑用澄浆细泥烧造，尽可抵京窑之件，尚可节省运脚银三千一百余两"。由此可见，为了节省运费，清代殊像寺等皇家工程所用的砖瓦大部分应在本地的五窑沟等处窑场烧制。在此次殊像寺保护修缮工程施工过程中，还在清理遗址时发现有铭文的文字砖，这些砖就是产自五窑沟。

四、瓦

殊像寺建筑物的屋顶根据其建筑物的等级分别采用琉璃瓦或普通的布瓦（图173）。主殿会乘殿采用黄色琉璃瓦，宝相阁为绿琉璃瓦黄剪边屋面，清凉楼是布瓦绿剪边屋面，其他附属建筑都统一采用布瓦屋面。在清代，这些琉璃瓦和布瓦大部分都产自承德的五窑沟。

五、灰土

殊像寺古建筑中大量使用了传统的灰土材料，包括灰土垫层、屋面苫背瓦瓦材料、墙体砌筑抹灰等。根据文献记载，清代承德皇家寺庙使用的青灰一般自北京"京运"，而白灰和黄土则使用本地材料，例如嘉庆年间专门提到修建皇家寺庙"所用白灰，仍购乌郎矶（今承德县乌龙矶）地方之灰应用，其性粘润细腻，以期坚固"。现在承德县很多地方仍然在生产白灰。

殊像寺现存大部分的历史建筑物，如山门、钟鼓楼、会乘殿和围墙上都有红色抹灰。抹灰一般在墙体上身砌砖石的外表使用。这种红色灰土在清代被称作"红土子"，是一种含铁的矿物质。现在由于红土子使用较少，很少有厂家专门开采生产，致使这种古建筑专用材料已经很难购买。

殊像寺现存古建筑室内墙体抹灰主要是黄颜色的"包金土"（图174），这种材料是含铅丹的矿物质颜料，目前市场上也很难购买。

173 会乘殿和宝相阁屋顶的琉璃瓦（郭峰 摄影）

六、金属

殊像寺古建筑主要使用金、铜、铁3种金属。

金主要用于旗杆顶和宝相阁铜宝顶的鎏金、建筑彩画上的贴金、铜鎏金佛像表面的鎏金等。

铜主要用于建造铜宝顶和铜钟，也普遍用于各建筑露明的金属装饰构件，如门窗上的雨点钉和铜面叶、匾额下面的铜质千金托等。这些露明使用的铜质建筑构件大部分需要在表面进行鎏金处理。

铁质构件用在结构性的构件上，一般是不露明的部位，如柱子和额枋上的铁箍和铁扁担、椽望的铁钉、加固天花帽梁的挺钩（图175）、槛墙和下碱墙灰缝内的铁垫片等。

174 山门室内墙体清代的包金土（李林俐 摄影）

175 会乘殿加固梁枋的铁抱箍和加固天花的铁挺钩（熊炜 摄影）

第五节 建筑艺术

一、琉璃构件

琉璃屋顶是中国古代建筑中高等级建筑的象征，广泛地使用于宫殿、寺庙、园林及陵寝等主要建筑的屋面。它相比于普通的布瓦屋面，具有良好的防水性和美观性，也代表了较高的建筑等级。殊像寺是承德皇家寺庙中使用琉璃瓦相对较少的寺庙，只有位于中轴线上的三个建筑采用了琉璃瓦，其余建筑全部采用了普通的布瓦。殊像寺建筑屋顶上的琉璃瓦有黄绿两种颜色，并且根据建筑的等级和重要性，这三座建筑使用琉璃瓦的方式也不一样。主体建筑会乘殿采用的是黄琉璃瓦屋顶，等级最高；宝相阁采用绿琉璃瓦黄剪边屋面等级低于会乘殿；而清凉楼采用布瓦绿剪边屋顶，只使用了非常少的琉璃瓦，而且均为琉璃，这种建筑样式在琉璃瓦建筑中等级最低。殊像寺的三座琉璃屋顶的建筑均采用清代标准的官式琉璃样式，并没有像须弥福寿之庙、普陀宗乘之庙、普乐寺、安远庙等承德其他皇家寺庙使用特殊设计的琉璃构件。殊像寺的琉璃构件艺术造型主要体现在带有纹饰的琉璃构件上。虽然所有琉璃正吻、小兽、瓦当和滴水纹饰都采用官式做法，但雕刻的纹饰生动活泼、立体感极强，又富有动感，代表了典型的清代乾隆时期风格（图176-178）。此外，会乘殿的琉璃山花和宝相阁的琉璃宝顶采用了黄绿两种颜色的琉璃分件制作而成，纹饰以腕带或卷草纹为主，线条流畅优美，色彩稳重而清晰，是清代皇家建筑的艺术精品（图179）。

176 会乘殿的琉璃小兽（李林俐 摄影）

177 会乘殿的琉璃瓦当（李林俐 摄影）

178 会乘殿的琉璃滴水（李林俐 摄影）

179 会乘殿的琉璃山花（李林俐 摄影）

二、木雕

殊像寺整座寺庙相对比较朴素、庄重、沉稳，没有使用太多华而不实的雕刻构件。殊像寺的建筑不像承德其他皇家寺庙那样大量使用前出廊、擎檐柱的建筑结构形式，所以也没有大量需要木雕的雀替和花板。在殊像寺，带有纹饰的木雕主要集中在各殿室内清代佛像、陈设、经柜等处，此外还有少量的建筑匾额、门窗绦环裙板雕刻等处。会乘殿是殊像寺保存清代木雕最集中的建筑，除金漆木雕观音、文殊、普贤三大士佛像外，三大士佛像的石雕须弥座上设有精美的云纹木雕栏杆（图180），佛像前保留有清代供桌和2座木雕珊瑚树（图181-182），佛像两侧有两座高大、精美的木雕楠木塔（图183），殿内保留有清代木质钟鼓架，两山墙前还有古朴庄重的木雕经柜（图184-185）。此外，会乘殿南外檐现存清代云龙陡匾，这种匾额是寺庙建筑外檐常用的最高级匾额形式。匾额中间为青地金字满、汉、藏、蒙四体阳文文字雕刻的"会乘殿"三字（图186）。匾额边缘镂雕9条五爪龙，其中正上方居中为坐龙，两侧对称各分布4条行龙，布局严谨对称，雕刻灵活生动又富于动感，是清代木雕云龙匾额中的典型代表作。

180 会乘殿室内木雕栏杆（李林俐 摄影）

相对于承德其他皇家寺庙，殊像寺的这些木雕艺术造型相对比较简洁庄重，纹饰简单而古朴，色彩稳重而不艳丽，但制作工艺考究，比例协调，纹饰精美，雕刻细致，代表了典型的清代官式寺庙风格。

181 会乘殿室内供桌（李林俐 摄影）

184 会乘殿室内经柜门木雕（李林俐 摄影）

182 会乘殿珊瑚树（陈东 摄影）

183 会乘殿楠木塔（局部）（李林俐 摄影）

185 会乘殿室内经柜上的毗卢帽（李林俐 摄影）

186 会乘殿清代的云龙陛画（陈东 摄影）

三、石雕

石雕是殊像寺重要的建筑装饰表现手法。现存主要石雕艺术构件主要是石狮、石券门券窗、须弥座等，虽用量不大，却起到画龙点睛的作用。

1. 石狮

殊像寺门前矗立着两个石狮，为鹦鹉岩材质，表面呈灰白色（图187-188）。这两座石狮是典型的北方官式雕刻风格，与承德地区现存其他清代官式石狮一样，殊像寺石狮为雌雄一对。西侧为雌狮，前左脚下有一幼狮仰卧作嬉戏状；东侧是雄狮，前右脚抚踩一绣球。狮子由头、脸、身、腿、牙、胯、绣带、铃铛、旋螺纹、滚凿绣珠等构成，狮头饰鬃髦，颈悬响铃。石狮的台基采用寺庙常见的须弥座，圭角雕刻如意云图案，上下枋则刻有蕃草，束腰图案为椀花结带，其端部有如意金刚柱。殊像寺的石狮外观大气，气势雄伟，又略显活泼可爱，是殊像寺非常重要的石雕艺术珍品。

187 殊像寺山门前西石狮（李林俐 摄影）

188 殊像寺山门前东石狮（李林俐 摄影）

2. 券门券窗

殊像寺山门的石券门券窗雕刻纹饰没有采用清代比较常见的标准官式西番莲纹饰做法，而是选择了特殊硬卷草纹饰，这种纹饰也被称作汉文纹饰，在承德皇家寺庙中仅有殊像寺山门的券门券窗采用了这种石雕纹饰（图189-190）。

189 山门石券门（陈东 摄影）

190 山门石券窗（陈东 摄影）

3. 须弥座

殊像寺有多处石雕须弥座，全部采用清代官式做法。位于中轴线的天王殿、会乘殿、宝相阁等殿堂内佛像的须弥座雕刻纹饰复杂，采用的是比较细腻的凝灰岩材质。圭角与其他须弥座一样，雕刻有如意云图案，上下枋雕刻等级比较高为二龙戏珠，束腰为椀花结带和玛瑙柱子，上下枭为仰覆莲（图191–192）。两侧配殿佛像的须弥座均采用素面雕刻，即只在圭角、束腰的边角处雕刻如意云、玛瑙柱子等简单纹饰，其他表面均没有纹饰雕刻（图193）。

191 宝相阁清代须弥座侧面的石雕（陈东 摄影）

192 宝相阁清代须弥座上面的石雕（陈东 摄影）

193 雪净殿遗址上的石质须弥座（陈东 摄影）

四、金属

1. 面叶

清代，殊像寺各古建筑槛窗和槅扇上均安装有铜鎏金面叶，形制共分为两种，一是主体建筑即中轴线建筑的面叶雕刻为如意祥云龙纹，其余附属建筑如配殿、门阁等建筑的装修面叶雕刻为如意素面纹饰。面叶除了具有加固装修门窗的实际功能外，也是古建筑门窗上最醒目的装饰部件，在朱红色油饰的门窗上安装的金灿灿的铜鎏金面叶，使高大的寺庙建筑更显庄严肃穆、金碧辉煌。殊像寺古建筑装修上的面叶制作精美，但大部分都缺失不存，现只有会乘殿残存有部分清代铜质面叶。这些清代面叶全部由匠人手工制作，雕刻精美，是不可多得的艺术精品（图194）。

2. 铜钟

殊像寺钟楼和会乘殿各存铜钟一座（图195-196），造型古朴、纹饰简单，上面均刻有铭文。

五、彩画

建筑彩画作为中国古代建筑外表面的装饰艺术，有着非常久远的历史。发展至明清逐步形成定制，由于清朝颁布了《清工部工程做法则例》，使得清朝官式彩画的法式规则更加规范，等级更加鲜明。彩画最早作用是对木结构进行保护，后来随着社会的不断发展，宗法、礼教制度不断完善，彩画对于建筑的装饰作用比原先的保护作用越发显得重要。

194 会乘殿清代面叶（陈东 摄影）

195 钟楼内的铜钟（陈东 摄影）

196 会乘殿的铜钟（李林俐 摄影）

殊像寺现存的清代彩画主要分为两大类。第一类为金龙和玺彩画，只在主殿会乘殿使用（图197-198）。第二类为旋子彩画，用于其他附属建筑。西跨院香林室园林区域的建筑应该绘有苏式彩画，但目前还没有十分肯定的依据。

和玺彩画是清代等级、规格最高的彩画形式，在清代《工部工程做法则例》中称为"合细彩画"，一般用于皇家宫殿、坛庙的主殿及堂、门等重要主体建筑上。会乘殿的彩画是比较典型的清中期风格的和玺彩画，各建筑构件彩画的主题均以龙纹为主，包括二龙戏珠、坐龙、行龙、升龙、降龙等不同的龙形图案，造型生动，线条流畅，所有龙纹均使用沥粉贴金的方法，并且有规律地使用库金和赤金两种不同颜色的金箔，使整体图案层次更加丰富。与官式做法不同的是，会乘殿的彩画使用了"六字真言"图案绘制天花（图199），融入了藏式建筑纹饰风格，具有重要的历史与艺术研究价值。

197 会乘殿清代彩画（李林俐 摄影）

198 会乘殿内檐清代彩画（陈东 摄影）

199 会乘殿清代天花（熊炜 摄影）

旋子彩画是用途非常广的一类彩画，既可以用于皇家宫殿建筑中，也可以用于寺庙陵寝等建筑上。旋子彩画在每个构件上的画面均划分为枋心、藻头和箍头三段。清代旋子花纹和色彩的使用逐渐趋于统一，图案更为抽象化、规格化，形成以弧形切线为基本线条组成的有规律的几何图形。枋心通常占整个构件长度的三分之一，多绘有吉祥图案。殊像寺的山门保留大量的清代中期旋子彩画，钟楼只有一个枋子上保留了原有的清代彩画，宝相阁依据老照片恢复了旋子彩画。这几处建筑都绘有精美的龙锦枋心旋子彩画，是研究清代彩画艺术的重要现存实物。

第一节　匾额楹联

乾隆朝鼎盛时期，殊像寺各建筑匾额楹联情况如下（表10）：

一、山门

殊像寺门前外檐墙体镶嵌高宗御笔满、汉、藏、蒙四样字"殊像寺"石匾一面。

二、天王殿

外檐面南挂高宗御笔四样字陡匾一面。

三、馔香堂与演梵堂

馔香堂外檐面西挂高宗御笔四样字陡匾一面。
演梵堂外檐面东挂高宗御笔四样字陡匾一面。

四、会乘殿

（一）外檐面南挂高宗御笔四样字陡匾一面（图200）。

（二）室内面北挂高宗御笔字"会通三际"匾一面（图201）。黑漆金字诗匾一面（图202），诗匾内容是乾隆皇帝于乾隆四十一年（1776年）写的御笔诗：

殊像寺　丙申
殊像亦非殊，堂堂如是乎。
双峰恒并峙，（与普陀宗乘之庙各据一峰，相去半里）
半里弗多纡。
法尔现童子，巍然具丈夫。
丹书过情颂，（西藏每于新岁献丹书，称曼殊师利大皇帝云云。盖以"曼殊"音近"满珠"也）
笑岂是真吾。

（三）明间柱子面南挂高宗御笔字挂对一副（图203）。内容为"发心为众生缘，深入善权菩萨果；现相如三世佛，了分身住曼殊床"。

200 会乘殿清代的云龙陡匾（李林俐 摄影）

201 会乘殿室内会通三际匾（李林俐 摄影）

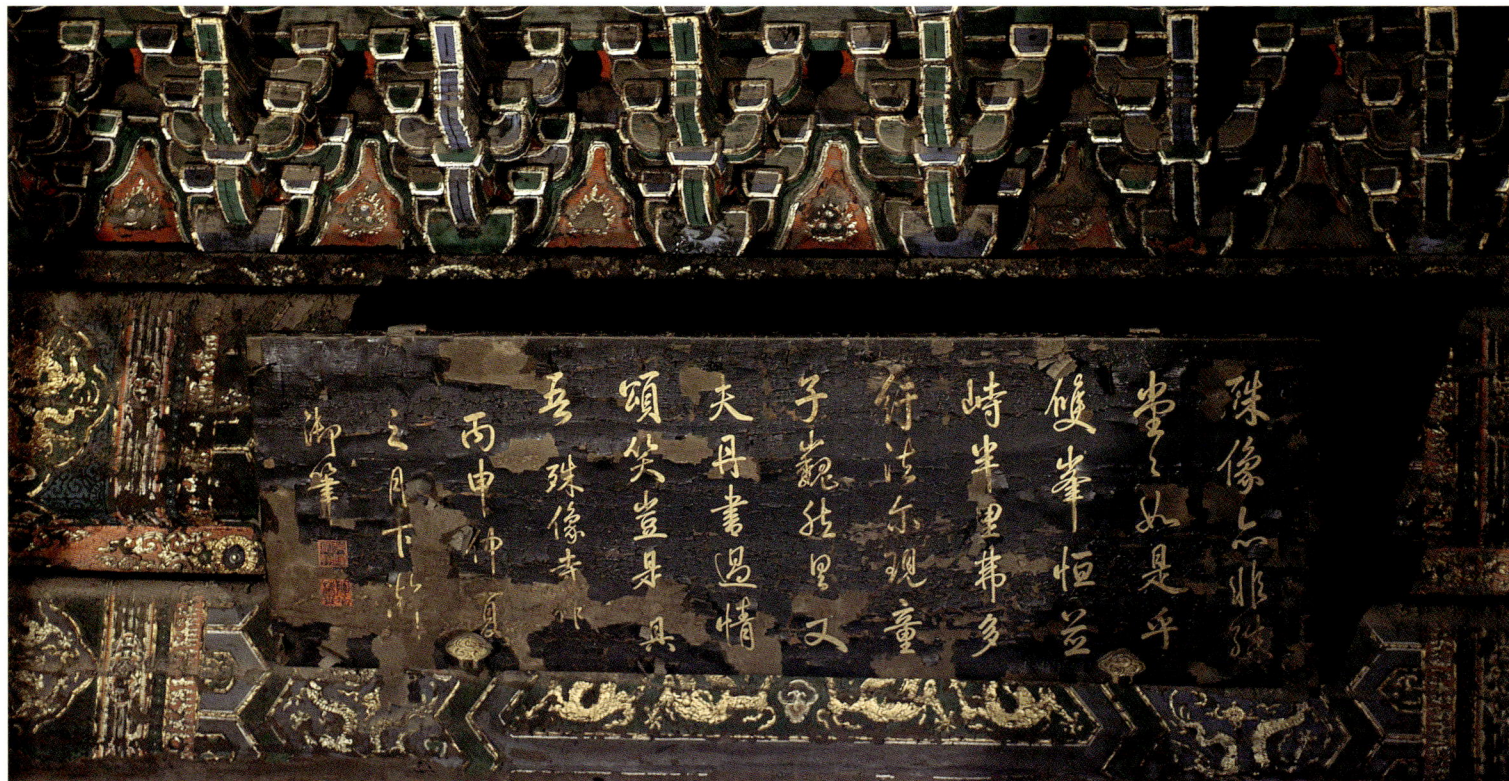

202 会乘殿室内乾隆御笔诗匾（李林俐 摄影）

203 会乘殿室内乾隆御笔对联（李林俐 摄影）

五、指峰殿和面月殿

外檐悬高宗御笔四样字"指峰殿""面月殿"陡匾各一面。

六、宝相阁

外檐挂高宗御笔四样字陡匾一面。室内面北挂高宗御笔字净名普现匾一面，高宗御笔字挂对一副，内容为"佛说是本师，宏宣象教；天开此初地，示现狮峰"。

七、云来殿和雪净殿

外檐挂高宗御笔四样字"云来殿""雪净殿"陡匾各一面。

八、清凉楼

外檐挂高宗御笔四样字陡匾一面。

楼下室内挂高宗御笔字"妙五福德"匾一面，高宗御笔字挂对一副，内容为"地分台麓示居国，座挹锤峰供养云"。

楼上挂高宗御笔字"相合台怀"匾一面，左右挂高宗御笔字挂对一副，内容为"地上拈将一茎草，楼头现出五台山"。

九、吉晖殿和慧喜殿

外檐挂高宗御笔四样字"吉晖殿""慧喜殿"匾各一面。

表 11　殊像寺各建筑匾额楹联一览表

建筑名称	匾额位置	做法	内容
山门	明间券门上面南	镶嵌在前檐墙内石匾	高宗御笔满、汉、藏、蒙四样字"殊像寺"
天王殿	明间外檐面南挂	木制陡匾	高宗御笔满、汉、藏、蒙四样字"天王殿"
馔香堂	明间外檐面西挂	木制陡匾	高宗御笔满、汉、藏、蒙四样字"馔香堂"
演梵堂	明间外檐面东挂	木制陡匾	高宗御笔满、汉、藏、蒙四样字"演梵堂"
会乘殿	外檐面南挂	木制云龙陡匾	高宗御笔满、汉、藏、蒙四样字"会乘殿"
	室内面北挂	木制锦边璧子横匾	高宗御笔字"会通三际"
	室内面北挂	木制黑地金字横匾	乾隆四十一年高宗御笔字《殊像寺》诗
	室内金柱面南挂	木制锦边璧子挂对	高宗御笔字"发心为众生缘，深入善权菩萨果；现相如三世佛，了分身住曼殊床"
指峰殿	明间外檐面西挂	木制陡匾	高宗御笔满、汉、藏、蒙四样字"指峰"
面月殿	明间外檐面东挂	木制陡匾	高宗御笔满、汉、藏、蒙四样字"面月"
宝相阁	外檐面南挂	木制云龙陡匾	高宗御笔满、汉、藏、蒙四样字"宝相阁"
	室内面北挂	木制匾	高宗御笔字"净名普现"
	室内面南挂	木制挂对	高宗御笔字"佛说是本师，宏宣象教；天开此初地，示现狮峰"
云来殿	明间外檐面西挂	木制陡匾	高宗御笔满、汉、藏、蒙四样字"云来"
雪净殿	明间外檐面东挂	木制陡匾	高宗御笔满、汉、藏、蒙四样字"雪净"
清凉楼	明间外檐面南挂	木制陡匾	高宗御笔满、汉、藏、蒙四样字"清凉楼"
	楼下明间室内挂	木制匾	高宗御笔字"妙五福德"
	楼下明间室内挂	木制挂对	高宗御笔字"地分台麓示居国，座挹锤峰供养云"
	楼上明间室内挂	木制匾	高宗御笔字"相合台怀"
	楼上明间室内挂	木制挂对	高宗御笔字"地上拈将一茎草，楼头现出五台山"
吉晖殿	明间外檐面西挂	木制匾	高宗御笔满、汉、藏、蒙四样字"吉晖"
慧喜殿	明间外檐面东挂	木制匾	高宗御笔满、汉、藏、蒙四样字"慧喜"

第二节　御制诗文

一、殊像寺落成瞻礼即事成什（有序）　乾隆 乙未（乾隆四十年，1775 年）

五台山为文殊师利道场，梵语谓之曼殊师利。山麓有寺曰"殊像"，传是文殊示现处。妙相端严，瞻仰生敬。

辛巳春，奉圣母幸五台祝厘，瓣香顶礼，默识其像以归。既归，摹勒诸石，遂乃构寺于香山，肖碑模而像设之，颜曰"宝相"。兹于山庄普陀宗乘庙西，营构兰若，庄校金容，一如香山之制，而堂殿楼阁略仿台山，亦名以"殊像"，从其朔也。

夫佛法无分别，见清凉五峰固文殊初地，香山塞山，非彼非此，矧以竺干视之，固同为震旦中菩萨示现之境乎？是则阐宗风延曼寿，功德利益，又皆一合相之，推广平等者也。

工始于乾隆甲午夏，逾年落成。以诗代颂，并志缘起如右：

殊像全规台庙模，撰辰庆落礼曼殊。（曼殊师利，梵帙读作平声，其音近"满珠"。故西藏达赖喇嘛等进丹书借称曼殊师利大皇帝。今俗讹"满珠"为"满洲"，非也）

金经蒙古犹常有，宝帙皇朝可独无？（佛经本出厄讷特诃克，是为梵帙，一译而为唐古特之番，再译而为震旦之汉。其蒙古经则康熙及乾隆年陆续译成者。朕以当我朝全盛之时，不可无国书之佛经，因命开馆译定）

译以国书宣白业，习之修士翊浮图。（是寺之喇嘛皆令习清字，经即阐曼殊师利之义）

虽然名实期相称（去声），师利应嘘谓是乎。

二、殊像寺 乾隆 丙申（乾隆四十一年，1776 年）

殊像亦非殊，堂堂如是乎。

双峰恒并峙，（与普陀宗乘之庙各据一峰，相去半里）

半里弗多纤。

法尔现童子，巍然具丈夫。

丹书过情颂，（西藏每于新岁献丹书，称曼殊师利大皇帝云云。盖以"曼殊"音近"满珠"也）

笑岂是真吾？

三、殊像寺叠丙申韵 乾隆 己亥（乾隆四十四年，1779 年）

殊像像文殊，岂云异貌乎？

阔违忽两载，瞻礼此重纤。

法演三千界，心传调御夫。

无生只二字，行处目瞠吾。

四、香林室 乾隆 乙未（乾隆四十年，1775 年）

室筑花宫侧，檀林拥净香。

最宜引呼吸，可以悟真常。

庭树有嘉荫，砌葩无俗芳。

如云皆是药，识者大医王。

五、香林室 乾隆 丙申（乾隆四十一年，1776 年）

塞上富者林，兹以近佛地。

异众独名香，而室幸斯置。

俯仰旃檀丛，餍饫薝萄味。

满志惟清净，谋目足葱翠。

何当屏万虑，从修入闻思。

六、香林室 乾隆 己亥（乾隆四十四年，1779 年）

是林无不香，是处香之最。

室筑梵宫傍，自应余津逮。

润以沉漉精，吹以薝萄籁。

耳根及鼻观，合相成静会。

五木与都梁，火气直宜汰。

七、倚云楼 乾隆 乙未（乾隆四十年，1775 年）

寺傍隙地一区分，倚巇为楼亦可欣。

虚牖却无来去相，容容常把德山云。

八、倚云楼 乾隆 丙申（乾隆四十一年，1776 年）

倚云云亦倚其楼，正可羲经悟气求。

若论山田沾渥雨，丰隆只合此间收。

九、倚云楼口号 乾隆 己亥（乾隆四十四年，1779 年）

山楼两架倚晴晖，莫谓无云便拟归。

试看青葱峭蒨者，蔚林诡石岂其非。

十、倚云楼戏题八解 乾隆 甲寅（乾隆五十九年，1794 年）

云倚楼为实，楼倚云为虚。（一解）

二义相假借，谁能与分疏？（二解）

云惟虚不定，楼以实可居。（三解）

实有象恒若，虚无形幻如。（四解）

云楼与虚实，害不视厥初。（五解）

厥初定名时，倒置试思诸。（六解）

四字果孰真，（谓云为楼，谓虚为实之类）五言聊戏书。

（七解）

楞严八辨见，同异其然欤。（八解）

十一、殊像寺瞻礼 嘉庆 丁卯（嘉庆十二年，1807 年）

旧寺渐颓圮，鼎新法象开。

慧灯悬皎洁，莲座现崔嵬。

色相宗三乘，根尘始五台。

同文阐经藏，一本万缘该。

清朝为了团结边疆的少数民族，实行了"兴教理边，因俗习为治"的统治政策，尊崇藏传佛教。康熙和乾隆皇帝在承德避暑山庄周围营建的皇家寺庙也是全部为藏传佛教寺庙，各寺庙殿堂内供奉了数以万计的佛教造像与陈设。其中佛造像主要包括祖师、佛、菩萨、度母、罗汉、护法等，陈设主要包括供器、法器、供案、挂对、字画、匾额、经书、床、椅、靠背、坐褥等。殊像寺是乾隆皇帝非常重视的寺庙，其中的供像与陈设材质华贵、做工精湛，代表了清代的最高水平。但可惜的是这些供像与陈设在民国时期遭到了严重的破坏和盗取，现仅有山门、钟楼、会乘殿、宝相阁等建筑中保留着少量的清代原物，其余建筑的供像与陈设绝大部分已不存。本章节根据历史文献对清代殊像寺鼎盛时期的供像与陈设情况进行介绍。

根据清宫内务府乾隆五十三年《殊像寺佛像供器漆木器皿等项清档》进行分析，在清代盛期，殊像寺内共有各种供像1934尊，供、法、乐器485件，佛经18部235套24册，佛龛87座，其他陈设品682件。乾隆朝鼎盛时期，殊像寺各建筑供像、陈设情况如下：

第一节　山门

殊像寺门前两侧设置石雕狮子一对。室内东西两侧设木骨泥胎哼哈二将佛像。现存石狮、石匾、哼哈二将佛像均为清代原物（图204-205）。

204 山门护法神细部（熊炜 摄影）

205 山门护法神细部（李林俐 摄影）

第二节　钟鼓楼

一、钟楼

内设铜钟一口，高 142 厘米，钟纽高 42 厘米，钟口径 112 厘米。此钟原为明代皇家寺庙中铜钟。钟的腹部有上下两层铭文：上层是"大明万历丁巳年六月吉旦，当今皇帝，中宫皇后王氏、皇贵妃郑氏、顺妃李氏，同发诚心，铸造大铜钟一口下愿。敕建圣祚隆长寺供奉"，"皇帝万岁万岁万万岁"，下层分四面，

计十六个字："法轮常转，佛日增辉，帝道遐昌，皇图永固。"将前朝皇室制作的铜钟放在清代皇家寺庙中使用并不只有殊像寺，承德普乐寺钟楼的钟也是明代皇家寺庙的遗物。

二、鼓楼

内设大鼓一面。

第三节　天王殿

殿内居中面南供弥勒佛一尊（图 206），随闹龙金椅一张。

弥勒佛前设供桌一张，上设木胎五供一分，随金莲油蜡各一对，炉屉一分。

弥勒佛背面设木栈板墙，墙后面北供韦陀一尊（图 207），现存放承德市文物局外八庙管理处文物库房。

韦陀须弥座前设供桌一张，上设木胎五供一分，随金莲油蜡各一对，炉屉一分。

天王殿殿内东西两侧供天王四尊。

206 天王殿的弥勒佛（李林俐 摄影）

207 天王殿的韦陀（李林俐 摄影）

第四节　馔香堂与演梵堂

一、馔香堂

室内设罗汉床一张，随黄缎坐褥一件。

前设高经桌一张。

斋桌九十张，供僧人用斋饭。

二、演梵堂

室内设法台一座，罗汉床一张，随黄缎坐褥一件。

前设高经桌一张，嘎叭拉鼓一件，铜铃杵一分。

明间室内背板（木栈板巴墙）面东挂墨刻梭罗树一张。

前设供柜一张，上供铜释迦佛一尊，上挂哈达一件，随背光须弥座。

左右供五彩磁塔一对，花梨木座。

前设供桌一张，上设花梨木座五彩瓷五供一分，花梨木座五彩瓷七珍一分，花梨木座五彩瓷八宝一分。

前设紫檀座铜胎珐琅四喜鼎一件。

室内设经桌六十四张，坐床六十四张，供僧人诵经。

第五节　会乘殿

一、供像

室内供三大士菩萨三尊（图208），均端坐在莲花座上，坐骑分别是青狮、白象、吼，背光上挂哈达三件，高宗御笔大圣文殊师利菩萨赞佛法身礼经一部，文殊师利赞经一部。

中设五台大螺顶漆木菩萨龛一座，随木座，玻璃门内供铜文殊菩萨五尊，随玉牌位五座。

左右设紫檀木塔二座，随木座，玻璃门内供铜无量寿佛二十四尊。

二、供柜及陈设（表12）

三大士前设供柜三张。

上设花梨木九塔龛三座，楠木座，玻璃门内供铜佛二十七尊。

花梨木三塔龛六座，楠木座，玻璃门内供铜佛十八尊。

中供铜镀金塔一座，楠木座。

左右设银塔二座，镶嵌宝石，楠木座。

红龙白地瓷靶碗三堂，每堂计九件，花梨木座。

中左右设串琉璃挑幡二对，五彩瓷八宝三堂，随木座。

三、供桌及陈设

三大士前设供桌三张。

上设木胎五供三分，随灵芝油蜡各一对，炉屉三分。

班禅佛供银满达一件。

红花白地瓷甘露瓶一件。

木胎供果三分。

木胎八宝三分。

铜海灯三盏，随铜罩木座。

208　会乘殿三大士（李林俐 摄影）

四、经柜及陈设

两山墙经柜二十二座（图209），内设：

藏经一百零八套，每套随单夹棉黄紬缎布坑单三件，五色系带子二条，五色蛇皮长锦缎子一条，夹板经帘俱全。

大藏全咒经五部，每部计十套。

高宗御书乐师琉璃光如来本愿功德经四部。

高宗御书千手千眼观世音菩萨大悲心陀罗尼经四部。

各色清字经一百八套，每套随单夹棉红黄紬缎布挖单三件，长短五色系绦子二条。

清字西番丹书克经一部，计二十四册。

佛龛二十二座，每座内供礢礢佛六十尊，共计一千三百二十尊。

五、其他陈设

楠木塔二座，每座内供铜佛三百零四尊。

室内两山面经柜前左设铜钟一口，右设鼓一面（现仅存鼓架，见图210）。

漆木珊瑚树四盆，随五色哈达四十件。

木踏跺四座，随红毡。

大铜五供一分，随灵芝油蜡香靠样香一炷，随石座。

门口设黄缎布帘刷各六件。

室内屋顶悬挂蓝缎立龙欢门幡三堂。

羊毛花地毯三块。

黄缎拜垫一分，随红白毡各一块，黄绸布挖单各一件。

带子板贴画像佛十三张。

三大士后面背板后贴墨刻塔三张。

外檐前后挂雨搭十架。

铜五供一分，随石座。

210 会乘殿室内的鼓架（陈东 摄影）

209 会乘殿经柜（李林俐 摄影）

表 12　会乘殿盛期主要陈设一览表

供桌供柜	三张供柜	九塔龛三座内供铜佛二十七尊
		三塔龛六座内供铜佛十八尊
		铜镀金塔一座
		银塔二座
		红龙白地瓷靶碗三堂
		串琉璃挑幡二对
		五彩磁八宝三堂
		菩萨龛一座内供铜文殊菩萨五尊
		紫檀木塔二座内供铜无量寿佛二十四尊
	三张供桌，木踏跺四座	木胎五供三分
		班禅佛供银满达一件
		红花白地瓷甘露瓶一件
		木胎供果三分
		木胎八宝三分
		铜海灯三盏
	三层楠木塔两座	每座内供铜佛三百零四尊
	两山墙经柜二十二座	藏经一百零八套
		大藏全咒经五部
		高宗御书乐师琉璃光如来本愿功德经四部
		高宗御书千手千眼观世音菩萨大悲心陀罗尼经四部
		各色清字经一百八套
		清字西番丹书克经一部
		佛龛二十二座每座内供磲磲佛六十尊
其他	供桌两侧有漆木珊瑚树四盆	
	大铜五供一分随石座	
	铜钟一口	
	鼓一面	
绘画类	带子板贴画像佛十三张（唐卡）	
	三大士后面背板后贴墨刻塔三张	

第六节　指峰殿和面月殿

内里设菩萨各三尊。

须弥座前设供桌各三张。

上设木胎五供各三分，随金莲油蜡各三对，炉屉各一分。

木胎八宝各一分。

黄缎拜垫各一分，随红白毡各二块，黄绸布挖单各二件。

第七节　宝相阁

室内屋顶悬挂蓝缎立龙欢门幡一堂。

殿内里设文殊菩萨一尊，乘狮子，随哈达二件。

文殊菩萨两侧设韦陀一尊，回回一尊，持黄系瓣子一条。

石台上供三塔龛一座，楠木座，内供铜佛三尊，随背光、须弥座。铜镀金塔四座，紫檀座，内供铜佛四尊。铜珐琅八

宝一分。

楠木供桌一张，木踏跺一座，随红毡。

铜珐琅五供一分，紫檀座。

班禅佛供银曼达一件。

红花白地瓷甘露瓶一件。

铜珐琅七珍一分，紫檀座。

木胎供果一分。

木胎八宝一分。

铜海灯一盏，随铜罩木座。

串琉璃挑幡一对，随象座。

羊毛花地毯一块。

黄缎拜垫一分，随红白毡各一块，黄绸布挖单各一件。

外檐挂雨搭二十四架。

第八节　云来殿和雪净殿

内里菩萨各三尊。

前设木胎五供各三分，随金莲油蜡各三对，炉屉各三分。

供桌各三张，上设木胎七珍各一分。

第九节　清凉楼

一、楼下

挂五色缎欢门幡五堂。

内里文殊菩萨五尊，须弥座。

紫檀木龛大小十四座，每座供铜佛一尊。

明三间神台上供铜佛八十一尊。

前设供桌五张。

明间供桌上设紫檀嵌铜镀金方龛一座，内供青玉无量寿佛一尊。

东次间供桌上中设紫檀嵌铜镀金五塔方龛一座，玻璃门内供铜无量寿佛一尊。左右设紫檀窝龛二座，玻璃门内供铜佛各一尊。

西次间供桌上中设紫檀嵌铜镀金五塔方龛一座，玻璃门内供铜佛各一尊。

东梢间供桌上中设洋漆六方龛一座，玻璃门内供白玉无量寿佛一尊。左右设洋漆六方龛二座，玻璃门内供铜佛各一尊。

西梢间供桌上中设紫檀嵌玻璃方龛一座，玻璃门内供铜无量寿佛一尊。左右设楠木方龛二座，玻璃门内供铜佛各一尊。

木胎五供五分，随金莲油蜡各一对，炉屉五分。

铜塔四对，铜镀金塔一对。

铜镀金塔一对，紫檀座玻璃门内供铜佛各一尊。

中设银轮四件，楠木座。

左右设瓷轮四件，楠木座。

磁瓶五对，紫檀楠木座。

木胎八宝五分。

左右设紫檀木塔四座，玻璃门内供铜佛各二十八尊，玻璃门内供沉香木胎佛各二十八尊。

黄缎拜垫一分，随红白毡各一块，黄绸布挖单各一件。

连二五彩瓜式明角灯三对。

二、楼上

挂五色缎欢门幡五堂。

供菩萨五尊，须弥座上供洋漆连三大吉龛一座，玻璃门内供铜无量寿佛三尊，随哈达一件。

三屏峰五座，内供铜佛三尊。

六方龛一座，有玉顶，无琉璃，内供铜佛一尊。

前设供桌五张，上设木胎五供五分，随金莲油蜡各一对，炉屉五分。红龙白地瓷靶碗二十五件，花梨木座。木胎八宝五分，铜海灯五盏，随铜罩木座。

连二挑杆灯一对。

黄缎拜垫一分。

连二五彩瓜式明角灯三对。

第十节　吉晖殿和慧喜殿

内供菩萨各五尊。

须弥座前设供桌各五分，上设木胎五供各五分，七珍八宝各一分。

第十一节　香林室庭院

一、香林室

（一）东次间

设有落地罩，罩面西设宝座床一铺。宝座床上有紫檀嵌玉

如意、填漆痰盒、竹扇各一件。

宝座床上左右各设黑漆描金炕案一张，上设分类字锦、铜珐琅炉瓶盒、绿瓷冠架、欧瓷木瓜盘。

东墙面西贴高宗御笔字横披一张，西边贴高宗御笔字对一副。

宝座床床前左右设花梨木椅四张配锦垫。

（二）明间

西门上面东贴高宗御笔字横披一张，左右贴董诰、胡桂画二张。

（三）西次间

北窗面南落地罩内设宝座床一铺，上铺红白毡各一块，黄缎绣花靠背坐褥迎手一分，左设紫檀嵌玉如意一柄，填漆痰盒一件，竹扇一柄，绿磁冠架一件。

黑漆描金香几一件，上设铜珐琅炉瓶盒一分，紫檀座填白磁木瓜盘一件。

东墙下设楠木边座盛京石插屏一座。

东墙面西贴高宗御笔字挑山一张。

西墙面东贴谢遂画一张。

罩外西墙面东设紫檀木条案一张，上中设紫檀座铜掐丝珐琅有盖彝炉一件，左设苏长公全集一部，右设元文类一部。

左设紫檀座青花白地大吉罇一件。

右设紫檀座青绿铜三代罇一件。

西墙面东贴高宗御笔字挑山一张，两边贴高宗御笔字对一副，两边挂紫檀木边嵌玉梅花挂屏二件。

南窗下设花梨木杌四张，锦垫四件。

西间东墙面西贴高宗御笔字横披一张，门两边南贴贾全书画一张，北贴魏鹤龄画一张。

二、倚云楼

（一）楼下

内里面东贴高宗御笔字横披一张，高宗御笔字壁子挂屏一件。

罩内东窗面西设宝座床一铺，上铺红白毡各一块，蓝宫绸缂丝靠背坐褥迎手一分。左设紫檀嵌玉如意一柄，填漆痰盒一件，竹扇一柄，紫檀黄杨木冠架一件。

紫檀木香几一件，上设青绿铜炉瓶盒一分，紫檀座官釉铜口元洗一件。

紫檀木炕案一张，案下设大圣文殊师利菩萨赞佛法身礼经一部计九套。前中设经一部。左设紫檀座铜珐琅奔靶壶一件，右设铜铃杵一分。左设嘎巴拉鼓一件，右设铜珐琅米碟一件，中设镶嵌宝石银塔一座。左右设紫檀座洋瓷瓶一对，左设紫檀座玉靶碗一件，右设嘎巴拉碗一件。铜文殊菩萨九尊，铜无量寿佛九尊。挂像佛一轴。

南墙面北贴高宗御笔字斗方一张。

东窗挂高宗御笔字壁子挂屏一件。

罩外南墙面北设花梨木琴桌一张，上设龙泉釉三足鼎一件，

词谱二部，花梨木座三彩僧帽壶一件，紫檀座青绿铜双环方瓶一件。

木琴桌左右设花梨木椅四张，锦垫四件。

南墙北贴高宗御笔字挑山一张，两边贴高宗御笔字对一副，贾全画对一副。

西墙面东贴胡桂山水画一张。

北墙面南贴高宗御笔字横披一张，两边贴高宗御笔字对一副。

假门口贴程志道画一张。

门外北墙面南贴高宗御笔字横披一张。

南墙面北贴高宗御笔字斗方一张。

（二）楼上

西窗面东设宝座床一铺，上铺红白毡各一块，黄缎绣花靠背坐褥迎手一分。设紫檀嵌玉如意一柄，填漆痰盒一件，竹扇一柄。

紫檀黄杨嵌牙冠架一件，牙葵龙短尾。

黑漆描金香几一件。上设青花白地磁炉瓶盒一分，铜匙筋紫檀盖座玉顶。紫檀座填白磁木瓜盘一件。

紫檀木炕桌一张，上中设青绿铜鎏金筒子炉一件，紫檀盖座玉顶。左设紫檀座欧磁菁草瓶一件，右设紫檀座青玉鳌鱼花插一件。

南方窗设花梨木边黑漆心琴桌一张，上设古铜四足鼎一件，楠木盖座玉顶。唐文粹上下二套。左设紫檀座青白玉磬一件，右设紫檀座官窑双管瓶一件。

方窗上贴高宗御笔字横披一张，左右贴弘旿画二张。

东窗面西挂高宗御笔字壁子挂屏一件。

东窗下设榆木椅四张，锦垫四件。

上下檐雨搭十架。

三、方亭

内设紫檀木宝椅一张，黄缎绣花坐褥一件。竹扇一柄。

足踏一件，随毡套青缎边。

竹帘一架，雨搭三架。

四、六方亭

内设花梨木宝椅一张，青缎坐褥一件，竹扇一柄。

五、净房

内设宣铜乳耳炉一件，楠木座。影木铜匙筋瓶盒一分。锡如意盆一件。茅葫芦一分，随锡里布套。锡夜净二件。茅墩二个，随布套。

粗蓝布幔子一件。小松木几子二个。竹帘一架，雨搭四架。

第十二节　大厨房

内设大铜锅一口，锡壶六十把，玉靶碗一件，银镀金壶二把，银镀金屏靶壶一把，紫釉瓷碗一百五十个，库存开后铜海灯五

盏，灯笼式座花梨木挑杆香袋二对。

第六章　园林景观

寺庙的园林化是中国寺庙的一大特点，东晋的慧远法师就曾在庐山"造精舍，尽山林之美"，开创寺庙园林之先河。殊像寺虽然不是寺庙园林化的首创之作，但其丰富的人工造景艺术，尤其是用假山来模拟五台山的意境，却是皇家寺庙园林的典型代表（图211）。

殊像寺坐落在承德市狮子沟北侧的山麓上，海拔330~390米，南侧有一条季节河流过。这一带属燕山腹地，在大地构造上属于内蒙古背斜与燕山沉陷带的过渡地带。在远古的地质时期，这里曾是一个广阔的河湖盆地，几经沧桑的变化和多次岩浆活动，形成了不同时代的地层。承德市的山地丘陵绝大部分由紫色的侏罗纪砾岩（即承德砾岩）组成，属丹霞地貌景观。殊像寺一带的山体则有所不同，主要是由变质流纹岩组成，山体较为平缓，无砾岩，岩层上的土壤类型主要是褐土。在这区域野生分布在山地的乡土树种主要是以油松为主的针叶林和油松、蒙古栎、五角枫为优势树种的各种针阔叶混交林。山下平原区分布着以杨、柳、榆、槐、椿为主的夏绿林。野生动物主要有野兔、雉鸡、松鼠、喜鹊、乌鸦、麻雀等。

211 殊像寺东北视角全景（张冲 摄影）

第一节　植物景观

一、历史上的植物景观

（一）植物种类

同外八庙的其他寺庙一样，油松（*Pinus tabulaeformis*）是殊像寺植物配置的骨干树种，它在适生性、形态、气韵、寿命上都是承德寺庙的首选。从目前保留的古树上分析，殊像寺的油松是建庙时人工栽种的。除油松外，国槐（*Sophora japonica*）也是殊像寺的一个主要树种，分布在山门南侧和僧房区。但是，从定植点和树龄上分析，现存鼓楼东南侧的国槐不是乾隆时期栽种的（图212）。

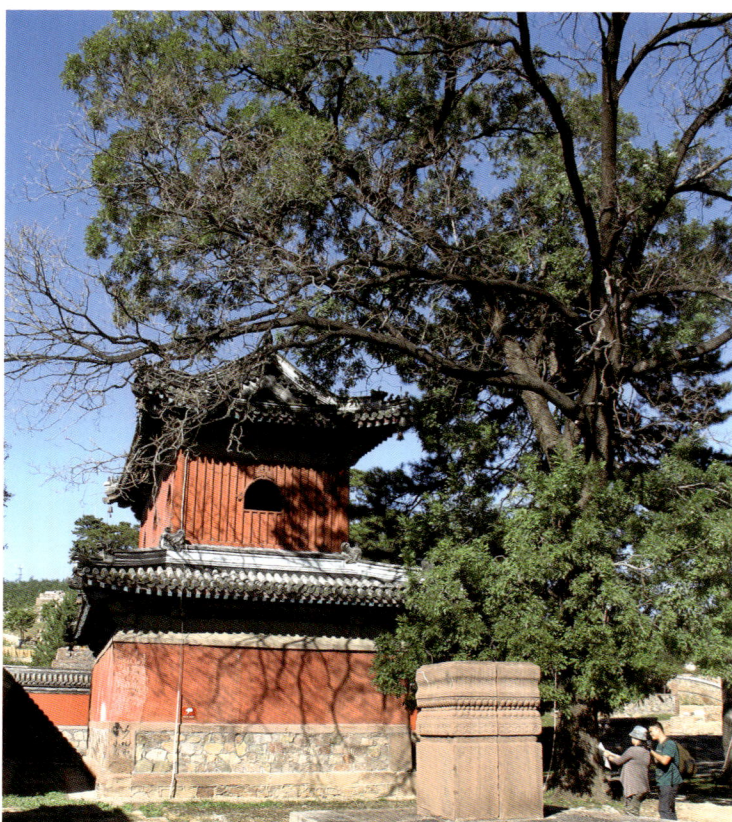

212 鼓楼东侧的国槐（陈东 摄影）

目前，乾隆皇帝多次称赞的香林室的"香林"是何树种还有待研究，但可以初步肯定它是在建庙前就生长在殊像寺山上的野生乔木。另外，假山上除了油松外是否配置了其他的植物也应做进一步研究。清凉楼周围的山坡地是否保留了原生树种也无有力证据。

盛期殊像寺的地被植物应该和现在有很大的不同。目前遍布殊像寺的野生草本植物是上层乔木被破坏后的次生草本，大部分属阳性植物，而盛期殊像寺茂密乔木的林荫下应该生长着喜阴或耐阴的草本植物，例如披针叶苔草（*Carex lanceolata*）。

（二）殊像寺植物配置特点

1. 山门外

4株国槐在石狮南侧呈一字形对植，据赵喇嘛（希唛阿，1900年出生，11岁入庙，见第五篇第一章第十三节）说是建庙6年后栽植，现仅剩余1株（图213）。

2. 山门至会乘殿区

作为伽蓝七堂式规整对称的平面布局，油松在道路和建筑分隔成的空地上呈行列式栽植，但个别配置成列不成行（如山门北侧和月台南侧）。单组配置株数为2、4、6、8、9，这与承德其他汉式寺庙的油松配置方式是类似的。在月台前，油松的列间距通常为4米，行间距通常为5米，距道路最近1.2米，距建筑最近2米。月台上每株油松都设置六角形红砂岩定植穴，边长为80厘米。月台上油松配置密度远远超出其正常生长的极限密度，平均株间距为3.5米，最小株间距为3.1米。

3. 假山区

殊像寺假山区油松的配置方法与传统假山的乔木配置方法相同，即在假山营建时预留出栽植穴，呈自然式配置。预留位置一般在山脚、山腰、道路转折处、洞口旁、巅顶建筑旁，但一般不会在峰顶、洞底和洞顶等处栽植大型乔木。

213 山门前的国槐古树（冬景）（陈东 摄影）

殊像寺假山规模宏大，地形复杂，除配置油松外还应配置其他灌木和藤本植物作补充，以免形成“秃山野岭”“刀山剑树”，但目前还没有相应的依据。

4. 宝相阁至清凉楼

此区自然山体占主体，建筑较少，从宝相阁北侧的 3 棵古松很难判断出殊像寺盛期的植物景观。在承德的皇家寺庙中，后院拥有自然山体的寺庙很多，但明确植物配置方式的只有普宁寺和罗汉堂，采用的是人工油松纯林的片林栽植。具有明显园林风格的殊像寺在后院山区的植物配置上是否有所不同？或者会不会保留更多的原生树种？目前仍没有详尽的史料证实。

5. 香林室区域

在这组小巧精致的园林庭院中，乾隆皇帝不但以“香林”来命名主体建筑，还多次诗兴大发，称赞“香林”的超凡脱俗。可以想象建庙之前这里就长满奇花异卉，尤其是这片拥有檀木般净香的天然树林更是让乾隆乐此不疲。同样，香山宝相寺也有个香林室，乾隆皇帝也专门写诗题颂，现在建筑已毁，但还保留着 2 株银杏古树。对于承德殊像寺香林室来说，由于缺乏准确的依据，要明确确定所谓香林的植物种类和生长方式还需进一步查证。

下面五首诗是乾隆皇帝描写香林室的御制诗：

香林室　乙未

室筑花宫侧，檀林拥净香。
最宜引呼吸，可以悟真常。
庭树有嘉荫，砌葩无俗芳。
如云皆是药，识者大医王。

香林室　丙申

塞山富者林，兹以近佛地。
异众独名香，而室幸斯置。
俯仰旃檀丛，餍饫薝蔔味。
满志惟清净，谋目足葱翠。
何当屏万虑，从修入闻思。

香林室　　己亥

是林无不香，是处香之最。
室筑梵宫傍，自应余津逮。
润以沆瀣精，吹以薝蔔籁。
耳根及鼻观，合相成静会。
五木与都梁，火气直宜汰。

倚云楼　乙未

寺傍隙地一区分，倚阁为楼亦可欣。
虚牖却无来去相，容容常挹德山云。

倚云楼　丙申

倚云云亦倚其楼，正可羲经悟气求。
若论山田沾渥雨，丰隆只合此间收。

倚云楼口号　己亥

山楼两架倚晴晖，莫谓无云便拟归。
试看青葱峭茜者，蔚林诡石岂其非。

根据乾隆御制诗的描述和香林室的园林景观特点进行分析，香林室组中所谓的“香林”应该具备以下几个要求：

⑴先有林，后建室。此树种应该是承德地区海拔 300–700 米丘陵山地阳坡的野生乡土树种。

⑵此树种为油松或落叶阔叶树种，乔木或小乔木，为纯林或与油松形成混交林，数目在 3–15 株之间。

⑶“香林”在夏季能形成明显树荫，并且可能会散发出清香，香气有可能来源于花朵、树干或枝叶，也有可能来源于寺庙的香火。

⑷庭院中有大量的野生草本花卉分布。

在承德地区分布的野生树种中符合上述条件的有：青檀（*Pteroceltis tatarinowii*）、油松（*Pinus tabulaeformis*）、糠椴（*Tilia manshurica*）、蒙椴（*Tilia mongolica*）、蒙古栎（*Quercus mongolica*）、栾树（*Koelreuteria paniculata*）、胡桃楸（*Juglans manshurica*）等。希望以后有文献依据能确定承德殊像寺香林的准确植物种类。

6. 僧房区

僧房区建筑密集，但布局灵活多变，等级制度森严，历史上的植物配置也应与主庙区有所区别。从历史照片分析有可能栽植了国槐。

二、园林植物的现状

（一）古树现状

按殊像寺古松的栽植规律，有据可查的古松至少有 95 株。目前殊像寺有成活古松 38 株，古槐 2 株。古松的平均胸径 51.72 厘米，平均树高 16.93 米（图 214–218）。

据赵喇嘛（希唛阿）回忆，山门外的 4 棵国槐，一棵是光绪二十二年被大风刮倒，并砸向西边的石狮子；另外两棵在民国一、二年被大雪压折后伐去。这一说法略有出入，因为 1933 年历史照片中清晰可见两棵国槐。另有承德的老人回忆当时殊像寺内大部分古松被军阀汤玉麟砍伐。从 1933 年至 1992 年殊像寺死亡古松 12 株。2000 年至 2002 年死亡古松 3 株。

风倒是殊像寺古松死亡的主要原因，目前 55% 的古松出现明显倾斜。尤其是月台上的古松，由于速生期生长密度过大，造成下枝严重秃裸，树干尖削度小，容易引起风倒，树皮或木质部损伤的古松更易引起风折。2007 年 3 月 4 日大风雪就造成会乘殿前古松折断（图 219）。目前，殊像寺 73% 的倾斜古松已作了支护保护，有效地防止了风倒造成的伤害。

油松封顶前成活主枝较少，造成树势衰弱，容易使油松提前进入衰老期，对自然灾害的抵御能力也会大大下降。部分古松出现明显的向心秃裸现象，这正是衰老的表现。而且，油松封顶后向心更新能力极差，唯一的办法是采取人工复壮的综合措施来增强树势，提高古松抵御自然灾害的能力。

目前危害殊像寺古松的病虫害主要是：松大蚜、松毛虫、松叶褐斑病、红蜘蛛；危害国槐的病虫害主要是：槐尺蠖、蚜

214 殊像寺的国槐与古油松（张冲 摄影）

215 古松掩映中的会乘殿（熊炜 摄影）

虫和红蜘蛛，在现有的防护水平上不会引起古树的死亡，但应防止其他景区的小蠹虫和松材线虫对古松毁灭性的危害。

（二）新植油松现状

经过 20 世纪 90 年代和 2001 年两次补栽油松，目前殊像寺内共有新植油松 59 株，平均胸径 7 厘米，平均树高 4.5 米，处于旺盛生长的速生期。在前院，虽然大部分油松都是按古松的位置进行补栽，但由于补栽的油松树龄较小、数目不够，目前并没有形成较好的景观效果，而且有 7 株油松由于各种原因失

216 会乘殿周围的古松（张冲 摄影）

217 会乘殿和宝相阁周围的古松（郭峰 摄影）

殊像寺主庙区古树复原平面图

会乘殿

面月殿

指峰殿

演梵堂

馔香堂

天王殿

鼓楼

钟楼

A	现存古松
B	古松树桩
C	栽植穴
D	历史照片
E	镜像
F	回忆
	其他寺庙规律
○	不能确定、有待研究

218 殊像寺主庙区古树复原平面图（陈东 绘制）

219 2007 年 3 月 4 日大风雪造成会乘殿前古松折断（陈东 摄影）

去顶端优势，在自然状况下很难长成与其他油松协调一致的景观树。另外，会乘殿北面许多新植油松栽植在古建筑基址上，应做及时地调整。

（三）野生木本植物现状

目前在殊像寺野生生长的木本植物主要有椿树、榆树、蒙桑，主要分布在跨院和后院，大部分处于旺盛生长的壮年期，但有个别植株生长在建筑基址上。

（四）野生灌木和草本植物现状

殊像寺的山区由于上层乔木的破坏，形成了天然次生灌草丛群落，主要分布在殊像寺的林间隙地和无林空地中，这些草本植物的种类和组群方式应该与殊像寺盛期密林下的林荫草本群落有极大的不同，主要是华北地区海拔300-500米生态条件下适生的中生杂类草植物。殊像寺中有较好的向阳背风小环境，深厚的土层，复杂的地形和较少的人为干预，为草本植物的繁茂生长创造了较好的条件，草群密集总盖度在90%以上，叶层平均高度为30-40厘米，生殖枝层高达80-100厘米。目前殊像寺天然灌草丛生长状态基本稳定，以禾本科、菊科、豆科、蔷薇科植物为优势种。

（五）文物保护范围内的植物现状

殊像寺山门南20米外是当地居民的菜地，地势开阔，不影响殊像寺的景观。殊像寺的东、西两侧，一路之隔便是密集的居民区和部队建筑，严重影响了寺庙的环境。目前，在殊像寺院外西南侧有11株50龄左右的杨树，可以遮挡一部分的寺外建筑，如果在东西两侧的路边都密植高大的乔木，则可以在一定程度上遮挡殊像寺外不协调的景观。

殊像寺北面的山坡是农田和人工刺槐林，不影响殊像寺的寺庙环境。但如果殊像寺对外开放，这一地区有必要作整体的园林规划。

第二节　殊像寺的假山

殊像寺假山主要位于会乘殿之北，以狮子沟北侧山麓为骨架，总面积约7800平方米。

一、殊像寺假山各区域基本特征（表13、14）

（一）月台前假山

在月台南侧堆土成丘，点缀几块紫红色假山石形成"抱角"和"镶隅"，这几块假山玲珑安巧，点石成金，还能够承接月台石水溜嘴排泄的雨水，防止在土坡上造成水土流失，是庄严肃穆的主殿区与古朴自然的园林区的过渡之笔（图220）。

（二）香林室假山

此组假山虽在殊像寺内，风格却与其他假山大相径庭，以小巧、精致、秀美为特色，如诗如画的园林建筑，茂密而清幽的"香林"，加上轻巧而秀气的假山，具有典型的园林别苑的气息。

220 会乘殿东南侧护坡假山（柴彬 摄影）

1. 院前山

香林室前的山坡由紫红色粒岩掇成假山，面积约 300 平方米，两条蹬道盘旋而上，通向院落的月亮门。这种紫红色假山为殊像寺所独有。这部分假山基本完好，部分结顶石崩落在蹬道上，此次修缮进行了归安（图 221）。

221 香林室南侧假山蹬道归安（陈东 摄影）

2. 中庭山

采用欲扬先抑的手法，如一道影壁挡住了月亮门后的视线，面积约 104 平方米（图 222）。顺着假山间小路辗转盘旋，则峰回路转，柳暗花明，香林室豁然眼前。中庭山全由黄石掇成，自香林室南望如一道山峦玉屏；自四方亭侧视犹如层峦叠嶂，主次分明；假若在倚云楼俯视则如朵朵祥云，变幻莫测，正如乾隆诗所描述"试看青葱峭茜者，蔚林诡石岂其非"。

222 香林室院内的中庭山（陈东 摄影）

3. 道路

院中几条主要道路由青石片铺成如意汀步，或单片，或三、两片，首尾相接，曲线自然（图 223）。

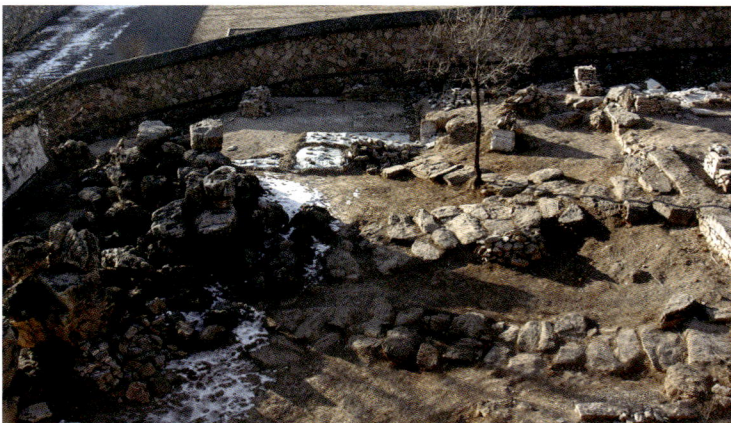

223 香林室庭院中的山石道路（陈东 摄影）

4. 院墙山

香林室组建筑的院墙在与雪净殿的北侧山脚相接处"粉墙置石"形成院墙山，院墙山变成院墙的一部分（图 224）。院墙山用几块假山石搭连成拱洞，下有曲径盘旋而上，直达宝相阁。

224 香林室东侧院墙山及山洞（陈东 摄影）

5. 慧剑

香林室之北，一条蜿蜒的假山蹬道盘旋而上，穿过月亮门，通往院落北面山腰处的六角亭，在蹬道两侧错落点缀着 5 组剑山。每组剑山由 2–4 块灰白色斧劈状石峰组成，石峰高在 1.5–4.4 米，中间杂有白色斜长石结晶，产地为承德头沟镇东黑山，属侵入岩中的闪长玢岩。这种斧劈状剑峰在掇山中称为"慧剑"，带有杂色的剑峰也称为"子母剑"。在承德只有与殊像寺同年兴建的文津阁假山中拥有数目众多的慧剑。

慧剑重心稳固，结底坚牢，一般自然力的破坏不易倒塌，殊像寺的慧剑三五成组，相依相靠，中间又有铁件连接，更是十分坚固。

（三）会乘殿至清凉楼的假山

会乘殿至清凉楼的假山是殊像寺假山的主体部分，以真山山脚为骨架营建清凉五峰的意境。

1. 主峰

这部分假山是全庙假山的主体部分，以宽敞的山洞，高耸的悬崖，复杂的曲径为特点。总面积约 6160 平方米，最大洞穴面积达 65 平方米，洞高达 4.5 米，最大的悬崖高达 5.5 米，前伸达 2 米。

走过会乘殿北面的石桥，一堵巨大的庭院山迎面而来（图225），沿两侧的蹬道可到达各个峰顶。倘若绕过庭院山则看见一个山洞，穿洞而过，眼前又有一个更大的山洞，从山洞的

225 会乘殿北侧假山（陈东 摄影）

各个出口都可以到达山腰。山腰处建有宝相阁，宝相阁周围地面铺满片状假山石，阁前是平坦的崖顶平台。宝相阁后群山环拱如屏，由质地较浅的黄石掇成，几条自然的蹬道穿过屏山，山口掇成小巧的山洞。穿过山洞则看见第二个山腰处的清凉楼和两侧的吉晖殿、慧喜殿。清凉楼两侧只点缀几组精巧的庭院山，聚散有理，各有别致，更显清凉楼的高耸和俊秀。清凉楼之后是借用真山的主峰峰顶，绿树葱葱，坚实而雄厚。

2. 次峰

四个次峰呈规整对称的平面布局，均以建筑结顶，分别为云来殿、雪净殿、吉晖殿、慧喜殿。云来殿和雪净殿以悬崖和深壑隔开主峰，其间以石桥相连；而吉晖殿和慧喜殿则以鞍部连接主峰，由石蹬道相通。次峰按"土山带石法"营建，相对高度达10米。假山的营建模仿自然的悬崖绝顶、怪石嶙峋、犬牙交错（图226）。

3. 山脚

理山之初，先理山脚，即所谓的未山先麓。此部分假山借用"张氏之山"（清初掇山名家张南垣）的方法，采用土山法收山，模拟真山的山脚，真实自然，似有画意。山峦在山脚处形成余脉，渐渐消失，大部分山石都半嵌于土中，仿佛是长在山上一般。

殊像寺有山无水，但在理主山山脚时特意围石成池，营建石矶、滩涂、湾头、湾头驳岸，架石板成平桥，围以栏杆，北侧几条涧壑汇聚至此，仿佛山溪汇成池沼。正如明代计成所述："理涧壑无水，似有深意"。这种旱山水做的假山不但有利于雨季的排洪，更使这一组气势磅礴的假山有了水景的衬托，更为自然。

在收山时大量采用玲珑假山来点缀山脚，营建上大下小的"流云顶"或前悬后坚的壁崖，使假山层出不穷，面面有情。

226 西侧视角鸟瞰云来殿遗址及其西侧的假山（郭峰 摄影）

表13　殊像寺假山现存山洞统计表

序号	位置	顶高（米）	面积（平方米）	洞口数目	窗子数目	结顶方式	备注
1	会乘殿北	3	18	2	2	梁柱式	洞内有蹬道
2	宝相阁南	4.5	65	4	7	梁柱式、平衡式	洞中有两扇石门，面南石椅1张，门坎2道，蹬道3条
3	雪净殿东	2.2	3.2	2	0	梁柱式	洞兼桥
4	雪净殿东南	2.9	3.7	2	0	梁柱式	洞内有蹬道
5	宝相阁东北	2.3	4	2	0	梁柱式	
6	宝相阁西北	2.1	4.2	2	0	梁柱式	
7	香林室东	2.3	6.4	2	0	梁柱式	

表 14　殊像寺假山石桥统计表

序号	位置	跨度（米）	宽度（米）	栏杆榫位	结顶石		结合方式
					种类	数目	
1	雪净殿东	2	1.6	有	黄石	大于 5 块	柱梁式
2	雪净殿东北	2.6	1.5	有	剑峰石	2 块	柱梁式
3	云来殿西	1.3	0.8	有	黄石	1 块	柱梁式
4	云来殿西北	2.9	1.0	有	剑峰石	1 块	柱梁式

二、殊像寺假山的特点

（一）艺术特点

1. 再现五台仙境

五台山海拔 3000 多米，分为东台、西台、南台、北台、中台，又称"清凉五峰"。殊像寺的云来殿、雪净殿、吉晖殿、慧喜殿和宝相阁正处于假山的五个峰顶，与五台山的"五台"暗合。清凉楼的名称也取自"清凉五峰"。清凉楼的匾额"相合台怀"和楹联"地上拈将一茎草，楼头现出五台山"也正说明了殊像寺的假山和山西五台山意境上的相似。

2. "三远"兼备

古人以"三远"来评价假山的意境。在承德众多的假山实例中，山近轩的假山以深远见长；文园狮子林假山以平远取胜；文津阁的假山和烟雨楼青莲岛以高远为特色；金山的假山主要体现高远和深远。外八庙中，普宁寺的假山略有高远的气势；普陀宗乘之庙和须弥福寿之庙的假山只是玲珑安巧掇成"须弥山"和小组假山，形不成"三远"的气势。唯独殊像寺的假山占地广阔形成平远，山高路陡造就高远，沟深谷险，层峦叠嶂为深远。这是画论中的"三远"在假山实践中运用的代表之作。

3. 现实主义

殊像寺假山围绕真山山顶为主峰，在山麓营建次峰、洞壑、沟谷等与真山山麓意境相同、体量相仿的假山景观，大量使用"土山带石"的方法，即可节省石材，又可使假山与真山完美结合，丰富了真山的山脚层次，做到"有真为假，作假成真"。这种现实主义的掇山形式效仿了明代的计成，沿袭了清代掇山名家张琏，是中国假山发展史第三阶段的代表之作。

4. 假山的含蓄思想

山露顶而不露脚，露脚而不露顶，正是所谓"神龙见首不见尾"；山洞口半遮半掩，恰似"犹抱琵琶半遮面"的意境。一步之遥，则要三弯九转，曲折百步；百步之遥，则一桥飞架，天堑变通途。这些都是中国含蓄思想的体现。

5. 大处见全，小处见精

殊像寺假山以真山为骨架，东西宽 70 余米，南北绵延 110

余米，面积约 7800 平方米，这么大规模的假山在承德是最大的，在中国古典园林中也是罕见的。假山之中有桥、有树、有洞、有峦、有山峰、有沟谷、有悬崖峭壁、有平岗小阪，有道路纵横交错，有洞壑脉络贯通，凡是真山应有的要素在这里都能找到。据史料记载，与殊像寺同年修建的文津阁假山（占地约 800 平方米）用工达 96804 人次，耗白银 2.4587831 万两，殊像寺假山工程的浩大可想而知。

殊像寺假山在细微之处也做得十分认真：悬崖和小桥边有精致的栏杆，山洞里有平整的冰纹地面和效仿宝座床的石椅，尤其是在宝相阁下的山洞里有一条隐秘的蹬道通向两扇石门（鹦鹉岩制作），门高仅 1.4 米，上面清晰雕有兽头门环。这是有拦土作用的装饰物，并增加假山石室的真实感和神秘感，可谓独具匠心。

（二）技术特点

1. 相石

殊像寺假山虽是皇家营建，却没有像宋徽宗那样选用假山石中的上品——太湖石，再走"花石纲"的覆辙，而是接受了计成"是石堪堆""近无图远"的选石思想，石材均取自承德县、隆化县等方圆 50 千米的范围内，并且靠近河道，有利于石材的运输。与康熙皇帝不同，乾隆皇帝更喜欢有文人气息的黄石，这一选材也一定程度上决定要掇成连绵不断、洞壑错落的丘陵山。

另外，殊像寺假山的石材除了使用白、灰、黄等色的黄石，也大量使用了红色的火山岩和砂砾岩，灰白色的闪长玢岩和青色、墨色的青石，这在假山的营建中也是不多见的（见表 15）。古人垒石，多以一种石材为主，其他石材比重极小："色石今不常见，仅曹魏起景阳山，用白石英及紫石英无色大石于太行，或齐东昏侯造芳乐苑等处"。个园用各色石材掇山来体现春、夏、秋、冬也是将各种颜色的石材放在不同的院落分别理之。而殊像寺采用"五色石"掇山是把各色石材掇于一处，不同石材有不同的用途和功能（见表 15），使殊像寺假山并不会感到色彩杂乱，反而更加贴近于自然。

表 15　殊像寺主要假山石种类一览表

序号	石材种类	主要产地	岩石分类	地质学名称	色泽	石质特点	主要用途
1	黄石	承德县、隆化县	弱变质岩	硅质石灰岩	黄、白、灰白、黑	块小、坚硬圆润，少平方夯，多为木纹、核桃纹	拉底、中层、结顶
2	青石	承德县、隆化县	变质岩	变质流纹岩	青、墨绿、黑	色青而润，体长而扁，多棱角，质地坚硬，多为直纹或水波纹	墁地、蹬道、过梁、桥

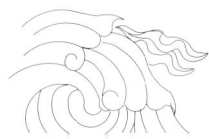

序号	石材种类	主要产地	岩石分类	地质学名称	色泽	石质特点	主要用途
3	剑峰石	东黑山北坡	火成岩、侵入岩	闪长玢岩（灰白岩）	灰白	石材纵向解理，状若斧劈，含直径1~1.5厘米的白色杂质（斜长石），无纹理	慧剑、过梁、桥
4	红砾石	承德各地	沉积岩	侏罗纪砾岩	暗红、紫红	块大，浑厚，不规则形，卵石与砂砾混合沉积，无纹理	拉底、中层蹬道
5	红火山石	承德县头沟	火山岩、喷出岩	火山岩	暗红、紫红	块大，浑厚，不规则形，质地粗糙，有圆形结核，无纹理	拉底、中层
6	青砂岩	承德县	沉积岩	砂岩	青、绿	质地细腻，如细沙，片层状解理，无纹理	洞内铺墁

2. 布局

传统假山的平面布局一般为不等边三角形，形成主、客、宾三峰，三峰主次分明，高低错落，顾盼呼应，莫为两翼。《园冶》中讲到山的立面布局时说"峦，山头高峻也。不可齐，亦不可笔架式"。殊像寺主山区的平面布局为镜像对称的"出"字形，而且各个对称的主峰相对高度基本相等，峰顶都以建筑结顶。只是利用这方圆一公顷的宏大气势和变幻莫测的立体布局来打破平面和立面布局中的呆板和单调，在我们看来这在中国的假山史上应该是独一无二的。正是这种布局使殊像寺假山既保持了佛教净土的庄严肃穆，又突出了园林式皇帝家庙的清新与自然。

3. 结构

殊像寺假山在营建过程中大量使用了传统的安、连、斗、拼、悬、剑、挑、担、垫、杀、压等方法，但对清代假山名家争论不休的"过梁法"和"铁件相连"却也大胆的进行了运用。殊像寺中所有桥、洞的结顶方式都采用了"过梁法"，即所谓的"条石堑里"法，很少使用"戗"法；铁件的运用在殊像寺假山中比比皆是，有时一组由10块山石组成的假山，却用了6个铁件进行相连。如此大量使用过梁法和铁件可以确保假山的坚固耐用，但这在当时的假山理论界认为是不高超的做法。清中叶人称"叠山哲匠"的戈裕良曾言"尝论狮子林石洞皆界以条石，不算名手"，"只将大小石钩带联络如造环桥法，可千年不坏，要如真山洞壑一般，然后方称能事"。殊像寺假山在这两点技术处理上采用了比较常规的做法。

4. 合皱

山有山皱，石有石皱，掇山讲究脉络贯通，石皱与山皱相统一。殊像寺假山在合皱之法上采用了元代山水画家倪瓒"折带皱"的手法。乾隆在《题文园狮子林十六景》中写道："塞外富真山，何来斯有假。物必有对待，斯亦宁可舍。窈窕致径曲，刻峭成峰雅。倪乎抑黄乎，妙处都与写。若颜西岭言，似兹秀者寡。"也说明了黄石假山的合皱特点。当然，这也是根据黄石特性进行掇山的必然选择。"黄石山起脚易，收顶难，要浑厚中见空灵"，"应面面有情，多转折"。这就说明黄石山最适宜掇成洞壑、悬崖、流云顶等折带皱为主的山体，以扬黄石石材古朴刚健之强，补其缺少"漏""透"之不足。这也使殊像寺的假山兼有了南秀北雄之美。

第七章
清代的使用与管理

第一节　兵防

《热河园庭则例》记载，乾隆三十九年十月二十四日，热河副都统三全、总管永和缮清字折奏称："殊像寺将及告成，应添设弁兵看守，请照布达拉之例量为酌减，庙内添设正千总一员、兵二十名（朱批十五）。再查罗汉堂、广安寺两庙殿宇较小，均未设有正千总，请就近派新设正千总兼管，庙外周围派绿营兵看守，等因具奏"。本日奉清字旨"依议。钦此"。

最终确定"殊像寺副千总一名、委署副千总一名、委署三名、梅勒三名、兵七名，共十三名，苏拉二名"。

其中副千总是守卫士兵的负责人，委署副千总协助副千总管理具体事务。按照《热河园庭则例》解释，"委署、梅勒系带领兵丁当差之人"。苏拉是满语，指执行勤务的人员，负责寺庙的杂务。

第二节　喇嘛与钱粮

据《热河园庭则例》，殊像寺设"达喇嘛一名，每月食俸银十一两二钱二厘、俸米六石七斗五升；副达喇嘛一名，每月食俸银九两四钱七分二厘、俸米五石二斗五升；得木气一名、格思贵二名，每名每月食饷银二两八钱六分五厘、饷米一石五斗；食二两饷银喇嘛二十名，每名每月食饷米七斗五升；食一两五钱饷银喇嘛三十名，每名每月食饷米二斗。此庙一年香灯银一百七十八两，筥帛银二十二两"。共有僧人55名。

达喇嘛即寺庙总管，大寺庙在达喇嘛之下，设一至二名副达喇嘛，协助喇嘛管理全寺庙各项事务。当达喇嘛出缺时，代理达喇嘛职务。苏拉达喇嘛是执行勤务的喇嘛，负责管理寺庙或扎仓的具体事务。得木气亦作德木齐，是寺庙行政、经济财务的总管。格思贵负责管理寺庙庶务和杂务，有的还兼管教务和戒律，教授经典和督察喇嘛念经。

依据《赵喇嘛访谈笔记》（详见本书第五篇第一章），大喇嘛一名，宫宅喇嘛一名（二喇嘛）涅木契二名（文武齐管，亦就是司务）下有四名义八契（保管、采购等）其中一名涅木契常住北京，一名领饷银二年一换。革四贵二名，台集僧上殿念经，每班轮十天。教契五名（教经的，是教员）蚊子十三名，也是经头，只管念经。再往下都是平僧。此庙共有喇嘛六十一名，宫内人二十名。但因轮班，经常在庙的是八名。过去此庙大喇嘛是由宫里升卸，据说是"红黄带"（黄带是皇帝的亲近，红带是皇帝的内勤），后台很硬。督统上任必须拜见大喇嘛，

接见时很少。

按照《热河园庭则例》记载，道光十八年，殊像寺的僧人配置有了微小的调整，改为"达喇嘛一名、副达喇嘛一名、得木齐二名、格斯贵二名、教习五名、食二两喇嘛二十名、食一两五钱喇嘛三十名"。也就是增加了得木气一名和教习五名，喇嘛总人数由55人增加到61人。但另据《清宫热河档案》乾隆四十五年八月"殊像寺喇嘛六十一名，三日吃食"的记载，说明至少在乾隆四十五年，殊像寺就已经增加了得木齐一名、教习五名。道光十八年只是对在编人员进行统计，并不是这时候增加的。

殊像寺的喇嘛归理藩院统一管理。

此外，《清宫热河档案》记录了道光二十六年四月十八日的一份奏折，提到由于清政府经济困难，在各庙裁减喇嘛钱粮，但其中未包括殊像寺："理藩院尚书臣吉伦泰等谨奏，……为应裁热河喇嘛钱粮，一时不能按照原议裁汰及半，所裁数目亦难均齐。……殊像寺、广缘寺等八庙喇嘛班第升转钱粮均有热河都统及京城喇嘛印务处行文，臣院办理。前于道光十四年七月经（臣）院以各该庙支食钱粮班第人数较多，候补钱粮外来无籍班第尤为漫无节制，久之，各庙僧房不无地窄人稠。议将以上八庙除殊像寺专习满洲经卷，广缘寺系擦噜克堪布自行建立，向系专缺，毋庸议外。"

殊像寺建成后，乾隆皇帝每年来承德期间都会专程去殊像寺瞻礼。其中，乾隆皇帝于 1775、1776、1779 年到殊像寺的时候分别以殊像寺、香林室、倚云楼为题题诗 10 首（详见本书第五篇第一章）。此外，在每月初一、十五或重要日子乾隆会亲自或派遣专人去殊像寺上香（表 16）。例如，《清宫热河档案》记录了乾隆四十年六月初二日乾隆皇帝到达承德避暑山庄。六月初八日，乾隆皇帝在"殊像寺用头号红香二支，二号红香四支；戒台用头号红香一支，二号红香四支；罗汉堂用头号红香一支。"六月初九日，又记载"殊像寺演梵堂用头号红香一支，刘浩要二号红香四支薰坛用"。六月十八日，"布达拉庙用头号红香二支，二号红香十一支；殊像寺用头号红香二支"。七月初一日，"布达拉庙用头号红香二支，二号红香一支；殊像寺，用头号红香一支"。八月十三日是乾隆皇帝生日，乾隆派遣多位皇子分别去承德的 9 座皇家寺庙上香，其中"殊像寺遣十二阿哥用头号红香二支，二号红香二支"。八月十五日，"殊像寺十七阿哥用头号红香二支，二号红香二支"。九月十四日，"殊像寺，用头号红香二支"。这一年在承德的近 4 个月期间，乾隆皇帝亲自或遣人去殊像寺 7 次，可见其对殊像寺的重视程度（图 227）。

227 会乘殿北侧雪景（陈东 摄影）

表 16　乾隆四十年（1775 年）各寺庙上香情况统计表

单位：次

寺庙名称	六月初二	六月初四	六月初五	六月初八	六月初九	六月十八	七月初一	七月初六	七月二十四	八月十三	八月十五	九月十四	合计
溥仁寺	1									1	1		3
溥善寺										1	1		2
普宁寺			1							1	1		3
普佑寺			1							1	1		3
安远庙	1								1	1	1		4
普乐寺	1							1		1	1		4
普陀宗乘之庙		1				1	1						3
广安寺				1						1	1		3
殊像寺			1	1	1		1			1	1	1	7
罗汉堂			1							1	1	2	5

乾隆皇帝巡幸殊像寺一般是从惠迪吉门出避暑山庄，分别去须弥福寿之庙、普陀宗乘之庙、殊像寺、广安寺、罗汉堂等寺庙上香，由正门进殊像寺。皇帝和随行妃嫔有时会在殊像寺西侧的香林室园林庭院小憩，然后由寺庙西侧院墙上的西门楼出殊像寺，最后再自殊像寺对面的山路经西北门返回避暑山庄，并经常在避暑山庄西北门内的宜照斋用晚膳、欣赏日落景观并题写诗文，整个过程要耗时半天或一天。

此外，《清宫热河档案》记载了殊像寺不设仪仗，皇帝临幸时，向各庙借用："乾隆四十四年七月二十五日，福公、和大人奏，为成造须弥福寿之庙仪仗，估需工料银两事。臣福隆安、和珅谨奏，为奏闻事。前经臣和珅遵旨查奏，热河各庙所存仪仗颜色糟旧，奏请一律更换鲜明，以壮观瞻。其罗汉堂、殊像寺、戒台三处向未设有仪仗。恭逢皇上临幸，原可向各庙通融，似可毋庸补做。"

第四节 喇嘛日常活动

《热河园庭则例》记载,殊像寺"系专习满洲经卷,自达喇嘛起,均用察哈尔八旗喇嘛"。这也是承德 12 座喇嘛庙中唯一设置满族喇嘛并专门诵习满文经卷的寺庙(图 228)。在清朝,载于《理藩院则例》的满族藏传佛教寺庙共有 6 座,分别为东陵隆福寺、西陵永福寺、香山宝谛寺、圆明园正觉寺、功德寺、承德殊像寺。

此外,据《清宫热河档案》,其他庙宇举行佛事活动时,殊像寺喇嘛也派员参加:"乾隆四十五年八月十二日起至十五日,普宁寺、布达拉庙唪念无量寿佛经弥勒愿经,每处需用……十二日起至十五日,普宁寺喇嘛四百五十名,布达拉庙喇嘛三百二十五名,内十三日除喇嘛一百十名不行吃食外,派在内佛堂、永佑寺二处念经,另行一日吃食给食。余剩六百六十五名仍行给食。殊像寺喇嘛六十一名,三日吃食。"

依据《赵喇嘛访谈笔记》(详见本书第五篇第一章第十三节)殊像寺东西跨院各有僧房 5 栋,各 5 间,计 50 间,是殊像寺喇嘛的住所,其中指峰殿东侧庭院内的两栋僧房是寺庙达喇嘛和副达喇嘛的住所。馔香堂东侧的五间厢房原来是宫里人住的房子,当时有 20 名人员轮流打更。

此外,在会乘殿东侧山坡上还建有一个小四合院,有正房五间,东西厢房各三间,据说是活佛来时,他带的徒弟所居住的地方。

东跨院钟楼东北侧是五间大厨房,每年四次念大经时在此做饭。二月十九日坐经,四月初四日祭佃三神,十月二十五日转灯,冬至坐一宿经。晚上吃肉丝面,早晨吃肉粥。

殊像寺钟楼的钟每天早晨 5 点敲钟打亮钟 14 下,二遍钟在 7 点多钟打 15 下是上殿念经时的信号钟。中午也是打 15 下。

228 殊像寺北视角全景(郭峰 摄影)

晚上约6点多钟打钟，紧7慢8平20，这就关闭四门不准出去。如有事必须请假，否则就不准回来，或者犯错误。白天和晚上都有专人管理，每月初二、十六早九点多钟加一次钟，多念一遍经。鼓楼每天晚上打一遍鼓，时间约在六点，打完鼓再敲钟，每天一次。

演梵堂，又名经堂，是喇嘛平时念经的地方。馔香堂：又名斋堂，是饭厅。每年二月十九日念马逆经三天，四月初四日际典三大喜神一天。十月二十五日念一天经。冬至坐一宿经，这些日子喇嘛都在这里吃饭。

会乘殿殿内有钟、鼓，在初一、十五，大喇嘛和二喇嘛上殿念经烧香时打低头鼓，抬头平身钟。平日烧香在此念太平经，初一、十五大喇嘛进殿念万寿经。皇帝来烧香时，喇嘛陪同的是四名侍者，每边二个，念经时四跪在最后。宝相阁、清凉楼等佛殿只有初一、十五开殿烧香。

生活：过去大喇嘛每月吃9份饷银1-8月，宦宅喇嘛吃7份饷银1-4月，涅木契和革四贵都吃2-8月的，经常外出还有盘费比二喇嘛还强。教契是2月，平僧里边有20人是2月的。这些都是由北京蒙古委员会拨给。其他尚有平僧30人吃1-5月的，由承德宫里陈设处拨给。大喇嘛有车、牲口，可以出门乘坐，还有一头牛，冬天喝奶用的（表17）。这都是皇帝赐给的。

表17 承德避暑山庄周围藏传佛教寺庙喇嘛人数和月饷统计表 单位：人

寺庙名称	总理各庙事务堪布	达喇嘛	副达喇嘛	苏拉达喇嘛	得木气	格思贵	二两饷银喇嘛	一两五钱饷银喇嘛	一年香灯银（两）	笤帚银（两）
溥仁寺		1	0	0	0	1	20	30	260	
溥善寺		0	0	1	1	0	15	32*	50	0
普宁寺		1	4	3	4	1	87	173	925	58*
普佑寺										
安远庙		0	2	1	1	1	13	27	80	20
普乐寺									160	20
普陀宗乘之庙	1	1	3	1	4	2	100	200	900	100*
广安寺									80	20
殊像寺		1	1	0	1	2	20	30	178	22
罗汉堂									80	20
须弥福寿之庙		1	2	1	2	2	60	140	540	60

★溥善寺小喇嘛每月食银八钱五分，银两数按文献四舍五入取整。

第五节 殊像寺与满文大藏经

一、背景

清朝入主中原后，到乾隆时，已统治了境内各民族，疆域辽阔。但乾隆皇帝还有一点遗憾，那就是当时有汉、藏、蒙三种文字的大藏经，清朝作为统治者，却唯独没有满文的大藏经，实在是说不过去。

乾隆四十年（1775年），在为热河新落成的殊像寺题诗中，他说明了自己的观点："金经蒙古犹常有，宝帙皇朝可独无（佛经本出厄讷特诃克，是为梵帙，一译而为唐古特之番，再译而为震旦之汉。其蒙古经则康熙及乾隆年陆续译成者。朕以当我朝全盛之时，不可无国书之佛经，因命开馆译定）？译以国书宣白业，习之修士翙浮图（是寺之喇嘛皆令习字，经即阐曼殊师利之义）。"乾隆五十五年（1790年），乾隆皇帝又在《御制清文翻译大藏经序》中说："盖梵经一译而为番，再译而为汉，三译而为蒙古。我皇清至中国百余年，彼三方久属臣仆，而独缺国语之大藏可乎？以汉译国语，俾中外习习国语，即不解佛之第一义谛，而皆知尊君亲上，去恶从善，不亦可乎？是则

朕以国语译大藏之本意，在此不在彼也。"

鉴于佛教文化尤其是藏传佛教文化对清帝国的影响，为争取控制西藏并收服蒙古各部，乾隆朝还修建了众多的寺庙，在部分寺庙中由满族人出家做喇嘛、任主持，颂满文佛经，承德的殊像寺正是这样一座寺庙。如此，也加大了对满文佛经的需要，促进了满文《大藏经》的译刻。

乾隆三十八年（1773年）的一则上谕说，大藏汉字经函刊行已久，而蒙古字经亦俱翻译付镌，惟清字经文尚未办。及揆之阐教同文之义，实为缺略，因特开清字经馆，简派皇子、大臣于满洲、蒙古人员内择其通晓翻译者，将藏经所有蒙古字、汉字两种悉心校核，按部翻作清文，并命章嘉国师董其事，每得一卷即令审正进呈，俟朕裁定。

其实，清代对佛经的翻译在清早期就开始了，康熙时宫内即有《甘珠尔》《丹珠尔》的满文本，而乾隆时期的《清文翻译全藏经》则是集大成者。

二、译著

乾隆三十七年（1772 年），清廷设清字经馆于西华门内。《满文大藏经》由三世章嘉呼图克图主持，带领一个多语种翻译团队来完成这项工作。三世章嘉活佛除了佛法精深，还精通满、蒙、藏、汉、梵语，而且之前还译校了《蒙文大藏经》，这对后续满文大藏经等一系列佛经、咒语的翻译是有极大助力的。选派人员包括总裁 4 人，副总裁 3 人，提调官 5 人，纂修官 9 人，收掌官 18 人，阅经总裁 1 人，阅经副总裁 4 人，办理经咒喇嘛 4 人，校对喇嘛 4 人，总校僧人 2 人，诸绘僧 4 人，共 96 人。其中总裁有和硕质亲王永瑢、多罗义郡王永璇、太子太保文华殿大学士和珅，副总裁为吏部尚书金简及西藏著名高僧章嘉呼图克图国师等，他们皆精通经史，博学多闻，这使满文《大藏经》的翻译、刊刻在人力上有了可靠的保障。

乾隆三十八年（1773 年），根据汉文大藏经的编次和内容选出 699 部佛籍，译为满文。经过 19 年的努力，至乾隆五十五年（1790 年）满文《大藏经》翻译工作全部完成，部分经卷印刷成帙。计 108 函，2535 卷，共分为五大部类：一是五大部诸经选收胜败若部各经 22 函，610 卷；宝积部 1 经，6 函，120 卷；大集部 1 经，1 函，30 卷；华严部 1 经，8 函，80 卷；涅槃部 2 部，2 经，42 卷。二是五大部外诸重单译经 17 函，206 部，444 卷。三是密部经轨仪法陀罗尼等 16 函，322 部，404 卷。四是小乘经及集传等 20 函，155 部，460 卷。五是小乘律 16 函，11 部，345 卷。

满文《大藏经》的问世，一方面为少数民族语言的研究提供了丰富的资料，且在翻译佛经时又创造出许多新的满语词汇，进一步深化了满文的语义。另一方面，因为满文《大藏经》是清代"盛世"的产物，所以从雕版刷印到经函的装潢，都代表着清内府书籍雕版、刷印及装潢的最高水平。再者，乾隆三十八年（1773 年）《四库全书》开馆纂修，满文《大藏经》是与《四库全书》几乎同步推出的又一项浩繁艰巨的文化工程，乾隆视它与《四库全书》、"十全武功"之记述同等重要，所以，《大藏经》的问世也是满族文化史乃至整个清代文化史中的大事。

三、现状

满文大藏经当年共刷印 12 部，分别供奉于西藏布达拉宫、扎什伦布寺、北京香山宗镜大昭之庙、香山宝谛寺、热河殊像寺、普陀宗乘之庙、须弥福寿之庙、盛京法轮寺等处。这 12 部满文大藏经历经战火和磨难，如今存世几套？众说纷纭，莫衷一是。目前已知的是一部分别藏于北京和台北故宫博物院；一部藏于西藏布达拉宫。另据《热河古迹与西藏艺术》描述，满文大藏经在日本"东京帝国大学"存一部，法国巴黎图书馆收藏一部（图 229）。

殊像寺会乘殿殿内东西两侧贴山墙设有杉木经格，上下 4 层，每层 11 格，两侧各有经格 44 个，合计 88 个。这些经格当年就是用于存放满文大藏经的。而且，殊像寺是承德 12 座

喇嘛庙中唯一专门诵习满文经卷的一座寺庙，可以说，这里就是当年一所学习满文大藏经的"培训中心"。

1932 年，日本人多田等观（原东北大学讲师）及水野梅晓先生在承德的调查，发现殊像寺珍藏的这部满文大藏经。1933 年，日军侵占承德后，成立伪满洲特别行政区，在避暑山庄正宫区西侧专门修建"宝物馆"用于陈放避暑山庄及周围寺庙中掠夺的文物并进行展出，其中就有殊像寺的满文大藏经。1945 年，承德第一次解放，但宝物馆中的重要文物也被日军盗走，至今下落不明，殊像寺的满文大藏经很有可能收藏于日本。

满文《大藏经》经衣与经带

满文《大藏经》内上下护经板

满文《大藏经》内文页

229 满文大藏经（引自 翁连溪《清内府刊刻的满文大藏经》）

评估规划

◎ 第二篇

承德殊像寺文物保护工程实录

第一章
保护范围与建设控制地带

承德殊像寺是清政府为巩固西北边疆，促进民族融合和国家统一而敕建的一座皇家寺庙。殊像寺以其精湛的建筑技术、精美的佛教造像艺术和古朴自然的寺庙园林闻名于世，寺庙整体布局将清代官式建筑与园林景观巧妙地融合在一起，在塞外承德模仿五台山营造出文殊菩萨的道场，是清代皇家寺庙的典范，其殿堂陈设和造像艺术具有深厚的宗教蕴涵，在避暑山庄周围寺庙中独树一帜，具有极高的历史、艺术、文化及社会价值。1988 年 1 月 13 日，国务院公布殊像寺为第三批全国重点文物保护单位，1994 年作为避暑山庄及周围寺庙的重要组成部分一起被联合国教科文组织列入世界文化遗产名录。

重点保护区：以殊像寺围墙外皮为基线，向东 9 米至民房；向南 60 米至农田（包括原庙水井）；向西 9 米至小路外缘；向北 9 米至山坡。

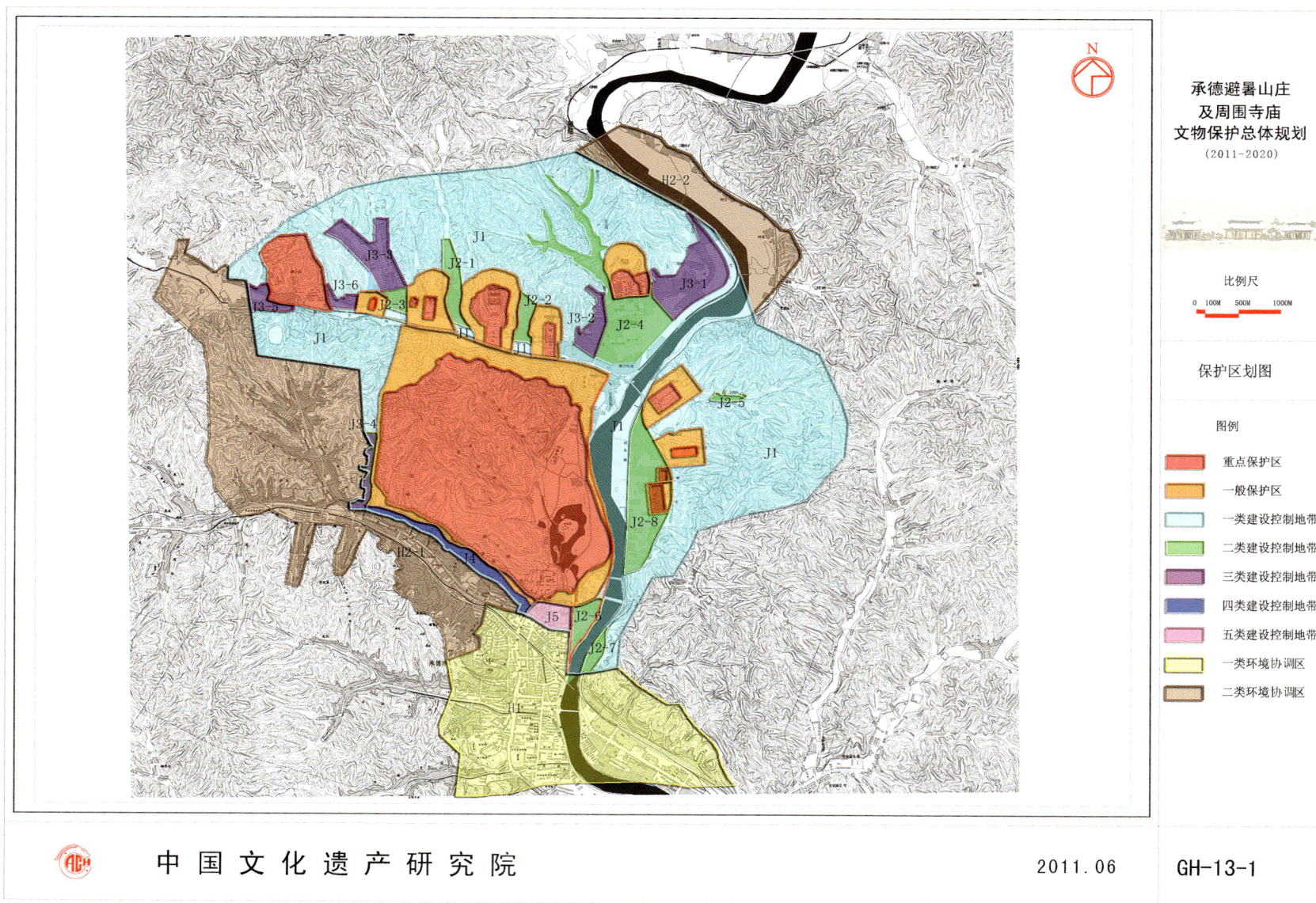

承德避暑山庄
及周围寺庙
文物保护总体规划
（2011-2020）

比例尺
0 100M 500M 1000M

保护区划图

图例
■ 重点保护区
■ 一般保护区
■ 一类建设控制地带
■ 二类建设控制地带
■ 三类建设控制地带
■ 四类建设控制地带
■ 五类建设控制地带
■ 一类环境协调区
■ 二类环境协调区

中国文化遗产研究院   2011.06   GH-13-1

230 避暑山庄及周围寺庙保护区划图（引自《避暑山庄及周围寺庙文物保护总体规划》（2011-2020））

一般保护区：以重点保护区边缘为基线，东外扩121米至村民房；南外扩120米至公路内缘；西至广安寺西侧100米；北外扩240米至山顶。

建设控制地带：殊像寺是世界文化遗产承德避暑山庄及周围寺庙的重要组成部分，建设控制地带统一划定为，东至磬锤峰分水岭；西至避暑山庄宫墙外90米；南面东部至罗汉山分水岭、中部至肃顺府南50米处；西部至避暑山庄西南宫墙外150米处；北至狮子沟北山分水岭；总面积15平方千米（图230-231）。

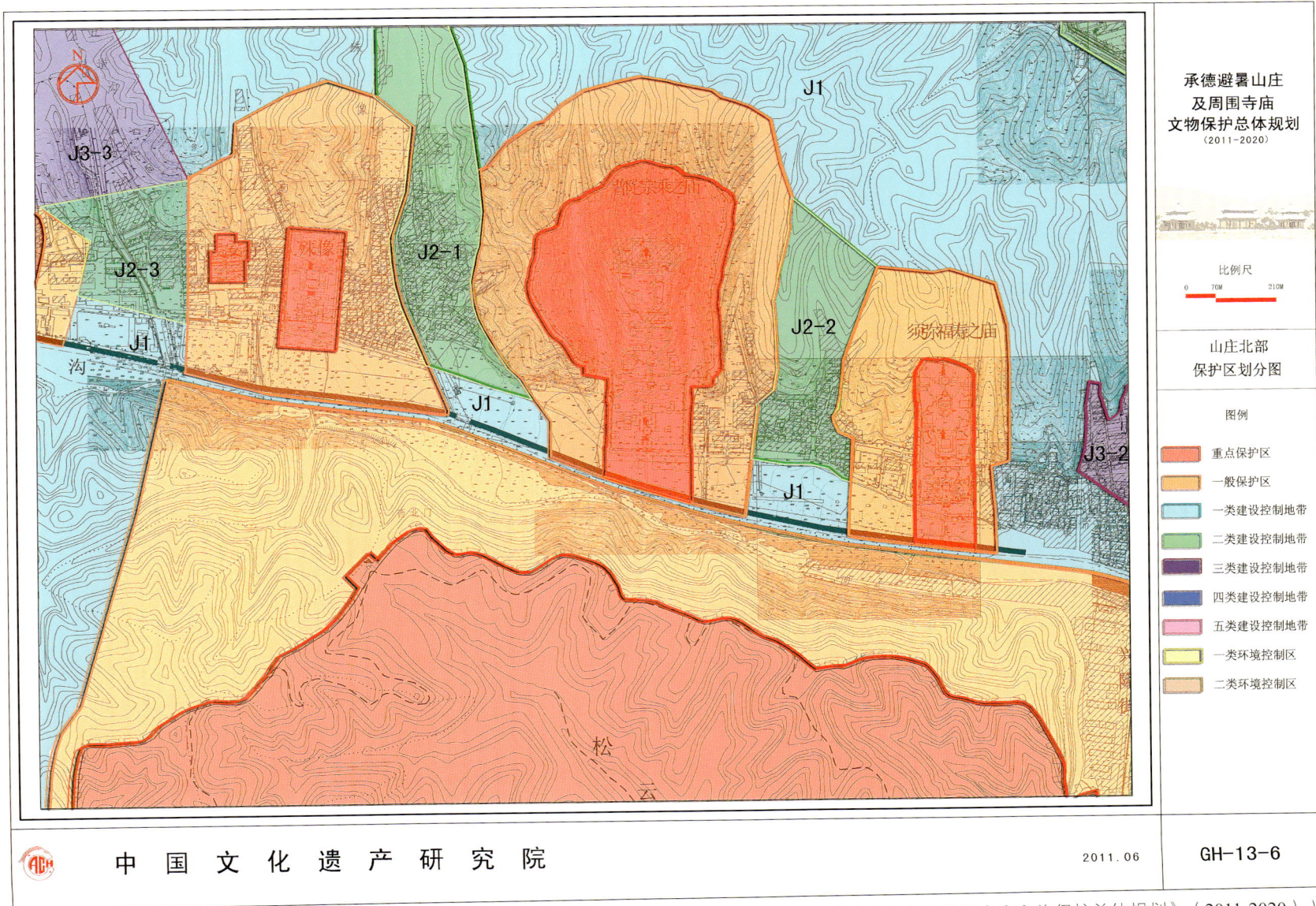

承德避暑山庄
及周围寺庙
文物保护总体规划
（2011-2020）

比例尺

0   70M   210M

山庄北部
保护区划分图

图例

重点保护区
一般保护区
一类建设控制地带
二类建设控制地带
三类建设控制地带
四类建设控制地带
五类建设控制地带
一类环境控制区
二类环境控制区

中国文化遗产研究院

2011.06   GH-13-6

231 殊像寺区域保护区划图（引自《避暑山庄及周围寺庙文物保护总体规划》（2011-2020））

第二章
价值评估 *

[*]：摘自承德市文物局与美国盖蒂保护研究所合作编写的《殊像寺评估报告》

第一节　历史价值

一、殊像寺与避暑山庄和外八庙其他寺庙共同构成多民族统一国家的象征，是清代重视利用宗教团结边疆少数民族、巩固边防的成功治国之策的体现，提供了清王朝与满、汉、藏、蒙等各民族之间关系的信息。

承德避暑山庄周围寺庙从康熙五十二年（1713年）修建溥仁寺开始，至乾隆四十五年（1780年）须弥福寿之庙告竣为止，历时67年之久，特别是乾隆二十年（1755年）以后，每三五年就在承德落成一座新的寺庙。康熙、乾隆两帝修建这些寺庙，以宗教为手段，在政治上达到团结边疆各少数民族的目的，反映出清代鼎盛时期战胜国内分裂势力，加强民族团结，共同抗击外来侵略的历史。

乾隆晚年对营建这些寺庙有过明确表述，他说"诸所营建，实以旧藩新附接踵愉悦，其俗皆崇信黄教，用构兹梵宇，以遂瞻礼而寓绥怀，非徒侈钜丽之观也"（乾隆《出山庄北门瞻礼梵庙之作》）。说明这些庙宇和当时一般的寺庙有着本质的区别，首先每座寺庙的选址、建置等都由皇帝亲定，寺庙的名称带有"普天同庆"，"国泰民安"的含意。重要的匾额和碑文用满、汉、藏、蒙四种文字刻制，体现了多民族之间的关系日益融合。此外，各寺庙的匾额、楹联、碑文也大都是清帝亲笔所书，可见康熙和乾隆两帝非常重视这些寺庙的兴建。其次，这些寺庙一般百姓不可入内参拜，有的寺庙就是王公大臣也按等级划分，平时各寺庙依喇嘛教教规，进行经常性的宗教活动，每逢庆典之日，各少数民族王公贵族入寺庙参拜。

为如此明确的政治目的而修建大规模寺庙群，在中国宗教建筑营建史上是少有的。明确的政治内容影响了寺庙的建筑和艺术形式。因此，虽是宣扬神权至上的宗教寺庙，但在建筑艺术上，除了反映宗教气氛之外，通过总体规划、地形利用、建筑造型和细部处理等，更多地表现出国家富强、民族团结、宏伟壮观的气氛，形象地记录了清初我国多民族一国家巩固与发展的历程。

二、殊像寺是清朝鼎盛时期皇家行宫的附属寺庙，寺内喇嘛享有的特殊待遇，体现了清朝皇帝对该寺庙的重视。此庙是承德唯一一座住寺僧人用满语诵习佛经的喇嘛庙，在外八庙中具有独特性。

殊像寺原共有61名喇嘛。其中达喇嘛1名，副达喇嘛1名，德木奇2名，下设4名叉巴旗（负责具体事务）。其中1名德木奇常住北京，负责每月领取喇嘛银饷，二年一换。格斯贵2名，教习喇嘛5名，翁则13名，其他都为平僧。此外，内务府另派来了50名沙弥和20名官吏负责管理寺庙。承德外八庙除殊像寺外，喇嘛升缺（晋升）都是转缺（不能在本庙直接晋升），必须通过溥仁寺才能升到其他庙当达喇嘛。唯独殊像寺达喇嘛是由内务府委派。派来人员都是红、黄带。黄带是皇帝近亲，红带是皇上的内勤。因此，当地督统就任后也得先到庙内拜见达喇嘛，但是，达喇嘛还很少接见。每年腊月，殊像寺达喇嘛和副达喇嘛到北京嵩祝寺亲自给皇帝辞岁。出正月后才回到本庙，直到光绪年间，此庙喇嘛升缺制度才改为由该庙直接晋升，副达喇嘛可以直接升达喇嘛。

该庙喇嘛除在本庙诵经做佛事外，平时还经常到广安寺、罗汉堂念经。因这两座庙内不设喇嘛，香火费一直是从普陀宗乘之庙领取。经过乾隆皇帝亲自过问后，罗汉堂香火费就直接从北京拨给殊像寺。可见乾隆对殊像寺满族喇嘛所给予的恩惠。

殊像寺是为皇室礼佛的专用寺庙，除喇嘛由理藩院管理外，其他均隶属于内务府，其宗教功能是皇家行宫的附属寺院。在外八庙中具有特殊性。

三、殊像寺的营建与清代帝后到五台山礼佛活动有密切联系，同时折射出乾隆在执政中后期"帝佛合一"的思想面貌。

据《文殊师利法宝藏陀罗尼经》载："尔时世尊告金刚密迹，主菩萨言：'我灭度后，于瞻部洲东北方，有国名大振那（即大支那，中国），其国中有山号曰五顶（即五台），文殊师利童子游行居止，为诸众生于中说法。'"这段话意思为山西的五台山是文殊菩萨的道场，其"殊像寺"是他示现的地方。所以各地僧俗每岁朝山进香者众多，香火很盛。乾隆皇帝曾于乾隆二十六年（1761年）陪同他的母亲到五台山殊像寺进香礼佛，详见《殊像寺落成瞻礼即事成什（有序）》。

乾隆奉其母到五台山殊像寺礼佛时，皇太后"默识其像以归"。回到北京以后，乾隆命仿五台山殊像寺的文殊菩萨造石像，并在香山为之建造"宝相寺"。十九年以后，又于热河避暑山庄北面的普陀宗乘之庙以西，仿香山宝相寺建造殊像寺，寺中主尊也为文殊菩萨。文殊，是文殊师利或曼殊师利的略称。"曼殊"音近"满珠""满洲"。据佛经记载，释迦牟尼曾经预言道："东方主尊是文殊，有时现比丘像，有时现国王像。"中国位居世界的东方，所以西藏达赖喇嘛进丹书时，称清朝皇帝为"曼殊师利大皇帝"。

尽管乾隆认为"丹书过情颂，笑岂是真吾"，但推却中明显又充满自得。当有人将曼殊师利大皇帝读作满族大皇帝时，乾隆曾极为恼火的从音学上给予解释。可见他对这个称谓的格外在乎。亦出于此因，他对殊像寺厚爱有加，不仅专门安排满族喇嘛住寺奉佛，而且还特意把自己幼年使用过的器具存放于此。

四、殊像寺是清王朝鼎盛阶段皇家寺庙建筑的重要典型。

（一）与北京同期同类型寺院建筑群有密切联系

北京香山宝相寺、承德殊像寺、圆明园正觉寺分别建于清代的1762年、1774年、1775年，属于同期兴建、造型功能相类似的宗教建筑群，均隶属于内务府造办并管辖，寺内设满族喇嘛，专供皇室礼佛之用。在寺院功能、建筑布局和形制等方面有密切联系。

正觉寺位于圆明园绮春园正宫门之西，是圆明园附属的一座佛寺，俗称喇嘛庙。此寺坐北朝南，由山门、钟鼓楼、天王殿、三圣殿、文殊亭、最上楼等主要建筑组成。文殊亭是一大式重檐八角亭，亭内正中的汉白玉莲花座上供奉文殊菩萨神像。清末划归雍和宫下院。圆明园历史上两度罹劫，正觉寺因独处绮春园墙外而幸免于难。民国时为清华大学职工宿舍，现存山门、东西配殿、文殊亭等20余间。

宝相寺位于香山南麓，原为明代中峰庵遗址。该寺毁年较早，据相关资料记载，布局均属于汉式定型化的寺庙规制。该庙主体建筑为"旭华之阁"，殿内立有两块石碑，左面镌刻文殊菩萨的画像及乾隆三十二年的御笔诗；右面是乾隆二十七年立的御制宝相寺碑。殿内正中供奉文殊菩萨像。旭华之阁后原建有香林室、圆庙、方庙、牌坊等诸多建筑，现均已不存，只有旭华之阁保存尚好并经重修。

殊像寺与上述两座寺庙相近之处在于它们供奉的主尊同是文殊菩萨，主庙区前部同为汉式寺庙伽蓝七堂布局形式，建筑排列顺次为山门、天王殿、钟鼓楼、大殿，两侧配殿以及外侧的僧舍等。三庙主体建筑不但体量大，而且都建在较高的石台基上，建筑等级也较高。不同的是，殊像寺有更浓烈的寺庙园林内容。

（二）按着清工部工程做法皇帝的设计意图建造的殊像寺，为中国古典寺庙建筑的研究提供了信息资料。会乘殿是保存比较

完整的汉式皇家寺庙主体建筑，展示了清代大型殿式木构建筑的构建形式。

殊像寺的建筑按清殿式做法，合乎等级要求，更加规范。这种布局和建筑形式也见于承德其他皇家寺庙中，如现存早期汉式寺庙溥仁寺，同期汉藏结合式寺庙普乐寺、普宁寺。

在殊像寺现存建筑中，会乘殿和山门是保存原构件、原做法较完整的建筑，近现代仅做过一些小型维修。山门的台基、彩画、室内供像保留了历史原状。特别是会乘殿的台基、室内佛台须弥座、经柜、地面墙体、梁柱大木构件、屋顶部分琉璃瓦件、室内彩画、佛像供器等陈设记录了大量的原始工艺和技术信息。

会乘殿是承德皇家寺庙中唯一一座保存最完整的、没有进行过大修的主体建筑（图232）。它拥有历史所赋予的诸多功能，承载着极为丰富的建筑历史和民族宗教等内容。它是承德皇家寺庙中供奉三大士的重要佛殿，又是贮藏满文大藏经之所。建筑功能决定了建筑等级，该建筑屋顶满面覆以黄色琉璃瓦，梁枋大木施金龙和玺彩画，是建筑等级较高的建筑。这种建筑形式是中国古建筑发展演变最后阶段殿式建筑的基本形式，在这种建筑形式中体现出中国古代"天人合一"的观念。在结构方面以砖木石构成，遵循清式皇家建筑规范，各部比例及屋顶举架合理，瓦坡曲度柔和适中。

（三）殊像寺体现出自然景观与人文景观的和谐统一，提供了古典寺庙园林史方面的信息和实物资料。

殊像寺从整体看，寺庙规模大，院落多，殿堂密布，而且因山就势布局灵活；寺院后部堆砌假山，假山上设桥、洞、蹬道，假山与真山连为一体，具有山林特色，保留利用并且美化了原有自然地形，使整体平面富于变化，寺庙园林色彩浓重。寺前半部地势平坦，后部陡起，造成一种神圣仰望的境界。寺庙中除建佛殿以外，还布置有阁、楼、室、亭、廊。其总体择址选在"前有照、后有靠"的风水佳处，建筑布局以中轴线为主，主体建筑均布置在中轴线上，其他建筑分布在中轴线两侧，主次尊卑分明的儒家思想与风水学理论互相统一。

殊像寺采用园林的手法，用山石、花草、树木将建筑空间利用和美化起来，在灵活多变之中又保持庄严肃穆的宗教气氛。寺庙后部建有楼、亭廊等园林建筑。其名称带有园林建筑的韵味，如"指峰""面月""云来""雪净""清凉楼""香林室"，其他寺庙建筑是不用这类题名的。该寺不仅借景于真山，而且在会乘殿以北利用自然山势，人工加以叠石辟路，迂回宛转于假山涵洞之间，然后达到山顶的"宝相阁"。建筑和自然环境相呼应，置身寺内令人产生对原始自然环境的追求与联想，是一处设计完美的寺庙园林（图233）。

（四）殊像寺是以汉式风格为主的多民族文化相融合的皇家寺庙。

通常认为，外八庙的兴建大致可以分为三个阶段，第一阶段是在康熙时期，以汉式风格为主，如溥仁寺、溥善寺；第二阶段在乾隆中前期，汉藏风格参半，如普宁寺、普乐寺；第三阶段在乾隆后期以藏式风格为主，如普陀宗乘之庙和须弥福寿之庙。殊像寺属乾隆中后期建筑，从外观上似乎不符合上述规律，更多呈现的是汉式寺庙风格，只是在一些建筑细部上体现了藏式特点。如各殿座基址内现存佛台须弥座、会乘殿室内天

232 会乘殿南面（郭峰 摄影）

233 俯瞰会乘殿北侧区域（郭峰 摄影）

花六字真言的兰扎体印度文字装饰图案、梁枋大木彩画中的三宝珠图案、供器中七珍之一的珊瑚树、经柜上的木雕花纹以及佛台前两侧的楠木佛塔等等都带有藏式风格；而山门前檐镶嵌的石匾和会乘殿前悬挂的木制匾额均刻有汉、满、藏和蒙文，显现出清代各民族文化的融合与发展。

五、殊像寺内许多供像和陈设保存完好，体现了设计者和创造者原来的艺术和宗教意图。

（一）现存塑像

殊像寺内各殿原有供像四十余尊，现存七尊。山门内有两尊泥塑护法金刚。这两尊护法金刚体魄雄伟，面貌狰狞，头戴宝冠，手执金刚杵，俗称哼哈二将。承德外八庙中只有殊像寺

的两尊金刚护法神是原物，其他庙都是后来修复的。山门正中供奉一尊木质金漆弥勒坐像，俗称"大肚弥勒佛"，原为天王殿主尊，由于天王殿被毁，此像移至会乘殿，然后移至山门内。现在弥勒像屏风及韦陀像存放于承德市文物局外八庙管理处文物库房内。

会乘殿内供金漆三大士坐像，自西而东为观音、文殊、普贤，分别骑坐于朝天吼、青狮、白象之上。在供奉三大士的寺庙殿堂中，一般中间是观音，两边是文殊、普贤。而这里文殊居中，显示出是该寺庙的主尊。

除上述供像外，其余都已毁坏或下落不明。

（二）其他陈设

会乘殿内尚保留其他原始陈设，如佛前供案、用来存储满

234 会乘殿内三大士（陈东 摄影）

235 会乘殿室内楠木塔局部（李林俐 摄影）

文大藏经的经柜、匾额楹联等（图234-235）。此外钟楼还有一口明代大钟。这些原物对了解殊像寺的历史面貌无疑都是十分重要的实物资料。特别是殊像寺建筑上的匾、额、楹联以及乾隆关于殊像寺所作的一些诗文等。它们展示了乾隆皇帝的文学书法造诣和他对佛法的独特情感。在外八庙的各个庙宇中都可以看到乾隆御笔亲题的匾、额、楹联，殊像寺也不例外，现存部分主要集中于会乘殿，如外檐悬挂四体文"会乘殿"题匾、内檐上额枋面北悬诗匾等。这不仅可以让我们欣赏到乾隆的书法艺术，更为重要的是，有些题写内容为我们了解乾隆帝在其执政晚期对待喇嘛教上所发生的思想变化以及他在这一时期特别尊崇文殊菩萨的缘由提供了直接的资料。

六、最早译成满文并储藏在会乘殿经柜中的满文大藏经是研究满文、满语的重要资料。匾额及楹联展示清代及乾隆皇帝作诗技能以及皇帝对宗教的情感。

乾隆朝以前，清朝没有满文大藏经。乾隆皇帝深感"金经蒙古犹常有，宝秩皇朝可独无？"于是在殊像寺落成后，即命于北京西华门内设清字经馆译制满文藏经。命章嘉国师综其事，大学士舒赫德、金简助之。考取满文监录纂修若干名翻译经卷。翻译工作历时18年，译成246卷满文大藏经，即满文《大藏经》（大乘佛经）108套、满文《大藏全咒经》十套、满文《西番丹书克经》一部，存于此庙会乘殿经格中，令喇嘛学习满文，诵读满文经卷。现殊像寺内满文经卷下落不明。

第二节　艺术价值

一、殊像寺坐落于风景秀美的区域，与其他寺庙共同构成环列避暑山庄的皇家寺庙群。

殊像寺建在两谷之间的向阳山坡上，寺东是为前藏宗教首领达赖所建的普陀宗乘之庙，寺西是乾隆为皇太后祝寿而建的广安寺（现仅存遗址），寺前为隶属于武烈河支流的狮子沟旱河，面对宛若屏障般的避暑山庄北部山峦及宫墙，寺庙依山傍水，坐落于风景优美的区域。

殊像寺与避暑山庄周围其他11座皇家寺庙呈众星捧月之势分布在避暑山庄周围，形成宏伟的汉、藏、维等多民族建筑形式相融合的寺庙群。寺庙群的建筑构思丰富多彩，利用自然地形的高低起伏和变化，以减少人力开挖，并显示出建筑物的错落与强烈的节奏。同时，在布局上寺庙与避暑山庄相辉映，浑然一体，各庙之间遥相呼应，互通信息，互相因借，并与避暑山庄的风景设计相联系，从多个寺庙都能看到避暑山庄，从避暑山庄也能观赏多个寺庙。避暑山庄与外庙的建筑布局采用了我国古代造园借景的手法，巧妙地利用了周围的自然风景和人文景观，造成了多维的环境景观效果。

二、殊像寺布局采用了严谨与灵活多变相结合的独特艺术形式。

殊像寺的主要建筑按一条贯穿全庙的中轴线布置，给人的感觉是严谨的。中轴线以外的建筑随地形灵活多变，但在变化中突出了主体建筑。在中轴线上从前至后排列着山门、天王殿、会乘殿、宝相阁和清凉楼。这些主要建筑除宝相阁是八角平面外，其余建筑平面均为矩形。分别为三间、五间、七间、九间，间数逐渐递增，建筑高度随地势亦逐渐提高，层次分明，主体大型建筑布置在寺庙高处以强调崇高伟大，庄严凝重，给人以深刻难忘的印象。

寺前半部即至会乘殿之前，按规制是汉式的伽蓝七堂布局形式，山门、天王殿、会乘殿、钟鼓楼各殿对称布置，在左右两侧天王殿与会乘殿配殿之间，还有经堂和斋堂。

上述这种以自然景观为背景，以建筑为核心，配置寺庙景观，总体布局手法构成了规模宏大、层次丰富、因山就势、功能各异、相互成景的寺庙景观体系，形成了中国大型寺庙和园林布局的

主要特征。殊像寺的总体布局设计继承了这一传统。

在平面上相互呼应。显然各个建筑的形制和造型特征巧妙结合了地形地貌和建筑功能。亲切适宜的园林楼、室、亭、廊，开敞宏大的殿堂和疏朗的院落，高低错落、虚实相生、各有彰显，构成庄严神秘的寺庙景观体系和特殊的皇家寺庙建筑组群。

三、殊像寺庙体现出自然景观与人文景观的和谐统一，提供了古典园林史方面的信息和实物资料。

在寺自南向北的纵向中轴线上，布置有山门、天王殿、会乘殿、宝相阁、清凉楼五座建筑。山门殿为歇山布瓦顶三间殿，明间辟单拱券门，两次间设拱券窗。天王殿（仅存遗址）在山门北，歇山布瓦顶，木栈板墙，明、次间三堂槅扇，台基高于山门殿，这两座建筑体量较小，是按照定型化的规制建造的，两侧各配殿体量也较小，均为歇山布瓦顶。

位居正中的寺庙主体建筑会乘殿，是该寺等级最高的建筑，气势恢宏、造型华丽。在木构架中，大型构件成熟地运用了木材的拼合技术，构成了会乘殿高大、雄伟的体量。外檐木柱向上的收分及向内的侧角增加了建筑本身的视觉美和稳定性。在细部构件的处理上灵活丰富。瓦当、滴水为龙纹，纹饰饱满，体现清早期瓦当纹饰风格；室内天花方光内硬拐端二龙戏珠，圆光内则是综合了藏式风格的装饰图案六字真言；槛窗、槅扇芯屉均为六角菱花；如意云形铜质面叶，上刻制龙纹饰；山墙下肩、槛墙、台基均用当地鹦鹉岩（凝灰岩）大料石砌成。

宝相阁平面八角形，名为阁，实为特大型亭子结构。正南设槅门，室内安天花，重檐八角攒尖顶，瓦顶绿琉璃黄剪边，巍峨壮观。其求之竖高，而在形式方面不重复，是低于会乘殿等级的建筑，但其建在会乘殿之后的更高处。殿堂之壮丽与阁之秀美，形成刚柔相济的势态。

在宝相阁西侧香林室组建筑中（仅存遗址），设有倚云楼重层二间殿、香林室三间殿、四角方亭、叠落廊、小桥、月亮门、六角亭。这组为寺庙园林小式建筑，均为琉璃和布瓦顶，建筑的开间、高度、构件、尺度均按小式做法，艺术形象活泼生动，在森严的寺庙环境中别有异趣，与寺庙中轴线两侧的大式建筑有明显区别。在该组建筑基址中发现原装修饰件，为研究寺庙

园林小木作建筑提供了重要实物资料。

清凉楼大式重层平座式九间殿，硬山布瓦绿琉璃剪边瓦顶，前檐三堂槅扇，中部安挂檐。建筑形象兼备礼制与园林建筑双重品格，使之与其他建筑形成一个统一和谐的整体。

此外，殊像寺特有的园林式建筑群与严谨的汉式寺庙布局有机的结合，营造出皇家寺庙别具一格的园林景观，是不可多得的皇家寺庙园林精品。

四、殊像寺比承德其他皇家寺庙融入了更多的园林内容，假山、植物、道路、园林建筑与寺庙建筑完美结合，不但体现了皇家寺庙的庄严与雄伟、也具有皇家寺庙中少有的古朴与自然。

殊像寺在会乘殿之后叠砌了雄奇而精美的假山，潜岩渡桥，垒山砌洞，曲折参差，层次清晰，是乾隆时期的代表之作。殊像寺的假山以真山的山峰为主峰营造四个次峰，以此来象征山西五台山的"清凉五峰"。清凉楼"相合台怀"的楹联中写道："地上拈将一茎草，楼头现出五台山"正体现了这一意境。这四个次峰沿中轴线对称布置，利用宏大的气势和巧妙的布局来打破平面和立面中的呆板和单调。正是这种布局使殊像寺假山既保持了佛教净土的庄严肃穆，又突出了园林式寺庙的清新与自然。另外，殊像寺假山的相石艺术也别具一格，除了使用了大量的当地的黄石外，也使用了红色的火山岩和砂砾岩，灰白色的"剑峰"和墨色的青石，这在假山的营建中也是不多见的。设计者把各色石材掇于一处，不同石材有不同的用途和功能，使殊像寺假山并不感到色彩杂乱，反而更加贴近于自然。另外，大量使用铁件来加固假山，使用"条石堑里"法营建山洞和桥

梁也体现了乾隆时期假山极高的艺术水平和技术水平。

殊像寺是外八庙中保存古树最多的寺庙之一。保留完整的主体布局构成了殊像寺园林景观的重要组成部分，为研究清代皇家寺庙植物造景艺术提供了实例典范。虽然没有找到任何历史文献和图纸记载来说明寺庙植物栽植的规划设计理念，通过调查发现，当时的寺庙栽植并不是一种简单的绿化行为，而是有一整套的植物配置手法和栽植规律。利用松树等植物的生物学特性来体现寺庙的万古长青，并通过对称与散点的变化来适应和强化建筑的平面布局，都体现了殊像寺园林植物造景的艺术性。

五、现存庙内建筑彩画是清代建筑物装饰的实例，为研究当时的艺术表达方式、颜料、技术等提供了有价值的信息。

会乘殿和山门的内、外均保存了大面积的建筑装饰，钟楼梁枋也保存了少量的彩画（图236）。虽然大面积室外彩画已经脱落（缺失），同时遗留部分也经过长期的风化和失修，但清代风格、纹饰和原来的颜色仍然清晰可辨。会乘殿和山门的室内装饰虽已遭到损伤，但是基本上完整，为研究清代艺术表现、颜色的配置以及图案方面提供了重要的实例。会乘殿室内彩画大面积地使用了金龙图案，标志着殊像寺的建筑等级；同时，其宗教功能也从天花板上藏式风格的六字真言体图案表现出来。彩画的颜色和图案均为乾隆时期的典型作品。

宝相阁新绘制的彩画与原始彩画形成了鲜明的对比。2002年修复的宝相阁涂上了崭新的彩画，其图案与现存建筑上的原始彩画截然不同。新旧对比使得人们更加欣赏清代艺术工艺并更加体现出彩画的久远特征。

236 会乘殿室内清代彩画（熊炜 摄影）

六、 殊像寺原址的器物陈设对了解清代装饰艺术、寺庙殿堂内空间的审美观和礼节功能等方面提供了丰富的信息。

会乘殿不仅保留了清代原有的佛像，还保存有清代的供桌、佛塔、经柜、钟鼓、珊瑚树等室内陈设器物，对清代的宗教陈设提供了有益的实例（图237）。

237 会乘殿室内的供桌（陈东 摄影）

第三节　社会价值

殊像寺自建造以来很少对外开放；因此，其社会价值难以充分的体现。尽管如此，寺庙对本地社会和其他地区的社会可能拥有潜在的社会价值。

一、殊像寺有特殊的教育与研究价值。

殊像寺原有的总体格局和园林布置基本完整，主体建筑尚存，保留了原寺庙的主要历史信息，是清史学者研究清代民族宗教政策、物质文化、工艺技术、装饰供像、寺庙殿堂陈设等方面的重要实物例证，能够为当前国家级文化工程《清史》的编撰提供很好的实物依据。

二、新中国成立以来，由于殊像寺与满族有密切的联系，所以寺庙对我国满族民众（包括居住在承德周围的很多满族人）具有潜在价值。

殊像寺是附近社区的文化生活乃至承德市满族居民信仰活动的重要载体之一。由于殊像寺与满族有密切的联系，所以该寺庙对我国满族特别是承德周围的满族居民具有很高的潜在价值。寺庙附近的村民以及承德市民与殊像寺有着更加直接的联系。有些本地居民与历史上殊像寺的住寺僧人有亲缘关系。20世纪70年代寺庙内曾设小学，因而很多人怀念故地。目前还

有些本地人在平时尤其是在节日时到寺庙进行宗教活动。

三、殊像寺的原始建筑、陈设装饰及宗教艺术非常精美，因此，存在吸引游客来参观的可能性，尤其是对清式建筑、艺术以及佛教感兴趣的人群。

殊像寺作为承德皇家寺庙之一，以其保存有原汁原味的主体建筑、寺庙园林、陈设装饰以及以文殊为主的佛像见长，存在吸引游客，特别是那些对清代建筑艺术感兴趣的人群来参观的潜力。2021年，修缮后的殊像寺即将对公众正式开放，通过有效的保护和宣传，将对提高承德的社会知名度并由此提升遗产地的社会与经济效益发挥积极作用。

四、殊像寺合作项目将成为中国其他古建筑和遗址保护的样板。

中美双方按照《中国文物保护准则》合作开展的殊像寺保护项目，并通过承德避暑山庄及周围寺庙文化遗产保护工程实施了各项文物保护工程，出版了《承德殊像寺文物保护工程实录》，作为推广《中国文物保护准则》积累了有益的经验，并可能对全国文物建筑保护工作产生普遍的借鉴作用。

第四节　真实性评估

殊像寺是承德避暑山庄及周围寺庙中近现代人工干预最少的寺庙，历次修缮也都本着文物保护"不改变文物原状"和"最小干预"的原则，最大限度地保留原有构件，因此殊像寺古建

筑总体真实性较好，很少存在修缮或复原不当的问题，具体各文物要素真实性保存状况详见表18。

表 18　殊像寺真实性评估表

类别	文物名称	真实性与现状评估
现存建筑	山门	建筑保存基本完整。台基、大木、墙体、装修、斗栱绝大部分为原构，屋顶经过多次修缮，除岔脊小兽不存外基本与原貌相符。殿内外还存有清代的油饰和彩画，木制大门的油饰为此次修缮新做，椽飞头彩画不存。山门内现存原始的哼哈二将。临时放置原天王殿内的弥勒佛像。
	会乘殿	建筑保存比较完整。台基、大木、墙体、斗栱绝大部分为原构，仅有极少量的现代构件补配。屋顶经过多次修缮，包括用少量新瓦补换旧瓦，维修其他屋顶构件等，但大部分瓦件为清代原有构件；现代曾经修复槅扇门和槛窗，主要是补配棂心，大边、仔边、套环、裙板绝大部分是清代原有构件，现有面叶和部分棂条、菱花扣为清代构件；殿内外还存有原来的油饰和彩画，殿外的油饰和彩画脱落严重，椽飞头彩画不存。会乘殿内现存清代的文殊、观音及普贤菩萨像。 会乘殿内现存很多原始陈设，如：藏经柜、供桌、楠木佛塔、钟架、鼓架、铜钟、桌子、匾额、珊瑚树、幡杆、栏杆等；满文大藏经下落不明。 会乘殿内目前还存有从寺内其他建筑物里搬来的物品，例如两张放在殿内西北角的红漆描金供桌。
	钟楼	上层经过现代修复，台基、大木和底层的墙体为原有建筑结构；上层的墙体、椽飞望板、屋顶瓦件几乎全部为现代补换。外檐局部残存少量清代彩画，其他内外檐彩画、油饰均不存，椽飞头彩画不存。室内墙体抹灰和楼梯栏杆为本次修缮新做。 原有铜钟保存较好。
	鼓楼	上层经过现代修复，台基、大木和底层的墙体为原有建筑结构；上层的墙体、椽飞望板、屋顶瓦件几乎全部为现代补换。内外檐所有清代彩画、油饰均不存。室内墙体抹灰和楼梯栏杆为本次修缮新做。 原有鼓不存。
	僧房	目前只保存东跨院最南侧的一座僧房，其余僧房仅存遗址，被土覆盖。现存僧房本次进行了修缮，具体内容详见本书第四篇第一章。
	宝相阁	台基、假山踏跺、室内须弥座绝大部分为清代原有结构。2000 年至 2003 年利用部分原件（供像残片、槛墙、须弥座及部分木构件）进行了原址重建。 宝相阁内的供像仅存残块，2003 年修复时使用了这些残片。
	角门	现存 4 座角门的台基、墙体、屋顶等主体部分为清代原有结构，1983–1984 年进行了大修，补配了较多的缺失的瓦件，修复了门扇。
遗址	天王殿	仅存遗址，包括台基、东西墙、两山台阶式佛台及明间凝灰岩佛座。
	馔香堂	仅存遗址，包括台基、槛墙、柱顶石和少量的墁地砖。青砂岩石构件为现代补配。
	演梵堂	仅存遗址，包括台基、槛墙、柱顶石和少量的墁地砖。青砂岩石构件为现代补配。
	指峰殿	仅存遗址，包括台基、槛墙、柱顶石及佛座。
	面月殿	仅存遗址，包括台基、槛墙、柱顶石及佛座。
	云来殿	仅存遗址，包括台基、槛墙、柱顶石、佛座。
	雪净殿	仅存遗址，包括台基、槛墙、柱顶石及佛座，保存了部分原有墙体上身。
	清凉楼	仅存遗址，包括台基、槛墙、柱顶石、墁地及佛座，保存部分瓦件、脊件和墙体内包金彩绘砖，石质建筑构件风化严重。2004 年考古发掘后重新回填。
	吉晖殿	仅存遗址，包括台基、槛墙、柱顶石及佛座，保存了部分原有墙体上身。
	慧喜殿	仅存遗址，包括台基、槛墙、柱顶石及佛座，保存了部分原有墙体上身。
	六方亭	仅存遗址，包括台基和 3 个金柱柱顶石，压面石和檐柱柱顶石不存，西侧台基局部坍塌。2004 年考古发掘后重新回填。
	香林室、倚云楼、方亭等建筑	仅存遗址，包括台基、槛墙、柱顶石、墁地、部分墙砖。石质建筑构件风化严重，2004 年考古发掘后重新回填。保存比较清晰的庭院院墙结构，主要是大部分墙体下碱和少量墙体上身，残存圆形和八方形月亮门部分遗迹。庭院中原有假山和道路保存较为完整。
	灶房、上房、僧房、值房等建筑	仅存遗址，尚未全部发掘。有台基、柱顶石、墁地及部分墙体下碱。2004 年局部考古发掘后重新回填。
其他建筑	月台	几乎全部为毛石砌筑；墁地绝大部分为原有材料，仅有少量现代补配、更换；女儿墙除了个别角柱石以外均不存；保存较多的原有古松树池和排水挑头，此次修缮进行了整修和补配。
	道路	主院基本保留清代原有的道路系统，仅有局部进行了少量补配或更换，山门北侧路段采用了现代的水泥勾缝。东跨院冰纹道路全部为此次修缮补配。
	围墙	围墙几乎全部重建，其东南段的位置也许发生了变化；东西墙原有门楼不存。
附属文物	石狮	山门前现存两座雕刻的清代石狮。
	旗杆座	钟、鼓楼南面各有一幢原有的石制旗杆座。
	五供须弥座	会乘殿前方现存五座石雕的五供须弥座。
园林	假山	主要假山保存比较完整；会乘殿北侧少量假山勾缝曾用水泥修复。此次修缮进行了全面整修，具体内容详见本书第四篇第五章。
	古松	现存四十棵古松及两棵古槐，其余树木为现代补栽或生。
环境	寺庙内	现代的建筑主要是文保所的建筑以及厕所，现代的消防门、消防路及消防蓄水池。部分新植的松树没有栽在其原始位置上。
	寺庙外	西侧部队兵营、南侧田里的耕作和垃圾破坏了外部环境（图238）；原来通向寺庙的道路和小桥已不存在；寺庙外原有的园林绿化仅存山门前一株国槐。

238 殊像寺的内外环境（张冲 摄影）

[*]：摘自《避暑山庄
及周围寺庙文物保护
总 体 规 划 》（2011–
2020）

2012 年，由中国文化遗产研究院编制的《承德避暑山庄及周围寺庙文物保护总体规划（2011–2020）》通过国家文物局审批，并由河北省人民政府批准正式公布实施，从规划层面对殊像寺的现状进行了评估，针对古建筑保护和管理提出了相应的规划要求，明确了殊像寺古建筑保护修缮工程的范围、性质和目标（图 239–240）。其中涉及殊像寺的规划内容如下：

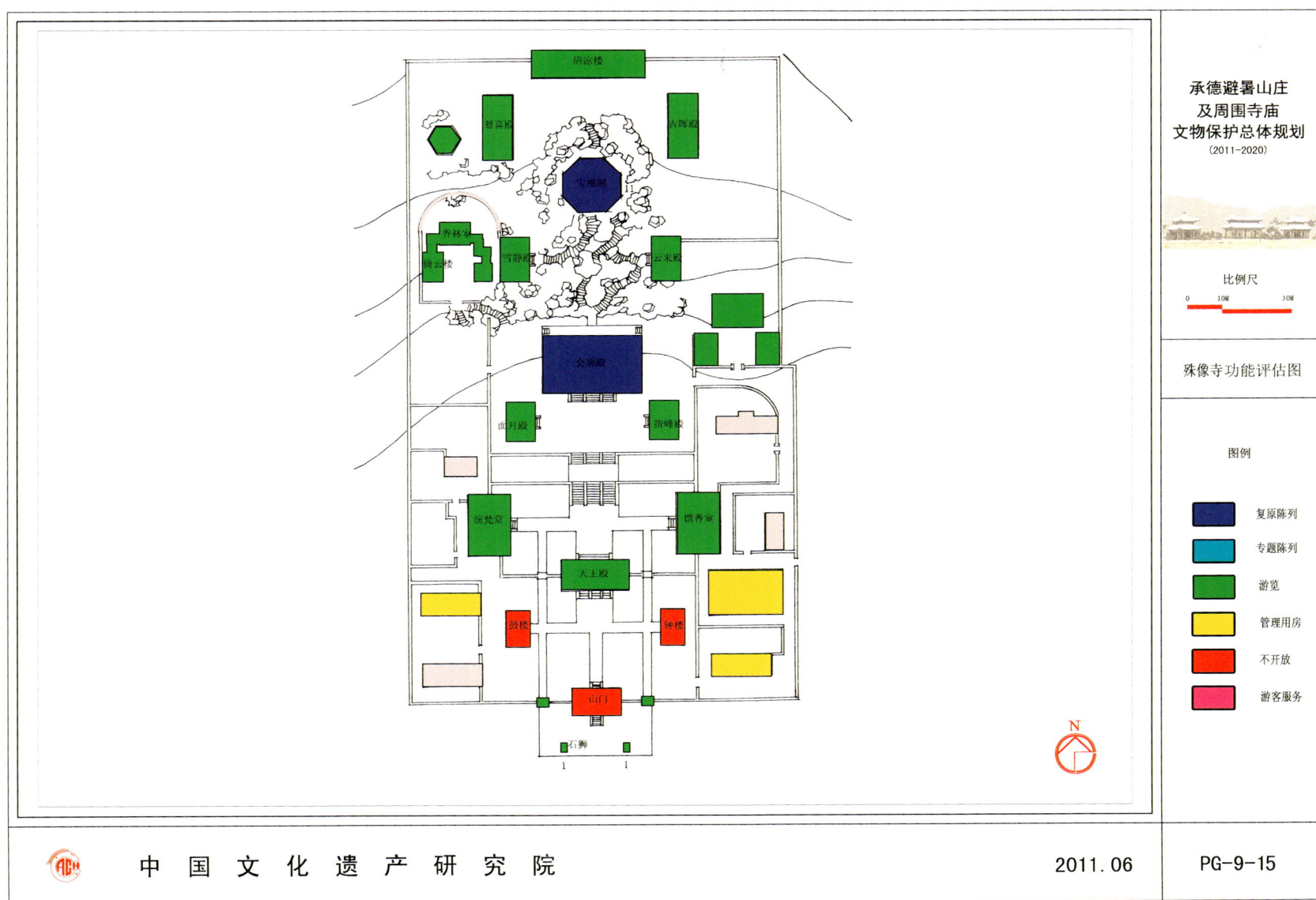

承德避暑山庄
及周围寺庙
文物保护总体规划
（2011-2020）

比例尺

殊像寺功能评估图

图例

■ 复原陈列
■ 专题陈列
■ 游览
■ 管理用房
■ 不开放
■ 游客服务

中 国 文 化 遗 产 研 究 院   2011.06   PG-9-15

239 殊像寺现状功能评估图（《避暑山庄及周围寺庙文物保护总体规划（2011-2020）》）

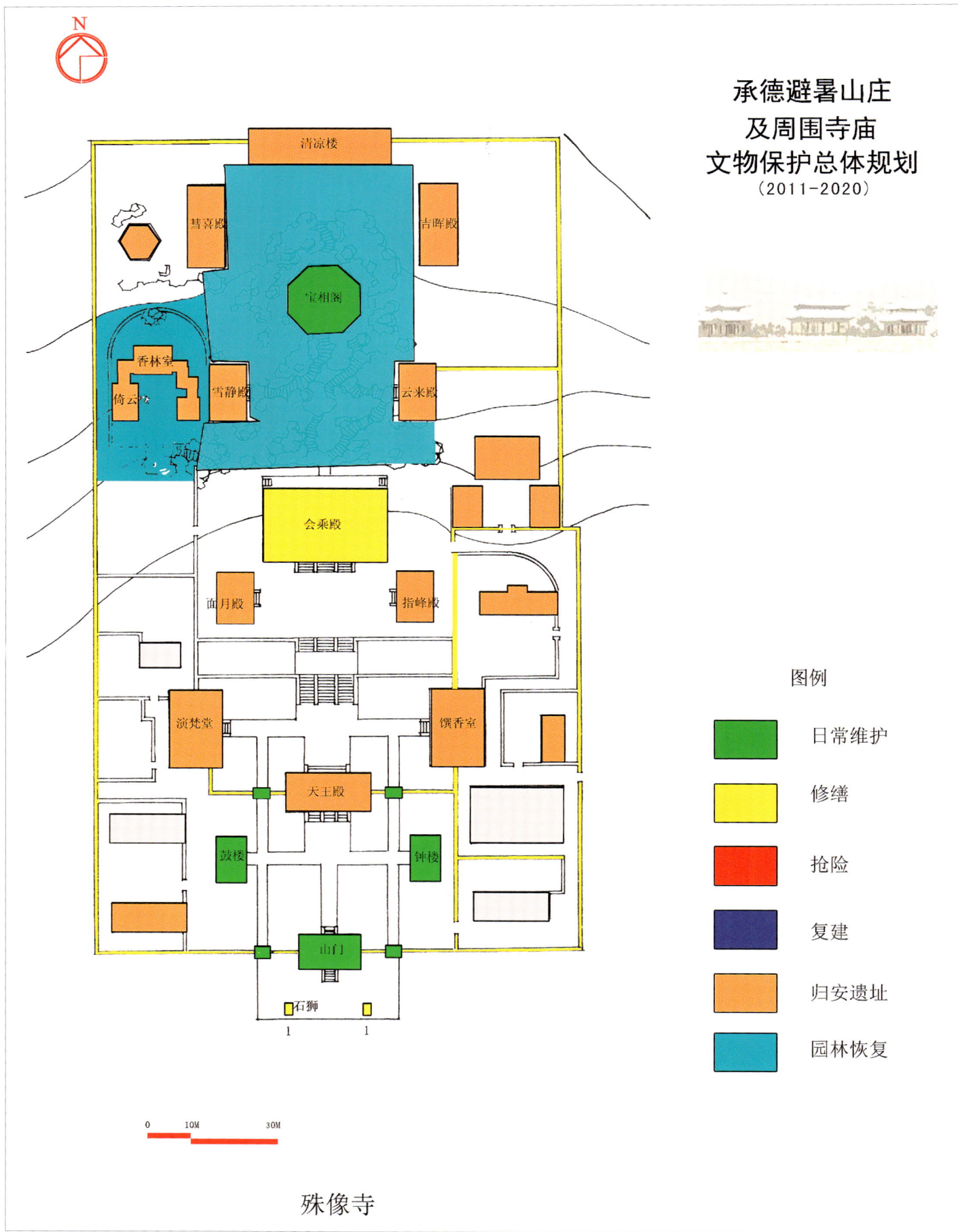

承德避暑山庄及周围寺庙文物保护总体规划（2011-2020）

图例

- 日常维护
- 修缮
- 抢险
- 复建
- 归安遗址
- 园林恢复

殊像寺

240 殊像寺文物保护措施规划图（局部）（引自《避暑山庄及周围寺庙文物保护总体规划（2011-2020）》）

第一节　遗产本体评估

规划在第五章"周围寺庙评估"中认为殊像寺"真实性好、完整性较好、延续性较好"。"普宁寺、须弥福寿之庙、普陀宗乘之庙、殊像寺寺庙园林格局真实性、完整性较好。殊像寺园林内建筑仅余基址""殊像寺遗址部分经过考古发掘回填，保护状况较好，格局真实性、延续性较好，完整性差""殊像寺、须弥福寿之庙、普陀宗乘之庙假山总体保存完整，真实性、完整性较好"。周围寺庙的"古建筑总体真实性较好，部分古建筑存在修缮或复原不当的问题，对真实性造成影响"，"周围寺庙现存古建筑总体延续性较好。须弥座、栏杆、石桥、阶条石等石质构件普遍风化严重，延续性差。琉璃构件延续性差。尚存大量未经维修彩画，延续性差。现存古建筑普遍缺乏岁修保养"。

规划在十四章 "古建筑保护" 中对殊像寺等周围寺庙提出的规划内容如下：

一、保护对策

针对建筑群格局、园林、古建筑及遗址进行全面保护。

对保存乾隆时期原物较多的古建筑及彩画、壁画要严格控制保护维修干预程度，最大限度保护原貌，不得大量更换。

对大量石雕与石构件进行抢救性保护。

对彩画、壁画进行抢救性保护。

二、近期保护措施（2011–2015）

拆除殊像寺内非文物建筑管理用房

保养维护殊像寺大殿后假山。归安香林室前假山。

对殊像寺会乘殿等殿宇进行维修。

对各庙其他延续性有问题的古建筑进行维修。

对周围寺庙大量现存石材及石雕构件进行抢救性专项保护。

对周围寺庙各处保存彩画进行抢救性专项保护。

对周围寺庙各处琉璃构件进行抢救性专项保护。

三、不定期保护措施

制定计划，对现有延续性较好的古建筑进行岁修保养。

编制详细的古树分布现状图，完善古树生长档案。

加强对古树的日常维护。

恢复历史上树木种植的原貌，改善园林植物的抗病虫害能力。

四、遗址保护

对周围寺庙内其他遗址进行清理发掘，并及时保护（中期保护措施 2016–2020）

对完善周围整体价值意义重大且依据较为充分的附属建筑及园林建筑遗址进行复原可行性研究，如普乐寺阁城围房、安远庙围房、殊像寺天王殿、大假山五台意象景点建筑等。

殊像寺演梵堂、馔香堂、面月殿、指峰殿、雪净殿、云来殿、清凉楼、慧喜殿、吉晖殿、香林室、倚云楼等遗址，归安保护。

五、内部景观环境保护

拆除殊像寺管理用房，在基址清理发掘的基础上复建后继续用作管理用房。

六、石质文物保护

完成全面调查，建立现状及病害的详细档案。

通过实验分析研讨病害成因、种类及发展趋势，提出保护方案。

近期对破损严重的石质文物进行抢救性保护加固。

七、其他附属文物保护

对悬挂的匾额原件实施保护，必要时移至博物馆保护，以仿制品替代。

缺乏图像依据补配的匾额、楹联宜选择清帝法书集字而成。

对铜、铁质室外陈设进行专项保护。

对损坏严重的幡杆进行修缮、更换。

室内陈设实施定期除尘、检查等保养措施。

第三节　保护工作

规划在 "保护工作" 中提出的规划内容如下：

一、安防

避暑山庄及各周围寺庙（溥仁寺、普乐寺、安远庙、普宁寺、普佑寺、须弥福寿之庙、普陀宗乘之庙、殊像寺及博物馆）全面实施安防工程，包括电视监控系统、无线对讲系统、红外报警系统等。

二、消防

须弥福寿之庙、普陀宗乘之庙、普乐寺、安远庙、普宁寺完善消防给水系统。

三、防雷

建设、完善避暑山庄及各周围寺庙（溥仁寺、普乐寺、安远庙、普宁寺、普佑寺、须弥福寿之庙、普陀宗乘之庙、殊像寺）古建筑、古树的雷电防护系统。

复原研究

◎ 第三篇

承德殊像寺文物保护工程实录

承德殊像寺是全国重点文物保护单位，也是世界文化遗产避暑山庄及周围寺庙的重要组成部分，具有极高的历史、艺术、文化及社会价值。但由于很少对外开放，因此真正了解殊像寺的人很少，相关的研究著述成果也很少，这使殊像寺成为承德最神秘的一座寺庙。到目前为止，国内与承德殊像寺有关的学术论文只有 10 篇，而且没有任何专门研究殊像寺的专著出版。有关殊像寺的具体研究成果详见表 19。

表 19　有关承德殊像寺的著作和论文一览表

序号	年份	论文、著作题目	作者	发表书籍、刊物
1	1984	承德殊像寺与五台山殊像寺	孟繁兴	《古建园林技术》
2	1986	殊像寺	杨天在	《承德文史》第二辑
3	1988	乾隆家庙——殊像寺	马秀英	《文物天地》
4	2005	殊像寺与满文大藏经	冯术东	《文物春秋》
5	2005	殊像寺评估报告	承德市文物局、河北省文物局、美国盖蒂保护研究所	内部资料
6	2007	殊像寺保护与利用的概念性规划		
7	2009	《中国文物古迹保护准则》下的中美合作项目承德殊像寺的概念性设计	于艳玲	《世界遗产论坛》
8	2014	殊像寺三大士	吴红梅	《文物天地》
9	2015	浅谈殊像寺的建筑形式和特点	赵岩	《环球人文地理》
10	2016	浅谈殊像寺的建筑特色	李晖	《中国科技博览》
11	2018	乾隆时期"新样文殊"图像的传播与嬗变	陈捷、张昕	《故宫博物院院刊》
12	2018	承德殊像寺建筑研究	付蜜桥	《天津大学》

第一节　测绘与专著

最早对殊像寺进行现代测绘的是日本成立的热河古迹调查所和日本学者关野贞、竹岛卓一、五十岚牧太等人，1933 年，他们对殊像寺进行了图像记录和简单的总平面测绘，图纸公开在关野贞和竹岛卓一所著《热河解说》和日本学者五十岚牧太所著《热河古迹与西藏艺术》中，此外，这两本书也详细描述了当时承德殊像寺的建筑特色和保存状况（详见本书第五篇第一章第十一和十二节）。

新中国成立以来，天津大学分别在 1980 年对殊像寺进行测绘，1982 年与承德市文物局合作出版《承德古建筑》一书，其中包含了殊像寺山门及会乘殿的部分测绘图纸（详见本书第

五篇第四章）。

2001 年，承德市文物局、河北省文物局与美国盖蒂保护研究所合作在承德殊像寺开展文物保护研究项目，对主要建筑和遗址进行勘察测绘、考古发掘和评估。2004 年 11 月，合作完成了《承德殊像寺评估报告》，具体内容包括对殊像寺历史文化值评估、现状评估、管理条件评估、内部陈设调查以及考古调查资料等，并绘制了较为准确的现状总平面图。2007 年编制完成了《殊像寺保护与利用的概念性规划》，包括殊像寺概念性规划综述和建筑、园林、彩画、安防、展陈等 10 个专项规划。但以上两本专著均为内部资料，并未公开出版发行。

第二节　学术论文

1984 至 2018 年，孟繁兴、杨天在、马秀英、陈捷、付蜜桥等人发表了与承德殊像寺有关的学术论文 10 篇，其中只有付蜜桥的论文全面、细致、深度的研究了殊像寺。具体情况如下：

1984 年，孟繁兴在《古建园林技术》杂志上发表《承德殊像寺与五台山殊像寺》一文，简述了五台山和承德殊像寺的建筑规模和使用情况，其最终的结论认为两座寺庙间并无建筑方面的模仿和宗教方面的联系，但这一结论值得商榷。

2005 年，承德市文物局冯术东在《文物春秋》期刊上发表了《殊像寺与满文大藏经》，主要侧重介绍殊像寺的建立与满文大藏经的收藏，以及清帝转译满文大藏经的用意与经过。2009 年，承德市文物局于艳玲在世界遗产论坛中介绍了《中国文物古迹保护准则》下的中美合作项目承德殊像寺的概念性设计。2014 至 2016 年，承德市文物局的吴红梅、赵岩、李晖分别在不同的期刊上发表了《殊像寺三大士》《浅谈殊像寺的建筑形式和特点》《浅谈殊像寺的建筑特色》等文章，分别从承德殊像寺的建造缘由、现状、佛像、寺庙园林、价值等方面进行了阐述，但并未结合历史图像、档案等去深度解读和分析整个建筑群。

2018 年，中央美术学院陈捷在《故宫博物院院刊》上发表《乾隆时期"新样文殊"图像的传播与嬗变》一文，以清乾隆时期宫廷造像活动中"新样文殊"图像的传播与嬗变为中心，以五台山殊像寺文殊像为起始，梳理了丁观鹏画像、香山宝相寺、圆明园正觉寺、承德殊像寺系列文殊像的图像生成过程，详细分析了宝相寺和承德文殊像摹写的蓝本为丁观鹏绘文殊像，对比了画像和寺庙文殊像的异同，并结合政治背景，解剖乾隆皇帝的宗教信仰。

2013 至 2015 年，承德市文物局委托天津大学对殊像寺现存建筑、遗址、假山进行三维激光扫描和测绘。在此基础上，2018 年，天津大学建筑学院付蜜桥发表了硕士论文《承德殊像寺建筑研究》。这是到目前为止公开发表刊物中对殊像寺最全面的研究成果。论文参考、借鉴了《承德殊像寺评估报告》的有关内容，结合实地调查研究，通过对历史文献的梳理，详细阐述殊像寺的建立缘由以及各个历史时期的毁坏、修缮、加固等过程。通过对建筑遗址的测绘，以档案文献、历史照片等作为复原资料，对主要遗址单体平面、立面、剖面以及模型等进行推测性复原。最后对选址规划、整体格局分析、设计意匠等方面进行分析。但论文中也存在部分不足，例如天王殿的斗栱没有按照历史原貌复原成单栱交麻叶形式，部分建筑墙体抹灰、栏杆和屋脊样式复原结论值得商榷，六方亭复原研究柱网轴线绘制有误等，此外，未开展僧房区的研究，香林室园林庭院区域也未开展内檐装修的复原研究。

为了更好地保护和利用像承德殊像寺这样珍贵的文化遗产，承德市文物局一直致力于避暑山庄及周围寺庙历史原貌的研究，积累了丰硕的研究成果。在此次《承德殊像寺文物保护工程实录》出版之际，专门在本书设立复原研究篇章，公布殊像寺阶段性的研究成果，并整理和共享有关承德殊像寺的全部第一手文献档案和资料，以期推动对承德殊像寺更深、更广的专题研究，促进殊像寺文化遗产的保护、研究、展示和利用。具体内容详见第五篇和本篇其他章节。

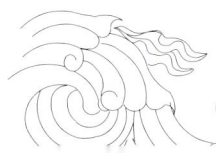

第一节　仿建背景

一、清早期皇帝对五台山的重视情况

佛教自东汉时期自印度传入我国，在其发展过程中，五台山逐渐成为文殊菩萨的道场，被誉为我国四大佛教名山之一，历代均有封建王朝礼佛的记载。为了绥服蒙古族，清王朝的统治者十分重视蒙古人信仰的藏传佛教以及佛教圣地五台山。顺治皇帝尊崇藏传佛教，对"外藩蒙古喇嘛之言是从"（《清世宗实录》）。分别于顺治十二年（1655 年）、顺治十四年（1657 年）两次发帑金在五台山举行护国祝民道场，差遣大臣、喇嘛上五台山朝拜，为国为民祈福，并将菩萨顶由青庙（汉传佛教寺庙）改为黄庙（藏传佛教寺庙），派北京崇国寺的喇嘛阿王老藏至五台山总理僧众。特别是顺治九年（1652 年）西藏第巴（具体负责掌管西藏行政事务的人）在五世达赖赴京的奏书中称顺治皇帝为"至上文殊菩萨圣主陛下"。顺治十年（1653 年），五世达赖赴京觐见顺治皇帝，回程途中，得到赐号、金册、金印，达赖回书称顺治为"至上文殊大皇帝"，开启了西藏的宗教领袖（达赖喇嘛、班禅）以"文殊师利大皇帝"称呼清朝皇帝的先河。

康熙皇帝曾五次登五台山朝拜，第一次于康熙二十年（1681 年）二月巡幸五台山，重建菩萨顶文殊院等殿宇，拨五台县正供的十分之一作为菩萨顶和射虎川喇嘛日常之用，菩萨顶大喇嘛由清廷直接委派，赐封爵位。第二次西巡五台是康熙二十二年（1683 年），"曲承太皇太后瞻礼五台山之素心，以求慰圣怀，茂绥弗禄"，奉其祖母太皇太后博尔济吉特氏前往五台山朝拜，并改变了明末"寺废僧残，梵宇为墟"的颓势，重修了显通寺、文殊寺、望海寺等寺庙，使五台山重现了昔日的辉煌。对此乾隆皇帝在《望海寺》御碑中明确地表明他的看法："蒙古诸藩皆尊佛法、重黄教，我皇祖于此建寺居于喇嘛，内外各扎萨克岁时来叩，允神道设教之意也。"康熙五次朝台的目的在雍正朝《山西通志》之《巡幸记》中记载得很明确："国家绥柔蒙古，特兴黄教……而清凉五顶以近邻郊圻，岁或再至。怀柔最先……"

雍正更是笃信佛法，自号"圆明居士"。康熙四十一年（1702 年）当时身为皇子的胤禛陪同皇帝与其他皇子巡幸五台山，尽管有康熙谕旨未能登顶，但仍留下"曼殊说法今何在，参客空

寻趺坐痕"，"梵钟缥缈香云外，宝翰昭回古殿头"等诗句，表达了他对五台山作为佛教圣地的崇敬之心。雍正在位期间，五台山所属代州从太原府剥离，升为直隶州。格鲁派（黄教）寺院的数量从康熙时期的 10 多所升至 25 所，达到清代的顶峰。

二、乾隆六巡五台山

乾隆皇帝一生六度驾临五台山，既为奉皇太后瞻礼，也为效仿其皇祖康熙五次赴台礼佛、重视藏传佛教的做法。乾隆十一年（1746 年），他在第一次朝台所作的诗中不止一次提到祖父，如"川名射虎仰威棱，重过碑亭心肃穆"，"西来圣迹仰依前，射虎当年圣留迹"等，抒发他对祖父康熙的怀念、追慕之情。这次朝台，乾隆陪太后瞻礼了菩萨顶、罗睺寺、显通寺、塔院寺、殊像寺、碧山寺等寺庙，还朝拜了中、西两台，并留下了"瞰余三晋小，凭处万峰低"的诗句，表达了对北台雄伟气势的感叹。每至一处，他即在佛前焚香祷告，祈求太后福寿安康。第二次朝台时间为乾隆十五年（1750 年）二月，乾隆由章嘉国师陪同奉皇太后朝拜五台，在菩萨顶为母后举行祈福大法会。这次朝台，主要朝拜了台麓寺、镇海寺、殊像寺、清凉寺、白云寺、大罗顶、菩萨顶、塔院寺、罗睺寺等寺庙。乾隆二十六年（1761 年）第三次西巡五台，时值皇太后七旬寿诞，因此，提前一年乾隆就颁布圣旨："明年太后七旬万寿，钦奉懿旨，来岁春和，虔掫吉日，祗谒泰陵，用申诚悃，五台显通寺为文殊师利道场，梵宇琳宫，凤昭灵应，谒陵成礼后，顺道前诣拈香。"在显通寺由章嘉国师主持，为皇太后举行"七旬万寿"祈福大会。乾隆四十五年（1780 年）二月，乾隆皇帝传谕："山西五台自乾隆二十六年巡幸后，迄今已阅二十年，亦应与明年春前往拈香。"这次朝拜，乾隆在招提寺、涌泉寺、太麓寺、殊像寺、菩萨顶、塔院寺、显通寺、罗睺寺、普乐院、金刚窟拈香。乾隆五十一年（1786 年），乾隆皇帝第五次朝台，此时他已经 75 岁高龄，主要在菩萨顶、台麓寺、白云寺拈香，并授意章嘉活佛率领喇嘛在菩萨顶文殊菩萨像前做祈愿法会。乾隆五十七年（1792 年），乾隆皇帝最后一次朝台，朝拜了殊像寺、菩萨顶、台麓寺等处寺庙（表 20）。

乾隆帝六次朝台，总计参拜庙宇 20 座，在 10 座藏传佛教

表 20　乾隆皇帝六次朝拜五台山情况表

年份	主要活动	驻跸地点	重要诗作
乾隆十一年九月	登中、西两台，朝拜了菩萨顶、显通寺、塔院寺、殊像寺等	菩萨顶御营	《射虎川》《回銮纪事》
乾隆十五年二月	台麓寺、镇海寺、殊像寺、清凉寺、菩萨顶、塔院寺等寺庙	菩萨顶御营	《招提寺》《台麓寺作》
乾隆二十六年二月	清凉寺、塔院寺、殊像寺、菩萨顶、显通寺、镇海寺等处拈香	菩萨顶行宫	《台麓寺》《涌泉寺》
乾隆四十六年二月	招提寺、台麓寺、白云寺、殊像寺、显通寺、普乐院、白云寺、菩萨顶等处拈香	台怀行宫	《台怀行宫》《涌泉寺两首一韵》
乾隆五十一年二月	黛螺顶朝拜五尊文殊菩萨像，菩萨顶、台麓寺、白云寺等处拈香	台怀行宫	《至灵鹫峰文殊寺即事成句》《登黛螺顶》
乾隆五十七年三月	朝拜殊像寺、菩萨顶、台麓寺，到镇海寺祭拜三世章嘉呼图克图墓塔	台怀行宫	《灵鹫峰文殊寺瞻礼偶效禅语》《回銮至白云寺作》《寄题北台叠旧作北台眺望五依皇祖元韵二首》

寺庙拈香 42 次，赏赐五台山藏传佛教寺院诸多物品，大量赏赐喇嘛，甚至亲自参加祈愿法会，而且几乎每次都会去五台山殊像寺，这些皇家宗教活动促进了民众对藏传佛教的信仰程度，同时也将藏传佛教在清代皇家的信仰与传播推向了顶峰。

三、三世章嘉对乾隆皇帝文殊信仰的影响

乾隆时期藏传佛教与文殊信仰备受尊崇，一方面是国家治政强国的需要，另一方面与清帝对宗教的信崇有关。这里就必须提到三世章嘉若必多吉，在雍正皇帝的安排下，他与身为皇子的弘历自幼一同读书，使弘历很早就接触了藏传佛教，这对乾隆个人信仰以及即位以后的藏传佛教政策产生了深刻的影响。乾隆十年（1745 年），弘历跪拜章嘉国师受其"胜乐铃五神"灌顶，后来有人将此场景绘制成《乾隆受戒图》（现保存于雍和宫）。这显然是乾隆皇帝本人信仰藏传佛教的证据之一。三世章嘉与乾隆皇帝既为同窗又为师徒，他具有极高的密宗修为与敏锐的政治眼光，因此深受皇帝恩宠，二人经常共议国事。自乾隆十五年（1750 年）起，在三世章嘉的建议下，乾隆皇帝在北京、承德等处兴建了诸多寺院，其中包括宝谛寺、宝相寺、正觉寺、殊像寺等以文殊菩萨为主尊的寺庙。罗文华《龙袍与袈裟：清宫藏传佛教考察》一书认为，通过文殊—宗喀巴—皇帝三位一体关系的塑造，既巩固了格鲁派的政治地位，客观上又加强了乾隆皇帝在宗教领域的影响。

据三世章嘉的弟子土观·洛桑却吉尼玛所著《章嘉国师若必多吉传》描述："大皇帝询问章嘉国师：'我们满族人自博克多汗（皇太极）居住莫顿（盛京）的时期起，直到现在，虽然信奉佛教，却没有出家之习惯。如今想在京师西面的山脚下建立一座寺院，内设一所全部由新出家的满族僧人居住的扎仓，你

看如何？'章嘉国师回答说：'博克多汗与格鲁派结成施主与上师的关系以后，在莫顿建有僧团和佛堂。后来迁都北京，历辈先帝和陛下都尊崇佛教，建立了寺院和身、语、意所依止处，成立了僧伽，尽力推广佛教。当今又想创立前所未有之例规，建造佛寺，振兴佛教，自然是功德无量，圣恩浩荡。'圣上闻言，龙颜大悦。于是，按照皇帝的旨意，由国库拨款，修建了一座形式与雍和宫相仿的佛教大寺院，内有佛殿和僧舍。"该文中虽未提及宝相寺一词，但根据文中描述的位置及内容，与宝相寺十分吻合，由此可见三世章嘉活佛对乾隆皇帝在文殊信仰方面的深刻影响。

四、宝谛寺

据《钦定日下旧闻考》记载："宝谛寺，乾隆十六年建，其制仿五台之菩萨顶。寺前为台，台上建石牌坊；正殿名曰：金轮宝界；后殿曰：法云慈荫；佛楼曰：万法圆融。"修建在北京香山的宝谛寺是乾隆早期复制五台山文殊道场思想的最初尝试。仿建的对象菩萨顶被公认是文殊菩萨示现的地方，康熙御笔菩萨顶大文殊院碑文也有"相传文殊示现于此"的表述，是五台山最具代表的寺庙，具有较高的宗教地位。据《内务府造办处档案总汇》收录的活计档记载，乾隆帝在第二次西巡时便命人对菩萨顶文殊殿、都纲殿等进行了测绘，为仿建至香山做准备。乾隆十五年（1750 年）三月十四日巡台途中，乾隆皇帝令胡世杰传旨："宝谛寺经幡，须按照五台山菩萨顶现挂之幡一样成做。"可见仿建之全面和精细。宝谛寺与乾隆后期修建的宝相、正觉、殊像三座寺庙存在着承前启后的紧密联系，但宝谛寺并非仿建五台山殊像寺，所以在此不做过多讨论。

第二节　历史沿革

一、香山宝相寺

乾隆二十六年（1761 年），乾隆皇帝第三次朝台时陪皇太后到殊像寺瞻礼文殊菩萨，"默识其像以归，摹勒诸石，遂乃构寺于香山，肖碑模而像设之"，第二年便仿建成宝相寺。宝相寺建成后，乾隆特意撰文解析了文殊菩萨道场的东西之说，

据《日下旧闻考》记载："文殊师利久住娑婆世界，而应现说法则独在清凉山。夫清凉山在畿辅之西，而香山亦在京城之西。然以清凉山视香山，则香山为东；若以竺乾视震旦，则清凉山、香山又皆东也。文殊本不生分别见，倘必执清凉山为道场，而不知香山之亦可谓道场，则何异捨莝行庆，向惟三至焉。"概

括起来就是：香山是文殊菩萨的第二个道场，朝拜文殊菩萨可以不用去五台山，去香山即可。也正因为这样，乾隆皇帝间隔了十年都没有再去五台山。

宝相寺强调的是"相"，即主殿旭华之阁殿内左侧石碑上雕刻的文殊菩萨像以及以此形象塑造的佛像。与传统意义上文殊像不同，此相为"新样文殊"。陈捷、张昕《乾隆时期"新样文殊"图像的传播与嬗变》一文对此有深入研究。认为是宫廷画师丁观鹏在乾隆写生绘制的五台山殊像寺文殊菩萨的基础上创作的。画像共有两幅不同版本，虽有细节略有不同，但二者均把乾隆帝本人容貌与传统的汉传文殊像相互融合（图241）。通过这样的手段，乾隆成功地建立了与汉传佛教文殊菩萨的直接联系。佛教传统上认为：东方主尊为文殊菩萨，而中国位于东方，因此文殊菩萨是护佑中国的主尊。由于文殊菩萨时以童子现身，时以比丘现示，虽然样貌差异较大，但都被认为是文殊菩萨，这样乾隆皇帝在旭华之阁内为文殊"肖碑模而像设之"也是真正的文殊菩萨。乾隆皇帝是当时中国的统治者，而在佛教的世界中，文殊被认为是东方的主尊，二者通过旭华之阁内的"新样文殊"合二为一，成为护佑金瓯的转轮王文殊大皇帝。可惜的是，宝相寺现只有主殿旭华之阁保存下来，其余建筑皆不存。

二、圆明园正觉寺

正觉寺建成于乾隆三十八年（1773年），位于圆明园中绮春园南侧中部，为圆明园附属佛寺，因其属藏传佛教寺院，因此俗称"喇嘛庙"，担负着为皇家祈福诵经的职责。正觉寺占地12660平方米，主要由山门、三圣殿、文殊亭、最上楼、配殿组成。其中文殊亭内供奉天王殿仿五台山殊像寺塑造的金漆木雕骑狮文殊菩萨像。正觉寺的创建处于乾隆写仿五台、复制文殊道场思想的第二阶段，通过在文殊亭内塑造骑狮文殊像，进一步推行"新样文殊"，渲染文殊菩萨转世，从而达到维护多民族国家统一的政治目的。1933年前后，正觉寺三圣殿、最上楼等建筑损毁不存，到20世纪70年代只剩下山门、文殊亭及4座配殿。2009至2011年实施了正觉寺的保护修缮工程并复建了不存建筑。

三、承德殊像寺

自乾隆十五年（1750年）后，皇帝几乎每年夏秋都会巡幸热河，驻跸承德避暑山庄，当时热河俨然成为清王朝的第二个政治中心。自乾隆二十五年（1760年）以后，乾隆皇帝在承德陆续修建了普宁寺、安远庙、普乐寺、普陀宗乘之庙等诸多藏传佛教寺庙。乾隆三十九年（1774年）又仿建五台山殊像寺于承德。次年，乾隆皇帝在《殊像寺落成瞻礼即事成什（有序）》中写道："兹于山庄普陀宗乘庙西，营构兰若，庄校金容，一如香山之制，而堂殿楼阁略仿台山，亦名以殊像"。"工始于乾隆甲午夏，逾年落成"。殊像寺的选址非常巧妙，因为文殊菩萨的坐骑为青狮，象征智能威猛，而殊像寺的选址位于名为"狮子沟"的北侧山岗，寺之西北有山峰名为"狮子岭"，在此地建寺完全符合宝相阁内的楹联所述"天开此初地，示现狮峰"的描述。殊像寺现存建筑有山门、钟鼓楼、会乘殿、宝相阁（复建）和僧房，其余仅存建筑遗址（图242）。

241 丁观鹏绘制的两幅骑狮文殊像 台北故宫博物院藏

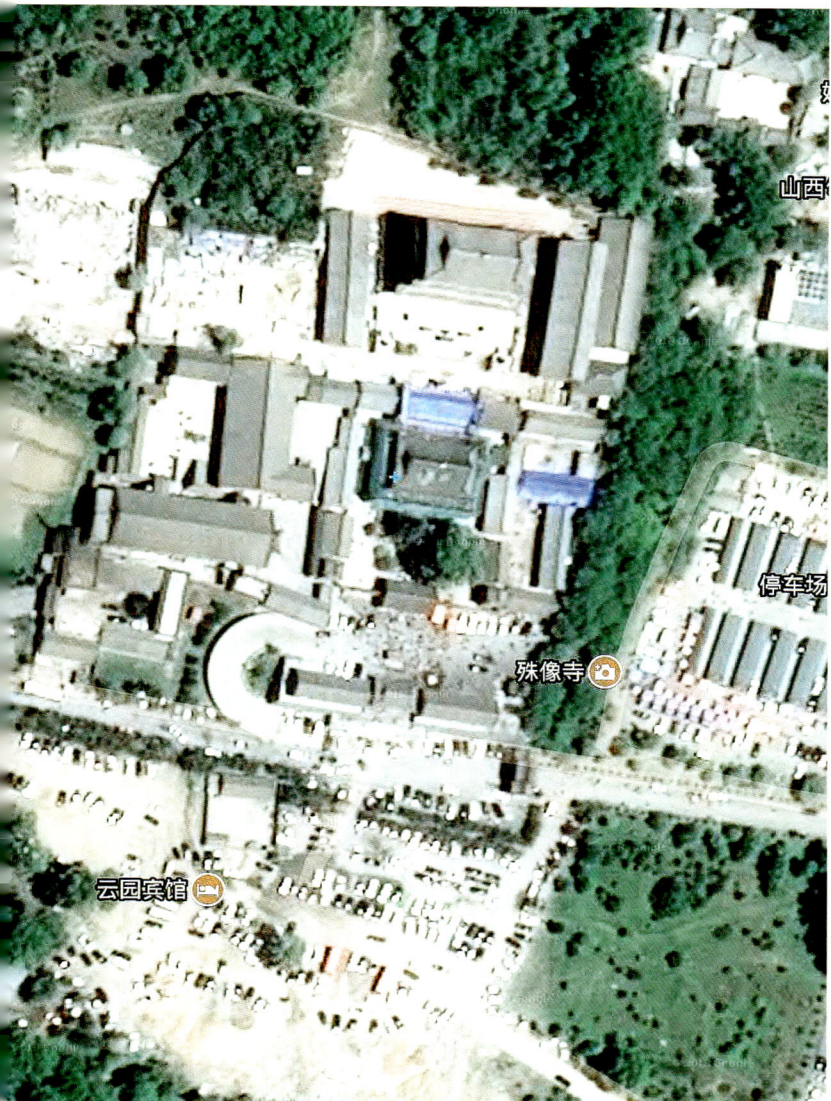
五台山殊像寺

香山宝相寺

圆明园正觉寺

承德殊像寺

242 四座文殊庙卫星图

一、五台山殊像寺

五台山地处山西省北部，属太行山山脉，其中海拔最高的五座山峰峰顶"有如垒土之台，故曰五台"。殊像寺位于五台山台怀镇西南，始创于东晋初年，多次毁后重建，明代弘治九年（1496 年）再建，寺内有重修碑记（图 243）。

二、香山宝相寺

据《日下旧闻考》：宝相寺，乾隆二十七年建。命于宝谛寺旁建兹寺，肖像其中。殿制外方内圆，皆甃甓而成，不施木植。四面设瓮门，殿前恭悬皇上御书额曰"旭华之阁"。殿后御制额曰"梵光楼"，寺后西行约数十步，精舍五楹，檐额曰"香林室"。

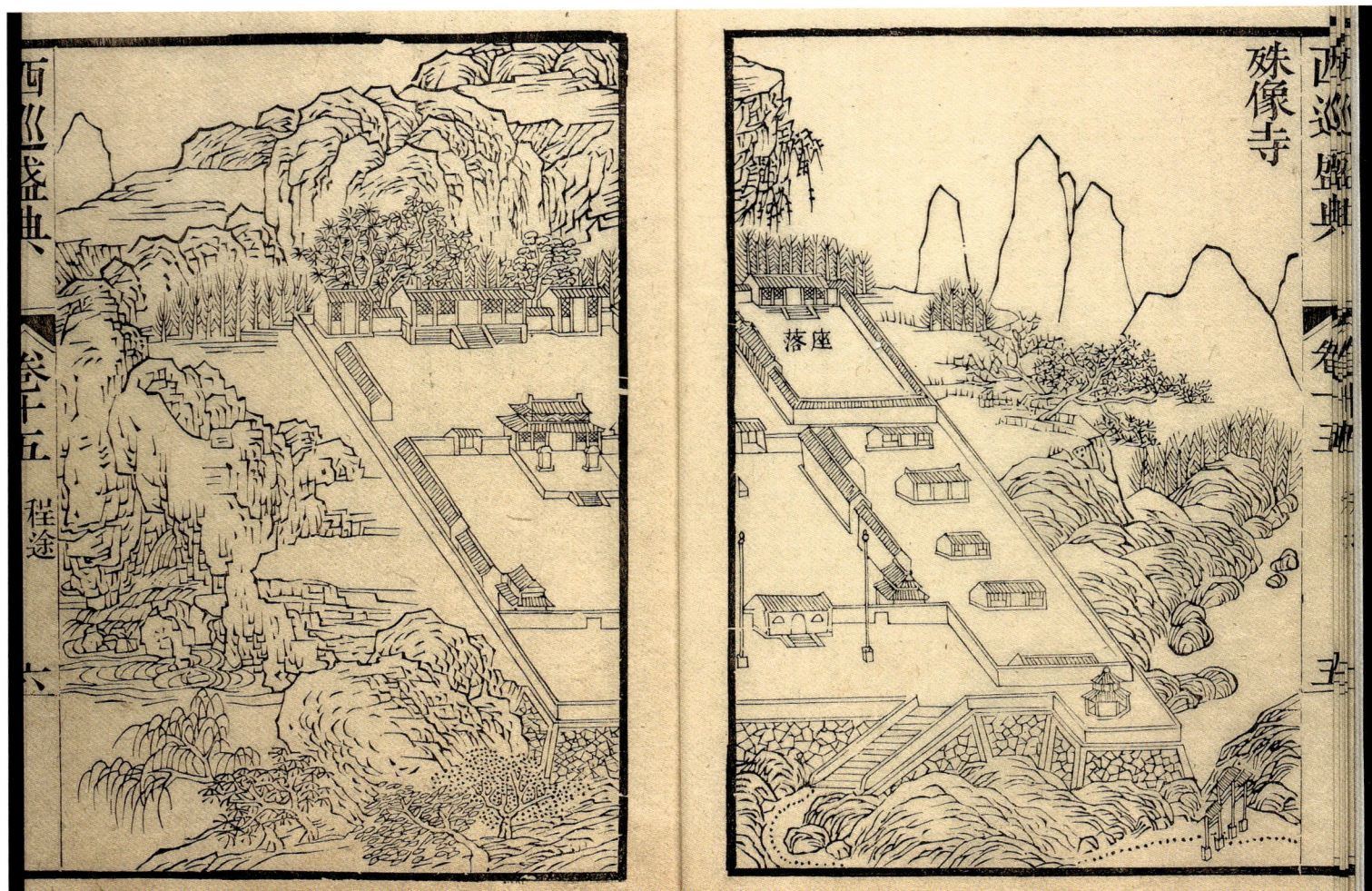

243 五台山殊像寺（引自清嘉庆十七年（1812 年）《西巡盛典》）

五台山殊像寺为典型汉式寺庙，占地面积约 6400 平方米，有殿堂 50 余间。寺庙坐北朝南，布局较为紧凑，有前后两进院落。山门位于中轴线最南端，面阔三间，进深两间，布瓦悬山顶。山门山墙东西两侧接院墙，墙上设腰门各一道。院墙东西方向尽头为钟鼓二楼，布瓦歇山顶，平面呈方形，面阔进深均为一间。钟鼓楼后有配殿四座，开间分别为三间和五间，样式为五檩前出廊硬山布瓦顶。院落中心是主殿文殊殿（图 244），面阔五间，进深三间，重檐歇山布瓦顶；下檐设五踩斗栱，上檐设七踩斗栱；殿内正中佛台上供奉文殊骑狮塑像，高近十米，是五台山诸寺中最高大的文殊塑像，佛像之上挂乾隆御笔"大圆镜智"匾；殿内四周为五百罗汉及诸佛的悬塑，造型生动，栩栩如生。大殿前为月台，置有历代碑刻。大殿两侧置腰墙，分隔一二进院落，腰墙辟腰门与二进院相通。过腰门可至后殿，五开间硬山布瓦顶，前出廊。后殿东西两侧配殿为顺山楼，单檐两层，布瓦硬山顶，前出廊。

244 五台山殊像寺文殊殿东北（陈东 摄影）

刻六角菱花图案；旭华之阁是无梁殿结构，内部为发券顶，前檐明间檐下嵌有乾隆皇帝御笔石刻横额"旭华之阁"；殿内立有石碑两块，左面镌刻文殊菩萨的画像及乾隆三十二年御笔题诗，右面是乾隆御制宝相寺碑，殿内正中供奉文殊菩萨塑像（现已不存）。

旭华之阁两侧设有配殿，样式为布瓦硬山顶。过旭华之阁可至梵光楼，推测为九开间硬山顶建筑。香林室庭院位于宝相寺后，至少由两座单体建筑构成，辈前的为香林室，面阔三间，布瓦硬山顶，后出抱厦曰慧照亭；穿过假山蹬道可至妙达轩，轩前两株千年银杏至今仍然存活。乾隆皇帝十分钟爱香林室，留有多首御制诗。

三、圆明园正觉寺

正觉寺为典型的汉式寺庙布局，坐北朝南，由山门、天王殿、钟鼓楼、三圣殿、文殊亭、配殿、最上楼及跨院组成。山门面阔三间，进深一间，布瓦歇山顶，不带斗栱；内设哼哈二将神像；正面明间设券门，次间为石券窗，明间外檐挂乾隆皇帝满、汉、藏、蒙四种文字书写的正觉寺匾。山门东西两侧设八字影壁和腰门各一。过山门为天王殿，面阔五间，进深一间，布瓦歇山顶样式；明间供弥勒佛，两侧为四大护法天王；前后均为栈板墙封护，前后檐明次间设欢门，稍间设欢窗。一进院东西两侧为钟鼓楼，平面呈方形，面阔进深均为三间，重楼单檐布瓦十字脊歇山样式。天王殿北侧是寺庙主殿三圣殿（图247），面阔七间，进深三间，单檐庑殿顶，后出抱厦三间，前设月台；殿内供奉三世佛（图248），东西两侧供十八罗汉，后抱厦内悬塑观音菩萨一尊，左右为侍者善财、龙女。三圣殿东西两侧有配殿各五间，硬山布瓦顶。大殿山墙正中两侧设围墙，围墙上有腰门两座。三进院的中心为文殊亭，重檐八角布瓦攒尖顶，内供骑狮文殊菩萨像。再后为最上楼，单檐布瓦硬山式楼阁建筑，面阔七间，前出廊，内供五方佛五尊，西板墙设罗汉床，

245 清代香山宝相寺、宝谛寺绘画（引自《香山静宜园御制诗》）

后厦亭额曰"慧照亭"，轩额曰"妙达轩"。牌坊一，东额曰"圣涯道妙"，西额曰"香海珠林"，亦皆皇上御书（图245）。

宝相寺为汉式寺庙样式，坐西朝东（东偏南），布局紧凑，共有三进院落。山门位于中轴线最前端，面阔三间，五檩歇山屋顶，正脊带塔刹，内供哼哈二将。山门后第一进院推测有天王殿和钟鼓楼。再向后为高大的月台，月台前有三道条石台阶，正殿旭华之阁坐落在月台之上（图246）。旭华之阁平面呈方形，面阔进深同为五间，重檐黄琉璃瓦绿剪边歇山顶，正脊设琉璃塔刹三座；上、下檐分别为琉璃材质的单昂和重昂五踩斗栱，外檐露明的上架大木也均为琉璃仿木质做法，并用琉璃烧制旋子彩画；大殿四面共设十二扇券门、八扇券窗，窗芯用石材雕

246 宝相寺旭华之阁（熊炜 摄影）

247 圆明园正觉寺三圣殿（引自刘阳《圆明园旧影》）

248 正觉寺三圣殿内的供像（引自刘阳《圆明园旧影》）

为章嘉呼图克图坐位。最上楼东西两侧各有顺山房两座，面阔三间，前出廊，布瓦硬山顶。文殊亭东西两侧各有配殿三座，分别三间和五间，样式同为布瓦硬山顶建筑，与最上楼的顺山房形成转角房。最上楼后设门楼一座，过桥通往绮春园。

四、承德殊像寺

承德殊像寺（图249）坐北朝南，处在一个地势逐渐抬高的阶梯形台地之上。寺庙前半部分由山门、钟鼓楼、天王殿、东西配殿、主殿会乘殿组成汉式寺庙伽蓝七堂布局，只是在主殿前添设了配殿"指峰"和"面月"殿。其中山门、天王殿、钟鼓楼为单檐歇山布瓦顶。配殿馔香堂和演梵堂是单檐硬山布

瓦顶建筑，前出廊。主殿会乘殿坐落在高大的月台之上，面阔七间，进深五间，重檐歇山黄琉璃顶，下层用五踩斗栱，上层使用七踩斗栱；殿内主供文殊、普贤、观音三尊金漆木雕佛像。会乘殿东西两侧配殿面阔三间，前出廊，布瓦歇山顶。

会乘殿北因山就势，巧妙的用假山叠石将山西五台山的五座山峰"移天缩地"重现于此，构成寺庙的后半部分。假山顶端是宝相阁，重檐八角黄琉璃绿剪边攒尖顶建筑，阁内供骑狮文殊菩萨像。阁前两侧配殿称作"云来""雪净"，面阔均三间，前出廊，布瓦歇山顶。阁北为清凉楼，两层共十八间，布瓦绿琉璃剪边硬山顶。楼前两侧有配殿，面阔五间，东曰"吉晖"，西曰"慧喜"，前出廊，布瓦硬山顶。

249 殊像寺现状全景（谢麟冬 摄影）

寺庙东西两侧跨院为僧房区，而且在西跨院北侧建有园林庭院，由卷棚布瓦顶的正殿"香林室"、四角攒尖布瓦顶的四方亭、两间两层的硬山顶小楼"倚云"楼和游廊组成，院北建有单檐布瓦攒尖顶六角亭一座。

第四节　对比研究

一、营造时间与背景

四座文殊庙以五台山殊像寺建寺最早，其余均为乾隆时期仿建。其中乾隆二十六年（1761年），乾隆皇帝第三次奉太后去五台山朝拜，次年在香山建宝相寺。乾隆三十八年（1773年），乾隆皇帝以没有满文经书为由成立经馆，译制满文藏经，同年，于圆明园建正觉寺，次年于热河建殊像寺，与译制满文大藏经存在明显的因果关系。表面上看这些寺庙都以供奉文殊菩萨为目的而建，其实是乾隆皇帝依托文殊转世的说法塑造"曼殊室利大皇帝"的身份，推崇藏传佛教，达到"怀柔蒙藏"的目的，以期内向朝庭，外御边防，使清王朝江山永固（表21）。

二、总体规划与布局

四座寺庙中，承德殊像寺建于山坡改造的多层台地上，占地面积最大，甚至达到宝相寺和正觉寺的两倍，五台山殊像寺的四倍，主要是因为后院用假山模拟五台山增加了寺庙的进深。

正觉寺的占地面积次之，四面环水，三面有人工障景山，庙内地势较为开阔平坦。宝相寺占地面积仅次于正觉寺，构建于落差较大的山坡之上，形成多层台地，建筑布局紧凑。五台山殊像寺占地面积最小，是在山坡上整体修建台地，布置建筑，寺内地形变化较小。

仿建的三座寺庙皆以五台山殊像寺为蓝本，都是典型的汉式寺庙格局，均在中轴线上配置山门、大殿、后殿等主要建筑，两侧对称布置钟鼓楼和配殿。改进的是仿建寺庙均在山门后增加了天王殿，并将五台山殊像寺位于高台、接近于二层形象的后殿仿建成后楼，正觉寺和承德殊像寺还在大殿后添建了八角阁专门供奉骑狮文殊像，此外，各庙的配殿位置、数量和样式也根据不同的情况作了调整（图250）。总体来说，三座仿建寺庙仅是对五台山殊像寺整体规划格局的略仿，在此基础上进行了较多的调整和再创作，其中，同时期仿建的正觉寺和承德殊

表21 四座文殊庙对比分析表

名称	建造年代	朝向	地形	占地面积（平方米）	主院	屋顶做法	跨院与御座
五台山殊像寺	始建于东汉，现主殿为明代（1489年）	坐北朝南	整体建于台地	约6400	由山门、钟鼓楼、主殿文殊殿、后殿和配殿组成。主殿前设月台	各建筑均为布瓦顶	东跨院为僧房区，建有御座庭院
香山宝相寺	乾隆二十七年（1762年）	坐西朝东	山坡地改造成多层台地	约11200	由山门、主殿旭华之阁、梵光楼、配殿组成，推测建有钟鼓楼和天王殿。主殿建在台地上	主殿为黄琉璃绿剪边瓦顶，其余待考	御座园林庭院推测位于庙外，是否有跨院待考
圆明园正觉寺	乾隆三十八年（1773年）	坐北朝南	平地建庙，庙外四周人工挖湖堆山	12660	由山门、钟鼓楼、天王殿、主殿三圣殿、文殊亭、最上楼及配殿组成。主殿前设月台	各建筑均为布瓦顶	东跨院为僧房区
承德殊像寺	乾隆三十九年（1774年）	坐北朝南	山坡地改造成多层台地	24400	由山门、钟鼓楼、天王殿、主殿会乘殿、宝相阁、清凉楼、8座配殿组成。主殿建在高大月台上	主殿为黄琉璃瓦顶，宝相阁和清凉楼屋顶为琉璃剪边，其余布瓦顶	东西跨院为僧房区，御座园林庭院位于西跨院北侧

殊像寺在寺庙建筑格局上相似度较高，并且均在正殿山墙两侧的壁龛内存有满文大藏经，寺内全部为满族喇嘛专心研习满文经卷，具有相似的功能。

三、建筑样式与做法

四座寺庙中，五台山殊像寺和正觉寺的建筑以布瓦为主，没有琉璃瓦建筑，而宝相寺和承德殊像寺的部分主要建筑采用了琉璃瓦的屋顶样式，其余附属建筑以布瓦为主。除五台山殊像寺山门外，各寺庙的山门、钟鼓楼、天王殿均为歇山顶，其中正觉寺钟鼓楼为十字脊歇山。大殿仅正觉寺采用的是单檐庑殿顶样式，但没有斗栱，其余建筑均为重檐歇山顶。四座寺庙的后殿均为硬山式建筑，原型五台山殊像寺的后殿虽不是两层

建筑，但位于高台之上，建筑高度比两侧的顺山楼还要高（图251），很有可能是因为这样的外观形象，三座仿建寺庙均修建了两层的后楼，分别命名为梵光楼、最上楼、清凉楼。后期仿建的正觉寺和承德殊像寺在大殿后添建了八角阁用于供奉骑狮文殊像，这一建筑形式很有可能是参照五台山殊像寺庙外东南角的八角亭。各寺庙的配殿数量不等，仅承德殊像寺的部分配殿采用了布瓦歇山顶，其余各庙的配殿均为布瓦硬山建筑。五台山殊像寺后殿的配殿样式较为特殊，是对称的两座顺山楼，但这一形象没有被仿建。五台山殊像寺的东跨院为僧房区，其北侧是清代皇帝添建的御座庭院；从现有资料分析，宝相寺受地形限制，可能没有跨院，御座园林庭院也规划在了庙外；正觉寺的东跨院作为僧房区，与原型布局很像，但推测由于紧邻

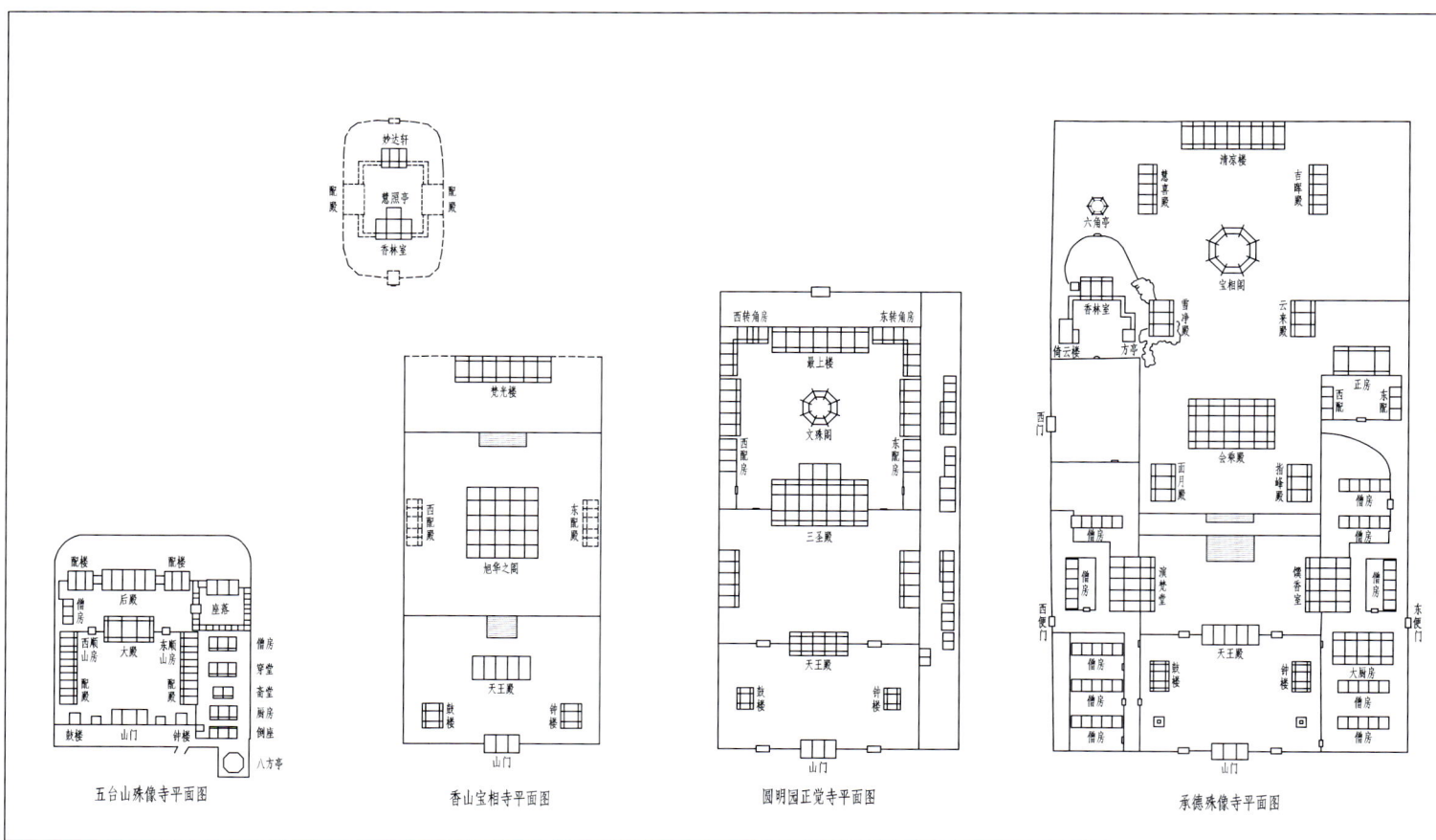

250 五台山殊像寺与仿建寺庙规划布局对比图（王炜 绘制）

五台山殊像寺平面图　　香山宝相寺平面图　　圆明园正觉寺平面图　　承德殊像寺平面图

御园，因此并没有单独设置御座；承德殊像寺的东西两跨院均为僧房区，御座园林庭院位于西跨院北部。

四座寺庙中，宝相寺的主殿旭华之阁比较特殊，采用"无梁殿"的结构形式，五台山显通寺也有一座重檐歇山的无梁殿，叫"无量殿"，建于明万历年间，外观和结构与宝相寺"旭华之阁"非常相似。经查证《内务府造办处档案总汇》的记载，乾隆第二次西巡时曾专门派人对显通寺无量殿进行了测绘，由此可见

香山宝相寺不仅仅是仿建了五台山殊像寺，主殿很可能是仿建了五台山台怀镇久负盛名的显通寺无量殿（图252）。

四、供像

五台山殊像寺受地势限制，将山门和天王殿的功能合二为一，内供四大天王。三座仿建寺庙则都添建了天王殿，并按照清代皇家寺庙的惯例在山门内供哼哈二将，天王殿内供弥勒、

251 五台山殊像寺后殿及顺山楼（陈东 摄影）

252 五台山显通寺的无量殿（陈东 摄影）

韦陀和四大天王，两侧置钟鼓楼。在主殿供像方面，宝相寺的旭华之阁与五台山殊像寺接近，将骑狮文殊像供奉于大殿之中；而正觉寺三圣殿供奉的是三世佛，热河殊像寺会乘殿则供奉文殊、普贤、观音三大士，这两个后期仿建的寺庙都是在大殿后面添建了八角阁专门供奉新样文殊（详见本书本篇第七章）。

第五节　结语

爱新觉罗·弘历（年号乾隆），作为中国封建王朝历史上统治时间最久的皇帝，一生追求完美，希望实现国家永久的团结统一。而这种统一不仅仅是政治上的统一，他更希望通过宗教信仰将满、汉、藏、蒙等多民族融为一个整体。而一千余年形成的五台山文殊信仰恰好为他这个宏伟的政治抱负创造了机遇，通过数次巡台，他敏锐的发现了汉、蒙、藏等诸多民族对文殊菩萨具有共同的信仰，因此，仿建五台山殊像寺新样文殊，不仅是乾隆皇帝自身的宗教信仰，还可以言传意会使清朝皇帝化身为文殊菩萨转世，成为各民族心中真正的敬仰的转轮圣王。

乾隆时期以五台山殊像寺为模板仿建的三座寺庙，虽然都以文殊菩萨为主尊，但是这三座寺庙在规划格局和风格上有着显著的差别。造成这样差别的原因除了地形地貌、寺庙用途、皇帝祭拜情况等因素外，还受仿建时规划思想的影响。其中，宝相寺建造最早，并且在香山修建的宝谛寺以及方昭、圆昭等寺庙，明显的意图是通过集群仿建，将文殊菩萨的道场由五台山复制到香山，这一阶段是乾隆皇帝仿建五台山寺庙形式，弘扬文殊信仰宗教文化的初期。而间隔了 11 年以后，第二阶段仿建五台山，则是几乎同时在北京和承德各仿五台山殊像寺修建了一座文殊庙，利用对一处典型寺庙的仿建达到复制文殊菩萨道场的目的。而这时仿建的起因更多的是希望通过将大藏经翻译成满文并通过文殊信仰进行推广。三次仿建的共同点则都是以五台山殊像寺的基本格局为模板复制文殊道场，以新样文殊为中心在现文殊菩萨的转世，通过宗教信仰达到合内外之心，成巩固之业的政治目的。

香山宝相寺、圆明园正觉寺、承德殊像寺三座寺庙皆因写仿五台山殊像寺而建，尽管在营建背景、规划布局、建筑形制、供像与功能上存在诸多不同，但三者都与五台山殊像寺和新样文殊有着千丝万缕的联系，仿中有创，一脉相承。是清朝乾隆时期对五台山殊像寺和文殊信仰写仿的现存实例，也是清代皇家寺庙和造像艺术的经典代表，具有极高的历史、政治、宗教、艺术价值，要进行科学有效的保护、研究、展示和永续利用。

承德殊像寺天王殿位于山门北侧，是中轴线上的第二座建筑，外檐挂高宗御笔四样字陡匾一面。殿内居中供弥勒和韦陀，东西两侧为四大天王坐像。20 世纪 30 年代，天王殿的东次间和稍间坍塌。至 20 世纪 50 年代，天王殿的木结构建筑已荡然无存。现天王殿遗址仅存台基、佛座及东西两面山墙，弥勒移至山门保存，韦陀存放在文物库房。从现有的平面格局和老照片分析，天王殿面阔五间，进深一间，为单檐歇山布瓦顶建筑。初步复原研究成果如下：

第一节 复原依据

殊像寺天王殿现存遗址较为完整清晰，根据勘测可以准确确定柱网轴线和台基细部尺寸，特别是山墙基本保存完整，由此可以推测出柱高。此外，天王殿现有 11 张不同角度的老照片，结合清代绘画和室内陈设档，可以为复原研究提供充分的依据（详见本书第五篇）。

老照片中，日本关野贞于 1933 年拍摄的天王殿南立面老照片，准确真实地展现了天王殿的外观特点及装修样式。法国凯布朗利博物馆收藏的天王殿北侧老照片也十分珍贵，为外檐斗栱和屋顶高度复原提供翔实依据。此外，逸见梅荣《满蒙北支的宗教美术》收录了多张殊像寺天王殿 20 世纪 40 年代的老照片，是复原室内佛像和斗栱的重要依据（图 253-255）。

清代殊像寺宫廷绘画中描绘的最详细、最准确的是现保存

253 天王殿（日本 关野贞 1933 年摄影 引自《热河》）

254 自会乘殿月台俯瞰天王殿（局部）（1920 年 法国凯布朗利博物馆藏）

255 天王殿内的天王和斗栱（日本 逸见梅荣 20 世纪 40 年代摄影 引自《满蒙北支的宗教美术》）

在美国洛克菲勒档案馆的殊像寺全景图，这幅绘画绘于清朝末年，比较准确地绘制了殊像寺的全貌，对天王殿的描绘也比较准确写实，具有极高的研究价值，但其将天王殿屋顶绘制为卷棚顶是明显错误的。鉴于绘画的主观性较强，因此只能做为复原研究的参考依据。

<h2 style="text-align:center">第二节　复原研究</h2>

一、台基

天王殿台明东西长 20.25 米，南北宽 8.63 米，台基南侧露明高 850 毫米，北侧露明高 610 毫米，由两侧腰墙平衡南北院落地势高差。天王殿明间开间尺寸 3.87 米，次间 3.56 米，稍间 3.58 米，进深 6.47 米，建筑面积 174.76 平方米。台帮为虎皮石砌筑，阶条石、角柱石、柱顶石、垂带和踏步全部为红砂岩材质，阶条石断面尺寸为 720×260 毫米，檐柱顶石规格为 720×720 毫米，鼓径 460 毫米，根据柱顶石糙做痕迹确定檐柱径为 360 毫米。室内铺条石地面，台明四周设石子散水，外栽砖牙子，散水总宽 745 毫米（表 22、23）。前后檐明、次间为条石礓磜踏跺，垂带对各间柱中（图 256）。

256 天王殿遗址现状（陈东 摄影）

表 22　天王殿主要平面尺寸统计表

序号	测量部位	尺寸（毫米）	数据来源	准确度 (%)	备注
1	明间开间	3870	遗址实测	100.00	平均值
2	次间开间	3560	遗址实测	100.00	平均值
3	稍间开间	3580	遗址实测	100.00	平均值
4	进深尺寸	6470	遗址实测	100.00	平均值
5	檐柱径	360	遗址实测	100.00	平均值
6	下出尺寸	1080	遗址实测	100.00	平均值
7	山出尺寸	1050	遗址实测	100.00	平均值
8	前檐台基高	850	遗址实测	100.00	平均值
9	后檐台基高	610	遗址实测	100.00	平均值
	小计			100.00	

表 23 天王殿台基细部尺寸统计表

序号	测量部位	尺寸（毫米）	材质与做法	数据来源	准确度 (%)	备注
1	前檐压面	720×260	红砂岩	遗址实测	100.00	平均值
2	檐柱顶石	720×720	红砂岩	遗址实测	100.00	平均值
3	墁地条石	尺寸不等	红砂岩条石	遗址实测	100.00	
4	台帮		毛石砌筑	遗址实测	100.00	
5	台阶		红砂岩礓磋	遗址实测	100.00	
	小计				100.00	

二、墙体（表 24）

天王殿现存山墙厚 750 毫米，下碱高 1.15 米，上身高 2.7 米。下碱墀头用角柱石，中部毛石砌筑，勾青灰缝；上身毛石砌筑，外墙上身抹饰红灰，至额枋做八字抹灰的签尖，不设拔檐砖；内墙上身抹饰黄色包金土。根据老照片，天王殿南北檐墙均为木栈板墙，能确定木板的数量和宽度，在遗址过门石上能测量出木栈板墙的厚度，据此可以较为准确的复原木栈板墙。

三、外檐装修（表 25）

殊像寺天王殿的外檐装修是清代官式寺庙天王殿的典型做法，形式与承德溥仁寺、普乐寺、普宁寺等处的天王殿基本相同，即前后檐为木栈板墙，明次间设木制券门，稍间设券窗。门窗上有木制门头花，贴金箔。门为实踏门、木门轴，

上面设木质联楹，下面设木制单槛。窗子为木制六角菱花窗。天王殿遗址明次间前后檐过门石上有木门门轴位置的痕迹，可以确定单槛的位置以及门的尺寸，依据老照片可以推测出券门、券窗的宽度和高度。

四、梁架（表 26）

天王殿柱网轴线清晰、准确，根据柱顶石上残存痕迹能够准确确定檐柱径为 360 毫米，根据老照片和现存山墙高度模拟确定檐柱高约为 4320。根据室内老照片，并参考殊像寺山门现存大木结构，可以准确确定天王殿上架大木均分成四步架，去除侧脚，每步约 1600 毫米，即五尺。梁架的最主要控制性指标是举架，可以通过计算机构建模型与老照片的屋顶高度以及屋面囊度进行比对，确定举架为檐部五举、脊部七举。大木结构

表 24 天王殿墙体复原准确性评估表

部位	样式	位置	材料、做法	设计依据	准确度 (%)
南北檐	木栈板墙	檐柱柱间	木栈板明间 21 块，次间 17 块，梢间 18 块	老照片、过门石糙做痕迹	98.00
两山	毛石墙体	山墙	下碱毛石勾缝、角柱石、腰线石，上身毛石砌筑，内饰包金土、外饰红灰	遗址残存墙体	100.00
小计					99.00

表 25 天王殿外檐装修复原准确性评估表

部位	样式	位置	材料、做法	设计依据	准确度 (%)
门	木质券门	前后檐明次间	券门上有木制门头花，贴金箔。实踏门、木门轴	老照片、过门石糙做痕迹确定单槛位置	98.00
窗	木质券窗	前后檐梢间	券窗上有木制门头花，贴金箔。木制六角菱花窗	老照片、同时期类似建筑	98.00
小计					98.00

表 26 天王殿梁架结构复原准确性评估表

序号	部位	做法与尺寸（毫米）	设计依据	准确度 (%)
1	檐柱	柱径 360，柱高 4320	老照片和现存山墙	98.00
2	步架	檐部 1600，脊部 1600		98.00
3	举架	檐部五举，脊部七举	与老照片的屋顶高度以及屋面囊度进行比对	95.00
4	梁枋	额枋、平板枋组合，金枋带趴梁收山	老照片并参照清宫则例	95.00
	小计			96.50

为设五架梁、五架随梁、置五檩，三架梁上施角背，檩部构件为檩、垫、枋三件。各上架大木断面尺寸根据清宫则例并参照山门进行推导，其中额枋、平板枋等大木断面尺寸根据老照片核对，和山门一样，采用的是额枋、平板枋组合，而不是大小额枋、由额垫板组合。歇山收山参照山门采用金枋带趴梁做法。

五、斗栱（表27）

根据老照片确定斗栱样式与山门相同，为单栱交麻叶斗栱，斗口为2寸。这种斗栱属于不出踩的装饰性斗栱，具体做法是在坐斗上置正心瓜栱和单翘，翘上置装饰性构件麻叶云和三幅云。其中前后檐明间设平身科斗栱8攒，次间、梢间均设平身科斗栱7攒，进深方向设平身科斗栱14攒，由于开间尺寸不一样，因此攒当也不同，去除侧脚分别约为430毫米、445毫米、445毫米、427毫米，均远远小于清官式规定的11斗口（704毫米），说明是特意增加了斗栱数量来提高装饰效果。由于各间平身科斗栱攒当不同，因此，各间的正心瓜栱栱臂的长度也

略有差别。经过统计，天王殿共有平身科斗栱100攒，角科斗栱4攒，柱头科斗栱8攒，总计斗栱112攒。

六、椽望（表28）

根据计算机辅助设计搭建复原模型与老照片比对，可以比较准确的确定天王殿椽望的檐出、断面尺寸和数量。确定出檐为1250毫米，其中檐椽平出830毫米，飞椽平出420毫米。椽子断面尺寸约为120毫米，檐椽断面为圆形，飞椽方形。前后檐正身各60椽，山面正身各14椽，翼角13翘。大连檐高约120毫米，望板厚30毫米。

七、屋顶（表29）

根据老照片，参照山门，确定屋顶为二号筒板瓦布瓦屋面，莲花纹瓦当滴水。正脊为官式正脊样式，两端设正吻。四条垂脊顶端制安垂兽。岔脊施垂兽，兽前为一狮四马。山花参照山门采用砖砌山花博缝做法。

表27 天王殿斗栱样式复原准确性评估表

序号	部位	平身科数量	攒当（毫米）	样式	斗口（寸）	准确度（%）
1	明间	8攒	430			98.00
2	次间	7攒	445			98.00
3	梢间	7攒	445	单栱交麻叶	2	98.00
4	进深	14攒	427			98.00
	小计					98.00

表28 天王殿椽望复原准确性评估表

序号	项目	做法与尺寸（毫米）	设计依据	准确度（%）
1	出檐	1250毫米，其中檐椽平出830毫米，飞椽平出420毫米	老照片模拟	95.00
2	椽子	断面圆形，尺寸约为120毫米	老照片模拟	95.00
3	飞椽	断面方形，尺寸约为120毫米	老照片模拟	95.00
4	大连檐	高120毫米	老照片模拟	95.00
6	望板	厚30毫米	参照山门	95.00
	小计			95.00

表29 天王殿屋顶复原准确性评估表

序号	项目	做法	设计依据	准确度（%）
1	瓦件规格	二号筒板瓦布瓦屋面，莲花纹瓦当滴水	老照片	95.00
2	正脊	瓦条、混砖、陡板砖、盖脊瓦组成，两端设清官式正吻	老照片	95.00
3	垂脊	垂脊顶端制安清官式垂兽	老照片	95.00
4	岔脊	岔脊兽前为一狮四马小兽	老照片	95.00
6	撒堂	砖砌山花博缝	参照山门	95.00
	小计			95.00

八、油饰彩画（表 30）

与山门、钟鼓楼和会乘殿相同，作为清官式寺庙建筑，天王殿下架大木和装修油饰颜色为二朱红油饰，椽飞红帮绿肚油饰，在门头花、六角菱花窗起线等主要部位贴库金。根据老照片可以确定彩画的基本样式是清官式旋子彩画，在室内外露明上架大木、斗栱和椽飞头等木构件上绘制彩画。其中大木彩画枋心内为片金二龙戏珠，死箍头内绘活盒子，主要线路皆沥粉贴金，贴金部位采用两色金跳色。椽飞头彩画参照承德外八庙其他寺庙做法应为椽头虎眼，飞头万字。由于老照片信息有限，彩画细部纹饰做法不详，需要进一步研究。

表 30　天王殿油饰彩画复原准确性评估表

序号	项目	做法	设计依据	权重	准确度 (%)
1	下架油饰	二朱红油饰，主要部位贴库金	参照殊像寺其他建筑	20%	100.00
2	大木彩画	室内砌上露明造，清官式旋子彩画，枋心内为片金二龙戏珠，死箍头内绘活盒子	老照片	60%	80.00
3	椽飞彩画	椽头虎眼，飞头万字	参照其他类似建筑	10%	90.00
4	斗栱彩画	青绿跳色	老照片	10%	90.00
	小计				86.00

九、佛像与陈设（表 31）

依据老照片和文献档案，天王殿外檐挂高宗御笔四样字陛匾一面；内里弥勒佛一尊，随闹龙金椅一张；前设供桌一张，上设木胎五供一分，随全莲油灯各一对，炉屉一分；面北供韦陀一尊，随背光须弥座；前设供桌一张，上设木胎五供一分，随全莲油灯各一对，炉屉一分；天王四尊。现弥勒、韦陀及其须弥座还保留完整（图 257）；四大天王佛像不存，但有不同角度的清晰老照片；外檐陛匾也保留有清晰影像资料；仅供桌、供器、法器等只有文字记录。因此，根据以上复原依据可较为准确地复原天王殿殿内佛像，仅供桌与陈设目前复原依据不足。

257 存放于山门殿内的弥勒（陈东 摄影）

表 31　天王殿佛像与陈设复原准确性评估表

位置	部位	陈设内容	材质	规格	备注	复原准确度 (%)
明间	明间	面南供弥勒佛一尊	金漆木雕	保存较好	随闹龙金椅一张	100.00
		面北供韦陀一尊	金漆木雕	保存较好		100.00
	弥勒、韦陀前	供桌各一张	材质不详	不详	上设木胎五供一分，随全莲油灯各一对，炉屉一分	70.00
梢间	东西梢间	天王四尊	木骨泥胎彩绘	坐像		80.00
	小计					87.50

第三节　结语

通过对天王殿建筑遗址的现场测量、相关历史资料的整理、文献档案和数据的分析总结、同类型寺庙建筑的调研、计算机三维模型比对等过程，初步确定了殊像寺天王殿的复原设计方案（图 258-259）。由于该建筑遗址完整，保留有部分墙体、须弥座和佛像，而且具有多个不同角度的老照片，这些复原依据极大地提高了复原研究的准确度。经过对主要平面尺寸、台基细部尺寸、墙体、外檐装修、梁架、斗栱、椽望、屋顶、油饰彩画、佛像与陈设 10 项复原指标的初步评估，该建筑目前的整体复原研究准确度高。其中，室内供桌与陈设方面的档案记载虽然比较详细，能确定外观风格和准确位置，但由于缺少细部尺寸、材料、样式等具体数据，因此无法进行准确复原。

此外，彩画复原研究部分由于缺少细部照片，也影响了复原研究的准确性。目前对殊像寺天王殿的复原研究刚刚开展，复原研究准确度评估体系也有待细化和完善，但相信随着更多复原研究依据的发现和深入研究的开展，未来可以更加全面、准确、详细的复原殊像寺天王殿（表 32 ）。

殊像寺天王殿复原研究是殊像寺复原设计中的一项重要内容，其研究具有一定的现实意义。在复原研究过程中深化了对清代皇家寺庙建筑格局、样式、装修、内部陈设等全方面的认识，促进了殊像寺文化遗产的保护、研究和利用，也为今后承德避暑山庄及周围寺庙的复原研究积累了丰富经验。

258 殊像寺天王殿南侧复原图（马思思 绘制）

259 殊像寺天王殿北侧复原图（马思思 绘制）

表 32　天王殿复原研究准确度评估汇总表

序号	评估指标	复原准确度 (%)	权重 (%)	权重后得分 (%)
1	主要平面尺寸	100.00	10	10.00
2	台基细部尺寸	100.00	10	10.00
3	墙体	99.00	10	9.90
4	外檐装修	98.00	10	9.80
5	梁架	96.50	10	9.65
6	斗栱	98.00	10	9.80
7	椽望	95.00	10	9.50
8	屋顶	95.00	10	9.50
9	油饰彩画	86.00	10	8.60
10	佛像与陈设	87.50	10	8.75
	合计			95.50

第一节 清凉楼复原研究

一、基本情况

清凉楼是殊像寺中轴线上最后一个建筑，坐北朝南，建筑占地面积374平方米。该建筑为二层单檐硬山楼阁式建筑，毁于20世纪初，损毁后基址被山体滑落的土石及原建筑落房土覆盖，覆盖物深度0.1米到1.5米不等，长满杂草及野生灌木，基址上部分柱顶石、槛墙暴露在外，暴露的部分石材严重风化、酥裂。地表可见散落砖瓦、琉璃及其他一些建筑构件残块。

二、遗址清理及复原依据

2003年10月，承德市文物局组织对清凉楼遗址进行了考古清理，并组织专业人员进行勘测、绘图、记录等工作。由于遗址构件风化非常严重，2004年，经河北省文物局同意对该遗址进行了回填保护。经过遗址考古，清理出绿琉璃正吻、正脊、垂脊、勾头、滴水等相关构件及布瓦构件，根据这些构件及基址下出、山出、山墙墀头角柱石等推断清凉楼为布瓦心绿琉璃剪边硬山楼阁式建筑，与第一历史档案馆藏乾隆三十九年（1774年）九月奏销档"清凉楼改筑绿色琉璃瓦边"的记载相吻合，说明是最初规划设计为布瓦顶，建造之初按照皇帝要求改为绿琉璃剪边做法。在承德普乐寺、热河文庙中有与该建筑形制类似的布瓦绿琉璃剪边的建筑实例，其楼阁样式和主要做法与承德普佑寺藏经楼、北京雍和宫的后楼较为类似。同时，现场还清理出绘有龟背锦纹饰的青砖，这种青砖在承德普乐寺、安远庙中也存有实例，推断为槛墙、山墙内包金彩绘砖。清理中还发现了黄绿琉璃的挂檐砖和部分铁件，这些均为复原研究提供了重要的依据（图260-262）。

260 清凉楼遗址明间（李林俐摄影）

261 清凉楼遗址东次间前槛墙（李林俐摄影）

262 清凉楼遗址发现的建筑构件（李林俐摄影）

三、建筑形制分析

（一）台基与墙体

根据清凉楼遗址及其遗留的建筑构件、历史痕迹及周围散落的砖瓦、琉璃件等，首先确定该建筑的基本样式和主要尺寸为：面阔九间，进深二间，前出廊。明间和次间均为 3.86 米，次二间 3.55 米，梢间 3.52 米，尽间 3.58 米，通面阔 32.88 米；进深方向当心间 5.82 米，出廊 1.62 米，通进深 9.06 米。台明通长 34.47 米，宽 10.85 米，一层建筑面积 374.00 平方米。根据遗址可以看出，该建筑台基为鹦鹉岩材质阶条石，陡板石砌筑台帮，廊部和室内为鹦鹉岩石材墁地；前檐明、次、稍间设云步踏跺，台基周围铺设花石子散水，前檐两角设山石抱角。一、二层的山面砌筑山墙，前檐前出廊金里安装修，后檐在檐部设檐墙。一层槛墙鹦鹉岩石陡板砌筑；一层山墙和后檐墙墙体下碱外包金毛石砌筑，内包金鹦鹉岩陡板石砌筑；二层墙体下碱和槛墙应为城砖干摆做法，绘制龟背锦彩画；各墙体上身为青砖砌筑，外侧红灰抹饰，室内包金土抹饰。

（二）装修样式

根据清凉楼清理后的遗址，结合档案记载"一楼下，挂五色缎欢门幡五堂。内里文殊菩萨五尊，须弥座……楼上挂五色缎欢门幡五堂"，能分析出：一层前檐金部明间、次间、次二间共 5 间制安槅扇，稍间、尽间制安凝灰岩石槛墙、槛窗，檐部柱间制安倒挂楣子及岔角。二层前檐金部明间、次间、次二间推测制安槅扇，梢间、尽间制安槛墙、槛窗，檐部柱间制安

栏杆。

现阶段无历史资料及照片确定槅扇、槛窗的样式，只能结合同时期的类似建筑及殊像寺内现存建筑的装修样式分析出清凉楼的装修样式。首先对比承德普佑寺的藏书楼，装修样式为六角菱花。北京雍和宫后楼的装修样式为正搭斜交。其次分析清凉楼为殊像寺中轴线上最后一组建筑，并且为绿琉璃剪边屋顶，其建筑等级较高，但应低于会乘殿、宝相阁等建筑六角菱花的装修样式。综合上述两点，复原研究中将清凉楼的装修样式暂时定位为五抹槅扇、三抹槛窗，芯屉样式为正搭斜交。

（三）屋顶做法

根据残存瓦件，清凉楼屋顶做法为清官式做法，筒板瓦屋面，瓦 2 号布瓦，绿琉璃瓦剪边一勾二筒。正脊两端设官式绿琉璃正吻，垂脊制安垂兽，兽前为仙人、龙、凤、狮、天马、海马五路绿琉璃小兽。山面为绿琉璃铃铛排山、博缝。

（四）室内结构及陈设

清凉楼遗址发掘后，在一层后檐明、次间发现 5 座鹦鹉岩质须弥座，这与档案记载的"楼下挂五色缎欢门幡五堂，内里文殊菩萨五尊，紫檀木龛大小十四座，每座供铜佛一尊，明三间神台上供铜佛八十一尊，前设供桌五张"是一致的；二楼室内陈设根据文献记载"楼上挂五色缎欢门幡五堂，供菩萨五尊"分析，应与一层室内的结构及布局基本一致，均为明、次间制安须弥座，须弥座前设供桌，但一、二层供奉的佛像及陈设的物品并不一致。

第二节　馔香堂和演梵堂复原研究

馔香堂和演梵堂是殊像寺第二进院落的配殿，外檐挂高宗御笔四样字陡匾。两座建筑大小样式完全一致，在寺庙中轴线两侧对称布置，东西朝向，现仅存遗址。建筑样式为面阔五间、进深三间，前出廊，单檐硬山布瓦顶建筑。明间面阔 3.88 米，次间面阔 3.54 米，梢间面阔 3.39 米，通面阔 17.74 米；进深

13.03 米，前出廊 1.31 米。台明通长 19.15 米，宽 16.14 米，建筑面积 309.08 平方米。馔香堂和演梵堂在中华民国期间被军阀汤玉麟拆除，现仅存遗址。遗址保存较为完整，柱网轴线清晰，特别是各个墙体下碱部分基本保存较好，还保留有远景老照片和室内陈设档，为复原研究提供了充分的依据（图 263-264）。

263 馔香堂历史照片和复原效果对比图（张舒怡 绘制）

264 馔香堂复原效果图（张舒怡 绘制）

一、台基

馔香堂和演梵堂台基通高 0.91 米，台帮为虎皮石墙，设角柱石和阶条石。台基中阶条石、角柱石、柱顶石、垂带和踏步全部为红砂岩材质，现代更换的石构件为青砂岩材质。其中阶条石断面尺寸 580×260 毫米。檐柱顶石规格为 640×640 毫米，鼓径 450 毫米，根据柱顶石痕迹确定檐柱径为 320 毫米；红砂岩金柱顶石规格为 700×700 毫米，鼓径 510 毫米；老金柱顶石规格为 790×790 毫米，鼓径 510 毫米；后檐明间对应前廊轴线的位置设置两个小型方柱顶石，320 毫米见方，方柱顶石轴线南北间距 2.77 米，中部有 60 毫米宽糙做痕迹，应为后墙后门前的木栈板屏风。室内铺 400×400 毫米方砖地面，廊内铺 460×460 毫米方砖地面。台明四周设石子散水，外栽砖牙子，散水总宽 745 毫米。台明前檐明间设 6 步踏跺，露明断面尺寸平均为 360×150 毫米；垂带对明间柱中，宽 570 毫米，厚 260 毫米，象眼为毛石砌筑。台阶下设土衬石，前置 650 毫米宽燕窝石。后檐正对后门设假山如意踏跺。

二、墙体

槛墙厚 480 毫米，采用红砂岩石陡板做法，下置土衬石，上置石踏板，柱门处抹八字。山墙和后墙厚 810 毫米，下碱高 910 毫米，下置土衬石，上置 200 毫米厚红砂岩腰线石，墀头置红砂岩角柱石；下碱内包金为石陡板槛墙，柱门处抹八字；下碱外包金中部采用毛石砌筑虎皮石墙；山墙和后墙上身墙体缺失不存，做法应为毛石或砖糙砌，内饰包金土，外饰红灰。

三、梁架结构

馔香堂和演梵堂进深三间 13.19 米，前出廊 1.32 米，通进深达 14.34 米。在殊像寺中通进深尺度仅次于主殿会乘殿（16.19 米），远超过其他配殿。这样高大的配殿在承德外八庙中实属罕见。承德避暑山庄及周围寺庙现存建筑中只有避暑山庄的功能性建筑仓房（进深 12.91 米）与其相当，可以作为复原研究过程中大木尺度和做法的参考实例。

馔香堂和演梵堂檐柱径为 320 毫米，通过民国初年薛桐轩拍摄的老照片进行三维模型比对，确定柱高为 3900 毫米，即 12 倍柱径，和面阔之比接近一比一。前檐廊部设檐檩垫枋，安抱头梁和穿插枋。前檐金柱和老金柱间设双步梁，后檐檐柱和老金柱间距离和前檐相同，省略了金柱，分三步架置三檩；老金柱间用五架梁分四步架置五檩，总计 11 檩 10 步架，举架分别为五、六、六、七、七、九举。各梁上置柁墩或童柱承托上层梁，五架梁下施随梁，三架梁上施角背、瓜柱。檩部构件为檩、垫、枋三件。圆檩之上为椽望，檐出 990 毫米，其中椽子直径 100 毫米，檐椽平出 660 毫米，飞椽平出 330 毫米。

四、装修

前檐金里安装修，明、次间设槅扇，稍间槛窗，中槛上设横披窗。后檐明间设 1.5 米宽对开门，其余为檐墙封护。根据前檐金部现存槛垫石上的糙做痕迹可知，明次间槅扇均为四扇，槛框较宽，达 130 毫米。室内贴下槛设木质单楹和双楹固定门轴和栓杆，单楹和双楹宽 160 毫米。明、次间槅扇外均设有帘架。装修芯屉样式没有明确依据，暂按码三箭复原。后门应为双扇木质棋盘门，设门枕石。正对后门设木栈板墙屏风，根据陈设档演梵堂"背板面东设墨刻梭罗树一张"。

五、屋顶

根据老照片，馔香堂和演梵堂屋顶做法为清官式做法，2 号布纹筒板瓦屋面。正脊两端设正吻，垂脊制安垂兽，兽前设一狮四马。山面为铃铛排山，砖博缝。

六、陈设与功能

馔香堂，又名斋堂，为殊像寺僧人用餐的场所。根据陈设档，室内有"罗汉床一张，前设高经桌一张，斋桌九十张"。据原殊像寺赵喇嘛回忆："每年二月十九日念马逆经三天，四月初四日际典三大喜神一天。十月二十五日念一天经。冬至坐一宿经，这些日子喇嘛都在这里吃饭。"

演梵堂，又名经堂，是僧人平时念经的场所，根据陈设档，室内有"法台一座，罗汉床一张，前设高经桌一张"，桌上有"嘎布拉鼓一件，铜铃杵一分"。背板面东设墨刻梭罗树一张"前设供柜一张，上设铜释迦佛一尊，须弥座左右设五彩磁塔一对，前设一张，（供桌）上设五彩磁五供一分，五彩磁七珍一分，五彩八宝一分，铜珐琅四喜鼎一件。"

第三节 指峰殿和面月殿复原研究

指峰殿和面月殿是第二进院落会乘殿前月台上的配殿，外檐挂高宗御笔四样字指峰、面月殿陡匾各一面。两殿形制相同，面阔三间，进深二间，前出廊，单檐歇山布瓦顶建筑，东西朝向，现仅存遗址。根据遗址，明间面阔 4.18 米，次间面阔 3.86 米，进深 5.2 米，出廊 1.32 米，通进深 7.84 米。台明通长 13.79 米，宽 9.65 米。遗址保存较为完整，柱网轴线清晰，还保留有远景老照片和室内陈设档，为复原研究提供了充分的依据（图 265-266）。

一、台基

台基通高 0.70 米，台帮为红砂岩毛石砌筑，四面为红砂岩角柱石和阶条石压面。阶条石断面尺寸 580×260 毫米；角柱石断面尺寸 640×260 毫米。室内铺 400×400 毫米方砖地面，

廊内铺 450×450 毫米方砖地面。红砂岩檐柱顶石共 8 个，规格为 650×650 毫米，鼓径 460 毫米，柱顶石上糙做痕迹显示檐柱径为 320 毫米；台明四周设冰裂纹散水，散水总宽 800 毫米。

二、墙体

槛墙厚 450 毫米，下碱采用石陡板。山墙和后墙厚 720 毫米，下碱内包金为石陡板槛墙，置腰线石，前后檐墀头置角柱石，下碱外包金采用毛石砌筑虎皮石墙；上身墙体缺失不存，做法应为毛石砌筑，内包金饰包金土，外包金饰红灰。墙体陡板石、腰线石、角柱石全部采用红砂岩。

三、梁架

指峰殿、面月殿面阔三间，进深二间，檐柱径为 320 毫米，

265 面月殿老照片 日本 关野贞 1933 年摄影 引自《热河》

266 面月殿老照片 日本 逸见梅荣 20 世纪 40 年代摄影 引自《满蒙北支的宗教美术》

根据老照片模拟确定柱高约为 3.45 米。前后檐廊部设檐檩垫枋，安抱头梁和穿插枋，金部设为五架梁置五檩，举架分别为五、七、九举。三架梁上施角背，檩部构件为檩、垫、枋三件。檩之上为椽望，檐出约为 1160 毫米，其中檐椽平出 775 毫米，飞椽平出 385 毫米。

四、装修

前檐金里安装修，明间为槅扇，次间为槛窗，其他三面为墙体。装修芯屉样式不详，可能为六角菱花、码三箭或正搭斜交。

五、屋顶

根据老照片记载，确定指峰、面月殿屋顶做法为清官式标准做法。正脊两端设正吻，垂脊、岔脊制安垂兽，岔脊兽前设一狮四马。

六、陈设

陈设档记载：东西配殿二座，各计三间，外檐挂高宗御笔四样字指峰、面月殿陡匾一面，黄布帘刷各一件，内里菩萨各三尊。须弥座前设供桌各一张，上设木胎五供各三分，随金莲油灯各三对，炉屉各三分，木胎八宝各一分，随红白毡各二块。

第四节　云来殿和雪净殿复原研究

云来殿和雪净殿是会乘殿和宝相阁之间的配殿，面阔三间、进深二间，前出廊，单檐歇山布瓦顶建筑，东西朝向，现仅存遗址。明间面阔 4.01 米，次间面阔 3.94 米，通面阔 11.89 米；进深 5.18 米，出廊 1.32 米，通进深 7.82 米。台明通长 13.65 米，宽 9.58 米，建筑面积 130.77 平方米。现建筑主体部分不存，遗址保存较为完整，柱网轴线清晰（图 267），建筑尺度、样式、做法与指峰殿和面月殿较为接近。

267 雪净殿遗址发现的布瓦小兽（陈东 摄影）

一、台基

云来殿和雪净殿的大小、样式、做法基本相同，台帮均为红砂岩毛石砌筑，勾青灰鼓子缝。前檐角柱石和阶条石采用等级比较高的凝灰岩（当地俗称鹦鹉岩）制作，其余三面为红砂岩角柱石和阶条石压面。阶条石断面尺寸 575×260 毫米；角柱石断面尺寸 640×260 毫米。室内铺 400×400 毫米方砖地面。檐柱顶石规格为 610×610 毫米，鼓径 460 毫米，高 30 毫米，

柱顶石上糙做痕迹显示檐柱径为 320 毫米。金柱顶石规格为 660×660 毫米，鼓径 500 毫米，高 30 毫米。台明四周不设散水，点缀抱角假山，台基前檐在明间设假山石蹬道。台基后廊部每间各设红砂岩石质须弥座一座，高 1000 毫米，佛座上原供菩萨三尊。

二、墙体和装修

前檐金里安装修，明间槅扇，次间槛窗，芯屉样式不详。采用石陡板槛墙，厚 340 毫米。槛墙外包金采用等级高的凝灰岩（当地俗称鹦鹉岩），内包金采用红砂岩，石陡板高 940 毫米，平均厚度 160 毫米，柱门处抹八字，陡板间加铁扒锔，灌纯白灰浆。山墙厚 660 毫米，下碱内包金为红砂岩石陡板槛墙，石陡板高 0.92 米；外包金前墀头采用凝灰岩（当地俗称鹦鹉岩），后檐角柱石为红砂岩，下碱中部采用毛石砌筑虎皮石墙；山墙上身采用城砖糙砌，外饰红灰，内饰包金土。后墙厚 670 毫米，下碱为红砂岩石陡板槛墙、角柱石、腰线石；上身采用城砖糙砌，外饰红灰，内饰包金土；后墙下碱通高 1.12 米，上身最大残高 2.83 米。与雪净殿不同，云来殿后墙上身不是用砖而是由毛石砌筑。

三、梁架和屋顶

云来殿和雪净殿为七檩歇山布瓦顶建筑，前后檐廊部设檐檩垫枋，安抱头梁和穿插枋，金部设为五架梁置五檩，举架分别为五、七、九举。三架梁上施角背，檩部构件为檩、垫、枋三件。屋顶做法为清官式标准做法。正脊两端设正吻，垂脊、岔脊制安垂兽，岔脊兽前设一狮四马。

四、陈设

陈设档记载：东西配殿二座，各计三间。外檐挂高宗御笔四样字云来、雪净殿陡匾各一面。黄布帘刷各一件，内里菩萨各三尊，前设木胎五供各三分，随金莲油蜡各三对，炉屉各三分。供桌各三张，上设木胎七珍各一分。

吉晖殿和慧喜殿是位于宝相阁北侧的配殿，面阔五间，进深二间，前出廊，单檐硬山布瓦顶建筑，东西朝向，现仅存遗址。明间面阔 3.52 米，次间面阔 3.22 米，梢间面阔 3.27 米，通面阔 16.5 米；进深 4.58 米，出廊 1.32 米，通进深 5.9 米。台明通长 17.86 米，宽 7.86 米，建筑面积 140.38 平方米（图 268-269）。

268 根据慧喜殿南侧好头石上的山墙墀头痕迹能确定其为硬山建筑（陈东 摄影）

269 遗址清理时发现的慧喜殿内墙包金土残片（陈东 摄影）

一、台基

台基前檐露明高 0.4 米，后檐露明高约 1 米，台帮为红砂岩毛石砌筑，勾青灰鼓子缝，四面为红砂岩角柱石和阶条石压面。阶条石断面尺寸 640×260 毫米；角柱石断面尺寸 640×260 毫米。室内铺 400×400 毫米方砖地面，廊内铺 480×480 毫米方砖地面。檐柱顶石规格为 600×600 毫米，鼓径 350 毫米，柱顶石上糙做痕迹显示柱径为 300 毫米。金柱顶石规格为 620×620 毫米，鼓径 370 毫米。台明前檐明间设二步假山石踏跺。阶条石、角柱石、柱顶石均为红砂岩。

二、墙体和装修

前檐金里安装修，明次间设槅扇，梢间为槛窗。槛墙厚 420 毫米，下碱采用陡板石，上置石踏板，柱门处抹八字，陡板间加铁扒锔，灌纯白灰浆，石陡板高 930 毫米。山墙和后墙厚 755 毫米，下碱内包金为石陡板槛墙，置腰线石；前檐墀角柱石和后檐角柱石为红砂岩；下碱外包金中部采用毛石砌筑虎皮石墙；上身毛石糙砌，内包金饰包金土，外包金饰红灰；山墙和后墙下碱低于槛墙，通高 1100 毫米，其中石陡板高 910 毫米，厚约 160 毫米；腰线石宽度为两拼，厚 190 毫米。墙体陡板石、腰线石、角柱石全部为红砂岩，特殊的是廊心墙不是常规的砖砌做法，而是采用红砂岩制作。

三、屋顶

吉晖殿和慧喜殿屋顶做法为清官式标准做法的硬山布瓦顶，筒板瓦屋面，瓦 2 号布瓦。正脊两端设正吻，垂脊制安垂兽，兽前设一狮四马。山面为铃铛排山，砖博缝。

四、陈设

陈设档记载：东西配殿二座，各计五间。外檐挂高宗御笔四样字吉晖、慧喜殿匾各一面。黄布帘刷各三件，内供菩萨各五尊。须弥座前设供桌各五分，上设木胎五供各五分，七珍八宝各一分。

承德殊像寺香林室位于殊像寺西跨院北侧，是乾隆三十九年（1774 年）营建殊像寺时同步规划设计并建造的。香林室只有主殿、倚云楼、四方亭、六方亭、游廊等极精简的园林建筑，庭院占地面积仅 1030 平方米，建筑面积只有 311.46 平方米。作为寺庙的附属园林庭院，香林室是皇帝在殊像寺礼佛时休息和游赏的场所。但这样一座极小的皇家园林庭院，却有着极其细致入微的规划设计，建筑小巧而素朴、装修精致而实用、花木清幽而野趣、叠石古朴而自然，是清代微型皇家园林庭院的典型代表。而且，这种宗教建筑和园林庭院的组合，在承德外八庙中是独有的，是乾隆时期探索新寺庙园林规划理念与实践的典型案例，是研究清代寺庙园林规划理念演变与具体设计的重要例证，具有重要的历史、文化、艺术和研究价值。

但前人对殊像寺香林室的研究较少。最早的专题研究是 2005 年，承德市文物局与美国盖蒂保护研究所合作编著的《承德殊像寺评估报告》，其中收录了笔者主笔的香林室园林和假山的专题评估内容，以及笔者绘制的总平面图中的香林室复原平面图。对殊像寺香林室研究最全面的是 2018 年天津大学付蜜桥的硕士论文《承德殊像寺建筑研究》，其中包含了对香林室遗址平面、立面、剖面以及模型等的推测性复原。但论文中存在部分不足，例如各建筑的柱网轴线、大木比例、外檐装修、斗栱样式等复原结论值得商榷，此外，未开展内檐装修的复原研究。

为了更好的保护和利用承德殊像寺这样珍贵的世界文化遗产，展示殊像寺中这一地位独特的园林庭院。在此次《承德殊像寺文物保护工程实录》出版之际，笔者专门整理并公布对香林室组建筑遗址的阶段性研究成果，以期推动对承德殊像寺更深、更广的专题研究，促进对殊像寺这一世界文化遗产的保护、研究、展示和利用。

第一节　文献资料与复原依据

一、遗址实测资料

殊像寺香林室的建筑坍塌以后，一直被落房土覆盖，仅存遗址。日本学者关野贞和竹岛卓一主编的《热河解说》和五十岚牧太所著《热河古迹与西藏艺术》分别公布了 20 世纪 30 年代实测的殊像寺总平面图，图中体现了香林室区域的建筑平面布局。当时建筑虽然已经坍塌，但能见到露明的部分台基和院墙残址，因此属于现状实测成果，可信度较高。但由于是粗略测绘，建筑细部信息较少，因此图纸中还均存在误差与错误。2003 年，承德市文物局对香林室区域进行考古清理，2004 年回填保护。在此期间，进行了详细的勘察测绘和记录，并拍摄了大量遗址细部照片，这些成为此次复原研究最重要的复原依据（图 270）。

二、陈设档

殊像寺各主要殿堂内有较多的佛像、经卷、家具、书画、古董等陈设。有的是佛像艺术精品，极为稀有；有的是皇帝御笔，较为重要；还有瓷器、古董和满文大藏经，价值连城。为了防止物品损坏或丢失，清宫安排专人负责看管、清理、

维护。清代乾隆朝以后，每 3 年由内务府官员组织对殊像寺各建筑室内的重要陈设进行盘点，编写成册，俗称陈设档。由于香林室是乾隆皇帝在殊像寺的"御座"，室内有大量陈设，因此，殊像寺陈设档的大部分内容记录的都是香林室的陈设，而且记述体例上也是进庙门后先描述御座香林室，然后才是山门、天王殿、会乘殿等寺庙建筑。殊像寺香林室的陈设档虽然以记载室内陈设为主，由于涉及了建筑名称、开间、室内格局、陈设保存状态等相关信息，所以不仅是研究清代家具、书画、陈设的重要文献，也是研究建筑样式、格局、装修的重要依据。本文主要以中国第一历史档案馆收藏的清朝鼎盛时期乾隆五十三年殊像寺陈设档为依据开展研究（详见本书第五篇第一章第九节）。

三、乾隆皇帝御制诗

乾隆皇帝所著《清高宗御制诗文全集》中收录了殊像寺御制诗 10 首，其中有关香林室的多达 7 首，可见乾隆皇帝对殊像寺中这处园林小院情有独钟。这些诗词基本是写实之作，记载了香林室的建筑、园林、景观，以及乾隆皇帝对各种园林景

270 南望香林室全景（陈东 摄影）

物的喜好和理解。

四、清代工程档案

有关香林室的清代工程档案主要收录在中国第一历史档案馆和承德市文物局合作编纂的《清宫热河档案》中，其中有3条关于乾隆时期传旨制作书画贴落的内容，包括了书画尺寸和作者，是研究香林室历史原貌的重要资料，可弥补陈设档之不足。如乾隆四十年"九月初三日，接得员外郎六格押帖一件，内开八月十二日接得报上带来首领董五经交宣纸一张（长三尺七寸，宽三尺二寸）。传旨：热河殊像寺行宫香林室殿内西间东墙画斗一张，着贾全画花卉。钦此"。如乾隆四十一年十月"初五日，接得郎中图明阿押帖，内开九月三十日首领董五经交宣纸二张。传旨：热河殊像寺行宫倚云楼下南间南墙字对两边画对一副，着贾全画花卉。钦此"。又如乾隆五十九年六月"初一日，太监王进忠来说，总管张进喜传旨，陆续交出：北殊像寺倚云楼下明间西墙门上用字横披一张（高一尺八寸，宽八尺八寸），一寸蓝绫边在外托贴"。

此外，清代官方手抄笔记《热河园庭则例》还记载，同治九年（1870年），"殊像寺香林室殿三间，头停渗漏，椽望、木植槽朽，瓦片脱节，后廊坍塌二间；倚云楼一座，头停渗漏，愣木槽朽，瓦片脱节"。另据1900年出生、1911年11岁入庙的赵喇嘛的回忆录（《殊像寺赵喇嘛访谈笔记》，承德市文物局外八庙管理处1966年整理，详见本书第五篇第一章第十三节），香林室各建筑在1911年大部分已经坍塌，20世纪30年代残存大木和陈设被军阀汤玉麟拆除和盗取。

五、历史绘画

殊像寺清代宫廷绘画中描绘得最详细、最准确的是现保存在美国洛克菲勒档案馆的殊像寺全景图，这幅绘画绘于清朝末年，比较准确地绘制了殊像寺的全貌，对香林室区域的描绘也比较准确写实，具有极高的研究价值，可以作为复原参考依据（图271）。此外，《钦定热河志》中的殊像寺插图和清代不同作者绘制的包含殊像寺的热河全景图也都不同角度地描绘了殊像寺的香林室，但画法简洁夸张，过于主观，参考价值不大（详见本书第五篇第二章）。

271 美国洛克菲勒档案馆藏殊像寺全景图中的香林室

第二节 单体建筑复原研究

一、香林室大殿

香林室大殿是园林庭院的主殿,坐北朝南、面阔三间、进深一间、前后出廊、单檐硬山卷棚布瓦顶。明次间开间均为3.45米,通面阔10.35米;进深5.07米,出廊1.32米,通进深7.71米(表33);建筑面积109.27平方米(图272-274)。

(一)台基

香林室大殿阶条石、角柱石、柱顶石均为灰白色凝灰岩(当地俗称鹦鹉岩)制作。檐柱顶石580×580毫米见方,金柱顶石640×640毫米见方,根据柱顶石上糙做痕迹确定檐柱径为290毫米。台帮毛石砌筑,勾青灰鼓子缝,四面为角柱石和阶条石压面,阶条石宽610毫米。室内细墁480×480毫米方砖地面,明间槅扇下与前檐山墙两廊桶门下铺设凝灰岩石材地面,即槛垫石。台明四周设石子散水,外栽砖牙子,散水总宽640毫米(表34)。

272 香林室及倚云楼遗址(陈东 摄影)

273 香林室遗址西次间北檐(陈东 摄影)

274 香林室遗址东侧廊筒子门(陈东 摄影)

表33 香林室柱网平面尺寸统计表

序号	测量部位	尺寸(毫米)	数据来源	准确度(%)	备注
1	明间开间	3450	遗址实测	100.00	平均值
2	次间开间	3450	遗址实测	100.00	平均值
3	进深尺寸	5070	遗址实测	100.00	平均值
4	出廊尺寸	1320	遗址实测	100.00	平均值

序号	测量部位	尺寸（毫米）	数据来源	准确度(%)	备注
5	下出	900	遗址实测	100.00	平均值
6	山出	570	遗址实测	100.00	平均值
7	檐柱径	290	遗址实测	100.00	平均值
8	前檐台基高	640	遗址实测	98.00	平均值
9	后檐台基高	230	遗址实测	98.00	平均值
	小计			99.56	

表 34　香林室台基做法统计表

序号	测量部位	尺寸（毫米）	材质与做法	数据来源	准确度(%)	备注
1	前檐压面	610×230	凝灰岩	遗址实测	100.00	平均值
2	檐柱顶石	580×580	凝灰岩	遗址实测	100.00	平均值
3	金柱顶石	640×640	凝灰岩	遗址实测	100.00	平均值
4	墁地砖	480×480	青砖	遗址实测	100.00	平均值
5	台帮		毛石砌筑		100.00	
6	台阶		假山石踏跺		100.00	
7	散水	640	石子散水	遗址实测	100.00	平均值
	小计				100.00	

（二）墙体

香林室的墙体中槛墙是常见的干摆墙体，但山墙做法较为特殊。山墙墀头采用鹦鹉岩角柱石，墀头宽 530 毫米；墙体下碱外包金为毛石砌筑，内包金为条砖糙砌；山墙上身应为青砖丝缝砌筑，在室内设木栈板墙；山墙墀头不是采用挑檐砖砌筑、而是采用凝灰岩整体制作石挑檐；山墙上的廊桶子门口下碱也不是常见的砖砌或木板，而是采用鹦鹉岩石材，廊桶子门宽 700 毫米。

（三）外檐装修（表 35）

根据遗址上槛墙残迹和柱顶石上的糙做痕迹可以确定香林室前檐为金里安装修，明间设槅扇 4 扇。次间为槛墙，青砖干摆砌筑，宽 360 毫米，柱门处抹八字，上设槛窗或支摘窗（图 275）。后檐做法比较特殊，明间和东次间金里安装修，其中明间槅扇、东次间槛墙；但西次间遗址显示却调整为不对称的檐里安装修，砌筑青砖干摆槛墙，设槛窗或支摘窗，目的是为了在室内这个空间布置宝座床。根据陈设档"东墙面西贴高宗御笔字挑山一张"的记载，后檐西次间东墙为槛墙，不设窗。

275 香林室复原效果图（刘廷 绘制）

表35　香林室建筑外观复原准确度评估表

序号	部位	位置	做法	设计依据	准确度(%)	备注
1	北檐	明间装修	金里安门	楅扇4扇	遗址存槛垫石	70.00	芯屉样式不详
2		次间装修	东次间金里安窗，西次间檐里安窗	支摘窗或槛窗	遗址存槛墙	65.00	芯屉样式不详
3		墙体	窗下设槛墙	青砖干摆	遗址残存槛墙砖	90.00	高度不详
4	南檐	明间装修	金里安门	楅扇4扇	遗址存槛垫石	70.00	芯屉样式不详
5		次间装修	金里安窗	支摘窗或槛窗	陈设档中宝座床、玻璃和其他陈设位置	65.00	芯屉样式不详
6		墙体	窗下设槛墙	青砖干摆	遗址残存槛墙砖	90.00	高度不详
7	两山	墙体	山墙	下碱毛石、角柱石、腰线石、上身丝缝、挑檐石	遗址残存墙体和石构件	90.00	
8	油饰彩画			暂时按照二朱红	无直接证据	50.00	
9	屋顶			单檐硬山卷棚顶，二号布瓦，莲花纹瓦当滴水	遗址瓦件	95.00	
10	其他		南檐廊部可能设坐凳和倒挂眉子	坐凳		50.00	无直接证据
	小计					73.50	

（四）内檐装修

根据建筑遗址和文献记载，可以较为准确地复原香林室室内格局和内檐装修。香林室明间前后均设楅扇门，明间室内没有任何家具和陈设品，只在西门上面东贴高宗御笔字横披一张，左右贴董诰、胡桂画二张。

东西两次间是乾隆皇帝在香林室大殿的主要休息和观景场所，各设宝座床一座，并陈设了较多书画、家具、古董等物品。

1. 东次间

因陈设档记载香林室室内有2个门帘，因此推断东次间和明间之间应设有碧纱橱分槅。室内东山墙下面西设宝座床一铺，落地罩床罩。宝座床坐褥上有紫檀嵌玉如意、填漆痰盒、竹扇各一件。

宝座床上左右各设黑漆描金炕案一张，上设字锦、铜珐琅炉瓶盒、绿磁冠架、欧磁木瓜盘等陈设。

东山墙上面西贴高宗御笔字横披一张，两边贴高宗御笔字对一副。

宝座床床前的地上左右设花梨木椅四张，配锦垫。

2. 西次间

西次间的装修布局比东次间略为复杂，用木栈板墙与明间分槅空间，居中设门口与明间联通。门口挂门帘，门口面东墙面门上贴高宗御笔字横披一张，门左右贴董诰、胡桂画二张；在门口面西的墙面门上贴高宗御笔字横披一张，门两边南贴贾全书画一张，北贴魏鹤龄画一张。根据乾隆四十年活计档"热河殊像寺行宫香林室殿内西间东墙画斗一张，着贾全画花卉"的记载，这幅画为宣纸绘制，尺寸是长三尺七寸，宽三尺二寸，绘画内容是花卉。

进门正对西山墙下面东设紫檀木条案一张，上设铜掐丝珐琅有盖彝炉、苏长公全集、元文类、青花白地大吉罇、青绿铜三代罇等陈设。西山墙墙上面东贴高宗御笔字挑山一张，两边

贴高宗御笔字对一副，两边挂紫檀木边嵌玉梅花挂屏二件。

西次间南窗下设花梨木杌四张，配锦垫四件。

西次间的核心是北窗下面南的宝座床，设落地罩床罩，上铺红白毡各一块，黄缎绣花靠背坐褥迎手一分，上设紫檀嵌玉如意、填漆痰盒、竹扇等物品。宝座床上设绿磁冠架一件、黑漆描金香几一件、楠木边座盛京石插屏一座3样家具。其中，香几上陈设有铜珐琅炉瓶盒、填白磁木瓜盘。此外，宝座床上东墙面西贴高宗御笔字挑山一张，西墙面东贴谢遂画一张。

3. 内檐装修样式

香林室遗址中发现了多件内檐装修构件的残件，有圆形花卡子、卧蚕、花牙子等，而且均为昂贵的紫檀木制作，是重要的复原研究依据（图276）。目前文献档案中只能确定香林室内有碧纱橱、落地罩等内檐装修，暂时无法确定准确尺寸和芯屉样式，但步步锦的可能性较大。

276 香林室遗址出土的内檐装修构件（陈东 摄影）

二、游廊

香林室的游廊分成两个部分，分别是主殿连接四方亭的东游廊、和主殿连接倚云楼的西游廊，共14间，总建筑面积55.37平方米。两段游廊在香林室东西两侧形成抄手游廊，但不对称。东游廊较为复杂，四折、三层跌落共9间，建筑面积34.42平方米（图277）；西游廊5间，为曲尺形，略为简单，建筑面积20.95平方米。游廊平均进深为1320毫米，台基宽度为2280毫米，阶条石和室内踏步均为鹦鹉岩材质。其中阶条石宽320毫米，踏步一步平均宽度320毫米，推测方柱断面尺寸160×160毫米。

277 东游廊遗址（陈东 摄影）

香林室的西游廊做法较为特殊，从残存的台基可以确定该游廊自香林室西廊桶门接出后首先向西直行一间，约1.93米，然后向南直角转折延伸至倚云楼北山墙，整条线路明显能看出游廊台基随地势降低反而逐渐升高，对接至倚云楼的二楼。而且倚云楼北山墙残高近一米，残墙可以确定一层位置并没有前出廊，也没有廊桶子门，这充分证明了西游廊是接到了倚云楼二层北山墙上（图278）。此外，美国洛克菲勒档案馆藏殊像寺清末全图也证实了这一结论。

278 根据倚云楼遗址北墙和游廊残址可以确定游廊接倚云楼二层（陈东 摄影）

游廊直接接建筑二层的做法并不是孤例，避暑山庄碧静堂的松墅间楼和康熙时期的西岭晨霞都是这种做法，形成了"始登阁，若履平地，忽缘梯而降，方知上下楼也（康熙皇帝西岭晨霞诗序）"的特殊园林效果。

从现存遗址可知，香林室的游廊外侧砌筑封檐墙，起到分割、围合庭院空间的作用；内侧本应设置坐凳、倒挂楣子和叉角牙子，但却采取砌筑槛墙、安装槛窗的做法，将游廊全部封闭，只在各建筑廊桶门和香林室东侧通道处设立出入口，这一做法也较为特殊。

三、倚云楼

倚云楼位于香林室庭院的西南侧，坐西朝东，面阔二间、进深一间，南间的开间和进深都大于北间。其中北间面阔3.48米，进深4.25米；南间面阔为4.23米，因为前檐增加了一个小抱厦，因此进深增加到6.22米，而增加的这个抱厦主要是为了设置宝座床。倚云楼建筑形制为二层单檐硬山卷棚布瓦顶建筑，建筑面积63.51平方米。据殊像寺原赵喇嘛回忆："倚云楼又名梳妆楼，在正厅西侧，据说是娘娘梳妆的地方，现无存，被汤玉麟拆掉。"

（一）台基和墙体（表36,37）

倚云楼檐柱顶石560×560毫米见方、鹦鹉岩材质，檐柱径为280毫米。前檐南北间之间的轴线上增设鹦鹉岩方形柱顶石1个，规格为520×520毫米。台帮为毛石砌筑，勾青灰鼓子缝，前檐和山面为鹦鹉岩阶条石和角柱石，后檐采用红砂岩角柱石和阶条石压面，阶条石宽520毫米。室内细墁350×350毫米方砖地面。台明四周设石子散水，外栽砖牙子（图279-280）。

倚云楼南北山墙和后墙的下碱外包金采用毛石砌筑，内包金采用青砖砌筑，其中山墙墙身厚620毫米，山墙墀头采用凝灰岩石材制作，宽495毫米。

279 倚云楼遗址（陈东 摄影）

280 倚云楼复原效果图（刘廷 绘制）

表 36　倚云楼柱网平面尺寸统计表

序号	测量部位	尺寸（毫米）	数据来源	准确度（%）	备注
1	南间开间	4230	遗址实测	95.00	遗址残缺
2	北间开间	3480	遗址实测	100.00	平均值
3	进深尺寸	4250	遗址实测	100.00	平均值
4	抱厦进深尺寸	1970	遗址实测	100.00	平均值
5	下出	790	遗址实测	100.00	平均值
6	山出	500	遗址实测	95.00	平均值
7	檐柱径	280	遗址实测	100.00	平均值
8	前檐台基高	450	遗址实测	80.00	未完全清理
9	后檐台基高	640	遗址实测	80.00	被覆盖未测量
	小计			94.45	

表 37　倚云楼平面细部做法统计表

序号	测量部位	尺寸（毫米）	材质与做法	数据来源	准确度（%）	备注
1	压面石	520×210	凝灰岩、红砂岩	遗址实测	98.00	平均值
2	檐柱顶石	560×560	凝灰岩	遗址实测	100.00	平均值
3	金柱顶石	640×640	凝灰岩	遗址实测	100.00	转角柱顶石
4	方柱顶石	520×520	凝灰岩	遗址实测	100.00	平均值
5	墁地砖	350×350	青砖	遗址实测	100.00	平均值
6	台帮		毛石砌筑		100.00	
7	台阶		假山石踏跺		100.00	
	小计				99.71	

（二）外檐装修（表 38）

倚云楼的独特之处在于南间前檐增加了一个小抱厦，根据陈设档推测是为了扩大室内空间而专门用于放置宝座床的。与众不同的是，根据各种清代绘画显示，这个抱厦的屋面并不是坡屋顶，而是一个平顶台式结构；而且由于二楼南间东面是窗，而不是门，窗上挂壁子挂屏，窗下设榆木椅，因此说明平台顶上不是露台，不设栏杆，不能登台观景，令人不解。

倚云楼一层北间东檐设槅扇，外接假山踏跺，经庭院通往香林室。根据陈设档，南间东檐为槛墙、支摘窗，南间北方柱间设槛墙、槛窗。

倚云楼二层前后檐南北间均设槛墙、支摘窗，无槅扇，南山墙开设方窗。

表 38　倚云楼建筑外观复原准确度评估表

序号	部位		位置	做法	设计依据	准确度（%）	备注
1	东檐	南间装修	一层安门、二层支摘窗	槅扇 4 扇	遗址一层存槛垫石	70.00	芯屉样式不详
2		北间装修	一层抱厦部位东侧和北侧安窗，二层支摘窗	支摘窗	遗址存槛墙、陈设档有记录	70.00	芯屉样式不详
3		墙体	窗下设槛墙	青砖干摆	遗址残存槛墙砖	90.00	高度不详
4	西檐	南间装修	一层后檐墙，二层支摘窗	支摘窗	遗址存残墙、陈设档中有窗子记载	80.00	芯屉样式不详
5		北间装修	一层后檐墙，二层支摘窗	支摘窗	遗址存残墙，支摘窗为推测	70.00	芯屉样式不详
6		墙体	檐墙	下碱毛石和砖糙砌	遗址存残墙	80.00	
7	两山	墙体	山墙	下碱毛石、角柱石、腰线石、上身丝缝	遗址残存墙体和石构件	90.00	
8		装修	二层南山墙设方窗	方窗	陈设档	70.00	尺寸和芯屉样式不详
9	油饰彩画		暂时按照二朱红	无直接证据		50.00	
10	屋顶		硬山卷棚顶，二号布瓦，莲花纹瓦当滴水	遗址瓦件		95.00	
	小计					76.50	

（三）内檐装修

1. 楼下

倚云楼一楼南北间之间设有木栈板墙，墙上开设真假门，其中东门为真门，西门为假门。假门应该是被楼梯遮挡，但为了使南间室内门扇对称美观而开设的。北间没有家具和陈设，仅少量布置贴落，其中北墙上面南贴高宗御笔字横披一张，南木栈板墙面北贴高宗御笔字斗方一张。也就是说倚云楼一楼所有的家具和陈设均在南间。

南间的装修核心是位于东窗下的宝座床，床边设有床罩。床罩面东贴高宗御笔字横披一张，高宗御笔字壁子挂屏一件。宝座床蓝宫绸缂丝坐褥上设紫檀嵌玉如意、填漆痰盒和竹扇。宝座床上还有紫檀黄杨木冠架一件、紫檀木香几一件、紫檀木炕案一张共3样家具。香几和炕案上下陈设了青绿铜炉瓶盒、官釉铜口元洗、大圣文殊师利菩萨赞佛法身礼经、铜珐琅奔靶壶、铜铃杵、嘎巴拉鼓、铜珐琅米碟、镶嵌宝石银塔、洋磁瓶、玉靶碗、嘎巴拉碗、铜文殊菩萨九尊、铜无量寿佛九尊、挂像佛一轴等大量具有宗教特色的陈设品。此外，宝座床上南墙面北贴高宗御笔字斗方一张，东窗挂高宗御笔字壁子挂屏一件。

宝座床罩外南墙面北设花梨木琴桌一张，上设龙泉釉三足鼎一件，词谱二部，花梨木座三彩僧帽壶一件、紫檀座青绿铜双环方瓶一件。木琴桌左右设花梨木椅四张。南墙面北贴高宗御笔字挑山一张，两边贴高宗御笔字对一副，贾全画对一副。

西墙面东贴胡桂山水画一张。

北墙真门门口上面南贴高宗御笔字横披一张，门两边贴高宗御笔字对一副。假门口贴程志道画一张。

2. 楼上

倚云楼二楼的陈设也是集中在南间，北间应为楼梯间，南北间之间可能用碧纱橱分隔空间。

南间靠西窗面东设宝座床一铺，黄缎绣花坐褥上设紫檀嵌玉如意一柄、填漆痰盒一件、竹扇一柄。

宝座床上设有紫檀黄杨嵌牙冠架一件、黑漆描金香几一件、紫檀木炕桌一张共3件家具。香几和炕桌上陈设了青花白地磁炉瓶盒、填白磁木瓜盘、青绿铜鎏金筒子炉、欧磁蓍草瓶、青玉鳌鱼花插等陈设。

宝座床外南墙方窗下设花梨木边黑漆心琴桌一张，上设古铜四足鼎、唐文粹、青白玉磬、官窑双管瓶等陈设。方窗上贴高宗御笔字横披一张，窗左右贴引杵画二张。

东窗面西挂高宗御笔字壁子挂屏一件。东窗下设榆木椅四张。

四、四方亭

四方亭又名四角亭、方亭，位于园林庭院的东南侧，方形建筑，面阔一间，单檐四角攒尖顶，布瓦屋面。该建筑并没有匾额，陈设档记载"方亭一座，内设紫檀木宝椅一张，黄缎绣花坐褥一件，足踏一件随毡套青缎边，竹扇一柄，竹帘一架，雨搭三架"。建筑开间尺寸约为3880毫米，台明长5.42米，建筑面积29.38平方米（图281—284）。

281 四方亭遗址（陈东 摄影）

282 四方亭柱顶石和墙体（陈东 摄影）

283 四方亭宝顶座（陈东 摄影）

284 四方亭复原效果图（刘廷 绘制）

四方亭台帮为毛石砌筑，勾青灰鼓子缝，四面为凝灰岩角柱石和阶条石压面。阶条石平均宽 520 毫米。室内铺 400×400 毫米方砖地面。方亭东北角与游廊相连，可通往香林室，而且，在接游廊部位增设柱顶石一个，设有木制门扇封闭，因此整座建筑共有凝灰岩方形柱顶石 5 个，规格同为 500×500 毫米，根据柱顶石糙做痕迹确定檐柱为方柱，断面尺寸为 250×250 毫米。四方亭北面西侧残存青砖干摆槛墙一段，西侧有槅扇的下槛痕迹，南面和东面也为槛墙和窗，形成了全封闭的空间。

四方亭的梁架复原设计参考了避暑山庄现存的清代单檐攒尖顶亭子，如望鹿亭、文园缭青亭和烟雨楼的 3 座亭子，檐部五举，脊部七举。宝顶根据遗址残存砖雕构件荷叶墩、巴达玛仰俯莲、宝珠座等进行复原。

五、六方亭

六方亭又名六角亭，是一座单檐六角攒尖顶布瓦亭。位于香林室庭院墙外北侧的小山包上，地势比香林室高出约 3 米。与北侧院墙的八角形月亮门之间用一条 6 米长的 S 形假山蹬道相连接，蹬道两侧点缀小型剑峰石假山。该建筑没有匾额，清代文献中目前唯一能见到的记载是各年份的陈设档。内容是"六方亭一座，内设花梨木宝椅一张，青缎坐褥一件，竹扇一柄"。据原殊像寺赵喇嘛回忆，六方亭"原来是皇帝烧香后在此休息纳凉的地方。不高、约一房高、有槛墙"。据 2003 年遗址清理可知，遗址整体轮廓较为清晰，仅西侧局部坍塌，所有檐柱顶石和阶条石均不存，室内墁地砖不存。除西侧外，其余角柱石

和毛石台帮均保存较好，可测得台基外尺寸边长 4050 毫米，对边长 7015 毫米，建筑面积 42.61 平方米（图 285-286）。台基坐北朝南，轴线正对香林室主殿中轴线，台基露明高约 450 毫米。和香林室其他建筑不同的是，六方亭的角柱石、柱顶石等石构件均采用红砂岩材质，而非香林室、四方亭和倚云楼使用的凝灰岩石材。其中金柱顶石残存 3 件，可确定金部开间为 2250 毫米，柱顶石 520 见方，金柱径 260 毫米；由于金柱顶石距离台基外皮较远，因此肯定存在檐柱顶石，大木为周围廊结构，根据台基尺寸反推出檐部开间约为 3200 毫米，檐柱径约 230 毫米，出廊尺寸约为 950 毫米。

六方亭室内由于设有花梨木宝椅和陈设，据赵喇嘛回忆设有槛墙，且金柱顶石上面并没有任何糙做痕迹，而遗址上在檐柱缝残存较多的干摆砖，由此可以确定该亭肯定是具备门窗的全封闭亭子，在檐里安装修，南侧应为槅扇，其余各间为青砖干摆槛墙，设槛窗或支摘窗。鉴于装修样式依据不详，复原图暂用灯笼锦芯屉的槛窗样式进行复原。

根据所有清代绘画，六方亭均体现为单檐建筑，结合曾见过此亭的赵喇嘛的回忆也为单檐建筑。但此亭却设立了金柱，形成了周围廊结构，而且装修并没有设在金部，反而做檐里安装修，这一做法较为独特。承德避暑山庄及周围寺庙中类似的双排柱子的单檐亭子一般都是大型亭，如远近泉声的观瀑亭、四面云山、南山积雪等。但对于殊像寺六方亭这样小体量的建筑来说，完全可以通过设立抹角梁或趴梁来省略金柱，扩大室内空间，为何设计多余的金柱还需进一步研究。

285 六方亭遗址（陈东 摄影）

六、院墙与门

香林室位于殊像寺院墙内，但又单独设置了独立的院墙，形成封闭式庭院。封闭式园中园不但可以便于安全防护和管理，也使园林式的粉墙与寺庙院墙有别，形成独立、完整的园林庭院。特殊的是，这个庭院没有门殿，可以通过南侧院墙的圆形月亮门和北侧院墙八角月亮门两个出入口进出庭院，此外，东侧围墙连接一个假山券洞通往寺庙大体是假山和宝相阁。而六方亭"跳"出庭院外，位于庭院北侧小山包上。庭院内的占地面积为1030平方米，包括院子南侧的假山和北侧六角亭区域总的占地面积约为2900平方米。

香林室的院墙全长77米，其中北侧44米，圆弧形；南侧33米，为直线形。西侧借助建筑和游廊的山墙或后檐墙进行封闭，东侧借助假山和雪净殿高大的金刚墙台基封闭，以使院外观富于变化。院墙平均宽度为900毫米，下碱采用毛石砌筑

虎皮石墙，青麻刀灰勾鼓子缝，上身采用毛石糙砌，内外面抹饰白灰，也就是仿照江南特色的"白粉墙"。墙头部分采用板瓦拼出瓦花墙头帽。

七、净房

清代皇家园林庭院中一般都专门为皇帝设置有净房，也就是古代的卫生间，内部一般设有锡如意盆、锡夜净、紫檀瓶盒等如厕设施。净房常设在大殿的耳房中，也有的位于后殿或者配殿一侧。一般只有一个开间，面积很小，通常建筑面积只有10-20平方米。前檐设有门窗，门上挂门帘。

香林室的净房位于大殿的西耳房，紧邻通往倚云楼的游廊，为单檐卷棚布瓦顶硬山结构，拔水排山，东西开间约2.61米，南北进深约2.69米，建筑面积仅有11.32平方米。

第三节　建筑特色

一、总体布局

乾隆皇帝喜欢并且大量建造园林，后人公认他在造园艺术上做出了重大贡献，将中国古典园林推向最后一个高潮。尤其是乾隆皇帝几次游历江南园林后，在北京和承德避暑山庄修建了许多借鉴江南园林造园手法设计的庭院，如圆明园的如园、清漪园的惠山园、避暑山庄的秀起堂等，这些园中园融合了南北造园理念的精华，形成了典型的乾隆式园林风格。特别是在

建筑布局上最大限度地避免传统皇家园林建筑的轴线和对称，尽可能依山就势，因地制宜地营建建筑，而且在建筑外观上追求简朴和多变，极大地丰富了园林的艺术效果。殊像寺的香林室正是乾隆时期建造的微型园中园的典型代表。

香林室选址在山坡地，坐北朝南布局，整体地势落差达10米，建筑布局层层叠叠，错落有致，是典型的山地小型园林。整个庭院呈不规则的凹型，院内布置主要建筑，院外北侧小山

包上点缀六方亭，整体布局在传统的轴线对称、庭院四合的基础上进行变通和调整，形成不明显的二进院落。庭院中虽然有中轴线，但两侧的建筑特意规划成不对称的布局。西侧是简洁的游廊连接二层小楼，东游廊连接的是小巧的四方亭，但特意扩大东游廊的体量和复杂性，尽可能做到体量与西侧小楼的左右均衡。北侧的六角亭虽布置在轴线上，却特意用婉转曲折的假山蹬道和错落有致的剑峰石组削弱这种轴线感。这样规划的建筑布局虽有轴线，但不明显；虽不对称，但追求均衡。突破了传统皇家园林的规矩布局，在规整中寻求变化，真正做到了小巧、精致、灵活。

二、建筑样式规划（表 39）

香林室在建筑体量规划方面，采用了主次分明、大小对比的方法。各建筑都仅有一至三间，其中主殿开间数最多，前后出廊，进深最大，单体建筑面积也最大，占据明显的主导地位。配殿倚云楼是两层建筑，为了避免体量超过主殿，特意规划成两开间小楼。其余的两座亭子和游廊都很小巧，起到了陪衬和烘托主殿的作用。

在屋顶样式规划中，主殿和楼阁都采用硬山布瓦顶样式；两座亭子采用攒尖顶样式，但特意用四角和六角进行变化。

在建筑样式规划中，香林室各建筑没有采用重檐、勾连搭等复杂的建筑样式，仅倚云楼添加了比较简单的平顶小抱厦。各建筑没有使用斗栱、须弥座、石栏杆等要素提高建筑等级，没有使用擎檐柱、花板等精美的雕刻做装饰，没有专门设置月台烘托主体建筑。而是采用清官式古建筑中最普通的建筑形式，最精简的建筑数量，小巧的建筑体量，并采用天然假山石作为台阶、铺装道路，整体建筑外观样式规划以轻巧、简洁、朴素、自然为主。

三、建筑特色

香林室是一个小巧而灵活的微型园林庭院，建筑的功能定位是小憩和观景，没有寝居、政务等功能。为了适应这一功能要求，香林室在建筑外观细部设计上有很多独特之处，尽可能做到小巧实用、简单朴素。一是各建筑体量较小，开间进深只有丈余，且开间一般只有一至三间，柱高也基本在一丈以内。二是虽然是官式做法，但尽可能使用民居的尺度、色彩，不施浓艳的彩绘，不用斗栱，不加雕琢，青砖布瓦，和高大雄伟、金碧辉煌的寺庙建筑形成鲜明对比。三是不设门殿，独创的采用了圆月亮门、八角月亮门、假山山洞门 3 种特殊的门，极具园林特色。四是各建筑全部用假山石替代规整的石台阶，道路形式也返璞归真，庭院内只采用山石磴道一种道路铺装形式。

虽然香林室庭院有独立的院墙，但四方亭、六方亭和游廊均不是开敞的，由于室内有御用陈设，皇帝又不经常莅临，为了便于安全管理，防止落尘等原因，因此全部用墙体和装修进行封闭，不设倒挂楣子和坐凳。这样的外檐装修，即使开窗，在观景时也会多少影响视线的通透。但这并不是孤例，根据目前的研究成果，避暑山庄清代很多亭子和游廊均设有墙体和外檐装修，如望鹿亭、锤峰落照、山近轩古松书屋和游廊等。而这种墙体和外檐装修不仅是为了和院墙组合在一起形成封闭院落，有的还将亭子或游廊独立形成封闭的空间，而这些空间里大多都有御用陈设和御笔贴落。不仅避暑山庄，北海中也有这样的现存实例。也就是说，在清代皇家园林庭院中，亭子和游廊采用完全封闭空间的处理是常见做法，这体现了清代皇家园林和现代公园不同的功能与不同的设计手法。

以上这样的建筑规划设计，使香林室成为一个沉稳庄重、结构疏朗、简洁有序、布局灵活、错落有致、极具园林特色的寺庙微型园林建筑群。

表 39　殊像寺建筑样式统计表

建筑名称	屋顶样式	面阔（间）	进深（间）	出廊	檐柱径（毫米）	建筑面积（平方米）
香林室	单檐硬山布瓦顶	3	1	前后廊	290	109.27
倚云楼	两层楼，单檐硬山布瓦顶	2	1	接小抱厦	280	63.51
四方亭	单檐四角攒尖布瓦顶	1	1	无	250（方柱）	29.38
游廊	单檐悬山布瓦顶	14	1	无	160（方柱）	55.37
净房	单檐硬山布瓦顶	1	1	无	160（方柱）	11.32
六方亭	六角攒尖布瓦顶	6	1	周围廊	230	42.61
	合计					311.46

第四节　内檐装修

乾隆时期，随着国力的增强以及皇帝个人的审美追求，乾隆皇帝对建造各式各样的园林景观乐此不疲，园林装修也由简朴逐渐走向奢华。虽然很多建筑的外观看似比较朴素，但建筑内的装饰却渐趋繁琐，建筑材料追求高档名贵，室内陈设大量名贵的古董和字画。殊像寺中的香林室就是其中的典型代表，它外观虽然十分简朴自然，青砖布瓦，俨如民居；但室内装修却十分奢华，使用名贵的紫檀做装修和家具，陈设布置了较多的书画贴落、瓷器以及宗教礼仪用品。

香林室的内檐装修代表着典型的乾隆时期的风格和基本格局，室内空间以宝座床为中心，在柱网轴线位置采用板墙或花罩分隔并装饰空间，并且陈设古玩和书画贴落。具体体现在以下几个方面。一是室内用隔断和各种罩进行空间分割和装饰，使用功能分区更加细化，经常在一间房内设置床罩，将不是很大的空间以宝座床为界再分割成罩内、罩外两个小空间；二是各建筑共有各类家具24件套，主要家具是摆在宝座床上低矮的冠架、插屏、炕桌、炕案，宝座床下地面上的高大家具使用较少，而且宝座床上下都没有橱、柜、槅类家具；三是装修材料和家具上多使用名贵的紫檀、花梨木、木雕、描金、镶嵌日趋精美繁复。四是室内几乎是满做糊饰，墙壁大量装饰御笔字、挂屏和本朝名画，共计有各种贴落、挂屏30件套；五是在宝座床、条案、几案等处陈设磁器、珐琅、青铜器等古玩和其他陈设品，共计有52件套，其中71.15%陈设在宝座床上。香林室内檐装修的具体特点如下：

一、槅断（表40、41）

香林室大殿的明间并不是内檐装修的核心，反而成为该组园林的"穿堂"，园林主路从明间延伸到庭院后门，所以明间没有家具和陈设，只有少量书画贴落。正因为此，大殿东西次间反倒成为该建筑室内装修的核心。同样，倚云楼也将装修重点都放在了一楼和二楼的南间，北间作为楼梯间使用，没有家具和陈设，贴落也极少。

香林室的室内隔断分为两大类，一类是用木板或白樘篦子制作的木板墙，表面糊饰纸张，墙面布置书画挂屏，开设的门口一般为比较小的单门口；或者开设两个门口，对称设置真假门。门口一般设有门帘。

第二类室内隔断是各种装修罩，其中能够完全封闭空间的是碧纱橱，半封闭空间的是落地罩、几腿罩、花罩等。其中，文献中明确提到香林室的东间和西间的宝座床床罩都是落地罩。

从遗址出土装修残件看，香林室的室内隔断属于比较典型的乾隆初期风格，室内装修的材料以紫檀、楠木等名贵木材为主，很少使用普通的松木。但香林室并没有过分地追求曲折装修，只是在各缝梁架和柱子轴线的位置设置了简单的分槅空间和装饰室内的装修罩，室内布局并不是十分复杂，分割的空间也不是很狭小，游览路线也不是非常复杂，而且基本保证每个独立空间都有采光较好的窗子。

二、宝座床（表42）

香林室和倚云楼各设置2个宝座床，共计有4张宝座床。其中香林室的宝座床全部都布置在次间，倚云楼均布置在南间，

表40　香林室内檐装修（槅断）复原一览表

位置	部位	装修内容	规格	复原准确度(%)
明间	西缝	木栈板槅断，墙上设门口，挂夹绸帘	不详	70.00
	东缝	应该有个装修罩，挂夹绸帘，可能为碧纱橱	不详	70.00
东间	东墙面西宝座床	落地罩床罩	不详	70.00
西间	北窗面南宝座床	落地罩床罩	不详	70.00
小计				70.00

注：内檐装修确定位置得分占50%，样式得分占20%，能确定尺寸得分占10%，能确定芯屉做法得分占10%，确定材料得分占5%，其他细部做法得分占5%。

表41　倚云楼内檐装修（槅断）复原一览表

位置	部位	装修内容	规格	复原准确度(%)
一楼	南北间之间	木栈板墙上设真假门，真门设香色绸夹软帘一件	不详	70.00
	南间东窗下宝座床	床罩	可能为落地罩	65.00
二楼	南北间之间	可能设碧纱橱	不详	65.00
	南间西窗下宝座床	床罩	不详	60.00
小计				65.00

注：内檐装修确定位置得分占50%，样式得分占20%，能确定尺寸得分占10%，能确定芯屉做法得分占10%，确定材料得分占5%，其他细部做法得分占5%。

表42　香林室各建筑宝座床统计表

建筑	位置	朝向	做法	铺垫
香林室	东间	东墙面西	落地罩床罩	红白毡各一块，黄宁绸缂丝靠背坐褥迎手一分
	西间	北窗面南	落地罩床罩	红白毡各一块，黄缎绣花靠背坐褥迎手一分
倚云楼	一楼南间	东窗下面西	不详	红白毡各一块，蓝宫绸缂丝靠背坐褥迎手一分
	二楼南间	西窗下面东	不详	红白毡各一块，黄缎绣花靠背坐褥迎手一分

并且都是靠近窗口的位置。宝座床区域成为各建筑室内装修的焦点和核心区域。

这种宝座床十分宽大，一般设白毡一块、红毡一块，另外还会有柔软的蓝、黄宁绸绣花坐褥和靠背迎手各一份。上面会设置低矮的炕案、香几和冠架，宝座床下搭配椅子、桌案进行陪衬，家具上摆放陈设品；墙壁上的书画贴落挂屏等装饰品也是围绕宝座这个中心进行布置。皇帝经常会在宝座床上思考政务、看书、写字、作诗、观景休息和把玩古董陈设，这一区域成为皇帝在室内生活、起居、作诗、观景、娱乐的主要场所之一。目前可知香林室的 2 个宝座床床罩都是落地罩，倚云楼宝座床床罩样式不详。

三、家具（表 43~46）

包括宝座床在内，香林室 4 处主要建筑的室内家具共有 24 件套，而且分布和样式具有明显的规律性（图 287–288）。总结起来有四个主要的特点：

一是香林室明间和倚云楼一二层的北间都不是装修的重点，没有任何家具。

二是家具方面主要突出的是具有北方民居风格的炕式宝座床，以及适合宝座床上的低矮的炕桌、炕案、冠架等，有66.67% 的家具是分布在宝座床之上的，共有 16 件套；宝座床以外的地面上的家具很少，都是一些点缀空白墙面和空地的装饰性家具，如桌案、椅子等。4 个宝座床上的家具都设置为"三件套"，分别是双炕案、冠架组合，香几、冠架、插屏组合，香几、炕案、冠架组合。材质做法方面再用紫檀、黑漆描金、绿瓷进行变化，以紫檀为主。这样的规划使炕上家具简洁而富于变化。其中，冠架成为 4 个宝座床上的必备家具，采用绿瓷和紫檀黄杨两种材料做法以避免单调和重复。

三是所有家具的用材都十分考究，一般都是紫檀、花梨等高档名贵木料，而且做工精美、装饰复杂，有的还进行描金和镶嵌，是典型的乾隆时期宫廷家具的风格。

四是家具布置简单、朴实、实用，没有设置象征等级的地坪宝座，也没有任何一件橱、柜、格类家具。

表 43　香林室室内家具统计表

位置	部位	家具内容	材质	规格	备注	复原准确度 (%)
	明间	无				–
东间	东墙面西	宝座床一铺	不详	不详	落地罩床罩，上铺红白毡各一块，黄宁绸缂丝靠背坐褥迎手一分	70.00
	宝座床上	炕案一张	黑漆描金	不详		75.00
		炕案一张	黑漆描金	不详		75.00
		冠架一件	绿瓷	不详		75.00
	宝座床下	木椅四张	花梨	不详	随锦垫	75.00
西间	北窗面南	宝座床一铺	不详	不详	落地罩床罩，上铺红白毡各一块，黄缎绣花靠背坐褥迎手一分	70.00
	宝座床上	冠架一件	绿瓷	不详	紫檀座	75.00
		香几一件	黑漆描金	不详		75.00
		插屏一座	盛京石	不详	楠木边座	75.00
	罩外西墙面东	木条案一张	紫檀	不详		75.00
	南窗下设	木杌四张	花梨	不详	随锦垫	75.00
合计						74.09

注：家具确定位置和种类得分占 50%，样式得分占 20%，确定材料得分占 5%，能确定尺寸得分占 10%，能确定细部做法得分占 15%。

287 香林室西次间内檐装修复原示意图（刘廷 绘制）

288 香林室东次间内檐装修复原示意图（刘廷 绘制）

表 44　倚云楼室内家具统计表

位置	部位	家具内容	材质	规格	备注	复原准确度 (%)
一楼	南间东窗下面西	宝座床一铺	不详	不详	红白毡各一块，蓝宫绸绲丝靠背坐褥迎手一分	70.00
	宝座床上	香几一件	紫檀木	不详		75.00
		炕案一张	紫檀木	不详		75.00
		木冠架一件	紫檀黄杨	不详		75.00
	宝座床下南墙面北	琴桌一张	花梨木	不详		75.00
二楼	南间西窗下面东	宝座床一铺	不详	不详	红白毡各一块黄缎绣花靠背坐褥迎手一分	70.00
	宝座床上	冠架一件	紫檀黄杨嵌牙	不详		75.00
		香几一件	黑漆描金	不详		75.00
		炕桌一张	紫檀木	不详		75.00
	宝座床下南墙方窗下面北	琴桌一张	花梨木边黑漆心	不详		75.00
	东窗下设	椅四张	榆木	不详	随锦垫	75.00
合计						74.09

注：家具确定位置和种类得分占50%，样式得分占20%，确定材料得分占5%，能确定尺寸得分占10%，能确定细部做法得分占15%。

表 45　香林室各建筑室内家具样式与位置统计表

位置	香林室	倚云楼一楼	倚云楼二楼
明间	无	–	–
东间（北间）	宝座床一铺	无	无
	炕案一张		
	炕案一张		
	冠架一件		
	木椅四张		
西间（南间）	宝座床一铺	宝座床一铺	宝座床一铺
	冠架一件	香几一件	冠架一件
	香几一件	炕案一张	香几一件
	插屏一座	木冠架一件	炕桌一张
	木条案一张	琴桌一张	琴桌一张
	木杌四张		椅四张
数量（件）	11	5	6

注：宝座床及其上面的家具用蓝色字体表示。

表 46　香林室各建筑家具材质做法与数量分析表

单位：件套

分类	家具名称	材料做法	香林室	倚云楼	四方亭	六方亭	小计	合计
床榻类	宝座床	--	2	2			4	4
	宝椅	紫檀木			1		1	2
		花梨木				1	1	
宝座床上家具	冠架	绿磁	2				2	4
		紫檀黄杨		2			2	
	炕案	黑漆描金	2				2	3
		紫檀木		1			1	
	炕桌	紫檀木		1			1	1

分类	家具名称		材料做法	香林室	倚云楼	四方亭	六方亭	小计	合计
宝座床上家具	香几		黑漆描金	1	1			2	3
			紫檀木		1			1	
	插屏		盛京石	1				1	1
几案类	琴桌		花梨木		1			1	2
			花梨木边黑漆心		1			1	
	案		紫檀木条案	1				1	1
座椅类	椅		花梨	1				1	2
			榆木		1			1	
	杌		花梨	1				1	1
合计				11	11	1	1	24	24

注：多个座椅均统计为 1 件套。

四、贴落（表 47~49）

根据乾隆五十三年《陈设档》，香林室 4 处主要建筑共有各种书画贴落 30 件套，其中高宗御笔字横披、斗方或挑山 12 件，高宗御笔字字对 4 对，画对 1 对，绘画 9 幅，挂屏 4 件套。从贴落分布看，大部分贴落都分布在香林室的西间和倚云楼一楼南间，共计 19 件套，占比 63.33%，可见这两间是香林室装修的重点。此外，书画位置有明显规律，一是在宝座床上靠窗子两侧的墙壁上对称布置，或宝座床背后的墙壁上布置字画；二是门口、方窗口上面或两侧布置贴落；三是在窗子槛柱上挂小挂屏；四是在真门对称的假门上装饰书画；五是利用室内空白的墙壁或木板壁装饰书画。

在比较重要又比较开敞的墙面上，一般采用御笔字和字对、画对的组合，有时下面再配上桌案和陈设。重要方窗或门口经常采用御笔字横批、字对或画对的组合配置。此外，根据《钦定热河志》，香林室和倚云楼应该有乾隆御笔匾额，具体做法、样式不详。

表 47　香林室书画贴落统计表

位置	部位	书画内容	材质	规格	备注	复原准确度 (%)
明间	西门上面东贴	高宗御笔字横披一张	不详	不详		75.00
	西门横披左右贴	董诰胡桂画二张	不详	不详		75.00
东间	东墙面西贴	高宗御笔字横披一张	不详	不详		75.00
	东墙横批两边贴	高宗御笔字对一副	不详	不详		75.00
西间	宝座床上东墙面西贴	高宗御笔字挑山一张	不详	不详		75.00
	宝座床上西墙面东贴	谢遂画一张	不详	不详		75.00
	宝座床下西墙面东贴	高宗御笔字挑山一张	不详	不详		75.00
	宝座床下西墙挑山两边贴	高宗御笔字对一副	不详	不详		75.00
	宝座床下西墙字对两边挂	嵌玉梅花挂屏二件	不详	不详	紫檀木边	75.00
	宝座床下东墙面西贴	高宗御笔字横披一张	不详	不详		75.00
	宝座床下东墙门两边南贴	贾全书画一张	宣纸	长三尺七寸，宽三尺二寸	绘花卉	85.00
	宝座床下东墙门两边北贴	魏鹤龄画一张	不详	不详		75.00
合计						75.83

注：书画确定位置和种类得分占 50%，样式得分占 10%，确定材料得分占 10%，确定内容的得分占 10%，能确定尺寸得分占 10%，有存世照片的得分占 10%。

表 48　倚云楼书画贴落统计表

位置	部位		书画内容	材质	规格	复原准确度(%)
楼下南间	宝座床	床罩内面东	高宗御笔字横披一张	不详	不详	75.00
			高宗御笔字壁子挂屏一件	不详	不详	75.00
		床罩内南墙面北贴	高宗御笔字斗方一张	不详	不详	75.00
		床罩内东窗挂	高宗御笔字壁子挂屏一件	不详	不详	75.00
	宝座床下南墙北贴		高宗御笔字挑山一张	不详	不详	75.00
			高宗御笔字对一副	不详	不详	75.00
			贾全画对一副	不详	不详	75.00
	宝座床下西墙面东贴		胡桂山水画一张	不详	不详	75.00
	宝座床下北墙真门上及两侧面南贴		高宗御笔字横披一张	不详	不详	75.00
			高宗御笔字对一副	不详	不详	75.00
	宝座床下北墙假门		程志道画一张	不详	不详	75.00
楼下北间	北墙面南贴		高宗御笔字横披一张	不详	不详	75.00
	南墙面北贴		高宗御笔字斗方一张	不详	不详	75.00
楼上南间	宝座床下南墙方窗上		高宗御笔字横披一张	不详	不详	75.00
	宝座床下南墙方窗左右		弘旿画二张	不详	不详	75.00
	宝座床下东窗面西挂		高宗御笔字壁子挂屏一件	不详	不详	75.00
合计						75.00

注：书画确定位置和种类得分占50%，样式得分占10%，确定材料得分占10%，确定内容的得分占10%，能确定尺寸得分占10%，有存世照片的得分占10%。

表 49　香林室各建筑书画贴落数量和位置分析表

单位：件套

位置	香林室			倚云楼一楼		倚云楼二楼	
	明间	西间	东间	北间	南间	北间	南间
高宗御笔字横披、斗方或挑山	1	3	1	2	4	0	1
高宗御笔字字对	0	1	1	0	2	0	0
画对	0	0	0	0	1	0	0
绘画	2	3	0	0	2	0	2
挂屏	0	1	0	0	2	0	1
小计	3	8	2	2	11	0	4
合计	13			13		4	
				17			

注：字对、画对和成对的挂屏均按一件套统计。

五、陈设（表 50~53）

香林室 4 座主要建筑内陈设的文玩古董共计 52 件套，其中倚云楼陈设明显多于香林室，比例约为一倍。其中倚云楼一楼南间宝座床的陈设数量最多，达到 22 件套，占比 42.31%，而且大部分是佛像、佛经和宗教用具。香林室各建筑陈设品在建筑室内布局有明显的规律性，陈设主要分布在宝座床及床上几案、床下几案三个位置，总数分别为 12、25、13 件套，分布最多的是宝座床上的炕案、香几上，占陈设总数的 48.08%。

香林室室内陈设品的种类较多，包括了文玩类、古董类、书画类、宗教用品等各种类别。材质主要有木质、竹质、铜质、瓷器、珐琅等几种类型。其中数量最多的是瓷器和宗教类陈设，

瓷器 11 件套占比 21.15，佛像、经书和其他佛教法器、供器、用品 12 件套，占比 23.08%，而且主要集中在倚云楼一楼南间宝座床上。大部分陈设品都配置高档精美的紫檀座，也有少量花梨座。

如意、扇子、痰盒是宝座床上的标配，四方亭和六方亭的宝椅上就只设置了扇子。其中如意共计 4 柄，都是紫檀嵌玉的；扇子共计 6 把，均为竹扇；4 个宝座床上的 4 个痰盒也均为填漆痰盒。

炉瓶盒三式一套兴于清代，是文人雅士几案上的常备设置，为焚烧檀香的器具，具有除臭驱邪、散发香气之功用，由炉、瓶、

盒三件组成，故名。炉用于燃香；瓶放置铲、箸，用于铲除香灰和夹取檀香；盒存储檀香。三式既有实际用途，又兼陈设欣赏功能，因此备受帝王青睐。香林室和倚云楼的4个宝座床上都设有一套炉瓶盒，有青绿铜、青花白地磁、铜珐琅3种材质。

表50　香林室各建筑室内陈设数量统计表

单位：件套

类别	香林室东间	香林室西间	倚云楼一楼	倚云楼二楼	小计
宝座床上	3	3	3	3	12
宝座床上几案	3	2	15	5	25
宝座床下的几案	–	5	4	4	13
合计	6	10	22	12	50

注：成对成套的陈设算一件套，本表不含四方亭和六方亭。

表51　香林室主要室内陈设统计表

位置	部位	陈设内容	材质	备注
明间		无		
东间	宝座床上	如意一柄（左设）	紫檀嵌玉	
		痰盒一件（右设）	填漆	
		扇一柄	竹	
		分类字锦一部（左炕案）		计八套
		炉瓶盒一分（右炕案）	铜珐琅	铜匙筯紫檀座
		木瓜盘一件	欧磁	紫檀座
西间	宝座床上	如意一柄（左设）	紫檀嵌玉	
		痰盒一件	填漆	
		扇一柄	竹	
		炉瓶盒一分（香几上）	铜珐琅	铜匙筯紫檀盖座玉顶
		木瓜盘一件	填白磁	紫檀座
	罩外西墙面东	有盖彝炉一件（案上）	铜拍丝珐琅	紫檀座
		书一部	苏长公全集	计二套
		书一部	元文类	一部 计二套
		大吉罇一件	青花白地	紫檀座
		三代罇一件	青绿铜	紫檀座

注：陈设数量按照件套统计，一对一组都算作一件套。

表52　倚云楼主要室内陈设统计表

位置	部位	陈设内容	材质	备注
楼下南间	宝座床上	如意一柄（坐褥上）	紫檀嵌玉	
		痰盒一件	填漆	
		扇一柄	竹	
		炉瓶盒一分（香几上）	青绿铜	铜匙筯紫檀盖座玉顶
		元洗一件	官釉铜口	紫檀座
		经一部（炕案下）	大圣文殊师利菩萨赞佛法身礼经	计九套
		经一部（炕案附近）		
		奔靶壶一件	铜珐琅	紫檀座
		铃杵一分	铜	

位置	部位	陈设内容	材质	备注
楼下南间	宝座床上	炕案附近	嘎巴拉鼓一件		镶嵌宝石
			米碟一件	铜珐琅	
			银塔一座	银	镶嵌宝石
			瓷瓶一对	洋磁	紫檀座
			碗一件	玉靶碗	紫檀座
			碗一件	嘎巴拉碗	银里盖座
			文殊菩萨九尊	铜	
			无量寿佛九尊	铜	
			画一轴	挂像佛	
	宝座床下	南墙琴桌上	三足鼎一件	龙泉釉	紫檀盖座玉顶
			词谱二部		
			僧帽壶一件	三彩	花梨木座
			双环方瓶一件	青绿铜	紫檀座
楼上南间	宝座床上	坐褥上	如意一柄	紫檀嵌玉	
			痰盒一件	填漆	
			扇一柄	竹	
		香几上	炉瓶盒一分	青花白地磁	铜匙筋紫檀盖座玉顶
			木瓜盘一件	填白磁	紫檀座
		炕桌上	筒子炉一件	青绿铜鎏金	紫檀盖座玉顶
			菁草瓶一件	欧磁	紫檀座
			鳌鱼花插一件	青玉	紫檀座
	宝座床下	南墙琴桌上	四足鼎一件	古铜	楠木盖座玉顶
			书一部	唐文粹	上下二套
			磬一件	青白玉	紫檀座
			双管瓶一件	官窑	紫檀座

注：陈设数量按照件套统计，一对一组都算作一件套。

表53 香林室各建筑室内陈设类型与数量统计表

单位：件套

类别	香林室东间	香林室西间	倚云楼一楼	倚云楼二楼	四方亭	六角亭	小计
如意	1	1	1	1			4
扇子	1	1	1	1	1	1	6
痰盒	1	1	1	1			4
炉瓶盒	1	1	1	1			4
经书			2				2
佛像			2				2
其他佛教用品			7	1			8
青铜器		1	1	1			3
瓷器类	1	2	4	4			11
珐琅器		1					1
铜鎏金				1			1
书册	1	2	1	1			5
字画			1				1
小计	6	10	22	12	1	1	52
合计		16		34	1	1	52

注：陈设品中成对成套的陈设算一件套。

第五节 园林景观

殊像寺香林室是乾隆皇帝到殊像寺礼佛后的临时休息场所。这里的园林景观特色如下：

一、植物景观（表 54）

植物配置是园林规划设计的一项重要内容，但在香林室，一切都是多余的。因为建园之初这里就有天然的林木，具备最为自然古朴的植物景观。建园第二年，乾隆皇帝描写香林室的御制诗说明了这一点，"庭树有嘉荫，砌范无俗芳。"这是人工栽植园林植物难以达到的效果，也是乾隆皇帝在植被茂密、生态优美的承德避暑山庄中修建园林庭院时的惯用造园理念和技法。在这里，园林植物景观规划设计的主要工作不是栽树，而是如何在建园过程中尽可能不破坏树木，维持原有的生态。因此，很有可能是在规划建造殊像寺时见到这里有很好的林木才特意建造园林庭院的。

香林室中最吸引皇帝的美景，当属庭院中具有异香的树林。乾隆皇帝有 3 首御制诗描写香林，"室筑花宫侧，檀林拥净香。最宜引呼吸，可以悟真常"。"塞上富者林，兹以近佛地。异众独名香，而室幸斯置"。而且，殊像寺的姐妹篇，也就是香山宝相寺也同样有一个香林室，那个香林室庭院里的两株银杏在乾隆时期就是千年古树。目前虽然没有任何充分的依据能研究出殊像寺香林室这种产生特殊香气的植物是什么。但可以确定的是这种香气不是那种浓郁的浓香，而是一种清单的净香。乾隆皇帝的诗句"是林无不香，是处香之最"说明这种带有香气的植物可能是一种文学上的艺术夸张，只不过是一个远离尘世、靠近寺庙的安静的普通树林，散发着青草和松脂类植物的自然气息而已。由于依据太少，对此还有待进一步研究。

香林室除了这特殊的香林外，还有着其他野生植物吸引乾隆皇帝的目光，他在诗文中描写到"庭树有嘉荫，砌范无俗芳。如云皆是药，识者大医王"。稠密的树荫，遍地的野花野草，体现着一种古朴、自然的野趣之美。

二、假山

香林室是一座典型的山地园林，整个园林庭院处在半山坡上，周围群山连绵起伏，庭院前后地形落差高达 10 米。但为了增加园林趣味，香林室庭院前后点缀了多处小型假山，极大地丰富了园林空间和艺术效果，极具特色。根据位置、材质和功能的不同，香林室的假山共有 5 种不同的类型。一是院前用紫色假山石堆叠的大型抄手蹬道，并将香林室与会乘殿、月台、西门楼用假山蹬道连接。二是进圆月亮门后，用黄石堆叠的 3 组影壁山，像屏风一样遮挡在门口与主殿之间，并形成峰回路转、柳暗花明的园林效果。三是庭院内的道路全用青黑色山石铺设，并通过假山踏跺代替台阶连接各建筑，建筑台基用假山镶隅、抱角装饰。四是庭院东北角围墙连接黄石假山叠砌的券洞，形成院墙山，可由此通往宝相阁。五是香林室北和六方亭南蹬道两边点缀多组灰白色剑峰石假山，并通过剑峰石的错位效果拼合成遮挡八角月亮门的假山屏风。

三、道路

香林室的庭院道路是经过缜密的规划设计的，整体风格是以粗犷、朴野为主，但又极具山地园林的特色。天然山石蹬道是香林室庭院里唯一的道路种类，简单而朴实，自然而具野趣。没有采用常规的铺装方式，没有使用人工特制感很强的砖石，甚至没有一段平直的路段。假山石镶嵌在土里，掩映在草丛中，石缝中镶嵌着野生的翠云草和苔藓，虽是人工铺设，但十分自然协调，曲折盘旋，谱写成一条最具野趣的园林道路。

表 54　皇帝诗词中描写的香林室

年份	公历	诗名	诗文内容
乾隆四十年	1775 年	香林室	室筑花宫侧，檀林拥净香。最宜引呼吸，可以悟真常。 庭树有嘉荫，砌范无俗芳。如云皆是药，识者大医王。
乾隆四十一年	1776 年	香林室	塞上富者林，兹以近佛地。异众独名香，而室幸斯置。 俯仰旃檀丛，餍饫薝萄味。满志惟清净，谋目足葱翠。 何当屏万虑，从修入闻思。
乾隆四十四年	1779 年	香林室	是林无不香，是处香之最。室筑梵宫傍，自应余津逮。 润以沉瀞精，吹以薝萄籁。耳根及鼻观，合相成静会。 五木与都梁，火气直宜汰。
乾隆四十年	1775 年	倚云楼	寺傍隙地一区分，倚巘为楼亦可欣。虚牖却无来去相，容容常揽德山云。
乾隆四十一年	1776 年	倚云楼	倚云云亦倚其楼，正可义经悟气求。若论山田沾渥雨，丰隆只合此间收。
乾隆四十四年	1779 年	倚云楼口号	山楼两架倚晴晖，莫谓无云便拟归。试看青葱峭蒨者，蔚林诡石岂其非。
乾隆五十九年	1794 年	倚云楼戏题八解	云倚楼为实，楼倚云为虚。（一解）　二义相假借，谁能与分疏？（二解） 云惟虚不定，楼以实可居。（三解）　实有象恒若，虚无形幻如。（四解） 云楼与虚实，害不视厥初。（五解）　厥初定名时，倒置试思诸。（六解） 四字果孰真（谓云为楼，谓虚为实之类），五言聊戏书。（七解） 楞严八辨见，同异其然欤。（八解）

第六节　复原准确性评估

一、香林室（表 55、56）

依据以上研究过程，对香林室进行复原设计，绘制复原图纸和三维效果图。通过对现有复原依据的总结和评估，该建筑的整体复原研究准确度可以达到 79.81%。其中，遗址保存相对较为完整，各种平面细部尺寸均能准确测量或者推测，对台基的复原研究准确度可达 99% 以上；台基尺寸按照清代官式做法和避暑山庄相似建筑现存实例可以基本准确推演出大木梁架结

构和做法，这部分的复原准确度约为 87.50%；经过评估，香林室的建筑外观复原准确性可达 86.82%。由于，室内外装修和陈设方面的档案记载虽然比较详细，能确定外观风格和准确位置，但由于缺少细部尺寸、材料、样式等具体数据，使香林室内檐装修的复原准确度降低到 72.80%，也由此影响了该建筑整体的复原准确度。

表 55　香林室梁架结构准确性评估表

序号	部位	尺寸（毫米）	设计依据	复原准确度 (%)
1	檐柱高	3200	清宫则例	90.00
2	步架	檐部 1320，金部脊部 1128	清宫则例	95.00
3	举架	檐部五举，金部六举，脊部七举	参考避暑山庄其他类似建筑	80.00
4	梁枋尺寸	依檐柱径按比例推算	清宫则例并参考避暑山庄其他类似建筑	90.00
5	脊檩	双脊檩	参考避暑山庄现存园林建筑脊檩做法比例	80.00
6	檐出	980	遗址墀头尺寸并参考避暑山庄其他类似建筑	90.00
	小计			87.50

表 56　香林室复原研究准确度评估汇总表

序号	部位	评估指标	复原准确度 (%)	权重 (%)	权重后得分 (%)
1	外观（综合权重 50%）	柱网平面尺寸	99.56	10	9.96
2		台基做法	100.00	10	10.00
3		梁架结构复原	87.50	10	8.75
4		外观复原准确度	73.50	20	14.70
5	室内（综合权重 50%）	内檐装修复原	70.00	20	14.00
6		室内家具复原	74.09	20	14.82
7		书画贴落复原	75.83	10	7.58
	合计				79.81

二、倚云楼（表 57、58）

依据以上研究过程，对倚云楼进行复原设计和评估，该建筑的整体复原研究准确度可以达到 79.01%，比香林室略低。主要的原因是倚云楼的遗址局部残损和覆盖，未准确测量遗址细部尺寸，影响了建筑外观的复原准确性。此外，香林室陈设档明确记述了床罩的样式，活计档记录了一副书画的材质和尺寸，这些因素都局部提高了内檐装修复原的准确度。

表 57　倚云楼梁架结构准确性评估表

序号	部位	尺寸（毫米）	设计依据	复原准确度 (%)
1	檐柱高	一层 2800，二层 2600	清工部营造则例	90.00
2	步架	檐部 925，脊部 925	清工部营造则例	98.00
3	举架	檐部五举，脊部七举	参考避暑山庄其他类似建筑	90.00
4	梁枋尺寸	依檐柱径按比例推算	清宫则例并参考避暑山庄其他类似建筑	90.00

序号	部位	尺寸（毫米）	设计依据	复原准确度 (%)
5	脊檩	双脊檩	参考避暑山庄现存园林建筑脊檩做法比例	80.00
6	檐出	960	遗址墀头尺寸并参考避暑山庄其他类似建筑	90.00
	小计			89.67

表 58　倚云楼复原研究准确度评估汇总表

序号	部位	评估指标	复原准确度 (%)	权重 (%)	权重后得分 (%)
1	外观（综合权重 50%）	柱网平面尺寸	94.45	10	9.45
2		台基做法	99.71	10	9.97
3		梁架结构复原	89.67	10	8.97
4		外观复原准确度	76.50	20	15.30
5	室内（综合权重 50%）	内檐装修复原	65.00	20	13.00
6		室内家具复原	74.09	20	14.82
7		书画贴落复原	75.00	10	7.50
	合计				79.01

三、复原准确性评估

　　本文以香林室和倚云楼为例，通过对古建筑复原研究中最为重要的柱网平面尺寸、台基做法、梁架结构、外观复原准确度、内檐装修、室内家具、书画贴落等 7 项指标进行评估，结论是本次复原研究香林室和倚云楼的复原研究准确度分别可以达到 79.81% 和 79.01%（图 289）。其中由于遗址保存相对较为完整，能够准确测量遗址尺寸，因此柱网平面尺寸和台基做法两项指标的复原准确度均可以达到 94% 以上。但由于装修芯屉样式、油饰彩画样式复原依据不足，这部分的复原准确度仅有 70% 和 50%。同样，内檐装修、室内家具、书画贴落 3 项指标中仅能通过文献档案知道主要材质、样式，但不知道具体做法和尺寸，也影响了整体的复原准确度。

　　限于篇幅，四方亭、六方亭和游廊未进行详细的复原准确度评估，但这些建筑室内装修陈设极少，复原研究以建筑外观为主，因此复原准确度可以达到 85% 以上。

289 香林室园林庭院复原效果图（刘廷 绘制）

第七节　对比研究

一、承德殊像寺香林室与香山宝相寺香林室

（一）相同点

1.建筑功能相同

殊像寺香林室与宝相寺香林室都是各自寺庙的小型附属园林庭院，其功能均是皇帝在寺庙拈香时的临时休憩场所，两者的名称相同，也具有相同的渊源。

2.建筑特色相同

尽管部分建筑材料选择上会因地制宜，如承德殊像寺香林室采取本地的鹦鹉岩材质作为台基的主要材料，但两处香林室的主要建筑外观均采用清官式建筑做法，而且建筑体量较小，外观简洁朴素。

3.园林特色相近

两座香林室都是小型园林庭院，有围墙围合，形成独立院落，院内叠石造景，树木葱郁，达到了曲径通幽、别有洞天的园林效果。

（二）不同点

1.位置和朝向不同

殊像寺香林室位于殊像寺西跨院北侧，坐北朝南。宝相寺香林室按照《日下旧闻考》所记位于宝相寺外的西北侧不远处，坐西朝东。

2.建筑布局与样式不同

殊像寺香林室由主殿香林室、东侧的四角亭、西侧倚云楼以及连接各建筑之间的游廊组成，形成了完整闭合空间。六方亭则点缀在院外北侧中轴线上的小山包上。

宝相寺香林室由两个主要单体建筑组成，靠前的为香林室，卷棚布瓦硬山顶；其后出抱厦曰慧照亭。穿过假山蹬道可至妙达轩，二者在一个轴线上布置，配殿和游廊不详。

殊像寺香林室与宝相寺香林室都是典型的乾隆时期寺庙附属园林，但仅名字和功能是相同的，建筑特色异大于同，相差较大，今后还有待进行深入对比研究。

二、寺庙园林

传统的寺庙园林是在寺庙内营造山水、栽植树木，将寺庙园林化，但乾隆时期的皇家寺庙出现了在寺庙内单独设立园林庭院的创新式尝试。这在承德外八庙中算是孤例，因为承德外八庙中普宁寺的妙严室和讲经堂、须弥福寿之庙的御座楼等，都只是在寺庙中添设御座，以皇帝临时休憩的建筑为主，没有园林。但在避暑山庄中的皇家寺庙却有很多类似设计，如珠源寺的绿云楼、碧峰寺的回溪亭等。此外，在乾隆时期营建的北京皇家寺庙中也有多处这样的实例，最典型的是附属于碧云寺的园林式行宫。这些寺庙内的园林庭院是乾隆皇帝南巡，将皇家寺庙与私家园林庭院相融合后形成的独特创意，对于这一类寺庙园林的产生、发展与演变有必要进行深入的对比研究。

三、游廊接二层

香林室的西游廊做法较为特殊，是对接的倚云楼的二楼北山墙上。与此做法非常接近的是避暑山庄碧静堂的松壑间楼，而且均为两开间小楼。此外，北海静心斋和香山见心斋也有类似做法。其中倚云楼和松壑间楼二层游廊的区别是：倚云楼二楼没有前出廊，游廊是通过廊桶子门直接连接在山墙上的。此外，松壑间楼室内没有楼梯，只能通过游廊到达二层；而倚云楼在北间设立了室内楼梯，可以由香林室通过游廊达到倚云楼二楼，再从楼梯下楼，避免了走回头路折返。

第八节　结语

香林室是一个占地 1030 平方米，即 1.54 亩的微型园林，这个尺度甚至比大多数的江南私家园林都小，但可以看到香林室和这些私家园林有着一些相似之处，但更多的是不同之处。它吸取了江南园林因地制宜的设计理念，采用了灵活多变的建筑布局，朴素淡雅的园林风格，仅此而已，其他方面与江南私家园林是有着天壤之别的。这里没有私家园林复杂的空间格局，没有引入大比例的假山和池塘，没有栽植种类繁多的花木，没有琳琅满目的景观式建筑。它仅仅是点缀在寺庙跨院的一座朴素而简单的庭院，布局简单、建筑精练、植物景观自然天成，朴实无华，这才是香林室真正的魅力，是乾隆皇帝独特的造园理念的具体体现。

作为一个小巧而灵活的微型园林庭院，香林室在园林设计上有很多独特之处。在园林规划布局上，具有轴线，但又尽可能弱化轴线，建筑均衡布局但不对称。在建筑设计方面，各建筑体量较小、外观简单、自然朴素，没有太多雕饰，色调以青

灰色为主。在建筑室内装修上，仅用几种比较简单的栈板墙和装修罩来分割、装饰空间，每间一般只有一个装修中心，即围绕采光、观景比较好的窗口位置设置北方比较常用的炕式宝座床，用于皇帝休憩和观景；正对宝座、门口位置的墙面经常由书画、字对、条案、陈设组合在一起形成"立体装修"组合。各建筑室内布局简单，空间分割也不是很繁琐，陈设突出重点，主次分明，功能简单实用，但室内装修和家具用材讲究，陈设奢华而贵重，代表了典型的乾隆时期园林建筑室内装修风格。

综上所述，香林室这一寺庙微型山地园中园突破了传统御苑园林的常规造园手法，汲取了江南私家园林因地制宜的设计理念，采用灵活多变的建筑布局和恬淡雅致的园林风格，布局简单、建筑精练、植物景观浑然天成，成就了一座设计独特、风格质朴、内装精美的园中园，成为清代皇家园林乃至中国古典园林中极为独特的经典实例，堪称清代皇家园林巅峰时期微型园中园的传世佳作。

承德殊像寺东西跨院是寺庙的僧房区和园林区，现除东跨院南侧一栋僧房外，其余建筑仅存遗址。2003 年，承德市文物局组织对香林室园林区域进行了考古发掘，完整地绘制了遗址平面图；但僧房区仅挖掘了部分考古探沟，未能搞清整体布局。因此，到目前为止，对殊像寺东西跨院原有僧房区建筑原貌的研究一直都是一项空白，对其具体数量、面积、位置、功能，乃至建筑名称均没有统一的说法，甚至都无法绘制一张准确的平面图。借《承德殊像寺文物保护工程实录》出版之际，现将目前对僧房区的初步研究成果进行总结，以期填补这一研究领域的空白。

第一节　保存状况

殊像寺东西跨院僧房遗址目前只有东跨院文保所办公室下的大厨房遗址露明在外，能看见南侧和西侧部分原有的压面石、角柱石、柱顶石、墁地砖和毛石台帮；大厨房东北区域整体被现代的文保所建筑（原为小学教室）覆盖，保存状况不详；大厨房露明的遗址区域部分建筑构件缺失不存，现存的原有构件保存状况相对较好，没有严重的风化和残损，能够清晰准确的测绘出整座建筑的柱网平面和台基细部尺寸，绘制出完整的遗址复原平面图。

东西跨院的其余僧房遗址均被淤土覆盖，其中会乘殿东侧的四合院遗址在 2003 年之前局部露明在外，2004 年随香林室和清凉楼遗址回填保护时一同被回填。目前各僧房遗址覆土均较浅，平均深度只有 20 厘米，最浅处只有 5 厘米，仅西跨院月台西侧的僧房遗址覆土较深。各僧房遗址的台基石构件均为红砂岩材质，室内为青砖墁地，从已露明过的遗址来看，部分僧房遗址整体保存状况较好，也较为完整，只有局部被小学教室、厕所和管道沟破坏，至今未发现东跨院 2 号僧房遗址，有可能损毁严重。

第二节　复原研究依据

对承德殊像寺东西跨院僧房区的复原研究主要有以下依据：

一、测绘图纸

日本学者关野贞和竹岛卓一主编的《热河解说》和五十岚牧太所著《热河古迹与西藏艺术》书中分别公布了 20 世纪 30 年代实测的殊像寺总平面图（图 290），图中体现了殊像寺东西跨院僧房区的部分建筑的平面布局。因当时部分僧房依然残存，已坍塌的僧房也并没有被淤土全部覆盖，仍能见到露明的部分台基和院墙残址，因此属于现状实测成果，可信度较高。但由于是粗略测绘，两幅图纸表现的细节略有不同，图纸中均存在误差与错误，建筑遗址也未能全部表现，需要结合其他档案资料综合研究后进行修订和补充。

1982 年天津大学和承德市文物局合作出版的《承德古建筑》一书收录了当时实测的殊像寺总平面，此外，1982 年承德市文物局古建队对殊像寺进行了普查、现状勘测和修缮，也绘制了殊像寺总平面图（承德市文物局档案馆藏）。但由于年代较晚，这一时期僧房区域的遗址大部分被殊像寺小学教室占用或破坏，而且绝大部分遗址被淤土覆盖，并没有清理测绘，20 世纪 80 年代的这两幅殊像寺总平面图中僧房区的图纸信息主要是参考了关野贞等人的平面图，只增加了少量现状信息（详见本书第五篇第四章）。

2003 年承德市文物局组织对殊像寺西跨院僧房区挖掘考古探沟，绘制了探沟平面图和剖面图，但所发现信息并不完整，无法准确、全面地复原西跨院僧房原貌。

二、历史照片

有关殊像寺的历史照片虽然很多，但目前所见能够表现东

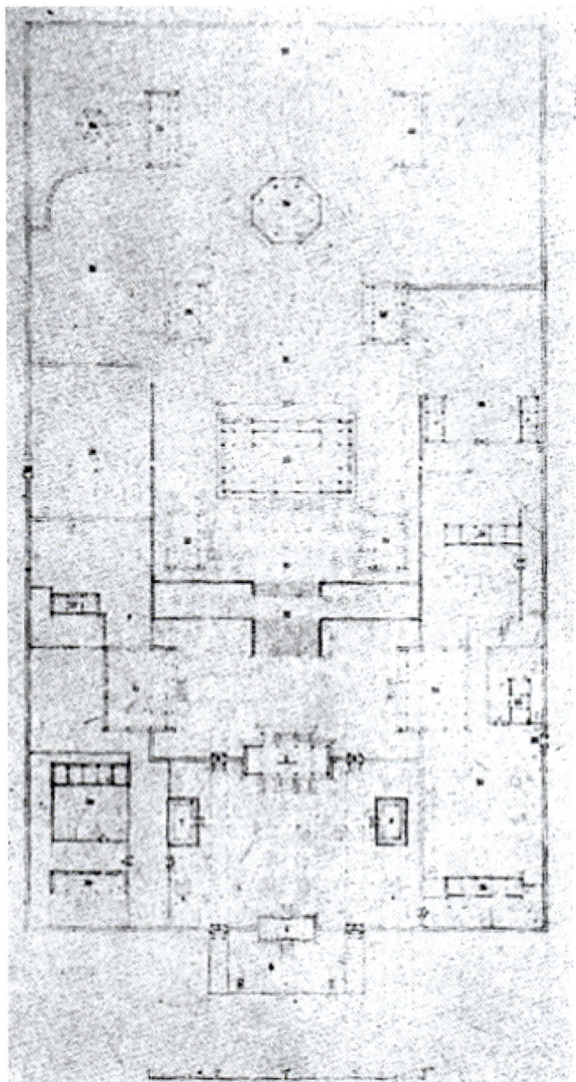

290 殊像寺 20 世纪 30 年代总平面图（引自五十岚牧太《热河古迹与西藏艺术》）

西跨院僧房区建筑的照片只有 6 张，具体如下：

清末至民国初年，承德摄影师薛桐轩拍摄的殊像寺全景历史照片（图291）可隐约见到东西跨院的部分僧房、院墙和寺庙东便门。

1933 年关野贞、竹岛卓一拍摄的殊像寺照片中有 2 张能见到东西跨院的僧房；一张是殊像寺全景照片，能见到部分僧房（图 292）；另一张是会乘殿的近景，能看到其东侧活佛四合院西配房的后檐（图 293）。1934 年《亚东印画辑》和 20 世纪 40 年代日本逸见梅荣著《满蒙北支的宗教美术》收录的殊像寺照片中各有 1 张能看见西跨院的僧房和西门楼，而且可以看出不同僧房的瓦面做法是有区别的（图 294）；1942 年，日本学者五十岚牧太《热河古迹与西藏艺术》一书中有一张殊像寺馔香堂东侧僧房院的照片（图295），另外还能见到埋设在院子前地上的大铜锅。

三、档案资料

乾隆三十九年（1774 年）奏销档记载殊像寺"添盖僧房十五间，看守房十二间，估需工料银一千八百七十八两七钱四厘"。嘉庆十八年（1813 年）档案记载"殊像寺东大墙随墙门口一座，木植糟朽"。嘉庆二十四年（1819 年）档案记载："殊像寺僧房十一间，俱头停渗漏，椽望木植间有糟朽，山檐墙闪裂。""揭瓦僧房十五间"。道光十一年（1831 年）记载"殊像寺僧房十座，计三十七间。内拆修长高一座五间，拆修五座十六间，揭瓦四座十六间；修砌大墙六段，凑长十八丈三尺；院墙七段，凑长十一丈四尺五寸；随门口六座"。朝年档案一则，记载"殊像寺大厨房一座五间，大木拆安后檐柱木、装修，石料拆安装板、柱顶、埋头、阶条、压面、角柱、压砖板、腰线等石，拆砌台帮、山墙、槛墙，头停铲苫灰泥背，排山拆调大脊、垂脊，揭瓦二号布筒板瓦，后檐地脚加长七尺柏木地丁，虎皮石掐当"。此外，嘉庆十年（1805

291 殊像寺全景（局部）（薛桐轩 1911-1933 年摄影）

292 殊像寺全景（局部）（日本 关野贞 1933 年摄影 引自《热河》）

293 活佛四合院西配房的后檐（日本 关野贞 1933 年摄影 引自《热河》）

295 东跨院的 8 号僧房院（日本 五十岚牧太 1933-1940 年摄影 引自《热河古迹与西藏艺术》）（原片镜像）

294 殊像寺西南（日本摄影师拍摄 引自 1934 年 2 月《亚东印画辑》）

年）档案记载"殊像寺庙外拆修堆拨房二间。"嘉庆十一年（1806年）"殊像寺揭瓦堆拨房四间，补砌大墙一段，长四丈一尺。"可知殊像寺庙外还有堆拨房（以上档案原文详见本书第五篇第一章）。

对殊像寺东西跨院僧房区描述最全面的档案资料是承德市文物局外八庙管理处 1966 年整理的《殊像寺赵喇嘛访谈笔记》（详见本书第五篇第一章第十三节）。1900 年出生、1911 年 11 岁入庙的赵喇嘛的回忆录为复原研究僧房区的历史原貌提供了非常重要的依据。

四、遗址实测资料

殊像寺东西跨院僧房区大部分遗址埋深较浅，在殊像寺历

年施工、考古时经常能够见到部分遗址露出地面，笔者均进行了详细的拍照、记录和测绘，为僧房遗址复原提供了直接依据。

五、清代宫廷绘画

承德是清代重要的政治活动中心，康熙、乾隆和嘉庆皇帝经常在此避暑、理政和举行重大活动，这里建有举世闻名的避暑山庄和金碧辉煌的皇家寺庙群，有众多的宫廷画师用他们的画笔描绘了这里辉煌的建筑群。这些宫廷绘画虽然没有留下画师的姓名，也无法确定其准确的年代，但在没有摄影技术的时代，这些清代绘画成为记录当时殊像寺建筑形象与艺术风格的重要手段，具有较高的艺术价值和研究意义。

清代殊像寺宫廷绘画中描绘的最详细、最准确的是现保存在美国洛克菲勒档案馆的殊像寺全景图，这幅绘画绘于清朝末年，采用中国传统的界画形式和西洋透视画法相结合，用白描画和少量水墨渲染的形式比较准确地绘制了殊像寺的全貌，对东西跨院僧房区的描绘也比较准确写实，具有极高的研究价值，可以作为复原参考依据。此外，《钦定热河志》中的殊像寺插图和清代不同作者绘制的包含殊像寺的热河全景图也从不同角度地描绘了殊像寺的僧房区，但画法简洁夸张，过于主观，参考价值不大（详见本书第五篇第二章）。

第三节　建筑格局与历史沿革

综合以上复原研究依据，可以基本确定殊像寺东西跨院各僧房的数量、位置、规格、尺寸和主要做法。殊像寺东西跨院僧房区总计有各类僧房建筑 14 座，门楼至少 9 座，共计约

1424 平方米（不含门楼）。其中共有僧房 10 座，每座 5 间；大厨房 1 座，面阔 5 间；活佛四合院一套；寺庙东西外院墙上共有随墙门门楼 3 座，钟鼓楼后檐寺庙腰墙上各有随墙门门楼

2座、随墙门门口2座，僧房区内部庭院院墙上还有小门楼至少4座。具体如下：

一、西跨院

西跨院共有僧房5座、每座5间，其中4号僧房为西厢房，其余为正房（图296）。每栋僧房分别组成独立院落，院墙上设有随墙门，各独立院落间由院墙围合形成的夹道联通。4号僧房南面西侧寺庙的院墙上设有随墙门（门楼）通往庙外，即西便门。5号僧房北侧建有隔墙与香林室园林庭院分隔，墙上设随墙门出入；隔墙北侧、香林室园林庭院南侧、寺庙的西院墙上建有大型门楼，即西门；西门正对月台西女墙的出入口，有道路通往香林室和月台，专供帝后在殊像寺烧香后回宫时使用。

296 西跨院5号僧房遗址（陈东 摄影）

以上建筑20世纪20年代时保存完整，4号僧房最先坍塌，然后是2号僧房被军阀拆除。20世纪30年代时剩余1、3、5号僧房、5号僧房坍塌两间，后来1号僧房坍塌，西便门（门楼）此时已不存，但香林室西南侧的西门楼保存完好。20世纪50年代，3号僧房和5号僧房剩余的3间被改造为小学教室，1959年教室改造时被翻新，1966年访谈赵喇嘛时这两座建筑还在。1972年西跨院的空地上又添建了多间小学教室。1986年殊像寺小学迁出时西跨院除1号僧房南侧教室建筑保留作为厕所外，其余所有建筑一起被拆除。2013年，殊像寺厕所被改建为水冲厕所。

二、东跨院

东跨院也有僧房5座、每座5间，其中8号僧房为东厢房，其余为正房（图297）。除僧房外、7号和8号僧房之间建有大厨房一座，10号僧房北侧建有四合院一套。各个僧房也分别组成独立院落。8号僧房院子南侧院墙上有随墙门（门楼）一座，东侧寺庙的院墙上设有随墙门（门楼）通往庙外，即西便门。9号和10号僧房合并为一个庭院，北侧为弧形院墙，东院墙上有随墙门（门楼）一座。

10号僧房北面单独的四合院被称作佛龛，又叫二院。包括正房5间、东西厢房各3间，南侧院墙上有随墙门（门楼）一座，随墙门西侧可经月台女墙上的东门口到达会乘殿；四合院北侧院墙封闭到云来殿北山墙的位置。

以上建筑中大厨房、7号僧房和四合院正房损毁较早，约在光绪年间就已经坍塌；大厨房坍塌后，厨房的大铜锅被就近

297 东跨院8号僧房遗址（陈东 摄影）

放置在 8 号僧房院外南侧的庭院中使用。东跨院其余僧房 20 世纪 20 年代时保存还较为完整，20 世纪 30 年代时 9 号僧房全部坍塌，8 号僧房北侧 2 间坍塌，仅剩余 6、10 号僧房和四合院的东西厢房。20 世纪 40 年代，除 6 号僧房外其余建筑均已不存，据赵喇嘛回忆是被国民党部队拆掉修了炮楼。20 世纪 50~70 年代，在西跨院的空地上新建了多间小学教室，1986 年殊像寺小学迁出时大厨房上的教室保留作为殊像寺文保所办公室。2011 年对殊像寺唯一幸存的 6 号僧房进行了大修。

第四节　建筑功能

一、四合院

四合院的主殿据赵喇嘛回忆是义干活佛居住的地方，推测室内设有单独的佛堂供活佛念经，因此将此建筑称作"佛龛"。东西厢房是活佛徒弟所居住的地方，后来也成了喇嘛的僧房。

二、大厨房

根据陈设档记载"大厨房各一座，计五间。内设大铜锅一口，锡壶六十把，玉靶碗一件，银镀金壶二把，银镀金屏靶壶一把，紫釉瓷碗一百五十个，库存开后铜海灯五盏（随铜罩木座），灯笼式座花梨木挑杆香袋一对"。据赵喇嘛回忆，殊像寺每年四次念大经时在此做饭：二月十九日坐经，四月初四日祭奠三神，十月二十五日转灯，冬至坐一宿经。晚上吃肉丝面，早晨吃肉粥。大铜锅据说在过去每年腊月初八熬一锅牛肉粥，三天三宿，谁来谁吃。

三、僧房（表 59）

殊像寺东西跨院的 10 座僧房是喇嘛和寺庙管理人员的住所，共有喇嘛 61 名，宫内人 20 名，总计 81 人。其中西跨院的 5 座和东跨院的 6、7 号建筑均为普通僧房。9 号和 10 号僧房共同组成的弧形庭院是寺庙达喇嘛和副达喇嘛的住所，级别较高，当时由赵喇嘛和董喇嘛各住一栋。东跨院的 8 号僧房院比较特殊，据赵喇嘛回忆是宫里人住的房子，当时有 20 名人员轮流打更，但因轮班，经常在庙的是 8 名。

表 59　殊像寺东西跨院僧房区建筑统计表

序号	院落分区	庭院名称	建筑名称	建筑面积（平方米）	朝向	开间数	建筑样式	功能
1	西跨院	1 号僧房院	1 号僧房	90.00	正房	5	单檐硬山布瓦顶，3 号布瓦，其中 1 号僧房为卷棚脊筒板瓦屋面，其余应为清水脊干槎瓦屋面	普通僧房
2		2 号僧房院	2 号僧房	90.00	正房	5		
3		3 号僧房院	3 号僧房	90.00	正房	5		
4		4 号僧房院	4 号僧房	90.00	西厢房	5		
5		5 号僧房院	5 号僧房	90.00	正房	5		
		西跨院建筑面积小计		450.00				
6	东跨院	6 号僧房院	6 号僧房	90.00	正房	5	单檐硬山布瓦顶，清水脊干槎瓦屋面，3 号布瓦	普通僧房
7		7 号僧房院	7 号僧房	90.00	正房	5		
8		8 号僧房院	8 号僧房	90.00	东厢房	5		宫里人用房
9		9 号和 10 号僧房院	9 号僧房	90.00	正房	5		达喇嘛用房
10			10 号僧房	90.00	正房	5		
11		大厨房		249.57	正房	5	单檐硬山布瓦顶，带正脊正吻，2 号布瓦	厨房
12		活佛四合院	正房	167.69	正房	5	单檐硬山布瓦顶，2 号布瓦	活佛用房
13			东配房	53.36	东配房	3	单檐硬山布瓦顶，清水脊干槎瓦屋面，3 号布瓦	活佛徒弟用房
14			西配房	53.36	西配房	3		
15		东跨院建筑面积小计		973.98				
	合计			1423.98				

注：此表建筑不包含各座门楼。

第五节 建筑样式

一、四合院

四合院主殿面阔五间、进深二间，前出廊，坐北朝南，单檐硬山布瓦顶建筑，筒板瓦屋面过垄脊。明间 3.56 米、次、梢间 3.3 米，通面阔 16.76 米；进深二间，合计 6.48 米，前出廊 1.32 米，通进深 7.8 米，建筑面积 167.69 平方米。台帮为红砂岩毛石砌筑，勾青灰鼓子缝，四面为红砂岩角柱石和阶条石压面。阶条石断面尺寸 520×210 毫米。红砂岩檐柱顶石规格为 570×570 毫米，柱顶石上糙做痕迹显示檐柱径为 280 毫米。室内铺 400×400 毫米方砖地面。台明四周设石子散水，外栽砖牙子。前檐金里安装修，明间槅扇，次间、梢间设支摘窗。山墙和后墙下碱毛石砌筑，置腰线，上身青砖糙砌，置红砂岩挑檐石（图 298–299）。

四合院东西配房面阔三间、进深一间，单檐硬山布瓦顶建筑，清水脊干槎瓦屋面。各间面阔均为 3.24 米，进深 3.63 米，建筑面积 53.36 平方米。台帮为红砂岩毛石砌筑，勾青灰鼓子缝，四面为红砂岩角柱石和阶条石压面。阶条石断面尺寸 500×190 毫米，在对应柱顶石的位置开 9 厘米凹槽，将柱顶石镶嵌在凹槽中。室内铺 400×400 毫米方砖地面。红砂岩檐柱顶石规格为 500×500 毫米，柱顶石上糙做痕迹显示檐柱径为 250 毫米。前檐明间门连窗，次间设支摘窗。山墙和后墙下碱外包金毛石，

298 四合院遗址的山墙墀头挑檐石（陈东 摄影）

299 四合院正房遗址（陈东 摄影）

300 四合院东配房遗址（陈东 摄影）

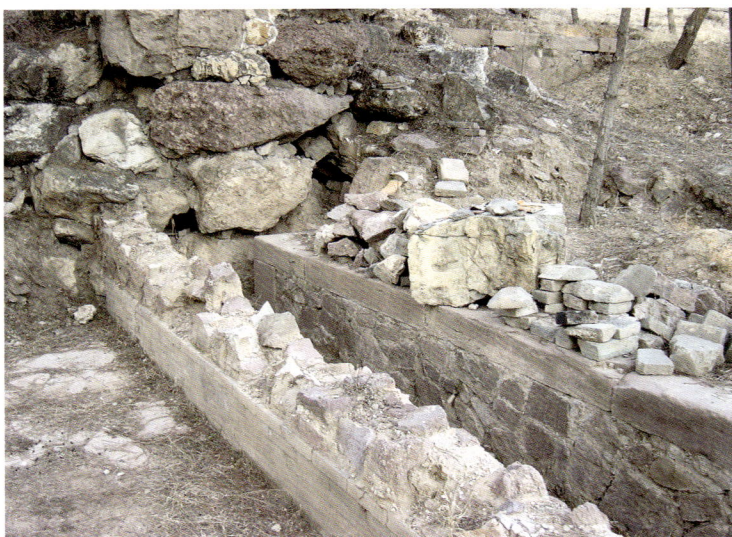

301 四合院西配房遗址（陈东 摄影）

内包金青砖糙砌（图 300-301）。

二、大厨房

　　大厨房面阔五间，进深三间。台帮为毛石砌筑，勾青灰鼓子缝，四面设红砂岩角柱石，上施红砂岩阶条石压面，压面石宽 560 毫米。室内铺方砖地面，十字缝糙墁，规格为 400×400 毫米。红砂岩柱顶石规格为 560×560 毫米，柱顶石上糙做痕迹显示檐柱径为 280 毫米（图 302）。

　　大厨房前檐檐里安装修，明间槅扇，次间、梢间设槛窗。山墙和后檐墙下碱毛石砌筑，置红砂岩腰线石和角柱石，墙体上身青砖糙砌。槛墙应为青砖干摆砌筑。根据文献分析，屋顶

302 大厨房遗址西侧（陈东 摄影）

瓦二号布纹筒板瓦，设清官式正吻、正脊、垂脊、铃铛排山，垂脊兽前应设一狮二马。

三、僧房

　　10 座僧房建筑样式基本一致，只有细微差别。均为面阔五间，进深一间，单檐硬山布瓦顶建筑（图 303）。从目前老照片分析，1 号僧房屋顶做法比较特殊，为卷棚脊筒板瓦屋面，其余应为清水脊干槎瓦屋面，垂脊位置施两垄筒瓦。目前原因不详，有可能是后期改建形成的，或者是该建筑有特殊的功能需求影响了建筑等级，对此还需深入研究。

303 西跨院 4 号僧房遗址（陈东 摄影）

　　各僧房明间、次间、梢间均为 3.2 米，但因建筑存在侧角、施工误差和走闪移位，实测数据存在 30-90 毫米不等的差别，但可以肯定的是原有的设计尺度就是清营造尺一丈。各僧房进深均为 3.95 米，建筑面积约为 90 平方米。台基露明高均为一步 0.12-0.16 米，台帮为毛石砌筑，勾青灰鼓子缝，四面设红砂岩角柱石，上施红砂岩阶条石压面，压面石宽 300-400 毫米不等。室内顺铺条砖地面，十字缝糙墁，规格为 280×140×70 毫米。红砂岩柱顶石规格为 400-450 毫米不等，但柱径均为 220 毫米。各僧房山墙和后檐墙下碱均为毛石砌筑，山墙墀头墙用条砖砌筑，五进五出，设砖腰线，上身用砖和毛石糙砌，内外白灰抹面。槛墙均为条砖砌筑。北方地区保温槅热需求，僧房建筑一般不选择槛窗槅扇装修，而是采用门连窗、支摘窗做法的装修，芯屉样式常见为步步锦。

　　薛桐轩和关野贞拍摄的老照片都显示，8 号僧房东侧与院墙之间有一间小房，应为后期添建，不是原有建筑结构；东便门外有可能有影壁。6 号僧房明间屋顶东西缝正脊上设有瓦花，屋面增设稍垄，应为穿堂做法，与溥仁寺僧房、热河文庙西跨院穿堂做法和功能类似。目前已知 10 座僧房中 8 号僧房南山墙设有方窗，其余待考。

第六节　原有设计规律分析

一、僧房布局设计是清代殊像寺整体规划设计的一部分，僧房位置和体量符合寺庙规划的百格网，僧房的墙体和庭院的院墙基本都与规划格网吻合。

二、从东西跨院各僧房位置分析，部分建筑存在明显的对称性，能确定是建庙之初就统一规划设计的。其中1号与6号僧房对称，2号与7号僧房对称，4号与8号僧房对称，5号与9号僧房可能对称，东西便门对称，西门楼正对月台西侧出入口。但也特意在东跨院增加了大型建筑大厨房、四合院、10号僧房以及弧形庭院，以此来打破完全的对称，特意寻求一些设计上的变化。特殊的是根据现存遗址（图304）和20世纪30年代两份不同来源的平面图显示，鼓楼西侧与跨院分割的院墙并没有和东侧的钟楼位置对称，而是紧贴鼓楼西墙修建，通往西跨院的门楼也没有像东侧那样位于旗杆南侧，而是设在旗杆北侧；这种格局目前还无法确定是清代原有的规划，还是近现代改建的结果，有待深入研究。

三、西跨院的建筑布局比较简单，功能也比较专一，均为普通僧房；东跨院的建筑类型明显多于西跨院，功能也更加复杂，增加了活佛院、达喇嘛院、大厨房等建筑，还增加宫里人管理用房的功能。

四、从庭院整体布局看，东西跨院的南部建筑都分布比较密集，建筑间距只有台基进深的1.3倍；而北部建筑分布比较舒朗；在东跨院，建筑越靠北地势越高，建筑的使用功能的等级也越高；4号和8号僧房所在的跨院位置因为被体量庞大的馔香堂和演梵堂占据，因此无法设置正房，只能将僧房设计成厢房。

五、虽然殊像寺东西跨院四围都有寺庙院墙和腰墙分隔，但各僧房还都增加了第二层的院墙进行封闭围合，随之也增加了很多的随墙门，形成了园中有园的"园中园"。这样处理的好处就是可以形成独立的僧房庭院，这种设计在承德外八庙中也比较普遍，如普宁寺、溥仁寺的僧房。一是利于对僧人的管理，二是加强了寺庙的安全，三是有效地阻隔了火灾的蔓延。

六、东跨院8号、9号僧房庭院和四合院都有明确依据设置了门楼，但西跨院目前只能确定1号僧房东北侧院墙上设有门楼，其余僧房庭院是否设置门楼待考。

七、殊像寺僧房是供寺庙僧人居住生活的建筑，建筑等级较低，所以和殊像寺其他主体建筑有很多不同的做法，在建筑尺度、大木尺寸、台基高度、装修样式、建筑材料、工艺做法等各个方面都体现了中国封建社会森严的建筑等级制度。例如作为附属建筑，僧房全部为硬山建筑，檐头只有椽子，而不设飞椽；为了便于居住时的通风和采光，山墙和后檐墙常设有方窗，门窗采用保温性能较好的门联窗和支摘窗；因为建筑等级较低，山墙为披水砖做法，不设铃铛排山；大部分建筑的正脊为清水脊蝎子尾做法，屋面为干槎瓦，两侧山面设稍垄；此外，殊像寺僧房建筑的墙体大部分为毛石砌筑，很少采用砖砌，室内采用条砖墁地。相对于僧房来说，大厨房和四合院正房的建筑等级较高，建筑体量较大，设飞椽，有垂脊和铃铛排山，室内墁地采用尺二方砖；正房设前出廊，山墙犀头还和香林室、慧喜殿一样，采用了挑檐石，建筑规制明显高于僧房建筑，等级又低于主院区宗教建筑，使整个寺庙不同功能的建筑形成了鲜明的对比，主次分明，层次清晰，并在对称中寻求变化，将清代官式古建筑区分等级制度的设计理念发挥得淋漓尽致。

304 钟鼓楼南侧腰墙和门楼遗址（陈东 摄影）

第一节　新样文殊

　　1975 年 10 月，敦煌文物研究所在莫高窟 220 窟壁画保护中发现了西夏壁画背面保存有唐代同光三年（925 年）绘制的文殊菩萨壁画，并且有"敬画新样大圣文殊师利"的重要题记。而且文殊左侧牵狮者表现为络腮胡，头戴红色风帽，身着胡服，足穿高毡靴，双手执缰绳，其头侧榜题有"普劝受持供养大圣感得于阗……国王……"，现代研究者称其为于阗王。另据北宋《广清凉传》："现文殊大圣，处菡萏座。据狻猊之上，及善财前导，于阗为御，波离后从"的记载。据此，敦煌文物研究所在报告中将这类文殊形象命名为"新样文殊"。其中的"新"

有两层含义，一是指在唐代出现的一种新的文殊菩萨形象，即文殊不按传统的方式与普贤并列出现，而是作为主尊居中端坐；二是牵狮的昆仑奴变成了唐代的历史人物于阗王。"新样文殊"虽无佛经依据，也无详细文献记载，但这种形象的现存实物却非常丰富，说明在唐朝之后曾广泛流传，在敦煌、山西、四川、重庆的石窟寺中有大量类似图像，在山西五台山供奉文殊菩萨的寺院中也较为常见，承德殊像寺宝相阁中的骑狮文殊像也属于这种类型。

第二节　宝相阁文殊像

　　常见的"新样文殊"胁侍，左右分别为善财童子和于阗王，在敦煌壁画和五台山各寺庙的文殊供像中十分普遍，五台山殊像寺骑狮文殊像的胁侍也是善财童子和于阗王。但根据《陈设档》记载，承德殊像寺骑狮文殊左胁侍是"回回一尊"，右胁侍是"韦陀一尊"，而承德地方盛行的说法是宝相阁骑狮文殊是按照乾隆皇帝的容貌塑造的（图 305-306），右胁侍传说是乾隆皇帝的贴身侍卫白大将军，左胁侍是专门为乾隆皇帝牵马的"西洋回回"。最早记述这一说法的是《殊像寺赵喇嘛访谈笔记》（详见本书第五篇第一章第十三节）1900 年出生，1911 年 11 岁入庙的赵喇嘛回忆道："宝相阁，内有文殊菩萨坐狮木像（即乾隆像），前有两个站童，西边是白大将军（保驾），东边是西洋回回，牵狮子的。"而这一传说也被写入了很多研究殊像寺的文章之中，成为宝相阁骑狮文殊是按照乾隆皇帝的容貌塑造的关键依据。

　　承德殊像寺宝相阁和圆明园正觉寺文殊亭中骑狮文殊与五台山殊像寺的最大的区别就是将右胁侍善财童子替换成了金盔金甲的将军形象，《陈设档》称其为"韦陀一尊"。韦陀是佛教著名的护法神，相传释迦牟尼涅槃时，一个邪魔偷走一对佛牙舍利，韦陀奋起直追夺回了佛舍利。因此韦陀被人们称为护法菩萨，经常被供奉在寺庙天王殿弥勒佛的背后，面对大雄宝殿

305 宝相阁的佛像（日本 关野贞 1933 年摄影 引自《热河》）

A   B   C   D

E   F   G   H

A. 五台山殊像寺文殊菩萨（局部）

B. 丁观鹏绘文殊像之一（局部），台北故宫博物院藏

C. 丁观鹏绘文殊像之二（局部），台北故宫博物院藏

D. 承德殊像寺宝相阁文殊菩萨塑像（局部），关野贞摄影

E. 郎世宁绘乾隆朝服像（局部，乾隆初年），故宫博物院藏

F. 乾隆佛装唐卡像（局部，乾隆中期），美国弗利尔美术馆藏

G. 塞宴四事图中的乾隆（局部，乾隆二十五年），故宫博物院藏

H. 乾隆朝服像（局部，乾隆晚期），故宫博物院藏

306 文殊菩萨塑像与乾隆面相比较（陈东整理）

中的释迦牟尼佛像。承德溥仁寺、普乐寺、普宁寺、殊像寺的天王殿中都供奉有韦陀。其实韦陀也是五台山殊像寺骑狮文殊的胁侍之一，但并没有位于文殊的右侧，而是位于文殊左侧于阗王的前面。而承德地方传说宝相阁文殊右胁侍是乾隆皇帝的贴身侍卫白大将军，但清朝历史上乾隆身边并没有这样的一个护卫将军。从承德殊像寺宝相阁右胁侍的老照片显示的形象为头戴金盔，足穿乌云皂履，身披黄金锁子甲，特别是手持金刚宝杵，与《陈设档》的韦陀记载和常见的韦陀形象完全吻合，能确定不是民间传说的乾隆皇帝的护卫将军。但承德殊像寺宝相阁文殊像和圆明园正觉寺文殊亭为何将五台山殊像寺文殊菩萨的右胁侍善财童子替换成韦陀还需要进一步考证。

此外，仿建五台山殊像寺修建的圆明园正觉寺文殊亭和承德殊像寺宝相阁中的"新样文殊"胁侍都采用的是韦陀和于阗王，下面分别介绍。

第三节　于阗王

于阗王的形象来源于唐代的于阗。于阗国本是古代西域的一个国家，地处塔里木盆地南沿，国王姓尉迟。于阗国在汉唐时期都曾归属中国，唐代是安西都护府安西四镇之一。尉迟胜是于阗尉迟氏的第九代王，在唐代"安史之乱"时镇守西域发挥重要作用，配合唐王朝抗击吐蕃，平定内乱。《新唐书》记载"上元初，亲率子弟酋领七十人来朝。击吐蕃有功，帝以其地为毗沙都督府，析十州，授伏阇雄为都督"。《旧唐书》记载安史之乱爆发后，"（尉迟）胜乃命弟曜行国事，自率兵五千赴难。……肃宗待之甚厚，授特进殿中监。广德中拜骠骑大将军、毗沙门都督、于阗王，令还国，胜固请留宿卫。加开府仪同三司，封武都王，实封百户。胜请以本国王授曜，诏从之"。正因为于阗王战功显赫，因此，在唐代，骑狮文殊像的牵狮人由没有名号的昆仑奴变成了唐代的历史人物于阗王。此外，学者崔元《五台山南禅寺唐代护国文殊与新样文殊造像解读》和许栋《新样文殊中的于阗王及相关问题研究》等研究中都认为于阗王就是毗沙门天王，即常供奉在寺庙天王殿中的四大护法神之一的北方多闻天王。《陈设档》记载，承德殊像寺骑狮文殊左胁侍是"回回一尊"，回回的记载与信奉佛教的于阗的民族属性并不一致。这也许是因为在宋代喀喇汗国侵占了于阗国，将这个信奉佛教的国家改为信奉伊斯兰教，到了清代，因为于阗人和回族人的长相和服装比较相近，很有可能将于阗王混淆为"回回"。但以殊像寺宝相阁骑狮文殊牵狮人的老照片对比五台山

殊像寺（图307）及其他地方"新样文殊"可知，其外观形象与传统的于阗王形象完全一致。而且，乾隆皇帝身边也没有一个回族的贴身侍卫或牵马人。因此，应该可以肯定的是承德殊像寺骑狮文殊左胁侍就是与五台山殊像寺一脉相承的，承德民间传说中所谓的"回回"就是传统"新样文殊"中的于阗王。

307 五台山殊像寺文殊殿内佛像（引自五台山佛教网 www.wutaishanfojiao.com）

第四节　善财童子与韦陀

　　善财童子的名号源自《华严经》，描述文殊师利在福城东住庄严幢娑罗林中，其时福城长者子有五百童子，善财为其中之一。他诞生时，"其七大藏，纵广高下各满七肘，从地涌出，光明照耀。复于宅中自然而有五百宝器，种种诸物自然盈满……以此事故，父母亲属及善相师共呼此儿名曰善财"。善财最初受教于文殊，文殊指点他参访"善知识"，此后，善财历经艰辛，参拜了51个名师，从每人身上都学到了很多知识，最终又回到文殊菩萨这里，由文殊引荐普贤，终得正果，成为菩萨，这就是著名的"善财五十三参"。因此，善财成为"新

样文殊"常见的胁侍之一，现童子身，如山西省五台山佛光寺东大殿晚唐文殊像、山西省原平市慧济寺大佛殿元代文殊像等，而建于明代的五台山殊像寺也是如此配置。此外，善财也曾拜谒观音，受益很多，为辅助观音普度众生，成为观音的左胁侍，在乾隆时期修建的承德普宁寺大乘之阁中举世闻名的千手千眼观世音菩萨的左胁侍也是善财，但不是童子身，而是一个老者形象。承德殊像寺宝相阁文殊像为何将右胁侍善财童子替换成韦陀还需要进一步考证。

第五节　宝相阁文殊像修复的错误

承德殊像寺宝相阁的骑狮文殊像和胁侍是 2000-2002 年由承德市文物局委托承德双滦金纺创意工作室修复，部分采用了原有的佛像残块残片，如文殊像莲台的部分莲瓣，两胁侍的部分手臂等（图 308），整体外观形象基本吻合老照片，但文殊像左腿的形态复原出现了明显的错误。虽然承德殊像寺宝相阁现存的老照片均是从文殊像的正面或右侧拍摄，未能体现左腿

的具体位置。根据其仿制的原型以及同系列造像分析，山西五台山骑狮文殊像、丁观鹏绘骑狮文殊像、北京正觉寺文殊像老照片、北京香山宝相寺旭华之阁骑狮文殊像碑刻中体现的文殊菩萨均为右足盘膝，左足下垂并踏于青狮身侧的莲花之上，即腿部为半跏趺坐姿。因此，承德殊像寺宝相阁现代修复的骑狮文殊像左足盘膝的做法是错误的。

308 殊像寺宝相阁 2002 年修复的骑狮文殊像（李林俐 摄影）

◎ 第四篇

工程实录

承德殊像寺文物保护工程实录

2010年8月9日，国家六部委在承德召开现场办公会议，确定中央财政投入6亿元资金实施承德避暑山庄及周围寺庙文化遗产保护工程，包括了避暑山庄、普陀宗乘之庙、须弥福寿之庙、殊像寺、普宁寺、普佑寺、安远庙、普乐寺、溥仁寺、广缘寺10个文物保护单位，涉及古建筑保护修缮、安消防能力提升、古建筑遗址保护、文物科技保护、避暑山庄水环境综合整治、文物保护基础工作等6个方面，共计105个单项工程。其中，涉及殊像寺的单项工程有9项，分别是现存建筑修缮、会乘殿保护修缮、建筑基址及院落整治、清代彩画保护、假山抢险、石质文物科技保护、安防、消防、防雷等（详见表60），工程总投资约3300万元。2011年9月至2017年2月，殊像寺各项文物保护工程陆续完成设计方案编制审批和工程招投标，依次开工实施。共有7家设计单位、3家监理单位、7家施工单位参与了工程建设。历时九个寒暑，截至2019年年底，殊像寺的9项单项工程全部完工并通过了河北省文物局和国家文物局组织的工程验收。

通过实施殊像寺9项文物保护工程，对殊像寺的所有古建筑进行了一次系统、全面、科学的保护修缮（图309），全面排除了古建筑安全隐患，提高了文物安全防范能力，并对殊像寺的建筑基址和院落、建筑彩画、清代假山、石质文物等特殊类别的文物进行了专项保护，不仅科学、有效地保护了这一珍贵的世界文化遗产，也为今后殊像寺的保护、研究和利用奠定了良好的基础，更好的发挥了承德文化遗产在促进中华民族团结统一事业中的历史作用。

表60 殊像寺文物保护工程项目实施情况表

序号	项目名称	设计单位	监理单位	施工单位	开工时间	省级技术验收或安消防专业验收时间	国家文物局竣工验收时间
1	殊像寺现存建筑修缮工程	河北省古代建筑保护研究所	北京方亭工程监理有限公司	北京首华建设经营有限公司	2011年9月	2013年12月	
2	殊像寺会乘殿保护修缮工程	河北省古代建筑保护研究所 河北木石古代建筑有限公司	河南东方文物建筑监理有限公司	北京园林古建工程有限公司	2013年1月	2014年10月	2015年11月
3	殊像寺建筑基址及院落整治工程	河北省古代建筑保护研究所					
4	殊像寺清代彩画保护工程	中国文化遗产研究院		中国文化遗产研究院	2013年4月		
5	殊像寺假山抢险工程	浙江省古建筑设计研究院	北京方亭工程监理有限公司	北京怀建集团有限公司	2013年12月	2016年1月	2016年7月
6	殊像寺石质文物科技保护工程	中国文化遗产研究院	河南东方文物建筑监理有限公司	中国文化遗产研究院	2017年2月	2019年8月	2019年8月
7	殊像寺安防工程	河北荣视电子技术有限责任公司	承德城建工程项目管理有限公司	承德万得电子有限公司	2013年4月	2014年1月	2014年10月
8	殊像寺消防工程	承德万得电子有限公司		河北鑫隆安全技术有限公司	2011年10月	2014年3月	
9	殊像寺古建筑本体防雷系统工程	天津市防雷中心		广西地凯防雷工程有限公司	2013年3月	2014年1月	

309 殊像寺东南视角全景（郭峰 摄影）

第一节 工程概况

殊像寺现存建筑修缮工程的勘察设计工作起步较早，2007年，承德市文物局即与美国盖蒂保护研究所共同合作编制了《殊像寺保护与利用概念性计划》并通过了国家文物局的专家论证，现存古建筑的保护修缮就是其中的一项重要规划内容。2007年底，承德市文物局委托河北省古代建筑保护研究所在《殊像寺保护与利用概念性计划》的框架下编制《承德殊像寺现存建筑修缮方案》，2008年12月，设计方案编制完成并上报至河北省文物局。2009年，河北省文物局组织了设计方案的专家初审并提出审核意见。2009年12月，设计单位按照方案审核意见完成方案修改，再次通过承德市文物局将设计方案上报至河北省文物局和国家文物局。2010年5月，《承德殊像寺现存建筑修缮方案》通过了国家文物局审批（文物保函〔2010〕330号），同意方案中关于山门、钟楼、鼓楼以及僧房4个建筑的保护修缮设计内容，同时提出了修改意见。由于方案中关于现存建筑会乘殿的修缮内容缺乏可行性，国家文物局要求另行报批（详见本篇第二章的内容）。

2010年8月，承德避暑山庄及周围寺庙文化遗产保护工程启动，殊像寺现存建筑修缮工程作为一个单项工程被列入了总体计划中。2011年2月，按照国家文物局批复意见，设计单位河北省古代建筑保护研究所对殊像寺进行了补充勘查，对原设计方案进行了补充、完善，编制了深化设计方案。2011年6月30日，《承德殊像寺现存建筑（不含会乘殿）保护修缮方案》深化设计通过了河北省文物局核准（冀文物发〔2011〕132号）。

2011年6月，承德市文物局、承德避暑山庄及周围寺庙文化遗产保护工程指挥部工作办公室组织殊像寺现存建筑修缮工程公开招投标，2011年8月3日，确定中标的施工单位为北京首华建设经营有限公司，监理单位为北京方亭工程监理有限公司（见表61）。2011年9月20日，河北省文物局批准殊像寺现存建筑修缮工程开工许可（冀文物许字〔2011〕22号）（图310），该工程正式开始施工，于2012年10月31日完工。

殊像寺现存建筑修缮工程施工范围包括山门、钟楼、鼓楼、僧房4处古建筑（图311）。其中山门和钟鼓楼的工程性质为现状整修，主要包括瓦面整修、大木构件检修、墙面局部整修、木装修检修、台基石构件归安加固、散水补配、油饰保养等。僧房作为本次修缮的重点项目，进行了全面的重点修缮，具体包括屋顶挑顶修缮、大木打牮拨正、拆砌墙体、补配装修、铺墁室内地面、新做地仗油饰等。殊像寺现存建筑修缮工程尽可能采用传统工艺和做法施工，有效地保证了文物的真实性和完整性，同时也促进了古建筑保护传统施工工艺技术的传承，消除了殊像寺现存古建筑的安全隐患。

2013年12月6日，殊像寺现存建筑修缮工程通过河北省文物局组织的工程技术验收，2015年11月16日通过国家文物局竣工验收。

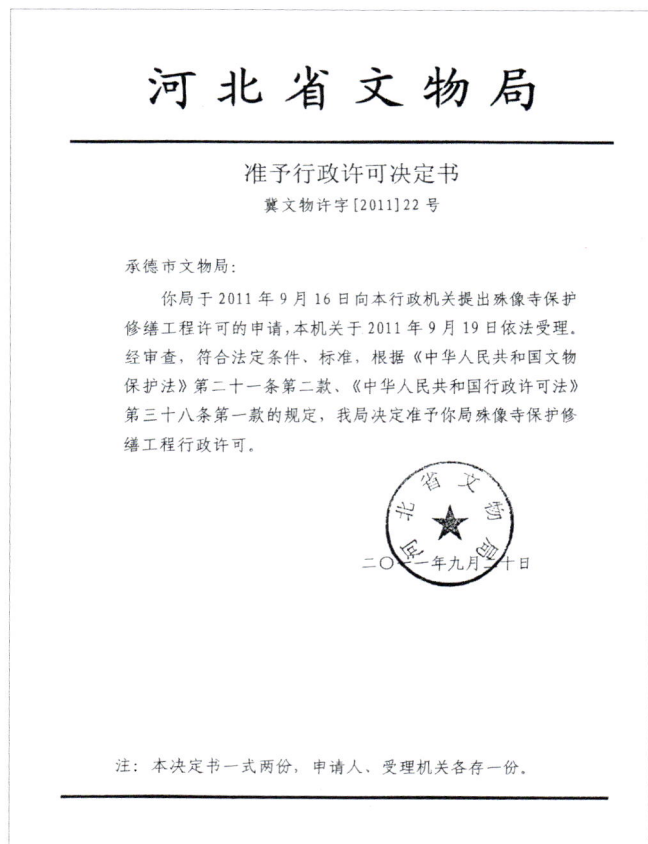

310 殊像寺现存建筑修缮工程开工行政许可

311 南视角鸟瞰殊像寺山门、钟鼓楼和僧房（郭峰 摄影）

表61　殊像寺现存建筑修缮工程参建各方情况表

		类别	负责人	主要参与人员
建设单位	承德市文物局、承德避暑山庄及周围寺庙文化遗产保护工程指挥部工作办公室	工程建设组	李林俐	陈东、柴彬、王博、于志强、辛宇、陈建春
		招投标组织组	韩永祥	
		财务管理组	杨海燕	薛晓霞、夏志鹏、陈晶、高占鹏
		综合协调组	缪革新	孙继梁、姜可辛、杨青春、王红杰
		资料档案组	穆焱	高俊、东海梅、孔繁敏
设计单位	河北省古代建筑保护研究所	设计负责人		孙荣芬
		主要设计人员		田林、林秀珍、张剑玺、张勇、赵喆、许军
监理单位	北京方亭工程监理有限公司	总监理工程师		裴平
		监理工程师		潘海深、吕玉平、刘铁军、魏岩、王永发
施工单位	北京首华建设经营有限公司	项目经理		蒋伯生
		技术负责人		吴晓如
		主要技术人员		王超、高业京、牛纪州

[*]：本节部分内容摘自河北省古代建筑保护研究所编制的《承德殊像寺现存建筑修缮方案》

第二节　设计方案主要内容 *

一、修缮依据

（一）《中华人民共和国文物保护法》；

（二）《古建筑木结构维护与加固技术规范》；

（三）《中国文物古迹保护准则》；

（四）河北省建筑研究院编写的《山门结构稳定分析报告》（详见第三篇第四章）；

（五）《承德殊像寺现存文物建筑勘察报告》；

（六）殊像寺现存文物建筑实测图；

（七）承德殊像寺相关的碑刻及历史文献资料，现状遗物的做法、用材规格、整体风格、时代特征等方面的考察记录及研究性成果。

二、修缮原则

（一）在坚持文化遗产保护的原真性原则和坚持"不改变文物原状"的文物保护修缮原则的基础上，尽可能使用原做法、原工艺，尽量保留原有构件；残损的构件经修补后仍能使用的不应更换。确保建筑及相关文物遗存修缮前、后风格的一致性。

（二）尽量少干预，凡是近期没有重大危险的部分，除日常保养和现状整修外不应进行过多的干预。

（三）保护现存实物原状和历史信息，一切技术措施应该以不妨碍再次对原物进行保护处理，经过处理的部分要和原物或前一次处理的部分既协调、又可识别。所有修复的部分都应有详细的记录档案和永久的年代标记。

（四）正确把握审美标准。文物建筑的审美价值主要表现为它的历史真实性，不允许为了追求完整、华丽而改变文物原状。

（五）凡是有利于文物古迹保护的技术和材料都可以使用，适当采用新材料、新工艺增加修复的科技含量，以确保修复后的可靠性和持久性。

三、修缮性质

殊像寺现存建筑修缮工程的修缮性质以文物建筑现状整修和重点修缮为主。其中山门、钟鼓楼3座建筑为现状整修，僧房为重点修缮。

四、修缮内容

（一）山门（表62）

根据河北省建筑研究院《山门结构稳定性分析报告》（详见第三篇第四章），"山门围护墙体处于稳定状态"，"山门梁架结构处于稳定状态"，"经现场测试及稳定性分析，殊像寺山门整体结构处于稳定状态。"根据以上结论和现场勘察的情况，制定了修缮方案（图312）。

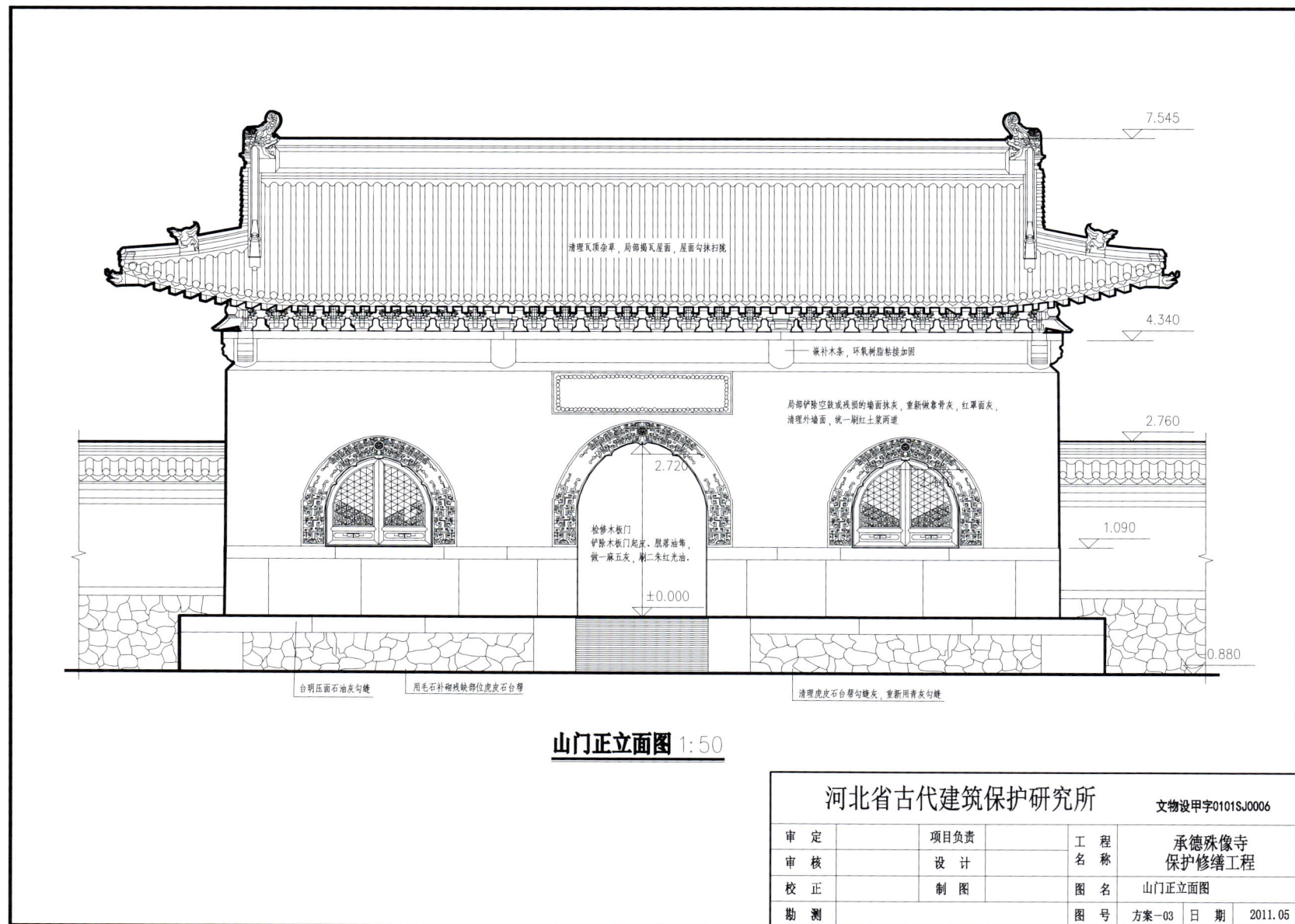

312 修缮方案中的山门正立面图（引自河北省古代建筑保护研究所《承德殊像寺现存建筑修缮方案》）

表 62　殊像寺山门修缮内容汇总表

部位	修缮方案
台基	台明压面石缝隙用油灰勾缝；用原材料、按原规格更换台明东山面前半部风化严重的压面石；补砌西山面后半部虎皮石台帮缺失的毛石，清理虎皮石台帮勾缝，用青灰重新勾缝。前后檐礓磋台阶拆安、归位，用原材料、按原规格更换前后檐三块磨损严重的礓磋石。
散水	清理围墙以北台明四周地面，原土夯实，灰土一步，上用片石铺墁散水，宽度 0.75 米，牙子石宽 0.15 米。
地面	检修条石地面。
墙体	下碱：将西山面前半部虎皮石墙面松动的块石归位，清理两山下碱虎皮石墙面勾缝，用青灰重新勾缝。 前檐墙：对墙体上身裂缝用桃花浆灌缝处理，对墙体进行补砌。 后檐墙：局部拆砌券门上裂缝墙体，将中部下沉的券脸石归位；对明间和东次间墙体裂缝用桃花浆灌缝处理。 局部铲除空鼓或残损的外墙抹灰，做靠骨灰（大麻刀灰）、红罩面灰，统一刷红土浆两道；内墙包金土墙面原状保留。
柱	前檐：对劈裂的明间东柱柱头镶嵌木条，然后用铁箍加固；对梁头上的斜裂缝灌注环氧树脂粘结加固。 后檐：对劈裂的明间东西柱头镶嵌木条，然后用铁箍加固。
木构架	将前后檐明间东西柱头处脱榫的平板枋归位，并用钢板加固；检修木构架。梁架有小裂缝的用环氧树脂粘结加固。
装修	检修前后檐木板门，清理板门原油饰，刮腻子并做一麻五灰地仗，刷二朱红光油。
斗栱	检修檐下斗栱，将错位的小斗归位，缺失的补配。
瓦顶	清理瓦顶杂草，局部揭瓦瓦顶，勾抹扫垄。
彩绘	建议根据彩绘的具体情况，请有资质的单位制定彩画专项保护方案（详见本篇第四章）。

（二）钟楼（图 313，表 63）

表 63　殊像寺钟楼修缮内容汇总表

部位	修缮方案
台基	清理台明四周，对南侧台明前半部下沉的部位用 1：2 水泥浆灌缝加固；用毛石补砌后檐局部脱落的虎皮石台帮。清理虎皮石台帮勾缝，用青灰重新勾缝。
散水	清理台明四周，原土夯实，灰土一步，上铺片石散水，宽 0.75 米。
地面	清理土地面，原土夯实，灰土一步，参考馔香堂现存 400×400 毫米地面方砖，上铺 400×400 毫米方砖地面，铺墁方法为十字错缝顺铺。
墙体	将南山墙下沉腰线石归位，并用环氧树脂粘接加固；清理外墙虎皮石下碱勾缝，用青灰重新勾缝，内墙下碱用白灰勾缝。将空鼓或残损墙面抹灰铲除，做靠骨灰（大麻刀灰）、红罩面灰，统一刷红土浆两道；内墙上身麻刀灰打底，白灰罩面。
木构架	检修梁架。 补配室内楼梯上木栏杆，望柱为 120×120 毫米，高 1.0 米，栏杆为两层式样，扶手下安装立撑，扶手规格为 70×60 毫米，四角起线，立撑规格为 50×30 毫米，详见栏杆大样图。
装修	检修一层板门和二层木栈板。
瓦顶	清理一、二层瓦顶杂草，勾抹扫垄。
油饰	一、二层挑檐檩、垫板、额枋：修补原地仗，刷二朱红光油。 楼板、楼板枋、栏杆：做防腐处理，做单皮灰地仗，刷二朱红光油。 一层板门：清理板门原油饰，做单皮灰地仗，刷二朱红光油。 二层木栈板：清理木栈板原油饰，外侧做一麻五灰地仗，内侧单皮灰，刷二朱红光油。 一、二层檐柱：清理檐柱原油饰，做一麻五灰地仗，刷二朱红光油。

10.160

瓦顶清理杂草，勾抹扫跳。

7.625

重新油饰　　重新油饰

铲除原油饰、重新做一麻五灰、刷二朱红光油

5.035

瓦顶清理杂草，勾抹扫跳。

3.280

檩、垫板、额枋重新油饰

局部铲除空鼓或残损的墙面抹灰，重新做靠骨灰，红罩面灰，
清理外墙面，统一刷红土浆两道

清理虎皮石下碱勾缝灰，重新用青灰勾缝

±0.000

−0.600

清理虎皮石台帮勾缝灰，重新用青灰勾缝

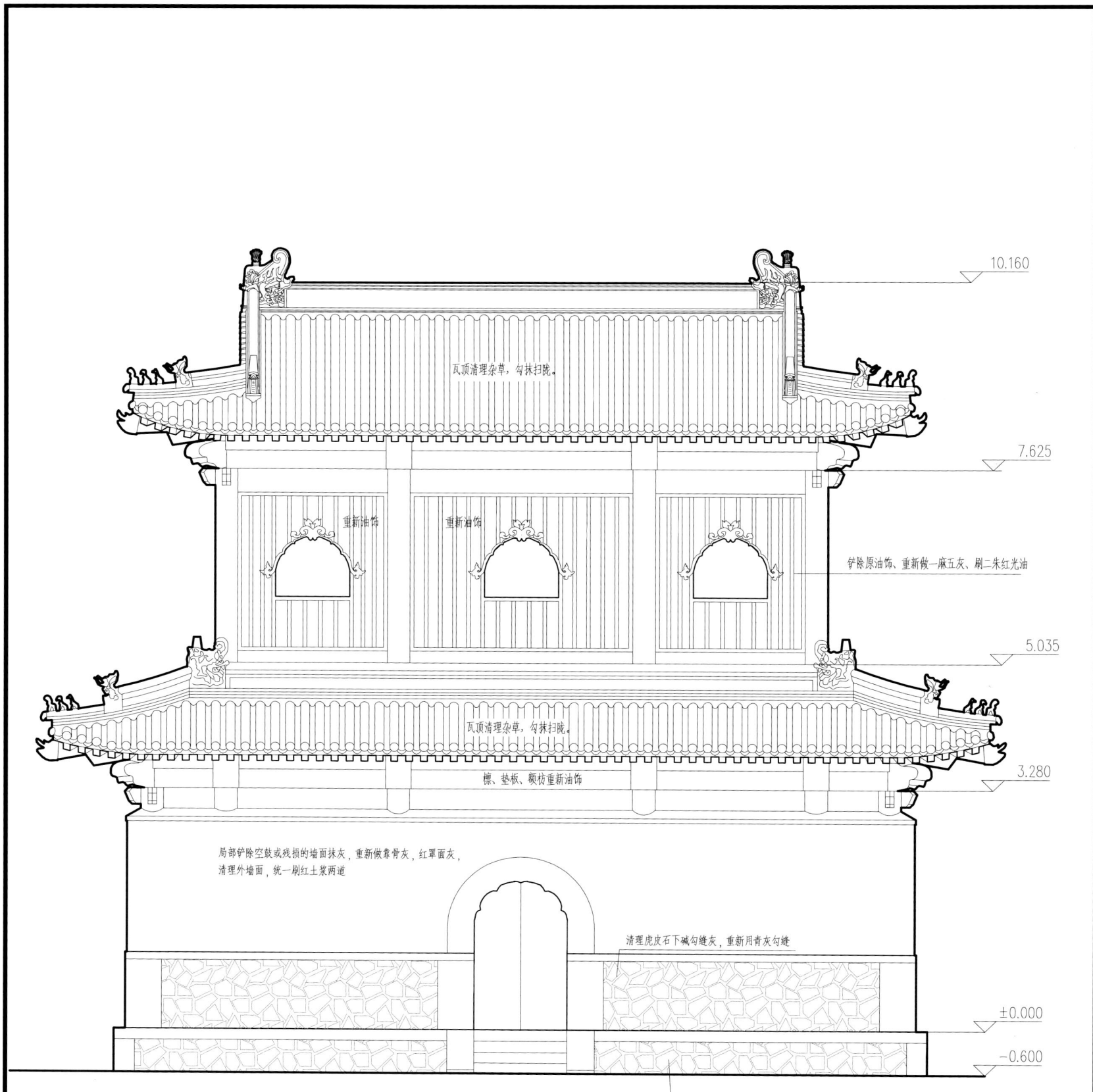

钟（鼓）楼正立面图 1:50

河北省古代建筑保护研究所				文物设甲字0101SJ0006	
审　定		项目负责		承德殊像寺 保护修缮工程	
审　核		设　计			
校　正		制　图		图　名	钟（鼓）楼正立面图
勘　测				图号 方案－11	日　期 2011.05

313 修缮方案中的钟鼓楼正立面图（引自《殊像寺现存建筑修缮方案》）

（三）鼓楼（表 64）

表 64　殊像寺鼓楼修缮内容汇总表

部位	修缮方案
台基	用原材料、按原规格更换台明北侧中部风化的压面石。清理虎皮石台帮勾缝，用青灰重新勾缝。
散水	清理台明四周，原土夯实，灰土一步，上铺片石散水，宽 0.75 米。
地面	清理土地面，原土夯实，灰土一步，上铺 400×400 毫米方砖地面，铺墁方法为十字错缝顺铺。
墙体	清理外墙虎皮石下碱勾缝，用青灰重新勾缝，内墙下碱用白灰勾缝。将空鼓或残损墙面抹灰铲除，做靠骨灰（大麻刀灰）、红罩面灰，统一刷红土浆两道；内墙上身麻刀灰打底，白灰罩面。
木构架	检修梁架。 补配室内楼梯上木栏杆，望柱为 120×120 毫米，高 1.0 米，栏杆为两层式样，扶手下安装立撑，扶手规格为 70×60 毫米，四角起线，立撑规格为 50×30 毫米，详见栏杆大样图。
装修	检修一层板门和二层木栈板。
瓦顶	清理一、二层瓦顶杂草，勾抹扫垄。
油饰	一、二层挑檐檩、垫板、额枋：修补原地仗，刷二朱红光油。 楼板、楼板枋、栏杆：做防腐处理，做单皮灰地仗，刷二朱红光油。 一层板门：清理板门原油饰，做单皮灰地仗，刷二朱红光油。 二层木栈板：清理木栈板原油饰，外侧做一麻五灰地仗，内侧单皮灰地仗，刷二朱红光油。 一、二层檐柱：清理檐柱原油饰，做一麻五灰地仗，刷二朱红光油。

（四）僧房（图 314，表 65）

表 65　殊像寺僧房修缮内容汇总表

部位	修缮方案
台基	降低院落地面，露出前后檐原台明，前檐至少露出一步台阶，按原材料和规格补配前檐台明压面石，补配后檐和两山台明压面石，材质为红砂岩。
散水	清理台明四周，原土夯实，灰土一步，上铺片石散水，宽 0.75 米。
地面	清理土地面，原土夯实，灰土一步，上铺 265×130×50 毫米条砖地面，十字错缝顺铺。
墙体	前檐槛墙：拆除前檐槛墙，用 265×130×50 毫米条砖重新砌筑前檐槛墙。 后檐墙：拆除后檐后砌的墙体，重新用毛石砌筑后檐西次间、西梢间、东梢间墙体，补砌后开窗洞；清理明间和东次间后檐墙外黄泥抹面，检修墙体，虎皮石下碱青灰勾缝，上身麻刀灰打底，白灰罩面。 西山墙：局部拆砌上半部红砖砌筑部位，重新用 265×130×50 毫米条砖砌筑，补砌后檐墀头墙；剔补酥碱部位的虎皮石墙面；用 265×130×50 毫米条砖剔补前半部酥碱的墀头墙。 东山墙：拆除东山墙重新砌筑，墀头墙用 265×130×50 毫米条砖砌筑，墙心虎皮石墙面，外青灰勾缝。 室内墙体：拆除室内后加墙体，重新用 265×130×50 毫米条砖砌筑明间和东次间隔墙，隔墙厚 0.24 米；检修明间和西次间之间墙体，补配木板门，检修现存隔扇窗；清理内墙面，麻刀灰打底，白灰罩面。
柱	检修前檐柱，裂缝处镶嵌木条，灌注环氧树脂加固。
木构架	揭取瓦顶，检修木构架，将西梢间西缝前檐檩、垫、枋和柱脱榫部位归位，并用铁扒锔加固；补配明间、东梢间缺失的前檐金檩枋，东次间缺失的前后檐金檩枋。
装修	补配缺失的抱框和立框，检修各间槛窗榻板，补配两次间门连窗，明间和两梢间为固定窗，芯屉为步步锦，式样见大样图。
椽望	更换糟朽的椽子，约 50% 椽子需补配，重新铺钉望板、椽子。
瓦顶	揭取瓦顶，补配缺失的瓦件，重新做灰泥背，瓦仰瓦屋面，调正脊，两端瓦两垄筒瓦。
油饰	上架及前檐柱：清理原油饰，刮腻子找平，一麻五灰地仗，刷二朱红光油。 装修：清理原槛框、芯屉油饰，新补配木装修，先刷桐油，做单皮灰地仗，刷二朱红光油。

第三节　方案审批情况

一、国家文物局方案批复情况

2010 年 4 月 27 日，国家文物局原则同意《承德殊像寺现存建筑修缮方案》中关于山门、钟楼、鼓楼以及僧房修缮的设计内容（文物保函〔2010〕330 号）。方案中关于会乘殿的修缮方案及天王殿的复建设计依据不足，缺乏可行性和必要性论证，要求调整后另行报批（详见本篇第二章）。具体意见如下：

（一）应进一步强化殊像寺现存建筑价值评估，深入开展现场勘察，针对每个单体建筑分别进行现状评估，明确病害类型及危害程度。对病害成因及发展趋势的分析和判定应有充分的科学依据。在此基础上，制订有针对性的修缮措施，并依据"最小干预"原则和保护遗产真实性与完整性的要求，谨慎决定修缮范围和手段，尽可能减少对建筑本体的扰动。

（二）进一步深化设计，着重说明对大木构架的修缮方法、步骤，充分考虑到修缮过程对周边相关构件的影响，制订必要的防护措施，确保遗产安全。

（三）进一步修订设计图纸。完善相关数据标注，力求准确、充分地表达设计内容。同时应补充必要的修缮做法说明。

（四）应进一步加强会乘殿的现场勘察、测绘等基础工作，充分开展研究论证，确定合理的保护方案。其保护应以现状维修为主，不宜落架。

（五）应进一步加强天王殿基址的考古工作，在此基础上论证复建的必要性。其复建立项应另行报批。

二、河北省文物局深化设计核准情况

2011 年 6 月 30 日，河北省文物局原则同意承德市文物局上报的《承德殊像寺现存建筑（不含会乘殿）保护修缮方案》，（冀文物发〔2011〕132 号）并提出如下具体要求：

（一）工程实施前需补充勘察钟、鼓楼楼口原状、做法，补充楼梯设计依据，调整楼梯设计。

（二）工程施工需具有相应资质等级的文物保护工程施工单位承担，开工前办理相关许可手续。

（三）请你局加强对该工程项目的管理，确保世界文化遗产在实施过程中的安全，并做好工程资料的收集、整理工作。

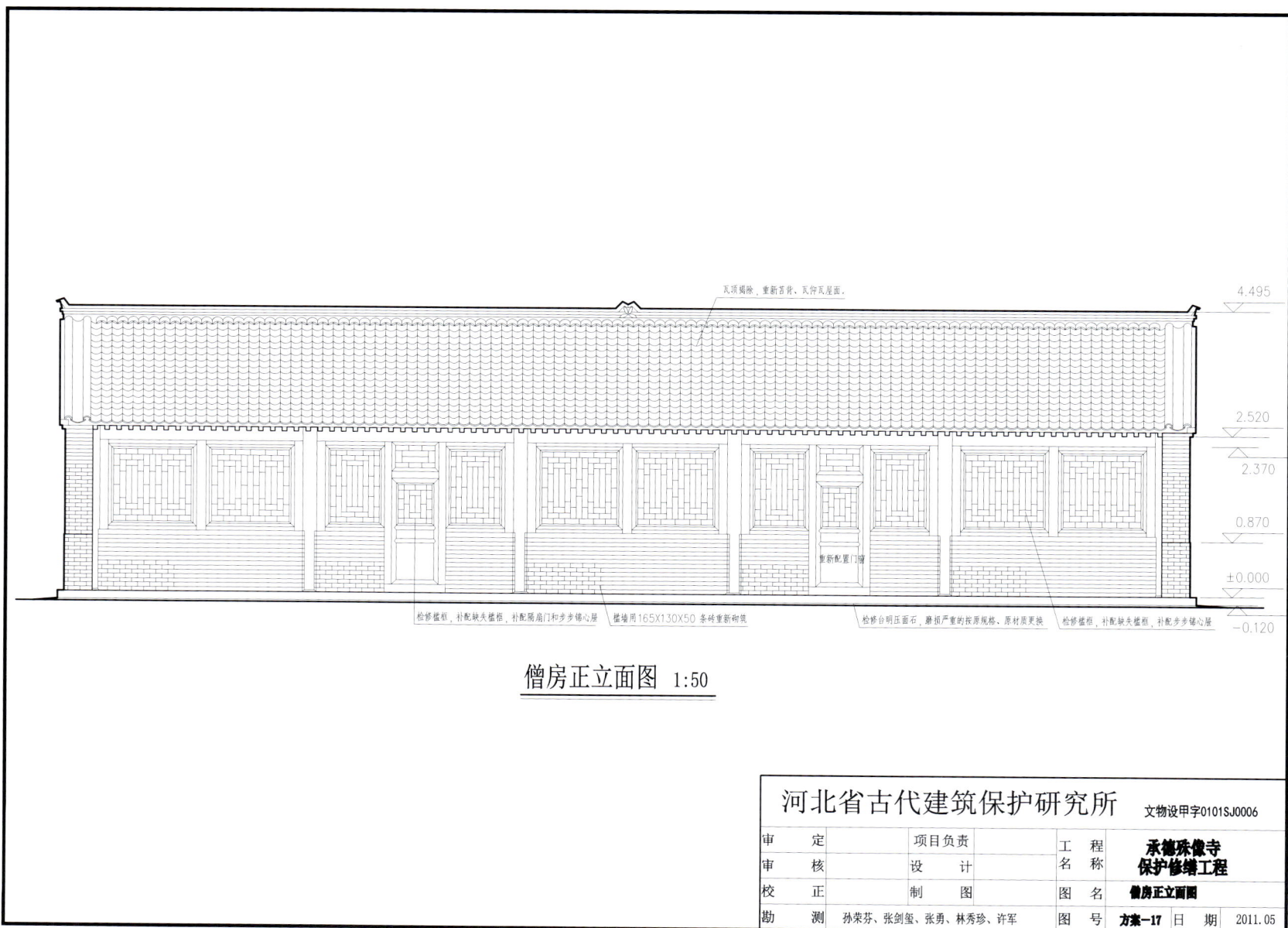

瓦顶揭瓦，重新苫背，瓦仲瓦屋面。

僧房正立面图　1:50

检修槛框，补配缺失槛框，补配隔扇门和步步锦心屉。　檐墙用165×130×50 条砖重新砌筑　检修台明压面石，磨损严重的按原规格、原材质更换　检修槛框，补配缺失槛框，补配步步锦心屉。

4.495 / 2.520 / 2.370 / 0.870 / ±0.000 / -0.120

河北省古代建筑保护研究所		文物设甲字0101SJ0006		
审　定		项目负责	工　程名　称	承德殊像寺保护修缮工程
审　核		设　计		
校　正		制　图	图　名	僧房正立面
勘　测	孙荣芬、张剑玺、张勇、林秀珍、许军		图　号	方案-17　日　期　2011.05

314 修缮方案中的僧房正立面图（引自《殊像寺现存建筑修缮方案》）

一、山门

（一）台基

山门台基在修缮前残损较为严重，主要是由于年代久远，大部分压面石、角柱石严重风化，虎皮石台帮局部空鼓，大部分台帮勾缝脱落不存，礓磜石也严重磨损（图315–319）。施工时采用与山门台基清代石材颜色相近的红砂岩更换东山面风化严重的压面石1块，更换前后檐磨损严重的礓磜石3块。对山门所有虎皮石台帮进行补砌加固，用青麻刀灰重做全部的虎皮石台帮勾缝（图320）。清理山门北侧散水上的淤土，补配缺失的条砖牙子和鹅卵石石子散水（图321）。

318 山门修缮前台基与散水残损情况（西北面）（陈东 摄影）

315 山门修缮前台基台帮与院墙下碱局部空鼓（西南面）（陈东 摄影）

319 山门修缮前礓磜残损情况（柴彬 摄影）

316 山门修缮前台基和散水被淤土覆盖（东北面）（陈东 摄影）

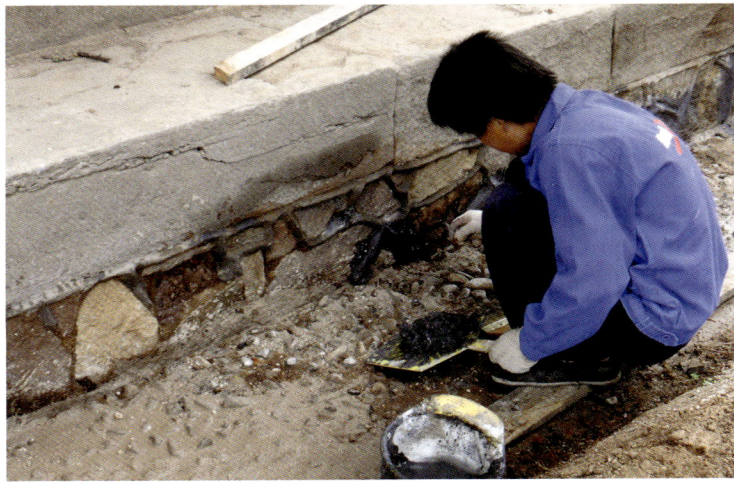

320 找补缺失的台帮勾缝（柴彬 摄影）

317 山门修缮前台帮勾缝大部分缺失不存（东南面）（柴彬 摄影）

321 补配缺失的散水牙子（深颜色的是现存清代牙子砖）（陈东 摄影）

（二）墙体

采用毛石和掺灰泥加固东西山墙墙体下碱松动的虎皮石，用青麻刀灰重新找补勾缝。设计方案中要求对后檐墙券门上的墙体裂缝进行局部拆砌，并将中部下沉的券脸石归位，鉴于此裂缝较小，按照"最小干预"的原则没有局部拆砌墙体，而是对裂缝进行勾缝处理后找补了墙体抹灰。同时，按照设计方案要求找补了前后檐墙缺失的外墙抹灰，整体刷红土浆两道。

（三）木构架

对所有柱头和额枋劈裂的部位采用镶嵌木条方式加固，颜色按旧木色随色做旧。对梁头上的斜裂缝灌注环氧树脂粘结加固。将前后檐明间东西柱头处脱榫的平板枋归位，并用钢板加固。

（四）装修

检修加固前后檐木板门（图322），更换了严重锈蚀的寿山福海4件。清理板门现有地仗油饰、斩砍见木，重做一麻五灰地仗，上刷二朱红油饰2道，罩光油1道（图323–327）。

322 山门大门整修加固（柴彬 摄影）

323 山门大门修缮前油饰残损情况（柴彬 摄影）

324 山门大门做地仗披麻（柴彬 摄影）

325 山门大门做地仗上中灰（柴彬 摄影）

326 山门大门做地仗上细灰（柴彬 摄影）

327 山门大门油饰后（柴彬 摄影）

（五）斗栱

检修檐下斗栱，将错位的小斗归位，补配缺失的小斗（图328）。

328 山门补配缺失的斗栱构件（柴彬 摄影）

329 山门修缮前瓦面残损情况（西北面）（陈东 摄影）

330 山门修缮前瓦面残损情况（陈东 摄影）

（六）屋顶

修缮前，山门屋顶北坡杂草较多，瓦件局部松散、捉节和夹垄灰脱落，室内局部存在漏雨情况（图329-330）。按照设计方案要求，2011年秋季施工单位清理了山门屋顶的所有杂草，并进行瓦面的勾抹扫垄（图331）。2012年春季，在甲方代表、监理工程师、施工单位项目经理的共同旁站下，施工人员对漏雨部位对应瓦面进行局部揭瓦，揭瓦后发现山门北坡苫背层较薄，青灰背上存在多处裂缝，三方负责人在施工现场共同确定揭瓦范围，并会同设计单位签署工程技术洽商，最终确定对青灰背裂隙处进行修补，并补做一层青灰背后重新瓦瓦。对未揭瓦的瓦面区域进行全面检修，抽换少量碎裂瓦件，补配缺失的瓦件，勾抹屋脊，整体瓦面找补进行捉节夹垄（图332-337）。

331 山门后檐瓦面扫垄（柴彬 摄影）

332 山门瓦面整修（陈东 摄影）

333 山门修缮前（南面）（陈东 摄影）

334 山门修缮后（南面）（陈东 摄影）

335 山门修缮前（北面）（陈东 摄影）

336 山门修缮中（北面）（陈东 摄影）

337 山门修缮后（北面）（陈东 摄影）

二、钟鼓楼

（一）台基

和山门状况相同，钟鼓楼残损最严重的地方也是建筑的台基，在修缮前大部分压面石风化严重，虎皮石台帮局部空鼓，大部分台帮勾缝脱落不存（图338-339）。施工期间补砌了台帮缺失的虎皮石，并全部重新勾青灰缝。清理台基周边的淤土至原有散水，补墁缺失的石板散水（图340-342）。此外，鼓楼采用红砂岩更换台明北侧中部风化的压面石一块。

338 鼓楼修缮前台帮空鼓与淤土情况（东北角）（柴彬 摄影）

339 钟楼修缮前台帮空鼓与淤土情况（南面）（柴彬 摄影）

340 补配钟鼓楼缺失散水和台帮勾缝（陈东 摄影）

341 鼓楼台基整修前（陈东 摄影）

342 鼓楼台基整修后（陈东 摄影）

（二）地面

钟鼓楼室内墁地砖全部不存，按照设计方案要求清理土地面，原土夯实，筑打三七灰土一步，重新铺墁 400×400 毫米地面方砖，做法为十字错缝顺铺细墁（图 343）。

（三）墙体

归安钟楼南山墙下沉腰线石，并采用环氧树脂粘接加固。找补钟鼓楼墙体下碱缺失的青灰勾缝，原有稳固的勾缝尽可能保留（图 344）。原设计方案要求全部铲除外墙上身抹灰，重新做靠骨灰、红罩面灰，刷红土浆两道；鉴于钟鼓楼外墙保留大量清代原有墙面，所以具体施工时仅对空鼓和缺失抹灰的墙面进行局部小范围修补，并随旧色找补罩面灰，没有整体刷饰红土浆。内墙上身抹灰已全部不存，按设计方案重做麻刀灰打底，白灰罩面。

343 钟鼓楼室内地面铺墁（柴彬 摄影）

344 钟鼓楼找补缺失勾缝（柴彬 摄影）

（四）木构架

补配室内缺失不存的楼梯木栏杆（图345），补配缺失的楼梯踏步。栏杆望柱断面尺寸为120×120毫米，高1米，扶手断面规格为70×60毫米，立撑断面规格为50×30毫米。栏杆和木踏步做单皮灰地仗，刷二朱红油饰2道，罩光油1道。

345 钟鼓楼室内楼梯栏杆的安装（柴彬 摄影）

（五）装修

检修加固一层板门和二层木栈板。将钟鼓楼二层西侧木栈板外侧因长期接受太阳的夕照日而残损严重的油饰地仗局部铲除，砍净挠白，补做一麻五灰地仗。其余三面油饰地仗保存较好，仅局部找补缺失油饰部位的地仗，补做二朱红油饰，颜色做旧处理（图346-348）。

钟鼓楼二层木栈板四面设有半圆形券窗，但没有复原木窗，经常有鸟类进入室内做窝，造成室内梁架被大量鸟粪污染，经建设、监理、施工各方洽商，采用不影响外观的防鸟网对钟鼓楼二层窗口进行封护，防止鸟类活动对古建筑造成危害（图349）。

347 钟楼二层木栈板油饰整修中（柴彬 摄影）

346 钟楼二层西侧油饰残损情况（柴彬 摄影）

348 钟楼二层西侧油饰残损情况（局部）（柴彬 摄影）

349 钟鼓楼窗子增设防鸟网（陈东 摄影）

（六）瓦顶

钟鼓楼屋顶修缮前存在较多杂草，部分夹垄灰和捉节灰酥碱、脱落，个别瓦件碎裂，屋脊局部出现裂缝（图350-353）。按照设计方案要求清理一、二层瓦顶杂草，整体进行勾抹扫垄，补配缺失的小兽、兽角和瓦件，抽换残损瓦件（图354-357）。钟楼添配抱头狮子5件，海马2件，兽角3对。鼓楼添配海马2件，天马2件，兽角8对（图358-361）。

350 钟鼓楼修缮前瓦面残损情况（柴彬 摄影）

351 钟鼓楼修缮前瓦面残损情况（柴彬 摄影）

352 钟楼合角吻走闪情况（柴彬 摄影）

353 钟鼓楼修缮前屋脊残损情况（柴彬 摄影）

354 钟鼓楼瓦面扫垄（柴彬 摄影）

355 钟鼓楼瓦面查补（柴彬 摄影）

356 钟鼓楼屋顶整修（柴彬 摄影）

357 钟鼓楼围脊整修（柴彬 摄影）

358 钟楼修缮前（陈东 摄影）

359 钟楼修缮后（陈东 摄影）

360 鼓楼修缮前（陈东 摄影）

361 鼓楼修缮后（陈东 摄影）

三、僧房

僧房由于年代久远，加之近现代很少对其进行保护修缮，因此残损十分严重。修缮前大木构架大量出现严重的脱榫、拔榫情况，绝大部分柱子柱基糟朽，屋顶杂草丛生，瓦件碎裂十分严重，望板已严重糟朽（图362-368）。本次修缮定位为重点修缮。为了保证修缮时大木不落架、建筑不歪闪，在打牮拨正前先通过仔细勘察，了解僧房的基本构造、各部件的连接方法，掌握大木架歪闪、变形部位的程度，记录基本数据。然后对整个屋架进行支顶保护，即用脚手架子管把梁、檩等支顶保护，戗杆之间用拉杆拉结结实。整个屋架支顶完毕后，再进行下一步拆除工作，自上而下依次拆除屋面、椽望、墙体、装修等。拆除过程中做好相关的影像记录，最后进行大木的打牮拨正（图369-370）。具体实施过程如下：

362 僧房南侧东半部修缮前残损情况（柴彬 摄影）

363 僧房南侧西半部修缮前残损情况（柴彬 摄影）

364 僧房北侧修缮前残损情况（柴彬 摄影）

365 僧房修缮前残损情况（东北视角）（柴彬 摄影）

366 僧房修缮前槛墙和装修残损情况（柴彬 摄影）

367 僧房修缮前大木拔榫情况（柴彬 摄影）

368 僧房修缮前瓦面残损情况（柴彬 摄影）

369 僧房大木打牮拨正（柴彬 摄影）

370 僧房大木打牮拨正（柴彬 摄影）

（一）台基

僧房前后檐台基几乎完全被淤土覆盖，清理淤土至原有室外地面，采用红砂岩补配缺失的台明压面石、埋头石等，更换部分酥碱严重的压面石（图371）。更换4个严重碎裂的柱顶石。全部重做缺失的散水。

（二）地面

清理室内地面，原土夯实，筑打三七灰土一步，上铺265×130×50毫米条砖地面，做法为十字缝顺铺糙墁（图372-373）。

371 僧房柱顶石碎裂情况（柴彬 摄影）

372 僧房室内墁地（柴彬 摄影）

373 僧房室内墁地后（柴彬 摄影）

（三）墙体

将僧房所有的墙体全部拆除，前檐槛墙和室内槛墙采用265×130×50毫米条砖淌白砌筑。后檐墙毛石砌筑，上坐馒头顶；室内墙体上身钉麻揪、抹麻刀灰打底、表面白灰罩面。东西山墙重新用265×130×50毫米条砖砌筑山尖和墀头墙，五进五出，山墙正身用毛石砌筑虎皮墙，勾青灰缝（图374-379）。

374 僧房砌筑槛墙（柴彬 摄影）

375 僧房墙体砌筑灌浆（柴彬 摄影）

376 僧房砌筑山墙（柴彬 摄影）

377 僧房砌筑山墙（柴彬 摄影）

378 僧房手工制作博缝砖（柴彬 摄影）

379 僧房砌筑墀头（柴彬 摄影）

（四）木构架

对柱基槽朽的 10 根檐柱进行墩接，其中 5 根墩接高度不足 200 毫米，采用石头墩接；其余采用落叶松木材巴掌榫墩接。柱子裂缝处镶嵌木条，灌注环氧树脂加固。将西梢间西缝前檐檩、垫、枋和柱脱榫部位归位，并用铁扒锔加固。补配明间、东梢间缺失的前檐金檩枋和东次间缺失的前后檐金檩枋（图 380-385）。

380 僧房檐柱槽朽情况（柴彬 摄影）

381 僧房檐柱糟朽情况（柴彬 摄影）

382 僧房檐柱糟朽情况（柴彬 摄影）

383 僧房檐柱糟朽情况（柴彬 摄影）

384 僧房檐柱墩接（柴彬 摄影）

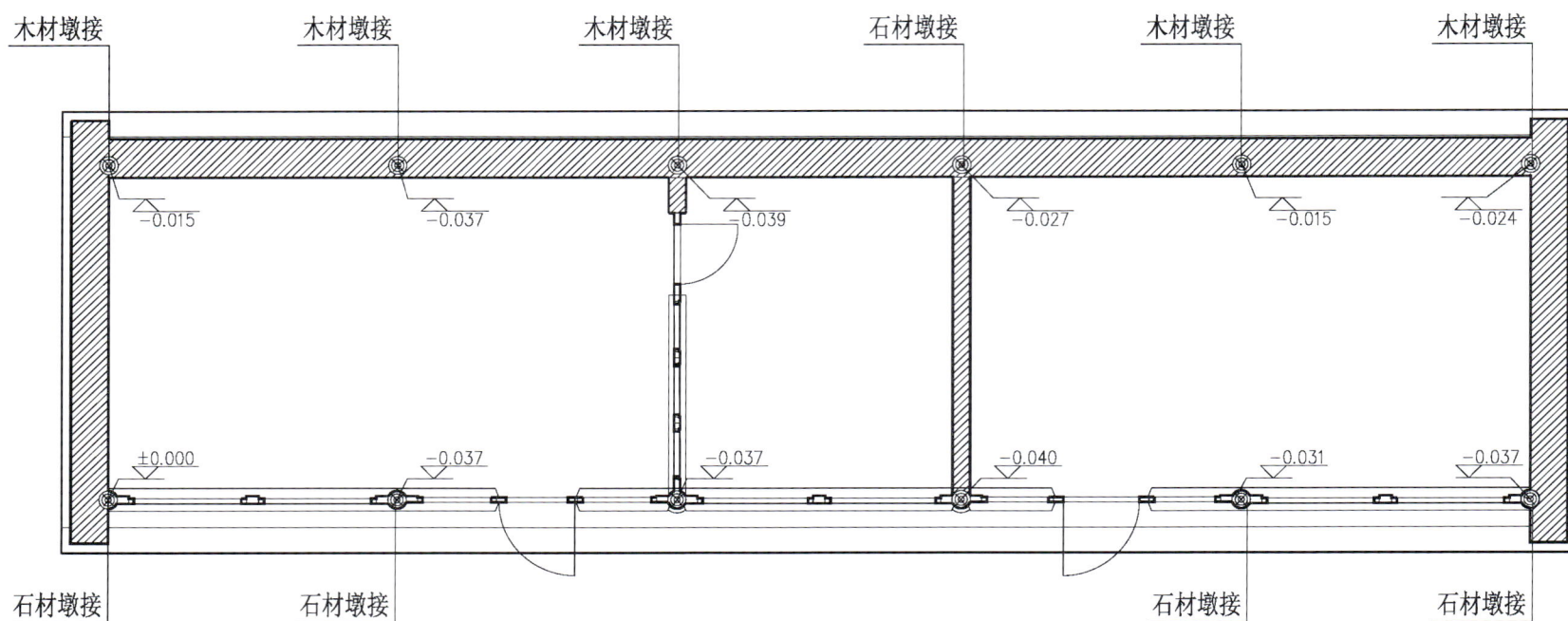

木材墩接　木材墩接　木材墩接　石材墩接　木材墩接　木材墩接

−0.015　　−0.037　　　−0.039　　　−0.027　　−0.015　　−0.024

±0.000　　−0.037　　　−0.037　　　−0.040　　−0.031　　−0.037

石材墩接　　石材墩接　　　　　　　　　石材墩接　　石材墩接

385 僧房檐柱墩接情况示意图（于洋 绘制）

（五）装修

对室内现有的清代步步锦内檐装修进行拆安归位并检修（图386）。其他的外檐门窗、槛框全部按照设计图纸进行补配，芯屉样式为步步锦（图387–389）。

387 僧房木装修制作（柴彬 摄影）

386 继续使用原有的内檐装修（柴彬 摄影）

388 僧房木装修槛框安装（柴彬 摄影）

389 僧房木装修安装（柴彬 摄影）

（六）椽望

僧房前后檐不施飞椽，檐椽和脑椽为 70×70 毫米方椽，前后檐椽子 90 根。实际更换严重糟朽的椽子 53 根。能使用的原有椽子尽可能拆安归位继续使用（图 390）。

390 尽可能多地使用原有大木构件（柴彬 摄影）

（七）屋顶

揭取瓦顶，补配缺失的瓦件，重新做灰泥背，瓦仰瓦屋面，调正脊，两端瓦两垄筒瓦（图 391-393）。

391 僧房苫青灰背（柴彬 摄影）

392 请瓦工专家对干槎瓦屋面的铺设进行指导（柴彬 摄影）

393 铺设完成的干槎瓦屋面（柴彬 摄影）

（八）油饰

上架及前檐柱子清理现有残存油饰，砍净挠白，刮腻子找平，重做一麻五灰地仗，刷二朱红光油 2 道，罩光油 1 道。新补配的木装修用桐油钻生，做单皮灰地仗，刷二朱红光油 2 道，罩光油 1 道（图 394-406）。

394 僧房修缮前东南视角全景（陈东 摄影）

395 僧房瓦面和墙体施工完成（柴彬 摄影）

396 僧房安装外檐装修（柴彬 摄影）

397 僧房修缮后（陈东 摄影）

398 僧房修缮前西南视角全景（陈东 摄影）

401 僧房槛墙砌筑与装修制作（柴彬 摄影）

399 僧房屋顶挑顶（柴彬 摄影）

402 僧房屋顶苫背（柴彬 摄影）

400 僧房墙体砌筑及屋顶苫背（柴彬 摄影）

403 僧房墙体勾缝（柴彬 摄影）

405 僧房地仗施工中（柴彬 摄影）

404 僧房外檐装修安装完成（柴彬 摄影）

406 僧房完成油饰（柴彬 摄影）

第五节　工程洽商情况

一、山门瓦面修缮

修缮前，山门瓦面北坡杂草较多，室内西北角存在局部漏雨情况，按设计方案要求需将屋面局部揭瓦。施工期间，经建设、监理、施工单位的负责人现场共同确定局部揭瓦范围，在屋顶北坡西侧出现漏雨的部位揭瓦后发现西北角仔角梁后尾外露（图 407），露明仔角梁尾部周围灰背局部凹陷 20 厘米，经继续探查发现后坡屋面灰背与泥背总厚度不到 30 毫米，且露明部分的灰背存在多处裂缝，瓦瓦泥的厚度在 120-240 毫米之间。发现此种情况后，建设、施工、监理单位三方负责人共同商讨得出了两种修补灰背的意见，一种为将局部有裂纹的灰背周围剔除一定范围，然后将周围老灰背接茬处用青灰浆浸湿，最后用青麻刀灰补抹，刷浆赶轧严实。此种方法经局部试验，发现现有青灰背较薄，仅局部修补效果不好。另一种修缮方法考虑现有泥背厚度较厚，有足够的空间可以在现有的青灰背基础上再整个苫抹一层保护性青灰背。后经与设计单位负责人沟通后，设计单位同意将两种做法结合，即对现有青灰背的裂隙进行修补，然后加苫一层青灰背，新作青灰背厚度不低于 30毫米；角梁梁尾裸露处清理两侧青灰背各宽 500 毫米，做出阶梯茬，补做青灰背。屋顶其余部位仍按照原设计方案进行提节

夹垄，补配缺失瓦件，抽换残损瓦件。

二、山门大门检修

设计方案中要求对山门大门进行检修，在检修过程中发现现有门轴为 20 世纪 70 年代更换的铸铁寿山福海，现已经严重锈蚀，轴碗也已严重磨损，无法固定住门轴，致使门扇外闪变形无法正常开启，仅检修木门无法解决根本问题。经与设计单位负责人沟通，由参建四方共同签署工程技术洽商，按照现有规格样式更换了严重锈蚀的寿山福海。

三、山门北侧散水整修

在山门北侧散水清理过程中发现淤土下局部保留了部分原有的清代散水（图 408-409），做法是在条砖牙子内镶嵌鹅卵石石子散水，其所用材料和做法与设计方案要求的补配片石冰裂纹散水的要求不符。为此，经与设计负责人沟通后，参建四方执行工程技术洽商对原有设计要求进行局部调整，将山门北侧"用片石铺墁散水"改为依照现存清代鹅卵石散水做法对缺失的散水进行补配。

407 山门后檐瓦面局部揭瓦后发现仔角梁后尾外露（柴彬 摄影）

408 山门清理出的清代石子散水（陈东 摄影）

409 山门清理出的清代石子散水（细部）（陈东 摄影）

四、僧房整修

僧房由于残损程度较为严重，木构架整体歪闪，上架大木各部位脱榫、拔榫十分严重，尤其是东山墙歪闪严重，暂时用戗杆和矮墙进行临时支撑。但由于设计方案中无打牮拨正的要求，为保证僧房整体结构安全，在图纸会审的过程中，建设单位和施工单位将上述情况反映给了设计单位，后设计单位经过现场勘察，同意将僧房屋顶和墙体全部拆除后对大木进行打牮拨正。

此外，僧房室内隔断拆除并清理地面淤土后，施工单位对台基进行了整体复勘，经检查发现僧房基础较浅，后檐部分台明缺失，绝大部分柱子糟朽严重，部分柱顶石歪斜、下沉，前后檐柱顶石之间的间距不统一。针对上述新发现的问题，经建设、设计、监理、施工单位四方负责人现场洽商，确定将柱顶石进行拆安归位，调整柱顶石标高，归安台基四周现存的阶条石，缺失的阶条石按原材质、原规格补配，按设计方案要求的墩接方式将糟朽的柱子进行墩接。

五、僧房屋脊样式

僧房正脊为清水脊，在挑修清水脊时发现，现场残存的清水脊瓦花位置与设计图纸不一致（图410），经建设、设计、监理三方负责人共同查阅历史资料，考察其他类似建筑后认为：僧房屋面正脊上的瓦花设计图纸中要求安装在明间正中，

410 僧房修缮前的正脊和瓦花（陈东 摄影）

而现状残存的僧房瓦花位于明间西缝位置。依据殊像寺清末历史照片，僧房屋面正脊上的瓦花也位于明间西缝位置。而且参照承德地区其他清代类似建筑瓦花位置（图411），没有放置在明间正中的实例，传统的做法是瓦花一般在穿堂和门房建筑上明间东西缝位置上对称布置，两山各加两条稍垄；或者是不设瓦花，做成一条通脊。对此，设计单位回复要求将僧房正脊按一条通脊做，中部不设瓦花脊饰。

411 溥仁寺清代僧房明间穿堂的瓦花和稍垄（陈东 摄影）

第六节　主要施工技术与工艺

一、苫背层局部整修

殊像寺山门北檐苫背层较薄并出现裂缝，需进行局部修补。苫背层由护板灰、泥背、青灰背组成。瓦面局部揭瓦后需要对下面的苫背层进行检查，如果存在裂缝或局部酥碱情况需要对苫背层进行局部修补。具体操作如下：

（一）清除损伤的苫背层

山门西北角角梁部位由上至下清理酥碱青灰背，先从一端有规则清除各层苫背，将青灰背存在空鼓、酥裂等严重损伤部分清除，清理过程中不应对青灰背下的苫背层或木基层造成损伤（图412）。

（二）清理青灰背下的基层

清除受损青灰背后，其下的苫背层表面清理干净，酥松部分清除掉，清扫干净。

（三）处理各层接茬和茬口

清除后的各层苫背层四周进行接茬和茬口处理。垫层背的泥或灰背层与青灰背之间应留不小于100~150毫米踏步槎。如垫层背分层苫抹，应留不小于50~100毫米踏步槎。垫层背踏步槎的茬口和青灰背茬口整修成八字茬口。处理完茬口将踏步槎和茬口清理干净，适度洇水湿润。

412 清理山门的苫背层

（四）修补青灰背

1. 细小裂缝修补

裂缝小于3毫米的细小裂缝，用短毛刷在裂缝处"打水茬"，用小轧子将月白煮浆灰捻轧进裂缝内，反复添灰赶轧，待裂缝

内灰稍硬，用瓦刀沿裂缝勒轧，使缝口处的灰低于灰背表面，形成小凹槽。在缝口凹槽上刷一道青浆，苫抹小麻刀灰将裂缝盖严，形成一道中间略高的灰埂，反复刷青浆赶轧，待有一定强度后"打水茬子"赶轧。

2. 较大裂缝锔缝

裂缝大于4毫米时，用短毛刷在裂缝处"打水茬子"，沿裂缝刷一道青浆，用小麻刀与较稠的青浆拌和后，捻入裂缝内，用瓦刀轧实，使麻刀浆将裂缝内填实挤严。操作中应随填入麻刀浆随用瓦刀轧实，循序渐进。用瓦刀轧实过程中可往裂缝中补青浆。捻实麻刀浆后，使麻刀浆略低于灰背裂口表面。麻刀浆扎实后，在缝口处刷一道青浆，苫抹小麻刀灰。小麻刀灰应将裂缝盖严，形成一道中间略高的灰埂，刷青浆反复赶轧，待有一定强度后"打水茬子"赶轧。

3. 局部找补苫抹

青灰背局部酥裂、空鼓、清除、处理后，刷一道白灰浆或用灰"守"一遍。抹大麻刀月白灰，拍麻刀，刷青浆适时赶轧不少于"三浆三轧"。赶轧接茬时，待接茬处新灰有一定硬度时应反复"打水茬子"赶轧，接茬处的新灰背应盖住旧灰背，使新灰背盖住旧灰背的边缘形成小坡面。

（五）补做青灰背

按技术洽商要求，现有青灰背修补后，在其上再苫一层30毫米厚青灰背保护层，此层青灰背由下至上苫抹，刷青浆"三浆三轧"使灰背坚实牢固（图412-414）。

413 山门修补青灰背（陈东 摄影）

414 山门青灰背晾背

（六）瓦瓦

青灰背修补完成后，按照传统工艺依次在屋面铺设底瓦和盖瓦（图415）。

415 山门瓦瓦（陈东 摄影）

（七）苫背注意事项

1. 应在下雨前用苫布将苫背盖好。

2. 苫背时每层要尽量一次苫完，尤其顶层灰背更要尽量一次苫完。当面积较大一次苫不完时，要留宽度不小于200毫米且不戗槎的斜槎，槎子部位不刷浆、不轧光。

二、椽子整修与更换

殊像寺僧房需要进行打牮拨正，更换严重糟朽的椽子，然后重新安装椽子望板。椽子断面为70×70毫米方椽，材质为红松，一椽一档；望板厚度25毫米，材质为红松，做法为横望板、柳叶缝、底面光。具体操作步骤如下：

（一）更换原则

1. 望板糟朽深度超过厚度的一半应进行更换（图416）。椽子糟朽深度不超过1厘米，劈裂深度不超过直径的1/2，长度不超过全长2/3，弯垂不超过椽长2%可不进行处理，继续使用。椽子局部糟朽不超过直径2/5时，应将糟朽砍净，并按原状修补粘钉补牢；椽子裂缝宽度较大时（3-5毫米），需嵌补木条用胶粘牢。椽子缺陷超过上述限度时可换新椽。

2. 檐椽糟朽在檐檩或挑檐檩的钉孔处（承受复弯矩最大），其糟朽超过椽径1/4时应更换。不超过此限度可补钉牢固即可。

416 僧房望板糟朽情况（柴彬 摄影）

（二）安装步骤

1. 点椽花、钉椽碗

用分丈杆在檩子上点出椽花，钉上椽碗。

2. 钉椽檐

装椽时，在檐口正面的两尽端各钉上一根檐椽，在椽头尽端上楞钉上钉子，挂线，作为钉其他檐椽的标准。钉椽时两人一档，一人在上钉椽尾，一人在下，扶住椽头。所有椽尾都钉住以后，将连檐放在檐椽椽头，调正后钉牢（图417）。

417 僧房钉椽子（柴彬 摄影）

3. 装连檐

殊像寺僧房等级较低，没有飞椽和小连檐。椽子钉好以后，就可以在椽头安装大连檐（图418），大连檐的位置要在椽头留出雀台。大连檐上安装瓦口。注意大连檐应与椽子垂直，而瓦口要保证铅锤。

418 僧房安装连檐瓦口（柴彬 摄影）

4. 铺钉望板

钉望板时压实望板柳叶缝，橘几层一错缝，要求望板顺缝严密，顶头缝在椽背中线上；连檐外皮与椽头外皮也要留出1/4椽径的距离。将所有椽当子调匀，与檐椽对齐，与连檐钉在一起，然后在椽中部加钉，与望板和檐椽钉牢。

5. 安装闸挡板

椽子钉完后，安装闸挡板。

6. 刷防腐油

为了更好的保护望板，现代古建筑施工要求在望板上刷防腐油两道（图419）。

419 僧房望板刷防腐油（柴彬 摄影）

三、墙体做法

殊像寺现场各建筑不同部位的墙体有不同做法，具体如下：

（一）现代墙体的拆砌

僧房后檐墙大部分为现代后砌，墙体厚度、做法不规范，按设计方案要求拆除这些现代砖墙，拆除墙体时用灰铲、瓦刀和撬棍一层一层拆除，不能生砸硬撬。将拆除的砖或毛石按墙面和背里部位分类码放，待重砌时按设计方案要求的做法砌筑，旧构件集中使用。

（二）墙体补砌

僧房两山墀头墙和前檐槛墙拆除后采用细淌白做法重新砌筑，补砌均用 265×130×50 毫米条砖和灰浆材料，条砖按照传统做法进行砍磨，砌筑施工中严格按照三顺一丁施工工艺进行砌筑，保证施工质量。

（三）墙体局部拆砌

山门和钟鼓楼台基的毛石台帮墙体多处空鼓、裂缝，需要局部择砌。施工时注意相邻墙面的完整，先用钻子和小铲（或凿子）由外向里逐渐扩大将鼓闪的毛石拆除。根据拆除部位尺度对毛石进行选择和加工，按原做法重新补砌好，缺失的毛石尽可能选用质地和色泽接近的石料进行补配，使新补砌的墙面与相邻砌体相交接处的衔接与过渡协调。

（四）虎皮墙勾缝

清除虎皮石墙面水泥砂浆勾缝，根据砂浆与毛石结合情况可采用人工扁铲剔凿方法，将砂浆清除，然后用人工清理干净，洇湿毛石，最后用青麻刀灰勾谷子缝（图420）。

420 僧房墙体勾缝（柴彬 摄影）

（五）外墙面抹灰和刷浆

山门、钟鼓楼、僧房的上身墙体抹灰原做法为钉麻揪（图421），用大麻刀灰抹靠骨灰，外抹红罩面灰，刷红土浆两道，补做或新做墙体抹面按以上做法。

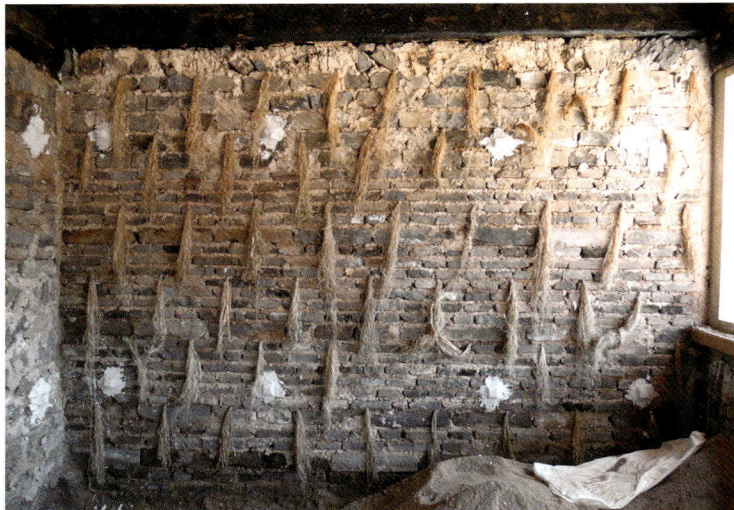

421 僧房墙体钉麻揪（柴彬 摄影）

（六）局部残损外墙面的修补

将空鼓或残损墙面抹灰铲除，墙面用水淋湿，用原做法分层、原厚度抹制，赶压坚实，新旧抹灰接茬处应做成斜茬，不能做直茬。

（七）内墙面抹灰和刷浆

内墙面抹灰原做法为钉麻揪，用麻刀灰抹靠骨灰，外抹白罩面灰（图422）。

422 僧房墙体抹灰（柴彬 摄影）

四、柱子墩接

殊像寺僧房柱子糟朽严重，对10根柱子进行了墩接。具体做法是对柱根糟朽处理，首先在甲方代表和监理的监督下由施工人员由下向上逐段截去糟朽的柱根，直至截取到不糟朽的部位。糟朽高度最高不能超过柱高的1/3，否则应更换柱子。僧房柱子采用巴掌榫墩接，又称刻半墩接（图423），选取相同直径的干燥落叶松，将需接在一起的柱料各刻去柱子直径的1/2作为搭接部分，新旧柱的搭接长度不应少于300毫米，两端头做半榫，防止搭接部分移位。新旧柱榫卯制作完毕后涂上树脂胶粘接牢固。然后分别在搭接的部位和搭接中间的部位剔三个宽40毫米、厚4毫米的浅槽，用宽40毫米、厚4毫米的铁箍绑定，露明柱铁箍应嵌入柱内与柱外皮齐平，铁箍相搭接

处用螺栓固定。

糟朽高度少于200毫米以下时，可用石料墩接，实际共有5根。按高度选用石料垫至柱础上，墙体内暗柱可直接用石料墩接；明柱应做管脚榫卯口，而且为了外观与柱一致，石柱要小于柱径，然后用厚木板包镶钉牢与原柱接缝处加固铁箍一道，外面再做地仗油饰进行装饰。

423 僧房柱子墩接（柴彬 摄影）

五、大木构件的镶补

由于长时间的屋面渗漏、虫咬等原因会造成木构件的糟朽，很多大木构件也会因为干燥收缩出现顺纹裂缝，按照设计方案要求，需要对殊像寺糟朽和开裂的大木构件进行镶补，及时阻止继续糟朽和开裂，使古建筑延年益寿。操作程序是先将糟朽和开裂的部位露出，将糟朽部位剔挖干净，露出好的木茬。然后使用与原构件材质相同的木料，加工成与剔凿面相同面积、相同厚度的木块，也可略大于剔凿面1～2毫米。用环氧树脂均匀刷在木料与原构件粘接处，将木块打进剔补处，钉子钉牢。拼接的木料要与原构件面平齐。大木构件镶补后要对新补的木料进行颜色随旧处理，使新旧木料外观颜色协调一致。

六、地仗

在殊像寺现存4座建筑的修缮中，对钟鼓楼室内楼梯的栏杆进行了复原，并做了地仗和油饰断白处理；外檐木栈板墙和檐柱局部找补一麻五灰地仗和油饰。僧房原有油饰地仗已脱落不存，按照设计方案要求，大木架为一麻五灰地仗，重新油饰；椽望及装修地仗为单皮灰做法。本节仅以一麻五灰地仗为例介绍地仗施工工艺流程。

首先在大构件表面砍净挠白，砍出斧迹，增加地仗和柱子的结合力。然后涂刷油满水，也叫支浆，作用是去除表面灰尘，并因桐油的渗入使后来的油灰更容易与木结构结合。

（一）捉缝灰

油浆干后，用粗油灰以铁板在构件表面刮匀，对木材表面的裂隙进行填充找平。缝内油灰必须饱满，无裂缝之处留薄薄一层油灰，干透后用石片或瓦片磨平，边棱用铲刀修整，扫除浮土，湿布擦净，即磨平擦净。

（二）通灰

也称粗灰，用皮子或板子将表面满刮通灰一遍，作为粘麻的基础。要求衬平、刮直、抹圆，干后磨平擦净。通灰层厚2～3毫米。

（三）粘麻

用油满、血料将已制好的麻粘于通灰上，随粘随用轧子压实，使油满浸透麻线，晾干，用石片磨起麻绒，扫净。粘麻厚度为1.5~2毫米。所用麻线，截长1000毫米左右，梳通梳软，依照构件尺寸截短，以便使用。

（四）压麻灰

油满加中灰调成，用皮子将灰刮于麻上，与麻严密贴实。门窗的边框有线脚时，用竹板按规格做成模子，在灰上轧出线脚，晾干，磨平擦净，厚1.5~2毫米。

（五）中灰

油满加中灰调成，以铁板通抹一遍、晾干，磨平擦净。厚为1~1.5毫米。

（六）细灰

油满加细灰调成，用铁板通抹一遍，厚约2~3毫米，晾干，磨平擦净（图424）。

424 僧房地仗施工中（柴彬 摄影）

（七）钻生

细灰干后，用生桐油满刷一遍，即"钻生"，晾干后用砂纸磨平擦净。

七、油饰

殊像寺山门、钟鼓楼、僧房都有油饰的施工内容，具体施工技术流程如下：

在油饰以前，要在磨细钻生的地仗上做一道细腻子，上油的方式与现在油刷刷油不同，用丝头搓，这样可以节约用油并能确保工程质量。

（一）上细腻子

用铁板在做成的地仗上满刮一道细腻子，反复刮实，接头处不要重复，灰到为止。在细灰地仗的边角、棱线、柱头、柱根、柱鞍处的小缝、砂眼、细龟裂纹，要用腻子找齐、找顺。圆面用皮子捋，叫做溜腻子。曾做过浆灰的地仗用一道细腻子，没有做过浆灰的地仗找两道细腻子，腻子干透了以后用一号或一号半砂纸磨平、磨圆、磨光，鞍角棱线要干净整齐，不显接头，磨成活以后用湿布掸净。

（二）搓油

刷油以前把建筑物内外地面打扫干净，洒上净水，把要刷的构件掸净。

刷油部位不同，使用的工具也不同。上架椽望油饰用丝头搓油，就是拿着丝头沾上油向椽望上擦油，用油栓顺匀。下架木件只用油栓沾上油就行了，顺着构件抹油，横着蹬匀，再顺匀，轻轻漂栓（刷去栓的痕迹）。头道油叫垫光油，如果是银朱油饰就用章丹油垫光，其他颜色用本色油。第一道是底油，要刷到、刷匀、刷齐，油的用量要适当，过多会流坠，过薄则不托亮，油干了以后炝一道青粉，再用零号或者一号砂纸磨垫光，磨到断斑（表面无疙瘩），边角棱线都要磨到，而后用干布擦掸干净（图425）。

425 僧房油饰打磨（柴彬 摄影）

（三）二道油饰（上光油）

头道油以后如有裂纹、砂眼，可以用油腻子找齐、找平，然后上二道油，上油的方法同前。上油前用干布把木件掸净，用油栓沾上清油一遍成活，不能间断，栓垄要均匀一致，横平竖直。

椽望油饰的颜色，绿椽肚占椽帮的1/3，椽根占椽子全长的10%~13%。有闸挡板就有椽根，没有闸挡板就没有椽根。椽根要刷得整齐一致。

（四）罩光油

在油饰表面罩光油两道。

油饰以后的表面要达到不流、不坠，颜色交接线齐整，无接头，无栓垄，颜色一致，光亮饱满，干净利落。

八、墁地

钟鼓楼地面墁地砖全部缺失不存，重新采用方砖细墁地面。僧房地面做法等级较低，按照设计要求采用条砖糙墁地面。具体做法如下：

（一）细墁地面

具体程序是垫层处理—抄平弹线—冲趟—样趟—揭趟—上缝—铲齿缝—刹趟—打点—墁水活并擦净—钻生。要求基层必须坚实，灰泥结合层的厚度应符合施工规范的规定或古建筑常规做法；面层和基层必须结合牢固，砖块不得松动。地面整洁美观，棱角完整、表面无灰迹、接缝均匀、宽度一致，灰缝密实饱满，无遗漏和缺失现象，钻生均匀，无油皮和损伤砖表面现象，表面洁净。

（二）糙墁地面

座灰泥不易铺的太薄，厚度以40~50毫米为宜。细墁地面用砖应经过砍磨加工、用桐油钻生、砖缝用油灰，糙墁地面砖不用砍磨加工，其操作方法与细墁大致相同，不用油灰、钻生，最后用白灰砂子将砖缝守严扫净。所用桐油应有产品合格证书。

局部揭墁地面时除按以上工序外，还应注意与原地面的结合，高低一致，趟与趟要顺，新墁的砖要用墩锤以四周旧砖为准找好平整并使缝子合适，松紧程度要同原地面。

第七节　工程验收

殊像寺现存建筑修缮工程于 2012 年 10 月 31 日完工，由建设、设计、监理、施工单位组织完成四方单位工程验收（图 426）。2013 年 12 月 6 日，河北省文物局组织韩扬、李永革、任毅敏、黄滋、杨新寿 5 名专家对殊像寺现存建筑修缮工程进行省级技术验收（图 427-428），验收结论工程合格。另提出更稳完善的整改意见。详细验收意见如下：

426 殊像寺钟楼瓦面工程现场验收（柴彬 摄影）

427 2013 年河北省文物局组织殊像寺现存建筑修缮工程技术验收（柴彬 摄影）

428 2013 年河北省文物局组织殊像寺现存建筑修缮工程技术验收（郭峰 摄影）

一、殊像寺现存建筑（不含会乘殿）保护修缮工程管理较规范，资料基本完整，观感效果基本达到了验收要求。原则同意通过省级技术验收。

二、整改意见

（一）山门墙体存在部分勾缝不实，应修整。

（二）山门鹅卵石散水松散，应修整。

（三）鼓楼虎皮石墙局部浆料流失，形成空洞，需填充、勾抹。

三、建议

（一）对僧房油饰色彩进一步考证研究。

（二）竣工资料与普佑寺资料宜分卷整理、装订。

2014 年春季，施工单位按照河北省文物局提出的验收意见对工程进行整改，找补了山门台基脱落的青灰勾缝和石子散水，重新整修了钟鼓楼虎皮石墙，调整了工程资料的组卷。2015 年 11 月 16 日，殊像寺现存建筑修缮工程通过国家文物局组织的竣工验收（图 429）。

429 2015 年 11 月国家文物局组织殊像寺现存建筑修缮工程竣工验收
（柴彬 摄影）

第八节 施工中的发现

一、僧房正脊中的镇物

在僧房屋顶拆除过程中，在屋面清水脊正中发现存放有古钱币等镇物。发现此种情况后，施工方非常重视，立即通知甲方代表和殊像寺文保所，及时做好拍照和记录，并将发现的文物妥善进行了保管。在接下来的拆除过程中，施工人员十分小心注意，以探查是否还存有其他文物，防止因施工对可能存在的文物造成损坏和遗失。

在正脊中放置镇物是古人的一种美好祈福行为，对于研究古代建筑和社会都具有重要意义。为了能原位保留这一历史信息，僧房屋顶重新瓦瓦时，在甲方代表、监理工程师和殊像寺文保所工作人员的见证下，施工人员将取出的镇物重新安置回原来的位置。

中国古代为了辟邪祈福，在建筑施工完工时会举行合龙仪式，并在屋顶正脊正中"龙口"的位置放置一些压胜镇物，一般常见的是五谷、五金、五药、五色宝石或钱币等，重要的建筑还会将这些镇物存放在宝匣中。例如文献记载，道光皇帝陵寝隆恩殿合龙的时候，镇物宝匣内就记载放置有金、银、铜、铁、锡五金各一锭，兰、绿、红、黄、白五色线各一两，芸香、降香、檀香、合香、沉香五种香各三钱，鹤虱、生地、木香、防风、党参五种药材各三钱，高粱、粳米、白姜豆、麦子、红谷子五谷各一撮等。

清代避暑山庄及周围寺庙中的主要建筑应该都有这样的镇物，可惜在以前的维修中没有很好地记录或者保存，所以目前并没有见到相关的记载。2012 年在殊像寺僧房中发现的钱币镇物共计 6 枚（图 430–432），其中有北宋的元祐通宝 1 枚，康熙通宝 1 枚，乾隆通宝 1 枚，嘉庆通宝 3 枚。由此可以推断这间僧房正脊上一次的大修时间上限应为嘉庆年间。此外，除了钱币外，镇物中还有一件清代官帽上顶珠的鎏金座（图433），具体来源不详。

430 僧房正脊中的钱币（正面）（陈东 摄影）

431 僧房正脊中的钱币（背面）（陈东 摄影）

432 僧房正脊中的镇物（柴彬 摄影）

433 清代官帽上顶珠的鎏金座的位置

二、僧房的建筑特色

殊像寺僧房是承德避暑山庄及周围寺庙中仅存的几座清代僧房之一，具有重要的研究价值。因为僧房是供寺庙僧人居住生活的建筑，建筑等级较低，所以和殊像寺其他主体建筑有很多不同的做法，在建筑尺度、大木尺寸、台基高度、装修样式、建筑材料、工艺做法等各个方面都体现了中国封建社会森严的建筑等级制度。此外、在施工过程中，还注意到一些特殊的建筑做法，例如作为附属建筑，僧房只有椽子，而不设飞椽；为了便于居住时的通风和采光，后檐墙残存有方窗痕迹；因为建筑等级较低，山墙为披水砖做法，不设铃铛排山；正脊为清水脊蝎子尾做法，屋面为干槎瓦，两侧山面设稍垄（图434）。更为重要的是，在原有屋顶挑顶大修前，发现在僧房明间西缝屋顶上残存有蝎子尾和拼花瓦花的痕迹，这一做法和溥仁寺后院现存清代僧房做法一致，由此可以确定明间并不是用于居住的房间，而是作为通往后院的穿堂使用，原始的做法应该是在明间东西两山砌筑山墙，正脊在明间东西两缝都形成独立的蝎子尾，并与东西次间的蝎子尾之间装饰瓦花；同时，明间屋顶东西两山也需增加稍垄以和东西次间的屋顶进行分割。

435 僧房室内保存的清代内檐装修（陈东 摄影）

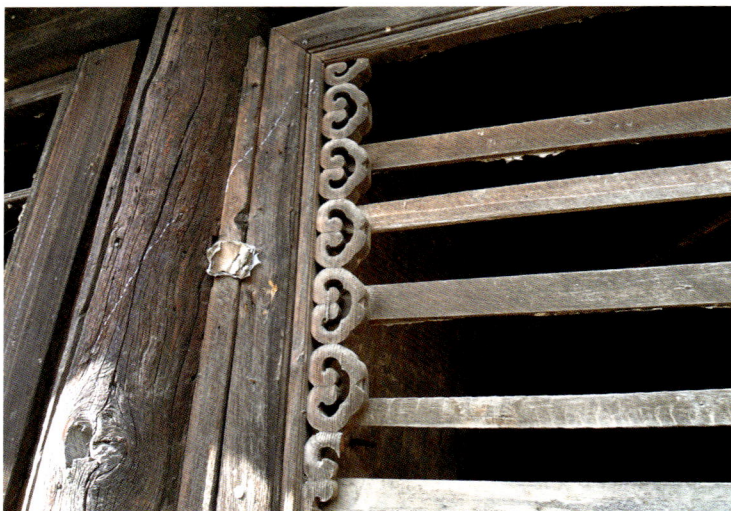

434 僧房清代的干槎瓦屋面（柴彬 摄影）

436 僧房外檐装修残存芯屉上的如意云花卡子（柴彬 摄影）

三、僧房装修

殊像寺僧房由于年代久远，原有的门窗等装修构件已经严重损坏，只有室内还保留一樘比较完好的内檐槛窗，在施工中予以重点保护并安装回原位。而外檐装修由于大部分无存，本次修缮是按照设计方案中的装修样式进行的修复。但在僧房旧门窗拆除时，发现了一些清代装修的部分棂条，在现场拍照记录后交给了殊像寺文保所保存。因为这些棂条位置混乱，有可能是寺庙其他建筑拆除后拼装在这里使用的，并不能十分肯定是此僧房清代原有的芯屉构件。但这些棂条应该是殊像寺其他僧房或园林建筑原有的装修构件，可以作为殊像寺历史原貌复原研究的重要实物依据（图435-437）。

437 僧房内檐装修上的绦环板（柴彬 摄影）

四、钟鼓楼五色虎皮墙

殊像寺钟鼓楼的外墙墙体施工时发现，这部分墙体的下碱部分虽然也是采用虎皮石砌筑的墙体，但做工却十分讲究（图438）。一是采用的石材并不是常见的采用一种毛石，虽然这部分墙体面积不大，却是采用了多种不同产地、不同颜色的石材精心砌筑而成，呈现红、青、灰、粉、绿等不同颜色，外观比承德清代皇家建筑常见的毛石砌筑的虎皮墙更具装饰效果。

438 钟楼墙体下碱的五色毛石（陈东 摄影）

二是承德其他地方的清代虎皮石墙一般采用毛石直接砌筑，施工时不对石材进行精选和加工，因此毛石间的缝隙较大；而殊像寺钟鼓楼的虎皮墙石材间缝隙很小、很均匀，明显是施工时对毛石进行了精细挑选或者加工，尽可能减小拼缝，这种砌筑方法比普通的毛石砌筑更加耗费工时。三是在墙体找补勾缝时发现此部位墙体上有多种不同做法的勾缝，其中细小而均匀的勾缝与香林室院墙保留的清代勾缝十分接近，应为原有的清代勾缝；有些勾缝比较宽大扁平，但使用的是青灰材料，应为20世纪50-80年代钟鼓楼大修时的勾缝；还有少量勾缝使用了水泥材质，应为20世纪90年代以后的做法。为了更好地保

留钟楼、鼓楼五色虎皮墙不同时期的勾缝做法，此次修缮仅对严重酥碱空鼓的勾缝和影响外观效果的水泥勾缝进行了重做，找补缺失勾缝。

和殊像寺钟楼、鼓楼的虎皮墙做法十分接近的是北京故宫宁寿宫花园的五色细虎皮石院墙，只是宁寿宫院墙颜色更加醒目鲜艳，做工更为精细、不勾缝。在承德现存古建筑中，殊像寺钟楼、鼓楼的虎皮墙是唯一采用五色虎皮石细做的墙体，并且保留了不同时期的青灰勾缝，因此具有重要的研究价值，应在今后的修缮中注意保护。

第九节　相关建议

一、山门脊兽

按照清代官式建筑规制，山门4个岔脊兽前原应设一狮四马，参照历史照片可知，1933年时山门西南岔脊还残存着一狮四马的部分兽身，但现已全部不存（图439）。此次修缮设计方案中并没有要求补配山门的小兽，建议在以后的修缮中可以进行补配。

439 1933年日本学者关野贞拍摄山门照片中的正吻和脊兽

此外，按照清代官式建筑规制，正吻的吞口应大于或等于正脊的高度。但现有山门的正吻较小，相应的吞口也较小。而且，1933年历史照片显示的正吻也是如此大小比例。从现存正吻的材质和制作工艺判断，现存正吻应为清代原构，并非近现代更换的。除了殊像寺山门，热河文庙的棂星门的布瓦正吻也比较小，并没有完全按照清代官式做法的规矩制作，可见这种小正吻的做法在清代承德官式建筑中也较为常见，并非错误的做法。

二、山门文保标志

山门南侧墙体上身部位在券门东西两侧于1988年镶嵌了"文物保护标志"，这对文物本体造成了一定的损害，并且影响了山门的外观效果，鉴于2015年已经在山门南侧重新制作了新的文物保护标志石碑，建议在下次维修工程中拆除镶嵌在墙体上的"文物保护标志"（图440）。

三、椽飞头彩画

山门和钟鼓楼椽飞头彩画现已缺失不存，但考虑到这些建筑都保留有清代的等级较高的旋子彩画，按照建筑等级要求椽飞头也应绘制有彩画。可惜在现存实物和历史照片中并没有找到这些建筑椽飞头彩画的具体样式和做法。所以以后需要继续查找依据，希望能够在未来的修缮中进行补绘（图441）。

四、钟鼓楼二层门窗

目前殊像寺钟鼓楼二层木栈板四面只有窗口，没有窗子，此次修缮中为防止鸟类进入室内对古建筑造成危害，通过工程洽商增设了防鸟网。鉴于清代官式建筑中寺庙天王殿和钟鼓楼木质券窗应设有窗扇，如普宁寺钟鼓楼、普乐寺天王殿等，因此，殊像寺钟鼓楼清代也应设有券窗，只是清末损毁后未能修复。建议在以后的大修中参照其他寺庙的规制对殊像寺钟鼓楼二楼木质券窗进行修复。

五、钟鼓楼室内抹灰

殊像寺钟鼓楼室内墙体内包金部分是现代重新砌筑的，原有墙体抹灰已不存，本次修缮按照设计方案抹饰了白灰。但考虑到殊像寺山门室内墙体上身部位抹饰的为包金土，而且现存的普宁寺钟鼓楼室内也保留有清代的包金土抹灰，因此，殊像寺钟鼓楼室内墙体上身在清代很有可能也是包金土抹灰的做法，对此还需要进一步进行研究。

440 1988 年在山门墙体上镶嵌了文物保护标志，2015 年在南门南侧制作了新的文物保护说明石碑（陈东 摄影）

441 山门椽飞头彩画依据不详，现做油饰断白处理（陈东 摄影）

第二章
殊像寺会乘殿保护修缮工程

会乘殿是殊像寺中轴线上由南至北的第三座建筑，是寺庙的主殿，屋顶样式为重檐歇山黄琉璃瓦顶，也是殊像寺中建筑等级最高的建筑（图442）。会乘殿虽然曾于1956年和1982年进行过大修，但这两次修缮对其干预较少，而且没有重做油饰地仗，因此保留了大量的清代建筑构件和原始的建筑信息，在避暑山庄及周围寺庙的众多古建筑中具有独特的历史价值和研究价值。但距离上一次大修已时隔近30年，会乘殿的台基、散水、地面、墙体、大木构架、斗栱、屋顶、装修等部位又出现了不同程度的残损，急需进行保护修缮（图443-446）。

2007年，承德市文物局委托河北省古代建筑保护研究所编制了《承德殊像寺现存建筑修缮方案》，2010年5月，按照国家文物局《关于承德殊像寺现存建筑修缮方案的批复》（文物保函〔2010〕330号）的要求，由于方案中关于现存建筑会乘殿的修缮内容缺乏可行性，需另行报批。2012年年初，河北省古代建筑保护研究所和河北木石古代建筑有限公司共同合作完成了《承德殊像寺现存建筑——会乘殿修缮方案》的编制

442 殊像寺会乘殿（陈东 摄影）

443 会乘殿瓦面残损情况（陈东 摄影）

445 会乘殿墙体抹灰残损情况（陈东 摄影）

444 会乘殿后檐装修棂条缺失情况（陈东 摄影）

446 会乘殿台基石构件残损情况（陈东 摄影）

工作，并由承德市文物局上报至河北省文物局和国家文物局。2012 年 5 月，国家文物局原则通过了《承德殊像寺现存建筑——会乘殿修缮方案》（文物保函〔2012〕807 号），同时提出了修改意见。2012 年 7 月，按照国家文物局批复要求，设计单位再次对殊像寺进行了现场勘查，并查阅了相关历史资料，

对原设计方案进行了补充、完善。2012 年 10 月，深化设计方案通过了河北省文物局的核准（冀文物发〔2012〕97 号）。

殊像寺会乘殿保护修缮工程作为承德避暑山庄及周围寺庙文化遗产保护工程的一部分，于 2012 年完成公开招投标，确定施工单位为北京园林古建工程有限公司，监理单位是河南东方文

表 66　殊像寺会乘殿保护修缮工程参建各方情况表

			负责人	主要参与人员
建设单位	承德市文物局、承德避暑山庄及周围寺庙文化遗产保护工程指挥部工作办公室	工程建设组	李林俐　陈东	柴彬、王博、于志强、辛宇、陈建春、郭峰、张冲、张守仁
		招投标组织组	韩永祥	
		财务管理组	陈晶	高占鹏
		综合协调组	缪革新	孙继梁、姜可辛、王红杰
		资料档案组	穆焱	东海梅、孔繁敏
设计单位	河北省古代建筑保护研究所、河北木石古代建筑有限公司	设计负责人		孙荣芬
		主要设计人员		田林、林秀珍、张剑玺、张勇、赵喆、许军
监理单位	河南东方文物建筑监理有限公司	总监理工程师		赵福龙
		监理工程师		郭少卿
施工单位	北京园林古建工程有限公司	项目经理		薛玉宝
		技术负责人		姜葆华
		主要技术人员		张峰亮、王建军

物建筑监理有限公司。工程修缮性质为现状整修、保养。主要修缮内容包括：台明、台阶、散水的归安加固、地面条石检修、勾缝、墙体找补抹灰、大木构件检修加固、装修补配、归安、斗栱粘接、加固、补配、归位、瓦顶局部揭瓦和勾抹扫垄等。工程实施中，在坚持"不改变文物原状"的文物保护修缮原则的基础上，尽可能采用传统工艺和做法，保证了文物的真实性和完整性，确保古建筑及相关文物遗存在修缮前、后风格的一致性，同时也促进传统工艺的传承，消除了会乘殿的安全隐患（表66）。

2013年1月4日，河北省文物局批准殊像寺会乘殿保护修缮工程开工许可（冀文物许字〔2013〕1号）（图447），工程于2013年7月30日完工，2014年9月27日通过单位工程验收。2014年10月31日，殊像寺会乘殿保护修缮工程通过河北省文物局组织的工程技术验收，2015年11月16日通过国家文物局竣工验收。

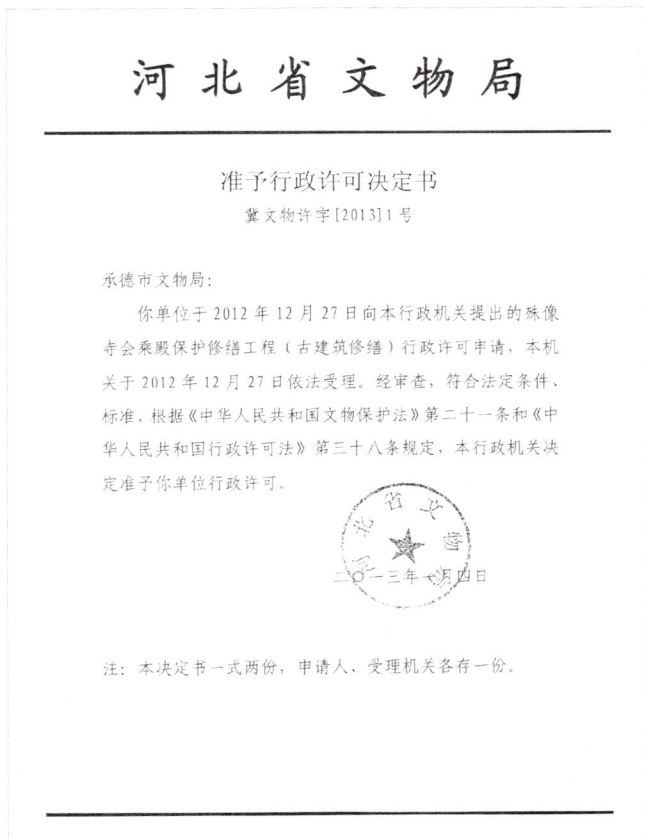

河北省文物局

准予行政许可决定书

冀文物许字[2013]1号

承德市文物局：

你单位于2012年12月27日向本行政机关提出的殊像寺会乘殿保护修缮工程（古建筑修缮）行政许可申请，本机关于2012年12月27日依法受理，经审查，符合法定条件、标准，根据《中华人民共和国文物保护法》第二十一条和《中华人民共和国行政许可法》第三十八条规定，本行政机关决定准予你单位行政许可。

注：本决定书一式两份，申请人、受理机关各有一份。

447 会乘殿保护修缮工程开工许可

第二节　设计方案主要内容 *

[*]：本节部分内容引自河北省古代建筑保护研究所和河北木石古代建筑有限公司编制的《承德殊像寺现存建筑—会乘殿修缮方案》

一、修缮性质

殊像寺是世界文化遗产承德避暑山庄及周围寺庙的重要组成部分，特别是主殿会乘殿在近现代维修干预较少，保存了大量清代的原有建筑构件、佛像、陈设以及彩画，特别是在后期的修缮中没有被"油饰一新"，极具历史沧桑感。但由于年代久远，其台明、台阶、散水、地面、墙体、大木构架、内装修等出现了破损、碎裂和缺失等现象，根据河北省建筑研究院《会乘殿结构稳定性分析报告》（详见第三篇第四章）"会乘殿基础稳定性良好，未发现不利因素"，"会乘殿围护墙体处于稳定状态"，"会乘殿梁架结构处于稳定状态"，"经现场测试及稳定性分析，殊像寺会乘殿整体结构处于稳定状态"。根据以上结论和现场勘察的情况，为使文物本体的原真性和完整性能够很好的保存与延续，按照文物保护"不改变文物原状"和"最小干预"的原则，确定殊像寺会乘殿的保护修缮性质为现状整修、保养，尽可能在此次修缮中最大限度的保存原有的历史构件，尽可能维持其历史沧桑感。

二、主要设计内容（图448-449）

（一）台明、台阶、散水

1. 台明

台明西山面后半部陡板石1块补换，3块粘接加固；将东山面外鼓、松动的3块陡板石拆卸，上部压面石用千斤顶轻微翘起，用毛石砌实内部、归位安装陡板石；检修陡板石台帮，用油灰勾缝。

2. 台阶

将后檐东侧面松动的台阶石归位、垂带石归位；前檐3块台阶石粘接加固。

3. 散水

局部揭取台明四周片石散水，补配缺失片石，用片石重新铺墁缺失部位的散水，散水做法：原土夯实，2:8灰土一步，片石铺墁，外栽石牙子。

（二）地面

检修条石地面，将西梢间松动的条石归位，并用油灰勾缝。

（三）墙体

检修石砌下碱，并用油灰勾缝。

上身：修补两山和后檐墙空鼓、脱落的靠骨灰，抹掺灰泥罩面灰，外刷红土浆两道，约22平方米；对东山墙明间北柱处的裂缝用白灰掺糯米浆灌缝处理。

（四）柱、平板枋、额枋

前后檐露明檐柱油饰完全脱落，木材干裂严重，为了更好地保护柱子，应清理构件上尘土、裂缝大的用木条嵌补，重新刮腻子找平，油饰、地仗和木构件彩绘单项报批。

柱根糟朽的处理：对后檐糟朽的柱根，先剔除糟朽部位，然后相用同材质木料剔补（后），用环氧树脂粘接，铁箍加固。

检修上檐两山明间平板枋、额枋，在劈裂严重的平板枋下加5毫米厚的钢板，托在柱头上和平板枋下。在明间两柱间走马板位置两侧加附柱（220×220毫米），

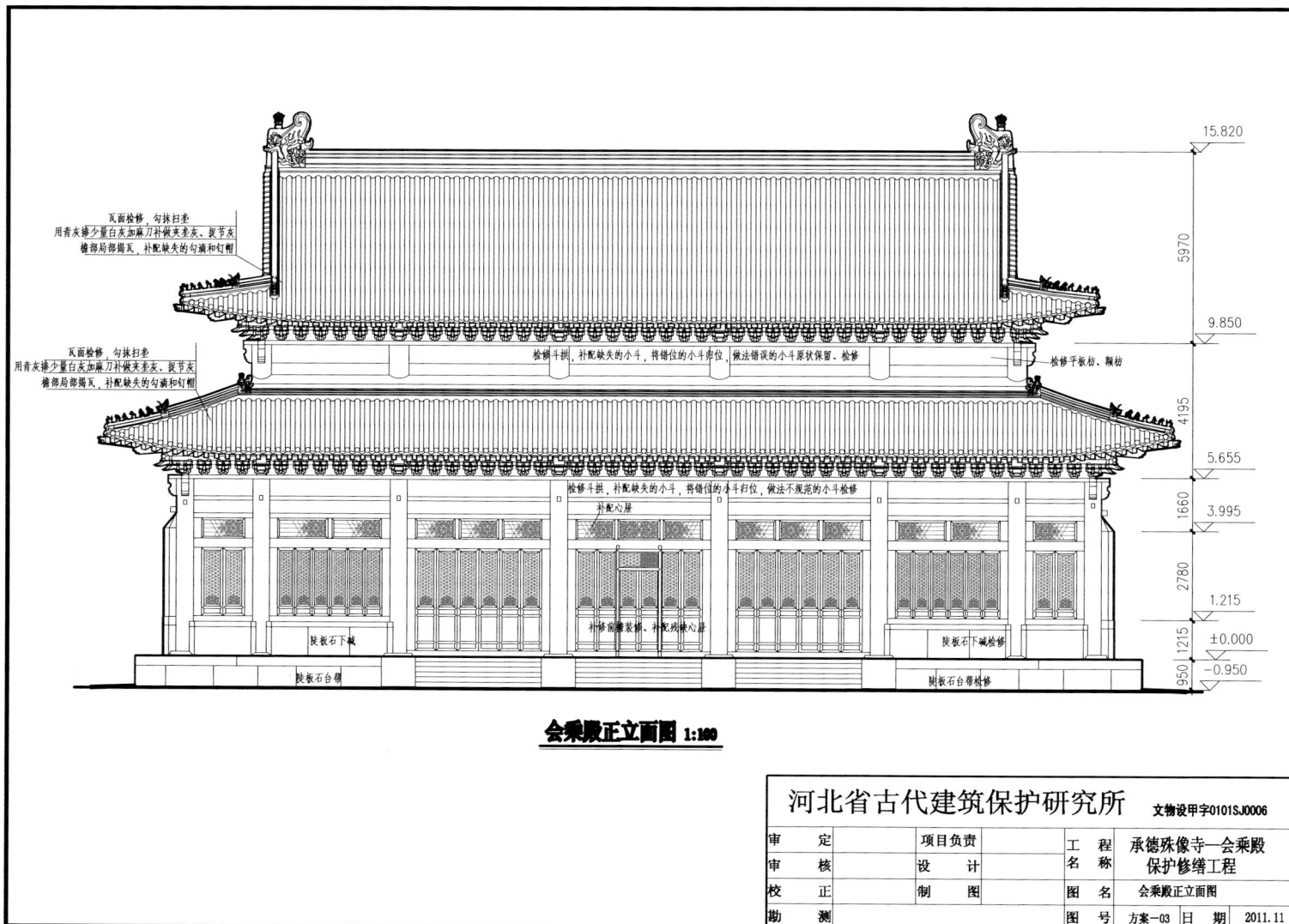

瓦面检修，勾抹扫垄
用青灰掺少量白灰加麻刀补做夹垄灰、捉节灰
墙部局部揭瓦，补配缺失的勾滴和钉帽

瓦面检修，勾抹扫垄
用青灰掺少量白灰加麻刀补做夹垄灰、捉节灰
墙部局部揭瓦，补配缺失的勾滴和钉帽

检修斗拱、补配缺失的小斗，将错位的小斗归位，做法错误的小斗原状保留，检修

检修平板枋、额枋

检修斗拱，补配缺失的小斗，将错位的小斗归位，做法不规范的小斗修整

补修心屋

陡板石下碱

陡板石下碱检修

补修面层装修、补配缺失心屋

陡板石台帮

陡板石台帮检修

15.820

5970

9.850

4195

5.655

3.995

1660

2780

1.215

1215

±0.000

950

−0.950

会乘殿正立面图 1:100

河北省古代建筑保护研究所　文物设甲字0101SJ0006

审　定		项目负责		工　程	承德殊像寺—会乘殿
审　核		设　计		名　称	保护修缮工程
校　正		制　图		图　名	会乘殿正立面图
勘　测				图　号	方案-03　日　期　2011.11

448 设计方案中的会乘殿正立面图（引自《承德殊像寺现存建筑—会乘殿修缮方案》）

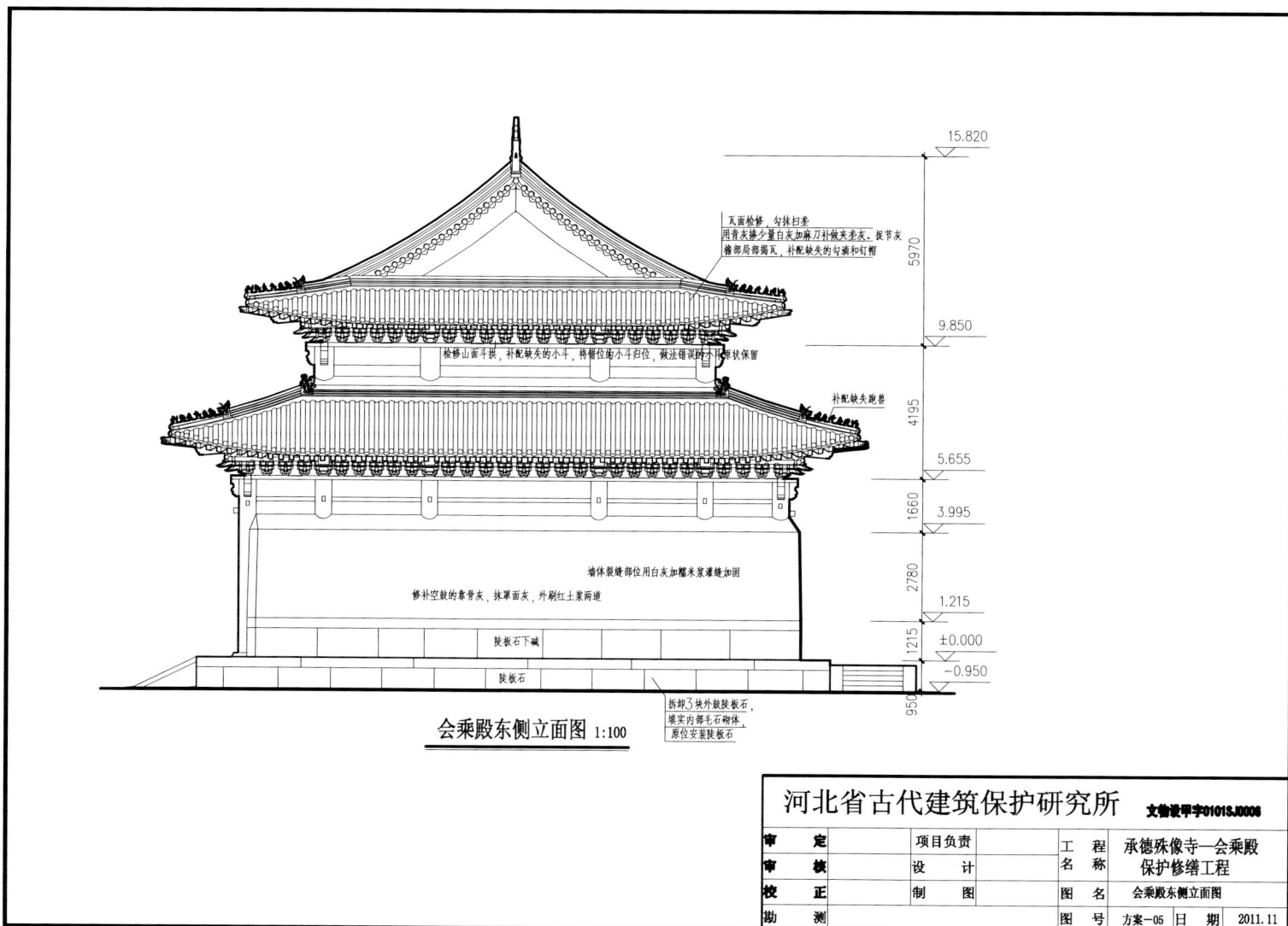

瓦面检修，勾抹扫垄
用青灰掺少量白灰加麻刀补做夹垄灰、捉节灰
墙部局部揭瓦，补配缺失的勾滴和钉帽

检修山面斗拱，补配缺失的小斗，将错位的小斗归位，做法错误的小斗原状保留

补配缺失跑兽

墙体裂缝部位用白灰加糯米浆灌缝加固

修补空缺的墙骨灰，抹罩面灰，外刷红土浆两道

陡板石下碱

陡板石

拆掉3块外敞陡板石，
垫实内部毛石砌体，
原位安装陡板石

15.820

5970

9.850

4195

5.655

3.995

1660

2780

1.215

1215

±0.000

950

−0.950

会乘殿东侧立面图 1:100

河北省古代建筑保护研究所　文物设甲字0101SJ0006

审　定		项目负责		工　程	承德殊像寺—会乘殿
审　核		设　计		名　称	保护修缮工程
校　正		制　图		图　名	会乘殿东侧立面图
勘　测				图　号	方案-05　日　期　2011.11

449 设计方案中的会乘殿侧立面图（引自《承德殊像寺现存建筑—会乘殿修缮方案》）

防止额枋下沉；额枋外侧加 60×4 毫米铁箍两道，再用自制的楔形钢钉（长度为额枋厚度的一半）将铁箍和额枋固定。

（五）大木构件

检修木构架，现状加固木构件脱榫部位，西次间西缝后双步梁和金柱脱榫的部位用铁扒锔加固；檩枋脱榫部位检修，并用铁扒锔加固；用铁扒锔加固明间和两次间挑檐檩，防止前檐明间挑檐檩继续外滚；补配前檐、两山及后檐两梢间金柱间缺失的白楂笆子，按现存后檐金柱间颜色油饰，颜色为暗红色；用铁扒锔加固后檐明间东缝挑尖梁和后檐金柱。

木构件劈裂的处理：对裂缝在 3 毫米以内的裂缝，可用树脂腻子堵抹严实，4-10 毫米的可用做成三角形的木条，两边涂胶，再用小钉子钉牢，10-20 毫米的可用木条嵌补，用铁钉钉牢。缝宽在 30-50 毫米以上，深达木心的粘补后还需加铁箍一道。

（六）装修

清理装修槛框和槅扇上尘土，补配缺失的棂条、菱花扣。

前檐槅扇：按原式样补配西尽间、西次间、明间、东次间、东梢间缺失的棂条；补配明间帘架横披窗芯屉，式样三交六椀芯屉。

前檐横披窗：东梢间按现存三交六椀芯屉式样补配 2 块横披窗，按原式样补配东尽间、明间、西尽间横披窗缺失的棂条。

后檐槅扇：检修抱框，将脱榫部位归位；按原式样补配东次间、明间、西次间槅扇门芯屉破损的棂条。

后檐横披窗：按原式样补配明间横披窗芯屉一块，西次间横披窗检修归位，补配缺失的棂条。

（七）斗栱

检修上、下檐斗栱，根据斗栱的残破情况制定如下修缮方案，分五种类型：

1. 对劈裂栱件处理：小于 5 毫米的裂缝用环氧树脂粘接加固，大于 5 毫米的裂缝，镶嵌木条，并用环氧树脂粘接。
2. 小斗错位的处理：将错位的小斗归位。
3. 小斗做法错误的处理：原状保留，检修。
4. 缺失小斗、栱件的处理：按现有的式样、规格补配。
5. 斗耳残破的处理：补配斗耳，然后用环氧树脂粘结。

（八）瓦顶

瓦顶检修、除草、勾抹扫垄；补配檐头瓦件、局部揭瓦檐头。

上檐：四角翼角瓦垄和戗脊连接部位瓦顶检修，用红麻刀灰补做夹垄灰和捉节灰，勾抹扫垄；山面瓦垄和博脊连接部位瓦顶检修，勾抹扫垄。檐部局部揭瓦，补配缺失瓦件。

下檐：按东南角跑兽式样、规格补配缺失跑兽，原位安装。翼角瓦垄和戗脊连接部位瓦顶检修，勾抹扫垄；两山围脊和垫枋间裂缝用灰泥填实、抹平。檐部局部揭瓦，补配缺失瓦件。

第三节 方案审批情况

一、国家文物局方案批复意见

2012 年 5 月 9 日，国家文物局原则同意《承德殊像寺现存建筑——会乘殿修缮方案》，对该方案提出修改意见（文物保函〔2012〕807 号）（图 450），具体如下：

（一）进一步深化现状评估，并对建筑结构稳定性做出科学准确的评估。对平板枋的受力分析不准确。

（二）根据会乘殿的保存现状，该维修工程性质应定为现状维修、保养。西次间西缝后双步梁和金柱等木构架如相对稳定，应进行现状加固。

（三）应对原做法进行勘查记录，并应用于维修中。应进一步核定部分维修做法，屋面黄琉璃瓦应使用红麻刀灰加垄、捉节。

（四）方案中琉璃瓦件更换、散水翻修工程量过大。应按照现状维修的原则，根据实际需要，严格控制工程量，避免对文物建筑造成过大干扰。

（五）应根据重新核定的工程量调整工程预算。

（六）应补充施工中对彩画的现场保护措施。

二、方案修改情况

根据国家文物局方案批复意见，设计单位组织专业技术人员对殊像寺会乘殿进行了现场勘查，并针对意见逐条进行研究、疏理，修改了设计方案，主要修改内容如下：

（一）屋面、琉璃构件、砖石构件残损情况见残破现状表；木构件彩绘和油饰专项报批。

（二）东山墙后金柱位置裂缝原因：台明台帮内毛石砌筑松散，外包陡板石外鼓。

（三）额枋和柱子脱榫原因：上檐山面歇山部位顺趴梁荷载较大，檩外滚，斗栱歪闪，平板枋截面较小等因素，荷载传递到平板枋，其承载力不够，导致平板枋劈裂；柱为包镶柱，虽然柱径较大，但承力比同柱径的实心柱低很多，在力的作用下，柱子发生偏移，额枋与柱脱榫。

（四）依据河北省建筑研究院编写的《承德殊像寺评估报告》会乘殿结构稳定，且 20 世纪 50 年代会乘殿进行过全面维修，综合考虑利弊，确定修缮性质为现状整修，瓦顶检修，檐头局部揭瓦，额枋与柱脱榫部位用铁箍加固。

（五）瓦面残损情况见残破现状表，根据具体情况确定瓦顶检修，檐头局部揭瓦，补配缺失的跑兽。

（六）木构件彩绘和油饰专项报批，柱、装修油饰已完全脱落，本方案只做现状清理，修补缝隙，刮腻子。

（七）维修时应注意保护室内佛像、经橱、木质佛塔、梁架彩绘，进行必要的遮护，防止搭架子时对附属文物造成损坏。

三、河北省文物局深化设计核准情况

2012 年 10 月 11 日，河北省文物局核准通过了修改后的《承德殊像寺现存建筑——会乘殿修缮方案》（冀文物发〔2012〕

国 家 文 物 局

文物保函〔2012〕807号

关于承德殊像寺会乘殿修缮方案的批复

河北省文物局:

你局《关于呈报承德殊像寺现存建筑——会乘殿修缮方案的请示》(冀文物字〔2012〕121号)收悉。经研究,我局批复如下:

一、原则同意所报方案。

二、对该方案提出修改意见如下:

(一)进一步深化现状评估,并对建筑结构稳定性做出科学准确的评估。对平板枋的受力分析不准确。

(二)根据会乘殿的保存现状,该维修工程性质应定为现状维修、保养。西次间西缝后双步梁和金柱等木构架如相对稳定,应进行现状加固。

(三)应对原做法进行勘查记录,并应用于维修中。应进一步核定部分维修做法,屋面黄琉璃瓦应使用红麻刀灰加垄、捉节。

(四)方案中琉璃瓦件更换、散水翻修工程量过大。应按照现状维修的原则,根据实际需要,严格控制工程量,避免对文物建筑造成过大干扰。

(五)应根据重新核定的工程量调整工程预算。

(六)应补充施工中对彩画的现场保护措施。

请你局组织有关单位,根据上述意见对所报方案进行修改、完善,经你局核准后实施。施工中应加强监督和管理,确保工程质量和文物、人员安全。

此复。

公开形式:主动公开

抄送:中国文物信息咨询中心,本局办公室预算处、财务处。
国家文物局办公室秘书处　　　　　2012年5月10日印发
初校:李珅　　　　终校:佟薇

450 会乘殿保护修缮工程设计方案国家文物局批复意见

97号)(图451),并提出如下具体要求:

(一)对脱釉较轻的瓦件做好加固保护后,继续使用。

(二)注意加强工程现场情况的研究,做好施工过程中设计补充深化工作,如墙内、槅扇间柱铁箍加固的具体做法、要求、查找装修铜活补配依据。重要内容应依规履行报批程序。

(三)开工前到我局办理相关许可申请,工程管理应严格按照《承德避暑山庄及周围寺庙文化遗产保护工程管理办法》执行。

河 北 省 文 物 局

冀文物函〔2012〕97号

河北省文物局
关于核准承德殊像寺现存建筑——会乘殿
修缮方案深化设计意见的函

承德市文物局:

你局《关于核准<承德殊像寺现存建筑——会乘殿修缮方案>深化设计的请示》(承市文物发〔2012〕130号)收悉,经研究,我局意见如下:

一、修改深化后的方案基本符合国家文物局《关于承德殊像寺现存建筑——会乘殿修缮方案的批复》(文物保函〔2012〕807号)的要求,现予核准。

二、对脱釉较轻的瓦件做好加固保护后,继续使用。

三、注意加强工程现场情况的研究,做好施工过程中设计补充深化工作,如墙内、隔扇间柱铁箍加固的具体做法、要求、查找装修铜活补配依据。重要内容应依规履行报批程序。

四、开工前到我局办理相关许可申请,工程管理应严格按照《承德避暑山庄及周围寺庙文化遗产保护工程管理办法》执行。

二〇一二年十月十一日

公开形式:不公开

451 会乘殿保护修缮工程深化设计方案河北省文物局核准意见

一、台基

会乘殿台基在修缮前保存相对较好，仅有部分石构件走闪，少量陡板石出现严重风化。按照批复的设计方案要求，采用红砂岩替换西山面严重碎裂陡板石 2 块（图 452），归安走闪陡板石、台阶石、垂带和压面石 15 块，粘补加固碎裂陡板石、台阶石 8 块。所有石材缝隙清理干净，边缘粘贴美纹纸后用油灰将缝隙勾抹严实（图 453-454）。补配台明四周缺失的片石散水，归安加固走闪石牙子（图 455）。

452 更换严重风化的陡板石（柴彬 摄影）

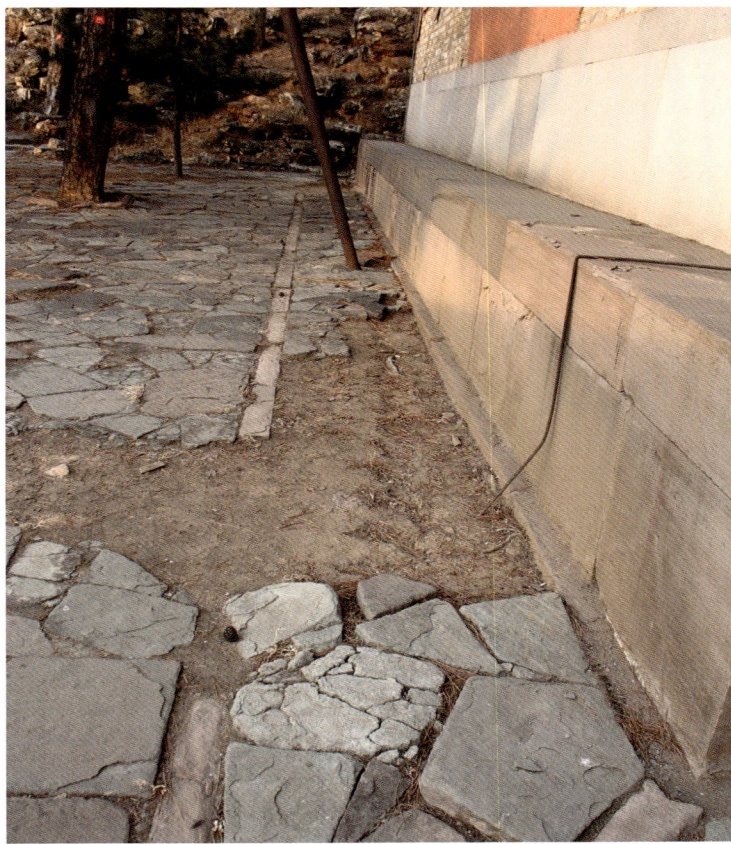

455 会乘殿石板散水缺失情况（陈东 摄影）

二、墙体

会乘殿所有石砌陡板石下碱的缝隙采用油灰勾缝。修补东山墙和后檐墙缺失的墙体抹灰。采用纯白灰膏对西山墙空鼓的抹灰进行灌浆处理，使其稳固平整；对缺失抹灰的部位重做靠骨灰和罩面灰。为保证会乘殿外墙抹灰色调的协调统一，并且尽可能接近于修缮前的色调，施工时根据现存清代抹灰的颜色调试了不同的外墙抹灰色样（图 456），再选择颜色最接近的色样在外墙上身刷涂红土浆 2 道。

453 会乘殿踏跺石勾缝（柴彬 摄影）

454 会乘殿阶条石勾缝（柴彬 摄影）

456 会乘殿墙体抹灰现场颜色试验（陈东 摄影）

三、大木构件

修缮前，会乘殿部分大木构件出现脱榫、拔榫情况，大部分梁架构件存在顺纹开裂。按照设计要求，清理全部上架大木构件上的尘土，裂缝大的用木条嵌补，并重新刮腻子找平，使嵌缝区域的颜色尽可能与现有旧木色一致。对后檐糟朽的柱根，先剔除糟朽部位，然后用相同材质木料镶补，用环氧树脂粘接（图457）。

457 会乘殿北侧糟朽柱根的局部剔补（柴彬 摄影）

对劈裂严重的平板枋使用钢板进行加固。在明间两柱柱间走马板位置两侧加附柱（220×220毫米）支撑，以防止额枋下沉；额枋外侧加铁箍两道，再用自制的楔形钢钉将铁箍和额枋固定。所有大木构件脱榫的部位用铁扒锔加固（图458-459）。补配前檐、两山及后檐两稍间金柱间缺失的白樘箅子（图460），鉴于此部位清代裱糊唐卡，部分白樘箅子上还残存原有的裱糊纸张，因此将所有白樘箅子上的纸张裱糊齐全，并将白纸按照现存糊饰纸张的颜色做旧为米黄色。

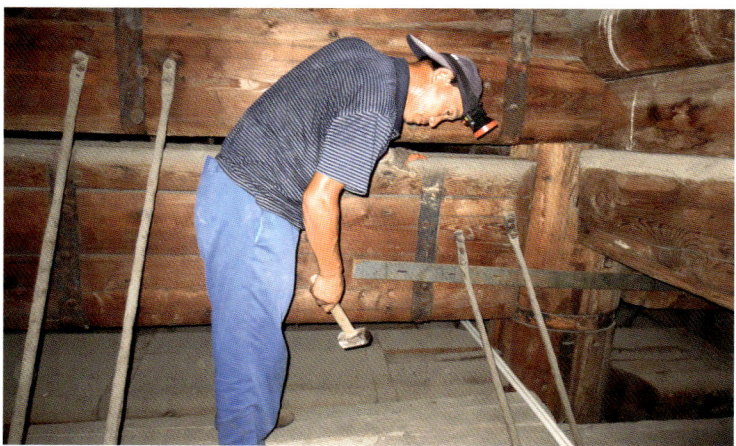

458 会乘殿大木构件加固（柴彬 摄影）

459 会乘殿大木构件加固（柴彬 摄影）

460 补配会乘殿缺失的白樘箅子（柴彬 摄影）

四、装修

清理装修槛框和槅扇上尘土，补配缺失的棂条、菱花扣，新补构件做单披灰地仗随色（图461-462）。

五、斗栱

对劈裂栱件用环氧树脂或镶嵌木条粘接加固。将所有错位的小斗归位并用钉子加固。缺失小斗、栱件按现有的式样、规格补配（图463），随旧木色做单披灰地仗随色。斗耳残破的斗栱用环氧树脂粘结。具体如下：

（一）劈裂栱件粘接加固

下檐斗栱有：前檐东南角科斗栱、前檐东梢间⑦号斗栱、东次间⑧号斗栱、明间①②⑩号斗栱、西次间①④⑨号斗栱、西梢间⑦号斗栱、西尽间④号斗栱；西山面南梢间④号斗栱、北次间⑥号斗栱、北梢间④号斗栱；后檐西尽间④号斗栱、西梢间⑦号斗栱、西次间⑨号斗栱、东梢间⑦号斗栱、东尽间④号斗栱；东山面北梢间④号斗栱、北次间⑥号斗栱、南次间⑥号斗栱。

上檐斗栱有：前檐东梢间⑤⑥号斗栱、东次间⑨号斗栱、明间⑨号斗栱、西梢间⑦号斗栱；西山面南次间⑥号斗栱、明间⑨号斗栱、北次间④⑤⑥号斗栱；后檐西梢间⑦号斗栱、西次间⑨号斗栱、明间②⑨号斗栱、东山面北次间①⑥号斗栱、明间⑥⑨号斗栱、南次间⑥号斗栱。

（二）错位小斗归位

下檐斗栱有：前檐东尽间5攒斗栱、东梢间①③④⑤⑥⑦号斗栱、东次间①②③④⑤⑥⑦⑧号斗栱、明间②③④⑤号斗栱、西次间②③⑤⑥⑦⑧⑨号斗栱、西梢间②③④⑤号斗栱、西尽间①②③④号斗栱；西山面南梢间③号斗栱、南次间②③号斗栱、明间②⑦号斗栱、北次间③④⑤⑥号斗栱、北梢间①②③④号斗栱；后檐西尽间①②③④号斗栱、西梢间②④⑤⑥⑦号斗栱、西次间②③④⑤⑧号斗栱、明间③⑥⑧号斗栱、东次间⑦号斗栱、东尽间②③号斗栱；东山面北梢间①②③号斗栱、北次间①号斗栱、明间①②⑤⑧号斗栱、南次间①③④⑤号斗栱、南梢间②号斗栱。

上檐斗栱有：前檐东梢间①②③⑤⑦号斗栱、东次间①④⑥⑦⑧⑨号斗栱、明间①②③④⑤⑥⑦⑧⑨号斗栱、西次间①②④⑤⑦⑨号斗栱、西梢间①②③④⑤⑦号斗栱；西山面南次间①②③④⑤⑥号斗栱、明间①②③⑤⑥⑦⑧⑨号斗栱、北次间①②③④⑤⑥号斗栱；后檐西梢间①⑤⑥⑦号斗

461 会乘殿前檐装修整修前（陈东 摄影）

462 会乘殿前檐装修整修后（陈东 摄影）

463 会乘殿缺失斗栱构件的补配（柴彬 摄影）

栱、西次间②⑥⑦⑨号斗栱、明间②③⑤⑥⑦⑧号斗栱、东次间③⑦⑧⑨号斗栱；东山面北次间①②③④⑤⑥号斗栱、明间①②③④⑤⑥⑦⑧⑨号斗栱、南次间①②⑤号斗栱。

（三）缺失小斗、栱件补配

下檐斗栱有：前檐东尽间①④⑤号斗栱、东梢间①④号斗栱、东次间⑦号斗栱、明间⑧号斗栱、西次间⑧号斗栱、西尽间③④号斗栱；西山面北次间③⑥号斗栱、北梢间③号斗栱；后檐西尽间③号斗栱、西次间⑤⑨号斗栱；东山面南次间⑤⑥号斗栱。

上檐斗栱有：前檐东梢间①②⑤号斗栱、明间⑥号斗栱、西次间③④⑥⑧⑨号斗栱、西梢间⑥号斗栱；西山面南次间

①⑥号斗栱、明间③④号斗栱、北次间⑥号斗栱、后檐明间④⑦⑨号斗栱；东山面明间①⑦⑧⑨号斗栱。

西次间⑤⑥⑧号斗栱、西梢间①②；西山面南次间④⑤号斗栱、明间⑤号斗栱。

（四）局部粘接补配斗耳

下檐斗栱有：前檐东尽间②号斗栱、东梢间③号斗栱、明间⑧号斗栱、西次间①号斗栱、西梢间①号斗栱、西尽间①号斗栱；西山面南梢间②③④号斗栱、南次间①⑥号斗栱、明间③④号斗栱、北次间③④⑤号斗栱；后檐西梢间⑥号斗栱、西次间④号斗栱、东尽间④号斗栱；东山面北次间①⑥号斗栱、明间⑥⑨号斗栱。

上檐斗栱有：前檐东次间①③④⑤号斗栱、明间③号斗栱、

六、屋顶

瓦面进行勾抹扫垄，屋脊部位用红麻刀灰勾抹严实，西侧下檐檐头漏雨部位进行小范围局部揭瓦，更换严重糟朽的连檐瓦口，对飞椽头局部糟朽部位进行剔补。补配缺失的瓦件和小兽，其中上檐补配滴水 20 个，勾头 13 个，钉帽 41 个；下檐补配西北角跑兽 3 个，东北角跑兽 5 个，滴水 24 件，勾头 17 件，钉帽 48 个（图 464-465）。

464 会乘殿修缮前脊兽残损情况（陈东 摄影）

465 会乘殿屋顶勾抹扫垄（陈东 摄影）

第五节 工程洽商情况

殊像寺会乘殿的保护修缮性质为现状整修、保养，工程性质比较简单，工程量相对较小，工程内容属于古建筑常规的修缮措施，因此整个工程基本都是依照河北省文物局和国家文物局批复的工程设计方案实施，涉及工程洽商只有一处，具体如下：

原设计方案要求修补会乘殿两山和后檐墙空鼓、脱落的靠骨灰，抹掺灰泥罩面灰，外刷红土浆两道。在施工时发现西山墙墙体抹灰存在大面积严重空鼓，但并没有脱落。鉴于空鼓部分的抹灰层是清代抹灰，虽然部分区域与砖砌墙体脱离出现空鼓，但整体强度较好，因此，按照古建筑修缮最小干预的原则，经建设、设计、监理、施工四方负责人现场洽商决定，不铲除这部分墙体空鼓的抹灰层，而是采用白灰浆灌浆加固的方法尽可能完整的保留这些清代抹灰。

第六节 主要施工技术与工艺

一、屋面整修

会乘殿屋面局部揭瓦具体施工工艺流程如下：

（一）拆卸前的记录

局部揭瓦瓦面和整修屋脊前，应记录瓦面的囊度，瓦垄宽度、"睁眼"尺寸，勾、滴出檐尺寸，底、盖瓦垄数，每垄底、盖瓦用瓦数量，脊的高度及灰缝尺寸，瓦面和屋脊的细部构造。

（二）确定局部揭瓦范围

拆卸瓦面前由建设单位甲方代表、设计代表、监理工程师、施工单位负责人共同对局部揭瓦范围进行确认，在瓦面上用粉笔标记明确的揭瓦范围。

（三）拆卸瓦面

瓦面或屋脊拆卸时，针对局部揭瓦屋顶形式和屋面构造做法特点，制定拆卸方法，避免拆卸中损伤苫背层（图 466）。拆卸时不应人为损伤瓦、脊件，应随拆随倒运至地面或脚手架上。拆卸前和拆卸过程中对脊件和非常规瓦件，做出原位置标记。考虑到会乘殿是重要的文物建筑，所以所有可用瓦件应原位使用，在拆卸过程中对屋面揭部分的瓦、脊件全部进行编号标记，绘制瓦件平面位置编号记录图表。揭瓦拆卸中由施工单位测量、记录瓦瓦灰、泥厚度，瓦瓦使用灰、泥做法，作为重新瓦瓦的依据。

466 会乘殿西侧下檐瓦面局部揭瓦（陈东 摄影）

（四）清理瓦件

拆下瓦、脊件上的灰、泥清理干净，进行筛选。可粘接使用的，整修后妥善存放。

（五）添配瓦件

按会乘殿现有瓦件颜色、规格补配缺失瓦件，局部更换严重残损瓦件（图467）。

467 会乘殿瓦面查补，更换严重碎裂瓦件（柴彬 摄影）

（六）恢复瓦面

瓦面拆卸后，苫背层存在损伤需要修缮，按苫背层局部修缮操作工艺完成苫背层修补。原灰背不需修补的，将原灰背清扫干净。局部揭瓦的瓦瓦施工操作工艺同琉璃瓦瓦瓦操作工艺，在瓦垄上、下端接槎处，瓦瓦时应局部适度洇水湿润或"打水荐子"，底瓦灰、泥应填挤密实，插入上端底瓦时保证搭接尺度。底瓦应摁实、合垄，搭接范围内底瓦"瓦翘"背实。筒瓦接槎处，将未揭筒瓦下端内的灰、泥剔除一些，"打水荐子"后，填入麻刀灰，瓦接续筒瓦，熊头挤入未揭筒瓦下端，使灰挤出，捉节处理。局部揭瓦、瓦瓦应使用"瓦刀线"和"楞线"。檐头揭瓦，应挂"檐口线"，安装钉帽。揭瓦后将瓦面擦拭干净。

大面积瓦瓦以垄为单位，每垄的工作相同。首先瓦檐头的滴子瓦和勾头瓦。按照拴线确定出滴子的高度和出檐距离，勾头出檐的长度为瓦头"烧饼盖"的厚度，勾头紧靠滴子，高度以檐线为准。瓦瓦好檐头后，按照垄再次拴线，使每垄囊线一致，高度一致。先铺掺灰泥，底瓦窄头朝下，从下往上依次摆放，合缝严实。然后用扎缝灰扎缝，使其能够盖住两边底瓦垄的瓦翘。瓦盖瓦时，熊头朝上，从下往上沿拴线依次安放，上面的筒瓦压住下面筒瓦的熊头。熊头上抹足掺红土粉的灰，每

块筒瓦搭接时挤严。瓦好盖瓦后，将钉子从檐头勾头上的圆洞上钉入灰里，在钉子上扣好钉帽。

（七）捉节夹垄

先将瓦清扫干净，夹垄分糙细两次进行，用掺了红土粉的小麻刀灰在盖瓦相接的地方勾抹，再将"睁眼"塞严、抹平、拍实，不得开裂翘边，不得高出瓦翘。夹垄灰赶轧光实，下角平顺，与底瓦交接处无蛐蛐窝和野灰。瓦面完成后清扫干净，釉面擦净擦亮（图468）。

468 会乘殿瓦面捉节夹垄（柴彬 摄影）

二、墙体抹灰

殊像寺会乘殿外墙上身红灰局部残坏较为严重，本次工程进行了局部整修。特别是西山墙空鼓的墙体抹灰需要按照技术洽商要求进行现状灌浆加固，技术要求较高，具体施工过程如下：

（一）灌浆加固

对清代外墙抹灰空鼓区域，先用手敲击抹灰层确定空鼓范围，再小心清理空鼓面的尘土和杂物，用水适当洇湿砖砌墙面和抹灰层内部（图469），并根据空鼓面积的大小在适当位置选择灌浆孔。然后用铁桶盛放白灰块，加水配置粘稠度适中的白灰膏，使用大号注射器或尖嘴壶将白灰膏从灌浆孔注入到空鼓部位，注入的同时用手轻轻按压抹灰层，使空鼓抹灰回贴至墙面，同时注意防止白灰浆从空鼓面下部流失（图470）。白灰膏有很好的粘性、流动性和膨胀性，可以使灌浆后的墙体抹灰重新稳固。最后采用木板、棉布和脚手架对灌浆回贴后的墙面进行临时支顶，一周后白灰浆基本干燥再取下支顶。

469 墙体洇湿（柴彬 摄影）

470 会乘殿西侧空鼓墙面的灌浆（柴彬 摄影）

（二）除铲

对局部缺失抹灰的部位重做靠骨灰和罩面灰，抹灰前需铲除酥碱的旧灰皮，露出糙砌墙体，对于局部酥碱空鼓的部位采取小铲或凿子将酥碱部分局部剔除干净。

（三）钉麻揪

为使新抹灰层与墙面结合牢固，按照传统工艺需在砖砌墙面上钉麻揪，麻揪长 400-500 毫米，间距 400 毫米，纵横错开，采用 5 寸钉钉牢墙面，横竖拉线，先顺竖线抹出方道灰梗与拉线齐平，各条灰梗抹齐后开始抹灰，用平尺板以灰梗找平。

（四）抹灰

首先使用大麻刀灰在砖砌墙体上抹靠骨灰一层（图471），然后再在上面抹饰罩面灰一层（图472）。罩面灰的

471 找补靠骨灰（柴彬 摄影）

472 找补罩面灰（柴彬 摄影）

灰浆使用红土麻刀灰，配比为白灰：红土：麻刀 =100：25：7。抹灰干燥后对表面进行打磨处理，使其平整。

（五）刷浆

根据现存清代抹灰颜色调试外墙抹灰色样，再选择颜色最接近的色样对新抹灰区域刷涂红土浆二道。

三、石构件整修

石构件整修是会乘殿保护修缮的一项重要施工内容，包括了石构件归安、残损构件粘接、缺失构件补配等，具体做法如下：

（一）石构件归安

将会乘殿歪闪、错位的石质构件归回原位。首先需对拆除石构件进行编号，核对构件位置和标高，对已经严重移位的构件要依据左右、上下、前后的其他石构件的位置确定其原有的位置。然后拴线定位，清理石构件上的杂物、尘土后，将移位石构件安放到拴线位置。最后用铁片或碎石垫牢石构件，构件下面的缝隙灌桃花浆加固，石材间的缝隙用油灰勾缝，施工时要注意确定石构件是否要设置泛水。

（二）残损构件粘接

会乘殿台基的角柱石、压面石、垂带、踏跺等石构件因风化酥裂造成个别石构件局部残缺，虽然产生了断裂，但是只要粘接好仍然能继续使用，这样做可以尽最大可能的保存清代原始的建筑构件，按照设计要求，对这种情况的构件施工时采取用环氧树脂胶结剂进行粘接的方法进行保护。修补前先将残缺、表面酥碱部分剔除干净，粘接石材应将其接触面擦拭干净、晾干，用刷子将环氧树脂胶涂刷在两个粘接面上，两面对接，保持 24 小时即可。完全固化后再在表面进行跺斧和做旧处理，以与周边石材协调。

（三）补配严重残损和缺失的石构件

对会乘殿 2 块严重碎裂的陡板石进行更换，对缺失的石板散水和石牙子进行补配。更换和补配石材应用原石质、原规格石料，做到与周边石构件的协调，补配石构件的表面做法应与周边相邻石构件一致。

四、装修构件整修

会乘殿装修构件残损主要有两种情况，一为缺失，二为糟朽。发生前者情况时照原样、原材料补配，后者则要据实剔补拼接，糟朽严重的则需更换。

（一）对于边挺、抹头等构件，如果出现松散、变形或局部劈裂时用钉加固牢固，背面可加钉铁活。

（二）补配楞条要依据原来搭交的情况，在现场进行测量（图473），根据实际尺寸分别一比一放样复制楞条，并根据现存旧构件的线脚式样制作（图474）。单根楞条做好后进行试装，检验卯口是否严实，搭接是否平整，无误后方可与旧楞条拼接（图475-476）。粘牢的新旧楞条接口应抹斜，背面加钉铁活加固。

（三）修补式样复杂的六角菱花芯屉时，为了便于新旧部分的拼合，可以将旧槅扇活槛窗的芯屉整体拆下，临时拆卸四周的仔边，将芯屉楞条拼合后再重新安装。

（四）新补配的装修构件为新木色，需要做单披灰地仗随色，使其与周围现有装修色调协调（图477）。

473 棂条测量（柴彬 摄影）

475 补配会乘殿缺失棂条（柴彬 摄影）

474 制作会乘殿棂条（柴彬 摄影）

476 补配会乘殿缺失棂条（柴彬 摄影）

477 棂条做地仗随色（柴彬 摄影）

第七节　工程验收

2013 年 6 月 18 日，在殊像寺会乘殿保护修缮工程施工期间，国家文物局组织张之平、张克贵、韩扬、付清远、永昕群等专家进行了现场工地检查（图 478），对施工现场管理与工程质量进行阶段性验收，并提出了很多具体指导意见。2014 年 9 月 27 日，工程通过建设、设计、监理、施工四方组织的单位工程验收。2014 年 10 月 31 日，殊像寺会乘殿保护修缮工程与承德殊像寺建筑基址与院落保护修缮工程一起通过河北省文物局组织的技术验收，验收专家为张之平、李永革、任毅敏（图 479）。验收专家认为殊像寺会乘殿保护修缮工程达到了设计要求，质量和观感总体较好，工程资料基本完整，管理较为规范，原则同意通过省级技术验收，未提出整改意见。2015 年 11 月 16 日，殊像寺会乘殿保护修缮工程通过国家文物局组织的工程竣工验收（图 480-487）。

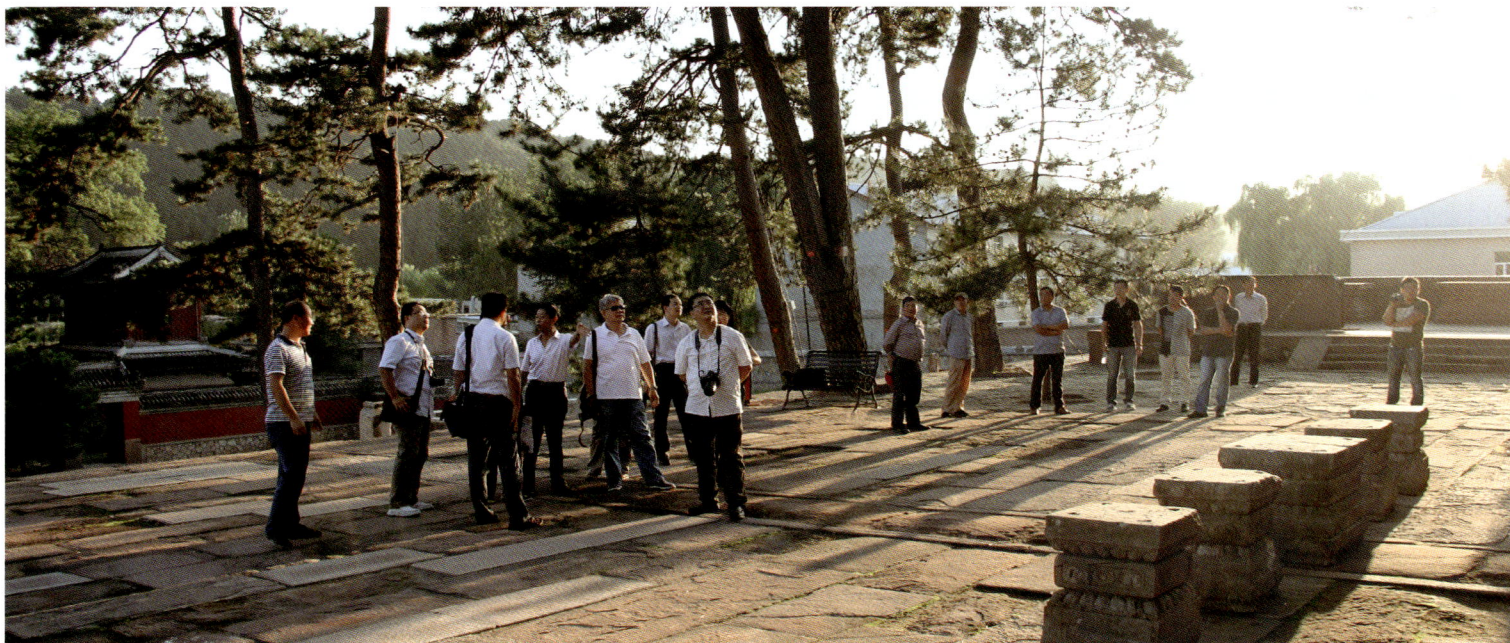

478　2013 年国家文物局殊像寺会乘殿保护修缮工程工地检查（柴彬 摄影）

479　2014 年 10 月河北省文物局组织殊像寺会乘殿保护修缮工程省级技术验收（柴彬 摄影）

480　2015 年 11 月国家文物局组织殊像寺会乘殿保护修缮工程竣工验收（郭峰 摄影）

481　殊像寺会乘殿墙体与散水整修前（柴彬 摄影）

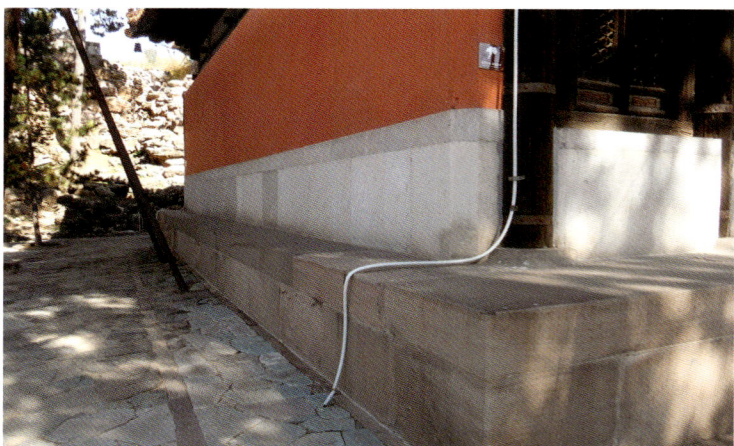

482　殊像寺会乘殿墙体与散水整修后（局部修补）（柴彬 摄影）

483 会乘殿修缮前台基残损情况（柴彬 摄影）

484 会乘殿台基修缮后（柴彬 摄影）

485 会乘殿后檐装修修缮前（陈东 摄影）

486 会乘殿后檐装修修缮后（陈东 摄影）

487 修缮后的会乘殿外观仍保持着很好的历史沧桑感，没有被修复一新（熊炜 摄影）

第八节　施工中的发现

一、唐卡

会乘殿室内上下檐之间围脊板的位置采用的是白樫篦子的做法，清代在上面曾裱糊唐卡。根据 1930 年瑞典人斯文赫定拍摄的历史照片，会乘殿当时至少保留 4 樫完整的清代唐卡。但 1933 年关野贞拍摄的照片中相同位置的唐卡就已无存，其余能够看到围脊枋的位置也仅存白樫篦子和残破的裱糊装饰，说明很多唐卡可能是在这一期间遗失的。

在清代，承德外八庙中的主殿室内一般都会装饰佛教内容的唐卡，目前只有普宁寺大乘之阁（图 488）和普陀宗乘之庙万法归一殿内还有遗存。今后还要对殊像寺会乘殿原有唐卡的下落倍加关注和查询，对唐卡的形制进行深入研究。

二、檐柱缝隙中的纸卷

会乘殿外檐下架油饰地仗几乎全部脱落不存，露出了包镶柱子，2013 年会乘殿保护工程施工期间，在明间西缝和东稍间东缝的两根檐柱的缝隙中发现 20 余个浅黄色的小纸卷，纸卷的直径为 15–20 毫米不等，其中两张纸卷展开后的长度为 220 毫米，宽度 40 毫米，上面有用毛笔书写的藏文经文（图 489–490），经文内容为祈愿文。

488 承德普宁寺大乘之阁室内的清代唐卡（熊炜 摄影）

除了经文外，这些纸卷中还发现有一张盖有红色的"巴克坦布图章"的封条，长度约为 210 毫米，宽度 40 毫米。按照《热河园庭现行则例》记载，巴克坦布于光绪五年（1879年）四月十二日任热河正总管，于光绪七年（1881 年）五月二十八日奉旨补授奉宸苑卿（图 491）。

489 会乘殿檐柱缝隙中卷成小卷的经书（陈东 摄影）

490 会乘殿檐柱缝隙中的经书残件（郭峰 扫描）

491 会乘殿檐柱缝隙中的封条残件（郭峰 扫描）

此外，纸卷中还有一张20世纪50年代使用繁体字印刷的外八庙参观游览券（图492-493）。据张守仁先生讲述，新中国成立后外八庙开始对外开放，并印制了这样的门票。1956年，简化字公布后，因为繁体字的票据还有剩余，所以就没有销毁，仍继续使用。繁体字版本的票据用完后，重新印制的外八庙参观游览券仍保留原格式，但采用了部分简化字，并一直使用到1966年。"文化大革命"开始后，各庙关闭，此票也就停用了。1971年普宁寺开放，仍使用了20世纪60年代剩余的外八庙参观券。张守仁先生1971年收藏的票据是部分简体字的版本，年代要晚于会乘殿柱子缝隙中发现的繁体字参观券。

由此可见，这些纸卷不是清代修建殊像寺时在檐柱未做地仗前放到木缝中的，应该是清末以后会乘殿外檐柱子油饰地仗出现了脱落，僧人放到木缝中的。从目前取出的纸卷暂时可以确定纸卷的年代上限是光绪初年，下限是20世纪60年代。由

于这些纸卷是重要的文物，对研究殊像寺清末的使用情况和僧人的日常生活具有十分重要的价值。而且，由于风吹日晒，这些纸卷已经出现了严重的炭化，取出后碎裂十分严重。为了有效地保护这些重要遗迹，取出的纸卷均交由外八庙管理处妥善保管。在施工期间，甲方代表和监理工程师对此严加保护，避免施工期间发生遗失或对其造成破坏。希望以后可以针对这些纸卷开展专项的保护和研究。

三、外檐油饰

目前会乘殿外檐下架大木和装修并没有对地仗油饰进行保护和装饰，建筑外观体现的是黑色的木构件的颜色效果，但这并不是会乘殿建造之初的本来面貌。目前会乘殿内檐柱子上还保留比较完整的地仗油饰，外檐柱子和装修上面局部也残留着少量清代的油饰和地仗（图494），而且根据文献记载，清代会

492 会乘殿檐柱缝隙中的游览券残件（左：正面，右：背面）（郭峰 整理 扫描）

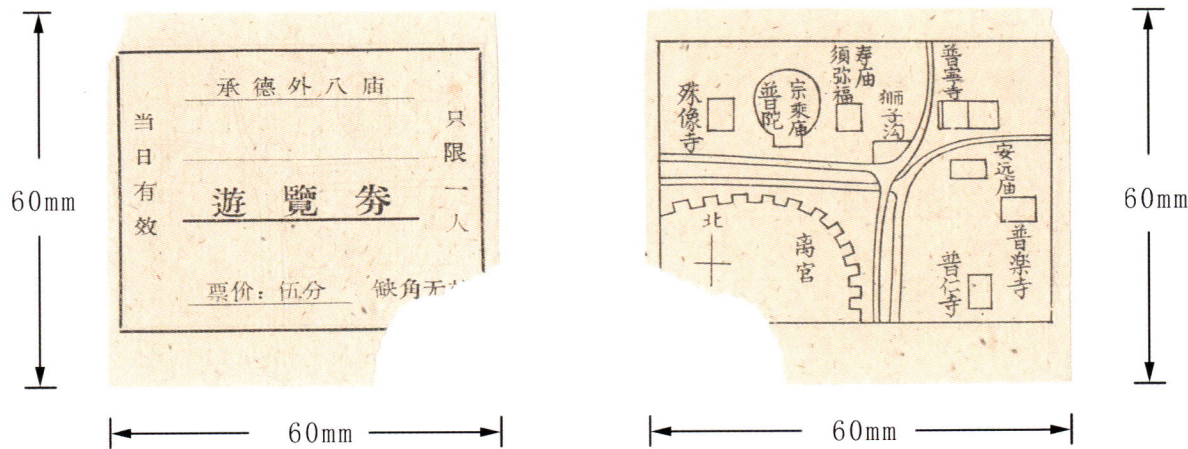

493 张守仁1971年11月21日游览普宁寺时收藏的游览券残件（左：正面，右：背面）（张守仁 扫描）

494 会乘殿前檐横披窗残存油饰地仗（陈东 摄影）

乘殿是进行过"殿座油饰彩画"的，只是外檐油饰地仗历经风吹日晒在清朝末年就已经残损不存了。从残存的地仗痕迹可知，清代外檐柱子的地仗为一麻五灰做法，大边、绦环、群板的地仗是一布四灰做法，芯屉为单皮灰地仗，油饰为二朱红色油饰。

四、面叶

和会乘殿外檐油饰地仗的情况一样，在清代，会乘殿外檐装修上不仅有鲜艳的朱红色油饰，而且还会对装修的边线、六角菱花的菱花扣、装修上面的绦环和群板纹饰进行贴金装饰，槛窗和槅扇上面还会装饰铜鎏金的龙纹面叶整个外观色彩鲜艳亮丽、金碧辉煌。根据建筑规制，清代，会乘殿外檐装修上应安装有各种不同形状的面叶 384 件，其中 36 扇槅扇上有面叶 288 件，16 扇槛窗上有面叶 96 件。可是，目前会乘殿仅保留有完整的龙纹面叶 102 个，残损的面叶 1 个（图 495），其余面叶全部缺失不存。但是，缺失的面叶部位还在装修大边上残留着清代固定面叶的铜钉，以此能够断定这些带面叶和铜钉的装修大边应为清代原有构件（图 496）。

五、清代外檐装修构件

本次修缮工程对会乘殿外檐装修缺失的芯屉进行了补配，在补配时发现，现存外檐装修的大边、套环、群板、仔边大部分为清代原有建筑构件，有的上面还保留有残存的清代地仗和油饰。此外，横披窗也绝大部分是清代原有构件。而槛窗和槅扇的棂条大部分是 1982–1984 年修缮时补配的，只有少量是清

496 会乘殿槅扇和槛窗上残存的面叶钉（陈东 摄影）

495 会乘殿南外檐装修上残存的清代面叶（李林俐 摄影）

代原有构件（图 497）。现代后期补配的芯屉构件和清代的有很多细微差别（图 498）。一是做工没有清代棂条精细，表面没有残存浅红色的油饰；二是补配的菱花扣表面是六棱形的，而不是清代的圆弧面，使用的钉子也是现代的平头铁钉，而不是清代的圆头铜钉。此次修缮按照文物保护最小干预的原则，将现存的各个不同时期的装修构件都尽最大可能保留。此外，在新补配的装修构件上都补做了单披灰地仗，外观为灰黑色，这样可以使本次修缮补配的芯屉构件能和现存的两个不同时期的构件外观整体协调，近观又有所区别。

六、包镶柱做法

和承德其他皇家寺庙一样，殊像寺会乘殿等大型建筑的柱子采用了包镶的做法。包镶柱，顾名思义，是在木柱之外，再包裹一层厚木板，使其柱径增大的一种做法。包镶柱的产生是因为到了清代，由于林木资源的匮乏，大型建筑已经很难找到柱高和柱径都能够达到标准的木材，所以为了满足设计要求，包镶柱就孕育而生。古代工匠们在确保木柱承重能力的前提下，选取柱径尺寸不够达标但高度合适的木材制作木柱，然后用厚木板枋按弧度在柱子外面包裹，再用扁铁加铆钉打数道铁箍加固包镶板枋，使柱径达到需要的尺寸，最后再用地仗和油饰遮盖装饰，这就是包镶柱的构造。

经过材料检测分析，殊像寺的柱芯一般采用木材坚固耐用的油松，外面包镶因为可以采用木材的边角料，则没有严格要求，有油松也有云杉。一般包镶的厚度在 6-8 厘米，拼板的宽度为 12-14 厘米，每层包镶的长度在 1 米左右，上下端部用铁箍箍牢。铁箍为手工打制，一般宽 8-10 厘米，厚 3-5 毫米，周圈和接缝处用 5-6 个包镶钉钉牢（图 499）。

中国木构建筑营造技艺在清代达到最高峰，并制定了皇家规范。在由我国著名古建筑学家梁思成和林徽因先生收集、整理、研究出版的《清式营造则例》中记述，清代官式建筑的斗口和柱径是建筑各部分构件尺寸的基本权衡单位。每座建筑的开间、柱高，甚至是每一个构件尺寸，都与这座建筑的斗口或

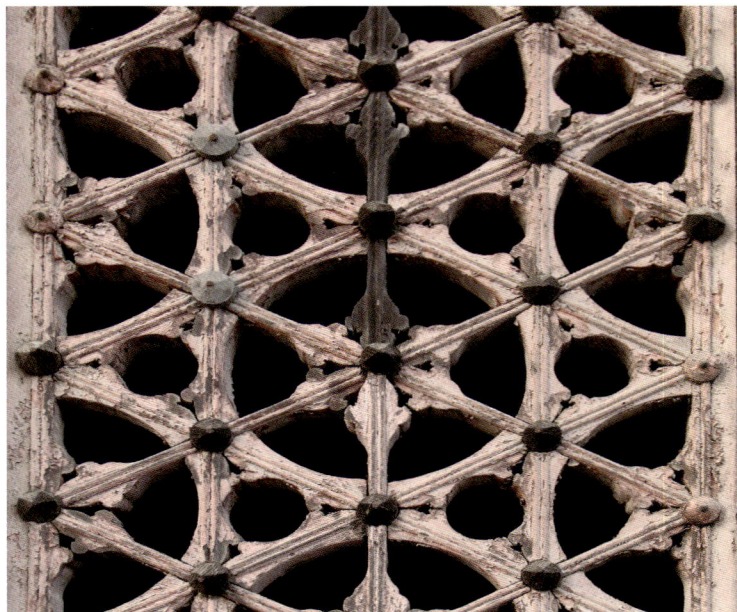

498 会乘殿外檐装修上粉色的六角菱花和菱花钉为清代原物（陈东 摄影）

497 会乘殿前檐残存的清代芯屉（横披窗、槛窗、槅扇上外观粉色的仔边和棂条为清代原有构件）（陈东 摄影）

499 会乘殿南外檐的包镶柱子（李林俐 摄影）

檐柱柱径有着最恰当、最完美的比例关系，这种构架的比例关系称为"法式"。同时也促进了建筑施工的标准化和装配化。但法式只是清代官式建筑设计和施工的参考标准，实际营造建筑时并不一定完全按照法式实施，存在一定的灵活和变通。从殊像寺各建筑柱径和开间、柱高的比例关系可以发现，殊像寺主体建筑的柱径明显大于一般标准，这样的设计使其显得更加庄严气派。也正因为如此，这些建筑很难找到合适的木材，只好采用包镶柱的做法。

由于清代广泛使用包镶柱做法，使建造一些大型建筑成为可能，这是古代劳动人民的聪明智慧的充分体现。

七、大木做法的权衡关系

中国古建筑根据建筑等级和做法可分为大式建筑和小式建筑两种类别。殊像寺这样的高等级皇家寺庙，中轴线上的主体建筑大部分都有斗栱，属于大式建筑。按照一般要求，大式建筑的大木构件尺寸应该按照斗栱的斗口尺寸进行权衡，但从实际的数据分析可知，殊像寺山门、天王殿、会乘殿、宝相阁的外檐斗栱均为 2 寸（64 毫米）的斗口，但是建筑规格等级和体量却差别较大，不能够统一按照斗口去权衡所有建筑的大木尺寸。实际上只有山门、天王殿等小体量建筑能够符合这种权衡关系（用斗口和檐柱径均可以权衡大木尺寸），而会乘殿和宝相阁的大木构件权衡尺寸则明显和檐柱柱径存在着比例关系（详见表67）。也有一种可能，是根据建筑体量，在现有外檐斗栱斗口的基础上，提高 1~2 个用材等级去推算大木尺寸。这一特点并不是殊像寺特有的，在承德其他皇家寺庙，甚至中国清代官式建筑中表现得十分突出。承德现存古建筑只有普宁寺的大乘之阁使用的是 2.5 寸（96 毫米）的斗口，其他古建筑除了牌楼和藻井以外斗栱都是 2 寸（64 毫米）的斗口，但是建筑开间和建筑体量却千差万变，这种情况下，实际的大木构件权衡尺寸都是参照檐柱径去推算断面尺寸。

表 67　殊像寺建筑开间进深统计表

单位：毫米

建筑名称	檐柱径（D）	檐柱高（毫米）	檐柱高与柱径关系	檐枋高（毫米）	五架梁高（毫米）	檐枋高与檐柱径关系	明间开间尺寸（营造尺）	明间攒当尺寸（斗口）
山门	360	4300	11.94	360	480	1.00	13.00	7.22
天王殿	340	4600	13.53	—	—	—	12.00	8.57
会乘殿	500	5405	10.81	530	650	1.06	15.00	8.33
宝相阁	480	5800	12.08	580		12.08	19.00	8.64
僧房	210	2600	12.38	230	310	1.10	10.00	—

注：清代官式无斗栱建筑檐柱高权衡尺寸 11D，檐枋高权衡尺寸 1D，五架梁高权衡尺寸 1.5D；

清代官式带斗栱建筑檐柱径权衡尺寸 6 斗口（384 毫米），檐柱高权衡尺寸 70 斗口（包括斗栱高），檐枋高权衡尺寸 6.6 斗口（422 毫米），五架梁高权衡尺寸 7.0 斗口（448 毫米）。

此外，根据实测数据，殊像寺各建筑的体量权衡也不是按照斗栱的模数规划的，而是按照丈尺去规划各建筑位置和尺度，确定建筑开间和进深（详见表68），最后再根据开间进深尺度去反推各间适宜的斗栱攒数，因此造成每间斗栱的攒当都不相同，而且都不是正好的11斗口。从嘉庆十年（1805年）会乘殿大修的档案记载也可以体现这一情况："热河殊像寺会乘殿一座，计五间，内明三间各面宽一丈五尺，二梢间各面宽一丈三尺，进深三丈六尺；外周围廊深七尺，通面宽八丈五尺，通进深五丈；檐柱高一丈七尺，径一尺六寸；金柱高三丈二寸，径一尺八寸；鑽金柱高三丈七尺二寸，径二尺；重檐十一檩歇山黄色琉璃头停成造。"

八、正脊檩彩画

在会乘殿天花内的梁架整修加固过程中，发现明间脊檩、脊垫板、脊枋三个构件上面保留有完整的清代彩画（图500-501），而天花内其他大木构件则没有地仗和彩画。虽历经200余年，正脊檩部位的彩画仍然色泽鲜艳，画工精美。由于会乘殿二层设有天花，天花以内的梁架结构并不露明，所以没有必要进行地仗油饰和彩画。但是按照中国古建筑修建的传统，一般在主体建筑大木安装的最后一步要选择黄道吉日举行"上梁"仪式，之后在明间脊檩垫枋上面绘制"脊檩彩画"，祈求吉祥、辟邪。按照文献记载，会乘殿清代最后一次落架大修是嘉庆十年（1805年），也就是殊像寺建成31年后，所以会乘殿正脊檩彩画的年代应为嘉庆十年。

承德其他古建筑也保留有类似的"脊檩彩画"，如溥仁寺的慈云普荫殿正脊檩部位，普乐寺旭光阁太平梁，避暑山庄的烟雨楼、文津阁、澹泊敬诚殿的正脊檩部位等，这些彩画大部分是清代乾隆和嘉庆时期绘制的，虽然风格各异，但都和普通的清代官式外檐檩垫枋彩画有很大的不同。以殊像寺会乘殿正脊檩彩画为例，彩画下面只做了单皮灰地仗，彩画的基本结构是以清官式金线大点金旋子彩画为基本模式，按规矩绘制箍头和找头，不同的是枋心部分，也就是画面中心部分采用的是半圆形的红地"包袱"形图案，"包袱"内绘片金二龙戏珠。

会乘殿正脊檩彩画色彩艳丽，画工精美，是具有特殊风水意义的彩画。而且会乘殿正脊檩彩画中的红色使用的是传统的红朱颜料，青蓝二色为石青石绿，白色为铅白，二龙戏珠的贴金部分采用的是纯度为99%的库金箔，这其中的很多材料在近现代彩画施工时都被其它材料所替代。因此，会乘殿正脊檩彩画是研究清中期彩画技术、艺术和传统材料的重要实物，今后应加强对其的保护和研究工作。

表68 殊像寺建筑开间进深统计表

单位：清代营造尺

建筑名称	面阔				进深		廊部
	明间	次间	梢间	尽间	当中间	次间	
山门	13.0	12.0	—	—	16.0	—	—
天王殿	12.0	11.0	11.0	—	20.0	—	—
钟鼓楼	10.0	7.0	3.0	—	12.0	3.0	—
会乘殿	15.0	15.0	13.0	7.0	16.0	10.0	7.0
馔香堂、演梵堂	12.0	11.0	10.5	—	16.5	14.5	4.0
指峰殿、面月殿	13.0	12.0	—	—	16.2	—	4.0
宝相阁	19.0	—	—	—	3.7	6.7	—
云来殿、雪净殿	12.5	12.3	—	—	16.2	—	4.0
清凉楼	12.0	12.0	11.0	11.0	18.2	—	5.0
吉晖殿、慧喜殿	11.0	10.0	10.0	—	14.3	—	4.0
香林室	10.8	10.8	—	—	15.8	—	4.0
倚云楼	13.2	10.9	—	—	19.40	13.3	—
僧房	10.0	10.0	10.0	—	12.3	—	—

500 殊像寺正脊檩彩画南侧面（熊伟 摄影）

501 殊像寺正脊檩彩画底面（陈东 摄影）

第九节　相关建议

一、外檐油饰

鉴于会乘殿是承德避暑山庄及周围寺庙中唯仅存的一座在近现代未重做外檐油饰的古建筑，而且这样的古建筑在国内也比较罕见。对此，在 2007 年《殊像寺概念性保护规划》专家论证和 2013 年 6 月 18 日国家文物局现场工地检查时，专家们对是否重做会乘殿外檐油饰提出了三种不同观点。一种观点认为会乘殿不重做外檐地仗油饰可以最大限度地减少现代的干预，使其尽可能保留现状的历史沧桑感，也使其外观效果和承德避暑山庄及周围寺庙有所区别。第二种观点认为会乘殿如果不重做地仗油饰，现状外檐下架黑色的建筑外观会使人对中国古建筑的真实形象产生误解，以为这是会乘殿原本的色调，因此，应该按照清代官式寺庙的传统做法，重做会乘殿建筑外檐地仗油饰，这样不仅可以对木构件进行有效地保护，鲜艳的二朱红色彩和金碧辉煌的贴金装饰也是皇家寺庙地位和建筑等级的象征。第三种观点是按照文物保护最小干预的原则，不应重做会乘殿外檐下架油饰，但应在木构件表面重做地仗，或通过试验选择能够对露天木构件进行有效保护而不影响建筑外观的材料对木构件进行封护保护，并且应对现状的建筑风貌做好文字解说，以防止游客对中国古建筑真实的外观形象产生误解。但是由于三方面专家意见无法统一，慎重起见，承德避暑山庄及周围寺庙文化遗产保护工程中并没有将殊像寺会乘殿下架地仗油饰的保护列入工程中，暂时保持现状。希望未来能够有一个更加科学、有效地古建筑外檐油饰保护的方法。

二、椽飞头彩画

会乘殿在 1954 年曾对屋顶进行挑顶大修，更换了严重糟朽的椽子、飞椽、连檐、瓦口，限于当时维修资金有限，并没有对更换构件进行油饰彩画，而是使用铁红色颜料光油对所有椽飞望板和角梁进行油饰断白保护。但根据会乘殿的建筑等级要求，清代会乘殿上下檐椽飞头均应绘有彩画。虽然目前已知的文献档案和历史照片并没有相关依据，但参照承德其他清代皇家寺庙主体建筑的做法，椽头应为片金虎眼彩画，飞头应为片金万字，椽飞应为红帮绿肚油饰，对此还需进行深入研究。

三、帘架

会乘殿前檐明间目前保留有清代帘架的大边，但芯屉缺失不存，前檐次间和后檐明次间下槛外侧地面石上均保留有放置帘架的痕迹（图 502）。而清末拍摄的照片显示，此时会乘殿明间的帘架还保存较好，芯屉为六角菱花做法（图 900）。由此可见，清代盛期，会乘殿各间槅扇外均设有帘架，以后可以考虑根据明间现存帘架尺寸进行复原。

四、会乘殿台基石构件

会乘殿清代原有的台基石构件以本地凝灰岩（当地俗称鹦鹉岩）材质为主，但有部分陡板石采用的是红砂岩，目前无法确定这些红砂岩石材的年代是清代的还是近现代修缮更换的，如以后的修缮中需要对这些石构件进行更换前应进行价值评估。

502 会乘殿前檐明间残存的帘架（陈东 摄影）

第一节　项目概况

殊像寺只有山门、钟鼓楼、会乘殿和一栋僧房为清代原有建筑，宝相阁为2000年原址重建建筑，寺庙内的其余建筑的主体结构全部损毁，现仅存遗址（图503），且保存状况较差，残损十分严重。其中，云来殿、雪净殿、吉晖殿、慧喜殿4处遗址保存状况最差，遗址地面被淤土覆盖掩埋，部分台基石构件出现移位、缺失，慧喜殿南侧台基局部出现坍塌，露出台基内部建筑基础部分；大部分配殿遗址中的石质须弥座出现构件移位，甚至脱落；各建筑残留墙体的边缘部位普遍出现砖石块松动，随时有脱落的危险。

为了有效地保护殊像寺的古建筑遗址，2008年，受承德市

文物局委托，河北省古代建筑保护研究所承担了《承德殊像寺建筑基址及院落整治保护方案》的编制工作。2008年5月，设计单位组织了现场勘察，2009年12月完成方案编制并经承德市文物局呈报至河北省文物局。根据河北省文物局初审意见，2010年10月，设计单位进行二次勘察，2010年12月完成方案修改，上报至河北省文物局和国家文物局。在方案编制审批期间，2010年8月，承德避暑山庄及周围寺庙文化遗产保护工程启动，殊像寺建筑基址及院落整治工程被纳入到此专项工程中实施。2011年4月，国家文物局《关于承德殊像寺建筑基址及院落整治保护方案的批复》（文物保函〔2011〕394号）原则

503 自东侧鸟瞰殊像寺建筑和遗址（张冲 摄影）

同意了所报方案，同时提出了修改意见。2011年8月，根据国家文物局批复意见，河北省古代建筑保护研究所第三次组织对殊像寺进行了现场勘察，对设计方案进行了补充、修改、细化。深化设计方案于2011年11月30日通过河北省文物局核准（冀文物发〔2011〕79号）。

2012年5月，承德避暑山庄及周围寺庙文化遗产保护工程指挥部工作办公室组织完成殊像寺建筑基址及院落整治工程公开招投标，确定中标施工单位为北京古建园林有限公司，中标监理单位为河南东方文物古建监理有限公司。

殊像寺建筑基址及院落整治工程主要是对天王殿、馔香堂、演梵堂、指峰殿、面月殿、云来殿、雪净殿、吉晖殿、慧喜殿、清凉楼、香林室、六角亭12处遗址进行现状整修，针对各遗址残破现状情况，归安台明阶条石，检修虎皮石台帮，清理台基四周淤土，整修散水，补配缺失的构件，将松动、移位的踏跺石归位，重新铺墁地面，检修墙体下碱等。其中，清凉楼、香林室、六角亭3处遗址为凝灰岩（当地俗称鹦鹉岩）石构件，风化较为严重，按照设计方案要求进行现状回填保护。此外，本工程还包括整修寺庙内的道路和海墁、修补寺庙围墙、补墁围墙散水、疏浚寺庙排水等项内容。

2013年1月4日，河北省文物局批准殊像寺建筑基址及院落整治工程开工许可（冀文物许字〔2013〕2号），工程于2013年年底完工（图504）。2014年10月31日，该工程通过河北省文物局组织的工程技术验收，2015年11月16日通过国家文物局竣工验收（详见表69）。

河 北 省 文 物 局

准予行政许可决定书

冀文物许字[2013]2号

承德市文物局：

你单位于2012年12月27日向本行政机关提出的殊像寺建筑基址及院落整治保护工程行政许可申请，本机关于2012年12月27日依法受理。经审查，符合法定条件、标准，根据《中华人民共和国文物保护法》第二十一条和《中华人民共和国行政许可法》第三十八条规定，本行政机关决定准予你单位行政许可。

二〇一三年一月四日

注：本决定书一式两份，申请人、受理机关各存一份。

504 殊像寺建筑基址及院落整治工程开工许可

表 69　殊像寺建筑基址及院落整治工程参建各方情况表

		负责人	主要参与人员
建设单位	承德市文物局、承德避暑山庄及周围寺庙文化遗产保护工程指挥部工作办公室		
		工程建设组　陈东	柴彬、王博、于志强、辛宇、陈建春、郭峰、张冲、张守仁
		招投标组织组　韩永祥	
		财务管理组　陈晶	高占鹏
		综合协调组　缪革新	孙继梁、姜可辛、王红杰
		资料档案组　穆焱	东海梅、孔繁敏
设计单位	河北省古代建筑保护研究所	设计负责人	孙荣芬
		主要设计人员	田林、林秀珍、张剑玺
监理单位	河南东方文物建筑监理有限公司	总监理工程师	赵福龙
		监理工程师	郭少卿
施工单位	北京园林古建工程有限公司	项目经理	薛玉宝
		技术负责人	姜葆华
		主要技术人员	张峰亮、王建军

[*]：本节部分内容引自河北省古代建筑保护研究所编制的《承德殊像寺建筑基址及院落整治保护方案》

一、保护原则

（一）在坚持文化遗产保护的原真性原则和坚持"不改变文物原状"的文物保护修缮原则的基础上，尽可能使用原做法、原工艺，尽量保留原有构件；残损的构件经修补后仍能使用的不应更换。确保各单体建筑及相关文物遗存修缮前、后风格的一致性。

（二）尽量少干预，凡是近期没有重大危险的部分，除日常保养外不应进行过多的干预。缺失的构件不再补配，保持文化遗产的原真性。

（三）保护现存实物原状和历史信息，一切技术措施应该以不妨碍再次对原物进行保护处理，经过处理的部分要和原物或前一次处理的部分既协调，又可识别。所有修复的部分都应有详细的记录档案和永久的年代标记。

（四）以文物建筑现状整修为主，重点抢修殊像寺裸露的建筑基址和整治院落及周边环境，同时考虑已掩埋建筑基址日常保护和配套设施建设。

二、保护性质（图505）

（一）现状整修

包括天王殿、馈香堂、演梵堂、指峰殿、面月殿、云来殿、雪净殿、吉晖殿、慧喜殿等建筑基址。

（二）日常保养

包括清凉楼、香林室、六角亭的建筑基址。

三、修缮内容

（一）天王殿基址

维修内容：前后檐礓磋坡道石、虎皮石台帮和下碱、台面四周鹅卵石散水、墙体抹灰、检修室内条石地面等内容（图506）。

1. 台明散水

检修台明阶条石，将后檐东梢间下沉的阶条石归位，并用油灰勾缝；检修虎皮石台帮，用毛石补砌缺失的部位，用青灰加白灰和粘土拌和成混合浆补缝。清理台明四周，原土夯实，3：7灰土一步，用鹅卵石重新铺墁散水，宽650毫米，外栽砖牙子。检修中间佛座，原状保留。

2. 礓磋坡道石

检修前后檐礓磋石坡道，前檐补配3块砚窝石，补配25块礓磋石，将移位的礓磋石归位；后檐补配1块砚窝石，补配16块礓磋石，将移位的礓磋石归位。补配的石材原位安装。

3. 室内地面

检修条石地面。两梢间佛台检修、补砌。

4. 墙体

西山墙原状保留，东山墙腰线石以上毛石砌体松动部位用掺灰泥和糯米浆稳固。

（二）馈香堂基址

维修内容：前檐踏跺石，虎皮石台帮和下碱，台面四周鹅卵石散水、墙体抹灰、检修室内方砖地面等内容。

1. 台明散水

检修台明阶条石，将松动的阶条石归位，并用油灰勾缝；检修虎皮石墙，用毛石补砌缺失的部位，用青灰加白灰和黏土拌和成混合浆补缝。清理台明四周、东、南、西三面补墁鹅卵石散水，宽650毫米，外栽砖牙子；清理台明北侧覆土，露出自然石地面；散水做法：原土夯实，3：7灰土一步，上铺鹅卵石。

2. 踏跺

检修前檐踏跺石，补配后檐缺失的如意踏跺两步。

3. 室内地面

揭取方砖地面，清理土层，槛垫石和柱础原位不动，原土夯实，上铺2：8灰土一步，明次间地面上皮标高为±0.000，两梢间向次间找0.3%泛水，用原规格的方砖（400×400×70毫米）重新铺墁地面。

4. 墙体下碱

补配前檐两梢间缺失的腰线石和北墙廊步缺失的下碱陡板石，用毛石补砌外侧下碱墙。将后门处歪闪严重的下碱陡板石归位。检修墙体下碱，将歪闪的下碱陡板石归位。清理下碱缝隙内后填充材料，用2：8灰土掺糯米浆填充，表面用白灰掺少量黏土、小麻刀加糯米浆制成的混合物封护。检修下碱外侧虎皮石墙面，勾缝灰脱落部位用青灰加白灰和黏土拌和成混合浆修补勾缝。

（三）演梵堂基址

1. 台明散水

检修台明阶条石，用环氧树脂粘接后檐断裂的阶条石，将松动的阶条石归位，并用油灰勾缝；检修虎皮石台帮，用毛石补砌缺失的部位，用青灰加白灰和黏土拌和成混合浆补缝。清理台明四周、东、南、西三面补墁鹅卵石散水，宽650毫米，外栽砖牙子；清理台明北侧覆土，露出自然石地面；散水做法：原土夯实，3：7灰土一步，上铺鹅卵石。

2. 踏跺

补配前檐缺失的2块踏跺石，将松动、移位的踏跺石归位，并用油灰勾缝；补配后檐如意踏跺一步。

3. 室内地面

揭取方砖地面，清理土层，槛垫石和柱础原位不动，原土夯实，上铺2：8灰土一步，明次间地面上皮标高为±0.000，两梢间向次间找0.3%泛水，用原规格的方砖（400×400×70毫米）重新铺墁地面。

4. 墙体下碱

补配前檐两梢间缺失的下碱腰线石，检修墙体下碱。将歪闪严重的下碱陡板石归位。清理下碱缝隙内后填充材料，用2：8灰土掺糯米浆填充，表面用白灰掺少量

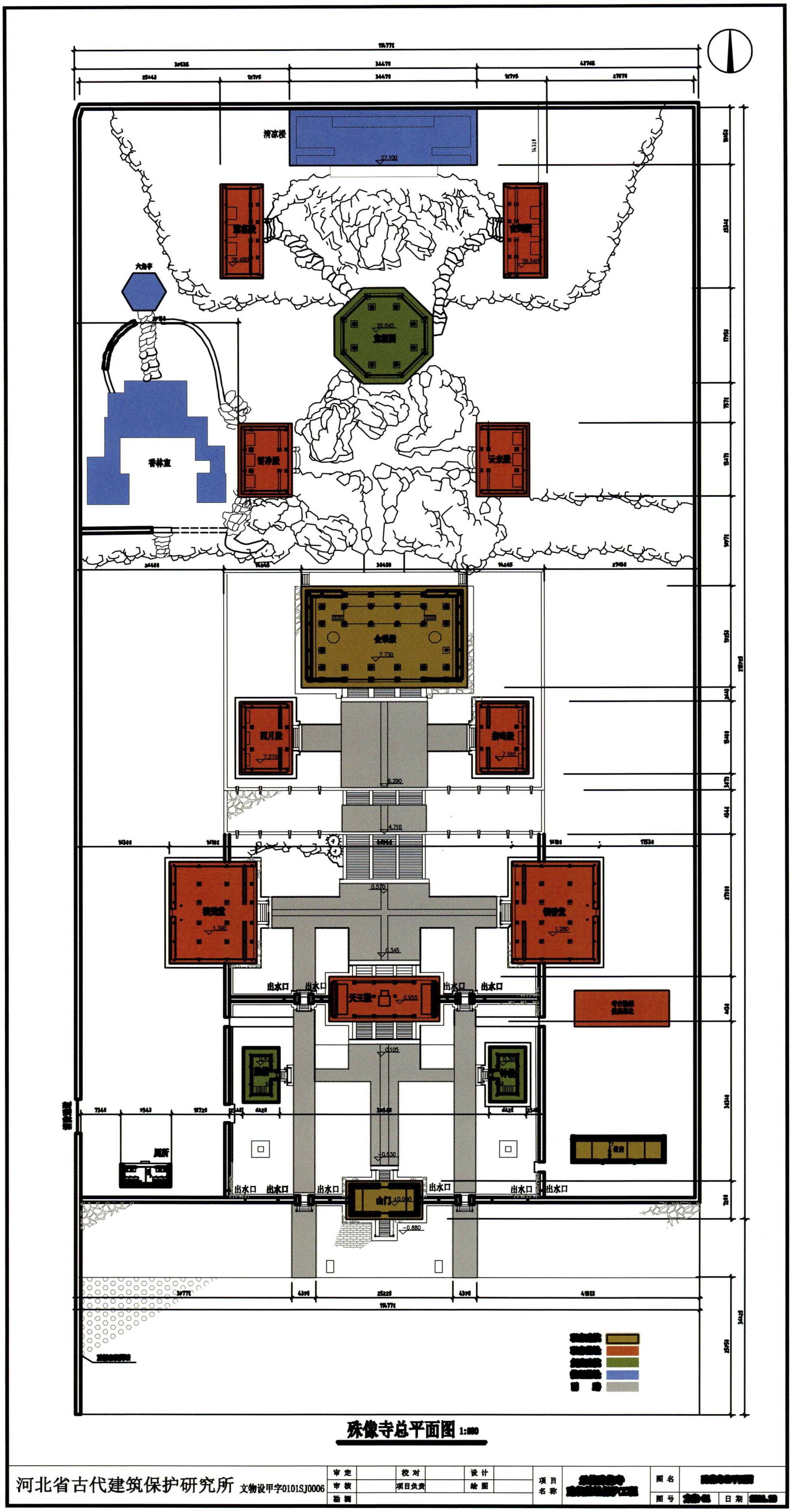

殊像寺总平面图 1:500

河北省古代建筑保护研究所 文物设甲字0101SJ0006

审定		校对		设计	
审核		项目负责			
勘测				绘图	

505 设计方案中的遗址分布图（引自《承德殊像寺建筑基址及院落整治保护方案》）

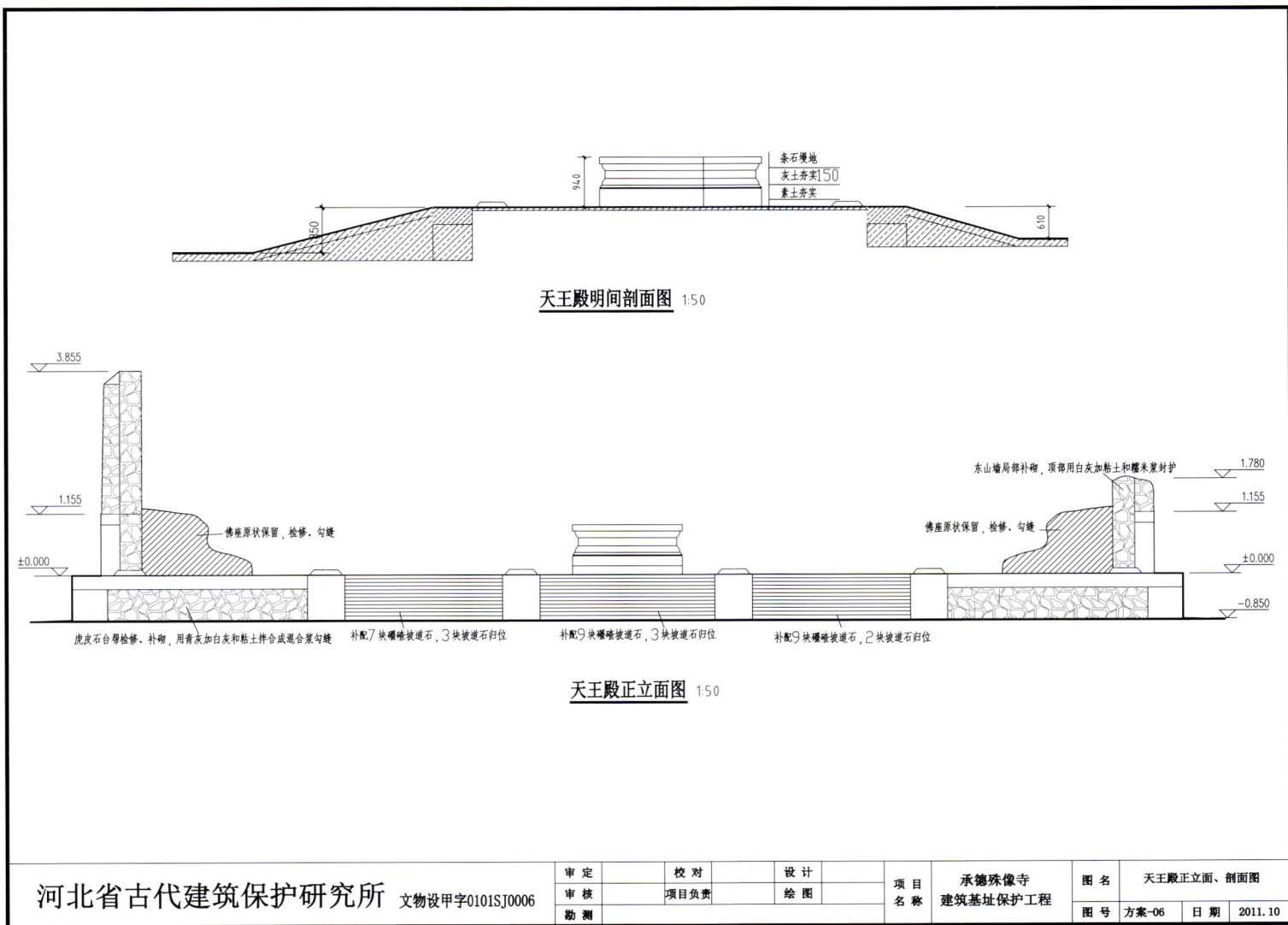

天王殿明间剖面图 1:50

天王殿正立面图 1:50

河北省古代建筑保护研究所 文物设甲字0101SJ0006

审 定		校 对		设 计		项 目 名 称	承德殊像寺 建筑基址保护工程	图 名	天王殿正立面、剖面图
审 核		项目负责		绘 图					
勘 测								图 号	方案-06	日 期	2011.10

506 设计方案中的天王殿遗址修缮图（引自《承德殊像寺建筑基址及院落整治保护方案》）

黏土、小麻刀加糯米浆制成的混合物封护。检修下碱外侧虎皮石墙面，勾缝灰脱落部位用青灰加白灰和黏土拌和成混合浆修补勾缝。

（四）指峰殿基址

1. 台明散水

检修台明阶条石，检修虎皮石台帮，用毛石补砌缺失的部位，用青灰加白灰和黏土拌和成混合浆补缝。清理佛座上杂草和尘土，检修佛座，将脱落的条石归位，补配缺失的条石，并用油灰勾缝。清理台明四周，用片石补墁缺失的散水；散水做法：原土夯实，3：7灰土一步，上铺片石。

2. 踏跺

将松动、移位的踏跺石归位，并用油灰勾缝；用毛石补砌象眼部位，外用青灰加白灰和黏土拌和成灰土浆勾缝。

3. 室内地面

清理地面杂草和尘土，揭取地面砖，清理下部土层，槛垫石和柱础原位不动，原土夯实，上铺2：8灰土一步，明间地面上皮标高为±0.000，两次间向明间找0.3%泛水，用原规格的方砖（400×400×70毫米）重新铺墁地面。

4. 墙体下碱

检修墙体下碱。补配前檐北次间缺失的陡板石，将前檐南次间歪闪的下碱陡板石归位。清理下碱缝隙内后填充材料，用2：8灰土掺糯米浆填充，两山和后檐下碱墙表面用白灰掺少量粘土、小麻刀加糯米浆制成的混合物封护；前檐两次间下碱陡

板石顶部坐灰泥，用条砖（420×210×90毫米）封压，边缘部位勾抹严实。检修下碱外侧虎皮石墙面，勾缝灰脱落部位用青灰加白灰和黏土拌和成混合浆修补勾缝。

（五）面月殿基址

1. 台明散水

检修台明阶条石；检修虎皮石台帮，用毛石补砌缺失的部位，用青灰加白灰和黏土拌和成混合浆补缝。清理佛座上杂草和尘土，检修佛座，将脱落的条石归位，补配缺失的条石，并用油灰勾缝。清理台明四周，用片石补墁缺失的散水；散水做法：原土夯实，3：7灰土一步，上铺片石。

2. 踏跺

将松动、移位的踏跺石归位，并用油灰勾缝；剔补磨损严重的踏跺石。

3. 室内地面

清理地面杂草和尘土，揭取地面砖，槛垫石和柱础原位不动，原土夯实，上铺2：8灰土一步，明间地面上皮标高为±0.000，两次间向明间找0.3%泛水，用原规格的方砖（400×400×70毫米）重新铺墁地面。

4. 墙体下碱

扶正、归位前檐南次间倒塌的下碱陡板石，并用白灰掺糯米浆勾缝；补配两山和后檐缺失的下碱陡板石和腰线石，检修墙体下碱。将歪闪的下碱陡板石归位。清理下碱缝隙内后填充材料，用2：8灰土掺糯米浆填充，两山和后檐下碱墙表面用白

灰掺少量黏土、小麻刀加糯米浆制成的混合物封护；前檐两次间下碱陡板石顶部坐灰泥，用条砖（420×210×90毫米）封压，边缘部位勾抹严实。检修下碱外侧虎皮石墙面，勾缝灰脱落部位用青灰加白灰和粘土拌和成混合浆修补勾缝。

（六）云来殿基址

1. 台明散水

检修台明阶条石，补配明间 1 块阶条石，并用油灰勾缝；清理北山面台明杂土，露出台明，检修虎皮石台帮，用青灰加白灰和黏土拌和成混合浆补缝。清理佛座上杂草和尘土，检修佛座，将脱落的条石归位，补配缺失的条石，并用油灰勾缝。清理台明四周杂土和杂草，用掺灰泥加糯米浆拌合物稳固四周自然叠石，合理疏导叠石上部雨水，保持台明四周排水畅通。

2. 踏跺

检修云步踏跺石，将松动、移位的踏跺石归位。

3. 室内地面

拆除后建白灰池，清理地面杂草和尘土，清理下部土层，槛垫石和柱础原位不动，原土夯实，上铺 2：8 灰土一步，明间地面上皮标高为 ±0.000，两次间向明间找 0.3% 泛水，用原规格的方砖（400×400×70 毫米）重新铺墁地面。

4. 墙体下碱

前檐槛墙：清理槛墙内杂土，检修墙体下碱。将歪闪的下碱陡板石归位、用掺灰泥加糯米浆稳固下碱陡板石，补配缺失的陡板石，用 2：8 灰土掺糯米浆填充，陡板石顶部坐灰泥，用条砖（420×210×90 毫米）封压，边缘部位勾抹严实。

南山墙下碱：清理槛墙内杂土，下碱内侧陡板石用掺灰泥加糯米浆稳固；将散落的毛石捡回，归位、补砌南山墙下碱，保持现有原状，缺失的不再补砌，上部用白灰掺少量黏土、小麻刀和糯米浆制成的混合物勾缝，合理疏导上部雨水，保持表面光滑、不存水。

北山墙下碱：拆除用红砖砌筑的下碱墙体，清理被掩埋部位，用掺灰泥加糯米浆稳固下碱陡板石，补配缺失的陡板石；检修外侧虎皮石下碱，保持现有墙体，上部用白灰掺少量黏土、小麻刀和糯米浆制成的混合物勾缝，合理疏导上部雨水，保持表面光滑、不存水。

后檐下碱：清理墙体内杂土，内侧陡板石归位，用掺灰泥加糯米浆稳固陡板石；外侧坍塌的部位，为保证墙体稳定，重新用毛石掺灰泥砌筑，上部用白灰掺少量黏土、小麻刀和糯米浆制成的混合物勾缝，合理疏导上部雨水，保持表面光滑、不存水。

5. 墙体上身

清理后檐残存墙体上浮土，用掺灰泥加糯米浆稳固松动的砖石块，局部补砌，保持墙体稳定，顶部和两侧表面用白灰掺少量黏土、小麻刀和糯米浆制成的混合物勾缝，合理疏导上部雨水，保持表面光滑、不存水。内外墙面靠骨灰修补，外抹罩面灰，内刷黄土浆两道，外刷红土浆两道

（七）雪净殿基址（图 507）

1. 台基、台明散水

台基：南侧和后檐条石台基用白灰加糯米浆勾缝。

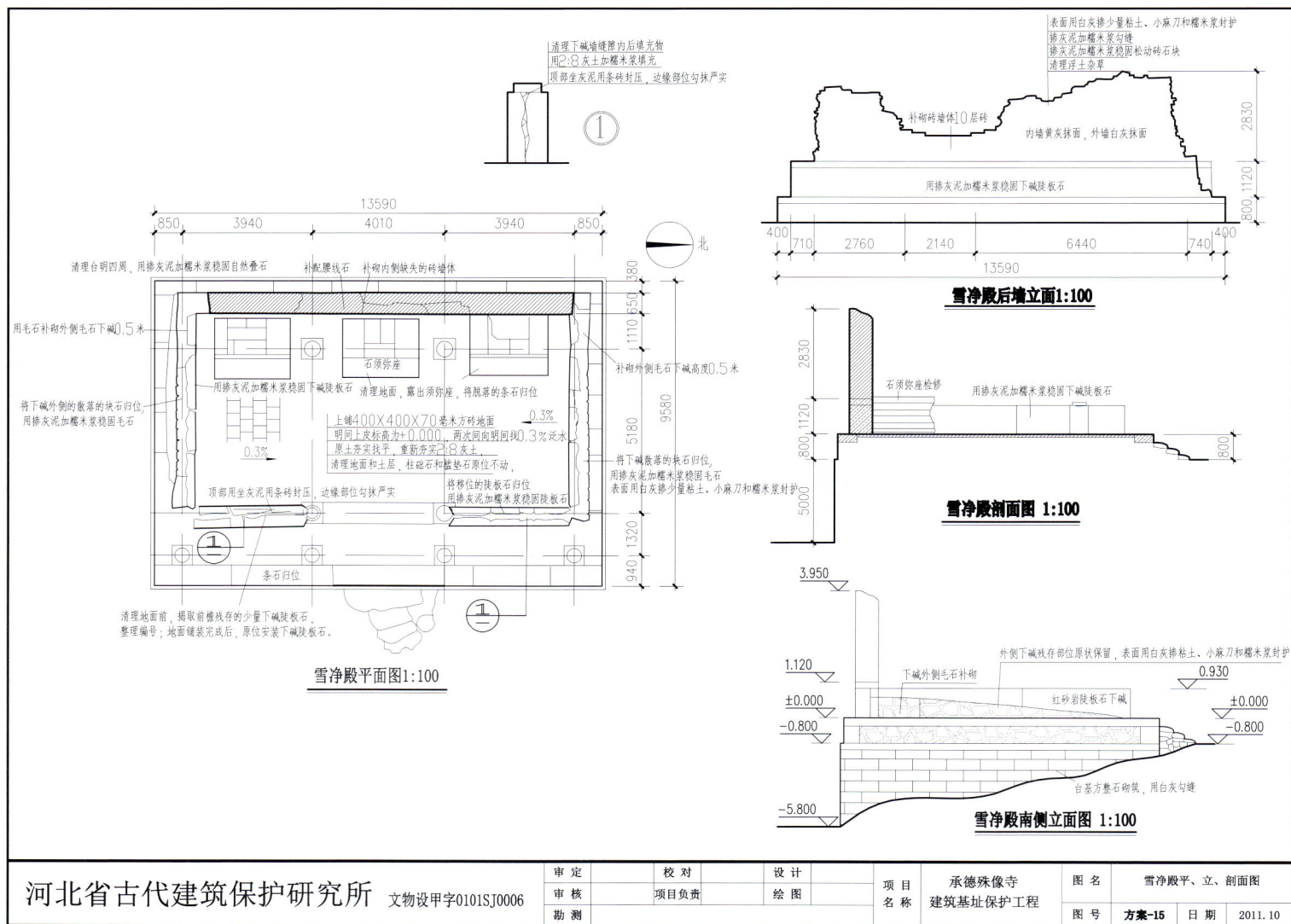

507 设计方案中的雪净殿遗址修缮图（引自《承德殊像寺建筑基址及院落整治保护方案》）

台明：检修台明阶条石：将移位的阶条石归位，粘接加固断裂阶条石，补配 1 块阶条石；检修虎皮石台帮，用毛石补砌南侧缺失部位，用青灰加白灰和黏土拌和成混合浆勾缝。清理佛座上杂草和尘土，检修佛座，将脱落的条石归位，补配缺失的条石，并用油灰勾缝。清理台基、台明四周杂土和杂草，用掺灰泥加糯米浆拌合物稳固四周自然叠石，合理疏导叠石上部雨水，保持台明四周排水畅通。

2. 踏跺

将松动、移位的踏跺石归位，补配缺失的踏跺叠石，剔除水泥勾缝，用白灰加糯米浆勾缝。

3、室内地面

清理地面杂草和尘土，揭取地面砖，清理下部土层，槛垫石和柱础原位不动，原土夯实，上铺 2：8 灰土一步，明间地面上皮标高为 ±0.000，两次间向明间找 0.3% 泛水，按原规格的砖补配方砖，用 400×400×70 毫米方砖铺墁地面。

4、墙体下碱

清理两山墙和前檐下碱墙内杂土，将移位的下碱陡板石归位、安装，用掺灰泥加糯米浆稳固墙体内侧陡板石，检修下碱外侧虎皮石外部缺失部位不再补配，保持现有墙体，保持文化遗产的原真性。两山下碱上部用白灰掺少量黏土、小麻刀和糯米浆制成的混合物勾缝，合理疏导上部雨水，保持表面光滑、不存水。

前檐下碱缝隙内用 2：8 灰土掺糯米浆填充，陡板石顶部坐灰泥，用条砖（420×210×90 毫米）封压，边缘部位勾抹严实。

后檐下碱墙：补配缺失的腰线石 1 块，剔除水泥砂浆勾缝，检修虎皮石下碱，重新用青灰加白灰和黏土拌和成混合浆勾缝。

5、墙体上身

清理后檐残存墙体上浮土，将两段墙体间缺失的墙体砌筑 10 层砖，加强两段墙之间的连接；补砌北段内侧缺失的砖墙；用掺灰泥加糯米浆稳固墙体边缘松动的条砖，残墙顶部和两侧表面用白灰掺少量黏土、小麻刀和糯米浆制成的混合物勾缝，合理疏导上部雨水，保持表面光滑、不存水。内外墙面靠骨灰修补，外抹罩面灰，内刷黄土浆两道，外刷白灰浆两道；后补砌的墙体靠骨灰只做一层 15 毫米厚，外罩面灰，从墙体外观上区分后补砌的和原墙体。

（八）吉晖殿基址

1、台明

清理台明四周杂草和杂土，露出台明，检修台明；检修台面阶条石，将移位的阶条石归位，用环氧树脂粘接加固断裂阶条石，补配缺失的阶条石。用毛石补砌后檐坍塌的台帮。清理佛座上杂草和尘土，检修佛座，将脱落的条石归位，补配缺失的条石，并用油灰勾缝。清理、平整台明四周，用掺灰泥加糯米浆拌合物稳固四周自然叠石，合理疏导叠石上部雨水，保持台明四周排水畅通。

2、踏跺

清理杂土，将踏跺石归位，补配前檐踏跺石。

3、室内地面

清理地面杂草和尘土，揭取地面砖，清理下部土层，槛垫石和柱础原位不动，原土夯实，上铺 2：8 灰土一步，明次间地面上皮标高为 ±0.000，两次间向次间找 0.3% 泛水，按原规格的砖补配方砖，用 400×400×70 毫米方砖铺墁地面。

4、墙体下碱

两山墙下碱墙：清理杂土，露出北侧下碱墙，检修下碱墙，将歪闪散落的毛石归位、安装，用掺灰泥加糯米浆稳固下碱内侧陡板石，外侧毛石缺失部位不再补配，保持文化遗产的原真性。上部用白灰掺少量黏土、小麻刀和糯米浆制成的混合物勾缝，合理疏导上部雨水，保持表面光滑、不存水。

前檐梢间下碱墙：将散落的陡板石归位、安装，缺失的不再补配，缝隙内用 2：8 灰土掺糯米浆填充，陡板石顶部坐灰泥，用条砖（420×210×90 毫米）封压，边缘部位勾抹严实。

后檐下碱墙：用掺灰泥加糯米浆稳固下碱内侧陡板石，外侧坍塌的部位用毛石补砌，移位的石块归位、安装，顶部用白灰掺少量黏土、小麻刀和糯米浆制成的混合物勾缝，合理疏导上部雨水，保持表面光滑、不存水。

5、墙体上身

清理后檐残存墙体上浮土，用毛石补砌两段残墙间缺失的墙体，高约 1 米，用掺灰泥加糯米浆稳固墙体边缘部位松动的石块，残墙顶部和两侧面用白灰掺少量黏土、小麻刀和糯米浆制成的混合物勾缝，合理疏导上部雨水，保持表面光滑、不存水。内外墙面靠骨灰修补，抹罩面灰，内刷黄土浆两道，外刷红土浆两道。

（九）慧喜殿基址（图 508）

1、台明

清理台明四周杂草和杂土，露出台明，检修台明阶条石，将移位的阶条石归位，粘接加固断裂阶条石，补配缺失的阶条石，用油灰勾缝。用毛石补砌南侧、北侧和后檐台帮坍塌部位，外用青灰加白灰和黏土拌和成灰土勾缝，归安坍塌部位的阶条石。清理佛座上杂草和尘土，检修佛座，将脱落的条石归位，补配缺失的条石，并用油灰勾缝。清理、平整台明四周，用掺灰泥加糯米浆拌合物稳固四周自然叠石，合理疏导叠石上部雨水，保持台明四周排水畅通。

2、踏跺

清理踏跺上杂土，将踏跺石归位，补配前檐踏跺石。

3、室内地面

清理地面杂草和尘土，揭取地面砖，清理下部土层，槛垫石和柱础原位不动，原土夯实，上铺 2：8 灰土一步，明次间地面上皮标高为 ±0.000，两次间向次间找 0.3% 泛水，按原规格的砖补配方砖，用 400×400×70 毫米方砖铺墁地面。

4、墙体下碱

清理杂土，露出下碱墙，检修北山下碱墙，为保证上部墙体稳定，拟补砌西北角柱石和腰线石及虎皮石下碱墙；将前半部散落的毛石归位、安装，用掺灰泥加糯米浆稳固下碱内侧陡板石，外侧前半部缺失的部位不再补配，保持文化遗产的原真性，残墙上部用白灰掺少量黏土、小麻刀和糯米浆制成的混合物勾缝，合理疏导上部雨水，保持表面光滑、不存水。

后檐下碱将散落的毛石归位、安装，用掺灰泥加糯米浆稳固下碱内侧陡板石，外侧虎皮石缺失的部位不再补配，残墙

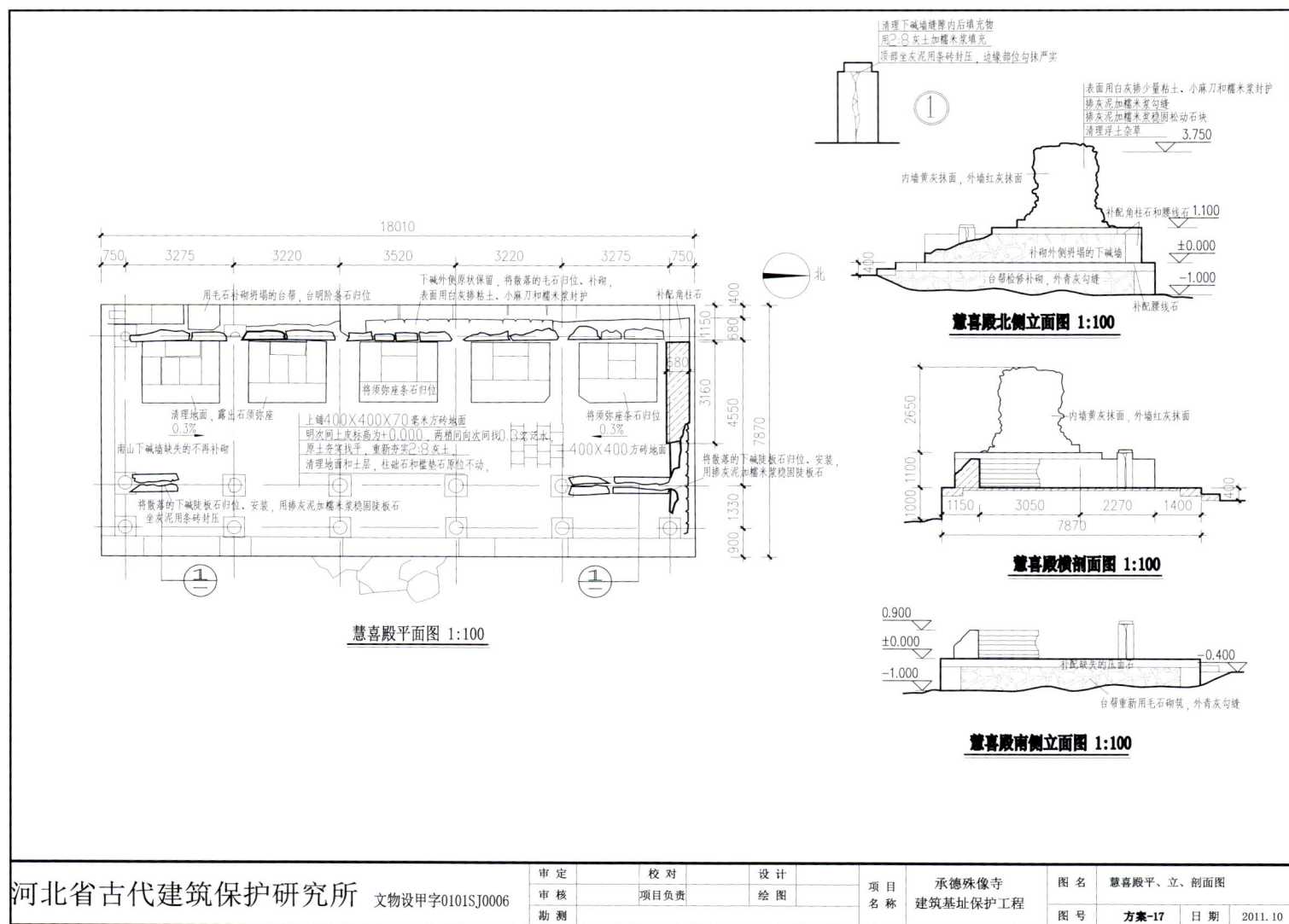

508 设计方案中的慧喜殿遗址修缮图（引自《承德殊像寺建筑基址及院落整治保护方案》）

上部用白灰掺少量黏土、小麻刀和糯米浆制成的混合物勾缝，合理疏导上部雨水，保持表面光滑、不存水。南山下碱墙完全缺失不再补砌。将前檐两稍间歪闪的下碱陡板石归位，缺失的不再补配，用掺灰泥加糯米浆稳固下碱内侧陡板石，缝隙内用 2 : 8 灰土掺糯米浆填充，陡板石顶部坐灰泥，用条砖（420×210×90 毫米）封压，边缘部位勾抹严实。

5、墙体上身

清理北山墙残存墙体上浮土，用掺灰泥加糯米浆稳固墙体边缘部位松动的石块，残墙顶部和两侧面用白灰掺少量黏土、小麻刀和糯米浆制成的混合物勾缝，合理疏导上部雨水，保持表面光滑、不存水。内外墙面靠骨灰修补，抹罩面灰，内刷黄土浆两道，外刷红土浆两道。

（十）清凉楼遗址

清理封土上杂草，封土缺失部位培土、补夯。

（十一）香林室遗址

清理封土上杂草，拆除糟朽的外侧支护板，重新用木板支护，木板高度随封土高度，厚度为 30 毫米，背面钉间距 500 毫米的井字木棱，木棱 40×40 毫米，木材采用俄罗斯进口落叶松（防腐木）。封土缺失部位培土、补夯。前后围墙西侧残存的围墙，补砌加固，下碱墙青灰勾缝，上身麻刀白灰罩面，东侧墙基原状保护，外表面用白灰掺少量黏土、糯米浆制成的混合物勾缝，保持表面光滑、不存水。

（十二）六角亭遗址

清理封土上杂草，拆除糟朽的外侧支护板，重新用木板支护，木板高度随封土高度，厚度为 30 毫米，背面钉间距 500 毫米的井字木棱，木棱 40×40 毫米，木材采用俄罗斯进口落叶松（防腐木）。封土缺失部位培土、补夯。

（十三）院落及围墙

1. 一进院

整修御路石和片石铺墁的甬路，水泥勾缝的片石甬路原状保留，揭取后换水泥牙子，补配 65 米牙子石。两侧便门和钟鼓楼后腰门间甬路局部揭墁，补配缺失的片石；院内两块鹅卵石地面补墁，清理其他处土地面上杂草，原土夯实、平整，使土地面低于甬路和鹅卵石地面 0.1 米左右，保证一进院院内雨水顺利排出。

2. 二进院

整修天王殿至会乘殿之间御路石甬路，补配缺失的片石，局部揭墁片石的甬路。演梵堂至馔香堂御路石甬路，将 3 块移位的御路石归位，更换两块御路石，两侧片石甬路补配、归位，局部揭墁；补配牙子石 18.65 米。两侧便门间片石甬路揭取，将片石归类、摆放，重新补配片石、铺墁甬路。清理其他处被杂土覆盖的土地面，原土夯实、平整，使土地面低于甬路地面 0.1 米，便于院落雨水排出。

3. 三进院

一级高台：御路石和条石甬路检修，补配 6 块条石，原位安装；片石地面检修、补墁，补配 30% 片石。月台四周阶条石归位；高台上现存角部矮墙现状保护，不再恢复。月台前台阶东路补配 13 块台阶石，补配垂带石 1 块，规格按原位置尺寸补配，归位 2 块；中路补配 4 块台阶石，归位 1 块；西路补配 5 块台阶石，补配两块砚窝石。一级高台南侧和东西两侧毛石砌筑台帮，检修毛石墙面，局部拆砌松动毛石砌筑部位，用青灰加白灰和黏土拌和成混合浆勾缝。出水嘴现状保留，断裂或局部缺损的不再补配。

二级高台：御路石和条石甬路检修，西侧补配 8 块条石，原位安装，牙子石补配 2.3 米；东侧补配 20 块条石，原位安装，牙子石补配 3.3 米。月台四周阶条石归位；月台前台阶东路补配 6 块台阶石；中路补配 3 块台阶石；砚窝石补配 2 块。面月殿至指峰殿之间甬路，补配缺失的片石。二级高台南侧和东西两侧台帮毛石砌筑，检修毛石墙面，局部拆砌南侧和东西两侧台帮后半部松动的毛石，重新用青灰加白灰和粘土拌和成混合浆勾缝。出水嘴现状保留，断裂或局部缺损的不再补配。

4. 四进院

清理假山堆积的院落杂草，将松动、错位的石块归位并加固，保持自然排水畅通。

5. 五进院

清理院落杂草和覆土，找到原地面，整平院落，甬路用片石铺墁，其他部位种植松树，保持自然排水畅通。

6. 东院、西院

会乘殿以南土地面清理、平整，由北向南找 1.5% 泛水，保持院落雨水顺利排出；以北自然叠石堆积的院落，清理杂草，加固归位石块，保持院落雨水顺利排出。

7. 院落

北高南低，三、四、五进院由北向南自然排水，二进院北端比南端高 0.225 米，二进院比一进院高 0.33 米，天王殿两侧围墙上有排水口，一进院北端比南端高 0.63 米，山门两侧围墙上有出水口，院落雨水由出水口排出。清理一、二进院院内杂土，清理至原地面标高；清理会乘殿以后自然堆积的院落杂土，保证雨水顺利排出；疏通院落现在使用的和堵塞的排水口，使院内雨水能顺利通过南侧院墙下排水口排入现有排水管道中。除以上措施外，平时对院内积雪应及时进行清扫，尤其是甬路和散水上的积雪应尽快清扫，防止雪水冻融对甬路条石和院落鹅卵石的破坏。

（十四）围墙

南围墙及院内围墙、天王殿两侧腰墙：补砌、加固松动的毛石下碱墙，墙体上身靠骨灰修补，抹罩面灰，外刷红土浆两道；补配南围墙东便门缺失的阶条石。用鹅卵石和条砖补墁围墙散水。

东、西、北围墙：东围墙南半段局部拆砌，其余部位围墙补砌、加固松动的毛石下碱墙，检修墙体上身勾缝，用青灰加白灰和黏土拌和成混合浆勾缝。

第三节 方案审批情况

一、国家文物局方案批复情况

2011 年 4 月 6 日，国家文物局原则同意《承德殊像寺建筑基址及院落整治保护方案》对该方案提出修改意见（文物保函〔2011〕394 号），具体如下：

（一）细化勘察和测绘，清晰标注病害，准确分析病因，并进一步规范设计图纸。

（二）不应采用桃花浆等对建筑基址进行封护，用灰土配桃胶作勾缝材料也不合理，应采用不改变原貌的防风化材料。应加强遗址的防水和防冻融保护措施。

（三）应对雪净殿等遗址的残墙做稳定性评估，进而制订有针对性的加固和修复措施，并补充相应设计图纸和说明。

（四）各种石质构件的归安、加固应制订相应措施，明确使用材料和工艺做法等。

（五）应细化和完善排水方案。

（六）应标明泛水做法的方向。

二、深化设计与河北省文物局核准情况

根据国家文物局方案批复意见，设计单位河北省古代建筑保护研究所组织专业技术人员对殊像寺进行了现场勘察，并针对批复意见逐条进行研究、疏理，修改了文本资料，具体补充和修改内容如下：

（一）建筑基址封护材料采用白灰掺少量黏土、小麻刀和糯米浆做成混合物封护，掺少量黏土是为了从颜色上考虑，外观协调。

（二）虎皮石墙面勾缝材料采用青灰掺少量白灰和粘土拌和成混合浆勾缝。

（三）殊像寺院落地势北高南低，院落排水基本畅通，建筑基址四周不存水，建筑上部结构已在 20 世纪 60 年代之前被毁，建筑基址至今裸露在外，基址受雨水和冻融的影响较小。

（四）雪净殿、云来殿、吉晖殿、慧喜殿四座建筑残存墙体基本稳定，补充了各建筑图纸。

（五）修缮方案中补充了石质构件的归安、加固说明，补充了排水做法，并各建筑平面图中标明了泛水方向和坡度。

2012 年 10 月 11 日，河北省文物局核准通过了修改后的《承德殊像寺建筑基址及院落整治保护方案》（冀文物发〔2011〕79 号）。

第四节　工程实施情况

一、天王殿遗址

殊像寺天王殿在清末损毁严重，1933 年仅残存两间，至上个世纪五十年代，天王殿的木结构建筑已荡然无存。现仅存台基、山墙和须弥座。修缮前，天王殿遗址的四面散水被淤土覆盖，台基石构件局部风化非常严重，部分阶条石、礓磜石、墁地条石缺失不存，毛石砌筑的台帮和四大天王的佛台严重空鼓，掺灰泥酥碱粉化，勾缝大部分缺失无存，台基上长满了杂草灌木（图 509-513）。具体修缮内容如下：

509 天王殿遗址修缮前台基残损情况（西南）（陈东 摄影）

510 天王殿遗址修缮前台基残损情况（东北）（陈东 摄影）

511 天王殿台基修缮前礓磜石构件残损情况（陈东 摄影）

512 天王殿西山墙与须弥座修缮前（陈东 摄影）

513 天王殿东山墙与须弥座修缮前（陈东 摄影）

（一）台基

归安加固走闪移位的阶条石，补配缺失阶条石 2 块、礓磜石 57 块（图 514），更换严重碎裂的槛垫石 1 块、墁地条石 18 块、砚窝石 2 块，台基石构件之间采用油灰勾缝。具体石构件更换与补配位置与数量详见天王殿石构件更换与补配示意图（图 515）。

514 天王殿遗址更换严重风化的礓磜石（柴彬 摄影）

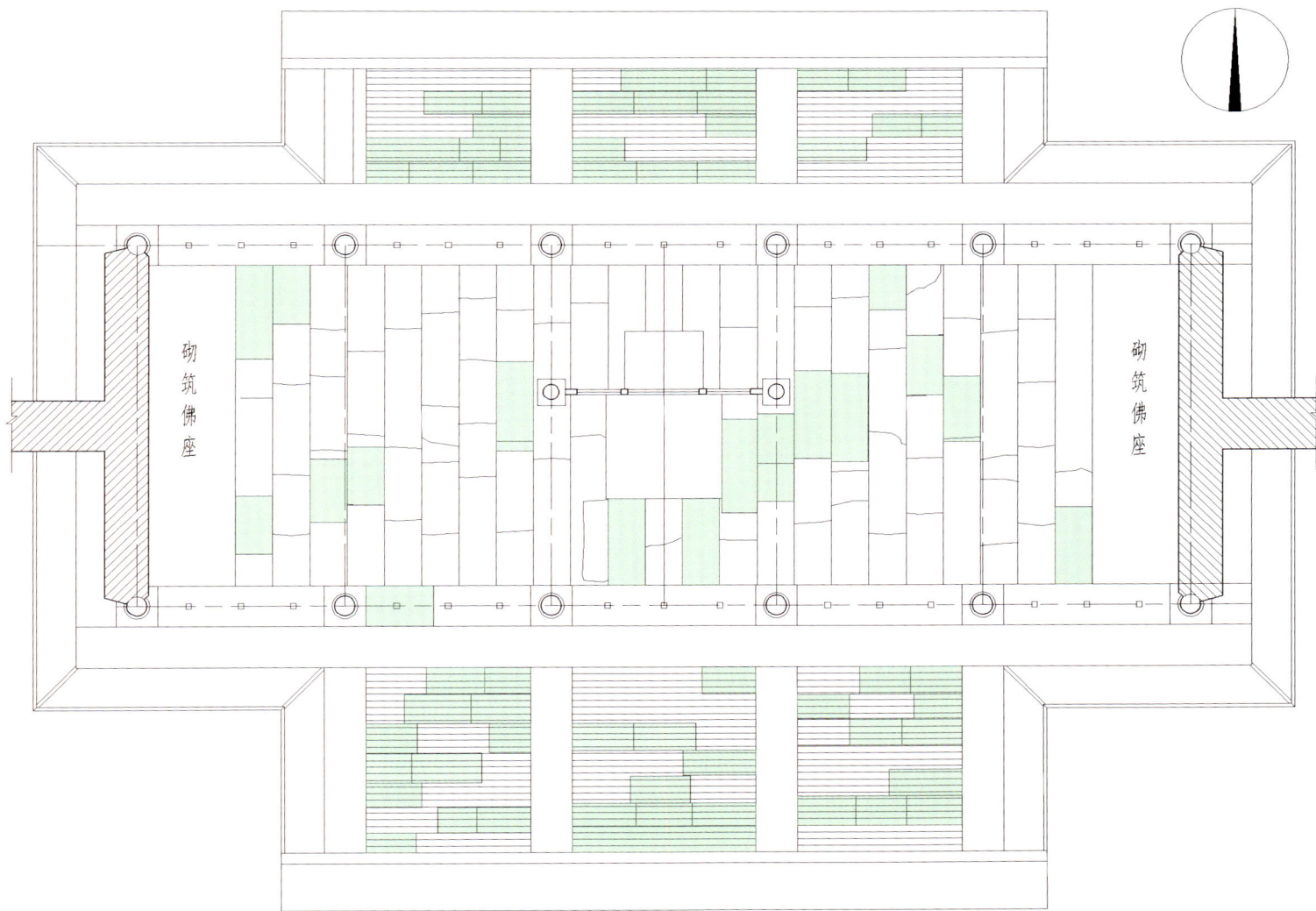

515 天王殿石构件更换与补配示意图（刘伟 绘制）

整修加固空鼓的毛石台帮，补砌缺失台帮，整体用青麻刀灰勾谷子缝。

清理台基周边淤土至原有室外地面，补配缺失的鹅卵石散水（图516）。

516 补配天王殿遗址缺失散水（柴彬 摄影）

517 天王殿遗址墙体勾缝（柴彬 摄影）

（二）墙体

天王殿两山墙为清代原有墙体，保存相对较好，并据此能确定原有建筑的高度，是复原设计的重要依据。此次修缮仅对东山墙外墙墙体下碱松动的毛石砌体用混合灰浆稳固，找补缺失的青灰勾缝，墙体上身保持现状（图517）。

（三）佛台

对明间走闪的石质须弥座进行归安。两梢间四大天王佛台补砌缺失毛石砌体，清理石缝中的杂草和树木，重做青灰勾缝。佛台上表面此次没有补砌完整，仅维持现有残高，并夯筑三七灰土进行表面封护（图518-525）。

518 天王殿台基修缮前

519 天王殿台基修缮后

520 天王殿台基修缮前

521 天王殿台基修缮后

522 天王殿台基修缮前

523 天王殿台基修缮后

524 天王殿遗址修缮前（陈东 摄影）

525 天王殿遗址修缮后（陈东 摄影）

二、馔香堂、演梵堂遗址

馔香堂、演梵堂于清朝末年损毁，现仅存遗址。1982-1984年进行遗址清理归安，补配了缺失的阶条石、踏步、垂带。修缮前，散水和室内地面被较厚淤土覆盖，长满杂草，台基石构件仅有少量走闪，风化碎裂较少（图526-530）。具体修缮内容如下：

526 演梵堂遗址残损情况（陈东 摄影）

527 馔香堂遗址陡板石倒塌（柴彬 摄影）

528 补配馔香堂遗址散水（柴彬 摄影）

529 补配演梵堂缺失踏跺（柴彬 摄影）

530 演梵堂垂带归安（柴彬 摄影）

（一）台基

归安加固走闪移位的阶条石、踏跺、垂带，并用油灰勾缝。补配前檐缺失的踏跺石2块，补配后檐缺失的假山踏跺石，台基石构件之间采用油灰勾缝。补砌缺失的毛石台帮，找补青灰勾缝。清理台基周边淤土至原有室外地面，补墁缺失的冰纹石板散水（图528-531）。

531 馔香堂踏跺拆安归位（柴彬 摄影）

（二）地面

清理台基上的杂草和淤土，对原有的槛垫石、土衬石、柱顶石和残存的清代砖地面进行重点保护，防止清淤和墁地时对其造成损害。没有清代墁地砖和柱顶石的区域清理淤土层至坚固的三合土垫层处，在此基础上原土夯实，补夯2:8灰土一步，采用方砖重新铺墁细墁地面，实际用砖尺寸廊部为480×480×70毫米，室内为400×400×70毫米（图532-535）。清理出的清代方砖即使碎裂也尽可能保留，新墁地面

532 演梵堂遗址地面施工前复勘（柴彬 摄影）

533 清理馔香堂遗址上的淤土（柴彬 摄影）

534 演梵堂遗址找补三七灰土垫层（柴彬 摄影）

535 演梵堂遗址铺墁地面（柴彬 摄影）

与旧地面接茬处局部对新补配的砖件进行做旧处理，以保证接茬平顺。由于馔香堂东北、东南保留清代墁地砖的区域地面局部下沉，致使雨季积水严重，经参建四方执行工程技术洽商，在墁地砖地势最低洼处的墙体下碱部位增设暗排和排水口，保障了台基地面排水通畅。

（三）墙体

馔香堂、演梵堂四面墙体在 1982 至 1984 年经过归安，补配至墙体腰线部位，目前整体保存相对较好，此次修缮仅对走闪的陡板石、腰线石进行归安加固（图 536），整修外墙的毛石墙体下碱并找青灰补勾缝，补配前檐两梢间缺失的腰线石和北墙廊步缺失的下碱陡板石。清理墙体下碱陡板石内侧酥碱的灰浆和淤土，柱顶石与墙体交接处采用板瓦进行封护，墙体内外包金间用 2∶8 灰土掺糯米浆灌浆填充严实（图537–541）。

536 馔香堂遗址石槛墙归安（柴彬 摄影）

537 殊像寺演梵堂遗址归安前（柴彬 摄影）

538 殊像寺演梵堂遗址清理中（柴彬 摄影）

539 殊像寺演梵堂遗址归安后（柴彬 摄影）

540 殊像寺馔香堂遗址归安前（柴彬 摄影）

541 殊像寺馔香堂遗址归安后（柴彬 摄影）

三、指峰殿、面月殿遗址

指峰殿和面月殿毁坏年代较晚，而且又位于会乘殿月台上，因此淤土覆盖较少，大部分台基构件都保存较为完整，四面墙体基本保留了下碱部位，近现代补配的构件也较少，修缮前只是台基毛石台帮局部鼓闪，勾缝缺失，因此修缮内容相对较少（图542–546）。

542 指峰殿遗址修缮前台帮残损情况（陈东 摄影）

543 指峰殿遗址修缮前残损情况（陈东 摄影）

544 指峰殿遗址修缮前地面保存状况（陈东 摄影）

545 面月殿遗址修缮前台基残损情况（柴彬 摄影）

546 面月殿遗址修缮前台基残损情况（柴彬 摄影）

（一）台基

检修台明石构件，将松动、移位的阶条石、踏跺石归位，并用油灰勾缝（图547）。整修加固空鼓的毛石台帮，补砌缺失的毛石台帮，整体用青麻刀灰勾谷子缝（图548）。清理台明四周淤土和杂草灌木，补配缺失的片石散水。

（二）地面

清理室内地面杂草和尘土，将面月殿遗址上面散落堆放的砖瓦构件全部整理装箱，交由承德避暑山庄及周围寺庙文化遗产保护工程指挥部工作办公室专门的工程库房暂时保存。按照设计要求找补缺失的室内地面三七灰土垫层，重新铺墁地面，在施工时对遗址上遗存的少量清代墁地进行重点保护，并予以原状保留。

547 指峰殿走闪石构件归安（柴彬 摄影）

548 指峰殿南侧毛石台帮整修（柴彬 摄影）

（三）墙体

歪闪的下碱陡板石原位归安，并补配了缺失的陡板石、槛墙石陡板间空隙用白灰浆灌浆严实（图549），下碱外侧虎皮石墙面找补勾缝。两山和后檐下碱墙表面用混合灰浆封护。前

549 指峰殿陡板石墙体灌浆加固（柴彬 摄影）

檐两次间下碱陡板石顶部坐灰泥，用条砖（420×210×90毫米）封压，边缘部位勾抹严实（图550-553）。

550 面月殿遗址修缮前（柴彬 摄影）

551 面月殿遗址修缮后（柴彬 摄影）

552 指峰殿遗址修缮前（柴彬 摄影）

553 指峰殿遗址修缮后（柴彬 摄影）

（四）佛台

清理佛座上杂草和尘土，将脱落的石构件归位，补配缺失的条石，并用油灰勾缝。

四、云来殿、雪净殿遗址

云来殿和雪净殿遗址位于会乘殿北侧假山上，近现代修缮干预较少，因此保留了大量清代原有的建筑构件。修缮前，遗址上覆盖有非常厚的淤土，部分陡板石倒塌，大部分石构件存在不同程度的风化状况，特别是 2000 年修复宝相阁时曾在雪净殿遗址上搭建白灰池，对遗址造成一定的破坏（图554—557）。

557 雪净殿遗址修缮前残损情况（陈东 摄影）

（一）台基

云来殿补配缺失的阶条石 2 块，归安移位的阶条石，粘接加固断裂阶条石，石材之间的缝隙用油灰勾缝。检修云步踏跺石，将松动、移位的踏跺石归位。

清理地面杂草和树木，清理淤土至遗址原有地面（图558—559），拆除云来殿遗址上现代的白灰池，槛垫石和柱础原位不动，地面重新铺墁方砖。

554 云来殿遗址修缮前残损情况（陈东 摄影）

556 云来殿遗址石须弥座走闪情况（柴彬 摄影）

558 清理云来殿遗址上的树木（柴彬 摄影）

555 云来殿遗址修缮前石陡板槛墙和地面保存状况（陈东 摄影）

559 清理云来殿遗址上的淤土（陈东 摄影）

（二）墙体

将歪闪的墙体下碱陡板石原位归安（图560），用掺灰泥加糯米浆稳固下碱陡板石，补配缺失的陡板石，用2：8灰土掺糯米浆填充。

前檐槛墙陡板石顶部坐灰泥，用条砖（420×210×90毫米）封压，边缘部位勾抹严实。山墙下碱上部用混合灰浆勾缝，合理疏导上部雨水，保持表面光滑、不存水。

局部补砌墙体上身，内外墙面靠骨灰修补，外抹罩面灰，表面按照现有墙体颜色进行随色刷浆处理。墙体顶部和两侧表面用混合灰浆勾缝，保持表面光滑、不存水。

560 云来殿陡板石归安（陈东 摄影）

（三）佛台

清理佛座上杂草和淤土，检修佛座，将脱落的条石归位，补配缺失的条石，并用油灰勾缝（图561-566）。

561 云来殿遗址石须弥座归安（柴彬 摄影）

562 雪净殿遗址石须弥座归安（柴彬 摄影）

563 云来殿遗址修缮前（柴彬 摄影）

564 云来殿遗址修缮后（柴彬 摄影）

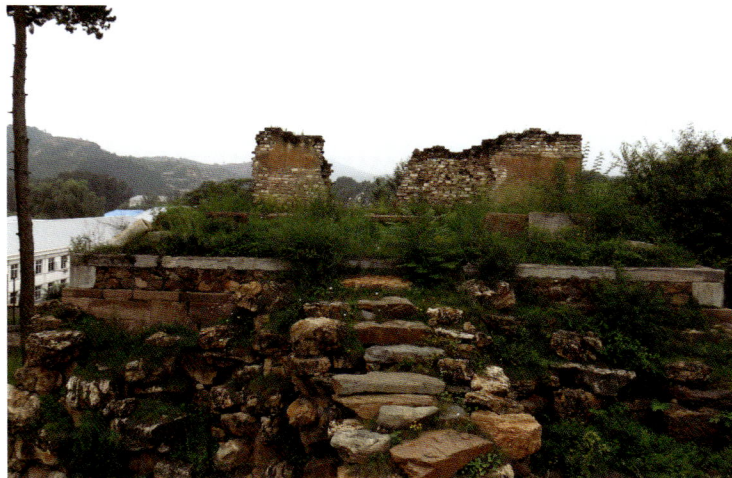

565 雪净殿遗址修缮前（柴彬 摄影）

566 雪净殿遗址修缮后（柴彬 摄影）

五、吉晖殿、慧喜殿遗址

吉晖殿、慧喜殿遗址建在宝相阁北侧自然山体上，近现代修缮干预较少，保留了大量清代原有的建筑构件，但遗址表面覆土较厚，部分陛板石倒塌，特别是慧喜殿南侧阶条石大部分坍塌到山坡下，亟待抢救性保护修缮（图567-571）。

567 鸟瞰宝相阁及其北侧的吉晖殿和慧喜殿遗址（张冲 摄影）

568 吉晖殿遗址修缮前残损情况（陈东 摄影）

569 吉晖殿遗址修缮前残损情况（陈东 摄影）

570 慧喜殿遗址修缮前残损情况（陈东 摄影）

571 慧喜殿遗址南侧台基坍塌（陈东 摄影）

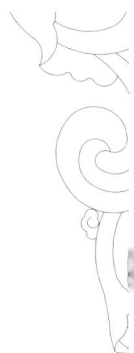

（一）台基

清理台明上和四周杂草和淤土，露出台明（图572），归安移位的阶条石、陡板石，将慧喜殿南侧坍塌的阶条石全部原位归安，补配缺失的阶条石、陡板石（图573-574）。用毛石补砌后檐坍塌的台帮。地面重新铺墁方砖。将散落的踏跺石归位，补配前檐缺失的踏跺石。补配缺失散水（图575）。

（二）墙体

将歪闪的墙体下碱陡板石归位、用掺灰泥加糯米浆稳固下碱陡板石，补配缺失的陡板石，用2：8灰土掺糯米浆填充。

前檐槛墙陡板石顶部坐灰泥，用条砖（420×210×90毫米）封压，边缘部位勾抹严实。山墙下碱上部用混合灰浆勾缝，合理疏导上部雨水，保持表面光滑、不存水。

对残存的墙体上身进行少量的局部补砌加固，内外墙面

572 吉晖殿人工清理淤土（陈东 摄影）

573 慧喜殿遗址修缮前（柴彬 摄影）

574 慧喜殿遗址修缮后（柴彬 摄影）

575 补配吉晖殿缺失的散水，重做墙体勾缝（陈东 摄影）

靠骨灰修补，外抹罩面灰，表面按照现有墙体颜色进行随色刷浆处理。墙体顶部和两侧表面用混合灰浆勾缝，保持表面光滑、不存水（图576–579）。

576 吉晖殿遗址修缮前（柴彬 摄影）

577 吉晖殿遗址修缮后（柴彬 摄影）

578 慧喜殿遗址修缮前（柴彬 摄影）

579 慧喜殿遗址修缮后（柴彬 摄影）

（三）佛台

清理佛座上杂草和尘土，将脱落的条石归位，补配缺失的条石，并用油灰勾缝。

六、清凉楼和香林室遗址

清凉楼和香林室遗址曾在 2003 年进行考古清理，由于遗址构件风化十分严重，不适宜露天保存。2004 年 11 月，承德市文物局组织对香林室和清凉楼古建筑遗址进行了回填保护。由于历经多年，当时回填后在表面夯筑的三七灰土已经大部分酥碱，夯土表面丛生树木和杂草。本次修缮清理了原遗址回填区域的杂草，对封土缺失部位培土、补夯（图 580-581）。

香林室遗址西侧残存的围墙进行补砌加固，下碱墙找补青灰勾缝，上身补做麻刀白灰罩面。东侧和南侧墙基进行现状加固，残墙顶部用混合灰浆封顶保护。

七、道路与排水

清理庭院道路和海墁地面上的杂草和淤土，按设计要求恢复庭院原有地形和标高，疏通院落现在使用的和堵塞的排水口，保证院内雨水顺利排出。

对寺庙内道路进行现状整修，按照设计方案要求，山门北侧 2002 年采用水泥勾缝的片石甬路原状保留。由于殊像寺保留大量清代原有道路和海墁，但路面石板缺失和碎裂十分严重，地面凹凸不平（图 582-588）。为了防止施工人员随意扩大施工范围，并防止施工期间的车辆运输对清代原有道路造成破坏。在开始施工前，由甲方代表、监理工程师、施工单位项目负责人现场共同划定冰纹石板补配、揭墁和更换的具体范围，并严

580 香林室遗址安装版筑木板（柴彬 摄影）

581 清凉楼遗址回填（柴彬 摄影）

582 殊像寺前两进院道路系统（郭峰 摄影）

583 一进院清代冰纹路严重碎裂（陈东 摄影）

586 清理二进院道路和海墁上的淤土（陈东 摄影）

584 二进院冰纹路修缮前残损情况（陈东 摄影）

587 道路局部挖补施工过程中（陈东 摄影）

585 清理一进院道路上的淤土（陈东 摄影）

588 严格控制冰纹路石板更换量，尽可能多的保留历史信息（陈东 摄影）

格按范围施工。表面基本平整的但严重碎裂的清代石板尽可能原状保留，不予更换。施工期间，严禁机动车辆进入清代道路区域，改用人力小推车运输施工材料（图589-590）。

589 二进院冰纹路整修前（陈东 摄影）

590 二进院冰纹路整修后（陈东 摄影）

（一）山门外

严重风化的海墁条石由建设、监理、施工负责人现场标识后进行更换，共计 13 块，补配缺失的海墁牙子石共计 25.9 延长米，具体补配位置与数量详见山门南侧海墁石构件更换与补配示意图（图 591）。

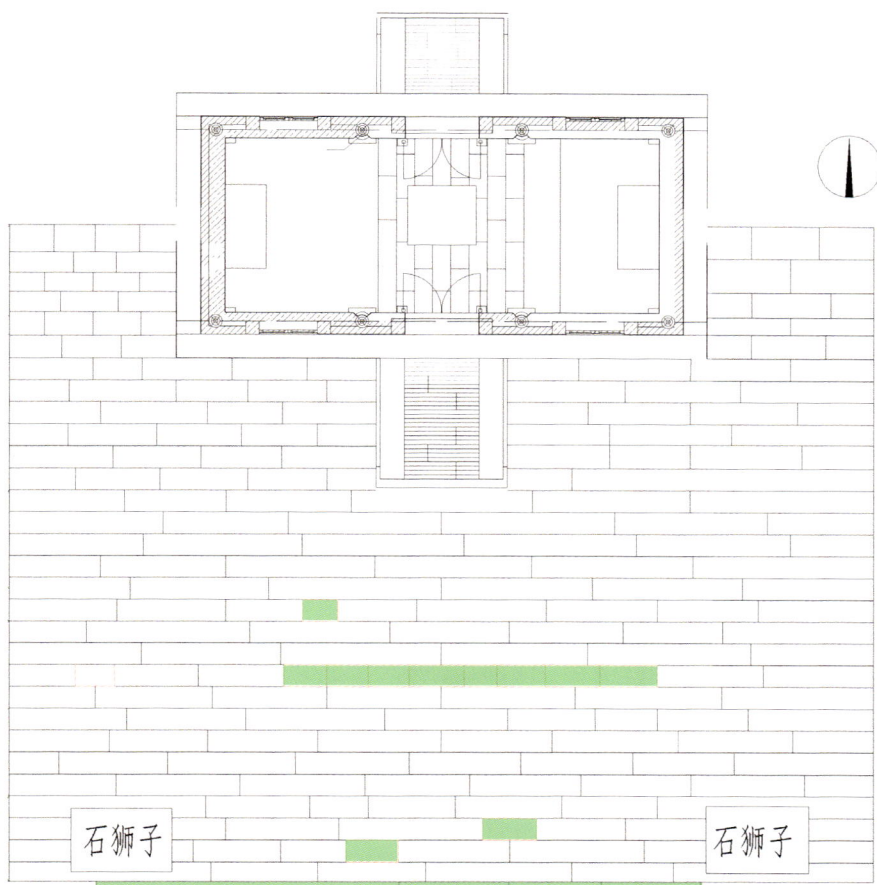

591 山门前海墁地面石构件更换与补配示意图（张冲 绘制）

（二）一、二进院落

一进院共补配缺失牙子石 65 米，补配天王殿南侧鹅卵石海墁缺失的石子海墁，补配缺失的路面片石。拆除一进院山门东侧现代修建的管理用房（图 592）。

二进院归安移位的御路石 5 块，补配缺失的路面片石，补配缺失牙子石 18.65 米。

592 拆除一进院现代建筑（柴彬 摄影）

（三）月台

归安所有走闪的踏跺石，踏跺石之间的缝隙用麻刀灰勾抹严实。补配或更换台阶石 42 块，补配垂带石 2 块，补配或更换严重风化的如意石 2 块、砚窝石 4 块（图 593–597）。

593 月台石台阶修缮前残损情况（陈东 摄影）

594 月台走闪石构件归安（柴彬 摄影）

595 月台踏跺勾缝（柴彬 摄影）

596 月台台阶整修前（陈东 摄影）

597 月台台阶整修后（陈东 摄影）

月台四周走闪的阶条石拆安归位，补配缺失的海墁条石 6 块、严重风化的海墁条石由建设、监理、施工负责人现场标识后进行更换，共计 58 块，局部挖补严重酥碱碎裂的牙子石 8.54 延长米，补配缺失的海墁片石（图 598-601）。走闪的古松石

598 月台地面残损情况

599 月台条石墁地局部严重风化（陈东 摄影）

600 月台冰裂纹海墁的局部挖补（陈东 摄影）

601 会乘殿南侧月台墁地条石局部挖补更换情况（陈东 摄影）

树池进行归安，按原位置规律补配缺失不存的红砂岩古松树池（图602）。

整修月台各面毛石台帮，清除杂草和灌木，清理酥碱勾缝，局部拆砌松动毛石，找补缺失不存的青麻刀灰勾缝（图603）。

月台出水嘴维持现状，断裂或局部缺损的不再补配，补配完全缺失的石排水嘴6件（图604）。将月台女墙散落、倒塌在各处的角柱石和石抱鼓原位归安（图605）。

602 补配月台缺失的树池（陈东 摄影）

604 补配月台缺失的石排水嘴（陈东 摄影）

603 月台毛石台帮挖补与勾缝（陈东 摄影）

605 月台宇墙角柱石与抱鼓石归安（陈东 摄影）

月台海墁条石、牙子石、台阶石、石树池、石水嘴更换与补配位置与数量详见月台石构件更换与补配示意图（图606）。

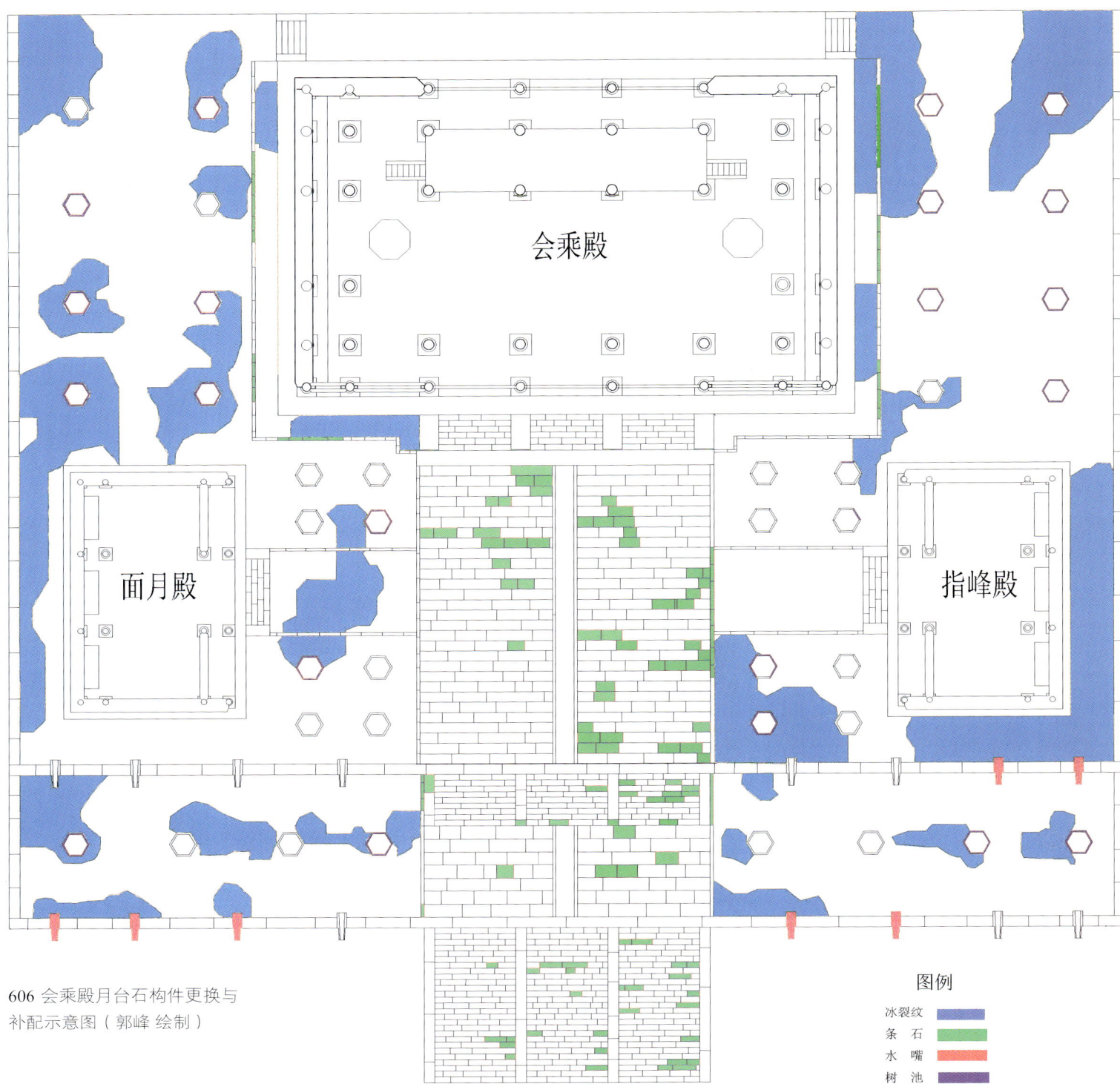

会乘殿

面月殿

指峰殿

图例

冰裂纹
条 石
水 嘴
树 池

606 会乘殿月台石构件更换与
补配示意图（郭峰 绘制）

（四）三、四、五进院

清理庭院和假山的杂草、树木和淤土至原有各院落标高，将松动、错位的假山石踏跺归位并加固，假山石间缝隙采用青麻刀灰勾平缝。

（五）东、西跨院

东、西跨院僧房遗址被淤土覆盖，按照设计方案要求此次工程不进行遗址清理，在现有院落标高的基础上，由北向南平整地面，确保1.5%以上的排水坡度，保持院落雨水顺利排出即可。

八、围墙

殊像寺南围墙及院内围墙、天王殿两侧腰墙做法比较讲究，墙体上身抹饰红灰，墙头帽布纹筒板瓦。具体施工内容为瓦面整体30%查补；墙体上身修补靠骨灰和罩面灰，整体重刷红土浆两道；补砌、加固松动的毛石下碱，找补缺失的青灰勾缝；清理出围墙散水并补配齐整（图607–609）。

殊像寺东、西、北三面围墙上身和下碱墙体均为毛石砌筑，青灰勾缝，馒头顶墙头帽，无散水，整体保存相对较好，此次修缮仅对局部松动的毛石下碱墙进行整修加固，找补缺失的墙体勾缝和压顶灰。

607 院墙下碱找补青灰勾缝（柴彬 摄影）

609 院墙瓦面整修（柴彬 摄影）

608 院墙瓦面勾抹扫垄（陈东 摄影）

第五节　工程洽商情况

一、古建筑遗址墁地砖规格

　　原设计方案为各建筑遗址地面统一铺墁 400×400 毫米方砖，当各建筑遗址地面杂草及淤土清理完毕后，均残留了数量不等的清代方砖地面，经过建设、设计、监理、施工四方现场复勘，仔细测量地面残留的清代方砖后发现：各建筑遗址室内地面砖的规格均为 400×400 毫米，但是廊部残存的清代地面砖均为 480×480 毫米。经现场进行技术洽商，确定按照不改变文物原状的原则，对原设计方案的遗址墁地砖尺寸进行局部调整，各遗址廊部地面铺墁方砖规格由 400×400 毫米调整为 480×480 毫米（图 610）。

二、遗址陡板石槛墙和下碱墙做法

　　现场清理殊像寺各殿座陡板石槛墙和下碱墙过程中发现各个遗址陡板石上均有铁锔加固痕迹的铁锔槽，且按照设计要求对陡板石内部淤土清理完毕后，发现内部残留的清代灌浆料为

610 演梵堂遗址前廊残存的清代墁地砖

纯白灰浆，但是设计方案为灌桃花浆。

按照文物修缮的原材料、原工艺、原形制的原则，经建设、设计、监理、施工四方负责人现场共同洽商确定：陡板石归安过程中，顶部采用铁锔加固，底部采用铁扁找平，并且保证陡板石的结构稳定，对破损严重的铁锔槽根据现场的实际情况，重新补做新的铁锔槽。同时，按照不改变文物原状的修缮原则，决定将陡板石内部灌浆料调整为加糯米浆的纯白灰浆（图 611–613）。

611 陡板石上铁锔加固痕迹的铁锔槽（陈东 摄影）

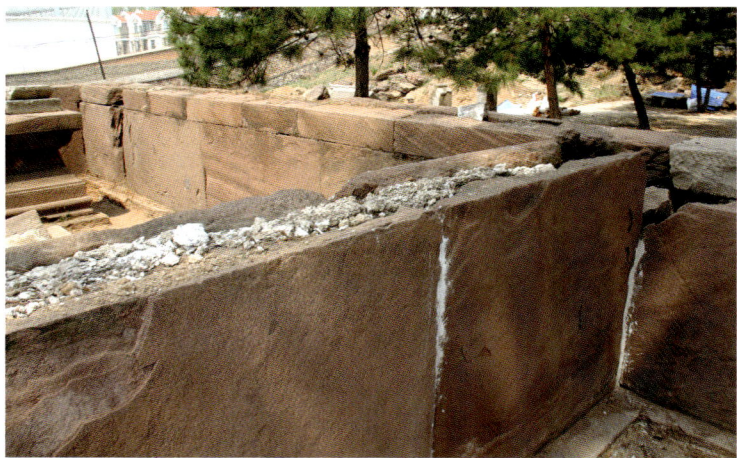

612 石槛墙间残留的清代白灰灌浆（陈东 摄影）

613 陡板石槛墙安装铁锔子（柴彬 摄影）

三、月台树池子

殊像寺会乘殿周围的月台上有 42 处红砂岩制作的松树树池，排列位置有明显的规律性，是殊像寺重要的清代遗存，对研究殊像寺清代园林植物配置规律具有重要的文物价值。由于施工前部分树池子被淤土覆盖，保存状况不详，设计方案中未明确树池子的具体修缮措施。当月台淤土清淤后，发现现存树池子残损和缺失严重，应纳入到本次的保护修缮范围中。而且有部分树池子完全缺失不存，为更好的体现树池子原有分布排列的规律性，需重新补配齐全。经甲方、设计、监理、施工四方负责人现场洽商确定，为有效保护殊像寺月台海墁地面上的清代石质树池子，对会乘殿月台上少量缺失的红砂岩树池子进行补配，对保存完好但严重走闪、移位的树池进行局部拆安归位处理（图 614–615）。

614 月台上缺失的古松树池

615 补配缺失的古松树池（陈东 摄影）

四、殊像寺围墙排水口

设计方案中要求"疏通院落现在使用的和堵塞的排水口"，但在院落淤土清理后发现，仅南围墙下面保留一处清代时期的排水口，其余围墙均为近现代重新砌筑，没有设置排水口，院落清淤后雨水无法从围墙下顺利排出，造成墙基积水。经建设、设计、监理、施工四方负责人现场洽商，确定按照现存清代院墙排水口做法和相应位置在其他各处需排水的院墙上补做排水口（图 616–617）。

五、慧喜殿廊心墙

殊像寺慧喜殿基址清理过程中发现，慧喜殿清理出的文物构件中存在完整的红砂岩材质廊心墙，做法在承德地区具有特

616 东跨院院墙前积水情况（陈东 摄影）

617 院墙上增设的排水口（柴彬 摄影）

殊性，且红砂岩材质廊心墙体量大，无法装箱运送至文物库房保存，长时间暴露存放在室外地面也容易产生严重的风化破坏。经建设、设计、监理、施工四方负责人现场洽商后确定，对慧喜殿北侧石质廊心墙修补后进行原位归安，重新体现慧喜殿特殊的石质廊心墙做法，保护性恢复慧喜殿廊心墙原有风貌（图618）。

618 慧喜殿特殊的石质廊心墙（陈东 摄影）

六、云来殿基址排水

按照设计方案要求对殊像寺云来殿基址北山墙部位现代砌筑的白灰池子进行拆除，并归安倒塌的陡板下碱墙。由于云来殿紧邻消防通道，且基址地坪较低，云来殿北山墙与消防通道之间形成垂直90度陡坡，夏季降雨时，雨水由消防通道直接排入云来殿基址内，严重威胁云来殿基址的安全。经建设、设计、监理、施工四方负责人现场洽商决定，恢复云来殿基址北山墙部位的鹅卵石散水和牙子砖，并在散水北侧500毫米处砌筑毛石护坡挡土墙一道，将雨水引至消防通道及基址以外的排水区域，保证消防通道及云来殿基址的安全。

七、馔香堂基址地面积水

按照设计方案要求对殊像寺馔香堂基址进行地面方砖细墁，在馔香堂室内地面东北和东南角发现有较为完好的清代原有方砖地面，作为重要的清代遗存，需要将这两块清代砖地面完整保存，但这两部分墁地砖的地基存在局部下沉情况，在雨季积水严重，威胁了馔香堂基址的安全。经建设、设计、监理、施工四方负责人现场洽商决定，在馔香堂遗址室内东南角地面挖设排水沟，采用暗排形式将水从方砖地面经由基址台帮排出至室外地面（图619-620）。

619 馔香堂遗址积水情况（陈东 摄影）

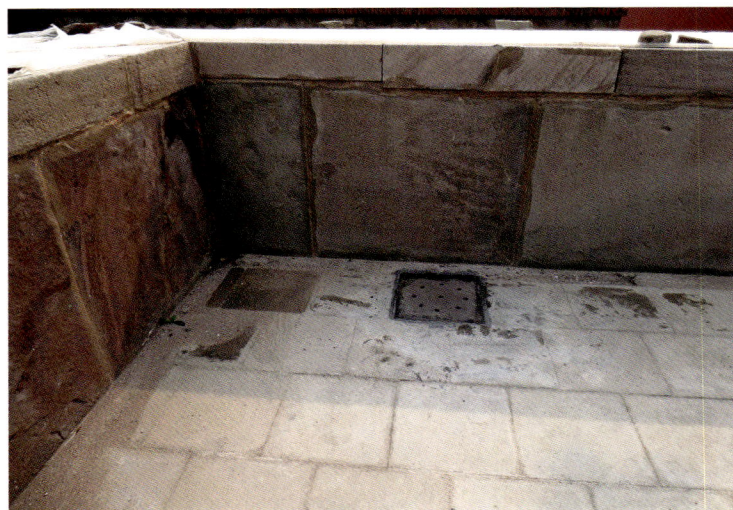

620 馔香堂遗址上增设的排水口（柴彬 摄影）

八、殊像寺东院墙增设消防门

殊像寺院墙西南侧消防门为寺内目前唯一消防通道，此消防通道经会乘殿月台前冰裂纹海墁地面穿越中轴线到达宝相

阁，对经过的海墁地面及周围古建筑遗址造成了严重的破坏。此外，原有消防路在馈香堂遗址北侧淤土上通过，当清理淤土后，发现淤土下保留有清代寺庙内院落分隔墙的残址。为有效保护清代道路和院墙遗址，经建设、设计、监理、施工四方负责人现场洽商，并经承德市文物局安保部门同意，在殊像寺后期修建的东跨院围墙处增设消防门一处，消防通道改由新建消防门经过会乘殿东侧原有消防道路直接通往宝相阁，西侧消防门仍然保留，继续使用。这样，消防车及其他车辆可以不再穿越寺庙中轴线，防止车辆碾压对清代裂纹道路及院墙遗址造成破坏。

九、文物装箱

殊像寺基址清淤施工过程中清理出大量文物瓦件、青砖及残损石构件，经建设、设计、监理、施工四方负责人现场洽商后决定，为避免文物构件的长期暴露在外产生进一步的风化损坏，需定制文物保护箱进行存放，规格为 800×600×500 毫米。由施工单位将工程清淤中发现的瓦件、青砖及残损石构件分类装箱保护起来，统一交至临时的文物库房存放保管（图 621-622）。

621 对吉晖殿遗址淤土清理发现的建筑构件进行记录（柴彬 摄影）

622 对遗址清理发现的散落建筑构件进行登记、装箱、保存（陈东 摄影）

第六节　主要施工技术与工艺

一、石构件整修

石构件整修是殊像寺建筑基址及院落整治工程最主要的施工内容，具体包括了石构件归安、修补、补配、勾缝等主要工序。

（一）石构件归安

当阶条、陡板、踏踩、垂带等石活构件发生移位或歪闪需进行归安加固（图 623）。归安时应先拉线，使石构件找直、找正。石活可原地直接归安就位的应直接归安，不能直接归安的可拆下来，把表面和石材背里清理干净后再归安。归安后应进行灌浆处理，最后打点勾缝。

623 月台压面石归安（柴彬 摄影）

（二）石构件修补

当石构件出现缺损或局部严重风化时可进行修补。具体是将缺损或风化的部分用錾子剔凿成易于补配的形状，然后按照补配的部位选好荒料。后口形状要与剔出的缺口形状吻合，露明的表面要按原样凿出糙样，安装牢固后再进一步将表面做细。粘接时，新旧槎接缝处要清洗干净，然后用环氧树脂粘接牢固。较大缝隙处可用石粉拌和粘接剂堵严，最后打点修理。

（三）石构件补配

石活构件严重风化或破损严重的，经参建各方负责人现场确认后可进行更换，缺失的石构件按照设计方案要求进行补配。石构件补配时要拉通线使石材位置准确。石构件就位前应适当铺坐灰浆，下面錾好石块，以便撤去吊装石材的绳索，然后再去掉石块，用撬棍将石构件就位，并做到跟线、找直、找正、找平、垫稳。踏踩短向应略带泛水，以免积水。石构件间的缝隙用麻刀灰勾平缝。灌浆前宜先灌注清水进行洇湿，以利于石料附着粘接。确保灰浆的饱满程度，灌浆至少应分三次，第一次较稀，以后逐渐加稠，每次应间隔 4 小时以上，灌完浆后应及时将石面冲洗干净。新补配的石材如棱角分明，需要进行手工打磨做旧，使新旧石构件接茬平顺自然，外观效果协调一致（图 624）。

624 月台补配石台阶的表面剁斧与做旧（柴彬 摄影）

（四）石构件打点勾缝

打点勾缝一般用于台明石活。当台明石活的灰缝酥碱脱落或其他原因造成石缝空虚时，石活很容易产生移位。打点勾缝是防止冻融破坏和石活继续移位的有效措施。当石活移位不严重时，可直接用油灰勾缝。如果石活移位较严重，打点勾缝可在归安和灌浆加固后进行。打点勾缝前应将松动的灰皮铲净，浮土扫净，必要时可用水润湿。勾缝时应将灰缝塞实塞严，不可造成内部空虚。为避免灰浆污染石面，可提前贴上美纹纸对石构件进行保护。灰缝一般应与石活勾平，最后清扫干净。

二、石构件加工制作

缺失石构件的补配是殊像寺建筑基址及院落整治工程一项主要的施工内容，主要包括阶条石、陡板石、踏跺石、海墁条石、散水和道路的牙子石的补配，这些石构件的具体加工制作工艺如下：

（一）确定荒料

根据石构件在建筑中所处的位置和石材种类确定所需石料的质量和荒料的尺寸，并确定石料的看面。荒料的尺寸应大于加工后的石料尺寸，称为"加荒"。加荒的尺寸因不同的构件而不同，但最少不应小于 2 厘米。如荒料尺寸过大，宜将多余部分凿掉（图 625）。确定好荒料后需要进行打荒处理，首先，在石料看面上抄平放线，然后用錾子凿去石面上高出的部分，为进一步加工打好基础。

625 去除荒料多余部分（陈东 摄影）

（二）弹线、抄平

在规格尺寸以外 1—2 厘米处弹出的墨线叫做"扎线"。把扎线以外的石料打掉，叫做打扎线。首先在荒料任意一个小面上、靠近大面的地方弹一道通长的直线，再弹出对角线和大面的边线，以此作为大面上超平的参考线，再用錾子按照弹线抄平石材大面（图 626）。

626 抄平大面（陈东 摄影）

（三）砍口、齐边

沿着小面上的墨线用錾子将墨线以上的多余部分凿去，然后用扁子沿着墨线将石面"扁光"，即"刮边"，刮出的金边宽度约为 2 厘米。实际操作中，往往在剁斧工序完成后再刮一次金边。如果石料较软就应分几次加工，以防石料崩裂。

（四）刺点

刺点的主要目的都是将石面找平，有时也可以采用打糙道的方式找平。刺点应以刮出的金边为标准，如石面较大，可先在中间冲出相互垂直的十字线来，十字线的高度与金边高度相同，然后以十字线和金边为标准进行刺点找平。特殊形状的石构件需要采用錾子凿出石构件的轮廓（图 627）。

627 石排水嘴制作（陈东 摄影）

（五）打小面

在大面上按规格尺寸要求弹出线来，以扎线为准在小面上加工，加工的方法可与大面相同。一般情况下，小面应与大面互相垂直。但要求做泛水的石活，如阶条石等，小面与大面的夹角应大于 90°。

（六）截头

截头又叫"退头"或"割头"。以打好的两个小面为准，在大面的两头扎线，并打出头上的两个小面，实际操作时，截头常与打扎线和打小面同时进行。为能保证安装时尺寸合适，石活中的某些构件如阶条石等，常留下一个头不截，待安装时再按实际尺寸截头。

（七）打道

打道分打糙道和打细道两种做法。同为打道做法，糙、细两种作法的效果却差异很大。打糙道作法是石料表面各种处理手法中最粗糙的一种，多用于井台、路面等需要防滑的部位。而打细道作法是非常讲究的做法。糙、细道之分，主要由道的密度来决定。在一寸长的宽度内，打三道叫做"一寸三"，打五道叫"一寸五"，以此类推。殊像寺山门与天王殿的石礓磋以及月台地面海墁条石的表面做法即为打糙道做法，道子密度为一寸三道（图628）。打道时要注意各道应深浅一致，宽度相同，道应直顺通畅，不可出现断道。道的方向一般应与条石方向相垂直，有时为了美观，也可打成斜道、人字道、菱形道等。

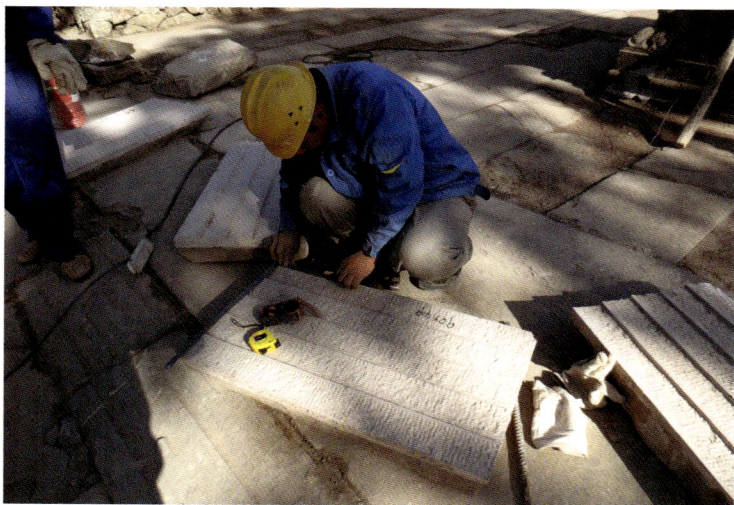

628 石礓磋表面打道（陈东 摄影）

（八）砸花锤

经过上述几道工序，石料的形状已经制成，石面经剌点或打糙道，已基本平整，可以进行砸花锤处理。砸花锤时不应用力过猛，举锤高度一般不超过胸部，落锤要富于弹性，锤面下落时应与石面平行。砸完花锤后，平面凹凸不应超过4毫米（图629）。

629 石构件砸花锤（柴彬 摄影）

如表面要求砸花锤交活，就可以进行最后一道工序了，如要求剁斧或打道，在砸花锤以后，还应继续加工。如石料表面要求磨光者，应免去砸花锤这道工序。

（九）剁斧

剁斧也称做过斧，应在砸花锤后进行，剁斧一般应按"三遍斧"做法。建筑不甚讲究者，也可按"两遍斧"做法。"三遍斧"做法的，常在建筑即将竣工时才剁第三遍，这样可以保证石面的干净。殊像寺的道路和散水的路牙石的表面均采用剁斧做法（图630）。

630 石构件剁斧（柴彬 摄影）

第一遍斧只剁一次。剁斧时应较用力，举斧高度应与胸齐，斧印应均匀直顺，不得留有花锤印和錾印，平面凹凸不超过4毫米。

第二遍斧剁两次，第一次要斜剁，第二次要直剁，每次用力均应比第一遍稍轻，举斧高度应距石面20厘米左右，斧印应均匀直顺，深浅应一致，不得留有第一遍斧印，石面凹凸不超过3毫米。

第三遍斧剁三次，第一次向右上方斜剁，第二次向左上方斜剁，第三次直剁，第三遍斧所用斧子应较锋利，用力应较轻，举斧高度距石面约15厘米，剁出的斧印应细密、均匀、直顺，不得留有二遍斧的斧印，石面凹凸不超过2毫米。

如果以剁斧交活者，为保证斧印美观，可以在最后一次剁斧之前先弹上若干道线，然后顺线用快斧细剁。

（九）磨光

磨光应在剁斧的基础上进行，殊像寺会乘殿的阶条石、踏跺石、陡板石的表面大部分采用这种做法。具体是用磨头（一般为砂轮、油石或硬石）沾水将石面磨光。磨时要分几次磨，开始时用粗糙的磨头，最后用细磨头。要求磨光的石料，荒料找平时不宜剌点；打道时，应尽量使錾子平凿，以免石面受力过重；石面也不宜砸花锤。上述三点注意事项，都是为了避免在石面上留下錾影和印痕，否则磨光时无法去掉。

（十）做旧

在古建筑修缮时，现存的石构件由于年代久远，受磨损和风化的影响，一般会出现表面光滑、低洼和圆边、圆角的情况，而新补配石材的表面平整和直边、直角很难与周边现存的石构件协调统一。这样就需要在新的石构件制安后根据其相邻旧的石构件的形状和风格进行做旧处理，手工用錾子或磨石处理边角和表面，使其外观与周边环境相融合（图631）。如果新补配的石构件颜色与周边环境差异太大，还需要用稀盐酸或高锰酸钾溶液进一步做旧处理，尽可能使新旧石构件做到远观一致，近看有别，使古建筑石活修缮后依然保留修缮前的历史沧桑感。

631 天王殿新补配石构件边缘做旧（柴彬 摄影）

三、细墁地面

殊像寺各建筑遗址地面墁地砖大部分缺失不存，按照设计方案要求，需重新铺设细墁方砖地面。具体做法如下：

（一）材料要求

1. 砖应砍包灰和转头肋，转头肋宽度1厘米。

2. 方砖要选择比较细致的一面（水面）作为砍磨的正面，比较粗糙的旱面墁地时应朝下放置。

3. 陡板砖要先铲磨大面，然后砍转头肋，四个肋要互成直角。

4. 方砖要做成盒子面。

（二）施工工艺

1. 垫层处理：清理各遗址地面上的淤土至原有的比较坚固的灰土垫层为止，然后采用三七灰土夯实对现有灰土垫层进行找补。

2. 按设计标高抄平，室内可在四面墙上弹出墨线，标高以现有柱顶石上皮为准，廊心地面以阶条石上皮为准。

3. 冲趟：在两端拴好曳线并各墁一趟砖叫"冲趟"，遗址室内部位的方砖地面，应在正中再冲一趟（图632）。

632 冲趟（柴彬 摄影）

4. 样趟：在两道曳线间拴一道卧线，以卧线为标准铺泥墁砖，泥不要抹得太平太足，砖要平顺，缝要严密。

5. 揭趟、浇浆：将墁好的砖揭下来，泥的低洼处进行补垫，然后在泥上从每块砖的右手位置沿对角线向左上方浇洒白灰浆（图633）。

633 浇浆（柴彬 摄影）

6. 上缝：用"木剑"在砖的里口砖棱处抹上油灰（图634）。为确保灰能粘住，即不"断条"，砖的两肋要用麻刷沾水或用矾水润湿，刷水的位置要稍靠下，不要刷上棱上。然后把砖重新墁好，以礅锤木棍朝下在砖上连续戳动前进，即上缝（图635）。将砖矫平矫实，缝要严，砖棱要跟线。

634 抹油灰（柴彬 摄影）

635 上缝（柴彬 摄影）

7. 铲齿缝（又叫墁干活）：用竹片将表面多余的油灰铲掉，即起油灰（图636）。之后用磨头或砍砖斧子将砖与砖之间的

636 铲齿缝（柴彬 摄影）

凸起部分磨平铲平。

8. 刹趟：以卧线为标准，检查砖棱，如有多出，要用磨头磨平。

9. 打点：地面全部墁好后，若砖面上有残缺或砂眼，用砖药打点（图637）。

637 打磨打点（柴彬 摄影）

10. 墁水活并擦净：重新检查地面，若有凹凸不平，用磨头沾水磨平，然后擦净。

11. 钻生

（1）钻生：地面完全干透后，在地面上倒桐油，油的厚度可为30毫米左右，同时用灰耙来回推搂，钻生时间可长可短，重要的建筑应钻到喝不进去的程度为止（图638）。

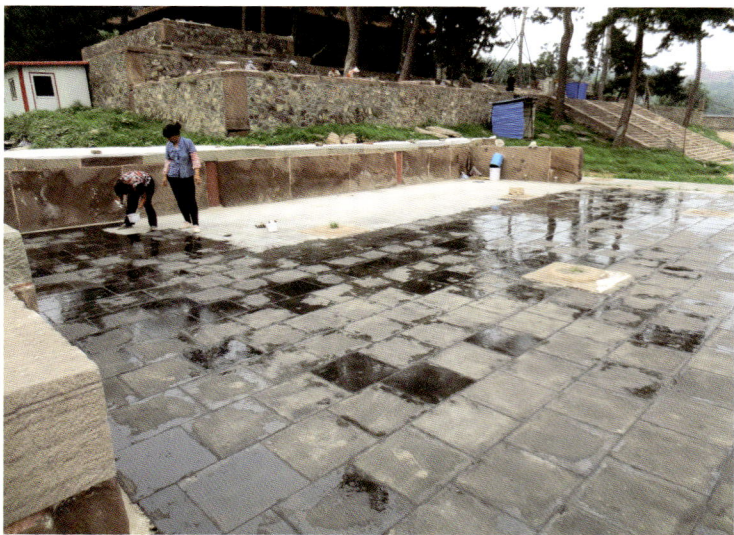

638 钻生（柴彬 摄影）

（2）起油：多余的桐油用厚牛皮等物刮去。

（3）呛生（又叫守生）：在生石灰面中掺入青灰面，拌和后使颜色近似砖色，然后将灰撒在地面上，厚30毫米左右，停滞一定时间后，适时刮去，用麻头擦净。

（三）技术要求

1. 遗址地面原为建筑的室内地面，因此是按照细墁地面的要求施工。室内地面施工时，在室内正中拴两道互相垂直的十字线（冲趟后撤去），目的是为砖的走向与房屋轴线保持平行，并将中间一趟砖安排在室内正中。砖的趟数应为单数，如有"破活"应安排到里面和两端，门口附近必须是整活，门口正中为一块整砖。

2. 局部挖补的新地面砖棱角分明，与长期磨损的现有旧地面砖形成了较大的反差，而且也容易绊倒游客，所以对新地面砖的棱角部位需要进行手工打磨做旧，使新旧墁砖接茬平顺自然，外观效果协调一致。

（四）质量要求

1. 细墁地面应美观整洁，颜色一致，棱角完整，表面无灰浆等脏物，油灰饱满，缝子严实，宽窄一致，真砖实缝。

2. 钻生应饱满，表面油皮起净，砖表面无损坏现象，墨色均匀一致，烫蜡均匀，表面光亮洁净。

3. 铺墁好的地面应平整、和缓、均匀、自然，细墁相邻砖表面高低差不超过1.5毫米，并做到无积水。

四、道路整修

殊像寺的道路主要分布在第一、二进院，做法以青砂岩石板铺设的冰纹路为主，路牙采用红砂岩。具体修缮措施包括道路的重新铺墁和局部揭墁两种。

（一）重新铺墁

道路路面缺失不存的，清理路面至原有垫层，原土夯实，找补二八灰土一步，然后用颜色和质地相近的冰纹石板进行铺墁（图639）。石板厚度不低于50毫米，坐底灰用掺灰泥，泥上浇白灰浆。铺墁时用橡皮锤击震，将石缝挤严，四角合缝，石面平整。最后采用青麻刀灰勾平缝。新补配的石板如棱角分明，需要进行手工打磨做旧，使新旧路面接茬平顺自然，外观效果协调一致。

639 缺失冰纹道路的铺墁（柴彬 摄影）

（二）局部揭墁

由参建各方负责人现场指定道路局部揭墁的范围，主要是对路面石板凹凸不平的区域进行局部揭墁。首先使用粉笔标记需揭墁的冰纹石板，然后用撬棍将做好标记的石板逐块揭除，清理旧垫层，找补二八灰土垫层。正式墁地前，需将石板原位试墁，检验边棱接缝是否严密平直，无误后再正式铺墁。石板下坐底灰用掺灰泥，泥上浇白灰浆，勾缝灰采用掺灰泥勾平缝（图640）。揭除甬路地面石时应避免对相邻石材造成损坏。

640 月台冰纹海墁的局部揭墁（柴彬 摄影）

第七节　工程验收

殊像寺建筑基址及院落整治工程于 2013 年 1 月 4 日开工，2013 年年底完工。2013 年 6 月 18 日，在施工期间，国家文物局组织张之平、张克贵、韩扬、付清远、永昕群等专家进行了现场工地检查，对工程施工技术进行具体指导（图641）。2014 年 9 月 27 日，该工程通过建设、设计、监理、施工单位共同参加的四单位工程验收（图642）。2014 年 10 月 31 日，河北省文物局组织专家对该工程进行省级技术验收，验收专家为张之平、李永革、任毅敏。验收组对现场进行了考察，听取了建设单位、施工单位、监理单位、设计单位关于修缮工程相关情况的汇报、说明，查看相关竣工资料，最后认为承德殊像寺建筑基址与院落保护修缮工程达到设计要求，质量和观感总体较好，工程资料基本完整，管理较为规范，原则同意通过省级技术验收（图643）。此外，省级技术验收期间提出如下整改意见：

一、局部残墙未封护，已封护部分局部不严实，个别柱位低凹存水，虎皮墙、台明、踏步存在勾缝松动、脱落现象，石活机械加工痕迹明显，应进行整改。

二、香林室月亮门石材为碎拼、人工加工痕迹严重，应更换。

三、施工日志记录过于简单，缺少例会、检验等施工内容的记录，三七灰土缺少环刀取样检测报告，均应补充完善。

2015 年春季，施工单位按照验收意见对施工资料和现场不合格的项目进行了整改。2015 年 11 月 16 日，国家文物局组织专家对整改后的工程进行了竣工验收，验收合格（图644）。

641 2013 年 6 月 18 日国家文物局组织工地检查（张冲 摄影）

643 2014 年 10 月河北省文物局组织殊像寺建筑基址及院落整治工程技术验收（郭峰 摄影）

642 殊像寺建筑基址及院落整治工程四方验收（陈东 摄影）

644 2015 年 11 月国家文物局组织殊像寺建筑基址及院落整治工程竣工验收（张冲 摄影）

第八节　施工中的发现

一、石子海墁

殊像寺一进院天王殿南侧淤土清理后，冰裂纹海墁东西两侧发现了清代原有的鹅卵石海墁。在承德其他皇家寺庙中，这样的区域一般作为绿地，栽植松树和草坪。只有殊像寺在天王殿南侧本应是绿地的区域铺设了鹅卵石海墁，并且在海墁中使用条砖砌筑松树树池，两侧对称各栽植油松 2 株。而且此处鹅卵石海墁的做法也与别处稍有不同，一是采用的鹅卵石整体规格较大，而且大小十分不均匀，大部分石子的长轴直径为50-80 毫米，最大长轴直径 100 毫米，最小短轴直径仅 20 毫米；二是鹅卵石铺设比较随机和灵活，并不像常见的鹅卵石海墁那样拼出花饰。这样的做法使这处海墁减少了人工化，显得更为朴实而自然（图 645）。为更好地保护这一特殊做法，在施工时要求施工单位加强对原有清代海墁的保护，并要求工人用手铲和刷子进行清理，补配的海墁尽可能按照现存实物的做法风格进行铺设，但要做到远观协调，近观有别，既最大限度地保留清代海墁的整体风貌，又使人能够分辨出清代遗存和现代补墁的不同，避免造成混淆。

645 天王殿西南侧发现的清代石子海墁（陈东 摄影）

二、道路上的排水槽

殊像寺鼓楼北侧冰裂纹甬路清理淤土后，残存部分清代原有的路牙石和路面石板，其上能够清晰地分辨出在这条甬路上有开凿露明排水沟的痕迹（图 646）。排水沟宽 180-200 毫米，

646 清理出的冰纹路路牙石上的排水槽（陈东 摄影）

深仅 50 毫米，长度随路宽。这道排水沟可以保障雨季道路北侧的雨水能够穿越路面排到路南，继而随庭院排水坡度集中汇集到南侧院墙，再配合院墙下的排水口将雨水排到院外。由此可见，殊像寺庭院的排水是以明排方式为主，并没有像普乐寺（图 647）那样将明排与暗排相结合。这种明排系统经常会在甬路上开凿浅浅的排水沟，以保障庭院排水通畅，缺点是会造成在其上行走的安全隐患，所以这种露明排水沟一般会避让开主路，而设置在次要道路上。在承德避暑山庄和周围皇家寺庙中的很多清代的方砖路上都保留着这种露明排水沟，例如普佑寺法轮殿四周的青砖道路，但清代在冰纹石板路上开凿露明排水沟的现存实例却十分少见。本次工程除将此排水沟补配完整外，还在钟楼北侧与其对称位置的甬路上按照此做法也开凿出露明排水沟一道。

647 普乐寺排水暗渠进水口的清代石雕水沟盖（陈东 摄影）

三、旗杆戗杆

清代，在殊像寺钟鼓楼南侧的庭院中各树立旗杆一座，根据《清宫热河档案》记载，建庙之初旗杆顶为琉璃顶，乾隆三十九年（1774 年），按照皇帝旨意，殊像寺的这对旗杆顶被换成了铜镀金顶。清朝末年，殊像寺的旗杆和旗杆顶损毁不存，现仅余一对夹杆石。殊像寺建筑基址及院落整治工程对夹杆石进行了整修加固，找补青灰勾缝，清理周边淤土，补做散水。在清理东侧夹杆石周边淤土时，在夹杆石南侧发现了清代用于支撑旗杆的戗杆柱顶石一个（图 648）。此柱顶石 540 毫米见方，

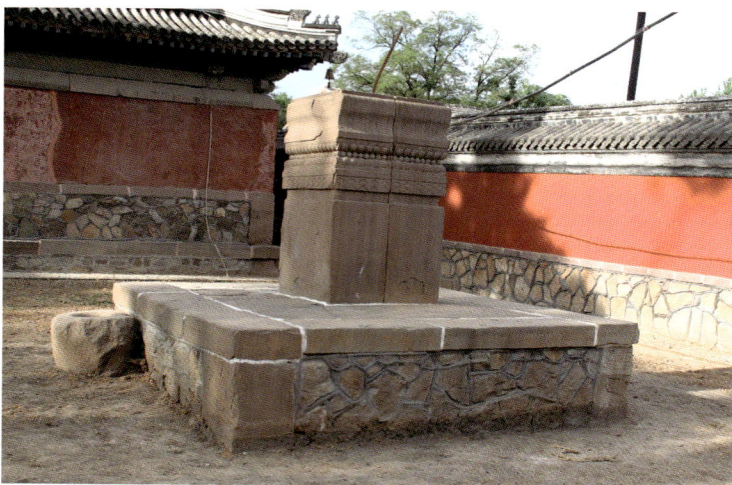

648 东旗杆座西南角的清代戗杆柱顶石（陈东 摄影）

其上刻凿出倾斜的椭圆形戗杆槽，槽直径 295 毫米，倾斜面用以支撑戗杆，这说明戗杆的柱径也应为 295 毫米。此外，美国洛克菲勒档案中心收藏的殊像寺全景图（图 649）也如实地描绘了旗杆的戗杆支撑方式，结合钟楼旗杆南侧这个新发现的戗杆柱顶石，可以对旗杆的历史原貌进行复原设计。

649 美国洛克菲勒档案中心收藏的殊像寺全景图（局部）描绘的旗杆戗杆

650 一进院东影壁的基础（陈东 摄影）

四、影壁

在 1933 年日本学者关野贞绘制的平面图中可以看到，当时一进院钟楼南侧的东院墙上建有一座小门楼，门楼西侧有小影壁一道。目前，这座门楼还在原位，但其他任何文献和照片均未体现是否有此影壁。2013 年春季，在门楼西侧院落淤土清淤时，在影壁的位置发现有 2 块红砂岩石块，应为此影壁台基残留石构件。但这些保存的石构件规格较小，外形也不规整，石块下皮高度超过了清代戗杆上皮标高，石块下无任何三合土垫层的痕迹，但发现有砖瓦碎块。由此可以推测此影壁应为清末寺庙僧人临时修建，并非清代原有建筑（图 650）。

五、遗址清理发现的古建筑构件

按照设计方案要求，殊像寺建筑基址及院落整治工程对寺庙内的淤土进行清理，除东西跨院和香林室庭院外，其他院落和古建筑遗址基本恢复到了清代原有的室内外地面标高。在淤土清理过程中发现的所有古建筑残存构件都作为文物构件进行整理收藏。此外，面月殿遗址上面堆放了大量的殊像寺建筑构件，均为之前历年寺庙院落环境整治时发现的构件，此次工程也对其进行了分类整理（详见表 70-71）。清理出的各种建筑构件中，数量最多的是砖瓦和琉璃构件，共计有条砖 14 件，方砖残块 4 件，布纹板瓦 40 件，布纹筒瓦 89 件，琉璃筒瓦残件 1 件，混砖 14 件，瓦条 27 件，宝相阁黄琉璃构件 10 件，宝相阁琉璃宝顶构件 32 件。另外还有铁质金属构件 12 件，宝相阁石须弥座残件 6 件，包金土残块 9 件。

表 70　殊像寺遗址清理出土砖瓦构件统计表

单位：毫米 / 件

建筑名称	条砖	方砖	筒瓦	板瓦	勾头滴水	混砖	瓦条
规格	263×60×53 268×132×50 270×70×60 400×220×90	400×400×63	180×114 195×137 235×135 ?×150	150×150 190×200	——	270×70×50 275×140×60	265×65×50
云来殿和雪净殿	4	4	59	36	0	11	7
吉晖殿和慧喜殿	8	0	30	4	2（局部）	3	20
清凉楼	2	0	1（绿琉璃）	0	0	0	0

表 71　殊像寺遗址清理出土其他建筑构件统计表

单位：件

建筑名称	琉璃构件	金属构件	石构件	包金土
吉晖殿和慧喜殿	0	12	0	9
宝相阁	32（宝顶座） 10（黄琉璃）	0	6（须弥座）	0
清凉楼	52（绿琉璃）	0	0	0

以上建筑构件对于殊像寺的复原研究设计和文物保护利用具有重要价值。例如，慧喜殿遗址上清理出的建筑构件中有带"瑞盛窑"款识的青砖，清凉楼遗址南侧发现带有"新"字印章的琉璃瓦，这些可以用于研究清代官窑青砖生产工艺与组织管理程序。又如，吉晖殿清理的构件中有清代内墙包金土碎片，并可以确定包金土边缘装饰有沙绿大边，界红白线做法，与山门室内墙体做法基本一致；而且发现了吉晖殿和慧喜殿的前出廊采用特殊的红砂岩石材廊心墙做法（图 651-654 ）。再如，清凉楼建筑构件可以确定其屋顶样式为绿琉璃剪边，布瓦心，正脊安装清官式绿琉璃正吻的做法，室内墙体下碱干摆砖上绘有绿地龟背锦纹饰。

654 清凉楼遗址南侧带有"新"字印章的琉璃瓦（陈东 摄影）

六、宝相阁宝顶

殊像寺建筑基址及院落整治工程清理出的琉璃构件中，数量最多的是宝相阁的琉璃宝顶座，共计 32 件。经过拼合，基本可以复原出原有宝顶座的整体面貌（图 655），确定宝顶座为八边形，由黄绿两种颜色琉璃的花纹构成。底座通长 1650 毫米，自下向上分别由圭角、下枋、下枭、束腰、上枭、上枋 6 部分拼合而成。这与《清宫热河档案》记载的宝相阁"宝顶一座，通高七尺一寸（顶身高六尺，巴达马座高一尺一寸），下座径过五尺，顶珠上径五尺六寸，下口径过四尺"是相符的。

651 慧喜殿遗址清理淤土发现的文字砖（陈东 摄影）

652 吉晖殿清理淤土发现的内墙包金土抹灰（柴彬 摄影）

655 宝相阁清代宝顶琉璃须弥座残件（张冲 摄影）

根据《清宫热河档案》，建造殊像寺时，乾隆皇帝对宝相阁的宝顶十分重视。乾隆三十九年（1774 年）二月，专门口传谕旨令内务府大臣刘浩设计"热河新建文殊菩萨庙内八方亭上宝顶琉璃须弥座、铜镀金宝顶画样"，交太监胡世杰转呈御览。为确保宝顶大小合适，纹饰美观，设计图纸由乾隆皇帝审核后，又要求制作"热河新建庙安设铜镀金元（圆）顶木样一件，随尺寸签一件，持进交太监胡世杰呈览"。乾隆皇帝又要求"照样准造。其顶上活顶盖不必镀金外，其余应镀金之处用镀金叶多少两？估计奏闻"。按照皇帝要求，内务府铸炉处官员详加丈量后汇报："内除顶盖四尺不镀金外，其余花素活约共折见方寸一千九百四十二寸，按例每寸用金五厘，计九两七钱一分。素活折见方寸一万六百四十九寸六分，按例每寸用金四厘，计四十二两五钱九分八厘，通共约用金叶五十二两三钱八厘。"

此后，乾隆还要求"将宝顶铜活做成时，送往热河，在彼

653 慧喜殿遗址清理淤土发现的清代铁件（柴彬 摄影）

处按例先行镀饰一次呈览"。九月初十日，新建殊像寺宝相阁上安设铜顶一座，"今已镀饰完竣。按一次例共用镀金叶五十五两一钱七分三厘"。乾隆三十九年九月十三日，乾隆皇帝亲自到殊像寺观看镀金后的铜顶，并下旨到："不必加镀。安设时不许磨蹭，将顶盖焊住。"由此可见，这座宝顶从设计到施工安装历时 8 个多月，在施工过程中乾隆皇帝都多次过问，亲自把关，可见其重视程度。

根据 1933 年日本学者关野贞拍摄的宝相阁照片，当时宝相阁宝顶还保存十分完好。1959 年外八庙管理处拍摄照片时，宝相阁宝顶就已无存。1967 年，宝相阁被保护性落架拆除。2002 年，承德市文物局原址重建宝相阁，使用了部分当年落架的建筑构件，但琉璃宝顶座和铜鎏金宝顶顶珠均为新作。本次工程整理出的殊像寺宝相阁清代琉璃宝顶座的残件是清代琉璃制作工艺的重要实物遗存，对清代琉璃构件的原料成分、纹饰做法、生产工艺等都具有重要的研究价值。可惜文献记载的铜鎏金宝顶顶珠不明去向。

七、香林室院墙上的清代勾缝和月亮门

按照设计方案要求对殊像寺香林室院墙进行整修时，发现此处院墙未经过近现代的修缮，在西侧院墙墙体的虎皮石下碱部位保留有大量清代原有的青灰勾缝。由于承德地区皇家建筑中的虎皮石墙勾缝以荞麦棱为主，并没有北京常见的泥鳅背做法的勾缝，所以，这些清代原始的勾缝对研究承德地区清代官式建筑青灰勾缝的历史沿革、材料与施工工艺等具有重要的价值。因此，在施工期间要求施工人员全部进行重点保护，不允许在施工期间对其造成破坏。

此外，在香林室院墙南北两个门口上清理出原有月亮门痕迹。这与美国洛克菲勒档案中心收藏的殊像寺全景图和 1933 年关野贞殊像寺实测总平面图表现的做法一致。其中南月亮门为圆形（图 656），北月亮门为八角形（图 657）。门宽度随墙宽，均为 780 毫米。两个月亮门均为本地凝灰岩制作，并且全部采用推拉门形式，即在门下安装金属轨道和轮子，在门开启时可以推拉至门两侧墙体内专门预留的缝隙中，使月亮门中的木门可以完全开启并隐藏。这种清代官式的推拉月亮门现存实例极少，是殊像寺的又一重要发现。

656 香林室南侧圆形月亮门遗址（陈东 摄影）

657 香林室北侧八角月亮门遗址（陈东 摄影）

八、寺庙院墙

在清理馔香堂、演梵堂北侧淤土后，发现了这两座建筑北山墙和月台之间原本设有院墙，已对主院落和东西跨院间进行分隔，而且墙体上身部分还保留有少量红灰抹饰，说明这部分院墙做法与寺庙内部院落隔墙完全一致，也是下碱毛石砌筑并勾青灰谷子缝，上身为毛石砌筑抹饰红灰，其上为带正脊的筒板瓦墙头帽（图658）。

1933-1934年日本学者关野贞绘制的殊像寺平面中，鼓楼西南侧院墙位置较为特殊，而且并没有和东侧钟楼院墙完全对称。但这部分院墙在1982-1984年寺庙院墙修缮时并没有完全修复，而是保留一个缺口作为消防通道使用。2012年在清理此区域淤土时发现了关野贞平面测绘图中这部分院墙和门楼的遗址，证实至少在民国期间确实存在这些院墙。但目前并不清楚这些院墙与东侧不完全对称的具体原因（图659）。

此外，在云来殿东侧、云来殿后檐墙与寺庙东院墙之间也残存有一道院墙，墙宽860毫米，毛石砌筑，因为其和东院墙相连接，其墙头帽应该也是馒头顶的做法。

658 馔香堂遗址北侧的院墙遗址（陈东 摄影）

659 鼓楼南院墙和门楼遗址（陈东 摄影）

第九节　相关建议

一、道路与散水材质

殊像寺有很多道路和建筑的散水采用了石材制作，在承德其他清代皇家建筑中，这种石材铺设的道路的路面和路牙一般采用一种颜色的石材制作，最常见的是使用红砂岩。但殊像寺的石质道路和散水特意选择两种不同颜色的砂岩制作。其中道路中间的御路石、道路和散水的牙子石、海墁上的条石地面均采用红砂岩制作，而道路中的冰裂纹路面和散水中的冰裂纹石板均采用青砂岩制作。这样的色彩处理使殊像寺的道路系统色彩分明，与众不同（图660）。本次工程在道路和散水整修中

660 殊像寺二进院道路系统（郭峰 摄影）

尽可能采用与清代原有材质色泽相近的石材，在以后的修缮中也应注意新补配石材颜色的区分和选择。

由于承德地区红砂岩产地较多，比较容易采购，但青砂岩石板却较难采购，经多方努力，最终在承德市双滦区十八盘采石场找到了少量的青砂岩石板，遗憾的是由于不同地层的石材颜色也不相同，十八盘采石场能够开采到的青砂岩颜色没有殊像寺清代青砂岩色泽浓重鲜艳，希望在以后的修缮中能找到颜色质地更为接近清代青砂岩的石材。

二、石材做旧处理

殊像寺古建筑遗址和道路使用毛石和青砖材料较少，而是大量使用条石构件，因为年代久远，这些构件大部分存在不均匀沉降和局部风化磨损的情况，边角也一般是圆边圆角，与新更换或补配石构件的直棱直角很难平顺交接。但一般设计方案中很少要求对新配石构件进行做旧处理，而且也很少考虑石材做旧工序需要增加相应的工程预算。但为保证工程质量和施工后外观的协调美观，施工时应要求对新配石构件边角进行做旧处理，上表面也需要少量随旧加工，以使其与旧石材的外观相匹配（图661）。

此外，新做的本地鹦鹉岩石材外观颜色会十分干净洁白，与现有旧的石材颜色反差过大，按照承德市文物局古建处退休石质文物专家刘敬轩先生的经验，采用掺入黄土的高锰酸钾溶液对石材表面进行颜色做旧处理，经过高锰酸钾氧化后

661 道路路牙石边缘做旧（柴彬 摄影）

的本地凝灰岩外观就比较容易和旧石构件协调一致。

三、石材表面加工方式

在清代官式建筑中，依据石构件所在建筑的等级和使用用途不同，会采用不同的石材表面做法，常见的做法有打道、砸花锤、剁斧、扁光等，因此，为保证不改变新做石构件的原材料、原做法、原工艺，在勘察设计时设计人员应仔细甄别不同建筑、不同石构件的原有表面加工方式，并在设计文件中专门提出具体的工艺技术要求。

四、馔香堂、演梵堂石构件年代

馔香堂、演梵堂遗址 1982–1984 年进行遗址清理归安，补配了缺失的阶条石、踏步、垂带和墙体下碱的陡板石，但新更换的石材没有全部采用与原建筑一致的红砂岩，而是采用了部分青砂岩，在以后的修缮中应对馔香堂、演梵堂石构件的年代和价值进行评估，以采用不同的保护措施。

五、遗址内墁地排水坡度

为了使古建筑遗址原有室内地面墁地后排水通畅，殊像寺建筑基址及院落整治工程设计方案要求各古建筑遗址"清理地面杂草和尘土，揭取地面砖，清理下部土层，槛垫石和柱础原位不动，原土夯实，上铺 2∶8 灰土一步，明间地面上皮标高为 ±0.000，两次间向明间找 0.3% 泛水，按原规格的砖补配方砖，用 400×400×70 毫米方砖铺墁地面"。但实际施工中发现：各遗址内保留的清代柱础和墙体下碱陡板石下的土衬石大部分均在原位保存，虽因为年代久远石构件存在少量的不均匀沉降，但各石构件上皮基本在一个水平上，如果清代原有石构件原位不动，新铺墁的地面由两次间向明间找 0.3% 泛水，则部分柱顶石和土衬石会低于新墁的地面形成积水坑，反而不利于遗址的排水。因此，在具体施工时并无法完全按照设计要求在遗址地面上整体做出泛水坡度，而是根据各位置柱顶石和土衬石的实际标高进行墁地，局部铺墁泛水坡度，保证绝大部分区域排水通畅。

六、月台宇墙

会乘殿坐落在两层的月台之上，根据现存角柱石、抱鼓石和日本关野贞 1933 年拍摄的照片可以确定二层月台的东、西、南三面边缘均设有宇墙，宇墙通高 1260 毫米，在转角和门口位置设石质宇墙角柱，垂带上置抱鼓石。宇墙墙体下碱部位宽 520 毫米，高 320 毫米，共计 6 层，为青砖干摆做法，并设有砖雕排水孔，目前在月台东北角还残存少量原有干摆墙体（图 662）；宇墙正身部分高 540 毫米，宽 500 毫米，外面抹饰红灰；墙体正身之上置直檐砖、兀脊砖，上盖扣脊瓦。本次修缮仅对散落的宇墙角柱石和抱鼓石进行原位归安，希望以后可以对宇墙予以复原。

662 月台东北角残存的清代宇墙干摆砖下碱（陈东 摄影）

七、墙体抹灰

清代殊像寺的墙体抹灰有三种，一种是各宗教建筑室外墙体上身部位以及院墙、月台宇墙的上身部位抹饰红灰，第二种是各宗教建筑室内墙体抹饰包金土，第三种是园林庭院香林室的院墙抹饰白灰。其中，抹饰红灰的主要材料红土子和内墙包金土抹灰的黄土子现已经没有厂家生产，因此都被现在的外墙涂料所替代。此外，传统的红灰和黄灰抹饰的材料配比和施工工艺也濒临失传，按照清代文献《圆明园内工现行则例》记载，"抹饰红泥提浆见方丈每丈：白灰贰百斤，二号红土贰百斤，头号红土拾捌斤捌两，麻刀贰拾斤，挂麻肆两，江米捌合，白矾十二两捌钱"。建议以后按照文献记载开展专题研究，恢复清代传统抹灰的材料和施工工艺。

第四章
殊像寺清代彩画
保护工程 *

[*]：本章部分内容引自中国文化遗产研究院编制的《承德殊像寺清代彩画保护方案》

第一节　工程概况

殊像寺山门和会乘殿的内外檐保存了大面积的清代彩画，虽然部分彩画已经脱落，而且现存外檐彩画由于年代久远致使纹饰已经模糊不清，但清代原有的彩画风格、纹饰和工艺做法仍然清晰可辨，代表着清代中期皇家建筑彩画施工工艺的最高水平，为研究清代建筑彩画艺术表现、主要材料、图案配置以及技术和工艺等方面提供了重要的实例依据（图663）。

作为推广《中国文物古迹保护准则》的试点，2001年，按照国家文物局要求，承德市文物局与美国盖蒂保护研究所合作在承德殊像寺开展文物保护研究合作项目，其中的一项重要科研课题就是殊像寺清代彩画的研究与保护。自2004年开始，中国文化遗产研究院的陈青老师开始参与殊像寺清代彩画的保护研究工作，共同开展殊像寺清代彩画的调查与评估，对制作工艺及材

663 会乘殿室内清代彩画（李林俐 摄影）

料进行分析检测，并合作开展彩画和地仗的保护试验。2007年，承德市文物局与美国盖蒂保护研究所共同编制的《殊像寺保护与利用概念性规划》将殊像寺清代彩画保护列为一项重要的文物保护项目。

2010年，殊像寺清代彩画保护工程列入了承德文化遗产保护工程中。2011年，承德市文物局委托中国文化遗产研究院编制《承德殊像寺清代彩画保护方案》，由陈青任设计负责人。2012年5月22日，设计方案通过国家文物局审批（文物保函〔2012〕1019号），2012年10月8日，深化设计方案通过河北省文物局核准（冀文物发〔2012〕179号）。2012年12月，由承德避暑山庄及周围寺庙文化遗产保护工程指挥部工作办公室组织该工程公开招投标，确定中标施工单位为中国文化遗产研究院，监理单位是河南东方文物建筑监理有限公司。2013年4月8日，殊像寺清代彩画保护工程获得河北省文物局开工许可（冀文物许字〔2013〕18号）。

殊像寺彩画保护修缮工程施工的范围是会乘殿内外檐彩画、山门内外檐彩画和钟楼残存的外檐彩画。主要施工内容是根据殊像寺清代彩画的保护研究成果，对现存清代彩画进行现状保护和加固，主要解决地仗层剥离、空鼓、颜料层起翘、龟裂、灰尘等病害问题。具体包括使用热蒸汽技术对空鼓地仗层进行回软和回贴；对内外檐彩画缺失的地仗采用传统净油满做法进行修补，修补后的地仗保留断白，其上不绘制新彩画；此外还包括清理彩画表面污迹，对颜料层进行现状加固等。通过实施殊像寺彩画保护修缮工程，基本消除了殊像寺清代彩画的主要病害，延长了清代彩画的寿命，本次施工的宝贵经验也为承德其他寺庙清代彩画的保护奠定了良好的基础（见表72）。

殊像寺清代彩画保护工程于2014年10月完工并通过单位工程验收，2014年10月31日通过河北省文物局组织的省级技术验收，2015年11月16日通过国家文物局竣工验收。

表72　殊像寺清代彩画保护工程参建各方情况表

			负责人	主要参与人员
建设单位	承德市文物局、承德避暑山庄及周围寺庙文化遗产保护工程指挥部工作办公室	工程建设组	陈东	柴彬、于志强、辛宇
		招投标组织组	韩永祥	
		财务管理组	陈晶	高占鹏
		综合协调组	缪革新	孙继梁、姜可辛、王红杰
		资料档案组	穆焱	东海梅、孔繁敏
设计单位	中国文化遗产研究院	设计负责人	陈青	
		主要设计人员	胡源、宗树、肖东	
监理单位	河南东方文物建筑监理有限公司	总监理工程师	赵福龙	
		监理工程师	郭少卿	
施工单位	中国文化遗产研究院	项目经理	高峰	
		技术负责人	郭宏	
		主要技术人员	崔井林、苏革	

第二节　设计方案主要内容

一、工程范围

殊像寺清代彩画保护工程主要是对山门、钟楼、会乘殿3处建筑木构件上残留的清代彩画进行现状保护。具体施工范围为山门和会乘殿的内外檐清代彩画、钟楼下层外檐西南及西北角残存清代彩画。

二、保存状况

（一）山门

山门室内为砌上露明造，彩画做法为金线大点金烟琢墨石碾玉旋子彩画，龙锦枋心。

1. 外檐

山门外檐彩画残损较为严重，南北立面都存在大面积脱落，其中南立面有两个开间的彩画几乎全部脱落（表73）。在残存的彩画上存在水平裂缝及局部地仗空鼓，而且残存彩画表面风化严重，存在龟裂、起翘、颜料层脱落、水渍（黑迹）、结垢和鸟粪污染等病害（图664）。某些部位的彩画残损、表面污染严重，以至于图案难以辨认。与有麻灰地仗的彩画相比，山门斗栱上的彩画保留相对较多。其中，平身科和柱头科斗栱彩画为单披灰地仗，缺失比例较小；而角科斗栱彩画及檩和枋的彩画为一麻五灰地仗，则缺失较多。地仗层脱落部位，暴露的木构件上经常可见裂隙，这些裂隙可能是导致彩画空鼓及最终脱落的原因。例如，南立面檐柱上的纵向裂缝，从木材直延伸到墙面抹灰处，造成该部位彩画的脱落（图665）。

2. 内檐

与外檐相比，山门内檐彩画的保存现状较好。从室内墙体上的流水痕迹分析，历史上山门的屋顶曾经出现过渗漏。内檐

664 山门外檐彩画脱落情况（西侧）（柴彬 摄影）

665 山门南外檐东次间彩画保存状况（陈东 摄影）

彩画总体上外观发暗，表面积灰严重。水平裂缝从一些梁中部通过，并在一些部位导致了彩画的全部缺失，其中，西部彩画的剥离和缺失较为严重（图666）。

666 山门内檐彩画残损情况（李林俐 摄影）

表 73　山门清代彩画病害面积统计表

单位：平方米

	外檐彩画	内檐彩画
积尘	44.77	67.45
脱落	22.29	13.49
空鼓	17.91	16.98
起翘	13.43	20.24
剥离、缝隙	4.48	16.19
污染	2.24	10.08
结垢	22.00	10.00
粉化	11.11	26.98
合计	138.23	181.41

（二）钟楼

殊像寺钟鼓楼在清末至中华民国期间残损严重，现仅在钟楼下层外檐西南及西北角残留有少量彩画（图 667-669），而且破损严重，图案模糊，但能确定其为旋子彩画。钟楼其他部位和鼓楼原本也均绘有彩画，但均已缺失不存。

西南角西立面

西南角南立面

西北角西立面

西北角北立面

667 钟楼彩画分布情况（陈青 摄影）

668 钟楼角梁残存彩画（柴彬 摄影）

669 钟楼残存彩画（局部）（柴彬 摄影）

（三）会乘殿（表74，75）

会乘殿的彩画样式为清代官式金龙和玺彩画，外檐彩画主要分布在上下檐额枋、由额垫板、檩子及斗栱上，内檐彩画分布在上架露明大木、斗栱和天花上。由于室内外不同的保存环境，会乘殿内外檐彩画有着不同的保存状况和残损情况。

1. 外檐

会乘殿外檐彩画保存状况较差。彩画保存状况各区域也有所不同。例如，南立面下檐几乎一半的彩画缺失，所有小额枋上的彩画都已全部脱落；上檐80%彩画尚存，但40%剥离并有脱落的危险。保存状况最好的区域之一是下檐东立面，几乎全部留存而仅10%彩画有脱落的危险。外檐彩画中斗栱上面的彩画保存相对较好，虽然只有单披灰地仗，由于构件较小，又受到屋檐的保护，所以很少有脱落，仅表现为表面污迹和颜料层局部脱落等轻微病害。

会乘殿外檐存留彩画整体风化较为严重，装饰图案细节难以辨认，画层有多种残损状况，包括各种类型的画层起翘、细小裂缝及缺失。此外，彩画表面有污物沉积，并有鸟类排泄物以及可能由于动物活动所造成的黑化。

彩画表面的退化是由逐步风化开始的，先是小面积的脱落，随着时间的增长，脱落面积增大。上层的残破导致下层纤维层的暴露。在某些部位，上层麻灰地仗全部脱落，将下层麻灰地仗完全暴露出来。

许多木梁构架开裂或劈裂，开裂的梁枋和梁枋上的铁箍生锈导致彩画层的开裂和撕裂。即使不存在这些情况，彩画常常与其附着的木构件剥离，时间一久，大片彩画因为重力的作用以较快的速度脱落（图670-672）。

670 会乘殿外檐彩画修缮前保存状况（李林俐 摄影）

671 会乘殿外檐彩画修缮前保存状况（李林俐 摄影）

672 会乘殿外檐彩画修缮前保存状况（李林俐 摄影）

表74　会乘殿清代彩画病害面积统计表

	外檐彩画	内檐彩画
积尘	653.83	1612.06
脱落	196.15	483.62
空鼓	382.89	282.11
起翘	326.92	455.38
剥离、缝隙	261.53	372.92
污染	137.30	225.69
结垢	150.00	10.00
粉化	228.84	564.22
合计	2337.46	4006.00

会乘殿外檐彩画的病害一直在不断发展，其中位于东次间的大额枋彩画在2004年5月进行初次记录时仅表现为地仗空鼓，但2004年7月进一步观察时彩画已脱落。很多危险区域的彩画随时都有可能发生脱落。很显然，这些彩画不论它们的位置在何处，假如不进行保护处理，随着时间的推移，它们都有脱落的可能。

2. 内檐

会乘殿内檐彩画保存现状比室外好。虽然积灰非常严重，但大部分彩画尚存。表面存在残损情况有起翘、画层开裂以及颜料层局部脱落等，病害分布广泛，且在一些地方较为严重。

总体而言，会乘殿内檐彩画脱落的程度要比外檐彩画少得多，一般表现为表面画层的病害，但地仗层相对状况较好。内檐彩画颜色的鲜艳程度也比外檐好，图案仍旧清晰可辨。内檐空鼓、裂隙及脱落的彩画面积也要比室外少得多。但也有一些区域的彩画开始沿着梁枋中部产生水平开裂，通常这是彩画从木质表面剥离空鼓的迹象。

此外，会乘殿井口天花采用的是在木板上做一麻五灰地仗，然后绘制天花的做法。目前大部分彩画随地仗层一起从木质天花板上脱落，仅存的少量天花也是悬挂下垂，其上彩绘也呈空鼓状态（图673—676）。

673 会乘殿内檐彩画修缮前保存状况（李林俐 摄影）

674 会乘殿内檐彩画修缮前保存状况（李林俐 摄影）

675 会乘殿内檐彩画修缮前保存状况（李林俐 摄影）

676 会乘殿内檐彩画修缮前保存状况（李林俐 摄影）

表 75　殊像寺清代彩画面积统计表

单位：平方米

	外檐彩画原有面积	内檐彩画原有面积	外檐彩画保存面积	内檐彩画保存面积
山门	44.77	67.45	22.39	53.96
钟楼	54.40	–	4.00	–
会乘殿	653.83	1612.06	457.68	1128.44

三、殊像寺清代彩画制作材料分析

殊像寺的彩画是典型的清代官式彩画，其做法是先在木构件表面施敷由数道灰层和麻层所组成的地仗，然后再在平滑的地仗表面上绘制彩色图饰。通过对殊像寺彩画使用材料的分析可以更清晰地了解清中期彩画工艺和材料。从 2006 年开始，殊像寺国际保护合作项目便针对彩画工艺和材料进行了详细调查与研究。特殊的是，在调查过程中，发现会乘殿彩画地仗是使用纯油满的做法，而不是清后期在地仗中添加血料的制作方法（表 76）。

通过采用可见光、荧光和偏振光光学显微镜（PLM）、傅里叶转换红外光谱（FTIR）、气相色谱和质谱联机（GC-MS）、环境电子扫描电镜（ESEM）、电子显微探针（EPMA）、X 射线衍射仪（XRD）、X 射线荧光光谱（XRF）以及拉曼微光谱等仪器设备对彩画使用颜料、地仗材料、胶结材料、纤维等成分进行分析检测。基本查明了殊像寺清代彩画的结构、材料和制作工艺，对今后的保护修复工作提供了科学依据。

其中部分分析工作由美国盖蒂保护研究所委托美国新墨西哥州矿山及矿物资源局 George Austin 博士和加州大学洛杉矶分校 David Scott 博士进行，所有的报告成果均收入《殊像寺评估报告》中，本书仅对其中部分研究成果进行摘录（图 677–678）。

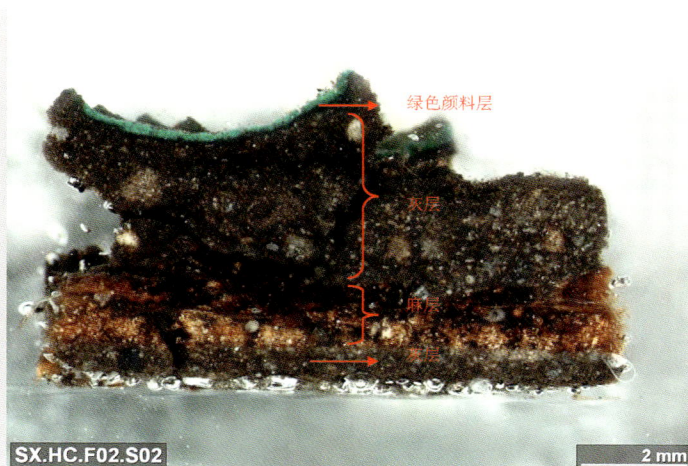

样品掉落于会乘殿西南角　　SX. HC. F02. S02　　绿色颜料样品剖面

677 会乘殿内檐彩画样品分析（引自《殊像寺评估报告》）

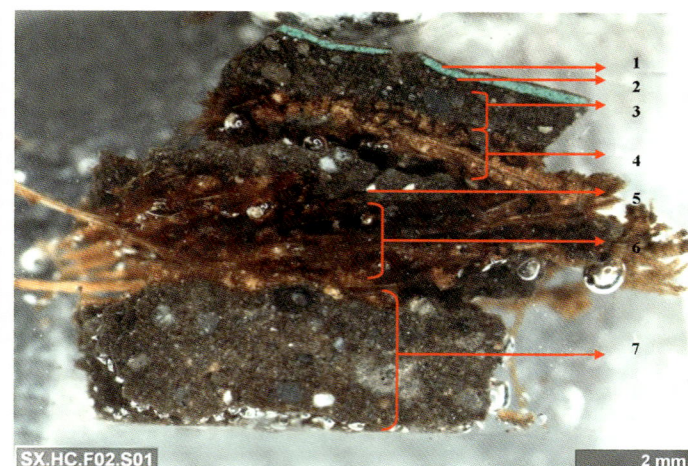

取样位置　　　　　　样品

678 会乘殿外檐彩画样品分析（引自《殊像寺评估报告》）

绿色颜料样品
1. 表面附着层（0.1 毫米）
2. 绿色颜料层（0.25 毫米）
3. 灰层（1.5 毫米）
4. 麻层
5. 灰层（1 毫米）
6. 麻层
7. 灰层（4 毫米）

（一）颜料

内外檐彩画颜料使用情况基本相同，蓝色颜料使用了蓝铜矿和花绀青两种。蓝铜矿又称石青、碱式碳酸铜，化学式为$Cu_3[CO]_2(OH)_2$，是中国古代绘画中应用最为广泛的蓝色颜料，清代中早期彩画中大量使用。花绀青为非矿物颜料，是含有钾、硅、铁、钴、砷等元素的玻璃质蓝色人工制造颜料，欧洲称做"Smalt"，是油画绘画中一种重要蓝色颜料，特别是在16-17世纪大量使用。其制作是利用钴华$[Co, Ni]_3[AsO_4]_2$和辉砷钴矿（CoAsS）烧结后得到的CoO和石英、碳酸钾一起烧结，将烧结物倒入冷水产生无数细小颗粒。这两种蓝色颜料到清晚期被价格更便宜的群青所代替，目前彩画绘制中蓝色颜料常使用群青。

红色颜料使用了朱砂。朱砂又名银珠，分子式为HgS，是中国绘画中主要的红色颜料，广泛用于古代壁画和古建筑彩画中。

绿色颜料使用了氯铜矿。氯铜矿又称碱式氯化铜，化学式为$Cu_2Cl(OH)_3$，与斜氯铜矿两者作为共生矿物经常混在一起，人工制成的碱式氯化铜颜料多称为"铜绿"。在清代中早期氯铜矿是常使用的绿色颜料，被称作石绿，而清代后期常用醋酸亚砷酸铜代替，即俗称的巴黎绿。

白色颜料使用了铅白、碳酸钙、滑石。铅白化学式为$PbCO_3·2Pb(OH)_2$，是一种重要的白色颜料，广泛用于古代绘画和壁画及建筑彩画中。碳酸钙和滑石是沥粉贴金中沥粉主要成分。

黑色颜料使用了碳黑（C、墨）。

其他颜色如粉红与橙红是铅白与朱砂的混和。除此之外，内檐彩画上的金箔通过分析，检测出两种不同的含金量，即库金和赤金。

（二）胶结材料

在彩画层中检测出桐油，在颜料层中检测出蛋白的存在，推测颜料中使用了动物胶，但是还需要进一步测试，来寻找、确认其他可能的胶结材料。

（三）地仗材料

地仗包含粉碎的砖质骨料。根据文献的记载，地仗经常包含有机质的添加材料如桐油、猪血等。无机质的添加材料除骨料砖灰外，还有其他成分材料，如：樟丹、土籽等。另外，不同位置、不同作用的地仗中添加物也有所不同，用来填补木构件缝隙以供绘制彩画的油灰地仗的捉缝灰就与地仗表层的细灰中的灰不同，灰的颗粒度有很大差异。此次使用多种分析方法来研究这些的不同点。

地仗层中的有机成分分析是用高温分解法及气相色谱和质谱仪来分析其中的有机添加材料，只发现了桐油（用高温分解法），初步推测检测的地仗样品中不含猪血成分。

地仗层中的无机成分分析用傅利叶转换红外光谱（FTIR）鉴定出内檐样品地仗中有硫酸钡、硅、硅与石英的成分。同时，使用傅利叶转换红外光谱（FTIR）来鉴定外檐样品，发现了石英与石膏的成分。

（四）表面堆积物

外檐的样品表面污染比较严重，表面堆积物包括鸟和动物的排泄物、潮湿的污斑、大量的灰尘及其他种类的污染物。内檐样品状况较好，一般只有较厚的灰尘和蜘蛛网。

四、彩画病害成因分析

殊像寺清代彩画病害表现主要分三类：一是彩画表面大量积尘、结垢，尤其是外檐彩画结垢现象严重，覆盖了颜料层；还有动物在彩画表面的活动和早期建筑漏雨留下水渍造成的污染、动物的粪便及筑巢，使彩画地仗层剥离、黑变。二是彩画颜料层的脱落、起翘、剥离、空鼓、龟裂等病害，尤其是沥粉贴金部位的起翘严重，并挂满灰尘和蜘蛛网。三是地仗层的脱落、剥离、空鼓、裂隙，空鼓面积达到了残留彩画全面积的三分之一，额枋彩画几乎全部都有面积不等的空鼓和裂隙现象。通过对殊像寺清代彩画保存环境的调查分析及对殊像寺保存历史的了解，我们对彩画病害成因做了初步的分析。造成病害的原因有以下几个方面：一是清代彩画制作材料历经二百多年的自然老化，彩画中的胶结材料降解，使彩画本身失去粘结强度；二是建筑木构件的开裂、变形，造成彩画的扭曲和地仗层的剥

表76　会乘殿清代彩画使用材料分析检测结果汇总表

蓝色颜料	花绀青（Smalt、回青）
	蓝铜矿（石青）
绿色颜料	氯铜矿（石绿）、斜绿铜矿（Atacmite Botallackite）
红色颜料	朱砂
粉色颜料	铅白和朱砂
白色颜料	铅白
黑色颜料	炭黑
沥粉	硫酸钡、硅、碳酸钙、滑石
纤维	麻
胶结材料	桐油、小麦粉、推测为动物胶
地仗材料	石膏、石英
金箔	库金（Au94%，Ag4%，Cu14%）

离；三是保存环境的影响；四是建筑漏雨的损坏；五是人为的损害及长期疏于维护。

通过调查研究对于殊像寺清代彩画的保存影响较大的是彩画的保存环境及缺乏合理的维护。从清晚期以后，承德地区皇家寺庙无人顾及，缺少维护和管理，建筑出现较大的损坏，山门内檐漏雨现象明显，直接污染了额枋彩画。建筑门窗破损，造成殿内温湿度随殿外的变化而变化。彩画病害是彩画材料与保存环境共同作用而发生老化变质的结果。保存环境对古代彩画的影响主要包括：温湿度、光辐射、空气环境以及微生物等几个方面。通过对殊像寺周边环境的调查，殿外温湿度变化幅度较大，温度最高可以达到 40 度，最低能到零下 20 几度。相对湿度变化更加剧烈，一日内昼夜湿度差经常是 60%。殿内将近有 4 个月温度在零度上下浮动，湿度在雨季也经常持续一周保持在 80% 以上，这种环境很容易造成彩画中的水分发生冻融、结露等现象，破坏颜料层中的胶结材料，降低粘结强度。殿外这种情况更严重，湿度相对殿内更高，在零度上下浮动将近 6 个月里，彩画受冻融的影响，温度高于 30 度时，彩画又受霉菌的危害。

殊像寺建筑修缮后，渗漏水得到治理，内檐彩画的保存环境得到了很大的改善。殊像寺因为没有对外开放，会乘殿和山门除定时的打扫，殿门基本是关闭的，但会乘殿门窗没做任何遮挡，空气自由流通，殿内小环境变化较大，对彩画影响也较大，因此，彩画表面颜料层的病害也较山门严重。山门没窗，殿门关闭后，殿内小环境相对稳定，对彩画也起到一定的保护作用。但是旧彩画已经发生的病害没有得到及时的治理，粘结强度降低的彩画不断地脱落，彩画的损失也不断地增加。

灰尘是指大气中的固体或液体颗粒状物质，分为一次颗粒物和二次颗粒物。前者是由天然污染源和人为污染源释放到大气中直接造成污染的颗粒物，如土壤粒子、海盐粒子、燃烧烟尘等；后者是指由大气中某些污染气体组分（二氧化硫、氮氧化物、碳氢化合物）之间，或这些组分与大气的正常组分（如氧气）之间，通过光化学氧化反应、催化氧化反应或其他化学反应转化生成的颗粒物，如二氧化硫转化生成的硫酸盐。大气中的灰尘不仅数量巨大，而且具有相当活泼的理化特性。灰尘污染物的化学成分十分复杂，其化学组成因地而异，一般而言灰尘的主要成分包括非金属氧化物、各种盐类、金属或金属氧化物微粒。部分灰尘有对二氧化硫、氮氧化物及气溶胶等活泼物质的吸附能力，进一步增加了灰尘的化学活性。基于以上特性，灰尘沉降在彩画表面而对颜料层形成物理损伤和化学腐蚀，灰尘的吸附性使其成为微生物病害的重要传播途径。积尘的危害是缓慢、长期的，也是显而易见的，殊像寺清代彩画因长期缺乏维护和清理，灰尘的堆积严重。灰尘的堆积造成画面纹样不清晰，在温湿度适宜的条件下还会在彩画表面生成霉变，使画面变色黑化。因此，提高旧彩画制作材料的粘结强度，保持适宜、稳定的温湿度，加强日常除尘维护管理，是科学有效地预防性保护措施，也是减缓古代彩画劣化发展速度的必要手段。

五、保护原则

在中国古代建筑中油饰彩画占有非常重要的地位，主要功能是体现建筑等级及审美；其次是对建筑木材起到防潮防腐防虫的保护作用。殊像寺采取的保护措施遵守以下指导原则，对现存清代彩画进行颜料层及地仗层的保护加固处理，对彩画缺失部分补做保护性地仗，表面纹样不进行补绘。

（一）按照《中国文物古迹保护准则》，采用多学科保护方法及分析手段相结合，运用分析、环境、考古和建筑研究的手段以充分了解造成破坏的原因；

（二）尽可能优先采取预防性保护措施，最小干预，重视日常的保养工作；

（三）尽可能保存文物的历史信息，保持历史真实性；

（四）遵守可逆性和可再处理性原则，避免影响未来的保护处理；

（五）保护修复中使用的材料和施工工艺要进行前期试验，以确保其相容性和可操作性、安全性；

（六）根据研究及分析结果，尽量使用传统的工艺和材料，严格控制使用非传统材料；

（七）非历史原物及后期干预要予以区分和说明；

（八）保护工作的每一个环节都要记录存档，供以后在保护工作中使用。

六、保护技术的研究

保护修复实施前需要对保护彩画的材料与方法开展研究与试验。根据前期勘察结果，针对殊像寺会乘殿内外檐彩画所显现的病害状况，试验筛选适合的保护材料和相对应的工艺，并经过一段时间的观察，评估这些材料和工艺的效果，为最终的抢救性保护措施提供依据。

保持彩画稳定性试验，主要包括对已经空鼓、剥离的颜料层、地仗层进行回软、回贴；起甲、粉化颜料层进行加固、回贴；颜料层表面的除尘、清洗。对一系列的现代和传统保护材料进行试验与评估，对选用来修复彩画空鼓和起甲、剥离的各种胶结剂进行实验室和原位试验及评估它们的长期性能、状况。评估标准包括粘接强度、能承受多变环境影响的粘接能力、可能产生的尺寸变化及对彩画外观的影响。

作为中美合作项目，中美研究人员于 2005 年秋季开始了保护试验，现场试验工作一直持续到 2008 年，试验包括两部分。

第一部分：对目前国内彩画相关的保护工作的调查分析的基础上，对现行处理彩画的材料与方法的调查与评估，确立选择试验用的加固材料，用脱落彩画残片进行保护修复试验，其中包括颜料层加固材料筛选试验、地仗层回贴材料筛选试验、颜料层和地仗层回软技术试验。与此同时在美国盖蒂保护所与中国文化遗产研究院对试验样品进行加速老化试验及材料性能试验，进一步评估试验结果。

第二部分：根据残片的保护材料试验结果评估，最终在会乘殿内外檐各选一开间对其彩画进行保护修复，试验保护技术及材料的可操作性。通过实验和评估确定殊像寺清代彩画保护的主要技术措施（图 679-680）。

保护加固前

保护加固后

679 彩画保护试验前后对比照片（引自《承德殊像寺清代彩画保护方案》）

保护前

保护后

保护前

保护后

保护前

保护后

680 彩画保护试验前后对比照片（细部）（引自《承德殊像寺清代彩画保护方案》）

第三节　方案审批情况

一、国家文物局方案批复情况

2011 年，承德市文物局委托中国文化遗产研究院编制《承德殊像寺清代彩画保护方案》。2012 年 5 月 22 日，设计方案通过国家文物局审批（文物保函〔2012〕1019 号）。具体批复意见如下：

经研究，我局原则同意所报方案。鉴于试验效果评估仍在进行中，该方案应根据评估结论，对保护措施进行必要的调整。

请你局组织有关单位，根据上述意见对所报方案进行修改、完善，经你局核准后实施。施工中应加强监督和管理，确保工程质量和文物、人员安全。应加强对工程前后及施工过程中的档案记录，并出版工程报告。

二、河北省文物局深化设计核准情况

2012 年 10 月 8 日，《承德殊像寺清代彩画保护方案》深化设计方案通过河北省文物局核准（冀文物发〔2012〕179 号）。具体核准意见如下：

（一）修改深化后的方案基本符合国家文物局《关于承德殊像寺清代彩画保护工程设计方案的批复》（文物保函〔2012〕1019 号）的要求，我局予以核准。

（二）请注意加强工程现场情况的研究，做好施工过程中的设计深化工作，重要内容应依规履行报批程序。

第四节　工程实施情况

一、施工要求

殊像寺清代彩画保护工程属于文物科技保护工程，技术难度相对较高，在施工前需要由设计负责人对施工人员进行技术培训，完全掌握彩画修复技术后先进行小范围试验，试验工程合格后再全面进行施工，在施工过程中要注意以下事项。

（一）整个保护施工过程严格按照设计方案中的保护修复施工步骤进行，尽可能地保存历史遗留；

（二）任何施工操作不能造成彩画的再次伤害；

（三）保护操作需要严谨、细致，如发现较难处理的病害，可暂缓处理，分析研究后再做处理；

（四）保护施工中以一间为单位，依次开展工作，施工部位周边彩画应使用塑料布进行遮挡，防止二次污染；

（五）加固用棉纸、工具等要及时更换，以免造成二次污染；

（六）施工全程要求专人做好文字和图像记录，保证保护档案的完整；

681 铺设阻燃性型木板材对室内文物和地面进行保护（柴彬 摄影）

各方同时对不可移动文物的保护进行验收，确保施工期间不发生文物安全事故。

二、文物保护措施

殊像寺会乘殿室内保存有清代佛像、供桌、楠木塔、经柜等重要的文物，为了防止施工期间钢管脚手架对地面和踏步造成损坏，以及在彩画工程修缮过程中的工具掉落对室内文物造成破坏，施工前需要要求施工单位对不同文物采取相应的保护措施。

开工伊始，由殊像寺文保所与甲方代表、监理和施工单位共同对殿堂内外文物进行全面勘察，并拍照和摄像进行现状记录。按照勘察结果，由施工单位制定会乘殿室内文物原址保护的专项保护方案，经监理和建设单位审批同意后实施。其中，室内的佛像与陈设、室外的石质台基等需采取阻燃型木板进行封护保护（图 681）。

施工过程中由甲方代表组织安全检查小组定期巡视检查，修补文物防护措施，避免施工损坏文物。在竣工验收时，参建

三、主要施工内容与施工工艺

通过设计单位开展殊像寺清代彩画的研究，并对清代彩画制作工艺及材料进行分析检测，最终确定殊像寺传统的彩画颜料以矿物颜料为主，地仗材料使用麻料、油满、砖灰等，但不掺用血料，即为净油满做法。

此次殊像寺清代彩画保护工程主要解决彩画地仗层剥离、空鼓、颜料层起翘、龟裂、灰尘等病害。内外檐大木构件的彩画修补地仗制作也采用净油满一麻五灰地仗工艺。修补后的地仗保留断白，其上不做彩画。具体的施工内容如下：

（一）彩画表面除尘、清理

使用洗耳球、毛刷等工具，把画面及缝隙中的尘土顺一个方向刷除或吹出来（图 682-687）。尘土量大时，在不影响画面安全的情况下，可以使用小型吸尘器吸尘。遇见较顽固的污迹，如鸟粪、泥渍等，用海绵擦、竹签等擦除、剔掉，坚硬的

682 会乘殿内檐彩画表面除尘和清理（柴彬 摄影）

683 会乘殿外檐彩画表面除尘和清理（柴彬 摄影）

污迹用浓度为50%的乙醇水溶液软化后再用手术刀细心刮除。

水渍与烟熏的去除是用去离子水把棉纸粘于污染部位，干燥后轻轻取下，可多次操作，必要时使用无水乙醇溶液进行贴附，水渍及烟熏痕迹变浅不明显即可，操作中如有颜料脱落现象，立刻停止清洗。

在加固操作前为清除细小缝隙中的灰尘并使粘结剂更好的渗透，用毛刷蘸浓度为50%的乙醇水溶液刷拭，并用棉纸吸附多余的清洗液。起翘颜料层如需要回软，就不用提前清洗了，因为在回软过程中，大量的水蒸气湿润颜料层，再使用棉纸回压的过程中吸附多余的水分，同时带走污垢。外檐彩画颜料层用溶剂清洗会留下较明显的水渍，所以此次保护加固外檐彩画只做物理除尘处理，不使用溶剂清洗。

（二）彩画颜料层的回软加固

针对颜料层的粉化、龟裂等病害进行保护加固，使用3%-5%桃胶水溶液喷涂，待表面快干的时候，用脱脂棉隔棉纸按压，使颜料回贴（图684）。

684 钟楼彩画颜料层回贴（柴彬 摄影）

针对颜料层起翘、剥离病害的保护加固，使用热蒸汽回软设备回软起翘颜料层，蒸汽温度控制在65℃左右，小喷雾量，间接喷雾，直到回软归位。选用5%的桃胶水溶液，使用注射器，把加固材料顺起翘、龟裂的颜料缝隙注入渗透进颜料层，待表面加固材料完全渗透后，使用脱脂棉隔棉纸按压画面，使颜料层回贴。颜料层较厚部位，可多次注胶，尤其沥粉贴金部位沥粉回软后再注胶按压。

画面病害加固完成后，对画面严重留有水迹部位进行清除，用去离子水将棉纸粘于水迹上，待棉纸干燥后轻轻取下，如有颜料脱落现象，立刻停止此操作。

（三）彩画地仗层的回软加固

内檐彩画以一麻五灰地仗为主，回贴空鼓、剥离地仗，使用原地仗中的传统粘结材料油满做粘接剂。回贴剥离、开裂地仗层，首先清除积尘，在回贴的木基层上使用油浆（灰油：生桐油：稀料 =1：2：3）涂刷一遍，此工序传统工艺中叫支浆，也写作汁浆。支浆第一起到除尘清洁回贴层的作用，第二支浆后粘结材料油满更容易渗入木基层中，亲和性提高。干燥后使用热蒸汽回软设备回软要回贴的地仗层，蒸汽温度控制在70℃左右，中喷雾量，间接喷雾，直到回软归位。回贴使用净油满，将体积比 1：0.3 油满水涂于木基层上，涂不到的地方借助灌浆工具，灌入粘结剂，轻轻按压使彩画回贴原位后，用支顶设备支顶，2-3 天油满基本干燥后取下支顶。使用油满水加细砖灰修补回贴部位地仗层表面缺失的灰层及裂隙回贴后的表面缝隙，干燥后按原地仗色调做全色处理（图 685-690）。

685 山门外檐彩画修缮前剥离情况（柴彬 摄影）

686 在木基层涂抹净油满（柴彬 摄影）

687 在木基层涂抹净油满（柴彬 摄影）

688 在彩画背面涂抹净油满（柴彬 摄影）

空鼓地仗层回贴时，先用手敲击画面确定空鼓范围，在画面破损处或颜料层剥落位置开灌浆口，根据空鼓面积大小选择开几个灌浆孔。开好灌浆孔后插入灌浆管，根据空鼓形状灌浆管要找好方向放到位，使灌入的浆液能顺利流到位。首先使用灌浆管导入热蒸汽，回软空鼓部位（图691），回软后再将稀释的体积比为1：0.3油满水，使用大号注射器注入空鼓部位（图692-693），注入的同时用手轻轻按压画面，使空鼓地仗层回贴，回贴后用支顶设备支顶，2-3天油满基本干燥后取下支顶。修补灌浆孔及小面积的地仗灰层缺失，使用油满水加细砖灰修补孔洞，干燥后按原地仗色调做补色处理。

对于不能够再服贴于木基层表面的鼓胀和变形的彩画，可以使用填充材料来填补变形的部位，填充材料主要是麻和砖灰。

691 采用热蒸汽回软（柴彬 摄影）

689 剥离彩画的回贴（柴彬 摄影）

692 山门彩画空鼓地仗的注射加固（柴彬 摄影）

690 彩画回贴后的支顶（柴彬 摄影）

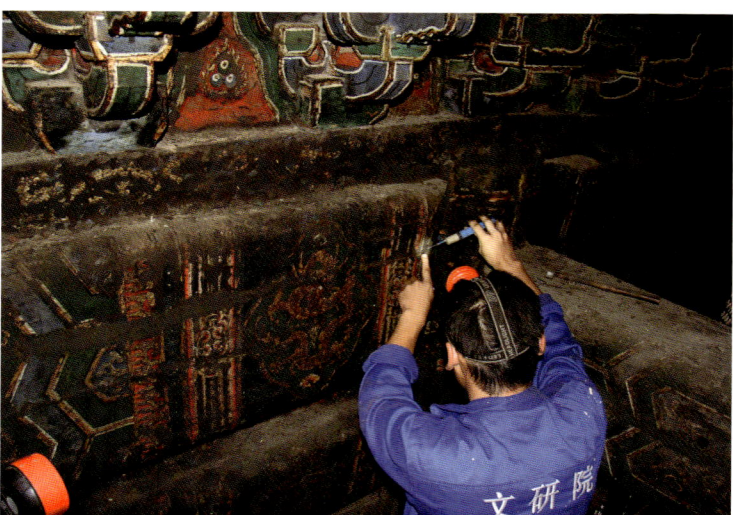

693 会乘殿彩画空鼓地仗的注射加固（柴彬 摄影）

外檐彩画为两麻六灰地仗，回贴空鼓、剥离地仗层，也使用原地仗中的传统粘结材料油满做粘接剂。操作方法和步骤与内檐相同，只不过外檐彩画需要先加固木基体上的第一层麻，回贴干燥后，同样的操作工序回贴第二层麻。完全回贴干燥后，使用油满水加细砖灰修补回贴部位地仗层表面缺失的灰层及裂隙回贴后的表面缝隙，干燥后按原地仗色调做全色处理。

剥离及空鼓地仗回贴过程中要注意，稀释油满的水量要严格控制；注入或涂刷油满的使用量也要以最少量为佳；对于大面积空鼓部位不需要全面注满，点状粘接即可；支顶用木板与画面之间铺两层棉纸和 2 厘米以上厚的海绵，防止损害画面（图694）。在所有粘接区域都要施加一定的压力并持续数天，保证油满干燥产生足够的粘接力。对剥离、空鼓地仗层回贴后的彩画颜料层，尤其灌浆口、裂隙附近的颜料层，根据情况使用浓度为5%的桃胶水溶液补做一次颜料层加固，操作方法与颜料层加固相同。

694 彩画回贴后的支顶（柴彬 摄影）

（四）缺失地仗层的修补

为保证现存内外檐旧彩画加固回贴后的稳定性，同时保护建筑木构件不受外界环境的损坏，在旧彩画加固完成后，对彩画周边地仗层脱落缺失部位及后期更换木构件未补做地仗部位，使用原工艺和与原材料相同的制作材料补做地仗，补做地仗要与旧彩画地仗麻层搭接，形成一体，起到保护旧彩画易损边缘的作用（图695-697）。

695 新补配斗栱构件补做地仗（柴彬 摄影）

696 补做垫栱板缺失地仗（柴彬 摄影）

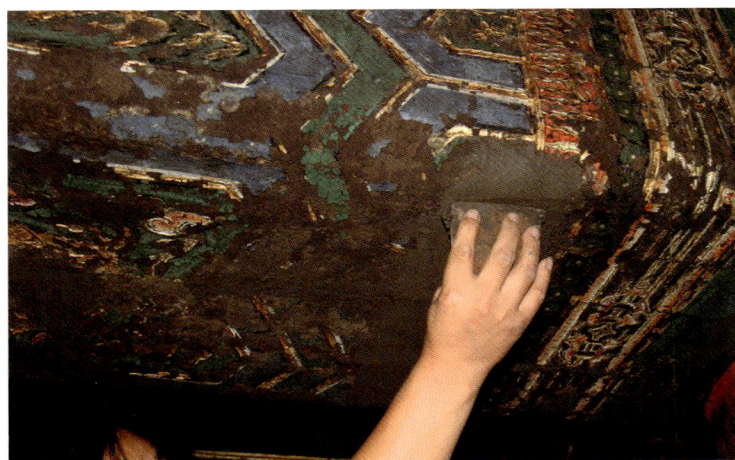

697 补做大木构件缺失地仗（柴彬 摄影）

（五）一麻五灰地仗施工工艺

山门、钟楼、会乘殿部分地仗全部缺失不存，露出木基层，按照设计要求需采用传统施工工艺补做地仗。殊像寺不同建筑以及同一建筑的不同部位地仗做法是不同的，外檐下架大木地仗厚度加大到两层麻六道灰，即二麻六灰。内外檐上架大木大部分为一麻五灰地仗。也有一些构件要用不粘麻的单皮灰地仗，如上下檐椽望、檐椽头、连檐瓦口、斗栱、垫栱板等。本节以一麻五灰地仗的制作步骤为例进行介绍地仗施工工艺流程。

1. 斩砍见木

将旧灰皮全部砍挠去掉至木纹，用小斧子将木构件表面砍出斧迹，砍挠时要横着木纹砍，不得损伤木骨，注意不要破坏线口。挂有水锈的木件要砍净挠白（图698），木件翘岔应钉

698 砍净挠白（柴彬 摄影）

牢或去掉。为防止加固大木的铁箍生锈造成地仗脱落，需要对铁箍除锈后刷防锈漆保护（图699）。对木构件的缝隙要下竹钉和嵌木条（图700）进行加固，以防止造成地仗开裂。

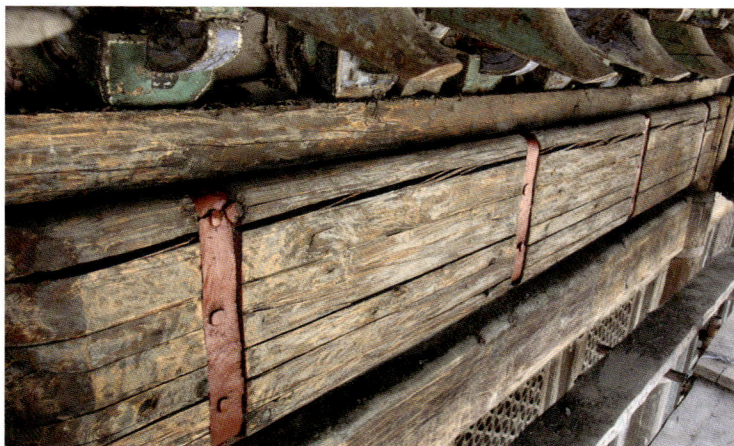

699 铁箍防锈（柴彬 摄影）

700 大木构件缝隙嵌木条（柴彬 摄影）

2. 汁浆

木件砍挠打扫后，汁油浆（稀底子油）一道将木件全部刷严，缝内也要刷到。

3. 捉缝灰

油浆干后，用粗油灰以铁板在构件表面刮匀，缝内油灰必须饱满，无裂缝之处留薄薄一层油灰，即靠骨灰，干透后用石片或瓦片磨平，边楞用铲刀修整，扫除浮土，湿布擦净，即磨平擦净。

4. 通灰

也称粗灰，用皮子或板子将表面满刮通灰（图701）一遍，作为粘麻的基础。要求衬平、刮直、抹圆，干后磨平擦净（图702）。通灰层厚2-3毫米。

701 通灰（柴彬 摄影）

702 打磨通灰（柴彬 摄影）

5. 粘麻

用油满、血料将已制好的麻粘于通灰上，随粘随用轧子压实，使油满浸透麻线，晾干，用石片磨起麻绒，扫净。粘麻厚度为1.5-2毫米。所用麻线，截长1000毫米左右，梳通梳软，依照构件尺寸截短，以便使用（图703）。

703 粘麻（柴彬 摄影）

6. 磨麻

油浆和麻丝自然风干后用磨石磨之，使麻茸浮起。不得将麻丝磨断（图704）。

704 磨麻（柴彬 摄影）

7. 压麻灰

打扫干净湿布抽掸后，用皮子将压麻灰涂于麻上轧实。再度覆灰，厚度约2毫米，用板子顺麻丝横推裹衬，过平、过直、过圆。遇装修边框线角，要用专用工具在灰上轧出线角，粗细要匀、直、平。待灰干透后，用石片磨去疙瘩、浮仔，湿布掸净浮尘。

8. 中灰

用皮子将中灰在压麻灰上满溜一道，之后覆灰一道，再用铁板满刮靠骨灰，收灰，刮平、刮圆。总灰厚为1-1.5毫米以压麻灰为基点计算。中灰干透后，把板痕、接头磨平，湿布揸净浮尘（图705）。

接头要求整齐（图706）。细灰的质量要求比较严格。同时，上细灰要避开太阳暴晒和三级以上的风天气候，并避免淋雨、着水。

705 中灰（柴彬 摄影）

706 细灰（柴彬 摄影）

9. 细灰

细灰是最后的一道灰，特点在细。用铁板在中灰层的棱角、鞅线、边框上刮贴一道细灰，找直、找齐线路，柱头、柱根找齐找严找圆，厚度约1.5毫米。梁枋、槛框、板类宽度在0.2米以内者用铁板刮，以外者过板子，柱子、檩条等曲面构件以及坐凳板、榻板使用皮子捋灰，而后过板子，灰厚约2毫米，

10. 磨细钻生

细灰干后，用油石或停泥砖精心细磨至断斑，要求平者要平、直者要直、圆者要圆。以丝头蘸生桐油跟着随抹随钻，同时修理线角、找补生油。钻生油必须一次钻好，如油沁入较快，可继续钻下去，不得间断，但也不能因钻油过多而发生"顶生"。油钻透后将浮油擦净，防止挂甲。待全部干透后用100目砂布精心细磨，不可漏磨，然后打扫干净。

第五节　工程洽商情况

殊像寺彩画保护工程主要工程洽商是对外檐防鸟网的更换。原设计方案中并未考虑到防鸟网的问题，但在施工中发现会乘殿上下檐斗栱外面现有防鸟网为20世纪80年代安装的铁质防鸟网，大部分已经生锈糟朽，不具备防护功能。外檐彩画保护完成后，鸟类能够通过现有防鸟网的缺口飞进斗栱内部活动，甚至在斗栱内部做巢，对会乘殿外檐清代彩画造成极大的

危害。为此，经建设、设计、监理、施工四方负责人共同洽商，决定在施工期间拆除现有的已经严重破损的现代防鸟网，在会乘殿彩画保护工程完工后，重新定制安装1.2毫米紫铜丝编织的六边形孔洞铜质防鸟网（图707-708），一层高1.54米，二层高1.65米。

707 会乘殿防鸟网残损情况（李林俐 摄影）

708 更换后的会乘殿防鸟网（熊炜 摄影）

第六节　工程验收

殊像寺清代彩画保护工程于 2014 年 10 月完工并通过单位工程验收（图 709）。在施工期间，国家文物局组织专家对施工现场和工程资料进行工地检查，对殊像寺清代彩画保护工程的施工组织管理和工程效果给予了充分的肯定（图 710）。2014 年 10 月 31 日，河北省文物局组织专家对承德殊像寺清代彩画保护工程进行省级技术验收，验收专家为陆寿麟、黄克忠、铁付德、张克贵（图 711）。验收组对现场进行了考察，听取了建设单位、施工单位、监理单位、设计单位关于修缮工程相关情况的汇报、说明，查看相关竣工资料后，形成以下验收意见：

该工程严格按照国家文物局的批复意见（文物保函〔2012〕1019 号）和保护工程设计方案，对殊像寺会乘殿、山门、钟楼的清代彩画实施了表面除尘、清洗、回贴加固、地仗层补做等工程内容。采用的技术方法科学、操作工艺得当，采用材料适宜，保护修复效果良好，管理规范，监理到位，工程资料比较完整，文明安全施工，达到了工程项目的预期效果。同意该项目通过验收。此外，验收专家建议：会乘殿外檐下架油饰已全部脱落，木柱外露，应尽快提出保护方案。

2015 年 11 月 16 日，殊像寺清代彩画保护工程通过国家文物局组织的工程竣工验收（图 712-721）。

709 殊像寺清代彩画保护工程四方验收（陈东 摄影）

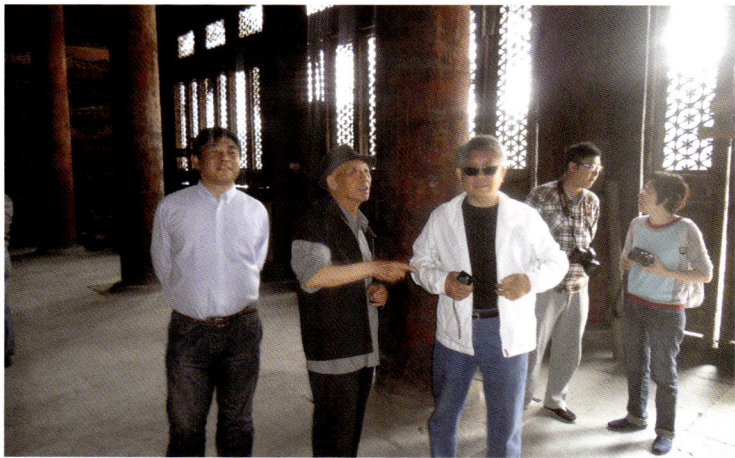

710 2014 年 9 月国家文物局组织现场工地检查（陈东 摄影）

承德殊像寺清代彩画保护工程
省级技术验收专家意见

2014 年 10 月 31 日，河北省文物局组织专家对承德殊像寺清代彩画保护工程进行省级技术验收。验收组对现场进行了考察，听取了建设单位、施工单位、监理单位、设计单位关于修缮工程相关情况的汇报、说明，查看相关竣工资料后，形成以下验收意见：

该工程严格按照国家文物局的批复意见（文物保函【2012】1019 号）和保护工程设计方案，对殊像寺会乘殿、山门、钟楼的清代彩画实施了表面除尘、清洗、回帖加固、地仗层补做等工程内容。

该工程采用的技术方法科学、操作工艺得当，采用材料适宜，保护修复效果良好，管理规范，监理到位，工程资料比较完整，文明安全施工，达到了工程项目的预期效果。

同意该项目通过验收。

建议：会乘殿外檐下架油饰已全部脱落，木柱外露，应尽快提出保护方案。

专家签字：

711 殊像寺清代彩画保护工程河北省文物局省级技术验收专家意见

712 山门外檐彩画修缮前（陈东 摄影）

713 山门外檐彩画修缮后（陈东 摄影）

714 山门内檐彩画修缮前（陈东 摄影）

715 山门内檐彩画修缮后（李林俐 摄影）

716 钟楼外檐彩画修缮前（柴彬 摄影）

717 钟楼外檐彩画修缮后（柴彬 摄影）

718 会乘殿外檐彩画修缮前（陈东 摄影）

719 会乘殿外檐彩画修缮后（陈东 摄影）

720 会乘殿内檐彩画修缮前（陈东 摄影）

721 会乘殿内檐彩画修缮后（陈东 摄影）

第七节 施工中的发现

一、斗栱的双层油饰

会乘殿外檐很多斗栱同一构件上都有两层油饰地仗的痕迹，而且有些是在同一构件上分别保留了青和绿两种不同颜色的油饰，这种情况普遍存在的斗、横栱、翘、昂等各种不同的斗栱构件上（图722-723）。产生这种情况的原因是会乘殿在清代落架大修时曾经将所有斗栱都临时拆卸下来，大修之后再将可以使用的斗栱重新安装回建筑，但是重新安装时没有原位使用，打破了构件原有的青绿跳色的规律和顺序，安装之后重新地仗油饰时又没有完全将旧的油饰地仗除铲、打磨干净，这样同一构件上就保留了两层地仗油饰，甚至是不同颜色的油饰。

面的地仗油饰则是嘉庆十年（1805年）大修时重绘的。这一结论对会乘殿不同建筑构件的年代断代，以及清代乾隆时期和嘉庆时期油饰地仗材料工艺的差异研究具有重要意义。

二、幡杆彩画

会乘殿内檐清代彩画保护施工期间，发现前檐明次间室内金柱间在清代设置了三樘欢门幡（图724），也就是陈设档中提到的会乘殿"蓝缎立龙欢门幡三堂"。目前，欢门幡已经不存，但明间和西次间的幡杆还在原位保存，东次间保存了金柱上固定幡杆的千金托（图725），东次间的幡杆存

722 会乘殿外檐清代斗栱青绿两种不同年代的油饰痕迹（陈东 摄影）

724 会乘殿室内幡杆的位置（李林俐 摄影）

723 会乘殿外檐清代斗栱青绿两种不同年代的油饰痕迹（陈东 摄影）

725 会乘殿幡杆的千金托（陈东 摄影）

按照目前已知的会乘殿修缮记录，只有嘉庆十年（1805年），也就是殊像寺建成31年后进行过唯一一次落架大修，这次大修不仅"挪请佛像""拆修挑换椽望"，而且"拆去原旧碌磴拦土……改安大料石碌磴拦土，……地脚刨去叠落土坎，槽底落平，添下地丁，满筑灰土十二步，内里添厢夹打灰黄土二十三步"。说明就连地基基础都全部拆除重做，并且重新"殿座油饰彩画"。如果这次大修真的是会乘殿历史上唯一一次落架大修，那存在两层地仗油饰的构件就能够确定木构件和下层地仗油饰的年代是乾隆三十九年（1774年）始建时的，而表

放在会乘殿室内木栈板墙北侧。重要的是在金柱上原位保存的幡杆上有单披灰地仗，上面沥粉贴金绘制精美的卷草图案（图726）。由于年代久远，幡杆上的地仗局部出现了翻卷、起翘，卷草纹饰上的沥粉贴金也大部分脱落不存。鉴于现存幡杆是非常重要的清代实物，具有重要的研究价值和艺术价值，因此，在施工期间建设单位要求施工单位进行了重点保护，并按照殊像寺斗栱上清代彩画的修复流程对幡杆上的地仗和彩画层进行了现状加固。

726 会乘殿室内幡杆的细部纹饰（熊炜 摄影）

三、外檐金属件

在会乘殿清代彩画保护工程施工期间，发现室外下檐额枋上面残存有少量铁质卡子和小铁圈。经分析，这些金属构件应该是清代在外檐门窗悬挂和收放雨搭的铁件（图727），用于古建筑门窗部分的防雨，也就是陈设档中提到的会乘殿"外檐前后挂雨搭十架"。由于年代久远，这些已经无存，仅残留这些固定的铁件。

目前，避暑山庄及周围寺庙中所有古建筑的清代雨搭都已经不存，仅避暑山庄文津阁和金山上帝阁等少量建筑的历史照片上还有能看到清代雨搭的直观形象（图728）。在清代，雨搭是解决古建筑门窗溅雨的非常有效地防护措施，依据陈设档，在清代，殊像寺各主要建筑上都有设置雨搭的记载。但是现在，由于缺少雨搭的保护，避暑山庄及周围寺庙中很多古建筑的溅雨难题都难以很好的解决。因此，会乘殿残存的清代雨搭的附属铁件是研究古建筑雨搭的样式、构造和使用方法的重要历史

727 会乘殿外檐悬挂雨搭的铁件（陈东 摄影）

遗存，对复原古建筑雨搭具有重要的文物价值。为保护这些金属构件，在施工期间建设单位要求施工人员要对这些金属构件进行重点保护，严禁在补做地仗的过程中造成损坏。

728 避暑山庄文津阁外檐残存的清代雨搭（关野贞 1933 年摄影）

第八节　相关建议

一、钟鼓楼室内彩画

殊像寺钟鼓楼在 1982-1984 年大修前曾经残坏十分严重，二层木栈板墙缺失，屋顶坍塌，漏雨严重，造成室内外大木彩画和地仗大部分脱落，现仅存钟楼外檐局部彩画，其余露明大木在大修时补做地仗后仅做了红色的油饰断白处理。但这样的外观并不是殊像寺钟鼓楼清代盛期的风貌。鉴于钟楼外檐还残存少量清代彩画，而且承德避暑山庄周围的皇家藏传佛教寺庙中普乐寺和普宁寺两处现存的清代钟鼓楼的室内外均绘制有清代彩画，这说明在清代殊像寺钟鼓楼室内外上架大木也应全部绘制有彩画，同样，椽飞头也应绘制彩画，这才是殊像寺钟鼓楼盛期原貌本来的建筑外观。

二、保护时效

殊像寺山门和会乘殿的室内清代彩画出现严重残损的主要原因是屋顶漏雨造成的，而室外彩画残损的主要原因是潲雨和紫外线照射。经过本次修缮，各建筑室内外清代彩画得到了科学、有效地保护。虽然目前屋顶漏雨的主要病因已经排除，但是温度、湿度、灰尘、微生物等影响室内外彩画保存状况的环境因素仍然存在，特别是潲雨和紫外线仍然会对外檐彩画造成较大危害。虽然部分病害因素对彩画的危害相对较小，但经过较长时间的累积还是会造成地仗层出现轻微的空鼓和开裂，造成彩画层的起翘、霉污甚至局部脱落。目前编写《殊像寺文物保护工程实录》距离殊像寺清代彩画保护工程完工已经 5 年有余，部分做完彩画保护的区域已经局部开始出现以上轻微的病害（图 729）。因此，清代彩画保护工程只是治标，其实并没有治本，在彩画病害成因没有完全解除的情况下，彩画仍然会出现缓慢的病害发育，经过较长时间的累积，还需重新进行彩画保护工程的干预，以防止出现严重的累积病害。由于在露天环境保护条件下，在现阶段很难完全有效解决温度、湿度、光辐射、灰尘、微生物、潲雨等环境因素的影响，目前能做到的预防性保护措施主要是在夏季潮湿天气经常开窗通风，尽可能降低空气湿度的影响。如果有必要，可以考虑采用传统博缝的

729 会乘殿外檐彩画修缮 6 年后开始出现新的病害（陈东 摄影）

措施对门窗缝隙进行封堵，减少灰尘污染。其他病害成因的全面解决还有待于新的科学技术手段的研发和应用。

三、两色金

殊像寺山门和会乘殿的清代彩画图案上采用了较多的沥粉贴金做法，使彩画外观变得金碧辉煌。更讲究的是这些贴金采用了两色金的做法，即枋心、找头、箍头等不同部位图案的贴金采用金黄和浅黄两种不同颜色的金箔进行跳色，同一彩画部位的龙身和祥云也采用两色金进行颜色对比。两色金的使用使彩画外观层次分明，富于变化（图 730）。在承德市文物局和美国盖蒂保护研究所合作开展的殊像寺国际保护合作过程中，曾经对会乘殿的清代彩画进行材料检测分析，确定这些清代彩画贴金材料采用了两种含金量不同的金箔，因此体现了不同的外观颜色。其中一种含金量为 94%，外观呈金黄色，清代称作黄金或库金箔；另一种含金量约为 70%，含有较多的银，因此外观呈浅黄色，清代称作白金或赤金箔。这说明两色金的运用实际降低了用金量，节约了工程成本，但更好地提高了彩画的外观效果。而且，两色金的施工工艺在避暑山庄及周围寺庙清代彩画中十分普遍，是典型的清代官式做法。但是现代古建筑保护工程中，设计和施工单位很少注意两色金的做法，或者片面追求纯金的外观效果，在工程中往往要求只采用库金箔，而不使用含金量较少的赤金箔，这样的做法是不符合古建筑保护基本原则的。

此外，为了使金箔更耐久，表面不会因为氧化作用变黑变暗，殊像寺清代彩画所有的贴金部位都进行罩光油处理，使金箔与空气隔绝，山门哼哈二将服饰上沥粉贴金也是采用的这样的工艺（图 731）。一般来说，现代彩画工艺只有在贴铜箔时才会罩光油，金箔表面一般不需罩光油处理。作为古建筑保护工程，要注意原有材料和工艺的研究、保护和传承，不能随意改变原有的工程做法，这一点在殊像寺未来的文物保护过程中要特别注意。

四、传统彩画材料与工艺

在承德市文物局和美国盖蒂保护研究所合作开展的殊像寺国际保护合作过程中，曾经对殊像寺的清代彩画进行材料检测分析，最终确定殊像寺山门和会乘殿的彩画地仗采用了清中期官式的净油满做法，而没有像清晚期和现代地仗工艺那样在地仗中掺加血料，本次殊像寺清代彩画保护工程中补做地仗也沿袭了这样的施工工艺。此外，材料检测分析表明，殊像寺彩画中的青绿两种主色使用的是清中期官式做法常用的石青和石绿，而不是清晚期和现代彩画工艺中经常使用的群青和巴黎绿。但目前石青和石绿两种矿物质材料在市场上已经很难购买，如果需要今后对殊像寺彩画进行修复或补绘应解决石青和石绿这两种传统彩画材料的采购和施工工艺问题。同样，传统彩画施工中采用了桃胶或骨胶作为颜料的胶结材料，而现在常用白乳胶进行替代，这也需要今后对此材料和做法进行研究和恢复。

730 会乘殿清代彩画的两色金工艺（熊炜 摄影）

731 山门佛像的贴金部位也进行了罩光油处理（陈东 摄影）

第五章
殊像寺假山抢修工程

第一节　工程概况

　　殊像寺会乘殿北侧假山是乾隆皇帝模仿五台山清凉五峰意境营建的，不仅是承德避暑山庄及周围寺庙中规模最大、保存最完整的清代假山，也是清代北派假山的典型代表；而且殊像寺假山历史上并没有进行过整体维修，因此保留了大量的原始信息，是研究中国假山传统营造技艺的重要实物（图732）。由于年代久远，殊像寺假山整体保存情况较差，出现了局部坍

732 东北视角鸟瞰殊像寺假山（张冲 摄影）

塌、山石失稳等情况，存在较大隐患，亟待对假山进行抢救性保护（图733）。为此，2011年，承德市文物局委托浙江省古建筑设计研究院编制了《殊像寺假山抢修方案》，2013年4月9日，国家文物局原则同意所报方案（文物保函〔2013〕427号），并提出修改意见。设计单位按照方案批复意见进行了修改完善，2013年10月25日，深化设计方案通过河北省文物局核准（冀文物发〔2013〕361号）。

殊像寺假山抢修工程由承德避暑山庄及周围寺庙文化遗产保护工作办公室组织招标，确定施工单位为北京怀建集团有限公司，监理单位是北京方亭工程监理有限公司。工程内容主要包括：清凉五峰区域假山以现状加固为主，对峦山和道路进行清理和维修，并对小组假山石进行归安，找补假山勾缝，按照现有假山风格和技法重新叠砌散落的假山石。对香林室组假山现存部分进行归安与维修，对障景山和假山山洞利用现场散落的山石进行归安，假山上部局部重砌，重砌时使用传统连接构件。香林室后立峰部分原位扶正后进行加固，整理山石与道路的关系，使假山符合基本的审美要求（见表77）。

2013年12月24日，该工程获得河北省文物局开工许可，2015年7月完工，2015年10月24日通过单位工程验收，2016年1月13日通过河北省文物局技术验收，2016年7月通过国家文物局工程竣工验收。

733 殊像寺假山现状勘察图（陈东 2007 年 手绘）

表77　殊像寺假山抢修工程参建各方情况表

		类别	负责人	主要参与人员
建设单位	承德市文物局、承德避暑山庄及周围寺庙文化遗产保护工程指挥部工作办公室	工程建设组	陈　东	柴彬、郭峰、张冲
		招投标组织组	韩永祥	
		财务管理组	陈　晶	高占鹏
		综合协调组	缪革新	孙继梁、姜可辛、王红杰
		资料档案组	东海梅	孔繁敏、张丽霞、隋佳琪、王淇
设计单位	浙江省古建筑设计研究院	设计负责人		陈易
		主要设计人员		章巍、李凌波、杜志凌、张凌峰、李晓
监理单位	北京方亭工程监理有限公司	总监理工程师		吴家宾
		监理工程师		李庆余、李爱军
施工单位	北京怀建集团有限公司	项目经理		高汇利
		技术负责人		许学武
		主要技术人员		王秀林、沈利、张凤明

第二节　设计方案主要内容 *

[*]：本节部分内容引自浙江省古建筑设计研究院编制的《殊像寺假山抢修方案》

一、工程范围

殊像寺假山抢修工程范围包括两部分，一部分是会乘殿北侧模仿山西五台山的清凉五峰假山，另一部分是寺庙西侧香林室园林庭院区域的假山（图734）。

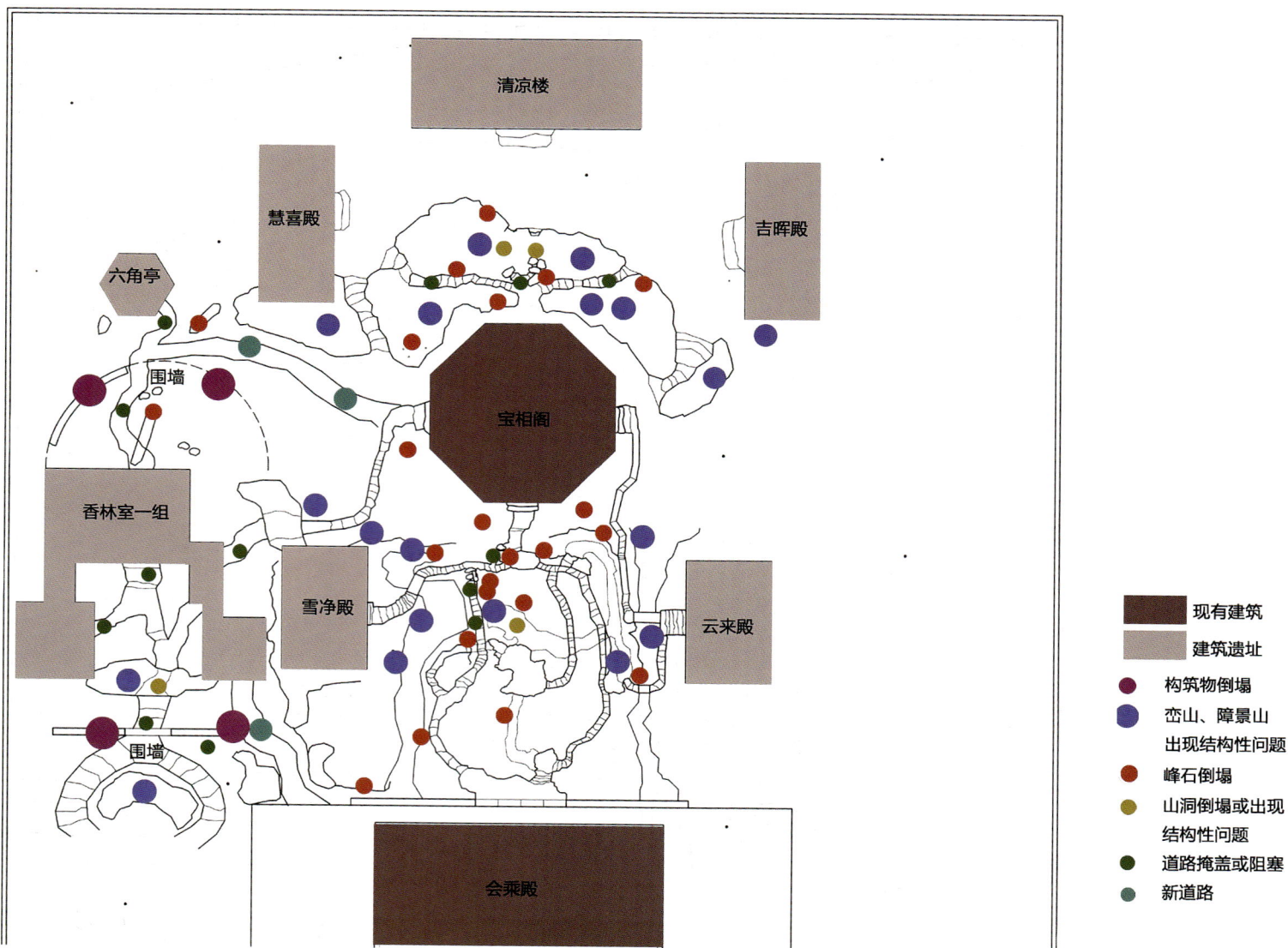

734 殊像寺假山病害分布图（引自浙江省古建筑设计研究院编制的《殊像寺假山维修方案》）

二、保存状况

（一）清凉五峰南侧区域

清凉五峰南侧区域假山的道路做法和保存状况有几种情况：

一是直接在真山骨架上铺砌，这类道路保存情况最好，即便有被倒落山石掩埋的情况，也易于清理发现。二是做在假山峦山比较平缓处的山道，这类道路保存情况尚好，局部开裂是由下部山石松散造成的。三是在假山悬崖边上的道路，由于局部落差较高，下部山石松散，外倾、开裂和脱位现象严重，同时山道较窄且落差较大，山道内侧的山石和上部小组石塌落也较多，是三种道路中问题最严重的一类（图735-736）。

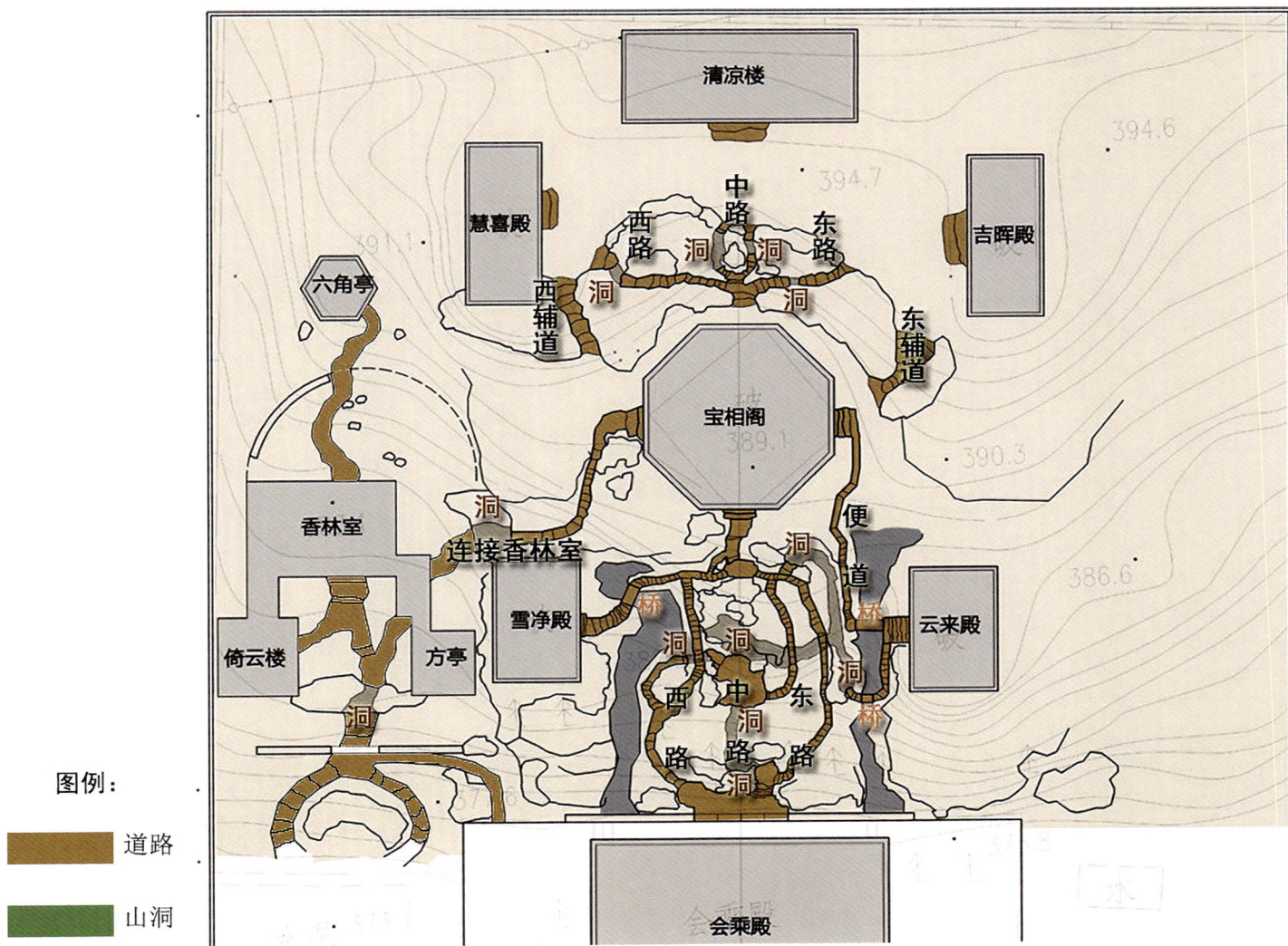

735 殊像寺假山道路关系示意图（引自浙江省古建筑设计研究院编制的《殊像寺假山维修方案》）

736 南视角鸟瞰殊像寺假山（郭峰 摄影）

清凉五峰南区中路和东路道路经过现代维修，现状情况相对较好。西路主要问题是基础松散和上部落石阻塞道路。

（二）清凉五峰北侧区域

此区域假山倒塌情况比较严重，几乎看不到完整的小组石。上部假山石散落在各条道路上，影响了道路的通行。

（三）香林室假山

香林室假山由四部分构成，具体保存状况如下：

1. 障景山。山体和周边道路情况较明晰，主要问题是上部山石坍塌，坍塌构件现状均散在周边。

2. 山洞。山洞情况与障景山类似，洞顶已经坍塌，构件散落周边。

3. 石砌道路和路边小组石。道路关系在考古发掘中已经比较明确，路侧小型组石大多已毁，少量尚能在周边找到散石。

4. 慧剑。现存3组，部分竖峰石扑倒路旁。其他原有峰石在考古发掘中未见，说明已经佚失。

香林室一组的假山的现状大部分是长期受自然力影响造成的，与清凉五峰组山相近，慧剑部分的倒塌可能有人为因素。

三、工程内容（图737-738）

（一）清理假山上的淤土和野生植物。

（二）对坍塌的组石进行现状归安。

（三）对峦山进行维修加固。

（四）对假山中的道路进行清理。

（五）修复原有假山山洞。

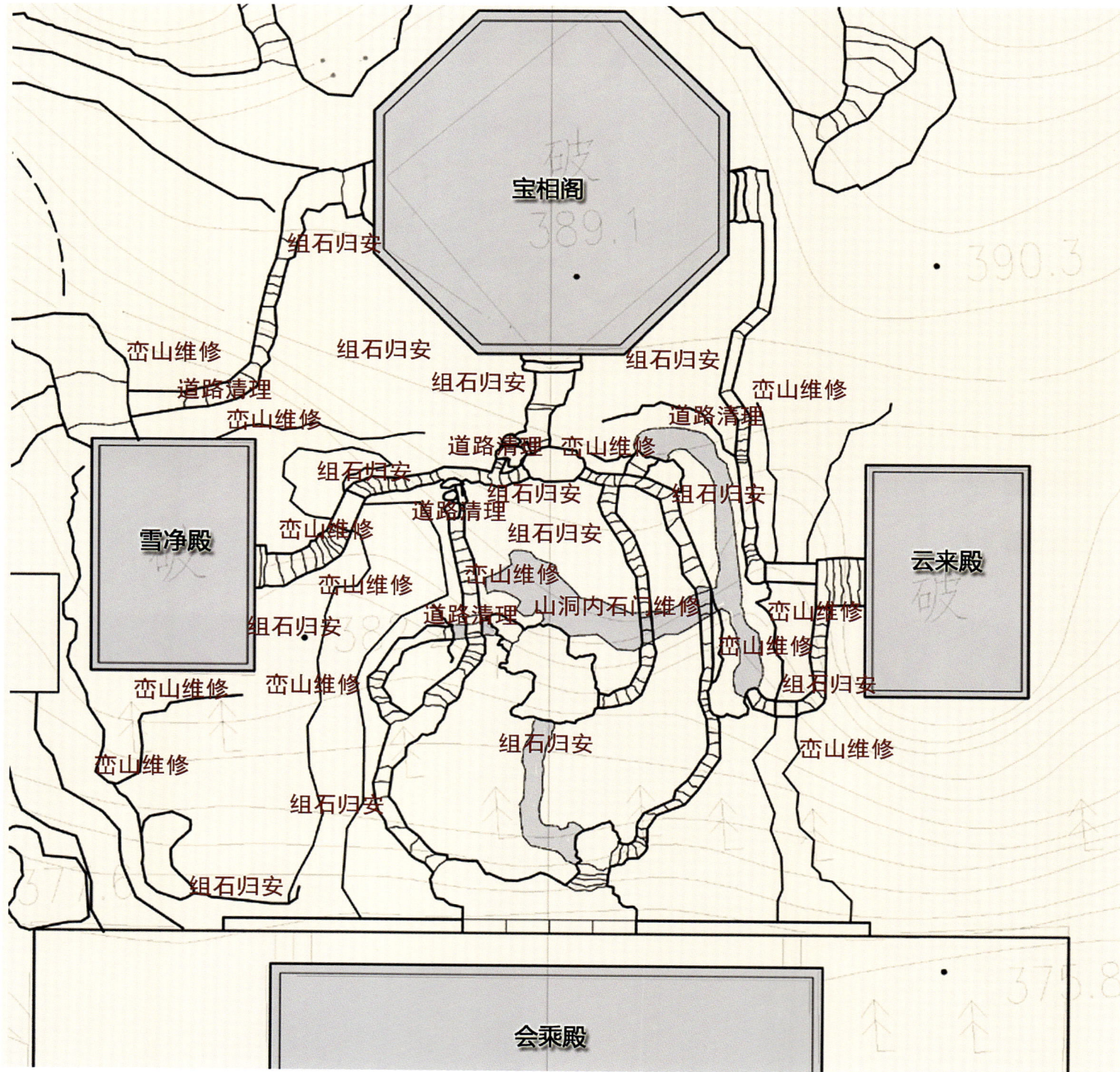

737 宝相阁南侧假山维修平面图（引自浙江省古建筑设计研究院编制的《殊像寺假山维修方案》）

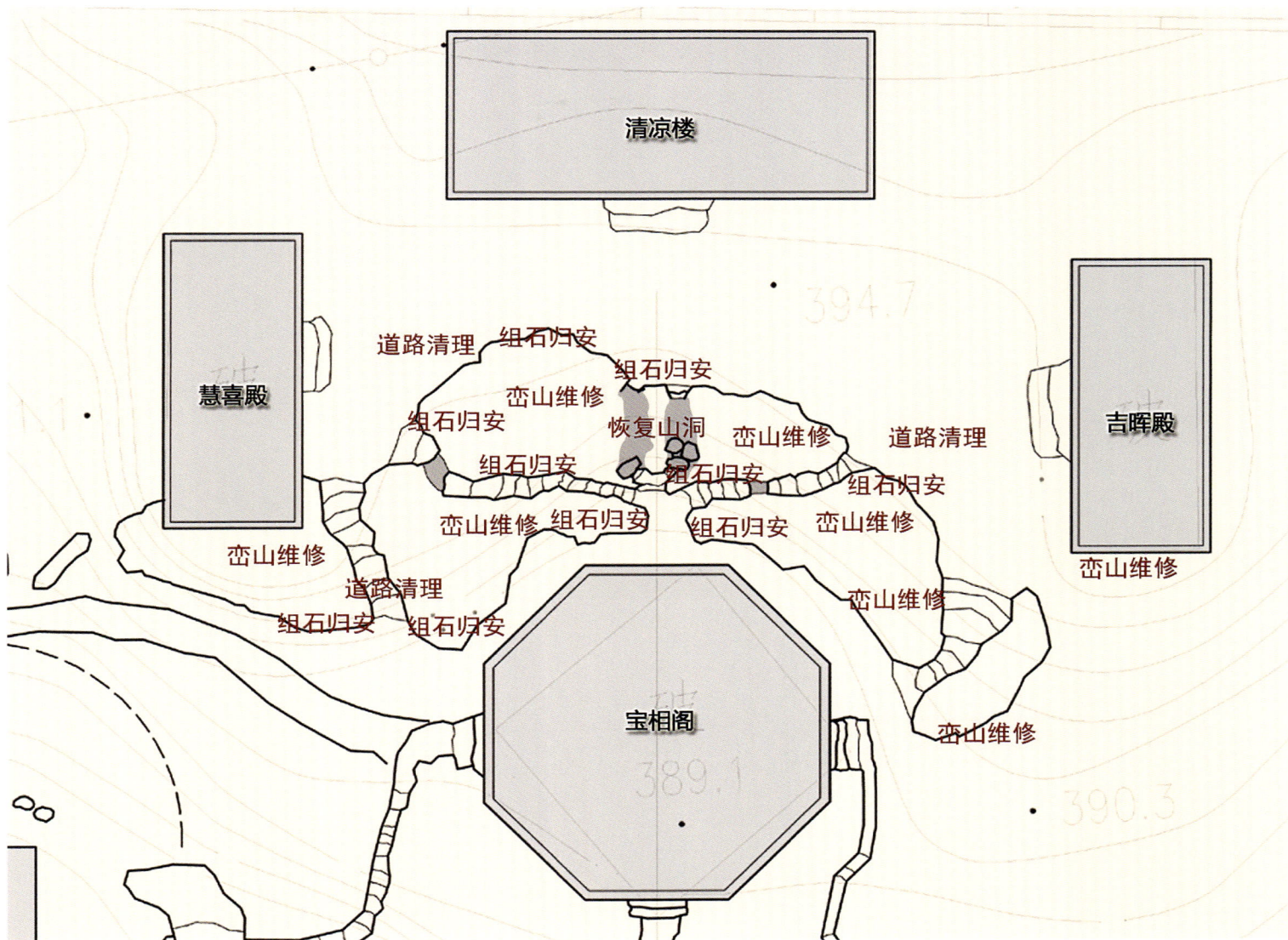

738 宝相阁北侧假山维修平面图（引自浙江省古建筑设计研究院编制的《殊像寺假山维修方案》）

第三节　方案审批情况

2013 年 4 月 9 日，国家文物局原则同意所报《殊像寺假山抢修方案》（文物保函〔2013〕427 号），并提出如下修改意见（图 739）：

一、进一步深化勘察，分析假山变形的类型及原因，对不同变形危害做出科学评估。

二、应进一步加强研究，搜集有关资料，为假山的修缮提供确凿的历史依据。

三、在现状勘察评估的基础上，进一步加强修缮措施的针对性。殊像寺假山修缮应遵循"最小干预"的原则，对现有假山进行现状加固。对于相对稳定、较小的裂缝，应采取勾缝等措施。

四、对倒塌、散落的假山进行修复、重砌应有明确的历史依据。在依据不足的情况下，应按现状就近归安，不得大范围重砌。

五、拓缝所用青白灰应使用青灰与白灰搭配制作。

六、不宜用不锈钢构件代替铁质构件，应继续采用铁质材料进行榫卯连接。

七、在实施修缮工程前，应采用先进技术手段对假山现状进行详细的记录。

八、所报工程量及预算较大，应根据上述有关意见进行核减。

设计单位浙江省古建筑设计研究院按照国家文物局方案批复意见对《殊像寺假山抢修方案》进行了修改完善，2013 年 10 月 25 日，深化设计方案通过了河北省文物局核准（冀文物发〔2013〕361 号）（图 740）。

第四节　工程实施情况

一、三维激光扫描

殊像寺假山体量庞大，结构复杂，用常规测绘手段难以进行准确的勘察记录。按照国家文物局关于《殊像寺假山抢修方案》批复意见中"在实施修缮工程前，应采用先进技术手段对假山现状进行详细的记录"的要求，承德避暑山庄及周围寺庙

国家文物局

文物保函〔2013〕427 号

关于承德殊像寺假山抢修方案的批复

河北省文物局：

你局《关于呈报承德殊像寺假山维修方案的请示》（冀文物字〔2013〕31 号）收悉。经研究，我局批复如下：

一、原则同意所报方案。

二、对该方案提出修改意见如下：

（一）进一步深化勘察，分析假山变形的类型及原因，对不同变形危害做出科学评估。

（二）应进一步加强研究，搜集有关资料，为假山的修缮提供确凿的历史依据。

（三）在现状勘察评估的基础上，进一步加强修缮措施的针对性。殊像寺假山修缮应遵循"最小干预"的原则，对现有假山进行现状加固。对于相对稳定、较小的裂缝，应采取勾缝等措施。

— 1 —

（四）对倒塌、散落的假山进行修复、重砌应有明确的历史依据。在依据不足的情况下，应按现状就近归安，不得大范围重砌。

（五）拓缝所用青白灰应使用青灰与白灰搭配制作。

（六）不宜用不锈钢构件代替铁质构件，应继续采用铁质材料进行榫卯连接。

（七）在实施修缮工程前，应采用先进技术手段对假山现状进行详细的记录。

（八）所报工程量及预算较大，应根据上述有关意见进行核减。

三、请你局组织有关单位，根据上述意见对所报方案进行修改、完善，经你局核准后实施。施工中应加强监督与管理，确保工程质量与文物、人员安全。

四、进一步论证四殿遗址保护、香林晓院墙恢复的必要性，如确有必要，应编制专门方案，另行报批。

此复。

（盖章）

公开形式：主动公开

抄送：中国文物信息咨询中心，本局办公室预算处、财务处。

国家文物局办公室秘书处   2013 年 4 月 12 日印发

初校：武晓晓   终校：佟薇

— 2 —

739 国家文物局关于殊像寺假山抢修方案的批复

河北省文物局 (意见)

冀文物发〔2013〕361 号

河北省文物局
关于核准承德殊像寺假山抢险方案
深化设计的意见

承德市文物局：

你局《关于上报〈承德殊像寺假山抢修方案〉深化设计的请示》（承市文物发〔2013〕121 号）收悉，经研究，我局意见如下：

一、修改完善后的方案基本符合国家文物局《关于承德殊像寺假山抢修方案的批复》（文物保函〔2013〕427 号）的要求，现予核准。

二、施工前进一步做好现状、图像资料采集工作。

三、注意加强工程现场情况的研究，组织做好施工过程中的设计指导，做好工程实施记录，确保工程质量和文物、人员的安全。

四、工程施工需具有相应资质等级的施工单位承担，开工前到我局办理开工许可手续，工程管理应严格按照《承德避暑山庄及周围寺庙文化遗产保护工程管理办法》执行。

（盖章）

公开形式：主动公开

河北省文物局办公室   2013 年 10 月 25 日印发

740 河北省文物局关于殊像寺假山抢修深化设计方案的核准

文化遗产保护工作办公室委托天津大学对保护修缮前的殊像寺假山进行了三维激光扫描记录，保留大修前假山保存现状的详细数据和信息。此外，在假山保护施工完成后，又组织进行了假山的第二次三维激光扫描，通过与修缮前的假山扫描数据分析对比，可以直观地了解到此次殊像寺假山抢修修缮的主要工程内容（图 741）。

二、宝相阁南侧假山

会乘殿北侧至宝相阁南侧的假山是殊像寺假山的主体部分，也是整座假山最精彩的区域。这一区域使用假山石的数量最多、结构最精巧、空间也最复杂。总体结构是在会乘殿、宝相阁、云来殿、雪净殿四个主要建筑之间，在 13 米落差的山坡上，使用假山石搭建起南北两个大型山洞，山洞东西两侧设置排水山洞，并以山洞为中心，南北东西四个方向的主要建筑为目的地，交织出变化多端的假山路网。在会乘殿北侧过平板石桥，道路一分为三，正中主路为类似穿堂的大型假山山洞，两侧道路为假山蹬道，三条主路都可以到达宝相阁南侧大山洞顶的平台，也可以通往云来殿和雪净殿（图 742）。

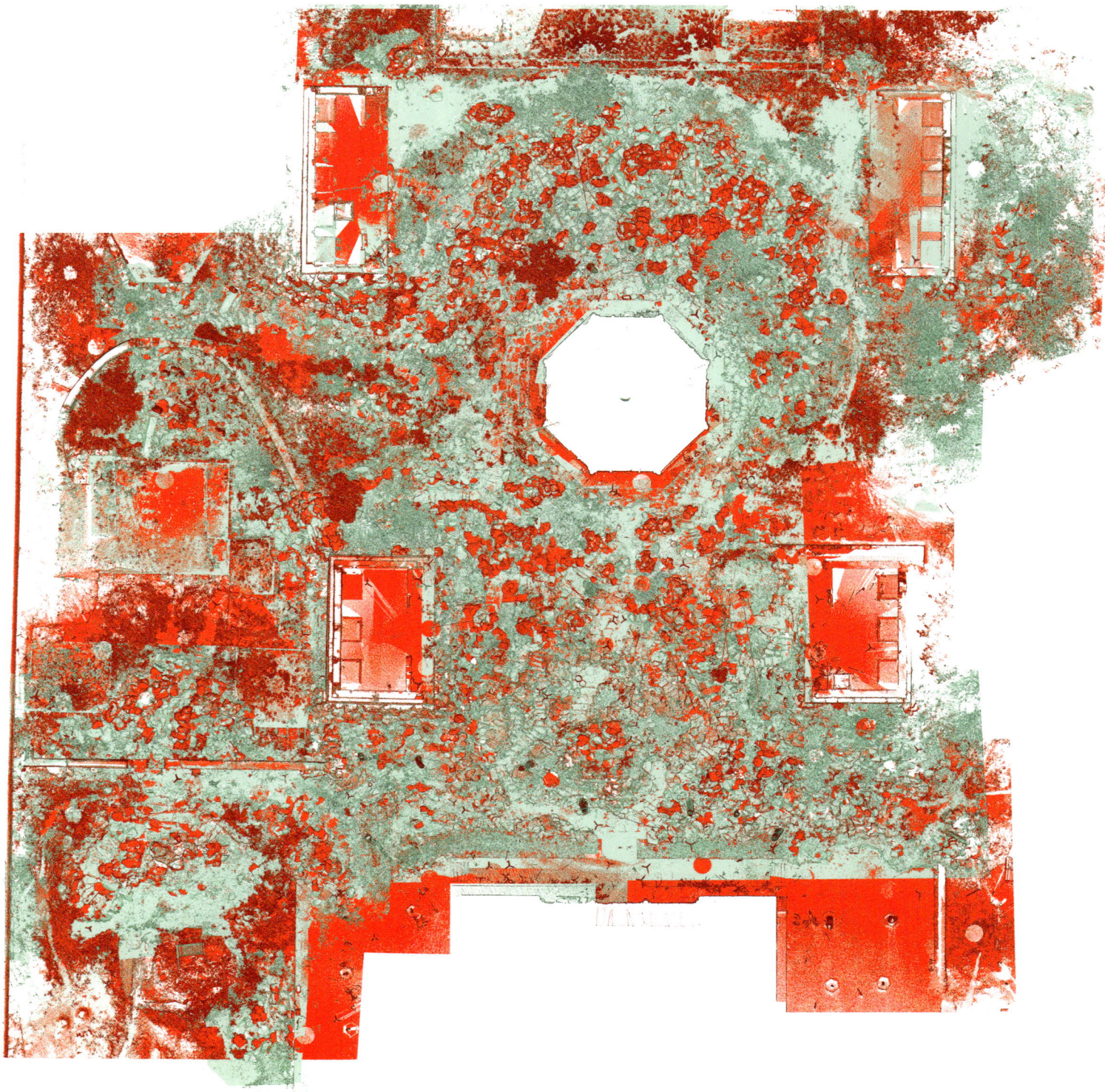

741 天津大学殊像寺假山三维激光扫描成果（绿色为施工前数据，红色为施工后数据）

742 俯瞰会乘殿北侧假山全景（修缮前）（陈东 摄影）

这一区域的假山整体保存状况相对较好，假山底层和中层部分基本完好，出现坍塌的部位主要是两个大型山洞顶部结顶部分的点景高峰，即设计方案图中标注的"小组石"。这些坍塌的山石和淤土大部分堆积在山洞两侧的假山沟谷中，工程的主要内容就是清理沟谷中的淤土，打捞坍塌散落的假山石并辨别山石原来的位置进行归安，尽可能依据历史照片恢复假山原有的点景高峰。其余保存较好的假山区域以清淤、清灌、归安、加固和勾缝等保养维护措施为主。具体工程实施情况如下：

（一）会乘殿北侧穿堂山洞

此山洞是通往宝相阁南侧大山洞的前导山洞，也是殊像寺假山第二大山洞，并且特意隐藏山洞南端的入口，营造出"山重水复疑无路，柳暗花明又一村"的特殊意境。这个山洞的底层和中层部分基本保持清代原貌，并且保留了大量的清代原有勾缝。只是山洞前的点景高峰和山洞结顶部分局部有少量坍塌。1989年承德市文物局曾安排对坍塌假山石进行简单清理。2002年对坍塌部位进行局部抢险加固和归安，但使用了水泥砂浆勾缝。此次假山修缮以"最小干预"为原则，稳固状态保持不变，清代原有和现代归安的假山结构，仅寻找散落在山洞周围的假山石用以修复山洞顶部的结顶部分，此外，清除外观与假山不协调的水泥砂浆勾缝，采用青灰重新勾缝（图743-

746）。

（二）东西山谷和山峰

穿堂山洞东西两侧用假山石分别叠砌出两条大山谷，山谷自宝相阁南侧一直延伸到会乘殿北侧，山谷两边是用假山石叠砌的两座主峰，主峰上分别建造云来殿和雪净殿。在假山修缮前，两侧主峰上有大量淤土和少量山石滚落到两侧山谷中，造成山谷淤塞。施工内容以清淤为主，并将散落到沟谷中的假山石打捞归安至山坡。而云来殿和雪净殿两侧主峰周围的山石相对保存较好，仅有顶部少量山石散落，部分假山出现轻微走闪、垫石松动、勾缝缺失的情况，工程内容主要是将散落的收顶石归安，通过剎、垫的方法加固松动、歪闪的山石，最后整体找补山石勾缝（图747-754）。

（三）宝相阁南侧山洞

宝相阁南侧山洞是殊像寺假山中体量最大的山洞，结构精巧，空间复杂，分别有厅堂、侧室、楼梯间、假室等多个功能空间，设有4个出入口，多个窗户，甚至在厅堂中还设有假山石宝座。山洞的洞体部分以及这部分假山的底层和中层部分基本保持清代原貌，只是山洞顶部宝相阁前的点景高峰大量坍塌，这部分假山是殊像寺假山结顶高峰坍塌最多的区域，也是此次工程的重点之一。此次维修主要是将坍塌后的假山石全部搜集

743 会乘殿北侧穿堂山洞洞顶修缮前（柴彬 摄影）

744 会乘殿北侧穿堂山洞洞顶修缮后（柴彬 摄影）

745 会乘殿北侧穿堂山洞南面修缮前（柴彬 摄影）

746 会乘殿北侧穿堂山洞南面修缮后（柴彬 摄影）

747 会乘殿西北假山修缮前（柴彬 摄影）

748 会乘殿西北假山修缮后（柴彬 摄影）

749 会乘殿西北假山修缮前（柴彬 摄影）

750 会乘殿西北假山修缮后（柴彬 摄影）

751 会乘殿东北假山修缮前（柴彬 摄影）

752 会乘殿东北假山修缮后（柴彬 摄影）

753 会乘殿东北假山修缮前（柴彬 摄影）

754 会乘殿东北假山修缮后（柴彬 摄影）

整理，按照假山石滚落的位置分区分组进行区分，尽可能依据历史上的假山外形和风格进行原位修复（图755-758）。此外，对大山洞周围的假山进行了全面的整修，清理了山洞内外淤土，剔除了影响山石稳定的树木，加固了松动山石，灌浆封堵了山洞顶缝隙，全面找补了缺失的山石勾缝（图759-764）。

在大山洞假山整修过程中，发现山洞南洞口南侧有部分山

755 宝相阁西南侧点景高峰修缮前大部分坍塌（柴彬 摄影）

756 宝相阁西南侧点景高峰修缮后（柴彬 摄影）

757 宝相阁南侧点景高峰修缮前大部分坍塌和缺失（柴彬 摄影）

758 宝相阁南侧点景高峰修缮后（柴彬 摄影）

759 宝相阁南侧山洞出口修缮前（柴彬 摄影）

760 宝相阁南侧山洞出口修缮后（柴彬 摄影）

761 宝相阁西南假山修缮前（柴彬 摄影）

762 宝相阁西南假山修缮后（柴彬 摄影）

763 宝相阁南侧假山平台修缮前（柴彬 摄影）

764 宝相阁南侧假山平台修缮后（柴彬 摄影）

崖出现了局部严重歪闪，部分的山石存在裂缝，随时有坍塌的危险，但考虑到此部位为清代原有结构，如果拆砌工程量较大，也不符合文物保护最小干预的原则。经参建各方负责人现场商议并没有进行解体拆砌，而是局部添加了少量假山石和垫石进行支顶，内部灌浆加固，外表勾缝处理，使外观整体协调，既排除了安全隐患，又保存了清代原有的主体结构。此区域目前经过 5 年的连续监测，并未再次出现裂隙和外闪（图 765）。

三、宝相阁北侧假山

宝相阁北侧假山主要分布在宝相阁正北面，形成环绕宝相阁北侧的半圆形环屏假山，像屏障一样分隔宝相阁与清凉楼之间的视线，形成了复杂的地形地貌和 6 条山石蹬道，其中两条蹬道还叠砌了小型山洞进行装饰。这部分假山底层和中层保存相对较好，但顶层部分山石坍塌较多。除了宝相阁北侧环屏假山外，宝相阁西北的慧喜殿南侧山坡也叠砌了体量庞大的护坡假山，而且坍塌比较严重。但是和慧喜殿对称的吉晖殿南侧由

765 宝相阁南侧山洞洞口假山歪闪形成的裂缝（陈东 摄影）

于地形落差较小，反倒是没有对称布置大体量护坡假山，只是在吉晖殿南侧山坡点缀了少量的假山石，而且保存状况相对较好（图 766-767）。

766 北视角鸟瞰宝相阁及其北侧假山（郭峰 摄影）

767 东侧视角鸟瞰宝相阁北侧假山（郭峰 摄影）

（一）慧喜殿南侧假山

慧喜殿南侧假山在修缮前坍塌十分严重，大量假山石滚落到山下，覆盖在宝相阁西侧的山石蹬道上。工程内容主要是清理淤土和灌木，清点散落的假山石，按照残存假山的风格重新叠砌假山，清理山下的道路和点景高峰，做好山石和道路的勾缝（图768-771）。

768 宝相阁西侧假山修缮前（柴彬 摄影）

769 宝相阁西侧假山修缮后（柴彬 摄影）

770 宝相阁西南假山修缮前（柴彬 摄影）

771 宝相阁西南假山修缮后（柴彬 摄影）

（二）宝相阁北侧假山

宝相阁北侧假山也是殊像寺整座假山坍塌较为严重的区域之一，大量封顶的山石散落在假山脚下，覆盖在山石蹬道上；东西两侧的小山洞也严重损坏，局部出现了坍塌。但整座假山布局清晰，底部和中部的山石结构较为稳定，只有局部山体出现歪闪和裂隙。施工的重点主要是分清各个点景高峰结顶部分坍塌散落山石的分布位置，按假山位置分区域清点散落山石，尽可能确定每座结顶高峰原有的高度、朝向和风格，再根据现存较好的结顶部分重新叠砌假山的结顶，最后做好山石的镶补和勾缝（图772-781）。

772 宝相阁北侧假山修缮前（柴彬 摄影）

773 宝相阁北侧假山修缮后（柴彬 摄影）

774 宝相阁北侧假山修缮前局部坍塌（柴彬 摄影）

775 宝相阁北侧假山修缮后（柴彬 摄影）

776 清凉楼南侧假山修缮前（柴彬 摄影）

777 清凉楼南侧假山修缮后（柴彬 摄影）

778 吉晖殿西侧假山修缮前（柴彬 摄影）

779 吉晖殿西侧假山修缮后（柴彬 摄影）

780 吉晖殿西侧假山修缮前（柴彬 摄影）

781 吉晖殿西侧假山修缮后（柴彬 摄影）

四、香林室区域假山

香林室区域假山保存相对较好，只有少量结顶部分山石坍塌，整体工程量相对较小。此区域的工程内容主要分为5个部分。一是对院前抄手蹬道假山进行清淤，清除杂草和树木，清点散落假山石并原位归安，整体找补山石勾缝（图782-783）。二是对香林室南侧障景山散落的假山石进行归安，对失稳的山石重新打刹加垫，找补缺失的勾缝。三是清理并归安香林室、倚云楼和游廊之间以及通往南北月亮门的山石道路，找补勾缝。四是对香林室东侧院墙山的山洞进行整修加固，归安洞顶缺失的山石，找补山石勾缝。五是对香林室北侧倒伏的竖峰进行归安加固（图784-785）。

五、会乘殿月台前假山

会乘殿月台南侧大台阶的东西两面也点缀了少量的护坡假山石，用以承接月台石水溜嘴的排水，对防止水土流失具有重要作用。此次工程也对此进行了归安加固，并找补了勾缝（图786-787）。

782 香林室南侧假山修缮前（柴彬 摄影）

783 香林室南侧假山修缮后（柴彬 摄影）

784 香林室北侧竖峰整修前（柴彬 摄影）

785 香林室北侧竖峰整修后（柴彬 摄影）

786 会乘殿南侧护坡假山修缮前（柴彬 摄影）

787 会乘殿南侧护坡假山修缮后（柴彬 摄影）

第五节　工程洽商情况

一、古松拉线

殊像寺假山抢修工程在施工过程中，发现部分防止古树倾斜倒伏的钢丝拉线及锚固拉线的地锚正好位于局部坍塌的假山位置上，影响正常的假山施工。此外，假山重新叠砌增高后，古松拉线也将无法在原位设置，需要调整位置。为了保证假山抢修工程的正常实施，并确保工程不影响古松拉线的有效性，经与承德市文物局园林部门协商，同意将部分影响假山施工的古松拉线位置进行调整，以上工程量据实计量，纳入工程结算。

二、修复年代标记

殊像寺假山抢修工程是特殊的文物保护工程，由于殊像寺假山山体量大、造型奇特、历史信息多、近现代干预较少，具有重要的研究价值。为了在这次施工中区分重新叠砌、现状归安和原有未动的假山位置，需要对前两种施工后的假山进行标识。具体做法是在重新叠砌和现状归安下面放置一块铝牌作为2014年修复的标记，规格为60毫米×40毫米，分别刻字为"2014年叠砌"和"2014年归安"字样（图788）。

三、假山栏杆

在殊像寺假山抢修过程中，发现宝相阁南侧假山区域在临近山崖的部位保存有完整的栏杆榫眼，可以非常准确的确定原有假山栏杆的位置，此外，在假山山谷清淤时发现了部分假山栏杆石望柱的残片，望柱基部尺寸与假山上栏杆的榫眼完全吻合，望柱上的孔洞能确定木巡杖的直径和位置，据此能够确定出殊像寺假山原有栏杆的准确做法。为了复原假山的完整性，并且考虑到山崖处游客的安全，经建设、设计、监理、施工四方负责人现场洽商决定按照原有形制恢复殊像寺假山的栏杆。具体是：石望柱高740毫米，最大直径150毫米，上下两端直径95毫米，柱上下两端刻有凸起的连珠纹饰。柱身上下各有两个直径55毫米的孔洞，两孔中间间距380毫米，上面的孔洞据柱头顶端130毫米。这两个孔洞用于安装固定巡仗栏杆，木制巡杖直径50毫米，表面打磨光滑，刷土红色，罩光油三道（图789-790）。

788 假山修复年代标识（柴彬 摄影）

789 假山沟谷中清理出的石栏杆残片（陈东 摄影）

790 大山洞顶部和雪净殿东侧恢复的假山栏杆（郭峰 摄影）

四、石门修复

殊像寺宝相阁南侧山洞的西北建有一座装饰性的假"密室"，密室外用两扇石门封堵，这是殊像寺假山非常有特色的设计。但西侧石门曾被人破坏，碎裂严重，无法使用。经建设、设计、监理、施工四方负责人现场洽商决定按照东侧石门原有材料和形制复制西侧石门，并原位归安，复原殊像寺山洞特有的密室景观（图791-792）。

791 被破坏的假山西侧石门（陈东 摄影）

792 修复后的假山石门（陈东 摄影）

第六节　主要施工技术与工艺

一、清淤与清灌

殊像寺假山中很多蹬道被坍塌的假山石和杂土所掩埋，需人工挖土清理。人工挖土最深处达到2米，淤土中夹杂大量坍塌的假山石，需要按照所处位置编号后集中堆放，以利于假山师傅确定散落的假山石在原有叠山中的可能位置。清理完淤土后，需人工小心清理蹬道和假山上的灌木杂草和淤泥，清理假山缝隙和孔洞中的杂物，一方面防止树木根系的生长对假山造成破坏，另一方面也可以理清假山的层次和叠砌规律，判断山石裂隙、歪闪、空鼓等保存状况，为假山师傅下一步归安加固假山做好准备。在清理过程中要十分小心，避免锹镐等工具对假山石造成机械损伤。假山缝隙和孔洞要采用小型工具清理，避免对清代原有勾缝和假山上应保留的地被植物、苔藓造成破坏（图793-795）。

793 假山清理淤土（陈东 摄影）

794 假山淤土清理与外运（陈东 摄影）

795 清理假山蹬道上的树根（柴彬 摄影）

二、吊装设备的安装

由于殊像寺假山区域不能使用电动装置和吊车，假山石的吊装和叠砌大部分需使用传统的扒杆、绞磨和倒链。但大块山石重量较大，因此，施工单位自制了龙门吊，此设备灵活好用、载重较大，在堆砌假山的过程中，可根据不同的地形使用龙门吊吊装假山叠石施工。

龙门吊安装调试与拆卸应注意底座处必须夯实且加垫木板，需要在 4 个方向固定安全大绳且有固定人员看守，待安全员检查完毕且无任何安全隐患后方可施工。操作时必须按照安全员指挥正确操作龙门吊，非专业施工人员不得靠近（图796-797）。

796 散落假山石的打捞与相石（陈东 摄影）

797 使用龙门吊吊装剑峰石（陈东 摄影）

三、叠山施工流程与注意事项

清代假山是特殊的文物，假山的修复需要认真研究原有假山的特点、风格、山势走向、叠砌手法等信息，尽可能按历史原貌进行修复，不能随意发挥匠人的主观性。为了保证殊像寺假山抢修工程的施工质量，确保局部新叠砌的假山与清代原有假山的风格协调统一。为此，施工单位专门聘请了承德著名的假山师傅孟宪义先生作为叠山师傅。建设单位也返聘承德市文物局古建处退休的假山师傅贾俊明作为叠山顾问。两位假山师傅都是承德传统假山技艺的传承人，对避暑山庄及周围寺庙清代假山保护有着丰富的工作经验，共同合作做好殊像寺假山的保护工作。

殊像寺宝相阁南北两侧假山有较多的点景高峰坍塌，需要重新叠砌假山，这部分是殊像寺假山抢修工程的重点，也是难点。其他区域假山只有顶层部分少量山石散落，仅进行局部归安加固即可。对于坍塌较为严重的点景高峰的修复，要分工序施工，以形成层次深远和富于变化的效果。叠山施工一般分基础、拉底、中层和结顶4部分工序，各工序之间应相互衔接，连贯相通。

（一）基础

清代传统假山施工首先要做好假山的基础，殊像寺的假山是在原有的天然石质山体上叠砌的，所以不需要单独砌筑基础，只需在山体岩石上找平即可。如果没有坚固的山体作为基础，传统假山则需要筑打梅花桩，在桩头填插毛石作为假山基础；临水岸边或地基不均匀沉降区域还会筑打一步或多步三七灰土垫层作为基础。殊像寺假山抢修工程很少涉及假山基础的处理，在此不多赘述。

（二）拉底

拉底就是在叠山基础上铺设底层的自然山石，是叠山之本。因为假山空间的变化都立足于这一层，这层山石大部分在地面以下，只有小部分在地面以上，所以不需要形态特别好的山石，但此区域的山石受压最大，要有足够的强度。为使施工方便，增加山体的稳定性，最好用大块石料。安放基石要考虑好整座山的山势，凡主要观赏面应重点照顾好，非重点观察面也力求牢固。安放基石要灵活运用石料，避免大小相同和形态近似的石块整齐排列在一起，交错叠加，高低不等，首尾相连。同一组的假山基石要并靠牢固，互相咬茬。每安装一块山石尽可能大面朝上，下用质地坚硬的碎石支垫牢固，打刹垫稳然后填馅或灌浆。叠砌完的底层假山需做到上顶大体平整，利于继续叠砌中层。整座假山底层应有断有续，疏密相间，参差错落，边缘部分要错落变化。

（三）中层

假山底层以上，顶层以下的部位都称作中层，是假山山体体量最大、山石最多、最为重要的结构部分，也是假山造型的主要部分。叠砌中层应注意做好山石的层次和外观效果，做到层次分明、错落有致、纹理顺通。叠砌的点景高峰要在垂直方向和水平方向都做到错落有致，不宜过于零碎，最好是大收大放，注重总体效果，避免对称和等分平衡。同时还要做到安石错落得宜，不仅美观，而且石块之间做好搭拉咬茬，重心平稳，配重坚实，从而提高山体稳定程度。具体如下：

1. 相石得宜

假山修复之前，最重要的是相石，也就是仔细观察每一块假山石的体量、外形、色泽、纹理等基本特征，确定假山石的平面和"好面"，分析各块假山石清代可能的使用位置。由于殊像寺假山是自然坍塌的，顶层的假山石会滚落较远，中下层的山石会就近坍塌，山石散落的方向和距离大体上可以判定其原本的位置。特别是殊像寺假山中很多点景高峰仅是顶层个别山石散落，这样的部分相对比较容易进行原貌复原。经过相石，假山师傅能够对所有散落的山石了然于胸，想好每一块假山石的位置、朝向以及和周围山石的关系，明确哪些"好面"需要叠砌在最佳的观赏位置，做到胸中有丘壑。

2. 层次分明

殊像寺的假山石料以承德本地的黄石和青石为主，少量点缀紫色山石，特别是假山的中层部位，黄石使用比例最高。由于黄石外形圆润，大平面较少，因此在叠砌假山时要尽可能做到分层叠砌，层次分明。作为一组点景高峰来说，中层的每一层的几块山石尽可能大小搭配，能够形成一个相对整体的大平面；如果有的层次中含有大块假山石，这部分则可以跨越两层或三层而和上面的层次找平；反之，其中一层的局部也可以用两块或三块碎小山石上下拼接去拼凑成大平面，实际操作时可以灵活运用。层次分明的处理不仅可以使假山每一层都做到结构稳定，同时也为下一层假山的叠砌奠定了稳定的基础。更重要的是分层叠砌假山模仿了真山沉积型岩石的外观，也会使假山外观层次分明，纹理通顺，浑然一体。因此，层次分明也是殊像寺清代假山所反映的一个典型风格，在修复叠山时要特别注意（图798）。

798 殊像寺清代假山的分层处理（陈东 摄影）

3. 下垫上平

叠砌假山如果要做到分层叠砌，层次分明，首先需要确定每块山石的大面，尽可能使大面朝上，以利于找平。其次，由于黄石平面较少，很少有像青石那样上下平行的大面，这样当大面朝上时下面往往是斜面或曲面，这就需要采用坚实的小块山石采用垫或刹的方法稳固假山石的底面，这就是所谓的下垫上平。

4. 铁锅加固

殊像寺的清代假山为了使中层结构更加稳固，使用了大量铁扒锅对同层的不同山石进行横向拉结加固，大型假山甚至会在同一层有十余个铁扒锅进行加固，这样极大地提高了假山的稳定性（图799）。而且，由于中层假山石上面很多都开凿了安装铁扒锅的矩形榫，这样在相石时就可以通过有无榫口来初步判断山石是位于中层还是顶层。而对于局部轻微坍塌的小型点景高峰来说，可以根据未坍塌的带榫口的假山石位置和周围散落的带相应榫口的假山石进行比对，这样可以较为准确地对原有假山进行修复。为了与清代假山做法一致，此次工程实施也定制了相同规格的铁扒锅，用于新叠砌中层假山石的拉扯加固（图800）。

799 清代假山中的铁扒锅（陈东 摄影）

800 新补配的假山铁扒锅（陈东 摄影）

5. 错落有致

拉底石时对称和等分问题表现不显著，掇到中层以后，对称的问题就很突出了。作为四面观的点景高峰更是如此，即力求破除对称的形体，避免成正方形、长方形、等边三角形。要因偏得致，错综成美，并掌握各个方向呈不规则的三角形变化，以便为向各个方向的延展创造基本的形体条件。每一观赏面都要避免对称，也就是避免"莫为两翼"，而尽可能在不同观赏面上采用"7"或"S"形的出挑，使假山富于变化和动势。

（四）结顶

结顶也称收顶，即处理假山最顶层的山石，结顶是决定假山整体轮廓的关键步骤，也是决定整座假山重心和造型的主要部分。从结构上讲，结顶的山石要求体量大，以便合凑收压。从外观上看，顶层的体量虽不如中层大，但有画龙点睛的作用。

因此，要选用轮廓和体态都富有特征的山石。结顶一般分峰、峦和平顶三种类型。收头峰势因地而异，故有北雄、中秀、南奇、西险之称。就单体形象而言又有仿山、仿云、仿生、仿器之别。立峰必须以自身重心平衡为主，支撑胶结为辅。石体要顺应山势，但立点必须求实避虚。峰石要主、次、宾、配，彼此有别，前后错落有致，忌笔架香烛，刀山剑树之势。顶层叠石尽管造型万千，但绝不可顽石满盖而成，对童山秃岭，应土石兼并，并配以花木。对于殊像寺假山修复来说，山峦顶部要认真研究现存清代假山的特征，根据山脉层次的关系和散落石料的情况进行修复，不能突出个人想象随意部署，要做到全面布局、纹理清晰、自然合理，并应有整体感，使新修复假山与现存假山完美融合、形成一个风格统一的整体。

四、叠山施工技术

北京的张氏假山传人曾总结了传统假山叠石技术基本形式的"十字诀"，南方叠山匠人也有"八字诀"这样适用于太湖石的典型叠山技法，这些都是传统假山施工的具体技术。对于隶属于"北派"假山风格的殊像寺假山来说，很多传统技法都同样适用，但在假山修复施工现场要更多地去研究和总结现存清代假山特有的风格和叠石技巧，做到灵活运用，切不可拘泥形式，刻意去追求而滥用技法。现根据殊像寺清代假山的特点，结合假山施工传统技法和经验，总结了叠山常用的施工技术如下：

（一）安

"安"指假山施工时山石的安放和布局，假山师傅一般把放置一块山石叫作"安"一块山石。既要做到玲珑巧安，又要安稳稳实，做到平稳坚固。安石要照顾向背，有利于下一块山石的放置。特别强调注意八字巧安，也就是两块山石的角度不能平行或者垂直，最好参照不等边三角形的结构去安置，要一长一短，避免等大对称。

（二）连

山石之间水平向衔接称为"连"，即要注意做好山石与山石之间水平方向的相互搭接。连石要根据山石的自然轮廓、色泽、纹理、凹凸、棱角等自然相连，并注意连石之间的大小不同、高低错落、横竖结合、疏密得当，以形成岩石自然的结理，同时还应注意石与石之间的折搭转连。具体施工时要从假山的整体空间形象和组合单元来安排，要"知上连下"，有宾有主，摆布高低，既可一组，也可延伸出去，从而产生前后左右参差错落的变化，又要符合皴纹分布的规律，避免皴纹杂乱无章。

（三）接

山石之间竖向衔接称为"接"。施工时要注意山石的皴纹，使纹理连接顺畅自然，在对接中形成自然状的层状节理。层状节理既要有统一，又要富有变化，看上去好像天然形成的岩石一样，具有天然之趣。"接"既要善于利用天然山石的茬口，又要善于补救茬口不够吻合的部位。若在上下拼接时，山石的茬口不在一个平面上，这就需要用镶石的方法，进行拼补，使上下山石的茬口相互咬合，宛如一石。

（四）拼

"拼"即把若干块较小的山石，按照假山的造型要求，拼合成较大的体形，实际就是"连"和"接"两个技法的组合。不过小石过多，容易显得琐碎，而且不易坚固，所以拼石必须间以大石，并注意山石的纹理、色泽等，使之脉络相通，轮廓吻合，过渡自然。欲拼石得体，必须熟知自然山体和岩石岩类、质色、风化、解理、断裂、溶蚀等不同特点，只有相应合皴，才可拼石对路，纹理自然。例如在缺少完整石材的地方需要特置峰石，可以采用拼峰的办法。一般拼合的山峰要做到上大下小，有飞舞的气势，俨然一块完整的峰石。拼接时要注意控制假山外立面的整体效果，不能过于机械的全部拼接成大平面或均匀台阶，更不能拼接成整齐的毛石墙，而要使山体结构简单明了，石块大小结合，外观有收有放，注重山石组合的节奏和韵律。

（五）斗

叠石成拱状、腾空而立为"斗"，即用假山石发券成拱，创造腾空通透之势。它是模仿自然岩石经流水的冲蚀而形成洞穴的一种造型式样，拱状叠置，腾空而立，如洞谷又不是洞谷，形体环透，构筑别致。叠置时，在两侧造型不同的竖石上，用一块上凸下凹的山石压顶，并使两头衔接咬合而无隙，来作为假山上部的收顶，以形成对顶架空状的造型，就像两羊用头角对顶相斗一样，这是古代叠山匠人的一种形象说法。

（六）挑

"挑"是指上层山石悬挑出头，又称飞石，用石层层前挑后压，创造飞岩飘云之势。一般用具有横向纹理的山石作横向挑出，以造成飞舞之势，所以又称"出挑"。"单挑"为一石挑出，"重挑"为挑石下有一石承托。如果要逐层挑出，出挑的长度最好以挑石的1/3为宜。挑石一定要选用一些质地坚固而无暗断裂痕的山石，其判别的方法，一般以轻敲听声来鉴别。"挑"的关键是"巧安后坚"，"前悬浑厚，后坚藏隐"，特别是要避免尖棱尖角的假山石正对主要观赏面。

（七）压

"压"是指用一块山石在另一块山石的上面，以稳定的固定下面的山石。"挑"和"压"往往是一个组合，具有不可分割的关系。"偏重则压"，即横挑而出的造型山石会造成重心外移，偏于一侧，这时悬挑的山石后尾就必须要用更重的山石来进行配重，做到前挑后压，使其重心稳定。一般一组假山或一组峰峦，最后的整体稳定是靠收顶山石的配压来完成的，此时则需要选用一些体量相对较大、造型较好的结顶石来配压收顶，这样会显得既稳固又美观。"压"在叠山中十分讲究，有收头压顶、前挑后压、洞顶凑压等多种压法（图801）。

（八）飘

是指在挑石前端的顶部放置假山石，一般用在门头、洞顶、桥台等处。飘石的使用主要是丰富挑石的变化，使山体重心外移，一石悬空，看似摇摇欲坠，这样假山更具动势，能使假山的山体外形轮廓显得轻巧、空透、飘逸。飘石的选用，其纹理、石质、石色等应与挑石一致或协调。而且一般假山师傅都会提前在假山石中挑选出来外观和皴纹最好、造型最奇特的奇石，特意在山洞口、迎门、路口、转角等关键的"看面"位置配置成挑石或飘石，使其突出在山体的外面，成为游览路线上的视觉中心的点景之笔。

（九）悬

指垂直向下凌空悬挂的挂石，正挂为"悬"，侧挂为"垂"。"悬"是仿照自然溶洞中垂挂的钟乳石的结顶形式，悬石常位于洞顶的中部，其两侧靠结顶的发券石夹持。也有用于靠近内壁的洞顶的，情趣别具。"垂"则常用于诸如峰石的收头补救，或壁山作悬等，用它以造成奇险的观赏效果。垂石一般体量不宜过大，以确保安全。

801 香林室影壁山原有清代假山技法（陈东 摄影）

（十）卡

即在两块山石的空隙之间卡住一块小型悬石。这种做法必须是左右两边的山石形成上大下小的楔口，再在楔口中放入卡石，其只是一种辅助陪衬的点景手法，一般常应用于小型假山中，而大型山石因为年久风化后，易坠落而造成危险，所以较少使用。

（十一）锔

指用扒钉、铁锔等铁件连接加固拼石的做法。承德清代的青石假山由于平面较多、容易堆叠平稳，因此铁件应用较少；而殊像寺以黄石假山为主，石材圆润、平面较少，仅靠假山石自然配重很难稳固，因此殊像寺的清代假山大量使用了铁扒锔进行加固，使假山的结构更为牢固（图802）。

802 殊像寺假山中的铁扒锔（熊炜 摄影）

（十二）垫

"垫"是指稳定假山石底部的措施，山石底部如果不平，缺口较大，就需要用块石支撑平衡，这种处理称为"垫"，只有这样，才能使山石稳定牢固。在向外挑出的大石下面，为了结构稳妥和外观自然，也经常隔空垫以块石，留出一个孔洞，形成实中带虚的效果。古代假山的堆叠，向来以干砌法为主，即在不抹胶结材料（如灰浆等）或灌浆加固，而是尽可能采用平衡和配重的方法处理重心，使构成假山的山石重心稳定、结构牢固。所以说，叠山如果要坚固，垫石最为关键。垫足垫稳，不但可省胶结材料，而且坚固胜之。

（十三）刹

用小块楔形硬质薄片石打入石下小隙为刹，目的是使山石安放平稳牢固，古代也有用铁片、铁钉打刹的。实际"垫"和"刹"的作用相同，只是所用石料大小薄厚有所区别，施工时称作"打垫"或"打刹"。

（十四）补

"补"指在假山主体结构叠砌完成后用小块山石进行表面的镶补、镶嵌，遮挡山石间的空隙，联络各块假山石的外观，使其融合为一个整体。镶补是叠山非常重要的环节，有的假山师傅认为"三分在叠，七分在补"。镶补主要是用小块假山石采用"连"和"接"两个技法去修补刚叠砌后的假山的外观，与"连"和"接"不同的是镶补一般是表面装饰，很少涉及假山的承重结构。具体施工时要注意尽可能选择大块山石进行镶补，因为石料越小越碎，则后期缝隙越多、越杂乱，会影响整

体效果。此外，镶补要注意补石的外轮廓和皴纹要做好与周边山石的贯通衔接，起到承上启下的作用，避免尖棱尖角朝外（图803-804）。

803 假山的镶补（柴彬 摄影）

804 假山垫石与镶补（陈东 摄影）

（十五）缝

指用灰浆勾缝，也叫作缝、拓缝。采用胶结材料勾缝除了增加假山的整体强度外，还能够修饰山石间的接茬，使其浑然一体。勾缝要随着石料的特征、色彩和脉络走向而定。其中勾缝有明缝暗缝之别，大石块之间宜用暗缝，小石块组合成大石时可用明缝。勾缝要符合石材天然的裂缝，缝隙较大时可填入随形的小石块进行镶补后再勾缝，或用石粉伪装，使零碎的假山石融为一体。假山表面勾缝一般从假山的底部开始，由下而上、先里后外、先暗后明、先横后竖，逐渐展开。假山的勾缝要求饱满密实，赶光压实，尽可能做嵌缝或平缝，灰浆材料不能污染到假山石石面上（图805）。

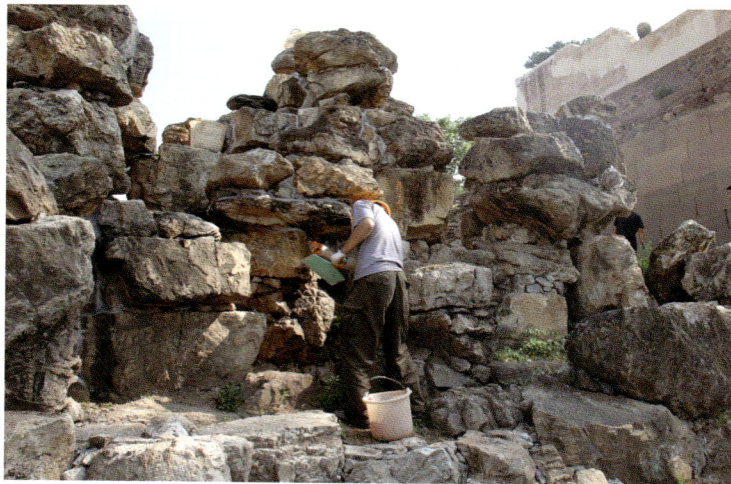

805 假山石勾缝（陈东 摄影）

（十六）剑

以竖长形象取胜的山石直立如剑的做法称作剑峰石，也称"石笋"，其外观峭拔挺立，有刺破青天之势。拔地而起的剑峰，如配以古松修竹，常能成为耐人寻味的园林小景。剑峰多采用竖长的山石叠砌，也可采用"接"的技法上下多块拼接。山石剑立，竖而为峰，可构成剑拔弩张之势，但必须因地制宜，布局自然，避免过单或过密，形成"刀山剑树"。殊像寺的剑锋石主要集中在香林室北侧，疏密得当，主次分明，并且形成正对北侧八角月亮门的屏障，可谓是神来之笔（图806）。香林室的剑锋石部分在原位倒塌，此次修缮全部进行了归安。

806 使用剑峰石作为香林室和北月亮门屏障（陈东 摄影）

第六节　工程验收

2016年1月13日，河北省文物局组织张之平、付清远、张克贵、韩扬、尚国华、黄滋等专家对殊像寺假山抢修工程进行省级技术验收。验收组先对施工现场进行了考察，然后听取了建设、设计、施工、监理四方的工程实施情况汇报，询问和审阅了工程资料，认为该项工程质量合格，同意通过省级技术验收（图807-808）。验收专家对殊像寺假山抢修工程形成以

807 2016年1月殊像寺假山抢修工程省级技术验收（柴彬 摄影）

808 殊像寺假山抢修工程省级技术验收听取参建各方汇报并检查施工资料（陈东 摄影）

下验收意见：

一、工程管理规范，各环节程序完备，符合《文物保护工程管理办法》要求。

二、本工程符合国家文物局和省文物局批复要求，完成了设计方案工程内容，体现了设计意图，抢修整体效果达到了文物保护的目的。

三、施工单位注重运用传统吊装技术和传统工艺，工程实

施中聘请了当地具有丰富叠石经验的技术人员进行现场指导，保证了传统做法和传承，做到了对文物构件的最少干预。

四、进一步补充、完善施工资料，应注意与工程实际统一一致。

2016 年 7 月，殊像寺假山抢修工程通过国家文物局工程竣工验收。

第七节　施工中的发现

一、清代勾缝

殊像寺清代假山仅是部分结顶坍塌，底层和中层的主山体绝大部分还维持清代原有结构，很多区域保留着大量的清代原始勾缝。这些勾缝不仅是研究清代假山叠山技艺的重要实物遗存，需要取样进行分析鉴定，研究清代勾缝中是否掺入了青灰、石粉、糯米等成分；而且存在清代勾缝的假山可以认定是清代原有的叠砌结构，对假山不同部位的年代断定具有重要意义。因此，在施工过程中，甲方代表和监理严格做好现场旁站和监督，凡是有稳定的清代假山勾缝的区域，要尽可能避免对山石进行拆砌，以防止破坏原始的叠山结构，而是尽可能采用归安加固的保护措施。此外，假山勾缝时要避免对清代勾缝进行干

扰，尽可能多的将其保留（图 809）。

二、松树栽植穴

殊像寺假山是目前国内体量最大、保存最为完好的清代假山，目前假山中还保留了大量清代栽植的油松，现已成为古树。此次在殊像寺假山抢修工程施工过程中，也发现了在清代假山叠砌时均匀地设置了很多松树栽植穴，清代在这些位置应该栽植有高大的松树。在施工期间，特意对这些栽植穴进行了清理和保留，这为研究清代假山原有植物配置及其原貌复原提供了依据，奠定了基础（图 810）。

809 白色勾缝为清代勾缝，以此可以证明其下的假山均为清代原有结构（陈东 摄影）

810 假山中的松树和预留的栽植穴（陈东 摄影）

第八节　相关建议

一、宝相阁北侧假山结顶

宝相阁北侧假山是殊像寺假山中残损最为严重的区域，部分结顶山石坍塌、散落在假山周围，而且很多散落的山石碎裂成小块，无法拼接成原有的结顶效果。考虑到本工程的性质是假山的抢修，大量新购山石进行补配会干扰殊像寺假山的清代结构和历史风貌，因此，在宝相阁北侧假山抢修施工过程中没有添配不足的结顶山石，而是依据文物保护最小干预的原则用现有碎裂的小块山石去拼补假山的结顶部分，因此此区域施工后山体的结顶部分山石较为碎小，部分点景高峰因缺少石料而未达到原有的高度，气势略显不足，对此在今后的研究和评估中应予注意（图 811）。

811 修复后的宝相阁北侧假山（陈东 摄影）

二、假山植物配置与管理

根据现存古松和树木栽植穴可以确定，殊像寺清代假山中的植物配置以油松为主，分布较为均匀，配以野生的苔藓、小藤本和草本植物，形成了人工叠石与植物的融合，共同构建清凉五峰的雄伟气势。在殊像寺清代假山的植物配置中应该没有人工特意栽植花灌木或其他落叶植物，但施工前假山缝隙中生长了大量的榆树、荆稍、酸枣、桑树等野生杂木，这些植物并没有长在假山预留的栽植穴中，而且根系发达，生长迅速，一方面会覆盖遮挡假山的效果，另一方面其根系也会对假山结构稳定造成严重的影响。此次殊像寺假山抢修工程施工中对假山石上低矮的苔藓和草本植物进行了重点保护，对生长在假山缝隙中的杂树树根进行了清理，适当保留了少量生长在栽植穴上的树木。今后需对殊像寺假山原有的植物配置进行专题研究，并每年组织假山的保养维护，及时清理生长在山石缝隙中的杂树。

三、香林室前蹬道山

香林室前的蹬道山整体保存相对较好，在清理淤土过程中发现抄手蹬道南侧仍然存在清代的假山蹬道，一直通往东侧的会乘殿，与会乘殿西侧宇墙门口区域的假山蹬道相连，而且保存状况较好。但由于这一区域的假山蹬道被厚达 2 米的淤土覆盖，覆土中铺设有殊像寺的消防管道。为防止清淤造成消防管道冬季受冻，因此没有对此区域假山蹬道进行清淤复原。

[*]：本章由中国文化遗产研究院承德石质文物科技保护项目组编写。

第六章
殊像寺石质文物
科技保护工程
*

第一节　工程概况

承德避暑山庄及周围寺庙文化遗产保护工程共涉及石质文物保护工程 8 项，其中有避暑山庄、溥仁寺、安远庙、普乐寺、普佑寺、须弥福寿之庙、普陀宗乘之庙、殊像寺 8 处全国重点文物保护单位（普宁寺石质文物保护工程结转至 2020 年实施），除普佑寺石质文物保护工程是由河北省文物保护中心编制设计方案、由广州白云文物保护工程有限公司负责施工外，其余 7 项石质文物保护工程均由中国文化遗产研究院李黎团队负责方案设计和施工。

鉴于承德石质文物保护工程体量庞大、工序流程复杂，需要前期现场试验，工程周期长等特殊情况，承德避暑山庄及周围寺庙文化遗产保护工程没有全面展开石质文物的保护，而是首先选择两项工程较为简单，工程量较小，具有典型性的承德安远庙、溥仁寺石质文物科技保护工程作为试点项目开展保护试验。2013 年 7 月 8 日，承德安远庙、溥仁寺石质文物科技保护工程正式开工。在 10 月 28 日召开的中期验收会上受到专家的一致好评，为承德石质文物保护探索出一条、较为可行的保护技术措施，并积累了丰富的保护经验。此后才陆续开展普乐寺、殊像寺等其余文物保护单位的石质文物保护。

殊像寺有众多清代精美的石雕石刻艺术品，例如山门前的石狮、各建筑室内佛像的须弥座、会乘殿月台上的石雕栏板和抱鼓等。这些石雕石刻造型经典、纹饰精美、雕刻精细，代表了清代最精湛的雕刻艺术水平，是殊像寺重要的文物。由于常年露天保存，又受承德独特自然环境和石材本身材质影响，这些石质文物遭到了严重的病害损坏，影响了文物的安全性与稳定性，亟需抢救性保护。此次殊像寺石质文物科技保护工程选取了 6 处风化较为严重、具有代表性的石质文物作为抢救性保护的试点，包括山门外石狮一对，山门内外的券门、券窗，幢杆石一对，月台抱鼓石、角柱石，天王殿须弥座，会乘殿前石五供座等。采用文物科技保护手段对石质文物进行现状加固（见表 78）。

殊像寺石质文物科技保护工程设计方案于 2015 年 04 月 24 日通过国家文物局审批（文物保函〔2015〕1838 号），2016 年 7 月 4 日，深化设计方案通过河北省文物局核准（冀文物发〔2016〕240 号）。2017 年 2 月 3 日，河北省文物局批准殊像寺石质文物科技保护工程开工行政许可，施工单位是中国文化遗产研究院，监理单位为河南东方文物建筑监理有限公司。

殊像寺石质文物科技保护工程于 2019 年 8 月 2 日通过河北省文物局工程技术验收，2019 年 9 月通过国家文物局工程竣工验收。

表 78　殊像寺石质文物科技保护工程参建各方情况表

		类别	负责人	主要参与人员
建设单位	承德市文物局、承德避暑山庄及周围寺庙文化遗产保护工程指挥部工作办公室	工程建设组	陈 东	郭峰、张冲、于志强、辛宇、张守仁
		招投标组织组	韩永祥	
		财务管理组	陈 晶	高占鹏
		综合协调组	王 博	孙继梁、姜可辛、王红杰
		资料档案组	东海梅	孔繁敏、张丽霞、隋佳琪、王淇
设计单位	中国文化遗产研究院	设计负责人		李黎
		主要设计人员		邵明申、许东、张俊杰

监理单位	河南东方文物建筑监理有限公司	总监理工程师	张建伟
		监理工程师	刘长有
施工单位	中国文化遗产研究院	项目经理	李黎
		技术负责人	邵明申
		主要技术人员	许东、张俊杰、陈卫昌、梁行洲、王子艺、刘建辉

第二节　设计方案主要内容节选

一、病害调查

殊像寺露天带雕刻的石质文物主要包括山门内外的券门和券窗、石狮、幢杆石、月台抱鼓石和角柱石、天王殿须弥座、会乘殿五供座等（图812），具体见表79。会乘殿和宝相阁室内也有带雕刻的石质须弥座，但由于不受雨雪和冻融的影响，没有出现严重的风化情况，故不包含在本项目内。

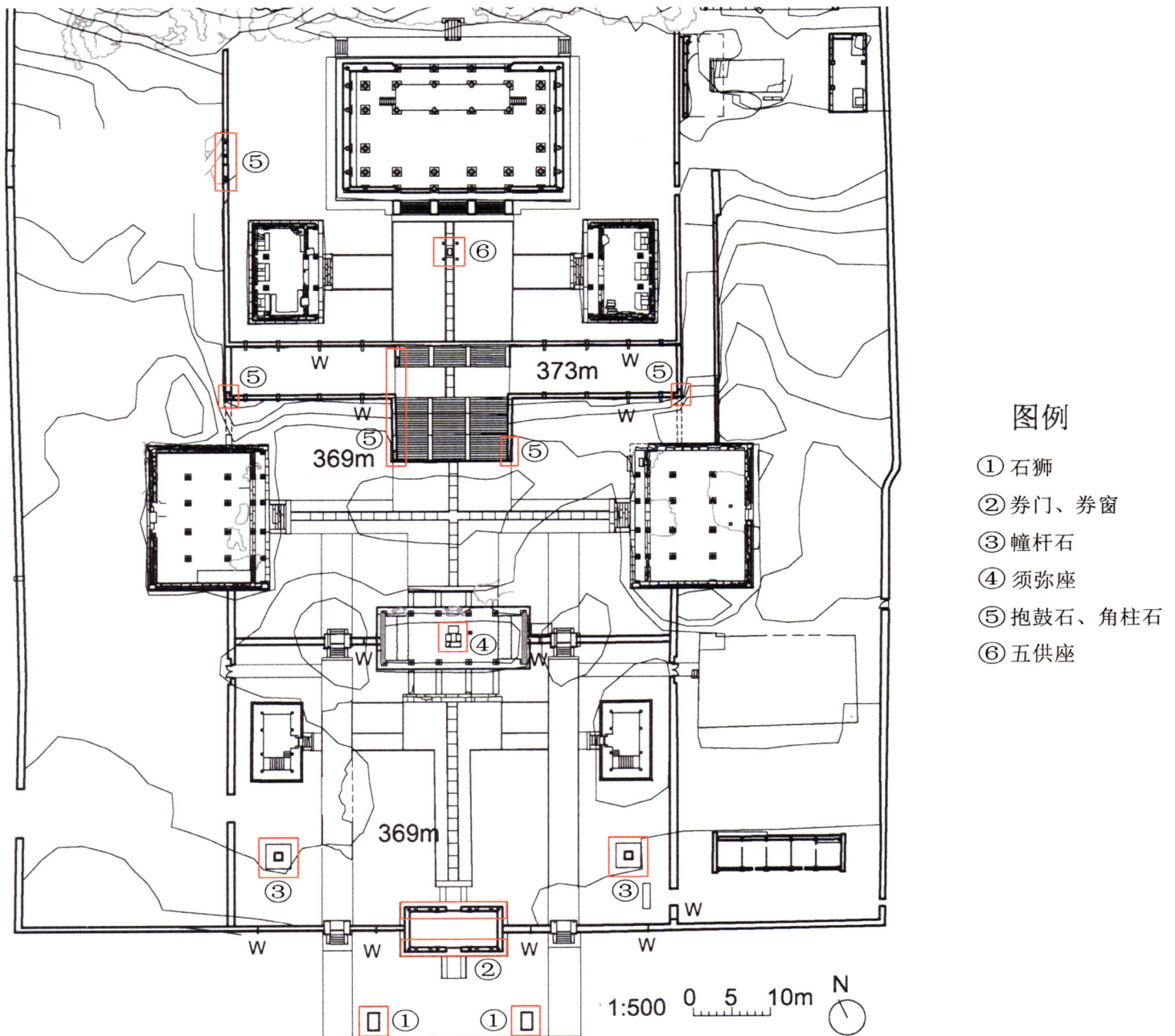

812 殊像寺石质文物科技保护工程施工范围示意图

图例

① 石狮
② 券门、券窗
③ 幢杆石
④ 须弥座
⑤ 抱鼓石、角柱石
⑥ 五供座

1:500　0　5　10m　N

表 79　殊像寺露天带雕刻石质文物分布表

序号	类别	名称	数量	位置
1	石狮	殊像寺石狮	2	山门前
2	石雕艺术构件	门券、窗券	6	山门前后檐墙
3		幢杆石	2	殊像寺山门内东西两侧
4		抱鼓石、角柱石	8	会乘殿前月台
5		须弥座	1	天王殿台基上
6		石五供座	5	会乘殿前

按照中华人民共和国文物保护行业标准《石质文物病害分类与图示》（WW/T0002-2007）中病害的定义，编制成石质文物病害说明表，作为殊像寺石质文物病害调查和命名的依据，具体见表 80。

通过石质文物病害调查发现，殊像寺内露天石质文物的主要病害有水锈结壳、粉化、孔洞状风化、片状剥落、机械裂隙、残缺等几种，此外还存在人为污染、植物病害、动物病害、微生物病害等。

（一）石狮

山门左右有一对雌雄石狮，其材质为当地产的凝灰岩（当地俗称鹦鹉岩），这两座石狮是用整块石料雕琢而成，雕工精湛，石狮毛发及身上的纹饰雕琢细腻，活灵活现，刀法纯熟，充分体现了皇家工匠高超的石雕技法。

为了防止游人破坏，殊像寺庙门前两座石狮外面做了金属的防护栏，由于地势较高、植被稀疏、受冻融等不利环境因素影响较小，石狮保存基本完好，仅局部存在风化情况。西狮通高 3.3 米，须弥座长 2.3 米、宽 1.35 米，南侧地面上可见片状剥落的残石，向须弥座内延伸 0.03-0.05 米，推测可能是原本石狮的石质基础，目前残存约 0.2 米宽、0.09 米高。

石狮的病害有应力裂隙、片状剥落、表面粉化、水锈结壳、孔洞状风化、残缺、微生物病害、人为污染、动物病害等，其中应力裂隙、片状剥落、表面粉化、残缺、水锈结壳等病害尤为严重（图 813）。应力裂隙遍布各处，西狮上约 3 米，东狮

813 石狮残损情况（陈东 摄影）

约 3.5 米。片状剥落主要位于西狮头部、尾部、腿部及须弥座上枋转角处，东狮的须弥座下枭、下枋及圭角上部。表面粉化位于西狮头部、须弥座上枋以下部分，以及东狮须弥座圭角上。残缺位于西狮螺发、腿部、小狮子、须弥座锦袱处，东狮螺发、爪子、绣球、尾部和须弥座上。微生物病害在两狮头部、背部、须弥座东部和上枋以及东狮的圭角处。水锈结壳、孔洞状风化位于两狮头部、背部、腹部、须弥座等处粉化和片状剥落严重的区域。西狮头部正面有人为涂画的蓝色颜料，东狮锦袱北侧有动物病害。东狮的保存状况好于西狮。

（二）券门、券窗

位于殊像寺山门内外两侧，各有券门一组、券窗二组。鹦

表 80　石质文物病害说明表

序号	典型病害	说明
1	生物病害	因生物或微生物在其表面生长繁衍，而导致的各类病害。 常见的 生物病害归类为植物病害、动物病害及微生物病害三大类型。
2	局部缺失	指外力作用下构成的石质文物局部缺失的现象。
3	表面风化	由于外界自然因素的破坏作用导致石质表面或表层病害。 分类如下：表面粉化剥落、泛盐、表层片状剥落、鳞片状起翘与剥落、表面溶蚀、孔洞状风化。
4	裂隙	主要有三类：一是浅表性风化裂隙；二是深入石质文物内部的机械性裂隙，不包括伴随有明显位移的断裂；三是石材本身存在的原生性构造裂隙。
5	空鼓	主要指石质文物表层鼓起、分离形成空腔，但未完全剥落的现象。
6	表面污染与变色	指文物表面由于灰尘、污染物和风化产物的沉积而导致的表面污染好变色现象。 主要形式有：大气及粉尘污染、水锈结壳和人为污染。
7	水泥修补	指采用水泥类材料对文物进行粘接、加固、修补等改变文物原貌的现象。

鹞岩质地，保存状况良好。门券、窗券浮雕汉纹，窗扇为仿木六角菱花纹饰。门券宽 2.7 米、高 3.15 米，券宽 0.4 米。窗宽 2.3 米，高 1.7 米，窗券宽 0.36 米。病害计有残缺、水锈结壳、机械裂隙、人为污染、表面粉化、动物病害、空鼓等 7 种，其中水锈结壳为主要病害（图 814）。

（三）幢杆石

幢杆石也叫夹杆石，位于山门内两侧，红砂岩质地，平面呈方形。坐落在高 0.75 米的方形台基上，幢杆石本体长宽均为 1 米，台基上部分高 1.67 米，幢杆孔直径 0.47 米。由两块砂岩拼接而成，幢杆孔内堆积杂物，高达 1 米以上，内部情况不明。

两幢杆石均通体表面溶蚀，另有应力裂隙、残缺、微生物病害、空鼓、人为污染、浅表性裂隙、动物病害、片状剥落、表面粉化等病害（图 815），其中表面溶蚀、应力裂隙、表面粉化、空鼓、残缺、微生物病害等危害严重，东侧幢杆石的保存状况远逊于西侧。残缺主要位于两幢杆石的交缝、转角和文物中上部。应力裂隙在西侧幢杆石转角处及文物中上部，在东侧幢杆石上东西面呈横向分布、南北面呈纵向分布。微生物病害主要位于西侧幢杆石上部、下部东北两面与台阶交缝处、顶部基本完全覆盖；东侧幢杆石北面上部也有分布。空鼓在西侧幢杆石西面上部、南面夹缝处中下、东侧上部有分布，在东侧幢杆石上各面均有，面积较大。人为污染在西侧幢杆石东西两面和东侧幢杆石西北两面有分布。浅表性裂隙在两幢杆石中部较为密集。东侧幢杆石残缺部位普遍有片状剥落现象，东、西、南三面的连珠部位粉化剥落。西侧幢杆石上点状分布动物病害。

814 山门石券门和券窗（陈东 摄影）

815 殊像寺东侧幢杆石（陈东 摄影）

（四）抱鼓石、角柱石

抱鼓石、角柱石现存共 8 件，位于会乘殿前双层台阶的上下层两侧，可分为上、下两组，有抱鼓石、角柱石两种类型。其中上层东北角柱石因下部残断而横向放置，下层东南抱鼓石仅存底座，损毁严重。下层东北栏柱的裂隙有环氧树脂修复痕迹。抱鼓石、角柱石有残缺、水锈结壳、机械裂隙、孔洞状风化、片状剥落、表面粉化、水泥修补、微生物病害、人为污染等病害，其中前 5 种尤其严重（图 816-817）。

818 天王殿须弥座风化情况（陈东 摄影）

816 月台西侧抱鼓石（陈东 摄影）

819 会乘殿前五供座（陈东 摄影）

817 严重风化的月台东侧抱鼓石（陈东 摄影）

820 会乘殿前五供座中的香炉座（陈东 摄影）

（五）须弥座

须弥座位于天王殿台基上，共有 5 部分。南侧长 2 米，宽 1.8 米，高 0.94 米。北侧长 1.35 米，宽 1.05 米，高 0.95 米。断裂后的须弥座堆中间填有渣土、碎石等杂物，其内部状况不明。有水锈结壳、机械裂隙、表面粉化、孔洞状风化、残缺、片状剥落、植物病害、人为污染等病害类型，以前 4 种最为重要。其中残缺病害主要位于南面左上部与西侧上部，水锈结壳在上下枋之间一周分布，机械裂隙在南部右侧台面、西侧束腰至下枋等处分布，孔洞状风化在除粉化、片状剥落严重的部位通体可见，片状剥落在上下枭之间分布（图 818）。

（六）五供座

五供座位于会乘殿前，均为须弥座样式，一大四小，中间较大的一个为长方形，四周为较小的正方形（图 819-820）。

五供座保存状况基本完好，顶面四角均有凹槽，应为原来安放五供所用。上下枭浮雕仰覆莲，束腰雕刻简化的福寿纹。

中间的香炉座长 0.82 米，宽 0.65 米，高 0.65 米；其余五供座长 0.49 米，宽 0.49 米，高 0.64 米。主要病害有孔洞状风化、片状剥落、水锈结壳、表面粉化等，还有残缺、应力裂隙、浅表性裂隙、空鼓、人为污染等病害类型。

二、石质文物病害情况总结

殊像寺的石质文物共有红砂岩与凝灰岩（当地俗称鹦鹉岩）两种质地，病害情况都比较严重。其中表面粉化、片状剥落、机械裂隙、残缺、微生物病害等对两种石质危害都很大。凝灰岩还往往伴有面积较大的水锈结壳和孔洞状风化病害，红砂岩文物的表面溶蚀现象普遍，浅表性裂隙多，空鼓问题严重。两种石质都存在人为污染、动物病害、植物病害等病害类型。

从单体文物的角度看，山门的内外侧门券、窗券、窗扇的保存状况最佳，本体完好，雕刻纹饰清晰可见。抱鼓石和角柱石缺失问题严重，下侧东南抱鼓石已基本损毁殆尽，仅存底座。天王殿上的须弥座断为数截，中间堆积渣土、杂物，文物原貌遭到严重破坏。另外红砂岩和凝灰岩石质文物都普遍存在严重的表面粉化、片状剥落的问题，仍在进一步恶化，严重危及文物的安全。东侧幢杆石裂隙张开度多达 1 厘米 以上，空鼓面积大，如果不及时采取保护修复措施，很容易大面积脱落。对

殊像寺石质文物的保护修复工作已然刻不容缓。

单个文物病害类型及病害区域大小统计结果见表 81，典型病害见图 821-827，其中典型病害包括：应力裂隙、孔洞状风化、水泥修补、残缺、片状剥落、表面粉化、裂隙、空鼓等。

821 剥落残块

822 片状剥落、空鼓

823 残缺、断裂

824 片状剥落

825 人为污染

826 生物病害

827 微生物病害、开裂

表 81　殊像寺石质文物病害统计表

病害名称	单位	石狮	幢杆石	台阶护栏	须弥座堆	山门内外	五供座	合计
应力裂隙	米	26.00	62.92	74.84	27.68	6.00	2.42	199.86
片状剥落	平方米	3.16	1.25	0.76	0.54	0.00	1.97	7.68
表面粉化	平方米	15.03	3.59	2.57	6.10	0.09	0.88	28.26
水锈结壳	平方米	24.66	0.00	10.94	7.89	11.52	9.56	64.67
孔洞状风化	平方米	21.66	0.00	25.40	11.42	0.00	8.69	67.17
残缺	立方米	1.25	0.39	0.96	1.25	0.23	0.52	4.60
微生物病害	平方米	12.41	2.60	2.27	0.39	0.00	0.45	17.73
人为污染	平方米	0.51	1.38	0.80	0.10	1.16	0.62	4.57
动物病害	平方米	0.32	0.01	0.00	0.00	0.05	0.00	0.38
浅表性裂隙	米	118.00	55.80	24.03	101.94	43.65	51.48	394.90
表面溶蚀	平方米	2.50	17.34	1.45	3.64	0.00	3.32	28.25
空鼓	平方米	0.00	1.78	0.00	0.00	0.30	0.35	2.43
水泥修补	平方米	0.00	0.00	0.24	0.00	0.00	0.00	0.24
表面泛盐	平方米	4.45	13.34	13.20	9.96	0.00	4.36	45.31
植物病害	平方米	0.00	0.00	0.00	0.01	0.00	0.00	0.01

三、保护目的

殊像寺石质文物保护的目的包括三个方面。一是消除和减缓各种破坏因素，保护各类文化遗存；二是最大限度地将现存文物主体所赋存的形象资料及历史信息留给后人；三是展示遗址形制结构及其蕴含的文化价值、历史价值。

四、设计依据

本保护方案设计的主要依据是：联合国教科文组织《保护世界文化和自然遗产公约》《中华人民共和国文物保护法》《中华人民共和国文物保护法实施条例》《纪念建筑、古建筑、石窟寺等修缮工程管理办法》《国际古迹保护与修复宪章》（威尼斯宪章）、《历史园林保护宪章》（《佛罗伦萨宪章》）、《中国文物古迹保护准则》《文物保护行业标准管理办法》《河北省文物保护项目总体方案》《河北省文物保护管理条例》《河北省实施〈中华人民共和国文物保护法〉办法》、河北省《关于加强和完善文化遗产日常监测管理、保护修缮工作机制的意见》《承德避暑山庄及周围寺庙保护管理条例》以及承德避暑山庄及周围寺庙石质文物，尤其是殊像寺的保存现状、文化遗存的材料组成与结构、病害类型与成因、保护修复目的等。

五、保护原则

殊像寺庙石质文物存在多种病害，为了达到保护殊像寺庙石质文物的最终目的，在设计"承德殊像寺庙石质文物保护方案"和各类遗存保护修复实施过程中均应严格遵循下列原则：

（一）重视前期研究工作

殊像寺石质文物保护措施都必须以勘察研究成果为基础，内容包括：全面、深入理解殊像寺庙石质文物的完整性；对遗址地进行详细勘察，充分研究、真实记录殊像寺庙石质文物价值的赋存载体；对遗址的完整性、真实性及保存状况进行系统

评估；客观分析殊像寺庙石质文物损毁的各种自然和人为原因。目前，这些基础性研究工作已经全面开展，并取得了一些阶段性成果，但一些必要的抢救性保护工程必须先期进行，保障现有文物不再损毁。

（二）以保护遗址现状为指导思想，尊重遗址的真实性与完整性。

任何保护措施均应严格遵守"不改变文物原状""最小干预性""可再处理性"和"最大兼容性"等基本原则，保持殊像寺石质文物的真实性；尽可能地保护遗存本体所包含的全部历史信息，保持殊像寺石质文物的完整性。严格控制遗存本体的修补规模，只有在遗址形制的完整性、稳定性和安全性受到威胁，确实有必要修补，且建筑和考古依据充分时方可进行。

（三）安全性要求

保护措施的目的应是出于有效保持殊像寺石质文物的稳定与安全状态；保护措施不得破坏遗存本体，或对其构成威胁。保护采用传统技术与现代科学技术相结合的手段进行，工程措施上尽量采用隐蔽性技术。

（四）风险防范

制定具体保护措施应采取审慎的态度，预测风险，并采取防范措施。尽可能采用可逆性或可持续的保护措施；现代材料的使用应做必要的试验。尽量减少应用材料种类，注意材料的兼容性、稳定性、可持续性，把握修复工艺的可辨性。

（五）重视遗址环境，加强环境整治。

环境是殊像寺石质文物不可分割的组成部分，应最大限度地维持殊像寺庙石质文物的现有状态，同时积极配合古建修复工程，加强疏浚排水治理，加强对石质文物尤其是低洼处文物环境的有效控制。

一、国家文物局方案批复情况

2015 年 04 月 24 日，国家文物局《关于承德殊像寺石质文物科技保护方案的批复》（文物保函〔2015〕1838 号）（图 828）原则同意承德殊像寺石质文物科技保护方案。对该方案提出修改意见如下：

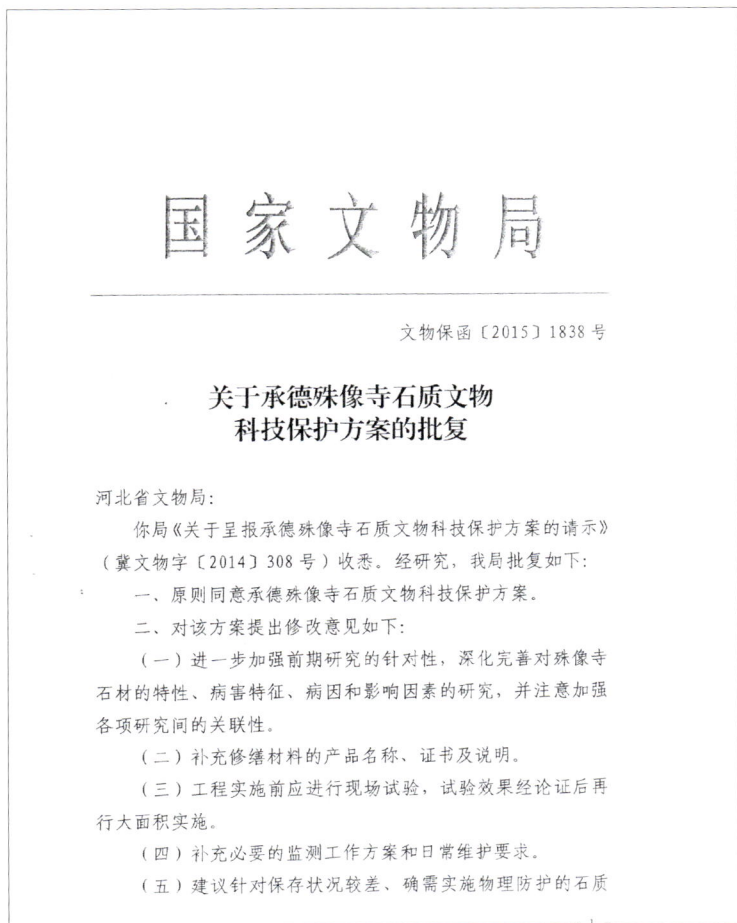

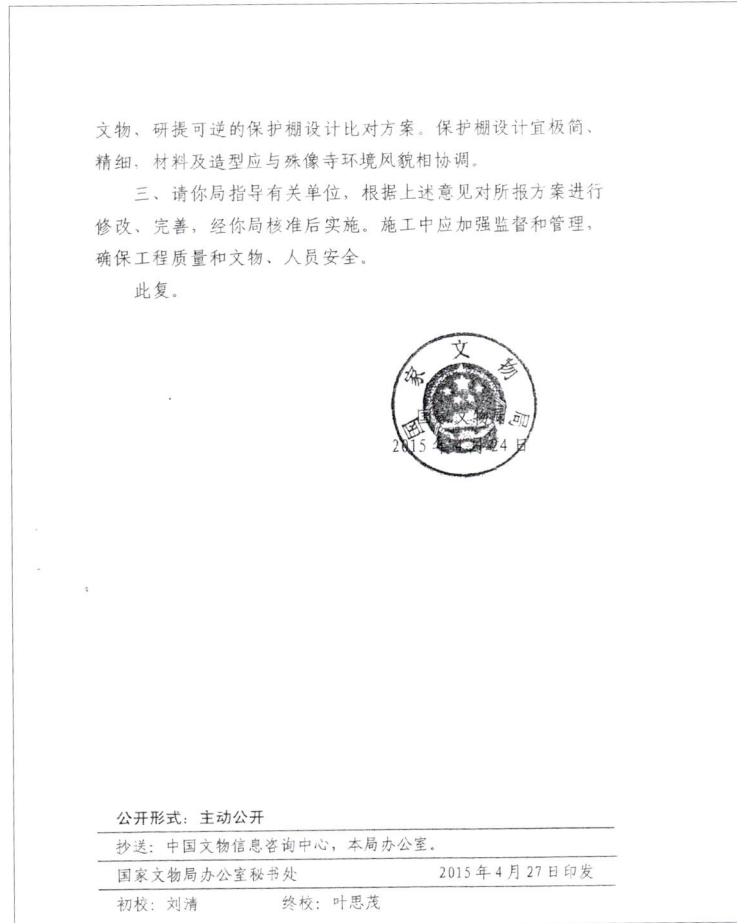

国 家 文 物 局

文物保函〔2015〕1838 号

关于承德殊像寺石质文物
科技保护方案的批复

河北省文物局：

你局《关于呈报承德殊像寺石质文物科技保护方案的请示》（冀文物字〔2014〕308 号）收悉。经研究，我局批复如下：

一、原则同意承德殊像寺石质文物科技保护方案。

二、对该方案提出修改意见如下：

（一）进一步加强前期研究的针对性，深化完善对殊像寺石材的特性、病害特征、病因和影响因素的研究，并注意加强各项研究间的关联性。

（二）补充修缮材料的产品名称、证书及说明。

（三）工程实施前应进行现场试验，试验效果经论证后再行大面积实施。

（四）补充必要的监测工作方案和日常维护要求。

（五）建议针对保存状况较差、确需实施物理防护的石质

文物、研提可逆的保护棚设计比对方案。保护棚设计宜极简、精细、材料及造型应与殊像寺环境风貌相协调。

三、请你局指导有关单位，根据上述意见对所报方案进行修改、完善，经你局核准后实施，施工中应加强监督和管理，确保工程质量和文物、人员安全。

此复。

公开形式：主动公开
抄送：中国文物信息咨询中心，本局办公室。
国家文物局办公室秘书处   2015 年 4 月 27 日印发
初校：刘清   终校：叶思茂

828 国家文物局关于《殊像寺石质文物科技保护方案》的批复意见

（一）进一步加强前期研究的针对性，深化完善对殊像寺石材的特性、病害特征、病因和影响因素的研究，并注意加强各项研究间的关联性。

（二）补充修缮材料的产品名称、证书及说明。

（三）工程实施前应进行现场试验，试验效果经论证后再行大面积实施。

（四）补充必要的监测工作方案和日常维护要求。

（五）建议针对保存状况较差、确需实施物理防护的石质文物，研提可逆的保护棚设计比对方案。保护棚设计宜极简、精细、材料及造型应与殊像寺环境风貌相协调。

二、方案修改与深化设计

按照国家文物局方案批复意见，设计单位再次从殊像寺进行了现场取样，由于现场原有的鹦鹉岩数量较少，体量较小，不能进行力学性能测试，只能从其他寺庙寻找合适岩样，因此，此次主要采集小块试样，进行微观分析，结合病害特征进行微观机理研究，并进行冻融循环、干湿循环以及耐盐等试验（图 829）。此外，根据批复意见，补充修缮材料的产品名称、证书及说明，增加了岩石加固材料及粘接、灌浆材料中国传统石灰材料的详细名称、专利证书、检测报告等，补充了必要的监测工作方案和日常维护方案。

829 现场防风化实验试块（许东 摄影）

三、河北省文物局深化设计方案核准情况

2016 年 7 月 4 日，《承德殊像寺石质文物科技保护方案》深化设计通过河北省文物局核准（冀文物发〔2016〕240 号）（图 830），具体意见如下：

（一）修改后的设计方案基本符合国家文物局《关于承德殊像寺石质文物科技保护方案的批复》（文物保函〔2015〕1838 号）相关要求，现予核准。

（二）注意裂隙监测需考虑是否存在基础不均匀沉降，如存在，应先进行基础处理，再实施科技保护。

（三）按照国家文物局批复要求，工程实施前应进行现场

河北省文物局文件

冀文物发〔2016〕240 号

河北省文物局
关于承德殊像寺石质文物科技
保护方案的核准意见

承德市文物局：

你局《关于请予核准<承德殊像寺石质文物科技保护方案>深化设计的请示》（承市文物发〔2016〕33 号）收悉，经研究，我局意见如下：

一、修改后的设计方案基本符合国家文物局《关于承德殊像寺石质文物科技保护方案的批复》（文物保函〔2015〕1838 号）相关要求，现予核准。

二、注意裂隙监测需考虑是否存在基础不均匀沉降，如存在，应先进行基础处理，再实施科技保护。

三、按照国家文物局批复要求，工程实施前应进行现场试验，试验效果经论证后再行大面积实施。

四、工程实施中，注意加强现场情况的研究，做好施工前及施工过程中的记录，如施工中去除栏杆后，规范、细化石狮病害图，做好施工过程中的设计深化。如有重要内容变更，应依规履行报批程序。

五、请你局结合保护工程的实施，安排人员全程参与，通过项目实施培养专业人才。项目实施后，加强日常管理、维护及监测。

六、工程施工需具有相应资质等级、业务范围的施工单位、监理单位承担，开工前到我局办理相关许可申请，工程管理应严格按照《承德避暑山庄及周围寺庙文化遗产保护工程管理办法》执行。

河北省文物局
2016 年 7 月 4 日

公开形式：主动公开
河北省文物局办公室　　　　　　　　　2016 年 7 月 4 日印发

830 河北省文物局关于《殊像寺石质文物科技保护方案》深化设计的核准意见

试验，试验效果经论证后再行大面积实施。

（四）工程实施中，注意加强现场情况的研究，做好施工前及施工过程中的记录，如施工中去除栏杆后，规范、细化石狮病害图，做好施工过程中的设计深化。如有重要内容变更，应依规履行报批程序。

（五）请你局结合保护工程的实施，安排人员全程参与，

通过项目实施培养专业人才。项目实施后，加强日常管理、维护及监测。

（六）工程施工需具有相应资质等级、业务范围的施工单位、监理单位承担，开工前到我局办理相关许可申请，工程管理应严格按照《承德避暑山庄及周围寺庙文化遗产保护工程管理办法》执行。

第四节　工程实施情况

殊像寺石质文物包括石狮、幢杆石、须弥座、抱鼓石、供台等多种文化遗存，保存状况不同，但其保护修复目的都是以消除和减缓各种破坏因素，保护各类文化遗存，最大限度地将现存文物主体所赋存的形象资料及历史信息留给后人，展示遗址形制结构及其蕴含的文化价值、历史价值等为主，修复技术流程基本一致。

一、山门石狮

山门两座石狮，岩材质，露天保存，东狮相对西狮保存状况较好，病害以局部开裂（多见于发髻）、粉化泛盐剥落（发髻、须弥座中下部分）、残缺（发髻、前爪、小狮子及配饰）、空鼓（发髻、眼睛）、顽固污垢（顶部发髻内树油、落叶等沉积物）、微生物（发髻间隙、后背）、水锈结壳及裂隙为主。工程实施主要内容包括表面人为油漆清洗、发髻微生物清理灭活、狮爪及小狮子结构稳定性加固、眼睛空鼓剥落区域回贴加固、须弥座粉化剥落区域加固等工作。

山门前两座石狮的修复工艺流程为：修复前资料留存—

修复前检测—毛刷除尘—粉化严重区域预加固—擦拭去污—高温高压蒸汽清洗、灭活—脱盐—棉签除尘（发髻、脸部油漆污染）—局部化学清洗（主要针对西狮脸部高温高压蒸汽清洗后仍旧去除不掉的蓝色油漆，用量极少）—修复前预加固—锚固回贴（眼睛、发髻、爪子、小狮子、绣球等局部开裂、空鼓部位）—支护—裂隙修复—养护—周边环境治理（剔除前期水泥修复，恢复红砂岩石板地面，并做排水处理）—冬季防冻养护—修复后跟踪监测评估等（图 831—834）。

山门石狮主要工程技术难点在于开裂、残缺造成的局部失稳和空鼓，空腔内部石材多呈粉末状，外表多呈细碎层片状，状态脆弱，需要抢救性加固，进行揭取、清理、锚固、回贴等；微裂隙的灌浆加固可灌性差，对材料和工艺有严格的技术要求。

二、山门券门、券窗

山门券门、券窗在建筑屋檐下，没有受到雨雪和冻融的影响，因此保存较好，主要工程内容是清洗、局部裂隙及砌筑缝修复。

831 西狮头部修复前

832 西狮头部修复后

东立面

西立面

南立面

833 西狮修复前（局部）

东立面

西立面

南立面

834 殊像寺西狮修复后（局部）

三、幢杆石

露天环境下的两座红砂岩质幢杆石整体保存状态较差，表面微生物较多，表层空鼓、剥落、裂隙病害严重。尤其微小裂隙病害的发育，严重破坏了文物完整性。保护工作主要集中在空鼓剥落区域灌浆、回贴粘结和微小裂隙修复，以及砂岩典型的鳞片状起翘、粉化剥落处局部防风化加固等。幢杆石上部微小裂隙发育密集，为此次修复中的技术难点。在本次微裂隙加固中，采用裂隙灌浆红砂岩粉勾缝结合的技术处理，利用红砂岩粉与修复材料配制的材料进行灌浆后的勾缝处理，使幢杆石表面整体自然（图835—840）。

835 殊像寺幢杆石修复前（许东 摄影）

836 殊像寺幢杆石修复后（许东 摄影）

837 殊像寺幢杆石修复前（许东 摄影）

838 殊像寺幢杆石修复后（许东 摄影）

839 殊像寺幢杆石修复前（局部）（许东 摄影）

840 殊像寺幢杆石修复后（局部）（许东 摄影）

四、天王殿须弥座

　　天王殿须弥座露天保存，整体保存状况较差。由于须弥座中间部位较为低洼，碎石、风化土及杂物堆积较多，雨雪季常存水，造成微生物、生物病害集中发育，粉化泛盐严重；须弥座四周有纹饰雕刻部位风化、泛盐严重，亦多片状、鳞片状起翘与剥落等问题。保护过程中，针对最主要的须弥座中间部位低洼问题，修复人员将缝隙内部风化土、碎石清理干净后，自下而上勾缝灌浆加固，又将须弥座中心低洼易存水部位用青砖砌筑后，用传统石灰材料调配浆液勾缝做防水处理，预留了散水口，一定程度上阻断了水在须弥座内部的不良作用。此外，须弥座修复前大面积粉化泛盐，对比原石材颜色和微生物在石材表面形成的黑色结壳，文物整体观感较差，经脱盐、加固处理后，提升了文物整体协调性（图841-842）。

841 天王殿须弥座修复前（许东 摄影）

842 天王殿须弥座修复后（许东 摄影）

五、会乘殿前抱鼓石、角柱石

会乘殿月台上的抱鼓石、角柱石残件均为材质，小件露天零散摆放。主要的病害是空鼓、开裂、残缺、粉化泛盐、微生物病害、水锈结壳和裂隙，本次工程做了清理、微生物灭活、脱盐处理等保护措施，并针对空鼓、开裂部位进行粘结、回贴、灌浆支护、勾缝修复，保护修复效果较为明显（图843-847）。

843 修复实验

844 抱鼓石修复前（许东 摄影）

845 抱鼓石修复后（许东 摄影）

846 抱鼓石修复前

847 抱鼓石修复后

六、会乘殿前五供座

会乘殿前五座供台造型各异，岩材质、露天保存，整体保存状况相对较好。最主要的病害为局部残缺、微生物病害、水锈结壳和孔洞状溶蚀等，工程实施内容以表面清理除尘和勾缝修复为主。微生物灭活和水锈结壳的处理优先以高温高压蒸汽清洗配合毛刷清理为主，对于局部难以清理的水锈结壳，后期采用局部化学试剂清洗和激光清洗措施，清洗效果较好。五供台修复技术关键点主要在于对"修复度"的把握，始终坚持"最低限度干预""不改变原状"等文物保护基本原则，以满足文物本体保护需求，延缓病害发展为保护目的（图848-853）。

848 五供座修复前（许东 摄影）

849 五供座修复后（许东 摄影）

850 五供座修复前（许东 摄影）

851 五供座修复后（许东 摄影）

852 五供座修复前（许东 摄影）

853 五供座修复后（许东 摄影）

第五节　工程洽商情况

殊像寺石质文物科技保护工程现场勘察时间是 2013 年，设计方案于 2015 年 04 月 24 日通过国家文物局审批，2016 年 7 月 4 日，深化设计方案通过河北省文物局核准。2017 年春季该项目完成工程招投标开始正式施工。工程实施距离勘察设计时间已过去 4 年，殊像寺各项石质文物的病害都发生了明显变化，保护措施的工程量明显大于勘察监测时预估的工程量，具体体现在以下三个方面。

一、殊像寺石狮、幢杆石、山门门窗、天王殿基座、月台栏板及五供台等石质文物松脂污迹、水锈结壳、苔藓和地衣等微生物污染物明显增多，相应采取毛刷除尘、贴纸除尘、棉签除尘、激光清洗、高压蒸汽清洗等清洗工程量都明显高于设计阶段勘察的工程量，为保证清洗效果，需要依据实际情况据实计量。

二、殊像寺幢杆石、天王殿基座处于室外自然环境内又经过多年的风雨侵蚀，而且勘察设计到实施保护又经过几年高温和冻融循环，文物裂隙发育越来越多，该项工程量的增加主要有以下两个原因：一是勘察条件受限，殊像寺石质文物病害调查时很多局部细节无法近距离勘察，且受表面污染影响，大量微裂隙无法查出，未能列入工程量。二是裂隙的不断扩展，由于大部分石质文物为室外保存，受干湿破坏和冻融作用较为强烈，裂隙不断扩展，张开度增大，且由外向内不断延伸，裂隙类型由表层破坏发展到结构破坏，致使工程量大幅上升，修复难度成倍增加。在裂隙修复所对应的风化层清理、预加固、灌浆、修复、补形、补色等各项工序的工程量都明显大于勘察设计时的工程量，在施工过程中对裂隙修复数量进行现场据实计量，最终以实际发生的工程量纳入工程结算。

三、殊像寺石狮、幢杆石、天王殿基座、月台栏板、五供台等处于自然环境中，近些年承德地区酸雨频发，雨水中酸根离子与石质中的金属离子形成了可溶盐较多，又因地下毛细水将地面无水芒硝、氯化钠等可溶盐不断的带到文物本体；可溶盐的不规律结晶对文物造成表面粉化、开裂、空鼓、剥落等严重影响了文物的安全性与稳定性，致使文物本体的原真性和完整性不能很好地保存与延续。因此，原设计方案中要求采用纸浆和去离子水对石质文物表面进行脱盐处理。但由于很多盐分已经随水渗入到石材内部，一次脱盐施工后不久仍会有少量的盐分陆续析出，为彻底除去石质文物中的有害盐分，需要进行二次脱盐。

2018 年 11 月 1 日，殊像寺石质文物科技保护工程基本完工，建设单位、监理单位、设计与施工单位三方负责人现场共同签署洽商文件，对工程中各项施工内容现场据实计量，据实纳入工程结算。

一、表面清洗

石质文物表面污染物主要水锈结壳、前期水泥修补、微生物、生物尸体或分泌物等，采用的清洗的方式包括手工清扫、机械剔除、擦拭去污、贴纸除尘、局部化学清洗、高压蒸汽清洗、激光清洗等。按照方案设计要求，对于顽固污垢清洗优先选用高温高压蒸汽和激光清洗，尽可能减少化学溶剂的使用。

二、危险块体加固

清洗过程中相对危险、影响结构稳定性或粉化剥落严重区域必须先做预加固处理。对于错位、断裂、板条状开裂的文物要归位、揭取、粘接、锚固等，必要时钻取锚固孔安插锚件，待结构稳定后再做后续保护；对于粉化剥落严重区域，应用喷洒法、刷涂法或者注射器滴落法等做加固剂预加固处理，预加固后做好支顶保护，片状剥落区域加固效果不明显区域，可选择揭取—标识—加固—回贴粘接—支顶养护。

三、脱盐

石质文物可溶盐主要采用吸附法脱除。吸附物质采用纤维纸、纸浆、脱脂棉等，用水作为溶剂，使水渗入岩石微孔而溶解可溶盐类。本项工程采用纸浆和宣纸作为脱盐吸附材料。

四、裂缝灌浆加固

针对承德凝灰岩（当地俗称鹦鹉岩）石质文物的特点，选用中国传统石灰材料作为主要的灌浆加固材料。

五、空鼓、剥落岩片加固

对于石质文物的空鼓、开裂、剥落的小型岩块，采用中国传统石灰材料进行填充粘接加固。承德石质文物多板条状开裂，根据现场粘接效果对比，尽可能选择揭取开裂区域，标识、清洗、加固后，用中国传统石灰材料粘接回贴。

六、裂隙修复

选用中国传统石灰材料配比高岭土、AEA型膨胀剂作为主要的勾缝材料。勾缝时与实际结合注意石材颜色变化，选择颜色配比，修补程度遵循文物可识别性原则。

七、局部表面防风化加固

石质文物化学加固近年来存在一定的争议，但是对于风化严重亟待抢救的文物而言，局部表面防风化也是一种可以考虑的思路。石质文物本身和所处环境的各种化学因素，物理因素的"动态性"对保护材料提出了更严格的要求，因此，没有一种通用的保护剂，任何一种保护剂都有自己的适用范围和局限性，在选用保护剂时必须经过严格的试验室和现场试验，所以施工中也尽量减少化学试剂的使用，仅在风化严重区域使用。

八、防冻养护

中国传统石灰材料灌浆、粘接、修复后需要一个凝结期和稳定的温度来保证其凝结固化，修复后养护工作十分重要（图854–855）。

殊像寺山门西狮主要修复工艺流程

里氏硬度检测　　裂隙声波检测　　除尘清洗　　顽固污垢去污　　危险块体加固　　纹样修复　　裂隙修复　　脱盐　　养护

854 殊像寺西狮主要修复工艺流程（许东 摄影）

殊像寺天王殿须弥座堆主要修复流程

修复前检测	严重风化区域加固	除尘清洗	揭取不稳定块体
粘结回贴	空鼓灌浆	裂隙修复	
纹样修复	脱盐	小环境排水处理	修复后检测

855 天王殿须弥座修复工艺流程（许东 摄影）

九、修复前后检测及效果监测评估

石质文物科技保护过程中越来越重视科技保护的含量，不仅是材料工艺理念的科学性，还有修复效果等各方面的科学性。项目组不断加强修复前后的检测及效果评估，对保护修复工艺流程、修复效果、修复质量、材料稳定性等进行初步评估和监测，量化典型病害治理后表观形态评价，加强扫描数据成果转化利用，辅助完成工程实际施工（图856~857）。经过修复前后的检测数据对比，强度达到预期效果，在质保期内会继续跟踪监测，以年为单位监测修复效果，评估发展趋势（表82~84）。

表 83

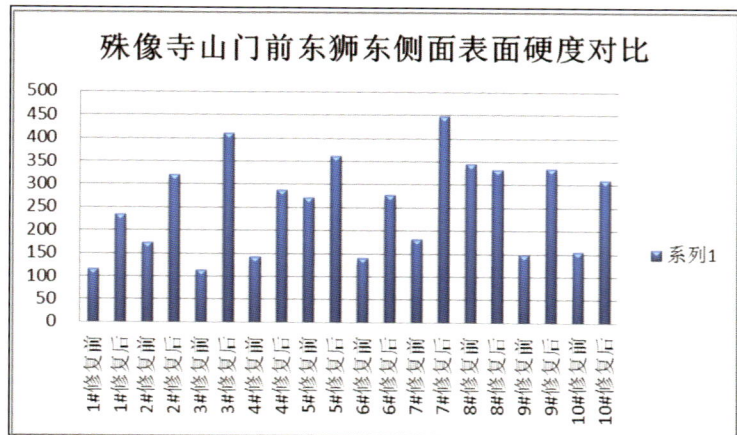
殊像寺东侧幢杆石南侧面表面硬度对比

表 82

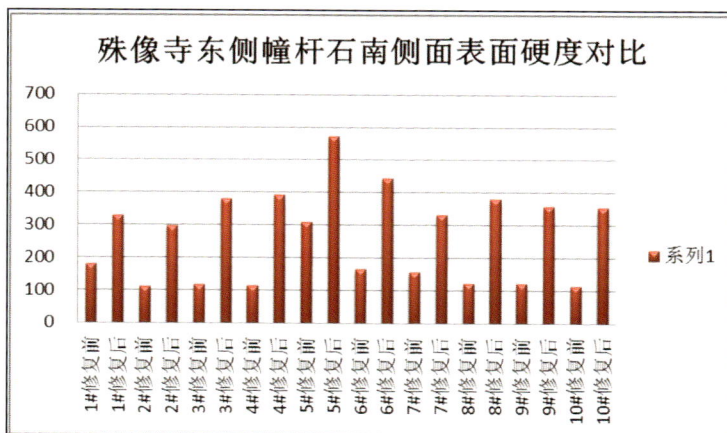
殊像寺山门前东狮东侧面表面硬度对比

表 84

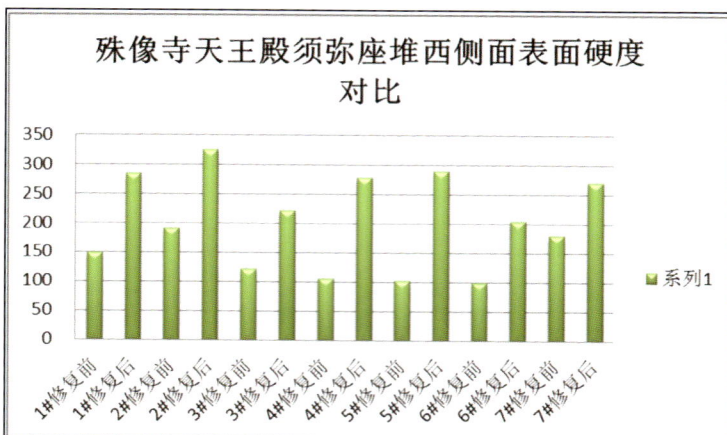
殊像寺天王殿须弥座堆西侧面表面硬度对比

856 表面硬度检测（许东 摄影）

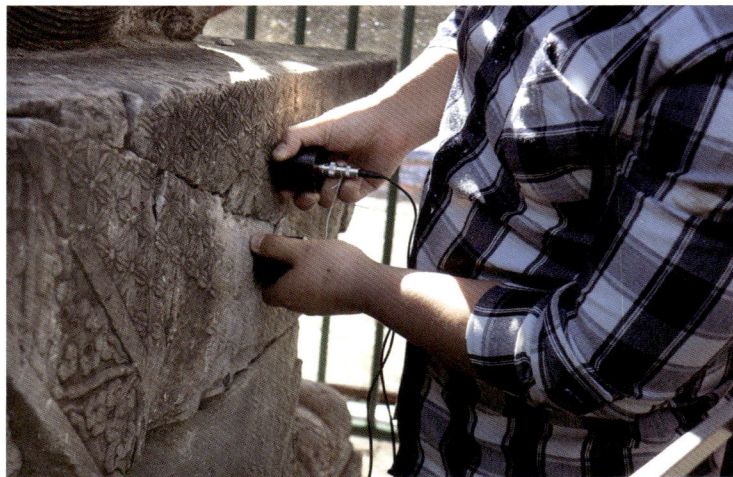

857 弹性波检测（许东 摄影）

第七节　工程验收

　　2019 年 8 月 2 日，河北省文物局组织铁付德、詹长法、潘路 3 位专家对殊像寺石质文物科技保护进行省级工程技术验收（图 858–859），专家认为该项工程从方案审批到工程实施符合文物保护工程程序要求，项目单位管理基本到位，各方沟通配合较好，按批复的设计文件完成了工程内容，施工过程中研究性保护特点突出，并注重维修后的养护工作，工程质量和外观效果较好，竣工验收资料较为齐全，同意通过省级技术验收。另外，专家建议加强完工项目数据整理，总结工程经验，培养当地养护队伍。

　　殊像寺石质文物科技保护工程于 2019 年 9 月通过国家文物局工程竣工验收（图 860）。验收专家认为殊像寺石质文物科技保护工程管理科学规范，项目坚持科学研究定位，将科学研究及成果应用与保护工程紧密结合，修复材料研究、修复技术工艺及修复效果等均取得了显著的成果，阶段性工作保护原则正确，技术路线科学可行，针对不同病害类型采取不同的修复技术工艺，修复效果良好，科学、有效地保护了殊像寺精美的石雕文物，对于我国石质文物的保护具有积极的推动作用和示范意义。

858 殊像寺石质文物科技保护工程现场验收

859 殊像寺石质文物科技保护工程省级技术验收听取参建各方汇报并检查工程资料

860 2019 年 9 月国家文物局对承德文化遗产保护工程进行整体竣工验收（孔凡敏 摄影）

第八节　相关建议

一、物理防护

承德石质文物普遍面临自然破坏的状况，普乐寺喇嘛塔须弥座、永佑寺避暑山庄后序碑、溥仁寺丹陛石等日趋严重。通过承德文化遗产保护工程的实施，对承德避暑山庄及周围寺庙大部分的带雕刻的露天石质文物进行了科学、有效地保护。但是这一轮石质文物科技保护主要以抢险加固为主，对石质文物的表面病害进行了有效地治理。如果不解决露天石质文物风吹、日晒、雨淋、冻融等病害成因，修复好的石质文物仍然会继续风化（图861）。2013年，溥仁寺丹陛石做了玻璃罩，保护效果显著。2016年，承德市文物局对永佑寺避暑山庄后序碑进行了物理防护，增设了可逆性保护棚，有效地避免了不利自然因素的直接破坏。这两种保护措施为承德石质文物的物理防护提供了良好的范例。但露天物理防护措施虽然十分有效，却难以解决防护措施与周边文物景观环境的协调问题。按照国家文物局《殊像寺石质文物科技保护工程》方案批复中"建议针对保存状况差、确需实施物理防护的石质文物，研提可逆的保护棚设计比对方案，保护棚设计宜极简、精细、材料及造型应与殊像寺环境风貌相协调"的要求，下一步应针对殊像寺露天石质文物设计能够和周边景观风貌协调的物理防护棚，有效减小雨雪和冻融对石质文物的损害。

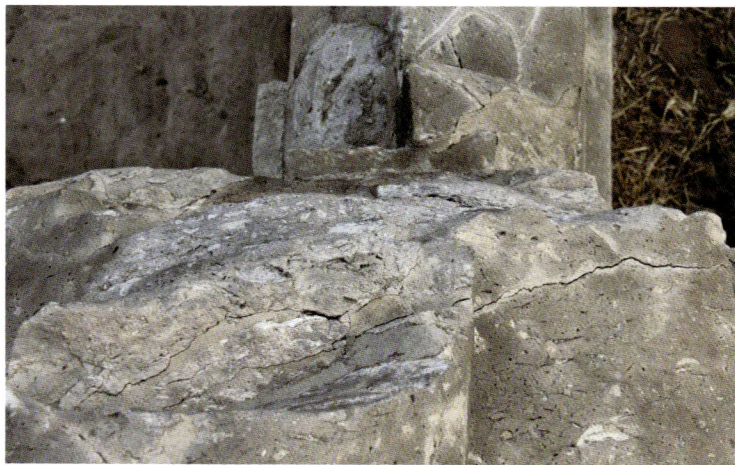
861 没有解决病害成因，修复过的石质文物仍然会继续风化（陈东 摄影）

二、建筑石构件科技保护

此次实施的殊像寺石质文物科技保护工程对殊像寺所有露天带纹饰的石质文物进行了保护性修缮，但是并没有涉及不带纹饰的露天石质文物。由于殊像寺各建筑的台基石构件和墙体陡板石均采用了容易风化的鹦鹉岩和红砂岩，受风吹、日晒、雨淋、冻融等因素影响也都存在不同程度的风化情况，特别是会乘殿、馔香堂、演梵堂等建筑的陡板石，云来殿、雪净殿、宝相阁的压面石和柱顶石等，存在非常严重的风化，表现为严重的表面粉化、片状剥落、裂隙，甚至出现了局部严重碎裂（图862-865）。下一步需要针对这些不带纹饰的露天建筑石构件进行专项科技保护。

862 会乘殿台基陡板石风化情况（陈东 摄影）

863 云来殿遗址台明石风化情况（陈东 摄影）

864 馔香堂遗址墙体石构件风化情况（陈东 摄影）

865 云来殿遗址柱顶石风化情况（陈东 摄影）

第七章　殊像寺安防工程

第一节　工程概况

由于殊像寺没有对外开放，因此并没有建立现代化的安全防范设施，文物安防一直以传统的人防为主，无法适应当前日益严峻的文物安全形势，亟需按照国家有关标准建设现代化安防系统。为了进一步改善殊像寺安消防条件，消除安全隐患，全面提升文化遗产安全防范管理水平，承德避暑山庄及周围寺庙文化遗产保护工程特别将殊像寺的安防工程列入到了实施范围中，全面建设殊像寺安防体系（表 85）。

殊像寺安防工程设计方案于 2011 年 3 月呈报河北省文物局和国家文物局进行审批。2011 年 3 月 29 日，国家文物局《关于殊像寺安全防范工程设计方案的批复》（文物督函〔2011〕346 号）原则通过了所报方案，同时提出了修改意见。

2011 年 4 月，按照国家文物局批复要求，设计单位对原方案进行补充完善和深化细化。2011 年 7 月 6 日，殊像寺安防工程深化设计方案通过了河北省文物局核准（冀文物发〔2011〕172 号）。2012 年 11 月，殊像寺安防工程完成了招投标工作，工程于 2013 年 4 月开工， 2013 年 11 月完工，并于 2014 年 1 月顺利通过了公安部门专业验收，于 2014 年 10 月通过了国家文物局组织的竣工检查。验收专家认为殊像寺安防工程"整体实施良好，符合文物安全防护要求"，并指出前期准备工作充分，工程管理有序有效，施工过程中出现问题能很好的与文物保护要求相结合，实现了对文物的最小干预。

表 85　殊像寺安防工程参建各方情况表

		类别	负责人	主要参与人员
建设单位	承德市文物局、承德避暑山庄及周围寺庙文化遗产保护工程指挥部工作办公室	工程建设组	闫军民	常征、巴玉玲
		招投标组织组	韩永祥	
		财务管理组	杨海燕	薛晓霞、夏志鹏、陈晶、高占鹏
		综合协调组	缪革新	孙继梁、姜可辛、杨青春、王红杰
		资料档案组	穆焱	高俊、东海梅、孔繁敏、张丽霞
设计单位	河北荣视电子技术有限责任公司	设计负责人		梁建军
		主要设计人员		谢静、于明、刘庆钊
监理单位	承德城建工程项目管理有限公司	总监理工程师		张卫东
		监理工程师		魏焕发、郭军、李长荣
施工单位	承德万得电子有限公司	项目经理		曹田林
		技术负责人		闫国军
		主要技术人员		魏建民、杨树田、张东宇

第二节　方案审批情况

一、国家文物局方案审批情况

2011 年 3 月，国家文物局《关于殊像寺安全防范工程设计方案的批复》（文物督函〔2011〕346 号）原则通过了所报方案，同时提出了修改意见（图 866）：

（一）殊像寺安防工程作为须弥福寿之庙安防系统的一部分，要确保须弥福寿之庙二级集成平台对殊像寺安防系统进行全面操作与管理，保证处警响应时间不大于 3 分钟。

（二）补充系统拟用的主要设备经国家授权检验机构出具的检测报告或认证证书，并需与设备清单保持一致。

（三）系统设备选型应选用主流设备，前端设备应能满足低温情况下的工作要求，玻璃破碎探测器、16 路报警控制器、墙震动探测器等需重新选型。

（四）进一步规范设计方案，确保设计说明、图纸、表格一致。补充本地存储方式的说明和指标。

（五）修改完善系统图，全面反映系统集成方式与工作原理；补充中控室平面图；精确布防设备安装位置。

（六）围墙顶部做铁丝网影响景观，建议调整警戒方式。

二、河北省文物局深化设计核准情况

2011 年 5 月，殊像寺安防工程深化设计方案通过了河北省文物局核准（冀文物发〔2011〕172 号），同时提出如下意见（图 867）：

（一）严格按照承德避暑山庄及周围寺庙文化遗产保护工程专家第二次评审意见，对方案进行修改、细化和补充等工作。

（二）依法公开招标，选定具有规定施工资质的单位承担本项工程的施工任务。

（三）按照《文物保护工程管理办法》要求，规范施工组织程序，保证工程质量，确保文物安全，并做好工程资料的收集与整理

（四）工程完成后，请将竣工报告报我局。

国家文物局

文物督函〔2011〕346 号

关于殊像寺安全防范工程设计方案的批复

河北省文物局：

你局《关于呈报承德殊像寺安防工程设计方案的请示》（冀文物字〔2011〕56 号）收悉。经研究，我局意见如下：

一、原则同意该方案。

二、对方案提出以下意见：

（一）殊像寺安防工程作为须弥福寿之庙安防系统的一部分，要确保须弥福寿之庙二级集成平台对殊像寺安防系统进行全面操作与管理，保证处警响应时间不大于 3 分钟。

（二）补充系统拟用的主要设备经国家授权检验机构出具的检测报告或认证证书，并需与设备清单保持一致。

（三）系统设备选型应选用主流设备，前端设备应能满足低温情况下的工作要求，玻璃破碎探测器、16 路报警控制器、墙震动探测器等需重新选型。

（四）进一步规范设计方案，确保设计说明、图纸、表格一致。补充本地存储方式的说明和指标。

（五）修改完善系统图，全面反映系统集成方式与工作原理；补充中控室平面图；精确布防设备安装位置。

（六）围墙顶部做铁丝网影响景观，建议调整警戒方式。

三、请你局组织建设单位根据上述意见对方案做进一步完善，经你局核准并按照国家相关规定履行报批程序后实施。请加强施工管理，严格工程验收，确保工程质量和文物安全。

此复。

二〇一一年三月二十九日

抄送：本局办公室预算处、财务处。

国家文物局办公室秘书处		2011 年 3 月 29 日印发
初校：李珅	终校：郑丽娜	

2

866 国家文物局关于殊像寺安防工程的批复意见

河北省文物局（意见）

冀文物发〔2011〕172号

河北省文物局
关于对殊像寺安全防范工程
设计方案的审核意见

承德市文物局：

你局《关于呈报〈殊像寺安防工程设计方案〉的报告》（承市文物发[2011]90号）收悉。经审核，提出如下意见：

一、严格按照承德避暑山庄及周围寺庙文化遗产保护工程专家第二次评审意见，对方案进行修改、细化和补充等工作。

二、依法公开招标，选定具有规定施工资质的单位承担本项工程的施工任务。

三、按照《文物保护工程管理办法》要求，规范施工组织程序，保证工程质量，确保文物安全，并做好工程资料的收集

四、工程完成后，请将竣工报告报我局。

二〇一一年七月六日

主题词：文物　方案　意见
　　河北省文物局办公室
校对：章嘉杰　　　　终校：刘连生　　　　（共印11份）

867 河北省文物局关于殊像寺安防工程深化设计的核准意见

第三节　工程实施情况

殊像寺安防工程主要对寺庙前端周界、防护区和禁区进行安装入侵报警、电视监控、图像和声音复核系统等前端布防设备，共计安装高清红外摄像机24个、红外夜视仪6个、四束红外对射8对，配备有线对讲和无线对讲、电子巡查、监控中心图像存储、前端供电系统，对室外设备安装防雷接地设施，建立具有防范报警、视频跟踪、备案查询、预留升级等功能的全方位、全时段立体监控防范系统。前端设备安装过程中，为了不影响景区环境同时不干预文物本体，殿堂内安装的设备，能隐蔽安装的尽量隐蔽安装，实在不能隐蔽安装的，将设备外观颜色改变与周围环境色彩尽量保持一致。安装工艺采取插件

和抱箍的方法，不在文物古建筑木质结构植钉。需要在文物古建外墙安装的设备，尽量利用建筑的砖石缝隙安装，将设备安装在隐蔽部位。周界报警系统采用隐蔽安装的泄露电缆，避免影响景区环境。线缆敷设工序实施过程中，能隐蔽安装的不明敷，能走线槽的不走管线，能利用原有管道的尽量利用原有管道。同时按照专家意见深化设计方案，对设备进行适度升级，确保系统的适度先进性。从而全面排除文物本体、周界存在的安全隐患，满足现阶段及未来安防需要，使人防、物防、技防协调推进，进一步提高文化遗产的安全防范能力，达到国家一级风险单位安全防范标准（图868-871）。

868 殊像寺安防系统实现了人防为主向技防为主的转变（巴玉玲 摄影）

869 殊像寺安防系统实现了人防为主向技防为主的转变（巴玉玲 摄影）

870 利用殊像寺僧房作为安防监控室（陈东 摄影）

871 新建殊像寺消防水池（巴玉玲 摄影）

第一节　工程概况

殊像寺原有的消防给水设施建于 20 世纪 70 年代，已使用 30 余年，设备锈蚀，漏水严重，存在较大安全隐患。为了进一步改善殊像寺消防条件，消除安全隐患，全面提升文化遗产安全防范管理水平，承德避暑山庄及周围寺庙文化遗产保护工程实施了殊像寺消防工程，对殊像寺消防设施进行全面升级改造（表 86）。

殊像寺消防工程设计方案于 2011 年 3 月呈报河北省文物局和国家文物局进行审批。2013 年 6 月 5 日，国家文物局《关于殊像寺消防工程设计方案的批复》（文物督函〔2013〕843 号）原则通过了所报方案。2011 年 9 月殊像寺消防工程完成了招投标工作，工程于 2011 年 10 月开工， 2013 年 11 月完工，并于 2014 年 3 月顺利通过了消防部门专业验收，于 2014 年 10 月通过了国家文物局组织的竣工检查。验收专家认为殊像寺消防工程前期准备工作充分，工程管理有序有效，施工过程中出现问题能很好地与文物保护要求相结合，实现了对文物的最小干预，有效地保证了文物安全。

表 86　殊像寺消防工程参建各方情况表

建设单位	承德市文物局、承德避暑山庄及周围寺庙文化遗产保护工程指挥部工作办公室	类别	负责人	主要参与人员
		工程建设组	闫军民	常征、巴玉玲
		招投标组织组	韩永祥	
		财务管理组	杨海燕	薛晓霞、夏志鹏、陈晶、高占鹏
		综合协调组	缪革新	孙继梁、姜可辛、杨青春、王红杰
		资料档案组	穆焱	高俊、东海梅、孔繁敏、张丽霞
设计单位	石家庄建筑设计院	设计负责人	李向亮	
		主要设计人员	曹素国、刁春峰	
监理单位	承德城建工程项目管理有限公司	总监理工程师	张卫东	
		监理工程师	王小明、郭强、李汉芝	
施工单位	河北鑫隆安全技术有限公司	项目经理	张蕴辰	
		技术负责人	郭军英	
		主要技术人员	王育梅、刘尚成	

第二节　方案审批情况

2013 年 6 月 5 日，国家文物局《关于殊像寺消防工程设计方案的批复》（文物督函〔2013〕843 号）原则通过了所报方案，提出如下修改意见：

（一）补充勘察报告中古建筑内部结构情况；补充设计说明中对古建筑现状和消防措施完整的分析说明。

（二）备用电源需要为整个消防系统供电，不能仅限于消防泵；消防管道工作压力要与实验压力相匹配。

（三）合理布设空气采样火灾报警装置，避免对古建筑天花板等构件造成损害。

（四）补充火灾报警设置与线路联接分布图和部分消防管道线路图。

（五）充分利用现有安防视频监控对火灾报警进行复核。

（六）补充完善设计、施工中的文物保护措施要求。

第三节　工程实施情况

殊像寺消防工程按照国家规范标准建设了蓄水池、发电机房、地下泵房及火灾报警、消防给水系统。根据《建筑设计防火规范（GB50016-2006）》规定，在寺庙内增设可靠的火灾自动报警系统、室外消火栓 10 套、200 立方米消防水池 1 个及消防控制室，以消除火灾隐患对殊像寺安全的威胁。施工内容以前端设备安装、土石方开挖和管道及消防水池、设备用房建设为主。为减少施工对古树、文物基址、园林环境的干预，在管沟开挖过程中，认真研究图纸，征求专家意见，在符合GB50168-2006《电缆线路施工及验收规范》和保证工程质量和系统性能的前提下，能少开挖的尽量少开挖，能够合并开挖的尽量合并开挖，按照专家意见采用单管环形网方案，从而尽量减少作业面积。同时结合承德当地的地理环境和气候条件，因地制宜，加深消防管沟深度，防止冻害。施工前，深化优化施工方案，选择适合文物园林环境内施工的施工工艺和材料。管道敷设过程中，按照设计方案，认真踏查管道路由，遇有古树、文物基址，根据现场实际情况进行适当调整线路。在消防

水池基坑开挖的同时对原有古建基址采取加固防护措施，消防水池和设备用房建设施工，在选址方面尽量选择在隐蔽区域，能隐蔽的尽量隐蔽，地面设备用房建筑，使用原有办公用房，避免新建建筑在寺庙内出现。景区内建设地下式消火栓，前端设置点型烟感探测器、空气采样系统和声光报警系统，从而更好地保护文物古建筑（图872-876）。

872 殊像寺消防泵控制柜（巴玉玲 摄影）

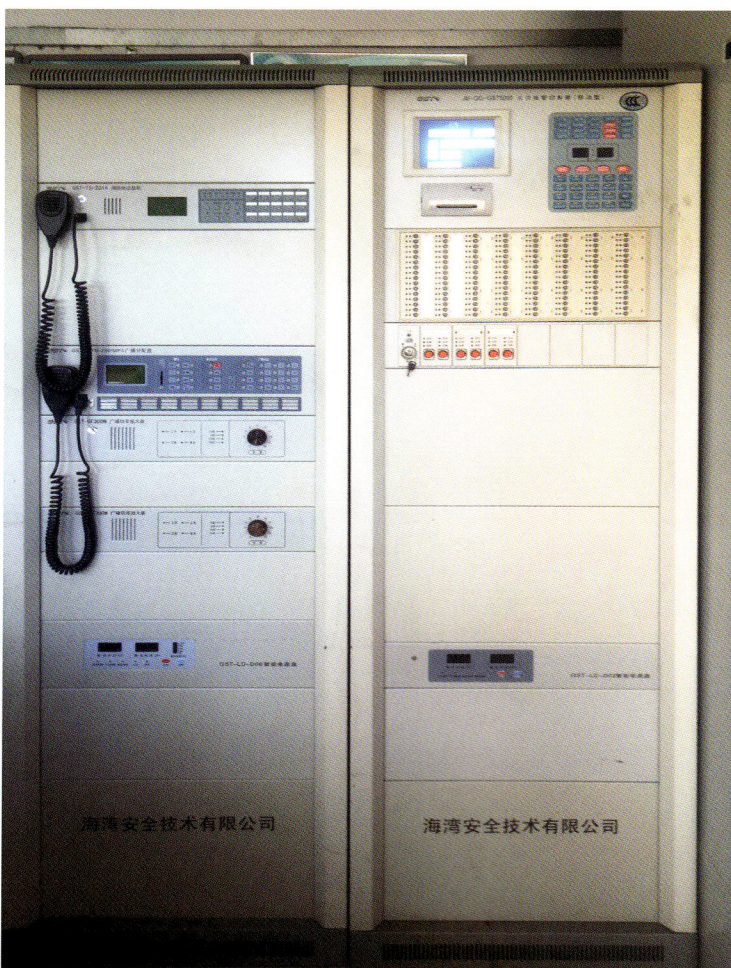

873 殊像寺消防监控室控制柜（闫军民 摄影）

874 殊像寺地下式消火栓（闫军民 摄影）

875 殊像寺消防手动报警按钮（闫军民 摄影）

876 殊像寺对新安装的消防系统组织消防演练（闫军民 摄影）

第一节　工程概况

殊像寺大部分古建筑和古松都没有防雷设施，雷击起火风险较高，亟需按照国家有关标准建设安防、消防、防雷系统。2011年9月，承德市文物局委托设计单位天津市防雷中心编制了殊像寺防雷工程设计方案，并呈报河北省文物局和国家文物局进行审批。2012年国家文物局《关于殊像寺防雷工程设计方案的批复》（文物督函〔2012〕253号）原则通过了所报方案，同时提出了修改意见（表87）。

2012年4月，按照国家文物局批复要求，设计单位对原方案进行补充完善和深化细化。2012年5月殊像寺文物本体防雷工程深化设计方案通过了河北省文物局核准（冀文物发〔2012〕134号）。2012年11月完成了殊像寺防雷工程招投标工作，工程于2013年3月开工，2013年9月完工，并于2014年1月顺利通过了气象部门专业验收，于2014年10月通过了国家文物局组织的竣工检查。

表87　殊像寺本体防雷工程参建各方情况表

		类别	负责人	主要参与人员
建设单位	承德市文物局、承德避暑山庄及周围寺庙文化遗产保护工程指挥部工作办公室	工程建设组	闫军民	常征、巴玉玲
		招投标组织组	韩永祥	
		财务管理组	杨海燕	薛晓霞、夏志鹏、陈晶、高占鹏
		综合协调组	缪革新	孙继梁、姜可辛、杨青春、王红杰
		资料档案组	穆焱	高俊、东海梅、孔繁敏、张丽霞
设计单位	天津市防雷中心	设计负责人	苏伟	
		主要设计人员	张彦勇、赵君、王丽萍	
监理单位	承德城建工程项目管理有限公司	总监理工程师	张卫东	
		监理工程师	魏焕发、郭军、李长荣	
施工单位	广西地凯防雷工程有限公司	项目经理	王绪茗	
		技术负责人	王强、黄凯盛	
		主要技术人员	黄举康	

第二节　方案审批情况

2012年3月15日，国家文物局《关于殊像寺防雷工程设计方案的批复》（文物督函〔2012〕253号）原则通过了所报方案，同时提出了修改意见（图877）：

（一）进一步完善方案图纸，使用建筑实测图，图纸应标注完整，包括尺寸、地极位置、古树安装高效针位置及保护范围。

（二）接地极数量配置过多，应根据建筑物实际防护需求进行调整，一处接地装置宜使用一个电解离子接地极。

（三）僧房宜采用避雷网和通用接地做法，不做仿真树。

（四）补充前端设备安装位置和工艺的说明，做好对文物本体和风貌的保护工作。

2012年5月28日，殊像寺文物本体防雷工程深化设计方案（图878），通过了河北省文物局核准（冀文物发〔2012〕134号）。

国 家 文 物 局

文物督函〔2012〕253号

关于殊像寺防雷工程设计方案的批复

河北省文物局：

你局《关于呈报殊像寺（本体）防雷勘察设计方案的请示》（冀文物字〔2011〕243号）收悉。经研究，我局意见如下：

一、原则同意该方案。

二、对方案提出以下意见：

（一）进一步完善方案图纸，使用建筑实测图，图纸应标注完整，包括尺寸、地极位置、古树安装高效针位置及保护范围。

（二）接地极数量配置过多，应根据建筑物实际防护需求进行调整，一处接地装置宜使用一个电解离子接地极。

（三）僧房宜采用避雷网和通用接地做法，不做仿真树。

（四）补充前端设备安装位置和工艺的说明，做好对文物本体和风貌的保护工作。

三、请你局组织建设单位根据上述意见对方案做进一步完善，经你局核准并按照国家相关规定履行报批程序后实施，请加强施工管理，严格工程验收，确保工程质量和文物安全。

此复。

公开形式：依申请公开

抄送：本局办公室预算处、财务处。
国家文物局办公室秘书处   2012年3月16日印发
初校：李珅   终校：郑丽娜

877 国家文物局关于殊像寺防雷工程的批复意见

河北省文物局（意见）

冀文物发〔2012〕134号

河北省文物局
关于殊像寺（本体）防雷勘察
设计方案的意见

承德市文物局：

你局《关于呈报殊像寺（本体）防雷勘察设计方案的请示》及修改后的设计方案收悉，根据国家文物局《关于殊像寺防雷工程设计方案的批复》（文物督函〔2012〕253号）要求，经邀请省防雷中心专家审核，设计单位已按国家文物局的意见对原方案进行了补充完善，我局同意该方案，有关工程的后续工作请按国家文物局批复意见执行。

公开形式：不公开
主题词：文物　方案　意见
河北省文物局办公室
初校：齐森   终校：李宝才   （共印12份）

878 河北省文物局关于殊像寺防雷工程深化设计的核准意见

第三节　工程实施情况

承德殊像寺防雷工程执行国家相关标准和规范，在寺庙山门、古树、僧房本体进行安装避雷带、引下线、接地装置、避雷针等。该工程为防直击雷设计，按国家标准《建筑物防雷设计规范》（GB50057-2010）中的第二类防雷建筑物设计，沿屋脊敷设 Φ10 铜条避雷带，墙角隐蔽处安装 Φ10 铜条引下线，接地引至接地极，间距不大于 18 米，距地面 1.8 米处安装断接卡，距地面 2.7 米以下采用绝缘套管以防接触电压，接地体埋深不少于 1 米，距离建筑物不小于 3 米，每根引下线冲击接地电阻值 ≤ 10Ω。在古树顶端提前预放电安装避雷针，其保护范围完全覆盖所保护古树的树冠，沿树木主干设置引下线，根据树干大小，每隔 5 米设置环形可伸缩式抱箍及支撑架，内置塑胶垫，引下线用 Φ10 铜条，距地面 1.8 米以下安装绝缘保护措施（图 879-884）。通过殊像寺防雷工程的实施，有效地减少了雷击对殊像寺古建筑和古树造成的安全隐患，避免了雷击引起的火灾和其他安全事故。

879 新建殊像寺防雷系统及警示牌（闫军民 摄影）

880 殊像寺山门新建的安防与防雷设施（陈东 摄影）

881 殊像寺钟楼的防雷设施（陈东 摄影）

882 殊像寺古树防雷雷击计数器（闫军民 摄影）

883 殊像寺古松防雷系统（闫军民 摄影）

884 新建殊像寺古松防雷系统（陈东 摄影）

来龙山

砂山

朝山

◎ 第五篇

文献资料

承德殊像寺文物保护工程实录

靠山

砂山

水系

第一章 文献汇编

第一节 《钦定热河志》中的殊像寺文献 *

殊像寺

在普陀宗乘庙西，名因台麓，制仿香山，缘起备详御制诗序。寺门三楹，南向，恭刻御书"殊像寺"额，寺额多具四体书。左右有钟鼓楼，内为天王殿。东西配殿各五楹，东曰"馔香堂"，西曰"演梵堂"。内为会乘殿，殿七楹，额曰"会通三际"，联曰"发心为众生缘深入善权菩萨果，现相如三世佛了分身住曼殊床"。又东西配殿各三楹，东曰"指峰殿"，西曰"面月殿"。其后建八方亭，额曰"宝香阁"，又曰"净名普现"，联曰"佛说是本师宏宣象教，天开此初地示现狮峰"。又东西配殿各三楹，东曰"云来殿"，西曰"雪净殿"。更内为楼十八楹，额曰"清凉楼"，又曰"相合台怀"，联曰"地上拈将一茎草，楼头现出五台山"；楼下额曰"妙五福德"，联曰"地分台麓示居国，座抱锤峰供养云"。又东西配殿各五楹，东曰"吉晖殿"，西曰"慧喜殿"。寺旁筑室三楹，额曰"香林室"；又楼三楹，额曰"倚云楼"。恭绎圣制清凉五峰、香山、塞山，非彼非此，所谓一而二，二而一，无分别，见作平等，观曼殊阐义，得未曾有也。

[*]：（清）和珅．梁国治等．钦定热河志 [M]．乾隆四十七年，辽海书社，1934（再版）

第二节 清朝皇帝殊像寺御制诗文

一、乾隆皇帝殊像寺御制诗文 **

殊像寺落成瞻礼即事成什（有序）
乙未（乾隆四十年，1775年）

五台山为文殊师利道场，梵语谓之曼殊师利。山麓有寺曰"殊像"，传是文殊示现处。妙相端严，瞻仰生敬。

辛巳春，奉圣母幸五台祝厘，瓣香顶礼，黙识其像以归。既归，摹勒诸石，遂乃构寺于香山，肖碑模而像设之，颜曰"宝相"。兹于山庄普陀宗乘庙西，营构兰若，庄校金容，一如香山之制，而堂殿楼阁略仿台山，亦名以"殊像"，从其朔也。夫佛法无分别，见清凉五峰固文殊初地，香山塞山，非彼非此，刿以竺干视之，固同为震旦中菩萨示现之境乎？是则阐宗风延曼寿，功德利益，又皆一合相之，推广平等者也。

工始于乾隆甲午夏，逾年落成。以诗代颂，并志缘起如右：

殊像全规台庙模，撰辰庆落礼曼殊。（曼殊师利，梵帙读作平声，其音近"满珠"。故西藏达赖喇嘛等进丹书称曼殊师利大皇帝。今俗讹"满珠"为"满洲"，非也）

金经蒙古犹常有，宝帙皇朝可独无？（佛经本出厄讷特诃克，是为梵帙，一译而为唐古特之番，再译而为震旦之汉。其蒙古经则康熙及乾隆年陆续译成者。朕以当我朝全盛之时，不可无国书之佛经，因命开馆译定）

译以国书宣白业，习之修士翙浮图。（是寺之喇嘛皆令习清字，经即阐曼殊师利之义）

虽然名实期相称（去声），师利应嘻谓是乎。

[**]：（清）乾隆．高宗御制诗文全集．文渊阁四库全书版

殊像寺 丙申（乾隆四十一年，1776年）

殊像亦非殊，堂堂如是乎。

双峰恒并峙，（与普陀宗乘之庙各据一峰，相去半里）

半里弗多纡。

法尔现童子，巍然具丈夫。

丹书过情颂，（西藏每于新岁献丹书，称曼殊师利大皇帝云云。盖以"曼殊"音近"满珠"也）

笑岂是真吾？

殊像寺叠丙申韵　己亥（乾隆四十四年，1779 年）

殊像像文殊，岂云异貌乎？阔违忽两载，瞻礼此重纤。
法演三千界，心传调御夫。无生只二字，行处目瞪吾。

香林室　乙未（乾隆四十年，1775 年）

室筑花宫侧，檀林拥净香。最宜引呼吸，可以悟真常。
庭树有嘉荫，砌葩无俗芳。如云皆是药，识者大医王。

香林室　丙申（乾隆四十一年，1776 年）

塞上富者林，兹以近佛地。
异众独名香，而室幸斯置。
俯仰栴檀丛，靥饫薝卜味。
满志惟清净，谋目足葱翠。
何当屏万虑，从修入闻思。

香林室　己亥（乾隆四十四年，1779 年）

是林无不香，是处香之最。
室筑梵宫旁，自应余津逮。
润以沉瀣精，吹以薝卜籁。
耳根及鼻观，合相成静会。
五木与都梁，火气直宜汰。

倚云楼　乙未（乾隆四十年，1775 年）

寺傍隙地一区分，倚巘为楼亦可欣。
虚牖却无来去相，容容常挹德山云。

倚云楼　丙申（乾隆四十一年，1776 年）

倚云云亦倚其楼，正可羲经悟气求。
若论山田沾渥雨，丰隆只合此间收。

倚云楼口号　己亥（乾隆四十四年，1779 年）

山楼两架倚晴晖，莫谓无云便拟归。
试看青葱峭蒨者，蔚林诡石岂其非。

倚云楼戏题八解　甲寅（乾隆五十九年，1794 年）

云倚楼为实，楼倚云为虚。　（一解）
二义相假借，谁能与分疏？　（二解）
云惟虚不定，楼以实可居。　（三解）
实有象恒若，虚无形幻如。　（四解）
云楼与虚实，害不视厥初。　（五解）
厥初定名时，倒置试思诸。　（六解）
四字果孰真，（谓云为楼，谓虚为实之类）
五言聊戏书。　（七解）
楞严八辨见，同异其然欤。　（八解）

二、嘉庆皇帝殊像寺御制诗 *

殊像寺瞻礼　丁卯（嘉庆十二年，1807 年）

旧寺渐颓圮，鼎新法象开。慧灯悬皎洁，莲座现崔嵬。
色相宗三乘，根尘始五台。同文阐经藏，一本万缘该。

[*]：（清）仁宗.清仁宗御制诗.故宫珍本丛刊[M].海口：海南出版社，2000

第三节　《清宫热河档案》中有关殊像寺文献 **

[**]：（清）邢永福等.清宫热河档案[M].北京：中国档案出版社，2003

一、乾隆三十九年档案　第三册 p218

现在布达喇庙（布达拉庙）照弘仁寺供奉前藏经一百六套，今新建文殊菩萨庙大殿内两山各有经柜二十二个，每一柜三格，每一格可供经五套，合计前藏经、续藏经共三百三十套，与现在经柜格数足敷供奉番字前藏经、番字续藏经，皆系外卖之经。现在番字前藏经有八部，托裱者有二部；番字续藏经有二部，皆托裱。

藏经一部，一百八套，刷印经托裱交武英殿；

写经头泥金字交中正殿画佛像，交该工做经板，交该工包裱经板，亦交该工所用装缎，系衣库成做经帘，交衣库。

五色丝绦交武备院；

五色丝带交茶库行、织染局；

铜什件交造办处；

里外包袱交衣库；

以上俱照上次办过式样办造。

二、乾隆三十九年档案　第三册 p219

十二日，奴才刘浩谨奏，为奏闻事……恭拟于本月（五月）十三日前往热河督催各项工程，务期细致打点收拾，

并铺垫贴落陈设全皆肃齐，并查催后山文殊菩萨庙工。

三、乾隆三十九年档案　第三册 p310

乾隆三十九年　行文

正月十九日，库掌四德、五德，笔帖式福庆来说，太监胡世杰传旨：

将收贮苏州送到蓝缎织黄龙欢门旛三堂，并绣欢门旛一堂，送进呈览。钦此。

随将：

蓝缎织黄龙欢门旛三堂；

绣欢门旛一堂；

持进交太监胡世杰呈览。

奉旨：将蓝缎织黄龙欢门旛配旛头，得时交刘浩，在热河新建庙内挂；其绣欢门旛着在法慧寺倒坐观音殿内挂；再交舒文，照绣欢门旛样一样，绣做一堂送来。钦此。

于五月初十日，库掌四德，笔帖式福庆将做得蓝缎织黄龙欢门旛三堂，持进交太监胡世杰呈览。

奉旨：着刘浩带往热河。钦此。

于十一月初五日，员外郎四德、库掌五德将苏州织

造舒文送到：

　　绣欢门幡一堂；

　　计欢门一件；

　　幡四首；

持进交太监胡世杰呈览。

奉旨：将欢门幡照法慧寺现挂欢门幡一样成做，安合竹板。钦此。

四、乾隆三十九年档案　第三册　p312

乾隆三十九年　行文

五月二十八日，总管内务府大臣英交来欢门幡纸样上贴尺寸黄签。

总管内务府大臣刘【浩】在京时曾奉旨：热河文殊菩萨庙八方殿内欢门幡一堂，着交苏州织造舒文，照溥仁寺织宝蓝地香色云龙成做。钦此。

于六月初七日，接得本报寄来信帖，内开为成做欢门幡幡头系随工成做，或系造办处成做之处。库掌五德面见刘大人请示，随奉谕：造办处成做。

遵此，于八月十四日接得本报带来信帖，内开八月十二日苏州织造舒文送到：

热河文殊菩萨庙织锦欢门幡一堂，随回明□□□□大人持进，并将幡头铃铛系京内成做等情，俱交太监胡世杰转奏呈览。

奉旨：欢门幡着交刘浩。钦此。

五、乾隆三十九年档案　第三册　p324

乾隆三十九年　铸炉处

三月二十四日，副催长明德持来折片一件，内开本月十八日奴才英廉、金辉谨奏，遵旨成造雍和宫庙内安设斋象铜锅一口，热河新建庙内安设斋象铜锅一口。经奴才等奏明，除雍和宫庙内安设铜锅在铸炉处铸造外，至热河新建庙内铜锅一口，将所有铜斤物料运往热河，就近办造，等因奏准在案。

今为成造口径七尺五寸，深四尺二寸铜锅二口，按例每口约用铜九千六百三十一斤十一两，共约用铜一万九千二百六十三斤。

内铸造雍和宫铜锅一口，工料银二百七十一两七钱四分三厘，行取营造司渣煤一万八千五百四十斤，黑炭二千五百二十八斤，铁丝八十一斤五两。

铸热河新建庙内铜锅一口，系买办渣煤黑炭铁丝等项，计工料银三百四十二两八钱八分八厘。

铸造铜锅二口，按例共用工料银六百十四两六钱三分一厘。至运往热河铜斤物料，以及副催长领催匠役人等，按例应用车脚盘费银三百四十四两二钱八分，即在造办处库内照数领用外，其所用铜斤查得柏林、法源、拈花等寺有破损不堪用之铜锅六口，奴才等随派内务府员外郎三德、铸炉处库掌富呢雅汉，眼同称得实重七千七百四十斤。除此项铜斤外，尚不敷铜一万一千五百二十三斤。

查铸炉处现在奏明淘澄铜土，其不敷铜斤即可在此铜内添用，不必行取。

谨将铸造铜锅二口并车脚运费银两细数，敬缮清单，一并恭呈御览。

再，锅不应用铁顶桩、灶门等项，奴才金辉已面交武备院亮铁作官员，照式用热铁打造。统俟活计完竣之日，另行确实查核具奏。缮折持进，交太监胡世杰具奏。奉旨：知道了。钦此。

于六月二十二日，奴才金辉谨奏，本月十九日，接得内务府大臣刘浩由报寄来信帖，内开本月十六日奉旨：文殊菩萨庙铜锅计重多少斤？用过钱粮若干两？着传问金辉。钦此。

奴才查铸炉处成造热河文殊菩萨庙内安设铜锅一口，径过七尺五寸，深四尺二寸，共用黄铜一万二千八十四斤四两，按例用买办渣煤黑炭铁丝等项，及匠夫工价用银四百九十九两四钱三分二厘。再由京运送热河铜斤物料，以及副催长领催匠役人等，按例用车脚盘费银三百三十九两零分，均与例相符。

谨将所用工价物料及运送车脚盘费银两等项分晰细数，敬缮清单，一并由本报发往热河，交库掌五德，于六月二十三日交太监胡世杰转奏。

奉旨：知道了。钦此。

六、乾隆三十九年档案　第三册　p326

乾隆三十九年　铸炉处

四月初二日，接得效力柏唐阿据福持来帖一件，内开二月十七日内务府大臣刘浩画得：热河新建文殊菩萨庙内八方亭上宝顶琉璃须弥座铜镀金顶画样一张，交太监胡世杰转呈御览。奉旨："琉璃须弥座随工办，其铜镀金顶着交铸炉处成造安装。钦此。"

于四月初一，武备院卿金将热河新建庙安设铜镀金元（圆）顶木样一件，随尺寸签一件，持进交太监胡世杰呈览。奉旨："照样准造。其顶上活顶盖不必镀金外，其余应镀金之处用镀金叶多少两？估计奏闻。钦此。"

宝顶通高七尺一寸，内顶身高六尺，巴达马座高一尺一寸。上径五尺六寸，下径五尺。

于本月十四日，奴才金辉谨奏，为奏闻事：遵旨成造热河菩萨庙八方亭上红铜收楼台撒镀金宝顶一座，于本月四月初一日将烫得大宝顶样一座安在斋宫呈览。奉旨："照样准造。其顶上活盖不必镀金外，其余应镀金之处用镀金叶多少两？估计奏闻。钦此。"奴才随率同铸炉处官员详加丈量，宝顶一座，通高七尺一寸，下座径过五尺，顶珠上径五尺六寸，下口径过四尺，内除顶盖四尺不镀金外，其余花素活约共折见方寸一千九百四十二寸，按例每寸用金五厘，计九两七钱一分。素活折见方寸一万零六百四十九寸六分，按例每寸用金四厘，计四十二两五钱九分八厘，通共约用金叶五十二两三钱八厘。再查，铸炉处成造过极乐世界殿上安设宝顶一座，系例加镀一次。今所造宝顶或按例镀饰，或仍照前次办过宝顶加一次镀饰之处。奴才不敢擅专，伏候谕旨，遵行，缮折持进交太监胡世杰具奏。

奉旨："将宝顶铜活做成时，送往热河，在彼处按例先行镀饰一次呈览。余知道了。钦此。"

于七月二十一日，奴才英金谨奏：遵旨成造热河文殊菩萨庙八方亭上铜镀金宝顶一座，先经奉旨："得时送往热河，在彼处按例先行镀饰一次呈览。钦此。"钦遵，即交铸炉处官员等成做。奴才等仍不时严催赶办。今已做得，定于七月二十一日由京起程运往，到时恭呈御览，再行镀金。其热河监看镀金，奴才等派得库掌富呢雅汉等前往热河，敬谨监看。按例镀饰一次呈览。谨奏。

于乾隆三十九年七月二十一日由果报发去，库掌五德持进，因胡世杰在各处摆陈设，交太监如意具奏。奉旨："知道了。钦此。"

乾隆三十九年八月初二日，内务府大臣刘将大铜顶运至热河，应行安设何处，以备御览，交太监胡世杰口奏。本日奉旨："安新工，看后再行镀饰。钦此。"

于九月初十日，奴才金谨奏："新建殊像寺宝相阁上安设大铜顶一座，今已镀饰完竣。按一次例共用镀金叶五十五两一钱七分三厘，为此谨奏。"

于乾隆三十九年九月初十日交太监胡世杰转奏，奉旨："看后再行加镀。钦此。"

于乾隆三十九年九月十三日将殊像寺宝相阁上大镀金铜顶一座安设殊像寺呈览，内务府大臣刘奉旨："不必加镀，安设时不许磨蹭，将顶盖焊住。钦此。"

七、乾隆三十九年档案　第三册 p329

乾隆三十九年　铸炉处

十二月十二日，接得铸炉处副催长明德持来热河工程档房印文一件，内开经总理工程事务大臣刘具奏：热河园内外各庙旗杆上之琉璃顶及古色铜顶，奉旨皆换铜镀金顶等因一折。于乾隆三十九年八月十二日具奏。奉旨：知道了。钦此。

相应抄录原奏，移咨查照办理等因。记此。

于本日接得催长明德持来旨意帖一件，内开本年十二月初三日副都统金将照依热河原来尺寸样式，画得纸样一张，并拟改得样式，照原尺寸画得纸样一张。

并查得，热河园内园外各庙宇琉璃旗杆顶换安铜胎钑镀金顶数目缮写折片一件，一并持进交太监胡世杰呈览。

奉旨：照改画得旗杆顶样式成造。余知道了。钦此。

查得热河园内：

碧峰寺旗杆顶一对；

珠源寺旗杆顶一对；

斗母阁旗杆顶一对；

园外：

溥善寺旗杆顶一对；

溥仁寺旗杆顶一对；

普乐寺旗杆顶一对；

普宁寺旗杆顶一对；

罗汉堂旗杆顶一对；

殊像寺旗杆顶一对；

以上共九对，俱系琉璃顶。应换安铜镀金顶。

于四十年十月二十三日，笔帖式同德持来折片一件，内开奴才金谨奏：查热河等处庙内旗杆铜顶共二十六对，内有琉璃九对。现在铸炉处换造铜镀金顶可得，二十四日安在养心殿呈览八件，其余月内即可完竣。呈览后即交该员等带往安设。所有吗呢杆上铜烧古七对，即在彼处一并镀饰，不致迟误。谨奏闻。于乾隆四十四年四月二十二日具奏。

奉旨：知道了。钦此。

八、乾隆三十九年档案　第三册 p336

乾隆三十九年　记事录

五月初四日，笔帖式海寿持来堂抄一件，内四月二十九日太监胡世杰传旨：

热河新造文殊菩萨庙应供奉藏经，著照依弘仁寺现在供奉前藏经式样，择字画颜色鲜明者，成造一百六套。俟清字甘珠尔经得时，亦照此样式成造一部，在文殊菩萨庙一同供奉。钦此。

九、乾隆三十九年档案　第三册 p340

六月初十日，奴才金辉谨奏，为奏闻事。

本月初三日，铸炉处副催长明德由热河到京，接得总管内务府大臣刘浩寄来旨意帖一件，内开五月初九日奉旨：

热河新建文殊菩萨庙大殿内应供铜五供一分，交金辉铸造。钦此。

又给奴才信帖，令酌量遵照正觉寺现供五供尺寸办理。今画得照正觉寺现供五供尺寸纸样一分，查新造文殊菩萨庙大殿系柱高三丈有余，面宽一丈六尺，诚恐照正觉寺五供尺寸矮小，是以拟画得云龙葵花花纹放大尺寸纸样一分，一并于六月初八日由果报带去，著库掌五德持进，交太监胡世杰转奏。

奉旨：准照放大五供纸样，上凿龙花纹成造。记此。

于九月二十六日，库掌四德、五德将造得热河新庙内铜五供一分，持进交太监胡世杰呈览。

奉旨：交刘浩带往热河。钦此。

十、乾隆三十九年档案　第三册 p341

六月十一日，库掌四德、笔帖式福庆来说，总管王成交：

花梨木九塔龛三座（内供铜佛各九尊，玻璃欢门）；

花梨木三塔龛四座（内供铜佛各三尊，玻璃欢门）；

紫檀木三塔龛二座（内供铜佛各三尊，玻璃欢门）；

传旨：著配木箱盛装，送往热河新建庙内安供。钦此。

于本月十五日，将九塔龛三座、三塔龛六座、内各供铜佛，配得木箱盛装，交内副管领福勒贺送往热河讫。

十一、乾隆四十年档案　第三册 p405

乾隆四十年四月十一日

英、刘大人奏，为围场砍伐木植各处用过数目事。

奴才英廉、刘浩谨奏，为遵旨查奏事。

……热河留用木植四万七千六百六十一件，内布达拉庙等工留用木植二万九千五十一件。……殊像寺、文园等工留用木植一万八千六百十件。……

附件：三围砍伐木植共三十六万五千五百四十九件。

内：

热河园内外粘修殿座房间，并添建布达拉庙、罗汉堂、戒台、殊像寺、文园等十七项，用过木植四万七千二百四十九件。

热河木厂现存用剩木植三百八十四件。

殊像寺用剩存厂木植五十八件。

十二、乾隆四十年档案　第三册 p439

奴才英廉谨奏，为遵旨查办事。

本月十五日，由本报接到尚书忠勇公福隆安寄到钦奉谕旨垂示，布达拉庙坍倒情由令奴才查办该工监督拜唐阿匠头一事，奴才恭读之下实深惊异。伏思布达拉庙工程所用钱粮甚多，理

应坚固经久，始非虚费。若数年之间即至坍倒，则所用钱粮俱置于何地？今竟坍倒不堪至于此极，当日承修官员，下至匠役，其中由弊混而生草率之情伪，不问可知。奴才惶惧之余，不胜愤懑，此而不加重治，实无以惩现在而警将来。

今详细查明，自乾隆三十二年三月兴工起，所有承修之官员除三格、萨哈亮外，尚有十员。内寅著、全德现在外任，歧鸣已故，计现有七员。此七员内副参领常升现在热河监工，余六员俱在京中。至拜唐阿原有十名，内除七达塞、保昌已故外，现有八名。奴才当即遵旨将官员革职，拜唐阿革差。派出郎中苏楞额、员外郎那苏图管押，于十六日起程前赴热河。其现在热河之常升，应请旨交福隆安就近传至，将该员遵旨革职，同京内押到各员一同候命。

再，寅著、全德亦应革职，寅著现在淮关、全德现在九江，恭候命下，奴才行文该员等，遵照革职，回京听候。

再，此外有无当日三和及该监督等在彼随时委用人员，京中无案可稽。奴才仍札知刘浩，就近于热河工程档房再加详查，如有，即照前一例奏闻办理。

再查，该工匠头等于此座庙工承修五载，工大匠多，所领工价无算，伊等得以余润养家，已属仰沐皇仁。乃明分暗减，只知阁利，并不实力修做，以致有今日坍倒。若使伊等得以置身事外，实未得事理之平。自应查明，照从前万寿山塔工坍倒之例，于续用重修应赔工费内量分几成，令伊等分赔，庶向后之工匠，亦人人知所警诫，不致任意草率，无所忌惮矣。但查该工所用匠头，除木作之张希圣、雷廷光二人原系京工旧匠。奴才等所知者，此外皆三格等从前在热河自行招募，应用工匠繁多，京中无案可稽，唯热河工程档房存有匠头等领银押领，可以按籍而稽，不致舛漏。

再，工竣已有四年，各匠头或仍居热河，在现修各工所应役；或已来京，其姓名住址一时亦不得其详。奴才一面札知刘浩，就近在热河工程档房查明各匠案据，并详询三格、萨哈亮开明各作匠头名数、姓氏，并现在仍在热河，抑在京内？其住址何处？俱一一开写明白，速即寄来，奴才再行定议具奏。

再，现在布达拉庙修理坍塌之工，奴才遵旨即于京中现在匠头内择其谙练谨愿者，木石瓦土四作各选匠头二名，共八人。又思此时正在清理根基土作，到彼即有应作活计。恐伊等乍到生疏，募夫不速，即令由京带土夫二百名前往，俾得应手。亦于十六日派骁骑校兴保管押前赴热河，交与刘浩酌量委用。所有奴才遵旨查办各情节，理合恭折具奏，伏候圣明训示。为此谨奏请旨。

乾隆四十年七月十八日

附件：拟派监督名单

员外郎天德（系承修热河殊像寺监督。今工已告竣，该员尚在热河）

员外郎常贵

司库八达塞

副内管领八格

十三、乾隆四十年档案　第三册 p609

乾隆四十年五月二十六日

驾幸木栏（兰）用藏香账簿

（六月）初八日

殊像寺用头号红香二支、二号红香四支；

戒台用头号红香一支、二号红香四支；

罗汉堂用头号红香一支；

（六月）初九日

殊像寺演梵堂用头号红香一支，刘浩要二号红香四支薰坛用。

（六月）十八日

布达拉庙用头号红香二支、二号红香十一支；

殊像寺用头号红香二支；

七月初一日

布达拉庙用头号红香二支、二号红香一支；

殊像寺，用头号红香一支；

（八月）十三日

溥仁寺遣四阿哥用头号红香一支、二号红香一支；

普乐寺遣六阿哥用头号红香二支；

普（溥）善寺遣四阿哥用头号红香二支；

安远庙遣六阿哥用头号红香二支、二号红香三支；

普宁寺遣十二阿哥用头号红香二支、二号红香三支；

普佑寺遣十二阿哥用头号红香一支、二号红香二支；

戒台遣八阿哥用头号红香一支、二号红香五支；

罗汉堂遣八阿哥用头号红香一支、二号红香一支；

殊像寺遣十二阿哥用头号红香二支、二号红香二支；

（八月）十五日

溥仁寺四阿哥用头号红香一支、二号红香一支；

普（溥）善寺用头号红香二支；

普乐寺用头号红香二支；

安远庙用头号红香二支、二号红香三支；

普宁寺六阿哥用头号红香二支、二号红香三支；

普佑寺十五阿哥用头号红香一支、二号红香一支；

戒台用头号红香一支、二号红香五支；

罗汉堂用头号红香一支、二号红香一支；

殊像寺十七阿哥用头号红香二支、二号红香二支；

（九月）十四日

殊像寺，用头号红香二支。

十四、乾隆四十年档案　第三册 p620

乾隆四十年四月　铸炉处

初一日，接得内务府大臣刘交来旨意帖一件，内开面奉上谕：

热河文殊菩萨庙铜镀金顶即著金，再镀金一次；再普乐寺上乐王佛亭铜镀金顶即著金，再镀金一次。钦此。

于十九日，奴才金谨奏，为奏闻事。查得：

热河文殊菩萨庙铜镀金顶一座，加镀一次，按例应用金五十五两一钱七分三厘，请向广储司银库支领应用，交原办镀金之库掌马清阿、笔帖式同德等带领匠役前往，敬谨镀饰。俟驾幸热河时呈览后再行安设。

再，上乐王佛亭铜镀金宝顶一座，查得系乾隆三十年七月二十二日原任卿三格、现任郎中萨哈亮监造，原册内照例用过金六十七两一钱九分，此项应用金两亦请向训储司银库支领，

带往备用。但原造之铜顶胎股并镀饰活计情性尺寸，奴才面交该员等在彼详细查算，统俟呈览后再行镀饰。谨此奏闻。

奉旨：知道了。钦此。

乾隆四十年六月 铸炉处

二十日，由本报发来信帖，内开十六日太监胡世杰传旨：

热河殊像寺都罡殿内照依雍和宫都罡殿内现供释迦牟尼佛并佛龛样式成造释迦牟尼佛一尊，佛龛一座，赶出哨以前造得送来。钦此。

于七月十五日报上带来信帖，内开本月初七日报上发来画得背光纸样一张，持进交太监如意，将雍和宫都罡殿，即是法轮殿内现供释迦佛并无随龛，现随背光安供。即照背光样画得背光纸样一张，将此情节说明，伊持进呈览。奉旨：照样准做。钦此。

二十日，本报带来信帖，内开十六日太监胡世杰传旨：

热河殊像寺御座楼下经桌上现供九尊无量寿佛，前照无量寿佛法身尺寸成造执剑文殊菩萨九尊，现供成收供大益利扎什琍玛或大利益番铜喇吗文殊菩萨之请出，拨蜡样随报发来呈览，准时再造，赶出哨以前送来。钦此。

十五、乾隆四十年档案　第三册 p644

（六月）初五日，太监张进喜来说，首领董五经交：

粉红绢字条一张；

米色绢字横披一张，殊像寺

传旨：将殊像寺字二张、字条一张各厢一寸蓝绫边托贴；

（六月）初七日，太监张进喜来说，首领董五经交：

粉红绢字对一副；

米色绢字条一张；

绿绢字对一副；

粉红绢字条一张；

黄绢字斗一张；

粉红纸字对一副；

宣纸弘昨画斗二张；

宣纸弘昨画对一副；

白笺纸字横披一张；

以上俱殊像寺等处。

传旨：将粉红绢字对一副、绿绢字对一副、米色绢字条一张、粉红绢字条一张仍用旧边托贴；其余俱厢一寸蓝绫边托贴。钦此。

十六日，员外郎四德来说，太盛胡世杰传旨：

殊像寺都罡殿内照依雍和宫都罡殿内现释迦牟尼佛并佛龛样式成造释迦牟尼佛一尊、佛龛一座，赶出哨以前造得送来。钦此。

于二十五日接得果报寄来释迦牟尼佛纸样一张，呈览。

奉旨：照样准造。钦此。

于七月十二日接得果报寄来画背光纸样一张，系照雍和宫法轮殿现供释迦佛，并无随龛，现随楠木背光照样画得纸样一张呈览。

奉旨：照样准做。钦此。

十六日，员外郎四德来说，太监胡世杰交旨：

热河殊像寺御座楼下经桌上现供九尊无量寿佛，前照无量寿佛法身尺寸成造执剑文殊菩萨九尊，按佛堂现供或收供大益利番仝琍玛菩萨之样，请出发蜡样随报发来呈览，准时再造，赶出哨以前造得送来。钦此。

于二十五日接得果报寄来佛堂请出铜文殊菩萨二尊呈览。

奉旨：准照嵌松石垫子文殊菩萨样成造。钦此。

（六月）二十四日，太监张进喜来说，首领董五经交：

御笔绿绢字横披一张，殊像寺；

传旨：着用旧边托贴，将梁国治字横披换下交进。钦此。

（六月）二十五日，太监张进喜来说，首领董五经交：

御笔黄绢字条一张，殊像寺；

传旨：将字条厢一寸蓝绫边托贴；其绢字条用旧边托贴；将谢遂画条换下，贴在西墙上；将于敏中字条换下交进。钦此。

（七月）初二日，太监张进喜来说，首领董五经交：

御笔黄绢字对一幅，殊像寺；

传旨：俱镶一寸蓝绫边托贴。钦此。

（七月）初三日，太监张进喜来说，首领董五经交：

御笔米色笺纸字横披一张，殊像寺；

传旨：……其字横披用旧边托贴。钦此。

……

九月初三日，接得员外郎六格押帖一件，内开八月十二日接得报上带来首领董五经交：

宣纸一张（长三尺七寸，宽三尺二寸）；

传旨：热河殊像寺行宫香林室殿内西间东墙画斗一张，着贾全画花卉。钦此。

十六、乾隆四十一年档案　第四册 p77

乾隆四十一年十月 如意馆

初五日，接得郎中图明阿押帖，内开九月三十日首领董五经交：

宣纸二张。

传旨：热河殊像寺行宫倚云楼下南间南墙字对两边画对一副，着贾全画花卉。钦此。

十七、乾隆四十一年档案　第四册 p326

（九月）十三日，接得报上代来信帖，内开（八月）二十八日厄勒里传旨：寄信传与舒文，着伊查万寿山、静明园、静宜园等处所有现供铸铜之素炉共有多少件，俱各撤下，换供珐琅炉。将此撤下之铜炉料估铸造小铜钟一件，得时在热河殊像寺殿内安挂。其换供之珐琅即与各等并圆明园库贮内查供。先将三山现供之铜炉数目查明，料估可得多大尺寸铜钟一件，查明回奏。钦此。

于九月初三日，接得报上代来信帖，内开（八月）二十九日太监厄勒里传旨：寄信传与舒文，着伊查三山等处各殿内，如有现陈设成对大小素铜鼎炉或单件铜鼎炉共有多少件，其燻香小铜炉不必查办。再将铸炉处现有收贮破坏铜炉，亦查数目，共合计可得多少铜斤，先行具奏。其所铸造殊像寺并珠圆寺（珠源寺）之铜钟大小尺寸向永和要，铸造之钟样款要仿古。俟朕回銮时再揆蜡样呈览。钦此。

……

于本日（九月二十八日）大人舒将拟画得：

热河远安庙（安远庙）高二尺三寸钟纸样一张；

殊像寺高二尺二寸、口径一尺八寸钟样一张；

珠圆寺（珠源寺）高五尺八寸、口径三尺六寸钟样一张；

法林寺高二尺九寸、口径二尺三寸钟样一张；

布达拉庙东护法台高二尺五寸、口径二尺三寸钟样一张；

碧峰寺高四尺五寸、口径三尺钟样一张；

俱贴大清乾隆年造款样呈览。奉旨：碧峰寺钟样矮了，着放高；再法林寺并东护法台钟样太素，着俱添画花纹，其余照样准做。得时俱刻大清乾隆年造款。钦此。

于（九月）二十九日，大人舒将改画得：

碧峰寺高五尺五寸、口径三尺六寸钟样一张；

法林寺添画雷纹钟样一张；

东护法台添画正龙角钟样一张；

交太监鄂勒里呈览。奉旨：

俱照样准做。其口上八卦内乾卦挪在中间之右，顺卦名排起。钦此。

十八、乾隆四十四年档案　第四册 p385

（五月）二十九日，太监张进喜来说，首（领）董五经交：

御笔黄笺纸字条一张，含青斋；

御笔蓝笺纸字条一张，殊像寺；

传旨：俱厢一寸蓝绫边，做一块玉璧子挂屏二件，安闷钉护眼。钦此。

十九、乾隆四十四年档案　第四册 p252

乾隆四十四年七月二十五日

福公、和大人奏，为成造须弥福寿之庙仪仗，估需工料银两事。

臣福隆安、和珅谨奏，为奏闻事。前经臣和珅遵旨查奏，热河各庙所存仪仗颜色糟旧，奏请一律更换鲜明，以壮观瞻。其罗汉堂、殊像寺、戒台三处向未设有仪仗。恭逢皇上临幸，原可向各庙通融，似可无庸补做。

至新建须弥福寿之庙规模宏壮，又系明年班禅额尔德尼住宿之处，拟请照布达拉庙之例成造仪仗一份，以备陈设应用。谨将各庙应换仪仗另缮清单，恭呈御览。俟命下，即就近交与恒秀、永和遵照妥协办理。等因于本年五月二十六日具奏。奉旨：知道了。钦此。

钦遵，臣等随派员外郎四德、委署主事达兰泰照工部仪仗则例，详细勘估去后，兹据该员等呈称，勘估得布达拉庙、普宁寺、安远庙、普乐寺、溥仁寺等五庙旧有仪仗五份，共计二百对。内伞扇旗幡一百四十三对，颜色俱已糟旧，应行更换。其余瓜斧枪杖五十七对，油饰亦皆黯暗，照旧式油饰见新。

又须弥福寿之庙照布达拉庙仪仗对数造成一份计七十六对，内应造伞扇旗幡四十七对，瓜斧枪杖二十九对，以上伞扇所有锦缎俱系配搭颜色，合对成造。

再查，布达拉庙、普宁寺、安远庙、溥仁寺等四庙原存陈设伞盖九对，吗呢幡八首，扬幡四首，颜色糟旧，应行更换见新，俾得一律鲜整适观。所需缎绸，遵照原奏，用芳园居库贮锦缎春绸，并所用布匹绒线颜料纸张铜铁倭铅等项，照例向各该处行取。其办买椴木煤渣暨成做工价，按例核估银三百三十二两

二钱九分七厘，等因呈覆。臣等按例复核无异，理合奏明交恒秀、永和敬谨妥协成造，务于明年四月内普行做成。至所需银两，即请在热河工程银库备工项下动支应用。合将应用热河库贮锦缎匹数，并应行取各该处物料细数，另缮清单二件，一并恭呈御览。

再查，布达拉等五庙旧仪仗内，伞扇胎骨涤穗等项，均系零星小件什物，亦间有残损者，请交与恒秀、永和，俟拆卸后详细查明残损件数报明，臣等据实更换。统于造成后另行详查，汇案核销。为此谨奏。

乾隆四十四年七月二十二日

等因于乾隆四十四年七月二十二日具奏。奉旨：该如此办理。钦此。

二十、乾隆四十四年档案　第四册 p334

（乾隆四十四年十一月）二十一日，掌稿笔帖式苏楞额持来堂抄一件，内开奉旨：所进热河志寺庙图样俱未合式。著于明春启銮后，派著姚文瀚前往热河亲身履看，详细绘画进呈。钦此。

二十一、乾隆四十五年档案　第四册 p449

乾隆四十五年八月十二日起至十五日，普宁寺、布达拉庙唪念无量寿佛经弥勒愿经，每处需用：

……

十二日起至十五日

普宁寺喇嘛四百五十名，布达拉庙喇嘛三百二十五名，内十三日除喇嘛一百十名不行吃食外，派在内佛堂、永佑寺二处念经，另行一日吃食给食。余剩六百六十五名仍行给食。

殊像寺喇嘛六十一名，三日吃食。

二十二、乾隆四十五年档案　第四册 p536

（六月）二十二日，员外郎五德、催长大达色来说，太监厄勒里交：

青玉靶碗二件（内一件透棵，俱芳园居库存）；

传旨：着配紫檀木托座。得时殊像寺摆一件，交芳园居一件。钦此。

紫檀木托座二件（各高二寸六分、径过三寸五分）；

（于七月三十日将玉靶碗二件，各配得托座呈进，交芳园居讫）

二十三、乾隆五十二年档案　第六册 p20

奴才和珅、福长安、金简谨奏，为奏闻五十一年工竣销算银两事。

……

殊像寺会乘殿内三大士三尊，盘膝坐像法身，各通高一丈六尺，莲座三分，各面阔七尺六寸，进深五尺，高二尺，俱改做柏木胎骨。狮子一匹，身形通长一丈四尺七寸，抬头高九尺五寸；象一匹，身形通长一丈二尺五寸，抬头高七尺二寸；吼一匹，身形通长一丈四尺，抬头高九尺五寸，俱身形腿木改做楠木胎骨，外皮柏木别攒。番草背光三套，各通高二丈六尺，俱仍做椴木胎骨并漆饰地仗，装颜金身。以及馈香堂内随佛

作拆墁地面，大殿地面铺垫黄土，成搭保护陈设塔罩棚二座等项工程，除行取楠木银硃夏布红黄飞金应用外，净销算工料银一万六千四百三十四两三分七厘。

……

再查，奴才和珅等在热河查奏，内开殊像寺会乘殿内三大士三尊，三十九年完竣。原办监督俱已物故，查刘浩系长川在热河管工大臣，当时并不经心，以致匠作任意修造，不能坚久，殊属不合。刘浩虽已物故，应着落刘浩之子、员外郎刘朴分陪二成，应赔缴银三千二百七十一两六钱九分五厘。至于该工拆下莲座背光所有旧金，例应回残，请照向例着该监督据实呈缴，等因俱经奏明在案。今已工竣，应令刘浩之子、员外郎刘朴赔缴银三千二百七十一两六钱九分五厘，照数缴还归款。其应缴回残旧金，亦应令该监督董椿等即时据实呈缴，相应并声明。为此谨具奏闻。

乾隆五十二年二月初八日

等因于乾隆五十二年二月初八日具奏，本日奉旨：知道了。钦此。

二十四、乾隆五十五年档案　第六册 p517

（五月）十五日，懋勤殿陆续交出：

御笔字条对横披等；

传旨：应做璧子者做璧子，应镶锦边者裱锦边，应裱绫者裱绫边，各随托钉挺钩、闷钉护眼锭挂。钦此。

计开：

布达拉庙（挂）御笔挂对一副，长七尺五寸，宽一尺一寸；

将本文揭下，另托纸镶二分蓝绫水线。

殊像寺行宫，宣纸胡桂画一张，长五尺四寸，宽二尺八寸；

镶一寸蓝绫边托贴。

八月十六日至二十四日，懋勤殿陆续交出：

宣纸董浩画条一张，殊像寺。

二十五、乾隆五十六年档案　第七册 p142

四月 记事录

二十七日，掌稿笔帖式和宁持来清字经馆印文一件，内开刊刻经板处为咨行事，本处与五十五年十二月二十七日进呈刷裱装潢妥协，中阿含经十分。奉旨：照例颁赏，钦此。

同日奉旨：热河殊像寺、香山宝谛寺亦应供奉。着将中阿含经并从前颁发过之大般若等经俱照式刷裱装潢二分，颁发该二处供奉，嗣后凡有刷裱大式各经，俱着预备十二分，钦此。

钦遵，所有一切装潢活计自应一体备办……

二十六、乾隆五十八年档案　第七册 p435

乾隆五十八年

八月 热河随围

初八日，太监厄鲁里交：

铜镀金塔二座，内各供小铜佛一尊，各随紫檀木雕巴达马栏杆座，殊像（寺）撤下。

传旨：着各照样配做一座，成二对，得时不必在殊像寺安供呈览，京内另看地方供。钦此。

于十二月初七日，员外郎大达色、库掌舒兴、催长恒善、

笔贴式延祥来说，太监厄鲁里交：

铜阿弥陀佛一尊

绿救度佛母一尊

传旨：在造铜塔二座，欢门内供。钦此。

于十二月二十八日，将做得铜镀金塔二座（随做样塔二座，各供铜佛一尊，配得紫檀木座）呈览。

奉旨：交赵进忠在中正殿看地方供。将木座添配糙木香几四件。钦此。

于十二月二十九日，将做得香几四件安设讫。

二十七、乾隆五十八年档案　第七册 p450

乾隆五十八年 铸炉处

六月初十日，铸炉处持来题头单一件，内开六月初七日接得热河总管福克精[额]寄来信帖一件，内开据太监厄勒里传旨：

殊像寺现供铜镀金塔二座，着交福克精（额）送京交造办处，照样各配座。其木座亦照样各配做一座。钦此。

于七月初八日奉堂谕：此次往热河运送新旧铜镀金四方塔四座，连木座，着派副库掌成泰送往，特谕。

于八月初二日，接得报上寄来信帖一件，内开七月二十七日副库掌成泰送到铜镀金[塔]二对，各随紫檀木座，于二十八日持交太监鄂勒里呈览。

奉旨：将莲瓣束腰塔一对暂供殊像寺，其素四方台塔一对，将原样留下，新造之塔仍持回，照样再成造铜塔一对，亦配紫檀木座，得时四座一堂，在殊像寺供奉，换下莲花束腰塔一对在别庙供奉。钦此。

于五十九年五月十九日将造得殊像寺供奉红铜胎钑镀金塔一对，随做样塔一座，安在九洲清晏呈览。

太监鄂勒里奉旨：新旧塔三座不必送往，遇有热河便人到京时，着伊带往安供原处。钦此。

于五月二十一日，副催长同泰送往热河讫。

二十八、乾隆五十九年档案　第七册 p494

奴才庆成谨奏，为确查热河狮子沟等处山河情形，恭折奏闻事。窃奴才扈侍回銮，随于八月二十九日驰抵热河，适永定河同知刘斌带估料兵役到来，奴才会同热河道全保，前赴狮子沟及二道河子一带水涨冲刷处所，逐一细勘。缘狮子园迤东山河形势陡峻，水涨自高而下，急流南趋，总汇罗汉山前，下注滦河，向未建设堤坝，虽经盛涨之年，从无冲刷似此次之甚。推原其故，实由该处户口繁增，商贾辐凑，近河房基渐多。且山水挟沙拥压，节年淤浅，未经挑挖，以致河底几与岸平。

今布达拉庙前石桥帮石六层，现已淤掩五层，是其明验。奴才连日与全保带领河工员弁，于应做草坝处所试打桩木，因近山河底沙石隔碍，不能深入之处居多，虽草坝御水最为相宜，而桩木入土稍浅，诚恐不能坚实稳固。奴才悉心察看情形，惟有将各河挑挖深通，培高两岸，偶遇盛涨，顺轨畅达，自无冲刷，兵房、民舍均可保护无虞。应将殊像寺以东河形一律估挑，即以挑出土方加培两岸。

又二道河子街后大河挑挖取直，并将对面兜弯山嘴凿去，以疏挑势，其顶冲岸根编做荆条护堤，内填河滩石子，即如滦河浮桥两头护堤做法，以资捍御。从此河成堤就，每岁再加挑修，

可期经久，转较草坝需费减省兼收御潦实效。

二十九、乾隆五十九年档案　第七册 p509

六月　热河

初一日起太监王进忠来说，总管张进喜传旨，陆续交出：

北殊像寺倚云楼下明间西墙门上用字横披一张，

（高一尺八寸，宽八尺八寸）一寸蓝绫边在外托贴。

须弥福寿之庙御座房楼下东间花帘罩上向东用匾式字横披一张（长一尺四寸，宽三尺八寸），一寸蓝绫边在外，一块玉璧子，托钉挺钩挂。

三十、嘉庆四年档案　第 9 册 p79

奴才范建中、那彦成、永来谨奏，为奏闻销算工料银事。据热河副都统德勒克扎布、原任总管福克精额报称，热河广安寺等十处庙宇所有殿座房间歪闪沉陷、头停渗漏、木植糟朽、石料酥碱、墙垣闪裂，应行修理造册具文呈报。前来曾经派员确查，择其情形较重、势难再缓者，按例核估。除行取楠木、杉木、颜料、铜锡、纱绢、高丽纸、绒绳、棕绳应用外，净估需工料银一万五千三百十一两五钱六分六厘，外办买木植银四千四百八十二两一分六厘，等因于嘉庆二年二月二十日具奏。

奉旨：知道了。钦此。钦遵在案。又节次续行修理坍倒墙垣、粘修房间等项，估需工料银四百八十四两八钱七分四厘，外办买木植银一百四两八钱四分一厘，二共工料银一万五千七百九十六两四钱四分，外办买木植银四千五百八十六两八钱五分七厘，随派原任内管领清宁、副参领武凌阿、热河苑丞李本沇敬谨妥固承修。兹据该员等呈称，修理得热河：

广安寺戒台一座，通见方七丈，计四十九间，各见方一丈。内周围平台四十间，柱高一丈一尺三寸，径一尺；中楼罩九间，鑚金柱通高二丈二尺，径一尺二寸，大木拆修；满换里围鑚金柱十六根，拆换檐柱十五根；平台顶挑换；间枋楞木铺板粘补；槛框装修；拆安禅台石料；拆砌檐墙、宇墙；拆墁台面；改安铜沟嘴；添补残坏琉璃。

扎什伦布庙内西山上白台二座，内北一座，面阔五丈八尺，进深四丈五尺七寸，通高二丈五尺；南一座面阔三丈六尺二寸，进深二丈六尺，通高二丈三尺五寸。台身下埋头包砌大料，上截成砌虎皮石，白台内拆盖斋堂五间，库房三间；庙外拆瓦康布后照房五间，拆砌大墙、院墙二段，凑长七丈七尺三寸。

殊像寺山门内拆换旗杆二根，戗木六根；拆砌旗杆台二座；补砌外围坍倒大墙二段，凑长三丈二尺。

普宁寺山门西边补砌坍倒大墙二段，凑长三丈六尺九寸。

普乐寺山门外挑换糟朽挡众木二十三架。

溥仁寺拆砌闪裂大墙一段，凑长四丈五尺；粘补抹饰大墙二段，长八十四丈九尺八寸；北面挑挖泄水明沟一道，长一百一十二丈六尺；添修虎皮石挡水坝一道，长五丈五尺；东北二面起刨淤渍砂土五段，凑长一百七十丈五尺；庙内拆瓦僧房一百二十九间；拆砌院墙四段，凑长七丈二尺。

狮子沟关帝庙……

……

……旋据该总管申称，已修活计处所逐座详细查看，丈尺、

三十一、嘉庆六年档案　第 10 册 p9

急修活计清单

溥仁寺西面大墙坍倒一段，长……

普宁寺大墙坍倒三段，凑长……

扎什伦布正山门后檐踏跺坍倒；

布达喇（布达拉）庙西山沟僧房楼十九间头停渗漏，木植糟朽；挂檐押面石吊落，上层楼顶宇墙坍塌，将下层头停砸伤，瓦片破碎，椽望伤折；

殊像寺大墙坍倒一段，长二丈七尺。

三十二、嘉庆十年档案　第 10 册 p370

奴才董椿、穆腾额跪奏，为奏闻销算工料银两事。恭查嘉庆九年分，经奴才等具奏，热河园内外庙并南北两路行宫殿宇房间亭座游廊有渗漏残坏，牌楼歪闪，墙垣石堤闪裂坍塌；毡竹帘雨搭开条破烂，并各等处山石泊岸高峰间有沉陷散卸应行修理各情形，节次具奏，奉旨：交总理工程处知道。钦此。

……

扎什伦布揭瓦生欢喜心殿一座，拆修前檐平台抱厦三间；粘修吉祥法喜殿一座，拆修前檐平台抱厦三间；粘修抄手平台房十七间，拆修山门外白台僧房六间；粘修门楼一座，随墙门口一座；板桥一座，修砌虎皮石泊岸一段，长七丈八尺；院墙二段，凑长……；粘修院墙二段，凑长……。

布达拉庙揭瓦白台僧房十八间，拆修白台僧房八间、角门二座；修砌大墙一段，长五丈八尺；各台座找补抹什灰片六十三段，凑长……；补安琉璃八宝一件、角兽二只。

殊像寺庙外拆修堆拨房二间。

普宁寺西常处揭瓦东厢房五间。

溥仁寺修砌大墙一段，长三丈一尺二寸。

溥善寺拆换吗呢杆一根，修砌大墙二段，凑长四丈九尺。

狮子沟药王庙修砌钟鼓楼檐墙二堵，大墙二段，凑长八丈四尺；粘修角门二座。

三十三、嘉庆十年档案　第 10 册 p406

奴才董椿、穆腾额跪奏，为奏闻估需工料银两事。前经奴才等具奏，热河殊像寺会乘殿走错残坏，并山门、天王殿沉陷渗漏，墙垣鼓裂各情形，于本年九月二十八日具奏。奉旨：着总管内务府大臣巴宁阿前往查勘。钦此。

钦遵，嗣经巴宁阿查勘，拟定做法烫样呈览，并配殿、经堂、钟鼓楼一律粘修见新，核估账目送交总理工程大臣详加斟核，俟核准后行知。奴才等再行具奏兴修，等因奏准在案。

做法均属相符。奴才等复核无异。又据前任热河兵备道台斐音申报，该工扎什伦布白台东面跨下山坡包堆护角山石并吉祥法喜殿后拆堆趴山云步踏跺、大红台北面找补闪裂云步点景高峰等项活计，用过工料银一千六百十六两六钱七分五厘。查此项活计曾经奏明，交该道遵照向例，逐日稽查，按例申报，并案核销，谨将用过工料银两分晰细数，另缮黄册，一并恭呈御览，仍请交总管内务府大臣覆行查核。为此谨奏。

嘉庆四年八月初二日

嘉庆四年八月初二日具奏。奉旨：知道了。钦此。

兹据总理工程处文开，所有估计得热河殊像寺会乘殿一座，计五间。内明三间，各面宽一丈五尺，二稍间各面宽一丈三尺，进深三丈六尺，外周围廊深七尺；通面宽八丈五尺，通进深五丈；檐柱高一丈七尺，径一尺六寸；金柱高三丈二寸，径一尺八寸；鑚金柱高三丈七尺二寸，径二尺；重檐十一檩歇山黄色琉璃头停成造。

　　今照旧式拆修。挑换椽望，粘补装修，换安酥碱石料下埋头。台基通高一丈四尺五寸，拆去原旧礓磋拦土，周围台帮包砌大料石二进，高七层，内里改安大料石礓磋拦土，并神台底垫高九层；山檐墙上身原系沙滚砖，今改灰砌城砖；地脚刨去叠落土坎，槽底落平，添下地丁，满筑灰土十二步，内里添厢夹打灰黄土二十三步；后檐拆去山石沟帮，改安大料石二进，高六层，地脚下丁，筑打灰土十五步；殿座前檐叠落月台一座，拆砌台帮宇墙踏跺台面提溜，筑打灰土五步。并拆修山门三间，揭瓦天王殿五间、东西配殿六间。夹垄经堂十间，钟鼓楼二座。粘修角门四座。拆砌鼓裂看墙四段，凑长二十九丈二尺四寸；勾抿抹饰看墙六段，凑长三十四丈八尺八寸。以及殿座油饰彩画、糊饰窗心博缝、拆锭檐蠊看叶、修补雨搭、挪请佛像、拆安背光、狮象吼粘补见新、成搭棚座圈厂、出运渣土等项工程，除行使颜料、铜斤、绒丝、绢线、杭细、布匹、画绢、高丽纸张应用外，净估需工料银五万七千三百二十二两五钱三分二厘外，取用围场木植值银二千四百九十三两三钱九分一厘。

　　经总理工程处按例斟核，内有不符之处，核减工料银四百三十六两六分二厘，木植银四十三两六钱六分七厘，净准估需工料银五万六千八百八十六两四钱七分外，取用围场木植值银二千四百四十九两七钱二分四厘。其大件柱檩柁枋有无糟朽，并琉璃脊瓦料爆釉残坏之处，俱俟拆卸后，另行请员查验，据实添补。至不露明活计并殿座后檐拆做占砌山石水沟，以及点景、高峰、月台、迎面护脚山石等项实用活计，请交热河兵备道奇明就近稽查申报，总理扣案入销。等因行知前来，奴才等理合将总理工程处核估钱粮数目缮折奏明，请由广储司银库项下如数支领，奴才等以便督率岁修监督备料兴修。谨将估需工料银两细数另缮清单，一并恭呈御览，为此谨奏。

　　知道了
　　嘉庆十年十一月二十九日

三十四、嘉庆十一年档案　　第 10 册 p413

　　奴才估山、穆腾额跪奏，为奏闻销算工料银两事。恭查嘉庆九年，分经奴才穆腾额具奏，热河园内外庙并南北两路行宫殿宇房间亭座游廊渗漏残坏，旗杆木植槽朽，墙垣膦裂，间有坍塌等项应行修理各情形，节次具奏，奉旨：交总理工程处查勘。钦此。

　　钦遵，嗣经总理工程处事务大臣派员查勘，择其情形较重，必须修理者，按例共核估银一万三千六百七十八两五钱二分九厘外，取用围场木植值银二千一百六两七钱二分八厘。等因行知前来，奴才穆腾额遵即缮折奏明，饬交热河岁修监督，趁时兴修。嗣据该监督等呈称，修理得热河：

　　溥善寺揭瓦山门三间，天王殿三间，钟鼓楼二座；拆换旗杆二根；拆修大墙，凑长六丈九尺；粘修墙垣，凑长四十一丈

二尺。

　　溥仁寺补砌大墙一段，长三丈二尺。

　　普宁寺揭瓦堆拨房一间；补砌常处大墙二段，凑长五丈八尺。

　　扎什伦布拆修白台僧房一座；揭瓦康卜僧房十七间；补砌大墙一段，长六丈三尺。

　　布达喇（布达拉）庙补砌大墙三段，凑长六丈七尺。

　　殊像寺揭瓦堆拨房四间，补砌大墙一段，长四丈一尺。

三十五、嘉庆十一年档案　　第 10 册 p416

　　再，六月十一日，奴才估山、穆腾额正在恭拜奏折时，接到奴才穆腾额具奏木植报销一折。

　　至殊像寺工程现在做有几成？如能于本年朕抵热河时完竣，即可开光。如不能完竣，亦不必赶紧修理，俟于明岁开光亦可。钦此。

　　至殊像寺工程，因本年春夏雨水过多，工匠未能逐日工做。奴才估山、穆腾额又恐经雨之工未能坚久，是以不敢偾催。现在地脚柱顶俱已赶得安砌大料，随即竖立大木，约于八月内即可苫背瓦瓦。所有油饰等活因热河寒冻较早，需俟明岁春融，方能油画，以期坚固，本年未能一律完竣。再安远庙修理工程业经完竣，恭候皇上临幸时，再行奏请拈香开光，理合一并附片奏闻。谨奏。

　　二十六日诣安远庙拈香，不必献戏。

三十六、嘉庆十一年档案　　第 10 册 p511

　　热河园内外各等处粘修工程销算银两黄册

　　普宁寺夹垄大殿七间；揭瓦山门五间，康卜僧房二十八间；修砌院墙二段，凑长……；泊岸大墙一段，长……；

　　扎什伦布揭瓦堆拨房六间，补砌西山门南边踏跺一座，长……；

　　布达拉揭瓦堆拨房十间，补砌西山门南边踏跺一座，长……；大墙二段，凑长……；各台座抹饰红白灰片，凑长……；

　　殊像寺东边修砌大墙一段，长二丈八尺；

　　溥仁寺修砌大墙三段，凑长……；抹饰灰片长五丈三尺；

　　关帝庙揭瓦顺山房三间；补砌配殿檐墙六堵，凑长……；院墙一段，长……；添安旗杆戗木一根；

　　普乐寺补安山门、天王殿琉璃垂兽二只，兽座二件。

三十七、嘉庆十二年档案　　第 10 册 p542

　　（嘉庆十二年六月初六）殊像寺修理会乘殿并中路粘修见新工程，现经普律完竣，恭候圣驾临幸时，奴才等再行奏请拈香开光，理合附片奏闻。谨奏。

　　览。

三十八、嘉庆十三年至十四年档案　　第 11 册 p532

　　热河各等处续报活计清单

　　殊像寺东面虎皮石大墙坍倒二段，凑长六丈七尺；掐子墙坍倒二段，凑长三丈六尺。

三十九、嘉庆十三年至十四年档案　第 11 册 p533

热河各等处请修活计分别缓急清单

应修活计：

殊像寺东面大墙坍倒一段，长二丈；

布达拉康卜僧房南面大墙坍倒二段，凑长十丈六尺；

安远庙僧房院墙坍倒一段，长一丈二尺。

四十、嘉庆十八年档案　第 12 册 p345

园内外各等处请续修活计清单：

普宁寺庙内僧房十五间，头停渗漏；墙垣闪裂，间有坍塌；东西角门二座木植糟朽；大墙坍倒三段，凑长三丈九尺；

扎什伦布西山门外僧房十七间，头停渗漏，瓦片破碎坍塌，椽望糟朽；院墙坍倒二段，凑长五丈八尺；东山门北边大墙闪裂，坍倒二段，凑长六丈八尺；

殊像寺东大墙随墙门口一座，木植糟朽，大墙坍倒一段，长一丈九尺；

安远庙白台僧房八间，台顶坍塌，木植糟朽，抹饰灰片脱落。

四十一、嘉庆二十一年档案　第 13 册 p184

奴才庆祥、常显跪奏，为查看热河各处庙宇应修活计，恭折奏闻请旨事。

据苑丞张禔呈报，布达拉等处庙宇经今岁夏秋雨水浸淋，所有殿宇房间均有渗漏残坏，墙垣闪裂，台顶坍塌各情形呈报前来。奴才等随赴各该处逐一详细查勘，虽属相符，但处所繁多，未便全行修葺。奴才等谨择其渗漏残坏情形过重并坍塌倒坏者六项，恭折奏闻请旨，饬交总理工程大臣派员踏勘，另行核估具奏，谨将应修处所另缮清单，恭呈御览。为此谨奏请旨。

总理工程处知道

嘉庆二十一年十月二十二日

四十二、嘉庆二十四年档案　第 14 册 p3

奴才常显、普成跪奏，为奏闻估需工料银两事。

前经奴才等具奏，热河园庭庙宇并南北两路行宫经去今两岁夏秋雨水浸淋，各等处殿宇房间均有渗漏残坏，墙垣石堤闪裂坍塌，船只桥座木植糟朽各情形。并奉旨惠迪吉门外迤北至西北门道口止，添安穿栏栅木九百七十一堂。并南北两路行宫等处内，除王家营、黄土坎、什巴里汰，其余殿内寝宫俱照烟波致爽殿内添安插屏等项活计，于嘉庆二十三年十一月初四日具奏，奉硃批：总理工程处知道。钦此。

钦遵，经总理工程大臣派委员员前赴各该处详细履勘，择其情形稍轻，皆驳为缓修；其情形较重，势须修理者，分晰款项奏明核估钱粮，交总理工程档房按例斟核在案。

兹据总理工程处文开，所有估计得：

广安寺戒台拆修周围台顶四十间，揭瓦中方亭一座；

扎什伦布拆修庙外白台二座，庙内抄手踏跺二座，揭瓦白台内僧房五间。庙外僧房十五间，补盖兵房七间；

普宁寺拆修东垂花门外转向踏跺二座，旗杆二座，僧房十五间，内拆修十间，拨正五间；

殊像寺拆修旗杆二座，揭瓦僧房十五间；

溥仁寺拆修旗杆二座；

溥善寺揭瓦僧房八间；

安远庙拆修白台僧房楼五间；

布达拉僧房三十七间，内拆修十间，揭瓦二十七间。

四十三、嘉庆二十四年档案　第 14 册 p15

嘉庆二十四年闰四月二十八日

奴才常显、普成跪奏，为热河等处应行续修活计，恭折奏闻，仰祈圣训事。

查热河园庭庙宇及南北两路行宫所有殿宇房间应修之处，并遵旨惠迪吉至西北门道口围山添安穿栏栅木，南北两路寝宫添安璧子插屏各项活计，于上年雨水后查明汇总，奏请交总理工程大臣派员踏勘，核估具奏。今岁春融后敬谨妥固兴修在案。本年三月间化冻后，据苑丞唐训等将热河园庭外庙、狮子园、南北两路行宫各等处渗漏残坏之处循例查明开单，呈请续修前来。奴才等当即饬驭，俟入夏后雨水时行之际，再看情形核办。去后兹复据该苑丞等呈报，所有应行续修活计较与前报之时愈形残坏，若不急为修整，再经雨水，则情形加重，糜费转多。且系迎面活计，有碍观瞻。奴才等随逐处履勘，所报虽属相符，但处所过繁，钱粮重大，理宜酌量粘修。奴才等愚昧之见，将苑丞等所报应修活计内：

殊像寺僧房十一间，俱头停渗漏，椽望木植间有糟朽，山檐墙闪裂。

四十四、嘉庆二十四年档案　第 14 册 p147

诚安等奏

热河外庙应修处所由交单一 十二月初二日

奴才诚安、祥绍跪奏，为查看热河外庙应修活计，恭折奏闻请旨事。

据苑丞张禔呈报，扎什伦布等处庙宇经今岁夏秋雨水浸淋，所有殿宇房间均有渗漏残坏，门楼墙垣闪裂坍塌各情形呈报前来。奴才等随赴各该处逐一详细查勘，虽属相符，但处所繁多，未便全行修葺。奴才等谨择其渗漏残坏情形过重，并坍塌倒坏者六项，恭折奏闻请旨饬交总理工程大臣派员踏勘，另行核估具奏。谨将应修处所另缮清单，恭呈御览。为此谨奏请旨。

嘉庆二十四年十二月初二日奉硃批：总理工程处知道。钦此。十一月二十八日。

附件：

外庙请修活计清单：

扎什伦布四面群楼一座，台顶渗漏，木植间有糟朽。现在北面抱厦压面石坍塌二间，其东面挂檐沉坠；

溥仁寺山门一座，天王殿三间，钟鼓楼二座，前后配殿二十间，俱头停渗漏，椽望间有糟朽，瓦片脱节；

普宁寺碑亭一座，钟鼓楼二座，俱头停渗漏，椽望间有糟朽，琉璃瓦片爆釉残坏，脊料勾滴吊落不全，石料酥碱破坏；北部洲一座头停渗漏，台身裂缝；南部洲一座，台顶沉陷坍塌；

各庙僧房一百四间，头停渗漏，椽望间有糟朽，山檐墙闪裂，间有坍塌；门楼六座，木植糟朽；坍倒院墙凑长六丈四尺；

兵房九十间，俱已檐头坍塌，椽笆糟朽，山檐墙间有闪裂坍塌；门楼二十六座，木植糟朽；坍倒院墙凑长一百九丈。

四十五、道光三年档案　第 14 册 p408

奴才嘉禄、普成跪奏，为热河园庭外庙并南北两路行宫被雨情形，恭折奏闻，仰祈圣鉴事。窃查热河一带地方，于五月二十六日起至六月初一日止，随节经阵雨，旋或晴霁。嗣于初二日起阴雨连绵，至十九日方止，先后据各该处苑副千总等呈报，殿宇、房间、石堤、桥闸、内外围墙均有坍塌渗漏倒坏冲塌之处。奴才等随即率领苑丞等分头查勘，所报均属相符，但殿宇房间石堤桥闸并内围院墙等项处所繁多，现在详细分别情形应修应缓之处。俟雨水止后，奴才等另折奏请办理。

惟查，园内、狮子园、外庙并南北两路行宫各等处坍倒外围墙垣共计五百五十段，凑长一千六百六十四丈四尺。奴才等随即饬令该管官员暂用枝柴遮挡，派委兵弁昼夜巡逻，并经知照热河都统，在园庭坍倒墙垣段落敞僻之处，派委员弁支搭帐房，严加看守。伏查此项坍倒墙垣缺空处所，两边多有闪裂之处，若再经雨水，必至倾圮日增，而钱粮益增糜费，非独于防守攸关。且口外天寒较早，立冬前后水冰土冻，碍难施工，是以再四筹酌，惟有据实陈奏，及时修理，以昭严密。奴才等谨按例估计应需工料银一万七千一百八十九两八钱二分八厘，理合恭折奏请或交总理工程大臣派员勘估具奏后，再由广储司领项兴修；仰或就近由芳园居库存项下先行支领，遴派妥员赶紧备料俾得及时修理。俟工竣之日造册咨报总理工程大臣委员查验核销之处出自圣裁。奴才等将坍塌外围墙垣段落丈尺分缮清单，敬呈御览，伏乞皇上睿鉴训示遵行。谨奏请旨。

另有旨。

道光三年七月二十二日

附件：请修坍倒外围墙垣段落丈尺清单

普宁寺坍倒外围墙五段，

扎什伦布坍倒外围墙十六段，

布达拉坍倒外围墙六段，

殊像寺坍倒外围墙六段，凑长十一丈九尺，

溥仁寺坍倒外围墙五段，

溥善寺坍倒外围墙二段，

安远庙坍倒外围墙二段。

四十六、道光八年档案　第 14 册 p443

热河园内外庙并南北两路行宫各等处粘修工程销算银两黄册

……

溥仁寺修砌大墙三段，凑长……；门楼一座；

溥善寺修砌院墙十一段，凑长……；门口六座；

安远庙修砌大墙二段，凑长……；

普宁寺修砌院墙七段，凑长……；

扎什伦布修砌大墙五段，凑长……；院墙四段，凑长……；

殊像寺修砌大墙二段，凑长二丈七尺；院墙一段，长九尺；门口一座；

……

四十七、道光十年档案　第 14 册 p482

（道光十年十二月）

附件：热河园内外庙并南北两路各等处粘修工程销算银两黄册

溥仁寺修砌大墙二段，凑长……；院墙二段，凑长……；随门口二座；

安远庙修砌大墙二段，凑长……；

普宁寺修砌大墙七段，凑长……；

扎什伦布修砌大墙二段，凑长……；院墙五段，凑长……；

殊像寺修砌大墙二段，凑长八丈五尺；院墙二段，凑长三丈三尺；随门口一座。

四十八、道光十一年档案　第 14 册 p531

郎中庆魁、员外郎乌明阿呈，为呈明覆行查核事。

职等奉派查验热河道光九年分修理园内外庙并南北两路行宫外围墙垣以及僧房等项工程。职等遵即由堂领出原奏黄册，查得修理热河：

布达拉等九庙僧房二百九十七间，内拆修二百十二间，揭瓦八十五间；门楼门口三十一座；大墙院墙宇墙凑长四百六丈七尺。

道光十一年三月

附件：热河园内外庙并南北两路粘修僧房诸旗房墙垣销算黄册

热河溥善寺僧房六座，计二十九间，内拆修三座十七间，揭瓦三座十二间；修砌大墙六段，凑长十三丈；院墙九段，凑长……；随门口二座；

溥仁寺修砌大墙八段，凑长……；

安远庙僧房九座，计三十八间。内拆修六座二十一间，揭瓦三座十七间；修砌大墙一段，长七丈；院墙十二段，凑长……；随门口二座；粘修墙顶一段，长三十八丈；

普乐寺天王殿两边拆修门楼二座；

普宁寺僧房六座，计三十间。内拆修一座五间，揭瓦五座二十五间；修砌大墙七段，凑长……；院墙四段，凑长……；宇墙十段，凑长……；随门楼二座，门口一座。

普佑寺补砌大墙二段，凑长七丈五尺；

扎什伦布僧房二十二座，计一百九间。内拆修十七座，计九十四间；揭瓦五座，计十五间；修砌大墙六段，凑长……；院墙十二段，凑长……；宇墙三段，凑长……；随门楼三座；门口六座；

布达拉拆修僧房十座，计五十四间；修砌大墙八段，凑长……；院墙十二段，凑长……；随门楼一座；门口六座；

殊像寺僧房十座，计三十七间。内拆修长高一座五间，拆修五座十六间，揭瓦四座十六间；修砌大墙六段，凑长十八丈三尺；院墙七段，凑长十一丈四尺五寸；随门口六座。

四十九、道光十二年档案　第 14 册 p567

附件：

谨将热河各庙工程现在情形开列清单，恭呈御览。

普乐寺山门前挡众木糟旧，西水台座被水冲塌；

溥仁寺大殿后殿天王殿山门头停渗漏，木植间有糟朽；

溥善寺大殿照殿后楼天王殿钟楼鼓楼山门头停渗漏、檐头间有坍塌；

以上三处情形尚轻。

普佑寺大方广殿、法轮殿头停渗漏，木植间有糟朽，檐头脱落；

殊像寺宝香（相）阁、清凉楼、斋经堂、天王殿头停渗漏，木植间有糟朽，檐头脱落坍塌，地脚稍有沉陷之处；

罗汉堂大殿头停渗漏，大木间有糟朽沉陷。现在保护。

以上三处情形稍重。

扎什伦布妙高庄严殿内龙井天花沉坠劈裂，现在托仰保护；四面群楼屋顶沉陷渗漏，于道光四年间奉旨保护。又逾八年之久，所有保护架木绳斤现俱糟朽，情形较前尤重。吉祥法喜楼前抱厦全行坍塌；山门碑亭头停渗漏，檐头间有坍塌，木植糟朽；抄手垂象踏跺有堆坍沉陷之处。

布达拉九间房大木沉陷，于九年间保护；碑亭头停渗漏，木植糟朽；檐头间有坍塌；西山垂象踏跺坍倒；无量福海殿、都罡殿四面群楼头停屋顶间有坍塌渗漏沉陷，木植糟朽；

又，普宁寺山门、碑亭头停渗漏，木植糟朽，檐头间有坍塌之处；石料酥碱沉陷；大小部洲四座，大木糟朽沉陷，头停间有坍塌落架；抄手踏跺间有堆坍；

又广安寺定慧楼、戒台、净香室头停屋顶间有坍塌，木植糟朽沉陷；

又安远庙普度殿方楼一座，头停渗漏，墙身掰闪沉陷，内里通柱金柱间有糟朽，现在保护。

以上五处情形较重。

又各庙旗杆、吗呢杆木植多有损坏，石料间有酥碱；内外堆拨值房查有坍塌渗漏之处。

道光十二年三月廿七日奉朱批：俱著停缓。钦此。

五十、道光二十一年　第 15 册 p411

钦奉谕旨：嗣后京外各衙门坛庙紧要工程仍随时兴修外，其余一切工程仍著暂行停止。钦此。伏查奴才若请修理兵房，虽因坍塌过甚，有关兵丁栖止，究非紧要工程，自应暂行停止。一俟不停工之期，再行核实勘估，奏请修理。除咨工部外，理合附片奏闻。谨奏。

道光二十一年正月十四日奉朱批：工部知道。钦此。

五十一、道光二十六年档案　第 16 册 p157

理藩院尚书臣吉伦泰等谨奏，为应裁热河喇嘛钱粮，一时不能按照原议裁汰及半，所裁数目亦难均齐。现据掌喇嘛印章嘉呼图克图等呈请，归入甄别案内，如数酌裁，以符原议。裁留各半数目恭折奏闻请旨，仰祈圣鉴事。

臣等查热河寺庙十二处内，除广安寺、罗汉堂、普乐寺三处事宜不归臣院办理外，其余普陀宗乘之庙即布达拉、须弥福寿之庙即扎什伦布、普宁寺、普佑寺、溥善寺、溥仁寺、殊像寺、广缘寺等八庙喇嘛班第升转钱粮均由热河都统及京城喇嘛印务处行文，臣院办理。前于道光十四年七月经臣院以各该庙支食钱粮班第人数较多，候补钱粮外来无籍班第尤为漫无节制，久之，各庙僧房不无地窄人稠。议将以上八庙除殊像寺专习满洲经卷，广缘寺系擦噜克堪布自行建立，向系专缺，毋庸议外，

其余普陀宗乘等庙正项支食钱粮班第遇有缺出，无论升故，随时裁汰。统俟班第裁至过半，再将该管喇嘛等一并约数裁汰。其所裁喇嘛名下随缺折色钱粮一体核裁。设将来各寺庙僧房遇有坍塌不齐，较易归并等情具奏。

奉旨：依议。钦此。

道光二十六年四月十八日

五十二、同治五年档案　第 17 册 p50

热河总管奏，文津阁渗漏情形愈重，势难再缓，拟请勘估筹修。

……咸丰十一年十月十一日钦奉上谕，所有热河一切未完工程著即停止，钦遵各在案，维时此项工程尚未兴修，遵即一律停止。

同治五年六月十二日

五十三、无朝年档案　第 18 册 p325

热河园内外庙　粘修工程奏销黄册

普乐寺宗印殿七间头停夹垄，添补琉璃，山门外挑换挡众木二十五架，粘修栅栏门七槽。

普宁寺西常处补砌大墙一段，长二丈五尺，补修栅栏门一座

扎什伦布大红台内拆修转轮藏开花献佛二座东面修砌大墙三段凑长十三丈二尺

殊像寺补砌大墙二段，凑长二丈七尺九寸

普宁寺大山门外揭瓦牌楼三座，粘修宇墙凑长三十二丈六尺，西常处补砌大墙三段，凑长三丈七尺

布达拉粘修庙内僧房楼三座，计四十六间

扎什伦布补修山门抄手踏跺三座

殊像寺补砌大墙四段，凑长八丈二尺

广安寺粘修门口二座

溥仁寺补砌大墙二段，凑长四丈三尺

溥善寺拆砌大墙一段，长二丈七尺

以及各等处油饰彩画、内里裱糊、修补笆竹帘雨搭圈厂棚座出运渣土等……通共销算工料银四万四千七百二十九两。

园内文园、烟雨楼、畅远台、千尺雪、戒得堂等处拆堆补堆山石盘道云步高峰，并文津阁、山近轩、瀑布等处点景踏跺，以及如意洲、月色江声各等处找堆沿河泊岸马头、打坝掏水等项活计，用过工料银五千一百九十九两四分五里。

五十四、无朝年档案　第 18 册 p519

热河园内外庙并南北两路行宫及殊像寺等处粘修工程黄册

殊像寺大厨房一座五间，大木拆安，后檐柱木装修，石料拆安装板、柱顶、埋头、阶条、压面、角柱、压砖板、腰线等石，拆砌台帮、山墙、槛墙，头停铲苫灰泥背，排山拆调大脊、垂脊，揭瓦二号布筒板瓦，后檐地脚加下长七尺柏木地丁，虎皮石揣当。拆换西旗杆一根，拆砌旗杆台一座，并东旗杆台石料占斧见新，台帮拘梗。

通共销算工料银五千六百七十六两。

[*]：中国第一历史档案馆．清宫内务府造办处档案总汇（全五十五册）．北京：人民出版社出版，2005

注：《清宫内务府造办处档案总汇》中收录的部分殊像寺档案与《清宫热河档案》中的内容一致，重复部分此文不再收录。

一、乾隆四十年一月档案

初二日太监张进喜来说，首领董五经交：

御笔米色笺纸字横披一张，敞晴斋

御笔黄绢字封一副，殊像寺

御笔宣纸画横披一张、延薰山馆

传旨：俱厢一寸蓝绫边托贴。钦此。

二、乾隆四十年五月档案

五月初四日卿字三十号

养心殿造办处为移会事。本年四月二十八日经副都统金，将为镀热河殊像寺铜宝顶一座，派员带领匠役前往，并奏请行知热河总管永，即派文殊菩萨庙监督德龄、天德不时稽查匠役，毋致偷窃。再现做成各庙宇旗杆铜镀金顶，即交该员带往，交该处安设。所有应镀之吗呢杆顶一并交该工折下，以便就近镀镏。等因节次具奏。

俱奉旨：知道了。钦此。

钦遵在案。相应抄录原奏粘后，移付贵处遵照摺内事宜查照办理可也。须至移会者右移会热河总管（用咨文一张）。

三、乾隆四十年六月档案

二十日，接得本报带来信帖，内开十八日首领董五经交：

宣纸二张，热河殊像寺

传旨：着发往京内交如意馆，着贾全、魏鹤龄分画得，交果报发来。钦此。

四、乾隆四十一年四月档案

布拉鼓俱照热河带来做样，殊像寺嘎布拉鼓上飘带一样配做，要银镀金三角结子。钦此。

于二十一日员外郎四德、库掌五德来说，太监如意交：

花素珊瑚珠二个

传旨：着在现做扎木鲁鼓上做结子用。钦此。

于二十三日员外郎四德来说太监鄂勒里传旨：将现做嘎布拉鼓送进呈览。钦此。

随将新做嘎布拉鼓三件，并新交换象牙胎股嘎布拉鼓一件，配飘带嘎布拉鼓一件呈览。

随交出：

铜铃杵二分

传旨：将现做嘎布拉鼓三件内用山塌尔萨木丹僧格桑鼓一件，做金厢松石腰箍，鞔皮画金套盛装配，交出达赖喇嘛铜铃杵成一分，其配飘带鼓一件，另换做金□松石腰箍，鞔皮画金套盛装。配班禅额尔得尼铜铃杵一分，换下银腰箍一件，在现做嘎布拉鼓一件上配合，用下剩嘎布拉鼓一件，做银镀金腰箍。钦此。

于四十二年正月十二日员外郎四德来说，太监如意传旨：将现做嘎布拉鼓送进呈览。钦此。

随将：

索讷木嘎布拉鼓三件

玉嘎布拉鼓二件

殊象寺嘎布拉鼓一件

象牙嘎布拉鼓一件

嘎布拉鼓一件（配铃杵）

呈览。

奉旨：将配班禅厄尔得尼铃杵鼓一件，另鞔皮。其余持出快做。钦此。

于二月十八日员外郎四德、库掌五德来说，太监如意传旨：

将现做嘎布拉鼓送进呈览钦此 随将

嘎布拉鼓三件（新做）

象牙嘎布拉鼓三件（热河）

玉嘎布拉鼓二件 嘎布拉鼓一件

象牙嘎布拉鼓一件（系佛堂）

嘎布拉鼓一件（殊像寺）

以上十一件原随蜜蜡结子六个，并交出珊瑚二个，尚少结子三个。查得先做嘎布拉鼓上换下素珊瑚珠二个，蜜蜡珠一个，随腰箍三角结子，五色绦子飘带呈览。

奉旨：珊瑚珠、蜜蜡珠准用交花素珊瑚珠二个。在配铃杵鼓上件上做结子素珊瑚珠二个，在玉嘎布拉鼓上做结子用。其余嘎布拉鼓俱用蜜蜡结子所用扣珠，向王成要用。钦此。

于本日交出：

三号米珠三两六钱

小号珊瑚米珠三两四钱

传旨：着在现做嘎布拉鼓上做结子用。钦此。

于二十二日将做未完金嘎布拉鼓盖一件，上嵌得松石厢嵌坯，交太监如意呈览。

奉旨：碗盖上松石厢嵌着做花纹。钦此。

（于四十二年三月初三日将做得嘎布拉鼓三件，内一件金腰箍、二件银腰箍呈进交佛堂讫。）

于三月初八日员外郎四德、五德来说，太监常宁传旨：将现做嘎布拉碗金三角座，照第母胡土克图新进玉嘎布拉碗金座流云托样改做。钦此。

于初十日将嘎布拉碗金厢松石三角座一件，三角座二件，银合对较比短些，请将腰箍接长，随蜜蜡结子二件，并殊像寺带来做样嘎布拉鼓一件交太监如意呈览。

奉旨：准将腰箍接长，上安厢嵌宛子挪正。其蜜蜡结子二件，亦准用。再做样嘎布拉鼓所鞔皮松，着另鞔皮画□。钦此。

于十四日员外郎四德、库掌五德来说，太监如意传旨：将现做嘎布拉鼓并碗俱送进呈览。钦此。

随将嘎布拉鼓三件，并随配盖座嘎布拉碗五件，并随中正殿收贮嘎布拉碗三件呈览。

奉旨：嘎布拉鼓碗持出快做。得时将碗照布达哈尼敦嘎布拉碗内签子一样写签子。钦此。

于十八日，员外郎四德、库掌五德来说，太监如意交：

嘎布拉鼓一件（随）

银厢珊瑚松石腰箍

蜜蜡结子

珊瑚豆一个

银圈一个

嘎布拉鼓一件（随）

银厢松石珊蝴腰箍

传旨：将嘎布拉鼓二件拆看有无缝处，呈览，钦此。

于二十日将嘎布拉鼓二件，内一件系象牙敨做，交太监鄂勒里呈览。

奉旨：将敨做嘎布拉鼓一件，另用整象牙成做，并无敨缝嘎布拉鼓，俱照热河带来做样殊像寺嘎布拉鼓上飘带一样配做，要银镀金三角结子。钦此。

于二十一日员外郎四德、库掌五德来说，太监如意交：

花素珊瑚珠二个

传旨：着在现做扎木鲁鼓上做结子用。钦此。

于二十三日员外郎四德来说，太监鄂勒里传旨：将现做嘎布拉鼓送进呈览。钦此。

随将新做嘎布拉鼓三件，并新交换象牙胎股嘎布拉鼓一件，配飘带嘎布拉鼓一件呈览。随交出：

铜铃杵二分

传旨：将现做嘎布拉鼓三件，内用山塌尔萨木丹僧格桑鼓一件做金厢松石腰箍，鞔皮画金套盛装，配交出达赖喇嘛铜铃杵成一分。其配飘带鼓一件，另换做金□松石腰箍，鞔皮画金套盛装，配班禅厄尔得尼铜铃杵一分，换下银腰箍一件，在现做嘎布拉鼓一件上配合用。下剩嘎布拉鼓一件，做银镀金腰箍。钦此。

于四十二年正月十二日，员外郎四德来说，太监如意传旨：将现做嘎布拉鼓送进呈览。钦此。

随将

索讷木嘎布拉鼓三件

玉嘎布拉鼓二件

殊象寺嘎布拉鼓一件

象牙嘎布拉鼓一件

嘎布拉鼓一件（配铃杵）

呈览。

奉旨：将配班禅厄尔得尼铃杵鼓一件，另鞔皮。其余持出快做。钦此。

于二月十八日员外郎四德、库掌五德来说，太监如意传

索诺木冈楚克

甲尔瓦讹杂尔

堪做罡拣腿骨八件

索诺木

甲尔瓦讹杂尔

莎罗奔冈达克

索诺木朋楚克

薄坏无用腿骨十六件

阿木鲁绰沃斯甲

堪布喇嘛色纳木甲木灿

丹巴沃杂尔

都甲喇嘛

雍中瓦尔结

山塌尔萨木坍

七图阿甲

七土甲噶尔斯甲布

于九月二十九日将阿旺班珠尔胡土克图交来嘎布拉鼓坯三件，并将照布达拉庙嘎布拉鼓边上什件做得什件坯。又将热河代来殊像寺嘎布拉鼓一件，俱交太监鄂勒里呈览。

奉旨：鼓上什件照样准做。其腰箍宝盖飘带。俱准照殊像寺嘎布拉鼓上厢松石腰箍宝盖飘带一样，成做三分。其布达拉庙嘎布拉鼓仍交砂质处。钦此。

于本日将阿旺班珠尔胡土克圈交来：

堪做嘎布拉碗首骨五件（内）

头等三件

二等二件

堪做罡拣腿骨四对

薄坏无用首骨二件。

五、乾隆四十一年五月档案

（五月）二十二日首领董五经交：

墨刻经塔三张

传旨：俱托高力一层，厢二寸五分黄绫边在殊像寺三世佛三堂背板上贴。钦此。

六、乾隆四十一年七月档案

十四日首领董五经交：

横披匾一面

粉油匾三面

黑漆匾三面

传旨：着用托钉、挺钩，按地方安挂。钦此。

计开：

狮子园一面

小许庵一面

太古山房一面

食蔗居一面

波落河屯一面

殊像寺一面

溥仁寺一面

以上用云头钉七对。

七、乾隆四十一年九月档案

（九月）十二日太监鄂勒里交：

嘎布拉鼓一件（五色条子飘带，鞔皮画金套，殊像寺）

传旨：着带进京内，将新做嘎布拉鼓照此样打做五色飘带。钦此。

（十月）初五日，员外郎库掌五德来说，太监如意交：

紫檀木嘎布拉鼓三件，上各随：

五色片金飘带

蜜蜡结子

五色绦子

腰箍嵌珊瑚花朵六块

象牙嘎布拉鼓一件工，并随：

五色缎飘带

锦缎腰箍上宜元珠三颗（俱中正殿）

传旨：将嘎布拉鼓四件，俱照热河殊像寺嘎布拉鼓上腰箍宝盖一样，配腰箍飘带。钦此。

于十一月十四日，员外郎四德来说，太监如意传旨：

将现配腰箍嘎布拉鼓送进呈览。钦此。

随将：

紫檀木嘎布拉鼓三件

象牙嘎布拉鼓一件

换下腰箍四分，持进交太监如意呈览。

奉旨：紫檀嘎布拉鼓三件，另配象牙胎股、鞭皮。并象牙嘎布拉鼓一件，俱配银镀金腰箍，换下腰箍上嵌珠石□□呈览。钦此。

于本日将嘎布拉鼓四件上拆下

腰箍飘带内有珠子三颗，认看系假珠，交太监如意呈览。

奉旨：着做材料用。钦此。

八、乾隆四十四年五月档案

二十八日，太监张进喜来说，首领董五经交：

御笔粉红绢字横披一张，狮子林

御笔黄笺纸字横披一张，殊像寺

宣纸胡桂画横披一张，清娱室

传旨：将绢字横披厢一寸蓝绫边做一块玉璧子横披，随托钉挺钩；笺纸字横披厢一寸蓝绫边；其宣纸画仍用旧边托贴。钦此。

九、乾隆四十四年至四十五年档案

（乾隆四十四年八月）二十二日接得报上寄来信帖，内开十五日将苏州送到：

织做汗衫一件

做样高力布汗衫一件

春伯尔一件

持进交太监厄勒里呈览。

奉旨：新织汗衫线道粗又厚，颜色不似原样，仍将春伯尔发回，务照原样做汗衫一件，再照样织汗衫一件，再照样织做纱汗衫一件送来。其汗衫一件并高力布汗衫一件交四执事。钦此。

（于四十五年五月二十六日，将苏州送到汗衫一件呈进讫）

于四十五年正月初四日将苏州来文，内开将做得织纱汗衫一件，于三月二十六日在江宁行宫呈进。

奉旨：汗衫交四执事成做。其苏州现织未得绣汗衫三件外，再添做织纱汗衫四、织绣汗衫四件，不可粗糙。做得时即速送来。钦此。

钦遵，随即遵照前样昼夜赶办今又办得织纱汗衫三件，敬谨解送行在，恭谢。

十三日接得报上代来信帖，内开二十八日厄勒里传旨：寄

信傅与舒文，着伊查万寿山、静明园、静宜园等处所有现供铸铜之素炉共有多少件，俱各撤下，换供珐琅炉。将此撤下之铜炉料估，铸造小铜钟一件，得时在热河殊像寺殿内安挂。其换供之珐琅即与各等并圆明园库贮内查供。先将三山现供之铜炉数目查明，料估可得多大尺寸铜钟一件，查明回奏。钦此，

于九月初三日接得报上代来信帖，内开八月二十九日太监厄勒里传旨：寄信与舒文，着伊查三山等处各殿内，如有现陈设成对大小素铜鼎炉或单件铜鼎炉共有多少件，其燻香小铜炉不必查办。再将铸炉处现有收贮破坏铜炉亦查数目，共合计可得多少铜觔，先行具奏。其所铸造殊像寺并珠圆（源）寺之铜钟大小尺寸，向永和要铸造之钟样款，要仿古。俟朕回銮时再拨蜡样，呈览。钦此。

于九月二十五日，员外郎四德等来说，太监厄勒里交：

古铜象腿火盆一件

古铜象耳火盆一件

古铜兽面火盆一对

古铜有盖三足一对

古铜象足火盆一对

古铜象足方火盆一对

古铜象足火盆一件

古铜兽面三足火盆一件

古铜螭耳火盆一件

古铜象足火盆一对

古铜象足火盆一件

古铜兽面火盆一件

古铜双耳火盆一件

古铜象足火盆二件

古铜象足火盆二对

古铜双螭耳火盆一对

古铜兽面三足火盆二对（上随）：

铜丝罩十件

木座十一件

铜座一件

以上俱系山高水长、鉴园、万方安和、淳化轩等处撤下。

传旨：俱交舒文逐件秤准分量，料估铸造热河殊像寺等处钟，用其木座做料用。钦此。

于本日随查秤各处撤下铜炉三十二件，计开：

御兰芬火盆一对，随罩重二百三十觔

坦坦荡荡火盆一件，重八十觔

藻园火盆一对，随罩重三百二十觔

火盆一对，重四百觔

万方安和火盆一对，随罩重三百八十觔

山高水长火盆一对，随罩重二百三十觔

慎修思永火盆一件，随罩重二百二十觔

紫碧山房火盆二件，内一件重七十五觔，一件重七十觔

长方火盆一件，重一百二十五斤

西峰秀色火盆一件，重二百觔

安澜园火盆一件，重二百五十觔，一件重七十三斤，一件重一百五觔

方壶胜境火盆一对，随罩重四百十五斤

淳化轩火盆二对，一对重三百六十五觔

二件重四百二十觔

玉玲珑馆火盆一对，随罩重三百五十八觔

鉴园火盆一对，随罩重二百三十五觔

丛芳榭火盆一对，随罩重二百九十觔

以上连铜系罩共重五千十六觔。

查秤得铸炉处收贮铜炉瓶等七十五件，计开：

铜三供二分，重一千二十觔

铜蜡阡二支，重十九觔

铜五供一分，重四十八斤

铜炉蜡阡瓶八件，重一百四十六觔

铜三供二分，重八十六觔

铜炉二件，重一百觔

铜炉大小七件，重二百六十觔

铜五供一分，重五十二觔

铜三供二分，重二百二十觔

铜蜡阡二支，重十一觔

贴金花瓶二对，重二百六觔

铜炉一件重三十八觔

以上铜炉等共重二千二百一十二觔八两

于二十八日，大人舒□将交出古铜火盆大小三十二件，秤得分量清单一件，并铸炉处收贮铜炉瓶等七十五件，秤得分量清单一件，交厄勒里呈览。奉旨：

着料估铸造热河等处之钟，画样呈览。钦此。

于本日大人舒□将拟画得：

热河安远庙高二尺九寸，口径二尺三寸钟纸样一张

殊像寺高二尺二寸，口径一尺八寸钟样一张

珠圆（源）寺高五尺八寸，口径三尺六寸钟样一张

法林寺高二尺九寸，口径二尺三寸钟样一张

布达拉庙东护法台高二尺五寸，口径二尺二寸钟样一张

碧峰寺高四尺五寸，口径三尺钟样一张

俱贴大清乾隆年造款样呈览。

奉旨：碧峰寺钟样矮了，着放高。再法林寺并东护法台钟样太素，着俱添画花纹。其余照样准做。得时俱刻大清乾隆年造款。钦此。

于二十九日，大人舒□将改画得碧峰寺高五尺五寸，口径三尺六寸钟样一张；法林寺添画雷纹钟样一张；东护法台添画正龙角钟纸样一张。交太监鄂勒里呈览。

奉旨：俱照样准做。其口上八卦内乾卦，挪在中间之右顺卦名排起。钦此。

十、乾隆四十六年至四十七年档案

（乾隆四十六年四月）十八日，笔帖式和宁持来金字经处印文一张，内开本处具奏，遵旨缮写钦定四体字文殊菩萨谶经泥金小式经五分，谨遵钦定式样划线佛像，并应写四体字经文粘签，恭呈御览。如蒙俞允，所需经头经尾木板经帘，并装潢欢门，廂嵌珠石等项，俱请照从前所办理甘珠尔经成例，交造办处备办成做。写经应用硏羊脑磁青纸泥金等物，由造办处领取。应用其缂丝、经帘，亦由造办处转交苏州织造办造。至应刊刻大式经，应照依钦定式样，由经馆办理刊刻，等因一摺

于乾隆四十六年三月二十六日具奏。

奉旨：知道了。钦此。

钦遵在案，应抄录原奏，并原奏长宽尺寸式样，移咨贵处办理。查本馆应写此项之经卷，需用磁青纸泥金等物，此时尚难核算，俟将四体字底本办得时，实用应若干数目，再行移咨贵处领取应用可也，等因回明。

中堂英廉、公尚书福隆安、管理造办处事务大臣舒文准行。遵此。

总管佛宁永德、福克精厄准行。记此。

计原样三页。长八寸八分半。宽三寸九分半。此系遵旨交出原样，贵处酌留余边。以备裁窄。

于四月二十五日为造磁青纸金字经文殊菩萨经五部，做得红漆画金花纹写得咒语外经板样二块，糊磁青纸画泥金十字放，其里花纹写得咒语，里经板二块，块内上板里膛画得红黄地杖，五彩缂丝龙边，写得咒语经帘样二张，自绿月白三色地杖，画得五彩缂丝八吉祥龙边，经帘样三张，并画得嵌珠子金累丝欢门样，又为成造金笺纸经三部，做得红漆画金花纹外经板样二块，糊磁青纸画泥金十字放其里里经板二块，内上板里膛画得红黄绿三色地杖，五彩缂丝八吉祥龙边，经帘样三张，亦画得嵌珠子金累丝欢门样，并请成造经袱涤铲，持进交太监鄂鲁里呈览口奏。

奉旨：磁青纸金字经五部、金笺纸经三部，里板外板金累丝欢门，交造办处照样办做，其金笺纸经缂丝经帘亦要五色缂色，经帘将红黄地二色经帘不必写咒语，亦画八吉祥，俱交苏州织造全德，照大经帘尺寸样缂做五色经帘五分，照小经帘尺寸样缂做五色八吉祥经帘三分，送来经头经尾画佛像，交中正殿绘画。其经袱用黄素缎成做，经绦铲子照先做过经绦铲子一样成做。钦此。

五月初二日，笔帖式和宁持来金字经处为咨取事。本处遵旨办理四体文殊菩萨赞小经五分，其装潢经袱经帘廂嵌珠石等项，以及缮写四样字，需用泥金、磁青纸等物，业经奏准，行文造办处办理在案。相应呈明移咨贵处，暂将绘画龙边大小线硏羊脑妥协之磁青纸一百页，泥好大赤泥金三两，并将绘画经头经尾五分佛像花边颜料泥金等物，照例核算数目，即行一并送本处，以备缮写。其余泥金磁青纸，俟本处核得实用之数，再行移咨付送应用可也。等因回明。

中堂英廉、公尚书福隆安、管理造办处条务大臣舒文准行。遵此。

总管永德佛宁准行。记此。

于闰五月初二日，笔帖式苏楞额持来金字经处为咨取事。本处遵旨办理缮写四体字泥金小式文殊赞经五分，所需泥金磁青纸前经行文贵处，现行预备上好泥金三两，硏羊脑磁青纸一百页，付送本处赶办。俟将副本办得实用数目，再行领取在案。今本处已将副本呈览，每分五十六页连废，计用纸三百余页，泥金约用七两有零。但本处现在赶办，需用甚急，相应移会贵处，除从前行取泥金三两硏羊脑磁青纸一百页，并绘画经头经尾佛像花边五分泥金颜料等物，作速付送本处外，其余之泥金硏羊脑磁青纸亦须速为办得，一并即送本处，以便缮写办理可也。等因回明。

中堂英廉、公尚书福隆安、管理造办处条务大臣舒文准行。

遵此。

总管佛宁、永德、福克精厄准行。记此。

于闰五月初四日，为文殊菩萨经五部，金累丝欢门上应用珠子大小六百八十五颗，拨得蜡样，小金笺纸经三部，金累丝欢门上应用珠子四百十一颗，拨得蜡样，持进交太监鄂鲁里呈览。

奉旨：准向王成要用。钦此。

王成随交：

小正珠二百十六颗（一包）

小正珠一百九十五颗（一包）

小正珠三百六十颗（一包）

小正珠三百二十五颗（一包）

于闰五月二十三日，查核房交来摺片一件，内开本月二十一日造办处谨奏，为请旨打造红飞金事，查向例遇有应用飞金活计，即行文苏州织造采买送京应用在案。今据清字经馆来文，为文殊菩萨赞五部上二面写泥金字画龙边并经头经尾经页三百余页，约用泥金十两，因此项飞金需用紧急，且须上好飞金始可应用，若行文苏州采买，恐往返耽延时日，而在京办买不但卖值昂贵，且颜色浅淡不堪应用。今奴才等再三筹酌拟用库贮头等金，派员监视镕化，打造飞金，通盘核算每千张用金四钱八分，内折耗金六厘二毫，用匠十工九分，用工饭银一两六钱七分八厘，买办银三钱六分九厘，

共用买办工饭银二两四分七厘，连金价通计合计，每飞金一千张共合银九两二钱四分七厘，较比造办处市买飞金每千张价银七两八钱之例，虽多用银一两四钱四分七厘，但较比买办之飞金颜色深重适用，而分两亦与例相符。计打造此项飞金十两，约多用银二十九两六钱二分四厘。嗣后如遇可缓活计，仍行文苏州织造采办应用，奴才等未敢擅便，为此谨奏请旨。

于乾隆四十六年闰五月二十一日，交奏事太监秦录等转奏。

奉旨：知道了。钦此。

摺片仍交查核房存贮。

八月二十四日，接得掌稿笔帖式和宁持来金字经馆汉字文一件，内开为移会事。本处办理文殊师利赞经五分，俱已写得，今将首分裁榫妥协，相应移送贵处，先行作速绘画，经边经墙以及装潢预备进呈可也，等因回明。

总管永德、佛宁准行。记此。

于九月三十日，员外郎五德等将苏州织造全德送到大小经簾四十片，并参奏摺片一件，内开造办处谨奏为参奏事。

查得本年四月二十五日，钦遵谕旨，磁青纸金字经五部，金笺纸经三部，大小经帘八分，俱交苏州缂做五色经帘送来，等因随经画样呈览，后发交苏州织造全德敬谨缂做。去后，今于九月二十八日已据送到，查此项经帘八分，每分应用十片，今每分仅有五片。询员外郎五德、催长大达色桌称，经簾发样之时，文内原开大小八分，但随样粘签每分十片，讹写五片，是以该织造按照签开数目织做。实系五德等糊涂粗心之至，并请治罪等语。

奴才等查经帘活计发样之日，理应将尺寸数目详慎开明，俱无错误。乃该员等致将签开数目遗写一半，率意发往。似此漫不经心，实属怠忽疏懈之至。除将现少经帘四十片行令苏州作速补缂送京，其所用工料银两着落五德大达色照数赔补外，

仍各罚俸六个月，以示警戒，为此谨奏。

奉旨：知道了。其现送到大经帘二十五片，先装订经二分。小经帘十五片，先装订经一分。其余剩经帘收贮，俟苏州补缂经帘送到时，再行装订。钦此。

摺片旨意帖俱交档房存贮。

于十月初七日将磁青纸文殊菩萨经五部，内二部随经里板外板、金累丝嵌珠子欢门、缂丝经帘、经绦经袱，并由内庭交金笺纸经一部，亦随经里板外板、金累丝嵌珠子欢门、缂丝经帘、经绦经袱，持进交太监鄂鲁里呈览。

奉旨：将磁青纸经二部，金笺纸经一部，俱交中正殿看地方供。其余磁青纸经三部，交造办处暂收供，俟苏州送到经帘时，再装潢呈览。钦此。

于四十七年二月二十五日将苏州送到缂丝经帘四十片，持进交太监鄂鲁里呈览。

奉旨：持出成做。钦此。

于三月十九日，员外郎五德等将磁青纸文殊菩萨经三部，随经里板外板、金累丝嵌珠子欢门、缂丝经帘、经绦经袱，并金笺纸经二部，亦随经里板外板、金累丝嵌珠子欢门、缂丝经帘、经绦经袱，持进交太监鄂鲁里呈览。

奉旨：交中正殿，将经绦缠好呈览。钦此。

于三月二十六日，员外郎五德等将磁青纸文殊菩萨经三部、金笺纸经二部，各随经里板外板、金累丝嵌珠子欢门、缂丝经帘、经袱经绦，着中正殿将经绦缠好，交太监鄂鲁里呈览。

奉旨：将磁青纸经三部，交香山菩萨顶一部，热河紫浮一部，殊像寺一部。金笺纸二部，交宁寿宫一部，紫浮一部。钦此。

十一、乾隆四十六年五月档案

五月（广木作）

初二日，员外郎五德，催长大达色、舒兴来说，太监鄂鲁里交：

御笔藏经纸文殊菩萨经一册（万字灯笼锦壳面，热河殊像寺）

木胎经套一分

传旨：将木胎经套照经壳面上锦一样糊饰，外配紫檀木罩盖匣一件盛装。钦此。

于五月二十一日，员外郎五德等将殊像寺文殊菩萨经一册，配得糊万寿灯笼锦套外，配得紫檀木罩盖匣一件盛装，交太监鄂鲁里呈览。

奉旨：交懋勤殿，将匣盖上刻签字。钦此。（于本日交懋勤殿讫）

十二、乾隆四十七年八月档案

八月（信帖）

十一日，接得本报寄来信帖，内开八月初九日太监鄂勒里传旨：

殊像寺殿内现供征瑞呈进之紫檀木塔，殿大塔小。将塔之尺寸发往京内交英廉，查看慈宁宫后殿现供之塔，与征瑞呈进之塔高矮尺寸较比。如慈宁宫塔尺寸高大，请来在殊像寺供，将此处所供之塔移在慈宁宫供。先将高矮尺寸较比，随报发来具奏。钦此。

于八月十四日，将查得慈宁宫现供之塔尺寸较比殊像寺现

供之塔尺寸宽大，可以移换安供，等因缮写折片一件，内开奴才英廉谨奏：

八月十一日由报接到，奉旨：殊像寺殿内现供征瑞呈进之紫檀木塔，殿大塔小。将塔之尺寸发往京内交英廉，查看慈宁宫后殿现供之塔，与征瑞呈进之塔高矮尺寸较比。如慈宁宫尺寸高大，请来在殊像寺供，将此处所供之塔移供在慈宁宫。先将高矮尺寸较比，随报发来具奏。钦此。奴才遵即前往，查看得慈宁宫后殿现供楠木雕花拘金八方塔二座，每一座三层，连座通高二丈，径过六尺六寸。每层八面皆供有佛像，通共供佛三百四尊。再查殊像寺殿内所供征瑞呈进之紫檀木塔二座，画样签开每一座九层，通高一丈四尺六寸，下座见方四尺二寸，九层通共供佛一百二十尊，较比慈宁宫现供之塔，高少五尺六寸，径过少二尺四寸，若移换安供，其高矮大小似属相宜。谨照慈宁宫现供之塔绘画小样一张，上贴尺寸黄签，一并恭呈御览，伏候训示，为此谨奏。等因于十七日由本报发回，随信帖一件，内开八月十五日交太监鄂鲁里具奏。

奉旨：殊像寺现供之紫檀木塔，即着征瑞送至京内，在慈宁宫安供；将慈宁宫现供之楠木塔，亦着征瑞派人送往热河殊像寺安供。钦此。

于八月二十六日，将征瑞送到紫檀木塔二座已安在慈宁宫，缮写折片一件，内开奴才英廉谨奏：

前经奉旨：殊像寺现供之紫檀木塔，即着征瑞送至京内，在慈宁宫安供；将慈宁宫现供之楠木塔，亦着征瑞派人送往热河殊像寺安供。钦此。

今于八月二十四日据征瑞将紫檀木塔二座送到，奴才随派造办处官员先将慈宁宫现安供之楠木塔二座，并原供铜佛六百八尊拆卸，交付征瑞逐件查明，令其派人送往热河殊像寺安供外，即将现送到紫檀木塔二座，按旧安楠木塔分位分中安供。奴才亲诣敬谨验看，殿座与塔座高下实属相称，所有换安塔座原由，理合谨具奏闻，等因由本报发往行在具奏，于九月初二日接得信帖一件，内开交太监鄂鲁里具奏。

奉旨：知道了。钦此。

十三、乾隆四十九年档案

（五月）十七日，掌稿笔帖式和宁持来辟雍工程处印文一件，内开为咨行事。乾隆四十九年五月初三日，尚书金简将辟雍殿烫样一座，四角添安擎檐四根，或四面满添擎檐，并改换镀金铜顶，拟高六尺八寸呈览。

奉旨：是四百着满添擎檐，琉璃顶着换镀金铜顶，交舒文成造，镀得一次呈览后再安。钦此。

钦遵，所有遵旨，就添擎檐木工，核估另行办理外。相应将宝顶高径尺寸开列清单，行文贵处尊办可也。等因回明。

武备院卿管理造办处大臣事务舒文准行。遵此。

总管（永德、福克精额）准行。记此。

于五月二十九日接得报上寄来折片，内开五月二十七日奴才舒文谨奏，为奏闻事务。据辟雍工程处来文，经尚书金简奏准，辟雍殿顶改换铜镀金大顶一座。奉旨：着交舒文成造，得时按例镀金一次，呈览后再行安。钦此。

钦遵，等因前来，奴才舒文遵即派员外郎同德，查照从前造办过极乐世界并热河殊像寺安设宝顶铜活镀金之例，详细估

计。现办辟雍殿大顶一座，连座通高六尺八寸，内下巴达马座高一尺一寸，径五尺，顶珠高五尺七寸，径过五尺六寸。所有周身花素活计共折见方寸一万二千九百二十寸四分，除顶盖不得镀饰外，其余镀饰一次，约用金叶五十三两一钱七分七厘，按例应用红铜条二千四百八十九斤，零工料银八百一两九钱七分。奴才复交查核官员复核无异，理合奏明，请将所用金叶铜斤工料银两在造办处库领用。其煤炭等项仍照例行文营造司领取，统俟工竣之日，奴才另行派员按其实在尺寸查核，据实报销。谨将应用金叶铜斤工料银两煤炭等项敬缮清单一并恭呈御览。谨奏。等因缮折，由报于五月二十七日具奏。

奉旨：此项辟雍殿顶镀金，着照极乐世界宝顶次数镀饰。钦此。

于十一月十二日，副催长同泰持来折片，内开奴才舒文谨奏，为奏销用过金叶铜斤工料银两事。遵旨成造辟雍殿安设铜胎钑五次镀金宝顶一座，俱已完竣。于十月二十五日恭呈御览后，即于二十八日会同该工，敬谨安设。迄今据承办铜顶员外郎同德呈称，成造红铜胎钑五次镀金宝顶一座，通高六尺五寸六分，径过五尺五分，所有过身花活共折见方寸一千六百五十九寸四分，素活见方寸一万二千九十八寸二分八厘，按花活五厘，素活四厘之例，每镀金一次用金叶五十六两六钱九分，镀金五次共用金叶二百八十三两四钱五分，用过红铜二千四百四十六斤，硼砂六两六钱，镕化铜斤，打造坯片，收楼胎钑锉刮磨光，攒焊镀金等匠六千三百七十五分，每工银一钱五分四厘，计用工银九百七十一两三钱五分五厘，买办化铜罐松香灯油水碱酸梅等项银一百五十四两三钱九分，焊药银三两九钱九分八厘，通共用过工料银一千一百二十九两七钱四分三厘，外行取渣煤六千三百斤，黑炭一万四千一百十四斤十四两，白炭一万五百三十六斤，等因呈报前来，奴才随派查核房官员前往验。按其实在做法计尺寸逐细丈量，详加斟算。据称与该员所报数目均属与例相符，奴才复核无异，谨将所用金叶铜斤工料银两细数，及行取煤炭等项，另缮清单，一并恭呈御览。谨奏。

等因缮写折片清单，于十一月十一日具奏。

奉旨：知道了。钦此。

十四、乾隆五十二年五月档案

（乾隆五十二年五月十五日，懋勤殿陆续交出）

殊像寺行宫

宣纸胡桂画一张

长五尺四寸，宽二尺八寸，镶一寸宽蓝绫边托贴。

十五、乾隆五十二年八月档案

八月十六日至二十四日，懋勤殿陆续交出：

御笔黄绢匾式字横披一张，云山胜地

白笺纸匾式字横披二张，波罗河屯

黄笺纸匾式字横披一张，张三营

米色笺纸匾式字横披一张，张三营

米色笺纸匾式字横披一张，中关

黄笺纸匾式字斗一张，戒得堂

宣纸董诰书条一张，殊像寺

传旨：将波罗河屯字横披二张，一张做二璧玉二寸宽锦边璧子匾一面，一张做二寸宽双灯草线锦边璧子匾一面，俱随托钉挺钩。米色笺纸字横披二张，做一寸凹

面线锦边璧子匾一面，随拖钉挺钩。其余字横披三张镶一寸蓝绫边托贴，俱做一块玉璧子匾三面随钉挺钩其黄笺纸字斗一张，书条一张，镶一寸蓝绫边托贴。

第五节　《嵩年奏档》中有关殊像寺文献 *

[*]：美国哈佛大学藏手稿

一、嘉庆十七年档案

奴才嵩年、俊山跪奏，为奏闻销算工料银两事。

恭查嘉庆十六年六月间热河节经大雨，所有园庭庙宇并南北两路行宫房间渗漏残坏，墙垣闪裂坍塌，应行修理情形，经前任总管祥绍、阿明阿节次奏明，饬交岁修监督备料，趱赶兴修，嗣据该监督等呈称，修理得：

……

扎什伦布、殊像寺等处殿座补安吊落琉璃，以及油饰裱糊，出运渣土，清理地面等项工程……奴才等理合将准销银两细数并修过处所，另缮黄册，恭呈御览。请仍照例交总管内务府大臣复行查核。为此谨奏。

嘉庆十七年十月二十七日差副千总佟志赍赴京城，于十一月初一日恭递，初四日赍回。

奉到朱批：内务府知道。钦此。

二、嘉庆十七年档案

经费生息银两数目清单。

谨将嘉庆十七年分用过生息银两数目款项开后：

热河苏拉一百二十二名，奉旨赏给一个月钱粮，共放过银一百二十二两。

喀拉河屯至巴克什营等五处，黄土坎至张三营等五处，苏拉五十四名，奉旨赏给半个月钱粮，共放过银二十七两。

园内每年春季清挖河道积存沙泥，派兵一百三十五名，自三月初十日至四月二十九日，计五十四日。每名每日饭食银五分，共银三百三十七两五钱。

皇上临幸热河园内外庙等处，兵七百四十六名，苏拉一百二十二名，每名每日饭食银三分，共银七百二十九两一钱二分。

南北两路帮差兵一百三十五名，每名每日饭食银五分，共银一百六十九两一钱。

园内并狮子园、南北两路行宫十四处，应用笤扫等项，共银二百两。

进水闸打坝并挖淤，应用锹镐、绳斤、筐杠、布兜、荆笆、苇席，共银一百八十两。

园内各处浇灌树株，并河道捞割闸草，应用铁镩镰刀、攒做大小木桶等项，共银一百四十两。

各等处应用铜锡器皿粘补毁造等项，共银四十两。

派委千总赍递奏折文移各项差务，需用盘费等项，共银三百三十七两三钱一分。

园内河面船道淤浅，派兵清挖，共用过饭食银一百两。

热河并南北两路行宫堆拨一百十三处……

……

花房培养花卉，本年正月二月并十月至十二月，计五个月，每月用柴炭银五两，共用银二十五两。

苑丞四员，照京城员外郎之例，每员每月减半放给公费银一两一钱，共银五十二两八钱。

千总二十七员，照京城主事之例，每员每月减半放给公费银一两，共银三百十七两。

副千总八十五名，笔帖式二名，照京城笔帖式之例，每名每月减半放给公费银五钱，共银五百十二两五钱。

总档房每月纸笔银三十两。

前宫等十处，每处每月纸笔银三两。

狮子园，每月纸笔银三两。

普宁寺，每月纸笔银三两。

扎什伦布，每月纸笔银三两。

布达拉，每月纸笔银三两。

殊像寺，每月纸笔银三两。

戒台，每月纸笔银一两。

罗汉堂，每月纸笔银一两。

溥仁寺，每月纸笔银一两。

普乐寺，每月纸笔银一两。

安远庙，每月纸笔银一两。

办理喇嘛事务印房，每月纸笔银三两。

办理额鲁特事务印房，每月纸笔银三两。

培养花卉值房，每月纸笔银一两。

看守仓廒值房，每月纸笔银一两。

……

苏拉二百名，每名每月钱粮银一两。本年正月至十二月，共应放银二千四百两。内除扣还借支一年钱粮，按三分之一坐扣银八百两，实放过银一千六百两。

四面云山至宜照斋开宽山道，派兵平垫、贴种草皮，共用过饭食银四十六两。

拨给热河官兵红白事恩赏项下银二千两。

以上通共用过银九千六百八十两八钱八分八厘，除用，现存银四千七百八十三两四钱四分七厘。

三、嘉庆十九年档案

经费生息银两数目清单。

谨将嘉庆十九年分用过生息银两数目款项开后。

园内、狮子园并南北两路行宫等处笤帚，一年共用过银二百两；

园内年例春季清理河道积存沙泥，派兵一百三十五名。自三月初十日起至四月二十九日，计五十日，每名每日饭食银五分，共用过银三百三十七两五钱；

惠迪吉进水闸挡坝并各处挖淤，应用锹镐、绳斤、筐、布兜、荆笆、苇席，共用过银一百八十两；

园内各处浇灌树株并河道捞割闸草，应用铁锸、镰刀、攒做大小木桶等项，共用过银一百四十两。

园内狮子园并南北两路行宫等处堆拨一百十四处，每处每日用羊油蜡二两，本年连闰月共用羊油蜡五千四百七十二斤，每斤银一钱二分，共用过银六百五十六两六钱四分；

坐更堆拨一百十四处，冬季四个月，每处每日用炭六斤，共用炭八万一千三百九十六斤，每斤银七厘，共用过银五百六十九两七钱七分二厘；

坐更堆拨一百十四处，每处每二年用羊皮袄一件，每件银三两，本年折半，共用过银一百七十一两；

花房培养花卉，本年正月、二月并十月至十二月计五个月，每月用柴炭银五两，共用过银二十五两；

派委千总赍递奏折文移并各项差务，需用饭食车脚盘费等项，一年共用过银四百九十两。

苑丞四员，照京城员外郎之例，每员每月减半放给公费银一两一钱，共用过银五十二两六钱。

苑副十员，千总十七员，照京城主事之例，每员每月减半放给公费银一两，共用过银三百四十一两。

副千总八十五名，笔帖式二名，照京城笔帖式之例，每名每月减半放给公费银五钱，共银五百五十九两。

总档房每月纸笔银三十两。

前宫等十处，每处每月纸笔银三两。

狮子园，每月纸笔银三两。

普宁寺，每月纸笔银三两。

扎什伦布，每月纸笔银三两。

布达拉，每月纸笔银三两。

殊像寺，每月纸笔银三两。

戒台，每月纸笔银一两。

罗汉堂，每月纸笔银一两。

溥仁寺，每月纸笔银一两。

普乐寺，每月纸笔银一两。

安远庙，每月纸笔银一两。

办理喇嘛事务印房，每月纸笔银三两。

办理额鲁特事务印房，每月纸笔银三两。

培养花卉值房，每月纸笔银一两。

看守仓厫值房，每月纸笔银一两。

……

苏拉二百名，每名每月钱粮银一两。本年正月至十二月，连闰月共应放银二千六百两。内除扣还借支一年钱粮，按三分之一坐扣银八百两，实放过银一千八百两。

嘉庆十八年九月初七日奉旨：

流杯亭南边鹰圈窄小，著挪在门北边量度地方圈搭，务须宽阔，足敷喂养。钦此。

钦遵，在流杯亭门北边圈搭鹰圈一座，南北长十六丈，东西宽十丈，周围通长五十二丈，高九尺，计用荆笆二层。南北安栅栏门二座，圈内搭盖鹰棚三间，木植工料等项，共用过银一百七十四两六钱一分八厘。

本年七月二十三日奏准，园内外庙并南北两路等处续修坍塌墙垣工料，共用过银八百二十五两八钱三分一厘，拨给园内、外庙、南北两路各处官兵红白事恩赏项下银一千两。

以上通共用过银九千一百五十四两九钱六分一厘，除用，现存银七千四百四十八两七钱七分二厘。

四、嘉庆二十年档案

奴才和宁、嵩年跪奏，为查看热河各处庙宇应修活计恭折奏闻请旨事。

据苑丞张禔呈报，扎什伦布等处庙宇经今岁夏秋雨水浸淋，所有殿宇房间均有渗漏残坏，墙垣闪裂坍塌各情形呈报前来。奴才等随赴各该处逐一详细查勘，虽属相符，但处所繁多，未便全行修葺。奴才等谨择其渗漏残坏情形过重，并坍塌倒坏者五项，恭折奏闻请旨，饬交总理工程大臣派员踏勘，另行核估具奏。谨将应修处所另缮清单，恭呈御览，为此谨奏请旨。

等因于嘉庆二十年十月二十九日差副千总佟志赍赴京城，于十一月初四日在宫内恭递。于初八日奉到朱批：总理工程处知道。钦此。

外庙请修活计清单

扎什伦布御座楼一座，平台顶渗漏，木植糟朽脱落，楼罩二间柱木歪闪，台顶上佛殿三间，并生欢喜心殿供佛楼一座，俱头停渗漏，椽望糟朽，琉璃瓦片爆釉残坏，脊料勾滴吊落不全；平台抱厦三间，台顶渗漏，挑头挂檐沉陷，宇墙闪裂。

殊像寺宝相阁一座，头停渗漏，瓦片脱节，飞檐椽糟吊；

普宁寺碑亭一座，钟鼓楼二座，头停渗漏，椽望糟朽，琉璃瓦片爆釉残坏，脊料勾滴吊落不全，石料酥碱破坏；白台小部洲一座，头停渗漏，台顶沉陷；

各庙僧房二十二间，头停渗漏，椽望木植糟朽，墙垣闪裂坍塌；

额鲁特兵房二十四间，柱木沉陷歪闪，山檐墙坍倒，瓦片脱落，门窗破坏不全。

[*]：石利锋校点. 京承文化丛书 热河园庭现行则例 [M]. 北京：团结出版社，2012

一、第一则

乾隆三十九年十月二十四日，热河副都统三全、总管永和缮清字折奏称："殊像寺将及告成，应添设弁兵看守，请照布达拉之例量为酌减，庙内添设正千总一员、兵二十名（朱批十五）。再查罗汉堂、广安寺两庙殿宇较小，均未设有正千总，请就近派新设正千总兼管，庙外周围派绿营兵看守，等因具奏。"本日奉清字旨"依议。钦此"。

二、第二则

殊像寺：达喇嘛一名，每月食俸银十一两二钱二厘、俸米六石七斗五升；副达喇嘛一名，每月食俸银九两四钱七分二厘、俸米五石二斗五升；得木气一名、格思贵二名，每名每月食饷银二两八钱六分五厘、饷米一石五斗；食二两饷银喇嘛二十名，每名每月食饷米七斗五升；食一两五钱饷银喇嘛三十名，每名每月食饷米二斗。此庙一年香灯银一百七十八两，笤帚银二十二两。

殊像寺副千总一名、委署副千总一名、委署三名、梅勒三名、兵七名，共十三名，苏拉二名。

三、第三则

殊像寺会乘殿内悬挂铜钟高二尺二寸，钟钮高六寸，钟口径一尺八寸，系乾隆四十四年八月十二日供奉；钟楼悬挂铜钟高五尺五寸，钟钮高一尺三寸，钟口径三尺四寸，系前明万历丁巳年六月吉旦成造。

四、第四则

同治九年八月，经本总管永存、舒恒奏，为园内、外庙各殿及城墙、大墙等处渗漏倒坍情形恭折奏闻，仰祈圣鉴事。

窃查园庭内外殿座、房间、墙垣，遇有情形较重随时奏明请旨，遵办在案。其每年零星活计，由生息项下动支粘补，归于年终生息 折内循例奏销，并咨报总管内务府核销，历经办理亦在案。兹于六月二十六、七月初四等日屡经大雨，山水陡发。随据各路苑副、千总呈报，园庭内殿座及外庙殿宇、房间以及仓廒、墙垣、石桥、泊岸、闸口被雨冲灌，间有渗漏、倒坍各等情，呈请查验前来。当经奴才等逐处履勘，详加周查，均与所报无异。惟查园内殿座，除钱粮处、月色江声、如意洲三处曾经修过之处尚属齐整，其余各处殿座久经渗漏，间有斜塌之处。伏思此项工程需款甚巨，未敢遽请修理，惟年复一年，雨水浸灌，情形愈重。奴才等不敢壅于上闻，谨将各殿座及城墙等渗漏、倒坍情形另缮清单，恭呈御览。可否于明春择要 修理之处，伏候圣裁。再，倒坍里皮城墙一百六十七丈四尺，外皮城墙三十九丈二尺，倒通城墙十丈六尺，自应一律修齐，方昭慎重。现因生息

银两不敷应用，奴才等再四筹思，未敢拘泥，谨将外皮城墙并倒通城墙赶紧补砌，以免鹿只逸出，而昭严密。所有奴才等查勘被雨情形，理合恭折奏闻，伏乞皇太后、皇上圣鉴。谨奏。

奉到：军机大臣奉旨："著内务府派员查勘，分别应修、应缓各工奏明办理，单并发。钦此。"

园内、狮子园、外庙等处殿座房间情形清单

……

殊像寺：香林室殿三间，头停渗漏，椽望、木植糟朽，瓦片脱节，后廊坍塌二间；倚云楼一座，头停渗漏，愣木糟朽，瓦片脱节；东西配殿十间，头停渗漏，大脊闪裂，瓦片脱节；前廊坍塌二间。

五、第五则

提拨银两择要兴修

同治十一年六月，热河总管永存、松瑞具奏，为园庭内外值房、库房、外围墙垣被雨斜倒、渗漏情形筹拨银两粘修，恭折奏闻，仰祈圣鉴事。

窃查园庭内外殿座、房间、墙垣遇有情形较重，随时奏明，请旨遵办在案。其每年零星活计，由生息项下动支粘补，归于年终生息折内奏销，并咨报总管内务府核销，历经办理亦在案。兹于五月初 二日至六月初一日屡经大雨，山水陡发，随据各路苑副、千总呈报 "园庭内外殿宇、房间以及仓廒、墙垣、石桥、泊岸、闸口被雨冲灌， 均有渗漏、倒坍、损坏等情，呈请查验前来。当经奴才等赶紧逐处履勘详查，均与所报无异。伏思各处殿宇、房间、仓廒、石桥、泊岸、里皮城墙等工情形较重，需款甚巨，遵照前旨，暂缓兴修。惟查 最为紧要之收存陈设库房，再经雨水，势必有倾圮之虞，官兵值房、办事各科房坍塌、渗漏，实难栖止，以及外围倒通城墙、坍倒外皮城 墙、出水闸口均系要隘，防守攸关，急须设法粘修，方昭慎重。伏思奴才衙门生息一款，除用、现存银两核计，尽敷本年按月发放苏拉、孀妇钱粮及杂支各款之用，并无余款筹办。而渗漏坍倒值库、房间、墙垣情形，其势万难请缓。再四筹思，查有恩赏一款，亦系每年由生息款内提拨银一千两，作为官兵恩赏之用，现存银一千七百余两，核计放至年终，约余银一千余两。奴才等无法，愚昧之见，请将 此款内拨银一千两，择要粘补修理，请归入年终生息项下奏销，仍咨报内务府核销。可否之处，伏候命下遵办。如蒙俞允，奴才等督饬覆实，撙节分别择要粘修，以昭慎重。谨将值库、房间、墙垣被雨情形，择要粘修筹拨银两缘由，理合恭折奏闻，伏乞皇太后、皇上圣鉴。谨奏。

奉到：军机大臣奉旨："著照所请，该衙门知道。钦此。"

六、第六则

停止岁修

道光二十三年十月十五日"总管明伦、恩吉具奏园内外各处动用经费银两等因一折，十月十九日奉上谕"明伦等奏，热河动用经费银数开单呈览，已批交该衙门矣。单内所开各项零星动用经费之处，嗣后俱著停止。将此传谕知之。钦此"。

七、第七则

各行宫坍塌房间嗣后奏明拆卸

道光十八年七月，据常山峪千总姜勇禀称，职处三卷房一座，计九间，天沟二道，柁槽烂，落架四间。职已禀明，奉堂台派员查验拆卸。今已拆卸大木，俱存翠峰亭，按件造册。所有不堪用者，作为烧柴。为此谨禀，等因在案。

八、第八则

停止山庄工程（续纂）

咸丰十一年十月十一日，内阁奉上谕"热河避暑山庄停止巡幸已四十余年，所有殿庭各工日久未修，多就倾圮。上年我皇考大行皇帝举行秋狝，驻跸山庄，不得已于各处紧要工程稍加葺治。现在梓宫已恭奉回京，朕奉两宫皇太后亦已旋跸。所有热河一切未竟工程，著即停止。钦此"。

九、第九则

园庭行宫寺庙陈设供器等件

殊像寺现设陈设、供器等项二千五十三件；

……

（运交芳园居存贮）。

十、第十则

裁撤喇嘛名数

道光十四年九月二十一日准热河都统文开，本年八月二十九日准理藩院来文内开，照得本院具奏查明热河各庙喇嘛数目一折。内开：为遵旨查明，恭折奏闻，仰祈圣鉴事。

窃臣查得热河寺庙十二处，其在河西者，普陀宗乘之庙即布达拉、须弥福寿之庙即扎什伦布、殊像寺、广安寺即戒台、罗汉堂等五庙；在河东者，系溥仁寺、普乐寺、溥善寺、安远庙等四座；在河北者，系普宁寺、普佑寺、广缘寺等三庙。内除广安寺、罗汉堂、普乐寺未经载入臣部则例外，其普陀宗乘等八庙喇嘛升转、钱粮，悉由臣院办理。综计自堪布达喇嘛至格斯贵止，共有职衔喇嘛五十四名，自食二两钱粮止食折色钱粮止，共班第钱粮一千一百十九分。内查普佑寺一庙系附入普宁寺；殊像寺一庙系专习满洲经卷，自达喇嘛起，均用察哈尔八旗喇嘛。又广缘寺系擦鲁克堪布于乾隆四十五年自行建立，系属专缺，应毋庸议外。其余各寺庙喇嘛出缺，以次递升后，所遗之缺由食钱粮班第内升补，所遗食钱粮班第之缺，由未食钱粮苏拉班第内挑补。至苏拉班第，向无定额。在该喇嘛等为徒众计，既乐于招徕；在该班第等，为衣食计，又乐依附。以有数之僧房，待无数之僧众，漫无节制，久之将有地隘人稠之患。与其临时另议章程，莫若及早预为筹画。臣等拟请，将河西之布达拉、扎什伦布二庙作为一项核计，河北之普宁、普佑等寺并河东之溥仁、溥善、安远等寺作一项核计，嗣后遇有该达喇嘛等缺出，仍暂照例，统较年分升转。其食二两钱粮及一两五钱钱粮班第缺出，无论有故各缺，均即随时裁汰，统俟归之一项。钱粮若干分，裁至过半，班第人数渐少，其达喇嘛等亦无须多人，一并视其额设数目，缺出量加裁汰。其随缺之食折色班第，即随裁汰之喇嘛缺分一并议裁。设将来各该寺庙僧房遇有坍塌不齐，归并较易。如蒙俞允，由臣院行知热河都统，转饬该堪布达喇嘛等遵照。俟后，各该寺庙毋得招留无籍班第，以清其源。如遇该喇嘛等出缺，以次第升后，所遗食钱粮班第之缺并该班第等病故所遗之缺，即随出随汰，以节其流。至年久，该处寺庙僧房果有坍塌不齐之处，即由该都统会同该总管等就近酌核，归并报院，仍行令查明。臣院则例未载之广安寺即戒台、罗汉堂、普乐寺三庙，是否有住持、喇嘛、僧众之处，一并查明咨覆臣院备查。谨将热河各寺庙喇嘛缺分、钱粮数目另缮清单，恭呈御览。所有臣等拟议缘由是否有当，恭折奏闻，伏乞皇上圣鉴，训示遵行。谨奏。

奉旨"依议。钦此"。钦遵在案。

十一、第十一则

（道光十八年）殊像寺：达喇嘛一名、副达喇嘛一名、得木齐二名、格斯贵二名、教习五名、食二两喇嘛二十名、食一两五钱喇嘛三十名。

第七节　第一历史档案馆有关殊像寺奏销档

一、乾隆三十九年奏销档

热河园外布达拉庙之西戒台之东添建殊像寺并东西二所殿宇楼亭游廊房座等工，除行取围场砍伐木植值银二万六千九百五十九两三钱五分外，净估需物料工价并拉运围场木植车脚共银十五万七千二百五十三两八钱八厘等因具奏。奉旨，知道了，钦此。钦遵在案。今查自本年九月二十九日起节次遵旨殊像寺内后楼头停改筑绿色琉璃瓦边，添盖僧房三座计十五间，大墙外看守房六座计十二间，山门前添安青白石狮子一对、红沙石海墁二块，角门前冰纹石甬路二道。西大墙随墙门口改盖门楼一座。大殿、八方亭添安龙匾二面，各殿素线斗字匾十面。会乘殿内添安供柜三张、藏经杉木夹板经板各二百十六块、经柜添锭黄铜什件二十二份。经堂内经桌六十四张，经床六十四张。斋堂内斋桌一百张，画藏经看面写泥金字，铜炉瓶配做灵芝龙蜡。拆挪山门前粘碑民房九十间，挪盖龙王庙正殿三间，山门一座，院墙凑长十六丈一尺。并甬路散水油画神像、供桌、供器等项，除行取围场砍伐木植值银一千五十三两六钱五分三厘外，统计续添九项工作共需银八千七百二十六两八分五厘。

殊像寺后楼头停改筑绿色琉璃瓦边估需工料银一千九十三两一钱四分八厘。

添盖僧房十五间，看守房十二间，估需工料银一千八百七十八两七钱四厘。

山门前添安青白石狮子一对，红砂石海墁二块，角门前冰纹石甬路二道，估需工料银二千六百二十二两六钱二分六厘。

西大墙随墙门口改盖门楼一座，估需工料银二百十两九钱二分二厘。

龙匾二面，素线斗字匾十面，供柜三张，经桌六十四张，经床六十四张，斋桌一百张，铜炉瓶配作灵芝龙蜡，估需工料银八百五十一两六钱五分五厘。

蓝经杉木夹板、经板各二百十六块，经柜添锭黄铜什件二十二分，估需工料银五百六十二两三钱六分八厘。

正殿画藏经看面写泥金字领用工料银二百八十两八钱三分。

拆挪山门前粘碍民房九十间，给价银二百八十两五钱。

挪盖龙王庙正殿三间，山门一座，院墙凑长十六丈一尺，并甬路、散水、油画、神像、供桌供器估需工料银九百四十一两三钱三分二厘。

统计九项共需用银八千七百二十六两八分五厘。

二、乾隆四十年奏销档

热河文殊菩萨庙铜镀金顶等项活计，按例共约用头等镀金叶一百二十二两三钱六分三厘。奏明向广储司领取应用。再为镀金紫檀木龛二座，上铜脊兽二分，砚盒上掐丝珐琅座二分，并玉壶春周敦等项活计约用镀金叶七两一钱。

三、乾隆五十二年奏销档

热河粘修园内法林寺、广元宫并殊像寺佛像等处工程销算银两黄册

热河粘修园内法林寺，改盖东西配殿二座，每座三间；拆砌掐子墙二道，凑长三丈三尺二寸；拆墁甬路三道，凑长六丈六尺九寸；散水凑长十八丈五尺。以及油饰裱糊、配安龛案供柜、地平宝床。东配殿添塑雷神一尊、从神六尊；西配殿内旧供龙王一尊，装颜见新，配塑从神六尊等工。

广元宫仁育殿一座五间，头停拆瓦，大木拆换扶脊木五根，挑换檐飞花脑椽，满换望板连檐瓦口；前檐踏踩挖打补安红砂下级石一路；其余外檐石料俱扁光见新。头停铲苫泥背一层，青灰背二层，揭瓦六样黄绿色琉璃脊瓦料，以及油画裱糊，拆锭铁丝檐网等工。

殊像寺会乘殿内三大士三尊盘膝坐像，法身各通高一丈六寸，莲座三分，各面阔七尺六寸，进深五尺，高二尺，俱改做柏木胎骨；狮子一匹，身形通长一丈四尺七寸，抬头高九尺五寸；象一匹，身形通长一丈二尺五寸，抬头高七尺二寸；吼一匹，身形通长一丈四尺，抬头高九尺五寸；俱身形腿木改做楠木胎骨，外皮柏木放攒番草。背光三套，各通高二丈六尺，俱仍做椴木胎骨。并漆饰地仗、装颜身金；以及馔香堂内随佛作拆墁地面；大殿地面铺垫黄土，成搭保护陈设塔罩棚二座等工。

以上三项工程，除行取楠木、松木、纱绢、夏布、银碌、红黄飞金、高丽纸张，以及旧料拣选抵用外，按例实查销算所有用过物料、匠夫工价银两数目开列于后。

计开：

径一尺四寸松木

长一丈二尺八根　每根银五两二钱　计银四十一两六钱。

径一尺一寸松木

长一丈二尺十六根　每根银二两二钱一分一厘　计银三十五两三钱七分六厘。

径一尺松木

长一丈一尺八根　每根银一两二钱八分一厘　计银十两二钱四分八厘。

长一丈五寸八根　每根银一两二钱七厘　计银九两六钱五分六厘。

径九寸松木

长一丈二尺五寸三根　每根银一两二钱二分二厘。

计银三两六钱六分六厘。

长一丈一尺二根　每根银一两二钱四厘　计银二两四钱八厘。

长一丈五寸二根　每根银九钱八分一厘　计银一两九钱六分二厘。

长九尺五寸四根　每根银八钱八分　计银三两五钱二分。

长一丈橷木二百五料六分一厘　每料银一两五钱　计银三百八两四钱一分五厘。

长七尺橷木二百二十七料三分　每料银一两五分　计银二百三十八两六钱六分五厘。

木植共银六百五十五两一钱五分六厘，加二八银一百八十三两四钱四分三厘，二共银八百三十八两五钱九分九厘。内除旧料抵银一百七十一两九钱一分一厘，净木植银六百六十六两二钱六分八厘。

红砂石折宽厚一尺长六丈五尺二寸七厘　每丈银二两八钱　计银十八两二钱五分七厘。

虎皮石二方八分三厘　每方银二两　计银五两六钱六分

石料银二十三两九钱一分七厘。

京运尺四方砖四个　每个银三分八厘　计银一钱五分二厘。

尺二方砖二十八个　每个银二分　计银五钱六分。

新样城砖五十六个　每个银四分二厘　计银二两三钱五分二厘。

停滚砖二千四百八十四个　每个银六厘　计银十四两九钱四厘。

京运共重一万九千七百五十五斤　每一千斤装一车

计装十三车　每车银七两六钱　计银九十八两八钱。

本地尺四方砖六百五十个　每个银三分三厘　计银二十一两四钱五分。

新样城砖二十二个　每个银三分五厘　计银七钱七分。

花样城砖三百个　每个银二分五厘　计银七两五钱。

停滚砖一千二百三十一个　每个银七厘　计银八两六钱一分七厘。

沙滚砖四千三百四十六个　每个银三厘一毫　计银十三两四钱七分二厘。

二号向瓦七百四十件　每件银三厘　计银二两二钱二分。

罗锅二十六件

勾头一百十件

滴水一百十八件　每件银三厘七毫　计银九钱七分六厘。

折腰一百二十三件　每件银一厘六毫　计银一钱九分六厘。

板瓦三千二百五十一件　每件银一厘三毫　计银四两二钱二分六厘。

十号筒瓦十五件　每件银一厘五毫　计银二分二厘。

勾头十三件

滴水十二件　每件银二厘　计银五分。

板瓦九十四件　每件银一厘　计银九分四厘。

砖瓦银一百七十六两三钱六分一厘，内除旧料抵银二两三钱八厘，净银一百七十四两五分三厘。京运青灰一万一千九百二十一斤　每千斤银一两

计银十一两九钱二分一厘。

计装八车　每车银七两六钱　计银六十四两八钱。

白灰十五万五千八百四十斤　每千斤银二两　计银三百十一两六钱八分。

大绳

长六丈五尺径二寸二条　每条重一百十七斤

计重二百三十四斤

长三丈径一寸五分十一条　每条重四十斤八两　计重四百四十五斤八两

长三丈五尺径一寸十一条　每条重三十一斤八两

长一丈五尺径一寸五分二十二条　每条重二十斤四两　计重四百四十五斤八两

大绳共重一千四百七十一斤八两　每斤银二分四厘　计银三十五两三钱一分六厘。

紫缚绳一千七百三十七斤　每斤银二分二厘

计银三十八两二钱一分四厘。

连二绳一百六十三斤　每斤银二分六厘　计银四两二钱三分八厘。

麻刀二千五百九十三斤内除大绳扎绳刹用一千六百八十五斤十二两

净九百七斤四两　每斤银一分六厘　计银十四两五钱一分六厘。

榆木见方尺一尺一寸三分四厘　每尺银六钱四分　计银七钱二分五厘。

鱼胶四斤十二两　每斤银二钱二分　计银一两四分五厘。

江米二斗四升八合七勺　每石银七两　计银一两七钱四分。

白矾二十四斤十三两九钱　每斤银二分　计银四钱九分七厘。

桐油一百十七斤一两五钱　每斤银五分　计银五两八钱五分四厘。

白矾一百十七斤一两五钱　每斤银一分六厘

计银一两八钱七分三厘。

头号红土三百十一斤九两　每斤银一分　计银三两一钱一分五厘。

二号红土一千六百二十一斤四两　每斤银五厘　计银八两一钱六厘。

长七尺柏木丁六百二十二根　每根银五分　计银三十一两一钱。

长五尺柏木丁二十九根　每根银四分五厘　计银一两三钱

五厘。

架木一千八十三根　五成做价每根银二钱一分　计银一百十三两七钱一分五厘。

撬棍一千六百六十二根　五成做价每根银二厘　计银一两六钱六分二厘。

杨木杆八百八十八根内除回残五百三十三根

净三百五十五根　每根银一分二厘　计银四两二钱六分。

丈席二百七十七领内除回残六十领

净二百十七领　每领银一钱一分

计银二十三两八钱七分。

荆芭二百八块　每块银一钱八分　计银三十七两四钱四分。

石子三百二十五斤　每千斤银三钱五分　计钱一钱一分三厘。

京运共重四千三百六十四斤　每一千五百斤装一车

计装三车　每车银七两六钱　计银二十二两八钱。

木植折变柴斤抵银四十三两九钱五分二厘，净银三百七两五钱五分二厘。

二号拉扯

丁字八道　每道重八斤　计重六十四斤

人字八道　每道重八斤　计重六十四斤

一字八道　每道重六斤八两　计重五十二斤

拐子十六道　每道重四斤八两　计重七十二斤

葫芦八道　每道重三斤四两　计重二十六斤

平面二十四道　每道重一斤五两　计重三十一斤八两

宽二寸厚一寸吻兽椿

长五尺五寸二根　每根重二十八斤十四两　计重五十七斤十二两

长五尺二根　每根重二十六斤四两　计重五十二斤八两

长三尺八根　每根重十五斤十二两　计重一百二十六斤

长八寸镅一百道　每道重一斤八两　计重一百五十斤

长五寸镅一百道　每道重十二两　计重七十五斤

长三寸蘑菇钉四百六十四个　每十四个重一斤计重三十三斤二两三钱

熟铁料共重八百三斤十四两三钱　每斤银五分五厘　计银四十四两二钱一分四厘。

长八寸钉一千三百二十个　每四个重一斤　计重三百三十斤

长七寸钉六百七十个　每六个重一斤计重一百一十一斤十两六钱

长六寸钉二百八十八个　每七个重一斤　计重四十一斤二两二钱

长五寸钉一千五百七十二个　每十四个重一斤　计重一百十二斤四两五钱

长四寸钉九百二十个　每十八个重一斤计重五十一斤一两七钱

长三寸钉一千一百六十三个　每二十四个重一斤计重四十八斤七两三钱

长八寸至三寸钉共重六百九十四斤十两三钱　每斤银三分一厘　计银二十一两五钱三分三厘。

长二寸钉七千八百十七个　每三十六个重一斤计重二百十七斤二两二钱　每斤银三分三厘　计银七两五钱九分九厘。

头号雨点钉五千一百二十七个　每一百八十个重一斤　计重

二十八斤七两七钱　每斤银六分　计银一两七钱八厘。

黄米条铁丝二斤十两八钱　每斤银一钱四分　计银三钱七分四厘。

细亮铁

鹅项四十八件　每件银一钱二分

计银五两七钱六分

吊槛四十八件　每件银八分　计银三两八钱四分。

楹子海窝二十四件　每件银五分　计银一两二钱。

方圆栓斗三十六件　每件银三分　计银一两八分。

双云头面叶二十四块　每块银一钱七分　计银四两八分。

长二寸背后构四副　每副银六分　计银二钱四分。

长四寸折钉锦四副　每副银八分　计银三钱二分。

帘架掐绊二槽　每槽银三钱　计银六钱。

径一寸帘圈四副　每副银三分　计银一两二分。

长一尺挺钩八副　每副银六分

计银四钱八分。

大铆钉六百二十四个　每个银三厘　计银一两八钱七分二厘。

京运共重一千九百五十斤　每一千五百斤装一车

计装一车半　每车银七两六钱　计银十一两四钱。

铁料银一百六两四钱二分，内除旧料回残抵银二十三两六钱五分二厘，净银八十二两七钱六分八厘。

大木匠四百二十八工半

锯匠一百八工半

共匠五百三十七工　每工银一钱五分四厘　计银八十二两六钱九分八厘。

壮夫一百三十五名

上高夫一百十二名

运夫一百六十七名

共夫四百十四名　每名银八分　计银三十三两一钱二分

大木作银一百十五两八钱一分八厘。

南木匠三百二十七工半

锯匠五十六工

雕匠二十四工

共匠四百七工半　每工银一钱五分四厘　计银六十二两七钱五分五厘。

壮夫十五名

运夫十五名

共夫三十名　每名银八分

计银二两四钱　南木作银六十五两一钱五分五厘。

石匠五百四十八工　每工银一钱五分四厘　计银八十四两三钱九分二厘。

壮夫二十三名

上高夫十三名半

运夫十六名半

共夫五十三名　每名银八分　计银四两二钱四分。

石作银八十八两六钱三分二厘

砍砖匠一百四十七工半

瓦匠五百六十一工半

共匠七百九工　每工银一钱五分四厘　计银一百九两一钱八分六厘。

壮夫一千三百九十名半

浆夫十四名

掐当夫六名

上高夫一千六百名

运夫八百十九名

拆码夫二百六十四名

共夫四千九十三名半　每名银八分　计银三百二十七两四钱八分。

高四尺黄土方九方三分一厘内

五方五厘　净运四百五十丈每方核银三两一钱五分　计银十五两九钱七厘。

四方二分六厘　净运二百五十丈每方核银一两九钱五分　计银八两三钱七厘。

瓦作银四百六十两八钱八分

搭彩匠四百六十六名半　每工银一钱五分四厘　计银七十一两八钱四分一厘。

壮夫三百八十四名半

上高夫二百名

运夫一百二十四名半

共夫七百九名　每名银八分　计银五十六两七钱二分。

搭彩作银一百二十八两五钱六分一厘

大夯砼灰上见方丈二十丈一尺三寸一分　每丈银六钱八分计银十三两六钱八分九厘。

刨深四尺砂石子方一方五分六厘　净运四百五十丈每方银三两三钱一分　计银五两一钱六分三厘。

六四尺黄土方四方一分厘内

二方四分九厘　净运四百五十丈　每方核银三两一钱五　计银七两八钱四分三厘。

一方六分三厘　净运三百丈每方核银二两二钱五分　计银三两六钱六分七厘。

高四尺渣土方二十四方九分四厘内

十二方五分三厘　净运四百五十丈每方核银三两一钱五分计银三十九两四钱六分九厘。

六分一厘　净运三百丈每方核银二两二钱五分　计银一两三钱七分二厘。

十一方八分　净运二百五十丈每方核银一两九钱五分　计银二十三两一分。

砼下长七尺栢木丁六百二十二根　每根银一分八厘　计银十一两一钱九分六厘。

砍丁夫木匠四工

砼搭彩匠三工

共匠七工　每工银一钱五分四厘　计银一两七分八厘。

壮夫二名

刨夫二十名半

运夫十七名半

共夫四十名　每名银八分　计银三两二钱。

土作银一百九两六钱八分七厘

物料共银九百七十二两六钱九分一厘

工价共银九百六十八两七钱三分三厘

琉璃脊瓦料银七百五十六两八钱四分

油画工料银五百九十一两四钱三分五厘

裱糊工料银三十两八钱四分

佛像工料银一万七千五百九十五两四钱五分一厘

龛案供柜工料银二百二十四两九钱三分三厘

拆锭檐网工料银三十六两一钱四分八厘

拉运行取物料车脚银三百九十一两四钱

通共销算工料银二万一千五百六十八两四钱七分一厘外

京厂木植银六百六十六两六钱八分八厘

行取

楠木见方尺三百二十一尺九寸八分七厘

三号高丽纸七百八十六张

宽二尺香色杭细净长六丈四尺二寸二分

宽二尺蓝芝麻露地纱净长一丈三尺二寸

夏布一千四百九十丈四尺一寸五分

银砟一百七十二斤十三两九钱

见方三寸三分红金二百七十七块七十四贴九张

见方三寸三分黄金一百四十六块十九贴二张半

第八节　台湾"中央研究院"藏有关殊像寺奏销档

一、奏报热河殊像寺续估钱粮原因折

（乾隆三十九年十一月）十四日，总管内务府谨奏为查议事。据总管内务府大臣英廉等奏称，本年十月十七日奴才等具奏热河殊像寺续估钱粮一摺。奉旨："画藏经看面写泥金字何以用银如许之多，着问，钦此。"钦遵，奴才等查得藏经画看面写泥金字一系中正殿行走员外郎德泰副内管领老格承办。今遵旨询据该员等禀称，此项藏经看面缮写泥金字系照缮写金字藏经之例，共享银八十两七钱二厘，至画经看面系嵩祝寺外经厂匠役夏寅广承办，每卷工料合银一两八钱八分八厘，俱有认呈领状可查各等语。奴才等随将认呈工料单查看，并将匠役夏寅广传讯。据夏寅广称，每卷银一两八钱八分八厘，领过银二百两一钱二分八厘是实等语。今奴才等查从前布达喇庙办造藏经缮写泥金字系交中正殿喇嘛缮写，用过工料银一百两九钱九分一厘，画藏经看面按例用过工料银六十七两九钱九分九厘，二共享银一百六十八两九钱九分等因奏销在案。今员外郎德泰等虽查无别项情弊，但不查照销案办理，任听商人多索工价，以致糜费钱粮，殊属不合，应请将此项工料银两除照依布达喇庙绘画藏经看面之例缮写泥金字及绘画看面共准用银一百四十八两七钱一厘，其余糜费银一百三十二两一钱二分九厘不准开销，着落员外郎德泰等照数赔缴外，仍将该员等交内务府议处。奴才等疏忽，未经查出，咎亦难辞，应请一并交内务府查议等。因于乾隆三十九年十月二十一日具奏，奉旨："不仅着赔银两，仍应治罪，余依议应领银两着向养心殿库领，钦此。"钦遵臣等查员外郎德泰等系承办藏经画看面缮写泥金字之员，理应查照办成成例实估领用，乃任听商人多索工价，以致糜费银一百三十余两，虽询无侵欺入己，情弊咎实难辞。查律载若营造司计料申请合用财物及人工多少不实者咎五十等语，除糜费银一百三十余两着落德泰等赔补外，请将员外郎德泰，副内管领老格照计料不实律各咎五十，系官各罚俸九个月。至总管内务府大臣英廉、刘浩系总理工程处事务之大臣，未经查出亦属疏忽，应将总管内务府大臣英廉、刘浩照疏忽例各罚俸三个月可也，为此谨奏请旨等。因缮折管理总管内务府大臣事务多罗质郡王臣永（瑢），太子太保，议政大臣，御前大臣，领侍卫内大臣，暂行兼管兵部事务工部尚书兼管理藩院事务正白旗满洲都统，总理圆明园八旗内府三旗官员兵丁大臣，总管内务府大臣，步军统领，管理户部三库、奉宸苑、武备院、御茶膳房、内圆明园、畅春园、圣化寺、养心殿造办处、火药局事务銮仪

卫掌卫事兼管俄罗斯佐领和硕额驸一等忠勇公福隆安，镶白旗汉军都统，总管内务府大臣革职留任。四格经筵讲官正蓝旗汉军都统，兼吏部左侍郎，兼办总管内务府大臣事务，仍兼管上驷院、钦天监事务，公中佐领降十一级留任，迈拉逊户部右侍郎总管内务府大臣兼管御书处武英殿事务管理南苑一切事务署理正红旗蒙古副都统金简等交与奏事员外郎成善转奏。奉旨，知道了。钦此。

二、热河各庙更换仪仗需用银物事

（乾隆四十四年八月）二十五日臣福隆安和珅谨奏为奏闻事。前经臣和珅遵旨查奏热河各庙所存仪仗颜色糟旧，奏请一律更换鲜明，以壮观瞻。其罗汉堂、殊像寺、戒台三处向未设有仪仗，恭逢皇上临幸，原可向各庙通融，似可无庸补做。至新建须弥福寿之庙规模宏壮，又系明年班禅额尔德呢住宿之处，拟请照布达拉庙之例成造仪仗一分，以备陈设应用。

三、奏报赏打捕户、校尉、喇嘛等人银两事摺

（乾隆五十二年）五月初九日总管内务府奏准赏进鹞子野鸡打捕户头目德福等八人每人银二两共银十六两

五月十四日奉旨赏回京校尉八十四名每名银一两共银八十四两

五月十五日大学士和珅等奏准赏溥仁寺小喇嘛四十九名安远庙小喇嘛四十名每名银一两共银八十九两

五月十七日大学士和珅等奏准赏须弥福寿之庙学艺小喇嘛三百名普陀宗乘之庙学艺小喇嘛一百八十名每名银一两班禅留住小喇嘛二十名每名银二两共银五百二十两

五月十九日大学士和珅等奏准赏普宁寺普佑寺小喇嘛二百六十名每名银一两共银二百六十两

五月二十二日大学士和珅等奏准赏殊像寺教习喇嘛五名每名银二两小喇嘛五十名每名银一两共银六十两

六月十五日理藩院主事巴达克山派往库伦出差奉旨赏银五十两

七月二十一日领侍卫内大臣处文开补领固伦额驸拉旺多尔济两个月帮银一百五十两

七月二十七日大学士和珅等奏准赏普宁寺念经小喇嘛一千六名每名银一两跳步踏喇嘛一百十三名每名银一两五钱共银一千一百七十五两五钱

七月二十七日奉旨赏由行在派往台湾出差候海兰察等二人每人银二百两侍卫特尔登额等八人每人银一百两蓝翎掌德森保等十八人每人银五十两共银二千一百两

八月初二日奉旨赏由行在派往台湾出差军机章京长龄侍卫额尔登保等二十一人每人银一百两柏唐阿诺新保等十六人每人银五十两共银二千九百两

八月初七日领侍卫内大臣处文开补领副都统明山一个月帮银八十两

八月初八日大学士和珅等奏准赏库库诺尔郡王索诺木多尔济银一百五十两贝子绰尔吉多尔济银一百两公达吗璘银八十两扎萨克台吉拉扎布银六十两共银三百九十两

八月初十日大学士和珅等奏准赏杜尔博特贝子鄂尔齐布图库银一百两三等台吉果尔代图布欣二人每人银四十两图尔古特贝子奇布坦银一百两公拜济琥银八十两三等台吉格勒克四等台吉海嗷图笃布珠尔三人每人银四十两阿尔泰乌梁海总管朔保佐领绰诺二人每人银三十两唐努乌梁海总管隆坦扎布佐领松对二人每人银三十两共银六百两

八月初十日大学士和珅等奏准赏瓦里苏尔坦之弟哈萨木银二百两来使四人每人银四十两银役一名银三十两共银三百九十两

八月十一日补放总管首领太监等四十日盘费共银二千一百四十一两五钱

八月十四日营造司文开为预备烟火粘修盒架办买物料等项用银五百七十两六钱六分八厘

八月十八日喀嗷沁郡王敦珠布塞布滕病故奉旨赏银一千两

八月十九日养鹰鹞处文开补领鹰上侍卫常龄一个月帮银三十两

八月二十日御前大臣处文开补领副都统齐里克齐一个月帮银八十两

八月二十二日大学士和珅等奏准赏搭盖大房子账房头目九名每名银二两牵驼人披甲人四百二十二名每名银一两护军校十六人每人银二两护军九十四名每名银一两校尉一百八名每名银一两共银六百七十四两

八月二十四日大学士和珅等奏准赏骑未搭鞍马之蒙古兵四十名每名银一两共银四十两

八月二十六日大学士和珅等奏准赏步行上山之蒙古兵丁一百名每人银五钱共银五十两

九月初六日总管内务府奏准赏进野鸡打捕户头目德福等八人每人银二两共银十六两

五月初八日起至九月二十二日沿途赏老民老妇重五钱银锞四十二个共银二十一两

以上共赏用过银一万三千四百九十二两六钱六分三厘。

四、奏报维修圆明园等处工程销算清单折（节选）

奏事乾隆三十一年十二月十七日，据管工大臣遵旨议奏内称：查每年所办工程，有内务府应修常例工程，有管工大臣专管工程，向来分为两项各司其事。请嗣后遇有内务府常例工程，该工司员报竣后，由管工大臣内前往亲加查核，其系何人查过之处即于报销摺内声明具奏。其有系管工大臣所管工程，应请由不管工程之内务府大臣内前往查核，其系何人查过之处亦于摺内声明具奏。如此分晰查办，既已专其责成，亦可杜瞻徇草

率之弊。等因具奏。奉旨：是。钦此。钦遵在案。今据各工陆续送到应行复查修理圆明园各等处工程共二十五案，臣永瑢、德保、伊龄阿、舒文等遵即各率司员携带销算原册亲往该工逐细详查，均属相符。谨将臣等率员覆加详查各案工程另缮清单一并恭呈御览。为此谨奏。等因缮摺管理总管内务府大臣事务多罗质郡王臣永瑢，礼部尚书兼总管内务府大臣行走德保，兵部右侍郎兼总管内务府大臣上行走伊龄阿，总管内务府大臣舒文具奏。奉旨：知道了。钦此。

一案：原办监督总管董椿，员外郎三格修理热河园内法林寺、广元宫配殿并殊像寺佛像工程。原估工料银二万一千九百七十三两五钱九分四厘，经该工自行核减银四百五两一钱二分三厘，实净销银二万一千五百六十八两四钱七分一厘，特派郎中百福保，员外郎庆德覆行查核，该工所用一切物料工价银两数目均属相符。

一案：原办监督苑丞王世杰修理热河园内外并南北两路行宫殿宇及殊像寺粘补渗漏工程。原估工料银六千二十三两三钱四分九厘，经该工自行核减银三百四十六两五钱八分八厘，实净销银五千六百七十六两七钱六分一厘，特派郎中百福保员外郎庆德覆行查核，该工所用一切物料工价银两数目均属相符。

五、奏报赏打捕户、小喇嘛等人银两片

（乾隆五十三年）五月二十日奏准赏进鹁子野鸡打捕户头目德福等八人每人银二两共银十六两

五月二十六日大学士伯和珅等奏准赏溥仁寺小喇嘛四十九名安远庙小喇嘛四十名每名银一两共银八十九两

五月二十八日大学士伯和珅等奏准赏须弥福寿之庙小喇嘛一百八十七名普陀宗乘之庙小喇嘛三百名每名银一两班禅额尔德呢留住小喇嘛十三名每名银二两共银五百十三两

六月初二日大学士伯和珅等奏准赏殊像寺教习喇嘛五名每名银二两小喇嘛五十名每名银一两共银六十两

六月初五日大学士伯和珅等奏准赏普宁寺普佑寺小喇嘛二百六十名每名银一两□□□

七月二十日领侍卫内大臣处文开补领喀尔喀亲王固伦额驸拉旺多尔济两箇月帮银一百五十两

七月二十五日大学士伯和珅等奏准赏普宁寺念经喇嘛八百七十一名每名银一两跳步踏喇嘛一百十三名每名银一两五钱共银一千四十两五钱

八月初五日养鹰鹞处文开补领蓝翎侍卫伊昌阿一箇月帮银三十两

八月初六日养狗处文开补领蓝翎侍卫伊文百禄每人一箇月帮银三十两共银六十两

八月初六日补放总管首领太监费共银二千八十二两三钱

八月初九日三旗虎鎗处文开补领二等侍卫翁古拉海一箇月帮银三十两

八月初九日御前大臣处文开补领头等侍卫博斌一箇月帮银八十两

八月十六日领侍卫内大臣处文开补领三等侍卫吹札布一箇月帮银三十两

九月初一日粘杆处文开为领拜唐阿穆特礼布散云奉旨赏银十两

九月初四日大学士伯和珅等奏准赏缅甸国正副使二名每名银一百两小头目四名每名银五十两共银四百两

九月初九日奉旨派往西藏去之巴忠格龙那吗喀每名赏银二百两笔帖式庆德永福每名银五十两共银五百两

九月初十日员外郎庆德呈准领筵宴缅子预备烟火粘修盒架等项并催觅匠夫盘费车脚等项银六百五十七两九钱

自五月十九日起至九月十九日止沿途赏过老民老妇五钱重银锞十八简共银九两以上共赏用过银六千零十七两七钱。

六、内务府赏各处银两

（乾隆五十五年）五月十一日总管内务府奏准赏进鹘子野鸡打捕户头目六德等八人每人银二两共银十六两

十四日大学士伯和珅等奏准赏打虎兵四名每名银二两共银八两

十六日大学士伯和珅等奏准赏城隍庙道官一名银二两道士四名每名银一两共银六两

十六日大学士伯和珅等奏准赏回京校尉八十四名每名银一两重银锞一个共银八十四两

十七日大学士伯和珅等奏准赏溥仁寺小喇嘛四十九名安远庙小喇嘛四十名每名银一两共银八十九两

二十日大学士伯和珅等奏准赏须弥福寿之庙小喇嘛一百八十八名普陀宗乘之庙小喇嘛三百名银一两班禅额尔德呢留住番子小喇嘛十二名每名银二两共银五百十二两

二十一日大学士伯和珅等奏准赏普宁寺普佑寺小喇嘛二百六十名每名银一两共银二百六十两

二十四日大学士伯和珅等奏准赏 殊像寺教习五名每名银二两小喇嘛五十名每名银一两共银六十两

二十九日军机处抄出奉旨赏高邮州巡检陈倚道银一百两

六月初三日御前大臣处文开补领副都统明山两个月帮银一百五十两

七月初九日大学士伯和珅等奏准赏土尔扈特王策凌那木扎尔亲王策凌乌巴什二人每人银二百两郡王舍楞杜尔博特郡王那旺索诺木土尔扈特贝勒莫们图霍硕特贝勒德勒克乌巴什杜尔博特贝勒巴桑贝勒达斡品尔六人每人银一百五十两土尔扈特贝子色拉扣肯银一百两扎哈沁公托克托巴图银八十两霍硕特头等台吉诺海腾特克布产克什克三人每人银六十两库奎布延德勒格尔贡楚克那木扎尔布延德勒克四人每人银四十两阿尔台乌梁海总管硕博克哈萨克二人每人银三十两共银一千八百八十两

初九日军机处抄出大学士伯和珅等赏哈密郡王品级贝勒额尔得什尔银一百五十两哈什哈尔伯克迈哈莫特鄂三银一百两库车伯克迈玛第敏银八十两伊犁伯克鄂罗木匝布不尔敦依萨克三人每人银六十两玛玛达布拉银五十两博巴克沙阿布都瓦依斯爱莫特岳齍布塞莫特伯克五人每人银三十两阿布都喇依木博巴克阿布都勒匝克爱玛尔齍卓伊萨玛伊勒五人每人银二十两共银

八百十两

初九日军机处抄出大学士伯和珅等奏准赏库库诺尔贝勒吉克莫特依什银一百五十两公吹忠扎布银八十两萨喇布提礼银六十两共银二百九十两

初十日銮仪卫文开补领副都统周起武一个月帮银八十两

十一日军机处抄出大学士伯和珅等奏准赏额鲁特总管硕通头等台吉舍楞二人每人银六十两洮州土司杨宗业银五十两共银一百七十两

十一日由军机处抄出大学士伯和珅等奏准赏川省土司土舍头人甲勒参纳木喀等三员每员银五十两包上宾等二员每员银四十两甲木参纳尔布等七员每员银三十两索诺木文锦等四员每员银二十两登珠扎布等十四员每员银二十两共银八百两

十一日军机处抄出大学士伯和珅等奏准赏哈萨克王杭霍卓之弟卓尔齐库库岱二人每人银二百两萨巴尔达嘉拜二人每人银一百两图博特银六十两陪使腾嘎拜等十三人每人银四十两跟役七人每人银三十两共银一千三百九十两

十一日军机处抄出遵旨赏安南国陪臣六员内吴文楚一人元宝二个潘辉益武辉瑨 普武名标阮进禄杜文功五人每人元宝一个员从黎文碧谢文省范文生符印郎李致和行人陶金锺范廷楗张嘉俨黎慎泰等八人每二人元宝一个共银五百五十两

十一日由军机处抄出大学士伯和珅等奏准赏须弥福寿之庙讽诵无量寿佛佛经得木奇二名格思贵二名每名银四两小喇嘛一百五十名拿执事小喇嘛二十二名每名银二两普陀宗乘之庙讽诵无量万寿佛经得木奇三名格思贵二名每名银四两小喇嘛一百五十名拿执事小喇嘛二十二名每名银二两共银七百二十四两

十四日军机处抄出大学士伯和珅等奏准加赏安南国行人四名每名银十两伶工十名护卫十名随人二十名每名银八两共银三百六十两

十四日军机处抄出大学士伯和珅等奏准加赏缅甸国贡使大头目四名每名银五十两贡使小头目六名每名银三十两共银三百八十两

十四日军机处抄出大学士伯和珅等奏准加赏南掌国贡使二名每名银五十两共银一百两

十四日军机处抄出大学士伯和珅等奏准赏台湾通事社丁六名每名银十两共银六十两

十九日员外郎庆德呈准筵宴安南等国预备烟火粘修花盒架等项并催觅匠夫盘费车脚等项共享银六百六十一两二钱二分

二十日派出办理安南国饭食事务尚膳正明德等呈准备办安南等处饭食自七月初八日起至二十二日早饭止陆续采买肉菜鸡鸭柴炭等项共享银五千二百六十八两八钱五厘

广储司呈准番子等进到贡物折给赏银二百八十两

共享银一万五千八十九两零二分五厘。

一、乾隆五十三年十二月殊像寺佛像供器漆木器皿等项清档

殊像寺

高宗御笔四样字石匾一面　外设

龙旗御杖一分　随架

旗杆二根

舞栏杆二根　随璎珞宝盖

扬幡二首

闹幡十二首

黄绒绳四根

香林室大殿一座　计三间　内里

东次间落地罩内面西设

宝座床一铺　上铺

红白毡各一块　虫蛀

黄宁䌷缂丝靠背坐褥迎手一分

左设紫檀嵌玉如意一柄

右设填漆痰盒一件

竹扇一柄

左设黑漆描金炕案一张　上设

分类字锦一部　计八套

右设黑漆描金炕案一张　中设

铜珐琅炉瓶盒一分　铜匙筋紫檀座

左设绿磁冠架一件

右设欧磁木瓜盘一件　紫檀座

东墙面西贴高宗御笔字横披一张　两边贴

高宗御笔字对一副

床前左右设

花梨木椅四张　锦垫四件

明间西门上面东贴

高宗御笔字横披一张　左右贴

董诰胡桂　画二张

西次间北窗面南落地罩内设

宝座床一铺　上铺

红白毡各一块　虫蛀

黄缎绣花靠背坐褥迎手一分

左设紫檀嵌玉如意一柄

填漆痰盒一件

竹扇一柄

绿磁冠架一件　紫檀座

黑漆描金香几一件　上设

铜珐琅炉瓶盒一分　铜匙筋紫檀盖座玉顶

填白磁木瓜盘一件　紫檀座

东墙下设盛京石插屏一座　楠木边座

东墙面西贴高宗御笔字挑山一张

西墙面东贴谢遂画一张

罩外西墙面东设紫檀木条案一张　上中设

铜掐丝珐琅有盖彝炉一件　紫檀座

左设苏长公全集一部　计二套

右设元文类一部　计二套

左设青花白地大吉罇一件　紫檀座

右设青绿铜三代罇一件　紫檀座

西墙面东贴

高宗御笔字挑山一张　两边贴

高宗御笔字对一副　两边挂

嵌玉梅花挂屏二件　紫檀木边

南窗下设花梨木杌四张　锦垫四件

西间东墙面西贴

高宗御笔字横披一张

门两边南贴

贾全书画一张　北贴

魏鹤龄画一张

夹䌷帘二架

前后廊雨搭六架

倚云楼一座　上下四间　内里面东贴

高宗御笔字横披一张

高宗御笔字壁子挂屏一件

罩内东窗面西设

宝座床一铺　上铺

红白毡各一块

蓝宫䌷缂丝靠背坐褥迎手一分

左设紫檀嵌玉如意一柄

填漆痰盒一件

竹扇一柄

紫檀黄杨木冠架一件

紫檀木香几一件　上设

青绿铜炉瓶盒一分　铜匙筋紫檀盖座玉顶

官釉铜口元洗一件　紫檀座

缺腿一双

紫檀木炕案一张　案下设

大圣文殊师利菩萨赞佛法身礼经一部　计九套

前中设经一部

左设铜珐琅奔靶壶一件　紫檀座

右设铜铃杵一分

左设嘎叭拉鼓一件　镶嵌宝石不全

右设铜珐琅米碟一件

中设镶嵌宝石银塔一座

左右设洋磁瓶一对　紫檀座

左设玉靶碗一件　紫檀座

右设嘎叭拉碗一件　银里盖座

铜文殊菩萨九尊

铜无量寿佛九尊

挂像佛一轴

南墙面北贴

高宗御笔字斗方一张

东窗挂

高宗御笔字壁子挂屏一件

罩外南墙面北设花梨木琴桌一张　上设

龙泉釉三足鼎一件　紫檀盖座玉顶

左右设词谱二部

左设三彩僧帽壶一件　花梨木座

右设青绿铜双环方瓶一件　紫檀座

左右设花梨木椅四张　锦垫四件

南墙面北贴高宗御笔字挑山一张　两边贴

高宗御笔字对一副

贾全画对一副

西墙面东贴胡桂山水画一张

北墙面南贴

高宗御笔字横披一张　两边贴

高宗御笔字对一副

假门口贴

程志道画一张

门外北墙面南贴高宗御笔字横披一张

南墙面北贴

高宗御笔字斗方一张

香色绸夹软帘一件

石青绸帘刷三件

竹帘一架

楼上西窗面东设宝座床一铺　上铺

红白毡各一块

黄缎绣花靠背坐褥迎手一分

紫檀嵌玉如意一柄

填漆痰盒一件

竹扇一柄

紫檀黄杨嵌牙冠架一件　牙夔龙短尾

黑漆描金香几一件

青花白地磁炉瓶盒一分　铜匙筋紫檀盖座玉顶

填白磁木瓜盘一件　紫檀座

紫檀木炕桌一张　上中设

青绿铜鎏金筒炉一件　紫檀盖座玉顶

左设欧磁蓍草瓶一件　紫檀座

右设青玉鳌鱼花插一件　鱼有惊璺处　紫檀座

南方窗设花梨木边黑漆心琴桌一张　上设

古铜四足鼎一件　楠木盖座玉顶

唐文粹上下二套

左设青白玉磬一件　紫檀座

右设官窑双管瓶一件　紫檀座

方窗上贴高宗御笔字横披一张　左右贴

弘旿画二张

东窗面西挂高宗御笔字壁子挂屏一件

东窗下设榆木椅四张　锦垫四件

上下檐雨搭十架

方亭一座　内设

紫檀木宝椅一张

黄缎绣花坐褥一件

足踏一件　随毡套青缎边

竹扇一柄

竹帘一架

雨搭三架

六方亭一座　内设

花梨木宝椅一张

青缎坐褥一件

竹扇一柄

净房　内设

宣铜乳耳炉一件　楠木座

影木铜匙筋瓶盒一分

锡如意盆一件

茅葫芦一分　随锡里布套

锡夜净二件

茅墩二个　随布套

粗蓝布幔子一件

小松木几子二个

竹帘一架

雨搭四架

殊像寺山门一座　计三间　外檐挂

高宗御笔四样字石匾一面　内里

哼哈将二尊

东钟楼一座　内设铜钟一口

西鼓楼一座　内设大鼓一面

天王殿一座　计五间　外檐挂

高宗御笔四样字陡匾一面　内里

弥勒佛一尊　随闹龙金椅一张　前设

供桌一张　上设

木胎五供一分　随金莲油蜡各一对炉屉一分

面北供韦陀一尊　随背光须弥座　前设

供桌一张　上设

木胎五供一分　随金莲油蜡各一对炉屉一分

天王四尊

东馔香堂一座　计五间　外檐挂

高宗御笔四样字陡匾一面

黄布帘刷三件　内里

罗汉床一张　随黄缎坐褥一件

前设高经桌一张

斋桌九十张

西演梵堂一座　计五间　外檐挂

高宗御笔四样字陡匾一面

黄布帘刷三件　内里

法台一座

罗汉床一张　随黄缎坐褥一件

前设高经桌一张

嘎叭拉鼓一件

铜铃杵一分　背板面东挂

墨刻梭罗树一张

前设供柜一张　上供

铜释迦佛一尊　上挂哈达一件随背光须弥座　左右供

五彩磁塔一对　花梨木座前设

供桌一张　上设

五彩磁五供一分　花梨木座

五彩磁七珍一分　有伤损处　花梨木座

五彩磁八宝一分　花梨木座

前设铜胎珐琅四喜鼎一件　紫檀座

平台一座

经桌六十四张

坐床六十四张

会乘殿一座　计五间　外檐挂

高宗御笔四样字陡匾一面

黄缎布帘刷各六件　内里

三大士菩萨三尊　乘狮象吼 莲花座 背光上挂

哈达三件

高宗御笔大圣文殊师利菩萨赞佛法身礼经一部

文殊师利赞经一部

前设供柜三张　上设

花梨木九塔龛三座　楠木座　玻璃门内供

铜佛二十七尊

花梨木三塔龛六座　楠木座　玻璃门内供

铜佛十八尊

中供铜镀金塔一座　楠木座左右设

银塔二座　镶嵌宝石楠木座

红龙白地磁靶碗三堂　每堂计十九件 花梨木座

中左右设串琉璃挑幡二对

五彩磁八宝三堂　随木座

中设五台大螺顶漆木菩萨龛一座　随木座玻璃门　内供

铜文殊菩萨五尊　镶嵌不全 随玉牌位五座

左右设紫檀木塔二座　随木座玻璃门　内供

铜无量寿佛二十四尊

供桌三张　上设

木胎五供三分　随灵芝油蜡各一对炉屉三分

班禅佛供银满达一件

红花白地磁甘露瓶一件

木胎供果三分

木胎八宝三分

铜海灯三盏　随铜罩木座

漆木珊瑚树四盆　随五色哈达四十件

木踏跺四座　随红毡

大铜五供一分　随灵芝油蜡香靠样香一炷　随石座

楠木塔二座　每座内供

铜佛三百零四尊

羊毛花地毯三块

黄缎拜垫一分　随红白毡各一块 黄绣布炕单各一件

蓝缎立龙欢门幡三堂　面北挂

黑漆金字诗匾一面

高宗御笔字会通三际匾一面　面南挂

高宗御笔字挂对一副

带子板贴画像佛十三张

左设铜钟一口

右设鼓一面

两山墙经柜二十二座　内设

藏经一百零八套　每套随单夹棉黄绣缎布炕单三件

五色系带子二条五色蛇皮长锦缎子一条 夹板经帘俱全

大藏全咒经五部　每部计十套

高宗御书乐师琉璃光如来本愿功德经四部

高宗御书千手千眼观世音菩萨大悲心陀罗尼经四部

各色清字经一百八套　每套随单夹棉红黄紬缎布挖单三件

长短五色系绦子二条

清字西番丹书克经一部　计二十四册

佛龛二十二座　每座内供

礤礤佛六十尊　共计一千三百二十尊

背板后贴墨刻塔三张

外檐前后挂雨搭十架

右设铜五供一分　随石座

东西配殿二座　各计三间　外檐挂

高宗御笔四样字指峰、面月殿陡匾各一面

黄布帘刷各一件　内里设

菩萨各三尊　须弥座前设

供桌各三张　上设

木胎五供各三分　随金莲油蜡各三对 炉屉各一分

木胎八宝各一分

黄缎拜垫各一分　随红白毡各二块黄绣布炕单各二件

宝相阁一座　外檐挂

高宗御笔四样字陡匾一面

黄缎布帘刷各四件　内里设

文殊菩萨一尊　乘狮子随哈达二件

韦陀一尊

回回一尊　持黄系辫子一条　石台上供

三塔龛一座　楠木座内供

铜佛三尊　随背光须弥座

铜镀金塔四座　紫檀座内供

铜佛四尊

铜珐琅八宝一分

楠木供桌一张　木踏跺一座　随红毡

铜珐琅五供一分　紫檀座

班禅佛供银曼达一件

红花白地磁甘露瓶一件

铜珐琅七珍一分　紫檀座

木胎供果一分

木胎八宝一分

铜海灯一盏　随铜罩木座

串琉璃挑幡一对　随象座

蓝缎立龙欢门幡一堂　西北挂

高宗御笔字净名普现匾一面

高宗御笔字挂对一副

羊毛花地毯一块

黄缎拜垫一分　随红白毡各一块黄紬布挖单各一件

外檐挂雨搭二十四架

东西配殿二座　各计三间　外檐挂

高宗御笔四样字云来、雪净殿陡匾各一面

黄布帘刷各一件　内里

菩萨各三尊　前设

木胎五供各三分　随金莲油蜡各三对炉屉各三分

供桌各三张　上设

木胎七珍各一分

清凉楼一座　上下计十八间　外檐挂

高宗御笔四样字陡匾一面　上下挂

黄布帘刷十件　内里

文殊菩萨五尊　须弥座

紫檀木龛大小十四座

每座供铜佛一尊

明三间神台上供铜佛八十一尊　前设

供桌五张　明前供桌上设

紫檀嵌铜镀金方龛一座　内供

青玉无量寿佛一尊

东次间供桌上中设

紫檀嵌铜镀金五塔方龛一座　玻璃门内供

铜无量寿佛一尊

左右设紫檀窝龛二座　玻璃门内供

铜佛各一尊

西次间供桌上中设紫檀嵌铜镀金五塔方龛一座

玻璃门内供铜佛各一尊

东稍间供桌上中设洋漆六方龛一座　玻璃门内供

白玉无量寿佛一尊

左右设洋漆六方龛二座　玻璃门内供

铜佛各一尊　东稍间供桌上设

洋漆六方龛一座　玻璃门内供

白玉无量寿佛一尊

左右设洋漆六方龛二座　玻璃门内供

玉佛各一尊　西稍间供桌上中设

紫檀嵌玻璃方龛一座　玻璃门内供

铜无量寿佛一尊

左右设楠木方龛二座　玻璃门内供

铜佛各一尊

木胎五供五分　随金莲油蜡各一对炉屉五分

铜塔四对　铜镀金塔一对　镶嵌不全

铜镀金塔一对　紫檀座玻璃门内供

铜佛各一尊

中设银轮四件　楠木座

左右设瓷轮四件　楠木座

瓷瓶五对　紫檀楠木座

木胎八宝五分

左右设紫檀木塔四座　玻璃门内供

铜佛各二十八尊　玻璃门内供

沉香木胎佛各二十八尊

高宗御笔字妙五福德匾一面

高宗御笔字挂对一副

五色缎欢门幡五堂

黄缎拜垫一分　随红白毡各一块黄绸布挖单各一件

连二五彩瓜式明角灯一对　宝盖璎珞不全

楼上供菩萨五尊　须弥座上供

洋漆连三大吉龛一座　玻璃门内供

铜无量寿佛三尊　随哈达一件

三屏峰五座　内供

铜佛三尊

六方龛一座　有玉顶无琉璃内供

铜佛一尊

前设供桌五张　上设

木胎五供五分　随金莲油蜡各一对炉屉五分

红龙白地瓷靶碗二十五件　花梨木座

木胎八宝五分

铜海灯五盏　随铜罩木座

高宗御笔字相合台怀匾一面　左右挂

高宗御笔字挂对一副

连二挑杆灯一对

五色缎欢门幡五堂

黄缎拜垫一分

连二五彩瓜式明角灯三对　宝盖璎珞不全

东西配殿二座　各计五间　外檐挂

高宗御笔四样字吉晖、慧喜殿匾各一面

黄布帘刷各三件　内供

菩萨各五尊　须弥座前设

供桌各五分　上设　木胎五供各五分

七珍八宝各一分

大厨房各一座　计五间内设

大铜锅一口

锡壶六十把

玉靶碗一件

银镀金壶二把

银镀金屏靶壶一把

紫釉磁碗一百五十个

库存开后铜海灯五盏　随铜罩木座

灯笼式座花梨木挑杆香袋二对

二、宣统二年十二月殊像寺佛像供器漆木器皿等项清档

高宗御笔四样字石匾一面

龙旗御杖一分　随架

旗杆二根　旗杆倒落一根　伤折糟烂

舞栏杆二根　随璎珞宝盖

扬幡二首

闹幡十二首

黄绒绳四根

香林室大殿一座　计三间　内里

东次间落地罩内面西设

黄宁䌷缂丝靠背坐褥迎手一分　左设

紫檀嵌玉如意一柄　移坦坦荡荡

右设填漆痰盒一件　移坦坦荡荡

竹股扇一柄　移坦坦荡荡

左设黑漆描金炕案一张　上设移坦坦荡荡

分类字锦一部　计八套座伤　移坦坦荡荡

右设黑漆描金炕案一张　中设移坦坦荡荡

铜珐琅炉瓶盒一分　铜匙筋紫檀座　移坦坦荡荡

左设绿瓷冠架一件　移坦坦荡荡　东墙面西贴

右设欧瓷木瓜盘一件　紫檀座　移坦坦荡荡

东墙面西贴高宗纯皇帝御笔字横披一张　风碎　西边贴

高宗御笔字对一副　风碎

床前左右设花梨木椅四张　锦垫四件

明间西门上面东贴

红白毡各一块（虫蛀）

黄缎绣花靠背坐褥迎手一分

左设紫檀玉如意一柄　移坦坦荡荡

填漆痰盒一件　移坦坦荡荡

竹扇一柄　移坦坦荡荡

绿瓷冠架一件　紫檀座　移坦坦荡荡

黑漆描金香几一件　上设　移坦坦荡荡

铜珐琅炉瓶盒一分　铜匙筋紫檀盖座玉顶　移坦坦荡荡

东墙下设盛京石挂屏一件　楠木座

东墙面西贴高宗御笔字挑山一张　风碎

罩外西墙面东设紫檀木条案一张　上中设

铜掐丝珐琅有盖彝炉一件　紫檀座左设　移坦坦荡荡

苏长公全集一部　计二套右设　移坦坦荡荡

元文类一部　计二套原有虫蛀左设　移坦坦荡荡

青花白地大罇一件　紫檀座　移坦坦荡荡

右设青绿铜三代罇一件　紫檀座

西墙面东贴高宗御笔字挑山一张　风碎两边贴

高宗御笔字对一副　风碎两边挂

嵌玉梅花挂屏二件　紫檀木边

南窗下设花梨木杌四张　锦垫四件

西间东墙面西贴

高宗御笔字横披一张　风碎

夹绸帘一件

竹帘一架

前后廊雨搭六架

倚云楼一座　上下计四间　内里面东贴

高宗御笔字横披一张　风碎

宝座床一铺　糟烂无存　上铺

红白毡各一块虫蛀

蓝宫绅缂丝靠背坐褥迎手一分

左设紫檀嵌玉如意一柄　移坦坦荡荡

填漆痰盒一件　移坦坦荡荡

竹股扇一柄　移坦坦荡荡

紫檀嵌牙冠架一件　移坦坦荡荡

紫檀木香几一件　上设

青绿铜炉瓶盒一分　铜匙筋紫檀盖座玉顶　移坦坦荡荡

紫檀木炕案一张　有伤损处下设

大圣文殊师利菩萨赞佛法身礼经一部　计九套　移坦坦荡荡

前中设经一部　移坦坦荡荡

左设铜珐琅奔靶壶一件　紫檀座　移坦坦荡荡

左设铜铃杵一分　移坦坦荡荡

左设嘎叭拉鼓一件　镶嵌宝石不全　移坦坦荡荡

右设铜珐琅米碟一件　移坦坦荡荡

中设镶嵌宝石银塔一件　移坦坦荡荡

左右设九江瓷盆罐二件　紫檀座内一件有伤　移坦坦荡荡

左设玉靶碗一件　紫檀座　移坦坦荡荡

右设嘎叭拉碗一件　银里盖座　移坦坦荡荡

铜文殊菩萨九尊　移坦坦荡荡

铜无量寿佛九尊　移坦坦荡荡

挂像佛一轴

南墙面北贴高宗纯皇帝御笔字斗方一张

罩外南墙面北设花梨木琴桌一张　上设

左右设词谱一部　移坦坦荡荡

左设五彩僧帽壶一件　花梨木座　移坦坦荡荡

右设青绿铜双环方瓶一件　移坦坦荡荡

左右设花梨木椅四张　锦垫四件

南墙面北贴高宗御笔字挑山一张　风碎两边贴

高宗御笔字对一副　风碎

西墙面东贴胡桂山水画一张

北墙面南贴高宗御笔字横披一张　风碎两边贴

高宗御笔字对一副　风碎

假门口贴程志道画一张

门外北墙面南贴高宗御笔字横披一张　风碎

南墙面北贴仁宗御笔字斗方一张　风碎

香色绸夹软帘一件

石青绸帘刷三件

竹帘一架

楼上西窗面东设宝座床一铺　上铺

红白毡各一块

黄缎绣花坐褥靠背迎手一分

紫檀嵌玉如意一柄　移坦坦荡荡

填漆痰盒一件　移坦坦荡荡

竹股扇一柄　移坦坦荡荡

紫檀黄杨嵌牙磁木瓜盘一件　移坦坦荡荡

黑漆描金香几一件　移坦坦荡荡

青花白地瓷炉瓶盒一分　移坦坦荡荡

填白瓷木瓜盘一件　移坦坦荡荡

紫檀木炕桌一张　上中设　移坦坦荡荡

青绿铜鎏金筒子炉一件　移坦坦荡荡

右设青玉鳌鱼花瓶一件　鱼有惊璺处　紫檀座　移坦坦荡荡

南方窗设花梨木边黑漆心琴桌一张　上设　移坦坦荡荡

古铜四足鼎一件　楠木盖座玉顶　移坦坦荡荡

唐文粹上下二套　移坦坦荡荡

左设青白玉磬一件　紫檀座　移坦坦荡荡

右设官窑双管瓶一件　移坦坦荡荡

方窗上贴

高宗御笔字横披一张　风碎　左右设

东窗下设榆木椅四张锦垫四件

方亭一座

内设紫檀木宝椅一张

黄缎绣花坐褥一件

竹股扇一柄

竹帘一架

六方亭一座　内设

花梨木宝椅一张

青缎坐褥一件

竹股扇一柄

净房　内设

宣铜乳耳炉一件

影木瓶盒一分　铜匙筋

锡如意盆一件

茅葫芦一分

锡夜净二件

茅墩二个　随布套

粗蓝布幔子一件

小松木几子二个

竹帘一架

殊像寺山门一座　计三间　外檐挂

高宗御笔四样字石匾一面

哼哈将二尊

东钟楼一座　内里

铜钟一口

西鼓楼一座　内里

大鼓一面

天王殿一座　计五间　外檐挂

高宗御笔四样字陡匾一面　内里

弥勒佛一尊

供桌一张　上设

木胎五供一分　随金达油烛各一对 炉屉一分

面北供韦陀一尊

供桌一张　上设

木胎五供一分　随金莲油烛各一对 炉屉一分

天王四尊

东馔香堂一座　计五间　外檐挂

高宗御笔四样字陡匾一面

黄布帘刷三件　内里

罗汉床一张　随黄缎坐褥一件

前设高经桌一张

斋桌九十张

西演梵堂一座　计五间　外檐挂

高宗御笔四样字陡匾一面

法台一座

罗汉床一张　随黄缎坐褥一件

前设高经桌一张

嘎布拉鼓一件

铜铃杵一分　背板面东设

墨刻梭罗树一张

前设供柜一张　上设

铜释迦佛一尊　上挂哈达一件 随背光 须弥座左右设

五彩瓷塔一对　花梨木座前设

供桌一张　上设

五彩瓷五供一分

五彩瓷七珍一分

五彩八宝一分

铜珐琅四喜鼎一件

平台一座

经桌六十四张

坐床六十四张

会乘殿一座　计五间　外檐挂

高宗御笔四样字陡匾一面

黄缎布帘刷各六件　内里

三大世菩萨三尊　乘狮象吼莲花背光上挂

哈达三件

高宗御笔大圣文殊师利菩萨赞佛法身礼经一部

文殊师利赞经一部　上嵌小珍珠九十五颗提存内库

红花白地瓷甘露瓶一件

前设供柜三张　上设

花梨木九塔龛三座　楠木座　玻璃门内供

铜佛二十七尊

花梨木三塔龛六座

铜佛十八尊

中供铜镀金塔一座

银塔二座　镶嵌宝石　楠木座

红龙白地瓷靶碗三堂　每堂计九件花梨木座

中左右设串琉璃挑幡二对

五彩八宝三堂　随木桌

中设五台大螺顶漆木菩萨龛一座

铜文殊菩萨五尊　左右设

紫檀木塔二座

铜无量寿佛二十四尊

供桌三张　上设

木股五供三分

班禅佛供银满达一件

木胎果三分

木胎八宝三分

铜海灯三盏

漆木珊瑚树四盆

木踏跺四座

大铜五供一分

楠木塔二座　上设

铜佛三百零四尊

羊毛花地毯三块

黄缎拜垫一分　随红白毡各一块黄绣布炕单各一件

蓝缎立龙欢门幡三堂

黑漆金字诗匾一面

高宗御笔会通三际匾一面　面南挂

高宗御笔字挂对一副

带子板贴画像佛十三张

左设铜钟一口

右设鼓一面

两山墙经柜二十二座　内里

藏经一百八套　每套随单夹棉红黄绣缎布炕单三件

五色系带子二条五色蛇皮绦子二条 夹板经帘俱全

大藏全咒经五部　每部十套

高宗御书乐师琉璃光如来本愿功德经四部

高宗御书千手千眼观世音菩萨大悲心陀罗尼经四部

各色清字经一百八套　每套随单夹棉红黄绣缎布炕单三件

长短五色系绦子二条

清字西番丹书克经一部　计二十四册

佛龛二十四座　内供

礤礤佛六十尊　共计一千三百二十尊

背板后贴墨刻塔三张

左设铜五供一分

东西配殿二座　各计三间

高宗御笔四样字指峰、面月殿陛匾各一面

菩萨各三尊

供桌各三张

木胎五供各三分　随金莲油烛各三对 炉屉各一分

黄缎拜垫一分

宝相阁一座

高宗御笔四样字陛匾一面

黄缎布帘刷各四件　内里设

文殊菩萨一尊　乘狮子随哈达二件

韦陀一尊

回回一尊　持黄系瓣子一条　石台上供

三塔龛一座

铜佛三尊　随背光须弥座

铜镀金塔四座　紫檀座内供

铜佛三尊

铜珐琅八宝一分

楠木供桌一张

木踏跺一座　随红毡

铜珐琅五供一分　紫檀座

班禅佛供银曼达一件

红花白地瓷甘露瓶一件

铜珐琅七珍一分　紫檀座

木胎供桌一分

木胎八宝一分

铜海灯一盏　随铜罩木座

串琉璃挑幡一对　随象座

蓝缎立龙欢门幡一堂　西北挂

高宗御笔字净名普现匾一面

高宗御笔字挂对一副

羊毛花地毯一块

黄缎拜垫一分　随红白毡各一块

东西配殿二座云来、雪净各计三间　外檐挂

高宗纯皇帝御笔四样字陛匾各一面

菩萨各三尊　前设

木胎五供各三分

供桌各三分　上设

木胎七珍各一分

清凉楼一座　上下计十八间外檐挂

高宗御笔四样字陛匾一面

文殊菩萨三尊　须弥座

紫檀木龛大小十四座　每座供铜佛一尊

明三间神台上供铜佛八十一尊　前设

供桌五张　明前供桌上设

紫檀嵌铜镀金方龛一座　内供

青玉无量寿佛一尊

左右设紫檀窗龛二座

铜佛各一尊　明间供桌上设

紫檀嵌铜镀金五塔方龛一座　内供

白玉无量寿佛一尊

左右设紫檀木六方龛二座　玻璃门内供

铜佛各一尊

西次间供桌上中设紫檀嵌铜镀金五塔方龛一座

东梢间供桌上中设洋漆六方龛一座　玻璃门内供

白玉无量寿佛一尊

左右设洋漆六方龛二座　玻璃门内供

铜佛各一尊

紫檀嵌玻璃方龛一座　玻璃门内供

铜无量寿佛一尊

左右设楠木方龛二座　玻璃门内供

铜佛各一尊

木胎五供五分

铜塔四对

铜镀金塔一对　镶嵌不全

铜镀金塔一对　紫檀座玻璃门内供

铜佛各一尊

中设银轮一件

左右设瓷轮四件　楠木座

瓷瓶五对　紫檀楠木座

木胎八宝五分

左右设紫檀木塔四座　玻璃门内供

铜佛各二十八尊　玻璃门内供

沉香木胎佛各二十八尊

高宗御笔字妙五福德匾一面

高宗御笔字挂对一副

五色缎欢门幡五堂

黄缎拜垫一个

连二五彩瓜式明角灯三对　宝盖璎珞不全

楼上供菩萨五尊　须弥座上供

洋漆连三大吉龛一座　玻璃门内供

铜无量寿佛三尊

三屏峰五座　内供

铜佛三尊

六方龛一座　有玉顶无琉璃内供

铜佛一尊

前设供桌五张　上设

木胎五供五分

红龙白地瓷靶碗二十五件　花梨木座

木胎八宝五分

铜海灯五盏

高宗御笔字相合台怀匾一面　左右挂

高宗御笔字挂对一副

连二挑杆灯一对

五色缎拜垫一分

连二五彩瓜式明角灯三对　宝盖璎珞不全

东西配殿二座　各计五间

高宗御笔四样字吉晖、慧喜殿匾各一面

菩萨各五尊

供桌各五分　上设　木胎五供各五分

七珍八宝各一分

大厨房各一座　计五间内设

大铜锅一口

锡壶六十把

银壶三十把

银镀金壶二把

银镀金屏靶壶一把

玉靶碗一件

紫釉瓷碗一百五十个　原有磕碰处内伤二个

第十节　《清实录》中有关殊像寺档案 *

一、乾隆十一年，丙寅，八月（巡幸五台山殊像寺）

丁亥。上御乾清门听政。

大学士领侍卫内大臣公讷亲等议奏。皇上至五台次日。在菩萨顶庙内建醮讲经。恩赏官员兵丁饭食。第三日往中台、西台，其五台山罗睺、显通、塔院、殊像、碧山等五寺均赏匾额。皇上临谒俱在大营左右二三里内，实为至便。至东台、南台、北台、古南台等四处，行走略难。而南台道路尤险。即圣祖仁皇帝临幸时，亦未能一时遍至。请止行幸。再长城陵道路略窄，内务府车辆装载官物酌计足用，随至菩萨顶大营外。其余车辆皆令附近等候。皇上阅正定府兵应行豫备之处，臣等札寄总督那苏图办理。从之。

二、乾隆二十五年，庚辰，九月（巡幸五台山殊像寺）

丁巳。上行围。

戊辰。是日，驻跸中关行宫。

己巳。上诣皇太后行宫问安。

谕军机大臣等、鄂弼奏到、五台图摺内。可将中台照例豫备。其余诸台向经临幸，此次俱不必豫备。惟白云寺、千佛洞、镇海寺、清凉池、玉花池、罗汉坪等处，及附近行宫与道路必由之地，所有寺院名胜，如殊像、显通、塔院等处，该抚俱可就便酌量除治，以备省览。但不得过事华饰。将此传谕知之。

三、乾隆五十九年，甲寅，九月

军机大臣议覆、直隶提督庆成奏称，热河狮子沟及二道河子街一带淤塞。请将殊像寺迤东河身一律挑挖，即用挑去土方加培两岸。并将二道河子街后大河开挑取直，凿去对面兜湾山嘴。其顶冲岸根，编荆防护，内填石子。应如所请办理。至估挑银四千五十三两零，按工程处则例核减二百七十两零。此项工程，即交庆成督办。工竣后，每年挑修。责成热河道经理。从之。

[*]：（清）清实录[M].上海：中华书局，1991

第十一节　《热河解说》中有关殊像寺的记载 **

殊像寺

一、修建的原因

前述诸寺庙主要是针对蒙古、西藏民族而兴建的，有别于此，殊像寺则完全是为满族而修建的。就其原因，乾隆皇帝在御制诗以及其序中做了说明。

御制殊像寺落成瞻礼即事成什

五台山为文殊师利道场，梵语谓之曼殊师利。山麓有寺曰"殊像"，传是文殊示现处。妙相端严，瞻仰生敬。辛巳春，奉圣母幸五台祝禧，瓣香顶礼，默识其像以归。既归，摹勒诸石，遂乃构香山肖碑，模而像设之，颜曰"宝相"。兹于山庄普陀宗乘庙西，营构兰若，庄校金容，一如香山之制。而堂殿楼阁略仿台山，亦名以"殊像"，从其朔也。夫佛法无分别见，清凉五峰固文殊初地，香山塞山，非彼非此，刬以竺乾视之，固同为震旦中菩萨

示视之境乎！是则阐宗风，延曼寿，功德利益，又皆一合相之，推广平等者也。工始于乾隆甲午夏，逾年落成。以诗代颂，并志缘起如右：

殊像全规台庙模，撰辰庆落礼曼殊（曼殊师利，梵帙读作平声，其音近"满珠"，西域达赖喇嘛等进丹书借称"曼殊师利大皇帝"。今俗讹"满珠"为"满州"，非也）。金经蒙古犹常有，宝帙皇朝可独无（佛经本出额讷特珂克，是为梵帙。一译而为唐古特之番，再译而为震旦之汉。其蒙古经则康熙及乾隆年间陆续译成者。朕以当我朝全盛之时，不可无国书之佛经，因命开馆译定）？译以国书宣白业，习之修士翙浮图（是寺之喇嘛皆令习清字经，即阐曼殊师利之义）。虽然名实期相称，师利应嗤谓是乎？

[**]：日本关野贞、竹岛卓一著，1937年日本出版，于广达翻译，团结出版社，2016年出版

就是说，成为其中心的文殊菩萨像是乾隆二十六年（1761年）辛巳春，乾隆皇帝陪伴皇太后到五台山时，在传说是文殊显灵处的殊像寺拜谒庄重的文殊菩萨尊像铭记在心，返回后，便命摹刻。于乾隆三十九年（1774年）甲午夏，仿香山、五台山之制，开工修建伽蓝，翌年建成，将寺名直接拿来，依旧称为"殊像寺"。而且，从御制诗也可以明显看出，乾隆皇帝早已关注保存国粹，提倡使用满语、满字。……实际上，在殊像寺开工前一年，乾隆皇帝就已下诏，要开设满文经馆，命满译大藏经，该寺刚一落成，便让寺僧学习满文。这一事实使人想到此殊像寺与满文经馆之间的关系非同一般。至少差不多可以推测到，当年满心祈愿：凭借平日所信仰的文殊菩萨的功德，能顺利地完成满语大藏经的大事业。不知谁讲的，传说此文殊菩萨的尊像是摹拟乾隆皇帝的御容制成的，这在满族人当中一般仍确信不移，此说成为了坚强的信念。这样既使人感念乾隆皇帝的所思所虑，也更加令人相信文殊菩萨与满族因缘非浅。殊像寺如今已相当残破，殿堂大半塌毁，不过，文殊菩萨的尊像现在还庄严地供在荒寂的"宝相阁"之中。还有，……基于皇帝崇高而远大的理想而受命翻译的《满文大藏经》仍完好地保存于此寺之中，诚然不胜喜悦。

二、满文大藏经

此前，只知在法国巴黎的图书馆收藏一部《满文大藏经》，此外完全不明其所在。这次在殊像寺发现的乃罕见之经典。可以说，这一发现更给热河所藏文献资料增光添彩吧！说来，翻译此《满文大藏经》的时间是在乾隆三十八年（1773年）二月，这与《四库全书》的编纂差不多是同时受命的。其圣旨如下：

大藏汉字经函刊行已久，而蒙古字经亦俱翻译付镌，惟清字经尚未办及。揆之阐教同文之义，实为阙略。因特开清字经馆，简派皇子大臣于满洲、蒙古人员内，择其通晓翻译者，将藏经所有蒙古字、汉字两种悉心校核，按部翻作清文，并命章嘉国师董其事。每得一卷，即令审正进呈，候朕裁定。今据章嘉国师奏称，"唐古特《甘珠尔经》一百八部俱系佛经，其《甘珠尔经》内，有额讷特珂克得道大喇嘛等所传经二百二十五部，至汉字《甘珠尔经》则西方喇嘛及中国僧人所撰，全行列入。今拟将《大般若》《大宝积》《大集华严》《大般涅槃》《中阿含》等经及《大乘律》全部翻译。其五大部支派等经八种并《小乘律》，皆西土圣贤撰集，但内多重复，以应删繁就简。若《大乘论》《小乘论》共三千六百七十六卷，乃后代祖师在此土撰述，本非佛旨，无庸翻译"等语，所奏甚合体要，自应照拟办理。粤自白马驮经，梵文始传震旦。其间名流笔授，展转相承，虽文字语言未必即与竺乾悉协，然于佛说宗旨要，不失西来大义。逮撰集目录者以经律论，区为三藏。于是大乘、小乘衰集滋繁。且于佛经外兼取罗汉菩萨所著赞明经义者，以次类编入部。在西土诸佛弟子，尚系亲承指授，或堪羽翼宗风。洎乎唐、宋以降，淄徒支分派别一二，能通内典者辄将论疏、语录之类，觊得续入大藏，自诩为传灯不坠，甚至拉入塔铭志传。仅取铺张本师宗系，乖隔支离，与大慈氏《正法眼藏》去之愈远。殊不思此等皆非佛说真言，列入《续藏》内已为过分，岂可漫无区别？如章嘉国师所云，实释门之公论也。昔我皇考曾命朕于刊刻《全藏》时，将《续藏》中所载丛杂者量为删订。

嗣朕即位后，又令大臣等，复加校核，撤去《开元释教录》，略出《辨伪录》《永乐序》《赞文》等部。其钱谦益所著《楞严蒙钞》一种，亦据奏请毁撤。所有经板书篇均经一体删汰，期于澄阐宗门。兹清字经馆正当发凡起例之始，如不立定规条，致禅和唾余剽窃，亦得因缘贝夹，淆乱经函。转乘敷扬内典之指，可将章嘉国师奏定条例清单交馆详晰办理，并传谕京城及直隶各寺院，除现在刊定藏经毋庸再为删削外，嗣后凡别种语录、著述只许自行存留。倘有无识僧徒妄思裒辑汇录，诡称"续藏"名目，觊欲窜淆正典者，俱一概永行禁止。庶几梵文严净，可以讨真源而明正见。但此事关系专在释教，毋庸内阁特颁谕旨，着交与该管僧道处，行知各处僧纲司，令其通饬僧众人等永远遵行。

乾隆皇帝经常劝勉要宣扬国粹，努力提高满语、满文地位，从敕谕中可以窥见其所思所虑之一端。就这样，乾隆皇帝于六十三岁（1773年）时开始的大事业，花费几乎二十年工夫，到乾隆五十五年（1790年）八十岁时，终于完成。皇帝非常高兴，写了序文，祝贺完成，特别阐明了初衷。其御制序文如下：

高宗翻译全藏经序

为事在人，成事在天。天而不佑，事何能成？人而不为，天何从佑？然而为事，又在循理，为不循理之事，天弗佑也。予所举之大事多矣，皆赖昊乾默佑以底有成。则予之所以感贶奉行之忱，固不能以言语形容，而方寸自审，实不知其当何如也。武功之事向屡言之。若订《四库全书》以及国语译汉《全藏经》二事肯举于癸巳年六旬之后，既而悔之，恐难观其成。越十余载而全书成，然未逮二十载，而所译汉《全藏经》又毕藏。夫耳顺古稀，已为人生所艰致，而况八旬哉？兹以六旬后所创为之典，逮八旬而得观国语大藏之全成，非昊乾嘉庇，其孰能与于斯？而予之所以增惕钦承者，更不知其当何如矣！至于以国语译大藏，恐人以为惑于祸福之说，则不可不明示其义。夫以祸福趋避教人，非佛之第一义谛也。第一义谛佛且本无，而况于祸福乎？但众生不可以第一义谛之故，以因缘祸福引之，由渐入深而已。然予之意仍并不在此，盖梵经一译而为番，再译而为汉，三译而为蒙古。我皇清主中国百余年，彼三方久属臣仆，而独阙国语之大藏，可乎？以汉译国语俾中外肯习国语，即不解佛之第一义谛，而皆之尊君亲上，去恶从善，不亦可乎？是则朕以国语译大藏之本意在此，不在彼也。兹以耄耋观藏事，实为大幸，非溺于求福之说。然亦即以蒙天福佑，如愿臻成所为，益深畏满，怵惕、儆戒而已耳。是为序。

由此可以窥知皇帝的本意，看到其喜悦非比寻常。有如此来由且意义深远的满文大藏经，其出版部数也极少，算上曾保存在此殊像寺的一部，加上前边所说的一部，如今全世界只不过仅仅遗存二部而已。现在殊像寺的大藏经已移入离宫内以防丢失。因调查所需，早晚会知晓其内容的吧！

三、位置和配置

此寺位于普陀宗乘之庙西面，与其并列，是纯汉式伽蓝。它所摹仿的香山那座是在北京的西边；而五台山那座是在山西省五台县。香山、五台山均以灵地著称于世，山中建有众多寺庙，由于本人尚未亲眼看见，所以，此寺摹仿到何种程度，不得而知。

此寺地域酷似普陀宗乘之庙，它前面即狮子沟，不远的对面是连绵于峰峦上的山庄宫墙。后面地势渐高，其间砌有石阶或修建有汉式的假山、庭园，弯曲的石径联络彼此，中线上建有主要殿门，左、右为僧房，西侧一处建有"香林室"一组建筑。现今此寺破败不堪，几乎大半塌毁。可能其伽蓝为汉式的缘故，所幸《热河志》的记载比较详细，与现状相当一致，

可全部知道其主要殿堂的名称，故列之如下，以供参考。

殊像寺：寺在普陀宗乘庙西，名因台麓，制仿香山，缘起备详御制诗序。寺门三楹，南向，恭刻御书（高宗）"殊像寺"额，寺额多具四体书。左、右有钟鼓楼，内为天王殿。东、西配殿各五楹，东曰"馔香堂"，西曰"演梵堂"。内为"会乘殿"，殿七楹，额曰"会通三际"，联曰"发心为众生缘，深入善权菩萨果；现相如三世佛，了分身住曼殊床"。又东、西配殿各三楹，东曰"指峰殿"，西曰"面月殿"。其后建八方亭，额曰"宝香（相之误）阁"，又曰"净名普现"，联曰"佛说是本师，宏宣象教；天开此初地，示现狮峰"。又东、西配殿各三楹，东曰"云来殿"，西曰"雪净殿"。更内为楼，十八楹，额曰"清凉楼"，又曰"相合台怀"，联曰"地上拈将一茎草；楼头现出五台山"。楼下额曰"妙五福德"，联曰"地分台麓示居国；座把锤峰供养云"。又东、西配殿各五楹，东曰"吉晖殿"，西曰"慧喜殿"。寺旁筑室三楹，额曰"香林室"。又楼三楹，额曰"倚云楼"。恭绎圣制清凉五峰、香山、塞山，非彼非此，所谓一而二，二而一，无分别见，作平等观，曼殊阐义得未曾有也。

四、主要建筑

山门

为面阔三间、进深一间的单层歇山顶建筑，额枋以下为红墙，下部为大的板石。前、后的中央均辟有栱门，左、右开栱窗，这虽然与溥仁寺、溥善寺或者离宫内的碧峰寺、珠源寺等处的相同，但是，石券的雕饰却采用了特殊的汉纹。基座用毛石砌筑，边角处则用石材，前、后修有坡道。栱门上部嵌有石刻寺名匾额。采用了称作"单栱交麻叶"的特殊斗栱（原文误为"一斗二升交麻叶斗栱"——译者注），为普通的单檐双椽。门内，上为露明梁架，两侧为哼哈二将，这也与其他相同。门的两侧有墙，界定了寺域，左右各开一旁门，前面为宽阔的月台，这里放置一对雄大的石狮。算上底座，石狮高约一丈，底座的上下框等处一般采用蔓草花纹，而这里却是汉纹装饰，这很少见。

钟楼和鼓楼

山门内，东、西各有一幢杆，其北有钟、鼓楼相向而立。如今，幢杆已无，只剩有下部的夹杆石，钟、鼓楼亦残破不堪。二者完全同形：下层面阔五间、进深三间；上层面阔三间、进深一间。下层，额枋以下围着厚砖墙，楼内的木柱也夹在墙内，这种手法十分罕见。墙面为红色，下部外表为毛石砌筑，用灰泥勾出凸缝，前面辟一栱门。上层，现在已无墙壁，四敞大开，对比清末的照片，可知原本是有垂直木板墙的。两层均不用斗栱，直接出檐，冠以歇山顶，均用普通瓦正规铺就。楼内有木梯连通上下。钟楼处如今尚存铜钟。

天王殿

为面阔五间、进深一间的单层歇山顶建筑，今已严重破损。东边二间已不存，二天王暴身雨露，陷于悲惨境地。其形式与普宁寺等处天王殿大体相同，前后为木板墙，设门、窗，左右两侧为红墙。殿内上面梁架露明，中间的布袋和尚像已被搬到大殿，现只剩下石座，西边的二天王基本上完好无损。另外，有砖墙连接此殿的两侧，将寺域分为前、后两部分。左、右辟有旁门，这与普通规制相同。

东、西配殿

在天王殿北面，有东、西相向而立的两处堂址，东为"馔香堂"，西为"演梵堂"，均已全毁，只不过剩下三面残垣断壁而已。由此可知，从前这里是面阔五间、进深四间，单层硬山顶并稍有深度的大建筑。好像前面的二梁间稍窄，其前半为廊子，后墙中央设门，现在所见均为其遗迹。

会乘殿

位于天王殿北面的两段高台之上，修有宽宽的石阶，分为三部分：下台有二十六级石阶，上台有九级石阶，台之上，正面即"会乘殿"。殿前列有五供的石台，东西建有配殿。会乘殿是面阔七间、进深五间的大殿，前、后面中央三间为门，前面左、右各二间为窗。门、窗上均安花格，上边施以横披窗，其他都为砖墙红墙。采用单翘单昂五踩斗栱，承载下檐。上、下檐间递减，为面阔五间、进深三间的结构，采用的是单翘重昂七踩斗栱，正面悬"会乘殿"匾额，为歇山顶，全是黄琉璃瓦铺就。殿里边，内堂宽五间、深三间，周边为外堂。下面是石墁地，上顶为方格天花板，格间绘有梵文。内堂后边的三间设有大的石座，上面分别供奉着骑狮的三尊菩萨像（此说不确。实际上，自西向东为：观音骑朝天犼，文殊骑青狮，普贤骑白象——译者注）。其前边置有供桌，上面有五供、果枝（似指木制珊瑚树——译者注）、宝瓶等，左、右置有三层宝塔。宝塔以花桐（外层实为楠木——译者注）制成，为八角形状，下部是斑斓的基座，每层都为重檐，雕饰华丽。两塔身上做出总数为六百零八个的小佛龛。实在可惜的是，龛内连一尊佛像也没剩下。

另外、在外堂，顺两侧壁设有经架，里边曾存放满文《大藏经》。民国以后，由于担心被抢掠，便取出经卷将其藏在外堂的天棚中了，因此，它幸免于难，得以安全保存到今天。现在，经卷被迁到离宫东宫一室，经热河省公署之手保管着。还有，内堂前边的布袋和尚像是由天王殿移来的，排列在外堂的菩萨像则是由东、西配殿搬过来的。

指峰殿和面月殿

会乘殿前面的东、西配殿分别叫作"指峰殿""面月殿"，均为面阔三间、进深三间的单层歇山顶建筑。前面为廊子，中间为门，左、右为窗，其他三面为红墙。不用斗栱，出檐、内部为露明梁架。现已严重破损，东殿的左面二间已无，西殿的右面二间前脸已无，已经超出修缮的范围。

宝相阁

会乘殿的后面是用石头堆砌的一处相当大的汉式假山庭园，园内修有数条石径。钻洞、过桥，在叠石间迂回登攀，终于到达最高处的"宝相阁"。此阁为八角、重檐的建筑，四面设门，四角为窗，门、窗上均安花格，上边施以横披窗，但是，它们几乎都被偷走。下檐处采用单翘单昂五踩斗栱，上檐处为单翘重昂七踩斗栱，前面悬"宝相阁"匾额。屋顶现已严重破损，屋檐糟朽。上、下檐均采用圆形檐椽、方形飞檐椽、转角翼角椽、

一如普通手法。屋顶用绿琉璃瓦铺就，屋脊和檐端用的是黄瓦，阁顶中央冠以大的铜镏金茄形宝顶。宝顶台座用黄琉璃砖砌成，随处施以绿纹装饰，颇为精美。

阁内为石墁地，内堂顶棚较高，外厢顶棚较低，均为方格天花板，格间绘有龙形。阁内中央有大的石座，其上，供奉骑狮的文殊菩萨木雕像，其左、右配有侍者。此文殊菩萨像传说为乾隆皇帝的御容，全高约三丈五尺，狮背上置一色彩斑斓的莲座，而文殊菩萨便坐于莲座之上，身后是漂亮的背光。菩萨像为金漆木雕，背光上有部分彩绘，莲座的每一花瓣上都有浮雕的菩萨像，但可惜的是大多已丢失。狮子通体为青色，有金毛、绿鬃。另外，左、右侍者高一丈左右，均为武将，周身施彩，站在东边的那个，形象尤为怪异。

云来殿和雪净殿

在宝相阁前面的岩石上建有配殿，东为"云来殿"，西为"雪净殿"，二者皆已倒塌，仅残留部分墙体。从遗址来看，可认为它们差不多与会乘殿前的配殿相同。

清凉楼和东、西配殿

穿过宝相阁后边的山石往北行，见正面有一面阔九间的楼址，左、右为配殿址。正面的，名为"清凉楼"或"相合台怀楼"，东配殿为"吉晖殿"，西配殿为"慧喜殿"，但均已坍塌。该楼面阔九间、进深三间，柱间各存一佛像石座，配殿面阔五间、进深三间，也只不过尚存五个石座而已。据说，民国十七年（1928年）汤玉麟统治时，他将这些建筑拆毁，把盗走的木材用来修兵营了。

香林室和倚云楼

宝相阁西面有一处颇具情趣的庭园：内堆砌假山，外设围墙，在墙上辟有圆形和八角形入口，随处可见楼台亭阁的痕迹。这里就是"香林室"和"倚云楼"等处的遗址，据说此处是当年乾隆皇帝来此休息时的居所。因为建筑全部塌毁，已成一片废墟，所以决定略去说明而借助于平面图来介绍其配置情况。

第十二节　《热河古迹与西藏艺术》中有关殊像寺的记载 *

[*]：五十岚牧太著，日本第一书房出版社1942年出版，于广达翻译

殊像寺

一、由来

相对于其他寺庙多数是为蒙、藏民族修建的情况，殊像寺却是为满族修建的，唯有此寺住有满人喇嘛，至今承袭不变。此寺于乾隆三十九年（1774年）开工，次年竣工。

乾隆二十六年（1761年），乾隆皇帝陪伴皇太后行幸山西省五台山时，在传说是文殊显灵处的殊像寺，拜谒了所供奉的文殊像，铭刻于心，并仿造该像建寺，也取名"殊像"，把文殊菩萨作为本尊供奉于宝相阁。

该寺开工前一年的乾隆三十八年（1773年），于编纂《四库全书》的同时，皇帝下旨也要翻译《满文大藏经》，并开设满文经馆。据说翻译《满文大藏经》这一巨大工程的顺利完成，是该寺保佑的结果。

二、建筑

该寺为汉式，仅方格天花板上绘有与其他喇嘛庙相同的梵文六字箴言。会乘殿、宝相阁的屋顶为黄琉璃瓦铺就，其他是灰黑瓦的。

1. 山门

为面阔三楹、进深一间的单层歇山顶建筑，采用了特殊的斗栱，房檐依普通制式，为双椽。

前后中央辟有栱门，左、右设栱窗，门窗均为石券，其上施以漂亮的汉纹浮雕。

前面入口上部嵌有顺序为满、汉、藏、蒙的石刻匾额。

山门前面是月台，这里置一对雄大的石狮。与一般上、下框及边角处使用蔓草纹饰不同，这里底座却施以汉纹的稀有装饰，在热河，除了山庄内的铜狮子底座外，其他无同类者。

2. 东、西配殿

在天王殿里边，原有东西配殿相向而立，现今仅存基座。两殿好像都是单层歇山顶建筑，东称"馔香堂"，西称"演梵堂"。

馔香堂东北的不远处有一大厨房，至今保存着一黄铜铸造的大锅，其内径2.15米，深1.39米，厚六厘米。其安放状况如下：将地面深挖一槽，周围用八根丁字形铁棱柱（6×8厘米）把锅托住，并修台阶到灶口。

3. 会乘殿

天王殿后边有两段高的台地，下段修有26级大石阶，上段修有9级大石阶：前院整个是石墁地，左右有松树彼此相对，树根处围起六角形的边石，培土用以保护根部。

会乘殿是一处面阔七楹、进深五间的重檐大殿，其前后中央三楹设门，前面左右两楹为窗，门、窗均安花格，并安同型的横披窗，其他柱间为砖砌红墙。

大殿为歇山顶，下层采用五踩斗栱，承载下檐，上层比下层小，为面阔五楹、进深三间的结构，采用七踩斗栱。

殿内是石墁地，后边是三间大小的内堂，外堂左右边置有类似柳木（实为楠木——译者注）做的八角三层塔。塔身上共做出个304个佛龛，但是现今一尊佛像也没剩。

另外，沿内、外堂两侧墙壁设有经架，简单地装有八宝图案的浮雕板门，架上有三级陈列台，大概是供奉佛像的地方吧？这里的经架曾存放过《满文大藏经》。

4. 宝相阁

在会乘殿后方，建有一处大规模的假山庭园，并有三条蹬道，有的要钻洞，有的要过桥，有的要在叠石间

迁回，不管怎样都能到达高处的宝相阁。

宝相阁是八角重檐攒尖顶建筑，四面设门，另外四面设窗，门、窗上原有的花格、横披窗等今已尽失。

该殿采用了与会乘殿相同的斗栱，屋顶铺的是绿琉璃瓦，黄琉璃瓦剪边。

三、现状

馔香堂、演梵堂、指峰殿、面月殿、云来殿、雪净殿、清凉楼、吉晖殿、慧喜殿以及皇帝亲拜时用于休息的香林室、倚云楼等多处殿堂，今日已全部湮灭，成为废墟，这实在可惜。据说这些是汤玉麟在民国十七年（1928年）给破坏的，他为了修兵营而来这里取走了建材。可以想见，害怕佛祖惩罚的他对其结局也会知道的。

现存的其他建筑也已破烂不堪，有的甚至超过修缮界限。像宝相阁这样的，由于屋顶损毁严重，上层被拆掉，换上了铁瓦楞板，雨雪天倒可以敷衍一时。但是，实在期待尽早真正地加以修缮。

佛像、《满文大藏经》

在会乘殿有一巨大的石须弥座，供有骑着狮子、大象等动物的三尊菩萨像。在宝相阁供奉的是骑着狮子的、高大的文殊菩萨像，其左右有彩塑力士在守护。

传说此文殊像是乾隆皇帝的御容。其原因大概是这样的：清太祖（努尔哈赤）时，达赖喇嘛将其视为文殊菩萨转世，而尊其为大王，此相对，因为乾隆皇帝被称为曼殊室利大皇帝，所以将此像当作乾隆皇帝了。

狮子上面置一大莲花座，座上即文殊菩萨，每一莲瓣上都有一尊菩萨浮雕像，加上背光，整个佛像确实漂亮。

我造访当地时，看到仅存一片莲瓣，凭其尚能忆往昔，然而如今这一瓣也同宝冠上的小佛像一起被偷走了，实在可怜。

谈一下《满文大藏经》

乾隆皇帝一直倡导使用国语、国字，但是在统治了汉、蒙、藏等民族，建成了大清国时，也还没有满文经典，他对此痛惜不已。如前所述，当乾隆三十八年（1773年）他63岁时，下旨编纂《四库全书》并同时翻译《满文大藏经》。历经20年岁月，到乾隆五十五年（1790年）他八十岁时，终于大功告成。

为宣扬国粹而完成的《满文大藏经》出版部数也极少，全世界只有3部：其一在热河；其二在日本，可惜毁于关东大地震灾难（十分荣幸，日本明治天皇用内帑金将其购入，并下赐给东京帝国大学）；其三现藏于法国巴黎图书馆。

热河的《大藏经》藏、满文共计1202帙，殊像寺的满文藏本为《甘珠尔经》，有111帙。每帙首尾均施以重彩，离宫内仅存19页，其他203页已丢失。不单帙首、帙尾缺失，好像错页、缺页也不少，实为可惜。

第十三节　殊像寺赵喇嘛访谈笔记 *

月台：为石条墁地，左右两侧有石狮子一对。前有四棵古槐，约180余年。据说是该庙建成后6年所植。现有一棵，其他三棵一棵是光绪二十二年被大风刮倒，将西边石狮子砸下，对着楼的方向而去。另外两棵在民国1-2年下冰流压坏后伐去，头一任庭督统时。

山门：山门三间，内有"哼、哈"二将，现有泥塑像稍残。房顶漏水，覆青瓦。左右有傍门（东西山门），门里有左右幢杆石垒，过去每年初一至初五挂大龙旗。正门每年正月初一开一天。另外除皇帝来时开正门，其他时间不开。东角门（傍）常开，有小喇嘛布岗；西角门永远不开，据老喇嘛说是鬼门；喇嘛死了以后出东西便门。

钟楼：山门东侧。钟的使用：每天早晨5点敲钟打亮钟14下，二遍钟在7点多钟打15下是上殿念经时的信号钟。中午也是打15下，晚上约6点多钟打钟，紧7慢8平20。这就关闭四门不准出去。如有事必须请假，否则就不准回来，或者犯错误。白天和晚上都有专人管理，每月初二、十六早九点多钟加一次钟，多念一遍经。

鼓楼：每天晚上打一遍鼓，时间约在六点。打完鼓再敲钟，每天一次。现鼓已不存，在民国十几年时就没有了，可能是皮被打破，框烧火了。

天王殿：面檩五间，前后有三个棋门，但上殿念经时常走正门。两侧是四大天王即：魔利红、魔利青、魔利海、魔利兽，脚踩八大怪。进门有弥勒佛，弥勒佛背后有韦陀，中有占板彩屏。演梵堂破漏后，喇嘛念经就在这里，时间约20年前，在汤玉麟之前。外边左右有傍门是样子，经常不开。此殿现已不存。其中三间在汤玉麟刚来时2-3年自然倒塌，其他二间因破损严重在1960年拆掉。 **

演梵堂：西边配殿五间，又名经堂。我进庙时正破，没见有佛像，被汤玉麟拆掉。此殿是喇嘛原来念经的地方，现已不存。

馔香堂：又名斋堂，是饭厅。每年二月十九日念马逆经三天，四月初四日际典三大喜神一天。十月二十五日念一天经。冬至坐一宿经，这些日子喇嘛都在这里吃饭。该殿在汤玉麟修营盘时拆掉，现在已经不存。

会乘殿：七间，黄琉璃瓦顶。内有木质金漆三大佛：观音、文殊、普贤。佛前有三个大供木桌，每个供桌上有一个供柜，每个供柜有三个楠木佛龛，龛内有金、玉、翠质八寸小佛。让军阀姜桂题盗走。另外有楠木塔二个，每个塔有佛龛304个，里面都有鎏金佛，被汤玉麟用汽车盗走。殿内还有五供、蜡台、香炉、香筒、七珍、八宝、珊瑚树等。供盘中心有铜碗，铜碗上分九义，每义有一个铜手，每只手上托着一个供品，是木质刻制，外

[*]：承德市文物局外八庙管理处提供

注：赵喇嘛1900年出生，本名希唛阿，1911年11月岁时入庙，入庙时殊像寺只有一位老喇嘛。此材料是李月中1966年1月28日至2月3日经三次访问赵喇嘛后整理。访谈时赵喇嘛年龄66岁，入庙时间计55年，访谈期间在赵喇嘛陪同指导下到殊像寺现场考察了部分遗址，因赵喇嘛身体不好，所以没有到后山参观。

[**]：编者注，此说有误，据当时的目击者回忆、及1959年拍摄的照片，上个世纪五十年代，天王殿的木结构建筑已荡然无存。

加油漆彩画，常年供着很美观。上层周围有13张轴像（刚苏像，即金刚佛）挂在上边。五供、蜡台、轴像等均被汤玉麟盗走，现已不存。殿内两边经阁均为四层，上边三层存四体文字的甘鞠落经216部，下层存乾隆幼年时所用的生活用品，如银尿壶、金碗、筷子、瓷盘、衣物等。经被日本盗走。其他都被军阀姜桂题盗去。另外文殊菩萨身服有一部真书、木质及皮上嵌108颗珠子，价值很贵，被姜桂题盗走。殿内地面铺成栽绒毯子，殿外月台石至上有五供、香炉、蜡台，是方形的风摩铜。殿内上挂幡条三副。另外有三对老瓷大五彩瓶，这些都被汤玉麟盗走。尚有钟、鼓在初一、十五，大喇嘛和二喇嘛上殿念经烧香时打低头鼓，抬头平身钟。平日烧香在此念太平经，初一、十五大喇嘛进殿念万寿经。现在殿内佛像除三大佛外，宗喀巴佛是经戒台移来的，铜像和二个小木活佛是经河东搬来的外，其他木质菩萨佛像是经罗汉堂搬来的。另外的利粉菩萨是经此殿和清凉楼搬来的。皇帝来烧香时，喇嘛陪同的是四名侍者，每边二个，念经时四跪在最后。

面月殿： 西侧三间，内有沥粉菩萨三尊，并有木质五供、蜡台，每年腊月换一次供品，上漆红色不坏。现已不存，被汤玉麟拆掉。

指峰殿： 东侧三间，内有利粉菩萨三尊，另外单供一张金刚佛挂像。每天早晨念金刚经。现已不存，被汤玉麟拆掉。

宝相阁： 内有文殊菩萨坐狮木像（即乾隆像），前有二个站童，西边是白大将军（保驾），东边是西洋回回，牵狮子的。供桌一个，上有木五供和供柜一个，并有老瓷五彩瓶二对。地面有栽绒毯子，两面有松木塔一对，上挂幡条，是起门帘作用。现在佛像已破烂不堪，其他被汤玉麟盗去。

雪净殿： 西侧配殿共三间。内有三尊利粉菩萨像，并有三个供桌，供桌上有香炉、蜡台等。现已不存，被汤玉麟拆掉。

云来殿： 东侧共三间。内有三尊利粉菩萨像，有三个供桌，供桌上有香炉、蜡台等。小方砖墁地，现已不存，在汤玉麟来时一年后拆掉。

清凉楼： 最后九间，二层楼，现已不存。楼下、楼上均为五尊菩萨，赵喇嘛看管此楼好几年。楼内有供桌，里边有七珍、八宝，外边有香炉、蜡台、牛角灯等，每层楼六个，并有幡条三张，楼上也有三张。初一、十五开殿烧香，后来被汤玉麟拆掉。

慧喜殿： 西边五间（原图三间）内有菩萨五尊，七珍、八宝、香炉、蜡台等，现已不存，被汤玉麟拆掉。

吉晖殿： 东边五间（原图三间）内有菩萨五尊，七珍、八宝、香炉、蜡台等，现已不存，被汤玉麟拆掉。

六角亭： 最后一组建筑，内全无。原来是皇帝烧香后在此休息纳凉的地方。不高，约一房高，有坎墙。

香林室： 正厅三间，现无。后边有月亮门，通六角亭。据说是乾隆皇帝来庙烧香后休息的地方，赵喇嘛入庙时只有上盖了，约在20年后自然塌了。

倚云楼： 又名梳妆楼，在正厅西侧三间，据说是娘娘梳妆的地方，现无存，被汤玉麟拆掉。

四角亭： 内全无。原来是皇帝休息凉爽的地方，在倚云楼对面角，通往香林室、倚云楼都有柱廊。现在亭子已不存，尚有遗址。

西便门： 月亮门前有道，绕到会乘殿月台可通西便门。门

很大，此门专为皇帝烧香后由此门回宫。现无。

僧房： 出演梵堂后门西侧有正房五间（后来坍塌剩下三间），西厢房五间，是喇嘛住所，现房基全无。再往前有三栋僧房三个院，每栋五间，均住喇嘛，东边与鼓楼隔墙，里有通往后院的路。排房后西侧有便门（通往现在党校），是喇嘛去水井来往运水之门。东边院出西门可通过鼓楼的内便门通过。现有一排僧房五间，是最后的一栋。前二栋已毁，其中国民党拆掉前一排和后厢房共十间。西侧前后共僧房二十五间。

佛龛： 此院又叫二院，赵喇嘛进庙时已塌，据说此房是义干活佛居住的地方。现已不存，这是（西跨院）最后的一个建筑。

东西厢房： 共有六间，前有小门楼，据说是活佛来时，他带的徒弟所居住的地方。后来就成了喇嘛的僧房。此房在解放前又被国民党拆掉修了炮楼。门前往下有道，通往会乘殿。

僧房： 在指峰殿的后边有一个小院，里面有二栋僧房各五间。赵喇嘛和董喇嘛各住一栋，在解放前被国民党拆掉修了炮楼。

厢房： 共有五间，在馔香堂的后边，在中间有道。此房原来是宫里人住的房子，当时有20名人员轮流打更。此房在伪满时有一个赵喇嘛（身材很高），因吸大烟输钱无法偿还，将房烧毁自焚。在此房南侧外墙还有一个便门，通往外边。

大厨房： （厢房）前边有大厨房五间，每年四次念大经时在此做饭。二月十九日坐经，四月初四日祭奠三神，十月二十五日转灯，冬至坐一宿经。晚上吃肉丝面，早晨吃肉粥。此房在光绪年已坍塌无存。原来做饭大锅被军阀弄到庄头营营盘去了。大铜锅据说在过去每年腊月初八熬一锅牛肉粥，三天三宿，谁来谁吃。

僧房： 在大厨房的前边还有二栋僧房，每栋五间，是喇嘛的住所，现存五间，后边的五间很早就已经毁坏，赵喇嘛进庙时已无存。

组织： 殊像寺庙喇嘛组织割穴。（和其他寺庙不同）下分：大喇嘛一名，宦宅喇嘛一名（二喇嘛）涅木契二名（文武齐管，亦就是司务）下有四名义八契（保管、采购等）其中一名涅木契常住北京，一名领响银二年一换。革四贵二名，台集僧上殿念经，每班轮十天。教契五名（教经的，是教员）蚊子十三名，也是经头，只管念经。再往下都是平僧。此庙共有喇嘛六十一名，宫内人二十名。但因轮班，经常在庙的是八名。过去此庙大喇嘛是由宫里升卸，据说是"红黄带"（黄带是皇帝的亲近，红带的是皇帝内勤），后台很硬。督统上任必须拜见大喇嘛，接见时很少。过去每年腊月大喇嘛和宦宅喇嘛到北京轮班，松州寺给皇帝辞皂（此庙喇嘛是满人，其他庙喇嘛是蒙古人）完后有偿，赵去过一次，记得给一匹缎子，上面有刺绣、江水、海牙，还有几十元钱（作为路费）过正月后回来。关于大喇嘛升卸制度，到光绪年间时就由此庙二喇嘛顶缺。隆化黄土坎西有个庙地约100多亩，大喇嘛由此庙教契喇嘛中挑选升卸。

生活： 过去大喇嘛每月吃9份饷银1-8月，宦宅喇嘛吃7份饷银1-4月，涅木契和革四贵都吃2-8月的，经常外出还有盘费比二喇嘛还强。教契是2月，平僧里边有20人是2月的。这些都是由北京蒙古委员会拨给。其他尚有平僧30人吃1-5月的，由承德宫里陈设处拨给。大喇嘛有车、牲口，可以出门乘坐，还有一头牛，冬天喝奶用的。这都是皇帝赐给的。在宣

统以前正常拨饷，到民国年间，只发五个月的，按 3-4 成拨。汤玉麟在时，赵当涅木契只拿 1-5 月的银子，还不能按月给。日本来后就钱了，先前每月给 4-5 元，后因贬值为 7 角钱，约在 1945 年日本投降时就不给了。国民党时没有拨钱，当时没办法寺庙生活非常艰苦，一方面到外面借食物，一方面戒台有点地可以种，每年收 1-200 斤粮食，另一方面自己也做了点小买卖，卖一些水果、干果之类以维持生计。1948 年第二次解放战争，第二年每月政府给 8 斤米，据说是收回没有面款，给买成米拨的。第四年头才按月拨钱。此庙没有补收，比较穷。

过去有的喇嘛过年吃高梁面饺子，平常就只能喝点米粥，以后一毁我连粥也喝不上了，生活苦得很。

情况：据说大殿有一口小铜钟划为农专用。喇嘛除在殊像寺念经外，还经常到戒台（广安寺）和罗汉堂念经，因为那里没有喇嘛，只有二名宫上人看守。据说有一次皇帝宫里出西便门到罗汉堂烧香，殊像寺喇嘛提前跑来伺候，后来皇帝向下人问起，谁在这里伺候香火，说是殊像寺，当时决定把每年香火费拨到殊像寺领取，原先一直是普陀宗乘之庙领取，这次他们没有去，（为此）以后对殊像寺喇嘛一直有意见。

第十四节　佛说文殊师利般涅槃经 *

佛说文殊师利般涅槃经
西晋居士聂道真译

如是我闻：

一时佛在舍卫国祇树给孤独园，与大比丘僧八千人俱，长老舍利弗、大目犍连、摩诃迦叶、摩诃迦旃延，如是等众上首者也；复有菩萨摩诃萨十六人等，贤劫千菩萨弥勒为上首；复有他方菩萨千二百人，观世音菩萨而为上首。

尔时，世尊于后夜分，入于三昧，其三昧名一切光。入三昧已，举身皆放金色光明，其光大盛，照祇陀林犹若金色，回旋宛转照文殊房，化为七重金台，一一台上有五百化佛台中经行。时，文殊师利房前，自然化生五百七宝莲华，圆若车轮，白银为茎，阿茂咤马瑙以为其台，杂色真珠以为花须，其花有光照佛精舍，从精舍出，还入文殊师利房。

尔时，会中有菩萨摩诃萨，名跋陀波罗，此瑞现时，跋陀波罗即从房出，礼佛精舍，到阿难房，告阿难言："汝应知时，今夜世尊现神通相，为饶益众生，故说妙法，汝鸣揵椎。"

尔时，阿难白言："大士！世尊今者入深禅定，未被敕旨云何集众？"

作是语时，舍利弗至阿难所告言："法弟！宜时集众。"

尔时，阿难入佛精舍，为佛作礼，未举头顷，空中有声告阿难言："速集众僧。"

阿难闻已，即大欢喜，鸣揵椎集众，如此音声遍舍卫国，上闻有顶，释梵护世天王与无数天子，将天花香诣祇陀林。

尔时，世尊从三昧起，即便微笑，有五色光从佛口出，此光出时，祇洹精舍变成琉璃。

尔时，文殊师利法王子，入佛精舍为佛作礼，一一膝上生五莲华，文殊佛前合指掌时，手十指端及手掌文，出十千金色莲华以散佛上，化成七宝大盖，悬诸幢幡，十方无量诸佛菩萨映现盖中，绕佛三匝，却住一面。

尔时，跋陀波罗即从座起整衣服，为佛作礼，长跪合掌白佛言："世尊！是文殊师利法王子，已曾亲近百千诸佛，在此娑婆世界施作佛事，于十方面变现自在，却后久远当般涅槃。"

佛告跋陀波罗："此文殊师利有大慈悲，生于此国多罗聚落梵德婆罗门家。其生之时，家内屋宅化如莲华，从母右胁出，身紫金色，堕地能语如天童子，有七宝盖随覆其上。诣诸仙人求出家法，诸婆罗门九十五种、诸论议师无能酬对，唯于我所出家学道，住首楞严三昧，以此三昧力故，于十方面——或现初生、出家、灭度、入般涅槃、现分舍利——饶益众生。如是大士久住首楞严，佛涅槃后四百五十岁，当至雪山，为五百仙人宣畅敷演十二部经，教化成熟五百仙人，令得不退转，与诸神仙作比丘像，飞腾空中至本生地，于空野泽尼拘楼陀树下，结跏趺坐，入首楞严三昧，三昧力故，身诸毛孔出金色光，其光遍照十方世界度有缘者，五百仙人，各皆见火从身毛孔出。是时，文殊师利身如紫金山，正长丈六，圆光严显，面各一寻，于圆光内有五百化佛，一一化佛有五化菩萨，以为侍者。其文殊冠毗楞伽宝之所严饰，有五百种色，一一色中，日月星辰诸天龙宫，世间众生所希见事，皆于中现。眉间白毫右旋宛转，流出化佛入光网中。举身光明焰焰相次，一一焰中有五摩尼珠，一一摩尼珠各有异光，异色分明，其众色中化佛菩萨不可具说。左手执钵，右手擎持大乘经典，现此相已光火皆灭，化琉璃像。于左臂上有十佛印，一一印中有十佛像，说佛名字了了分明。于右臂上有七佛印，一一印中有七佛像，七佛名字了了分明。身内心处有真金像，结跏趺坐，正长六尺在莲华上，四方皆现。"

佛告跋陀波罗："是文殊师利，有无量神通、无量变现，不可具记，我今略说，为未来世盲瞑众生，若有众生但闻文殊师利名，除却十二亿劫生死之罪；若礼拜供养者，生生之处恒生诸佛家，为文殊师利威神所护。是故众生，当勤系念念文殊像，念文殊像法，先念琉璃像，念琉璃像者如上所说，一一观之皆令了了；若未得见，当诵持首楞严，称文殊师利名一日至七日，文殊必来至其人所。若复有人宿业障者，梦中得见，梦中见者，于现在身若

[*]：引自《大正新修大藏经》第 14 册

求声闻，以见文殊师利故，得须陀洹乃至阿那含；若出家人见文殊师利者，已得见故，一日一夜成阿罗汉；若有深信方等经典，是法王子于禅定中，为说深法；乱心多者，于其梦中为说实义，令其坚固，于无上道得不退转。"

佛告跋陀波罗："此文殊师利法王子，若有人念，若欲供养修福业者，即自化身，作贫穷孤独苦恼众生，至行者前。若有人念文殊师利者，当行慈心，行慈心者即是得见文殊师利。是故智者当谛观文殊师利三十二相、八十种好，作是观者，首楞严力故，当得疾疾见文殊师利。作此观者名为正观，若他观者名为邪观。佛灭度后一切众生，其有得闻文殊师利名者、见形像者，百千劫中不堕恶道；若有受持读诵文殊师利名者，设有重障，不堕阿鼻极恶猛火，常生他方清净国土，值佛闻法得无生忍。"

说是语时，五百比丘远尘离垢成阿罗汉，无量诸天发菩提心，愿常随从文殊师利。

尔时跋陀波罗白佛言："世尊！是文殊舍利，谁当于上起七宝塔？"

佛告跋陀波罗："香山有八大鬼神，自当擎去置香山中金刚山顶上，无量诸天龙神夜叉常来供养，大众集时像恒放光，其光演说苦空、无常、无我等法。跋陀波罗！此法王子得不坏身，我今语汝，汝好受持广为一切诸众生说。"

说是语时，跋陀波罗等诸大菩萨，舍利弗等诸大声闻、天龙八部，闻佛所说皆大欢喜，礼佛而去。

第二章　清代绘画

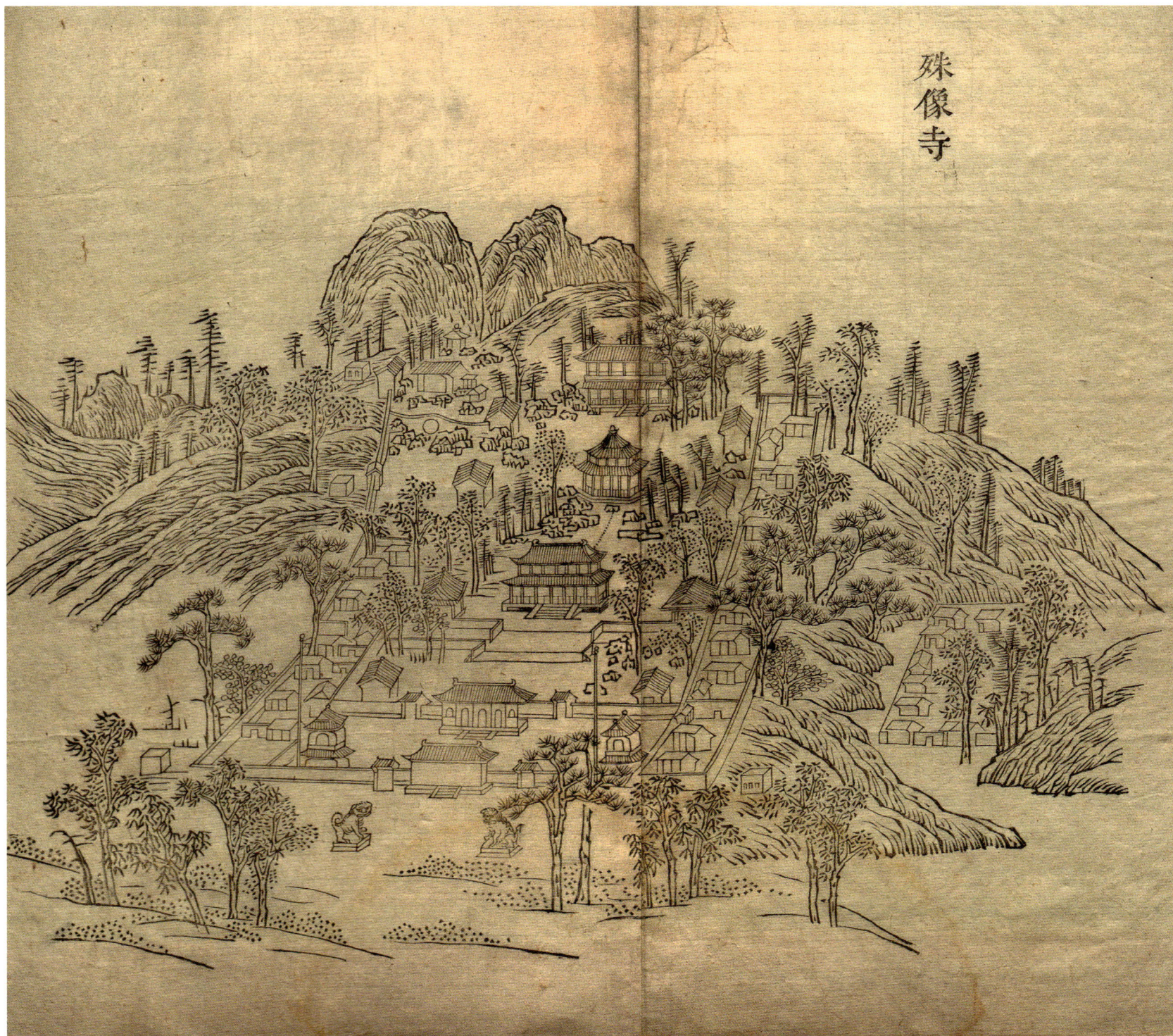

殊像寺

885 武英殿版《钦定热河志》中的殊像寺插图

886 文津阁四库全书版《钦定热河志》中的殊像寺插图

887 文渊阁四库全书版《钦定热河志》中的殊像寺插图

殊像寺

888 辽海丛书版《钦定热河志》中的殊像寺插图

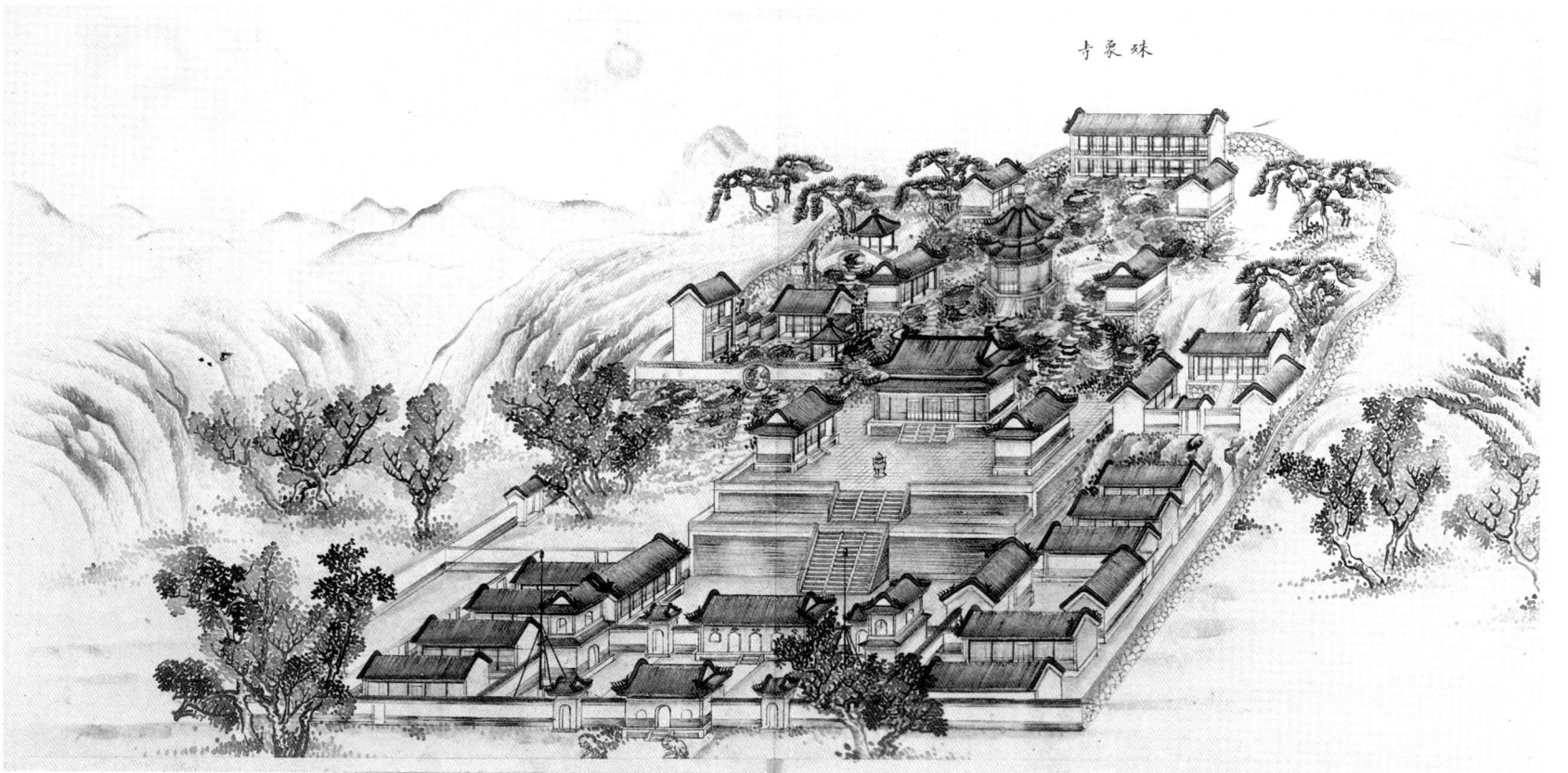

殊象寺

889 美国洛克菲勒档案馆藏殊像寺全景图

890 避暑山庄博物馆藏避暑山庄全景图中的殊像寺

891 避暑山庄博物馆藏避暑山庄全景图中的殊像寺

892 美国国会图书馆藏官念慈绘避暑山庄全景图中的殊像寺

893 国家图书馆藏避暑山庄全景图中的殊像寺

894 美国国会图书馆藏避暑山庄全景图中的殊像寺

895 第一历史档案馆藏避暑山庄全景图中的殊像寺

896 首都博物馆藏避暑山庄全景图中的殊像寺

897 台北故宫博物院藏避暑山庄全景图中的殊像寺

第三章 历史照片

898 殊像寺全景（薛桐轩 1911-1933 年摄影）

899 殊像寺全景（薛桐轩 1911-1933 年摄影）

900 清末的殊像寺会乘殿（美国史密森基金会藏 引自天津大学付蜜桥硕士论文《承德殊像寺建筑研究》）

901 自会乘殿月台俯瞰天王殿（1920 年 法国凯布朗利博物馆藏）

902 宝相阁（1920 年 法国凯布朗利博物馆藏）

903 会乘殿内（瑞典 斯文·赫定 1930 年摄影 引自《帝王之都——热河》）

904 宝相阁（瑞典 斯文·赫定 1930 年摄影《帝王之都——热河》）

905 宝相阁内的佛像（瑞典 斯文·赫定 1930 年摄影 引自《帝王之都——热河》）

906 殊像寺全景（日本 关野贞 1933 年摄影 引自《热河》）

907 殊像寺山门（日本 关野贞 1933 年摄影 引自《热河》）

908 山门（日本 关野贞 1933 年摄影 引自《热河》）

909 山门石券窗（日本 关野贞 1933 年摄影 引自《热河》）

910 山门明间前檐（日本 关野贞 1933 年摄影 引自《热河》）

911 石狮（日本 关野贞 1933 年摄影 引自《热河》）

912 天王殿（日本 关野贞 1933 年摄影 引自《热河》）

913 钟楼（日本 关野贞 1933 年摄影 引自《热河》）

914 自钟楼望会乘殿（日本 关野贞 1933 年摄影 引自《热河》）

915 月台和会乘殿（日本 关野贞 1933 年摄影 引自《热河》）

916 会乘殿（日本 关野贞 1933 年摄影 引自《热河》）

917 会乘殿室内（日本 关野贞 1933 年摄影 引自《热河》）

918 会乘殿室内（日本 关野贞 1933 年摄影 引自《热河》）

919 会乘殿室内供桌（日本 关野贞 1933 年摄影 引自《热河》）

920 会乘殿室内西侧（日本 关野贞 1933 年摄影 引自《热河》）

921 会乘殿室内东侧（日本 关野贞 1933 年摄影 引自《热河》）

922 会乘殿西侧月台望宝相阁（日本 关野贞 1933 年摄影 引自《热河》）

923 宝相阁〔日本 关野贞 1933 年摄影 引自《热河》〕

924 宝相阁室内（日本 关野贞 1933 年摄影 引自《热河》）

925 宝相阁室内（日本 关野贞 1933 年摄影 引自《热河》）

926 宝相阁的佛像（日本 关野贞 1933 年摄影 引自《热河》）

927 宝相阁的佛像（日本 关野贞 1933 年摄影 引自《热河》）

928 香林室和庙外的广安寺遗址〔日本 关野贞 1933 年摄影 引自《热河》〕

929 殊像寺西南（日本摄影师拍摄 引自 1934 年 2 月《亚东印画辑》）

930 殊像寺宝相阁（日本摄影师拍摄 引自 1934 年 2 月《亚东印画辑》）

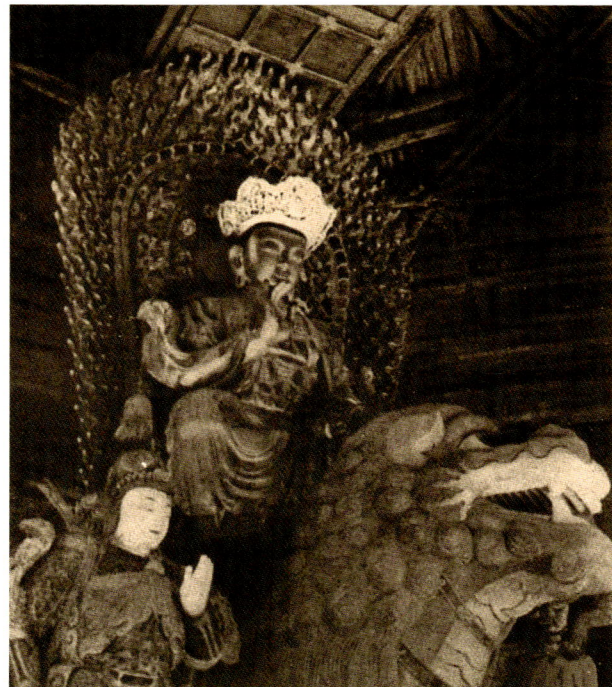

931 殊像寺宝相阁内文殊菩萨（日本摄影师拍摄 引自 1934 年 2 月《亚东印画辑》）

932 从山上俯瞰殊像寺全景（德国 赫达·莫里逊 1935-1937 年摄影 美国哈佛大学燕京图书馆藏）

933 殊像寺山门石券窗（德国 赫达·莫里逊 1935-1937 年摄影 美国哈佛大学燕京图书馆藏）

934 殊像寺天王殿四大天王之一（德国 赫达·莫里逊 1935-1937 年摄影
美国哈佛大学燕京图书馆藏）

935 殊像寺天王殿四大天王坐像细部（德国 赫达·莫里逊 1935-1937 年
摄影 美国哈佛大学燕京图书馆藏）

936 殊像寺山门（日本 逸见梅荣 20 世纪 40 年代摄影 引自《满蒙北支的宗教美术》）

937 殊像寺西侧全景(日本 逸见梅荣 20 世纪 40 年代摄影 引自《满蒙北支的宗教美术》)

938 钟楼（日本 逸见梅荣 20 世纪 40 年代摄影引自《满蒙北支的宗教美术》）

939 天王殿（日本 逸见梅荣 20 世纪 40 年代摄影 引自《满蒙北支的宗教美术》）

940 会乘殿（日本 逸见梅荣 20 世纪 40 年代摄影 引自《满蒙北支的宗教美术》）

941 942 山门内的护法神（日本 逸见梅荣 20 世纪 40 年代摄影
引自《满蒙北支的宗教美术》）

943 天王殿内的弥勒佛（日本 逸见梅荣 20 世纪 40 年代摄影 引自
《满蒙北支的宗教美术》）

944、945 天王殿内西侧的天王（日本 逸见梅荣 20 世纪 40 年代摄影 引自《满蒙北支的宗教美术》）

946 天王殿内东侧的天王（日本 逸见梅荣 20 世纪 40 年代摄影 引自《满蒙北支的宗教美术》）

947 会乘殿内普贤菩萨（日本 逸见梅荣 20 世纪 40 年代摄影 引自《满蒙北支的宗教美术》）

948 会乘殿内文殊菩萨（日本 逸见梅荣 20 世纪 40 年代摄影 引自《满蒙北支的宗教美术》）

949 会乘殿内观音菩萨（日本 逸见梅荣 20 世纪 40 年代摄影 引自《满蒙北支的宗教美术》）

950、951、952 会乘殿内供桌上的佛像与陈设（日本 逸见梅荣 20 世纪 40 年代摄影 引自《满蒙北支的宗教美术》）

953、954、955 会乘殿内菩萨（日本 逸见梅荣 20 世纪 40 年代摄影 引自《满蒙北支的宗教美术》）

956 宝相阁内的佛像（日本 逸见梅荣 20 世纪 40 年代摄影 引自《满蒙北支的宗教美术》）

957 宝相阁内的文殊菩萨莲花座上的莲花瓣（日本 逸见梅荣 20 世纪 40 年代摄影 引自《满蒙北支的宗教美术》）

958 山门（日本 五十岚牧太 1933-1940 年摄影 引自《热河古迹与西藏艺术》）

959 东跨院的大铜锅（日本 五十岚牧太 1933-1940 年摄影 引自《热河古迹与西藏艺术》）

960 宝相阁（日本 五十岚牧太 1933-1940 年摄影 引自《热河古迹与西藏艺术》）

961 会乘殿（日本 五十岚牧太 1933-1940 年摄影 引自《热河古迹与西藏艺术》）

962、963、964 会乘殿室内（日本 五十岚牧太 1933-1940 年摄影 引自《热河古迹与西藏艺术》）

965 殊像寺山门及其西侧
（日本摄影师 1933-1945 年摄影）

967 香林室的月亮门（1959 年拍摄 外八庙管理处藏）

966 殊像寺天王殿内东侧的四大天王（日本摄影师 1933-1945 年摄影）

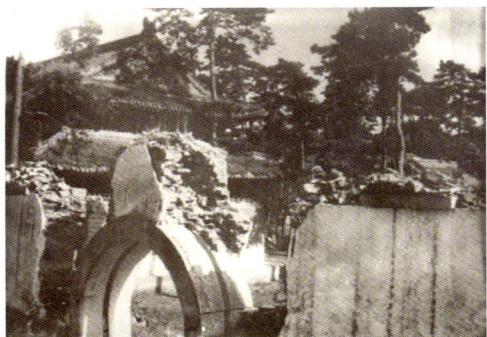

"山门"前部现状　　　　从"会乘殿"往山门处看

现状情况

968 殊像寺（1959 年拍摄 外八庙管理处藏）

鼓楼北左侧面

看戏破情况

969 钟楼（1959 年拍摄 外八庙管理处藏）

省政府批准利用此庙

中轴线外兴建学校

现下正在兴建学校，这是动没的"教堂"。

（尚为"天王殿"后西侧西两幢房）

970 殊像寺小学（1959 年拍摄 外八庙管理处藏）

殊像寺宝像阁

宝相阁扁额　全景
版号 3　1959.7.

宝相阁扁额　全景
版号　1959.7.

"靠背"残破悦览　西侧面
版号 5.　1959.7.

像"靠背"残破悦览　西侧面
版号 5.　1959.7.

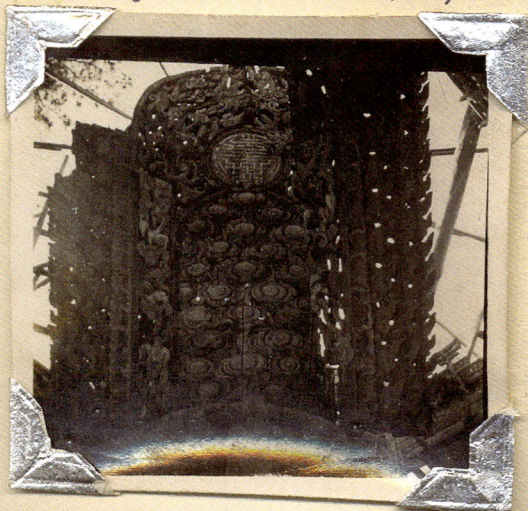

"靠背"全景　正面上部
底版号 6.　1959.7.

"靠背"全景　正面上部
底版号 6.　1959.7.

971 宝相阁（1959 年拍摄 外八庙管理处藏）

殊像寺宝相阁

维修情况　前正面
版号 7.　1959.7.

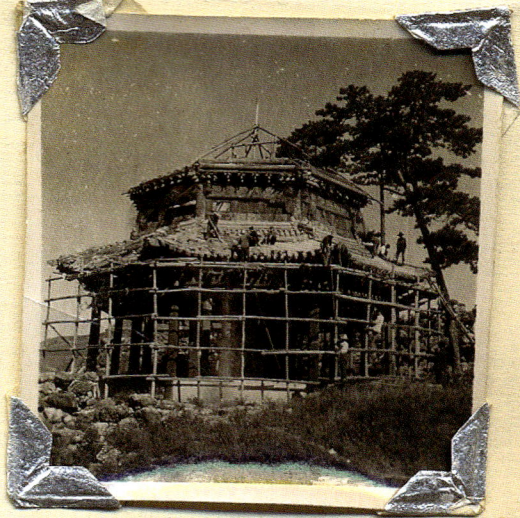

维修情况　前正面
版号 7.　1959.7.

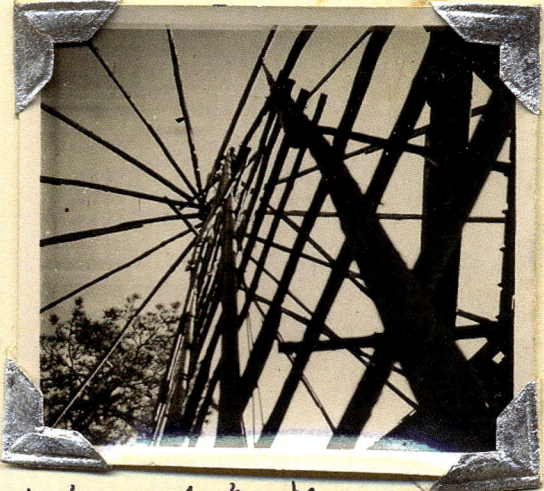

内部用杉槁佛支的架木　仰视
版号 8.　　1959.

内部用杉槁佛支的架木
版号 8.　仰视　1959年

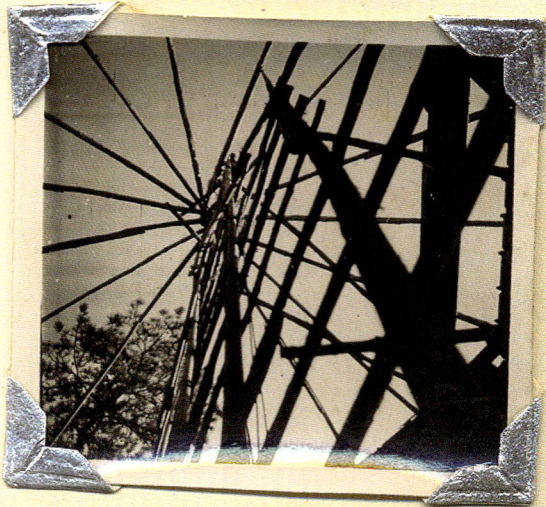

内部用杉槁佛支的架木
版号 8.　仰视　1959年

972 宝相阁（1959 年拍摄 外八庙管理处藏）

宝相阁图版 寺屐

内容 靠背
部位 西侧面
底版号　　版号 5
时间 1959年
来源 古建队

内容 靠背
部位 背面上尸全景
底版号　　版号 6
时间 1959年
来源 古建队

内容 维修情况
部位 截面全景
底版号　　版号 7
时间 1959年
来源 古建队

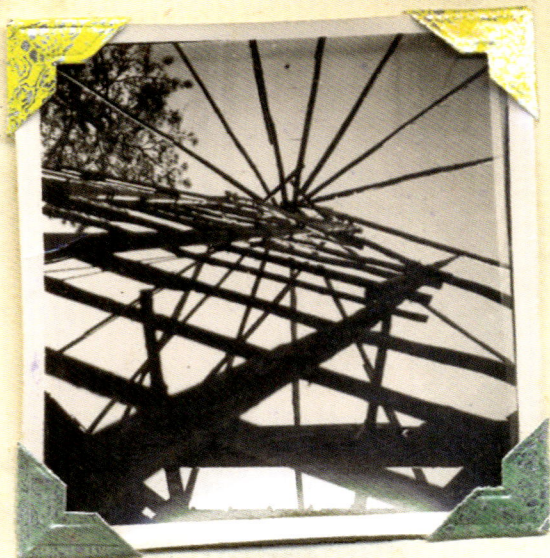

内容 维修情况
部位 四尸绑扎的支架情况
底版号　　版号 8
时间 1959年
来源 古建队

973 宝相阁（1959 年拍摄 外八庙管理处藏）

宝相阁 图版 寺屋

主相阁 图

内容 全景（残破情况）
部位 正前面
底版号　　版号 1
时间 1959年
来源 古建队

内容 碉堞情况
部位 次部
底版号　　版号 2
时间 1959年
来源 古建队

内容 维修底的顶户情况
部位 改了内仰视
底版号　　版号 3

内容 匾
部位 前正面
底版号　　版号 3
时间 1959年
来源 古建队

内容 缘
部位 西侧正面
底版号　　版号 4
时间 1959年
来源 古建队

内容 从私人手里搜到的金貌
部位
底版号　　版号
时间
来源

974 宝相阁（1959 年拍摄 外八庙管理处藏）　　　　　　　　975 宝相阁和钟楼（1959 年拍摄 外八庙管理处藏）

寺展

内容　钟楼全景
部位　前侧面
底版号　　版号
时间　1959年
来源　古建队

内容
部位
底版号　　版号
时间
来源

鼓楼图版　寺展

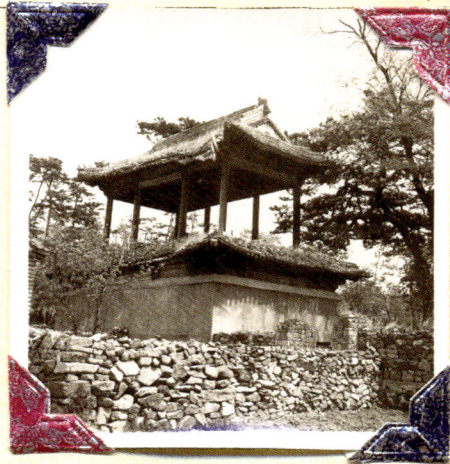

内容　全景
部位　西侧面
底版号　　版号 1
时间　1958年
来源　古建队

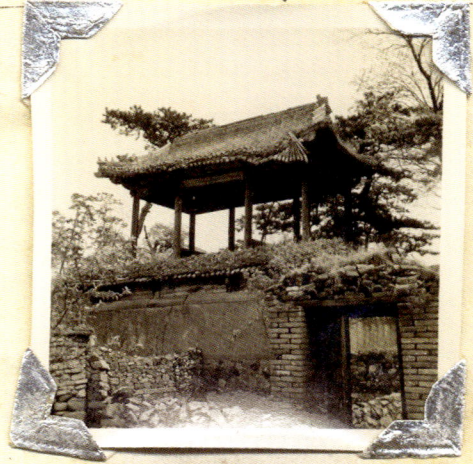

内容　苍等残破情况
部位　东西侧面
底版号　　版号 2
时间　1958年
来源　古建队

内容　背残破情况
部位　背面侧面
底版号　　版号 2
时间　1959年7月
来源　古建队

内容　背残破情况
部位　待面侧面
底版号　　版号 2
时间　1959.7月
来源　古建队

976 鼓楼（1959 年拍摄 外八庙管理处藏）

977 山门和石狮（1979 年承德市文物局原古建处拍摄）

978 石狮（1979 年承德市文物局原古建处拍摄）

979 会乘殿（1979 年承德市文物局原古建处拍摄）

980 会乘殿（1979 年承德市文物局原古建处拍摄）

981 会乘殿（1979 年承德市文物局原古建处拍摄）

982 会乘殿（1979 年承德市文物局原古建处拍摄）

983 鼓楼（1979 年承德市文物局原古建处拍摄）

984 钟楼（1979 年承德市文物局原古建处拍摄）

985 殊像寺山门（1980 年摄影 引自《承德古建筑》）

986 殊像寺会乘殿南侧（1980 年摄影 引自《承德古建筑》）

987 会乘殿内的三大士（1980 年摄影 引自《承德古建筑》）

988 会乘殿后的假山（1980 年摄影 引自《承德古建筑》）

照片号/底片号 96.
事由
时间 1981.4.4.
地点 殊像寺宝相阁
人物 下假山之间
背景
摄影者 付清远
参见号

照片号/底片号 97.
事由
时间 1981.4.4.
地点 殊像寺宝相阁
人物 前 会乘殿后
背景 假山
摄影者 付清远
参见号

照片号/底片号 89.
事由
时间 1981.4.4.
地点 殊像寺宝相阁
人物 东配殿(会乘殿)
背景 遗址
摄影者 付清远
参见号

照片号/底片号 85.
事由
时间 1981.4.4.
地点 殊像寺宝相阁
人物 西配殿(雪净殿)
背景 遗址
摄影者 付清远
参见号

照片号/底片号 90.
事由
时间 1981.4.4.
地点 殊像寺宝林楼
人物 北八角门遗址
背景
摄影者 付清远
参见号

照片号/底片号 86.
事由
时间 1981.4.4.
地点 殊像寺宝相阁
人物 西配殿(雪净殿)
背景 西侧川间
摄影者 付清远
参见号

照片号/底片号 91.
事由
时间 1981.4.4.
地点 殊像寺宝林楼
人物 北八角门遗址
背景
摄影者 付清远
参见号

照片号/底片号 87.
事由
时间 1981.4.4.
地点 殊像寺宝相阁
人物 西配殿(雪净殿)
背景 西侧川间
摄影者 付清远
参见号

989 殊像寺修缮前勘察（付清远 1981 年摄影 承德市文物局档案馆藏）

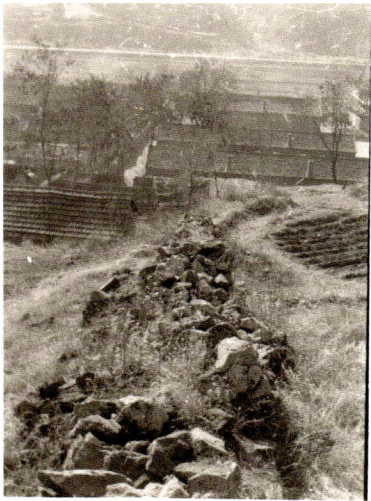

照片号/底片号　104
事由
时间　1981.12.
地点　殊像寺围墙
人物　北部南坡
背景
摄影者　张生桐
参见号

照片号/底片号　112.
事由
时间　1981.12
地点　殊像寺围墙
人物　西部滴水口
背景
摄影者　张生桐
参见号

照片号/底片号　105.
事由
时间　1981.12.
地点　殊像寺围墙东
人物　北残墙基
背景
摄影者　张生桐
参见号

照片号/底片号　113.
事由
时间　1981.12.
地点　殊像寺西部
人物　围墙南坡
背景
摄影者　张生桐
参见号

照片号/底片号　106.
事由
时间　1981.12.
地点　殊像寺围墙
人物　东部南坡
背景
摄影者　张生桐
参见号

照片号/底片号　114.
事由
时间　1981.12.
地点　殊像寺西部
人物　围墙之基
背景
摄影者　张生桐
参见号

照片号/底片号　107
事由
时间　1981.12.
地点　殊像寺围墙
人物　东北部墙基
背景
摄影者　张生桐
参见号

照片号/底片号　115.
事由
时间　1981.12.
地点　殊像寺围墙西
人物　部南墙基
背景
摄影者　张生桐
参见号

990 修复院墙施工前（张生桐 1982 年摄影 承德市文物局档案馆藏）

照片号/底片号   4
事由
时间 1982.7.
地点 殊像寺 山门
人物 西山墙下肩
背景 残坏
摄影者 张生同
参见号

照片号/底片号   8.
事由
时间 1981.12.
地点 殊像寺山门西南
人物 门南侧
背景
摄影者 张生同
参见号

照片号/底片号   5.
事由
时间 1987.7.
地点 殊像寺山门殿
人物 券脸石雕
背景
摄影者 张生同
参见号

照片号/底片号   9.
事由
时间 1981.12.
地点 殊像寺正山门西
人物 由门搪头归正
背景 顶
摄影者 张生同
参见号

照片号/底片号   6.
事由
时间 1984.6.10
地点 殊像寺山门
人物
背景
摄影者 张生同
参见号

照片号/底片号   10.
事由
时间 1984.6.10
地点 殊像寺正山门
人物 西南门南侧
背景
摄影者 张生同
参见号

照片号/底片号   7.
事由
时间 1981.4.4.
地点 殊像寺正山门
人物 西南门北侧
背景
摄影者 付清远
参见号

照片号/底片号   11.
事由
时间 1984.9.
地点 殊像寺正山门
人物 西南门南侧
背景
摄影者 张生同
参见号

991 殊像寺修缮（付清远 张生同 1981 至 1987 年摄影 承德市文物局档案馆藏）

照片号/底片号　12
事由
时间　1982.5.
地点　殊像寺山门东角
人物　门北侧
背景
摄影者　张生同
参见号

照片号/底片号　16.
事由
时间　1984.9.
地点　殊像寺正山门
人物　东南内 南侧
背景
摄影者　张生同
参见号

照片号/底片号　13.
事由
时间　1983.9.
地点　殊像寺正山门
人物　东南内 东山墙顶
背景
摄影者　张生同
参见号

照片号/底片号　17.
事由
时间　1984.9.
地点　殊像寺正山门
人物　东南内 北侧
背景
摄影者　张生同
参见号

照片号/底片号　14
事由
时间　1983.9.
地点　殊像寺正山门东
人物　前 施工中
背景
摄影者　张生同
参见号

照片号/底片号　18.
事由
时间　1981.4.4
地点　殊像寺钟楼
人物　残状
背景
摄影者　付清选
参见号

照片号/底片号　4.
事由
时间　1984.6.10
地点　殊像寺正山门
人物　东南门瑛之
背景
摄影者　张生同
参见号

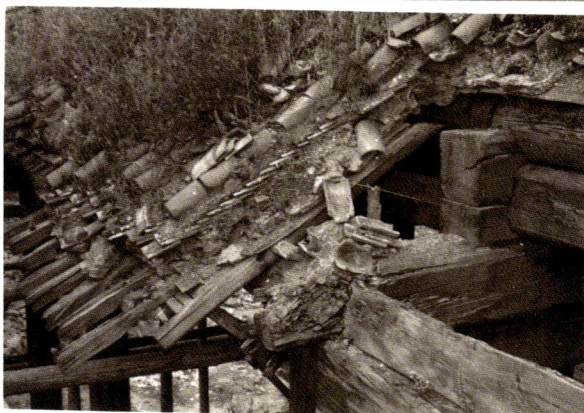

照片号/底片号　19.
事由
时间　1982.9.16
地点　殊像寺钟楼
人物　西檐下顶
背景
摄影者　付清选
参见号

992　殊像寺修缮（付清远 张生同 1982 至 1984 年摄影 承德市文物局档案馆藏）

照片号/底片号　20.
事由
时间　1982.9.16
地点　珠源寺钟楼
人物　角梁
背景
摄影者　付清远
参见号

照片号/底片号　21.
事由
时间　1982.9.16
地点　珠源寺钟楼
人物　檐角梁兰细部
背景
摄影者　付清远
参见号

照片号/底片号　22.
事由
时间　1982.9.16
地点　珠源寺钟楼
人物　西侧川角梁尺木
背景　楼
摄影者　付清远
参见号

照片号/底片号　23
事由
时间　1982.9.16
地点　珠源寺钟楼
人物　北侧川题枋
背景
摄影者　付清远
参见号

照片号/底片号　24.
事由
时间　1982.9.16
地点　珠源寺钟楼
人物　东侧川楼深B
背景　檩檐卯
摄影者　付清远
参见号

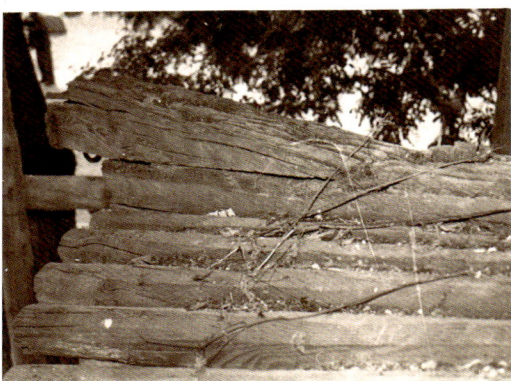

照片号/底片号　25
事由
时间　1982.9.16
地点　珠源寺钟楼
人物　鼎枋角梁后尾川
背景
摄影者　付清远
参见号

照片号/底片号　26.
事由
时间　1982.9.16
地点　珠源寺钟楼
人物　糯杉楼外
背景
摄影者　付清远
参见号

照片号/底片号　27.
事由
时间　1982.9.16
地点　珠源寺钟楼
人物　梁架
背景
摄影者　付清远
参见号

993 钟鼓楼修缮（付清远　1982 年摄影　承德市文物局档案馆藏）

照片号/底片号　28.
事由
时间　1982.9.16
地点　殊像寺钟楼
人物　手榫柱及榫卯
背景
摄影者　付清远
参见号

照片号/底片号　32.
事由
时间　1982.9.16
地点　殊像寺钟楼
人物　东南角檐飞
背景
摄影者　付清远
参见号

照片号/底片号　29.
事由
时间　1982.9.16
地点　殊像寺钟楼
人物　梁架
背景
摄影者　付清远
参见号

照片号/底片号　33.
事由
时间　1982.9.16
地点　殊像寺钟楼
人物　内墙(毛石砌)
背景
摄影者　付清远
参见号

照片号/底片号　30.
事由
时间　1982.9.16
地点　殊像寺钟楼
人物　梁架
背景
摄影者　付清远
参见号

照片号/底片号　34.
事由
时间　1982.9.16
地点　殊像寺钟楼
人物　内墙(毛石砌)
背景
摄影者　付清远
参见号

照片号/底片号　31.
事由
时间　1982.9.16
地点　殊像寺钟楼
人物　东南角檐飞
背景
摄影者　付清远
参见号

照片号/底片号　35.
事由
时间　1983.6.
地点　殊像寺钟楼
人物　施工
背景
摄影者　王福山
参见号

994 钟鼓楼修缮（付清远 1982 年摄影 承德市文物局档案馆藏）

照片号/底片号　36.
事由
时间　1983.9.
地点　珠源寺钟楼
人物　施工中
背景
摄影者　张生同
参见号

照片号/底片号　40.
事由
时间　1981.4.4.
地点　珠源寺鼓楼
人物　瓦顶
背景
摄影者　付清远
参见号

照片号/底片号　37.
事由
时间　1984.
地点　珠源寺钟楼
人物
背景
摄影者　陈克寅
参见号

照片号/底片号　41.
事由
时间　1982.3.
地点　珠源寺鼓楼
人物　上檐东北钟脊
背景
摄影者　张生同
参见号

照片号/底片号　38.
事由
时间　1984.6.10.
地点　珠源寺钟楼
人物
背景
摄影者　张生同
参见号

照片号/底片号　42.
事由
时间　1982.3.
地点　珠源寺鼓楼
人物　上檐东北戗脊
背景
摄影者　张生同
参见号

照片号/底片号　39.
事由
时间　1981.4.4.
地点　珠源寺鼓楼
人物　残状
背景
摄影者　付清远
参见号

照片号/底片号　43.
事由
时间　1982.3.
地点　珠源寺鼓楼
人物　上檐正脊北端
背景
摄影者　张生同
参见号

995 钟鼓楼修缮（付清远 张生同 陈克寅 1981-1984 年摄影 承德市文物局档案馆藏）

照片号/底片号 44.
事由
时间 1982.3.
地点 殊像寺鼓楼
人物 上檐正脊北端
背景
摄影者 张生同
参见号

照片号/底片号 48.
事由
时间 1981.4.4.
地点 殊像寺鼓楼
人物 上层梁架
背景
摄影者 付清远
参见号

照片号/底片号 45.
事由
时间 1982.3.
地点 殊像寺鼓楼上
人物 檐正脊
背景
摄影者 张生同
参见号

照片号/底片号 49.
事由
时间 1981.4.4.
地点 殊像寺鼓楼
人物 承椽枋
背景
摄影者 付清远
参见号

照片号/底片号 46.
事由
时间 1982.3.
地点 殊像寺鼓楼
人物 上檐北山花
背景
摄影者 张生同
参见号

照片号/底片号 50.
事由
时间 1981.4.4.
地点 殊像寺鼓楼
人物 下层角梁
背景
摄影者 付清远
参见号

照片号/底片号 47.
事由
时间 1982.3.
地点 殊像寺鼓楼
人物 北山西北戗脊
背景
摄影者 张生同
参见号

照片号/底片号 51.
事由
时间 1982.9.16
地点 殊像寺鼓楼
人物 花架梁
背景
摄影者 付清远
参见号

996 钟鼓楼修缮（付清远 张生同 1981-1982 年摄影 承德市文物局档案馆藏）

照片号/底片号 52.
事由
时间 1982.9.16
地点 殊像寺鼓楼
人物 北山戗近景
背景
摄影者 付清远
参见号

照片号/底片号 56.
事由
时间 1983.6.
地点 殊像寺鼓楼
人物 施工
背景
摄影者 王福山
参见号

照片号/底片号 53.
事由
时间 1982.9.16
地点 殊像寺鼓楼
人物 北山博风
背景
摄影者 付清远
参见号

照片号/底片号 57.
事由
时间 1983.6
地点 殊像寺鼓楼
人物 施工
背景
摄影者 王福山
参见号

照片号/底片号 54.
事由
时间 1982.9.16
地点 殊像寺鼓楼
人物 翼角后尾大木
背景
摄影者 付清远
参见号

照片号/底片号 58.
事由
时间 1984.6.10
地点 殊像寺鼓楼
人物 正面
背景
摄影者 张生同
参见号

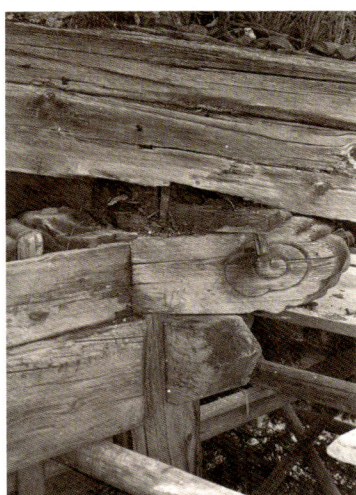

照片号/底片号 55.
事由
时间 1982.9.16
地点 殊像寺鼓楼
人物 花架拱B南梁
背景
摄影者 付清远
参见号

照片号/底片号 59.
事由
时间 1984.6.10
地点 殊像寺鼓楼
人物
背景
摄影者 张生同
参见号

997 钟鼓楼修缮（付清远 张生同 王福山 1982-1984 年摄影 承德市文物局档案馆藏）

照片号/底片号　60.
事由
时间　1984.6.10
地点　殊像寺鼓楼
人物　非面
背景
摄影者　张生同
参见号

照片号/底片号　64.
事由
时间　1982.3.
地点　殊像寺会乘殿
人物
背景
摄影者　张生同
参见号

照片号/底片号　61.
事由
时间　1981.4.4.
地点　殊像寺天王殿
人物　斜栏板(捆鼓).
背景
摄影者　付清远
参见号

照片号/底片号　65.
事由
时间　1984.3.
地点　殊像寺会乘殿
人物　东立面
背景
摄影者　张生同
参见号

照片号/底片号　62.
事由
时间　1981年.4月4日
地点　殊像寺天王殿
人物　前腰檐东前
背景
摄影者　付清远
参见号

照片号/底片号　66.
事由
时间　1984.3.
地点　殊像寺西配殿
人物
背景
摄影者　张生同
参见号

照片号/底片号　63.
事由
时间　1984.9.
地点　殊像寺天王殿前
人物　腰檐东角门
背景　内侧门
摄影者　张生同
参见号

照片号/底片号　67.
事由
时间　1984.6.10
地点　殊像寺会乘殿
人物　东侧山及后部
背景　后山
摄影者　张生同
参见号

998 殊像寺修缮（付清远 张生同　1981-1984 年摄影 承德市文物局档案馆藏）

照片号/底片号　68.
事由
时间　1981.4.4.
地点　殊像寺 会乘殿基
人物（会乘殿前东配殿）
背景　（殿）遗址
摄影者　张生同
参见号

照片号/底片号
事由
时间　1984.9.
地点　殊像寺 指峰殿
人物（会乘殿前东配殿）
背景　残墙
摄影者　张生同

照片号/底片号　69.
事由
时间　1984.9.
地点　殊像寺 会乘觉垒
人物（会乘殿前东配）
背景　（殿）木顶基础
摄影者　张生同
参见号

照片号/底片号　73.
事由
时间　1984.9.
地点　殊像寺 指峰殿
人物（会乘殿前东西配殿）
背景　残墙
摄影者　张生同
参见号

照片号/底片号　70
事由
时间　1984.9.
地点　殊像寺 会乘觉垒
人物（会乘殿前东配）
背景　（殿）木顶基础并址
摄影者　张生同
参见号

照片号/底片号　74.
事由
时间　1982.6.
地点　殊像寺 西配殿
人物（会乘殿前西配殿）
背景　拾椿墙角柱石
摄影者　张生同
参见号

照片号/底片号　71.
事由
时间　1981.4.4.
地点　殊像寺 满乘垒
人物（会乘殿前西）
背景　配殿遗址
摄影者　付清远
参见号

照片号/底片号　75.
事由
时间　1982.6.
地点　殊像寺 西配殿
人物（会乘殿前西配殿）
背景　后檐墙角柱石
摄影者　张生同
参见号

999 殊像寺修缮（付清远 张生同　1981-1984年摄影 承德市文物局档案馆藏）

1000 修复院墙施工中（张生同 1982 年摄影 承德市文物局档案馆藏）

1002 新修复的西院墙（张生同 1982 年摄影 承德市文物局档案馆藏）

1001 新修复的西院墙（张生同 1982 年摄影 承德市文物局档案馆藏）

1003 新修复的西院墙（张生同 1984 年摄影 承德市文物局档案馆藏）

1004 新修复的西院墙（张生同 1984 年摄影 承德市文物局档案馆藏）

1005 新修复的南院墙（张生同 1984 年摄影 承德市文物局档案馆藏）

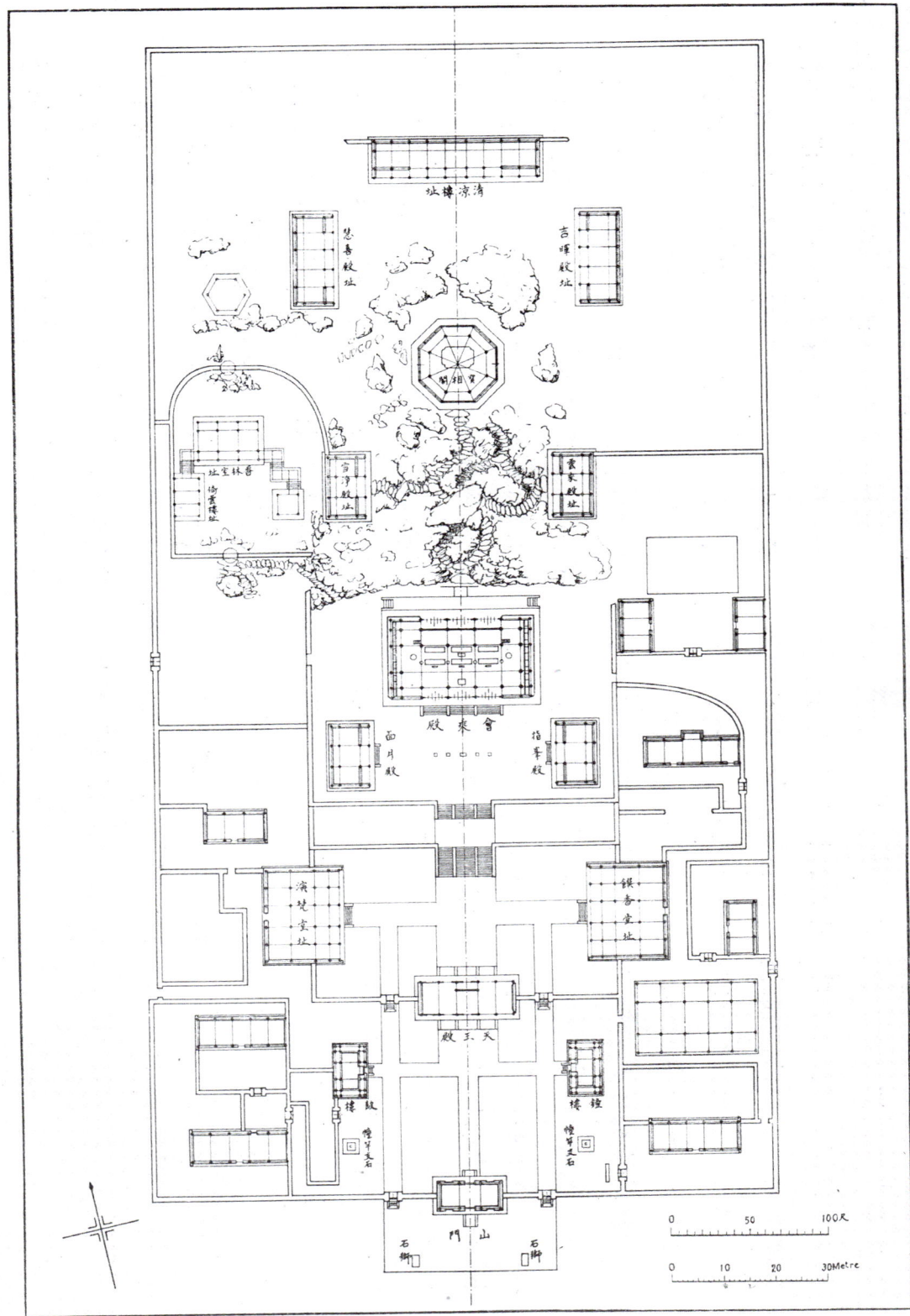

Fig. 17

殊像寺平面圖

昭和八年十月十二日竹島略測

1006 殊像寺 1933 年总平面图 引自日本关野贞、竹岛卓一《热河》

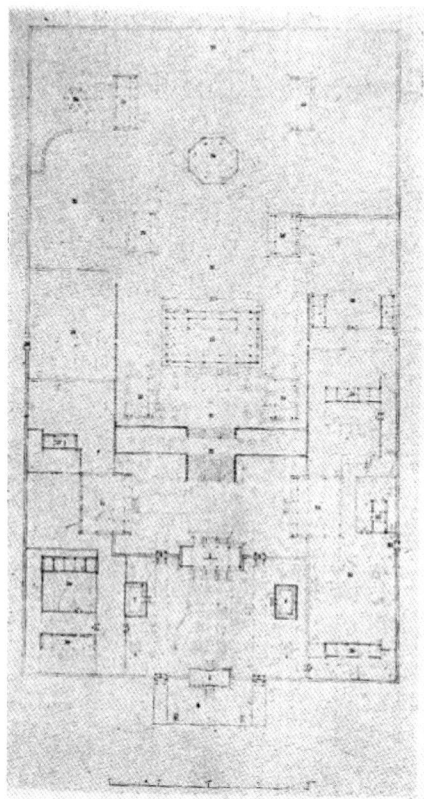

第 78 圖　殊像寺配置圖
（民、熱、古、勘查所藏）

1007 殊像寺 20 世纪 30 年代总平面图 引自五十岚牧太《热河古迹与西藏艺术》

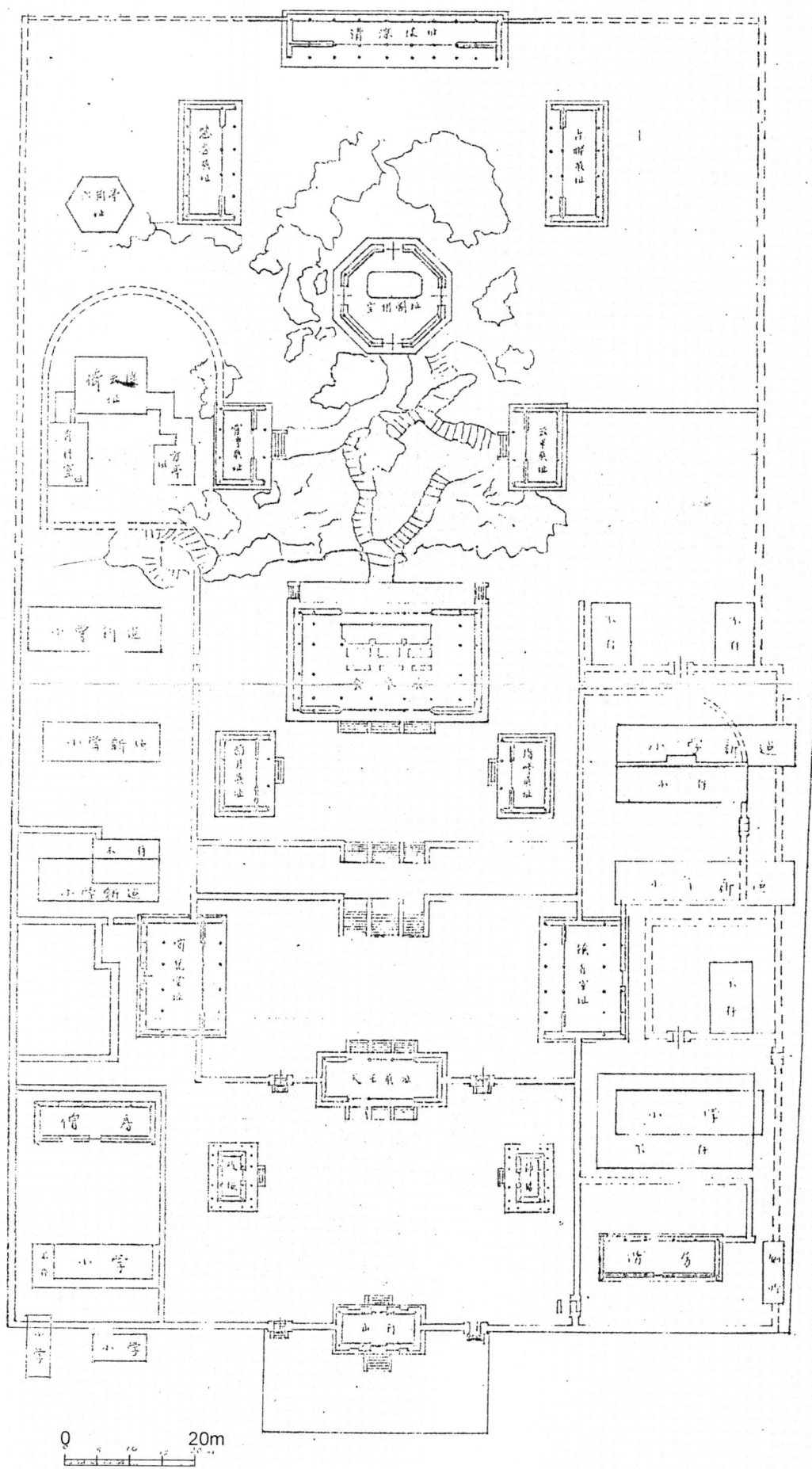

0 　　　　20m

1008 殊像寺 1979 年平面图 承德市文物局原古建队绘制 承德市文物局档案馆提供

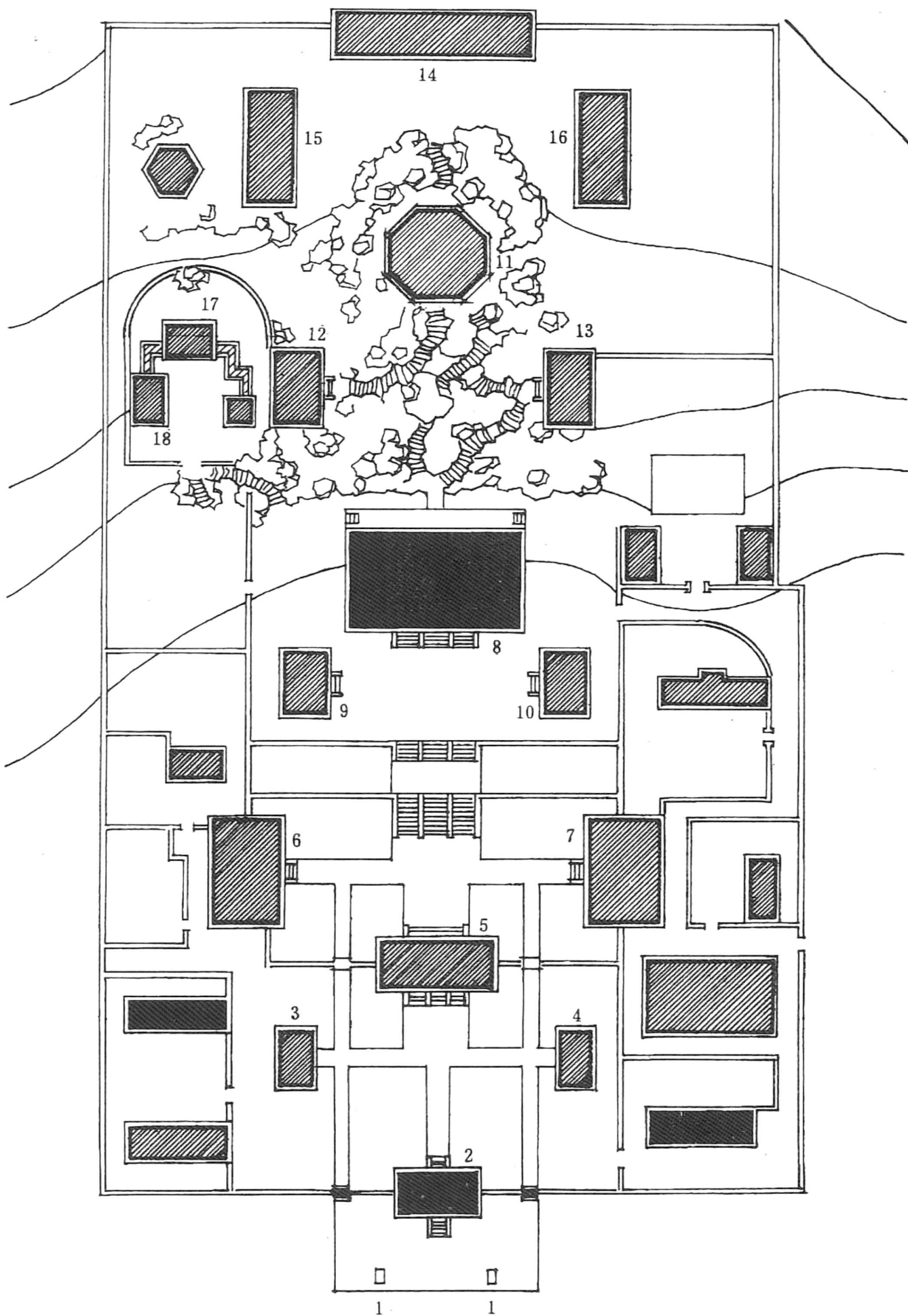

1、石　狮
2、山　门
3、鼓　楼
4、钟　楼
5、天王殿
6、演梵堂
7、馔香堂
8、会乘殿
9、面月殿
10、指峰殿
11、宝相阁
12、雪静殿
13、云来殿
14、清凉楼
15、䓤喜殿
16、吉晖殿
17、香林室
18、倚云楼

1009 殊像寺 1980 年实测总平面图 引自天津大学建筑系与承德文物局合著《承德古建筑》

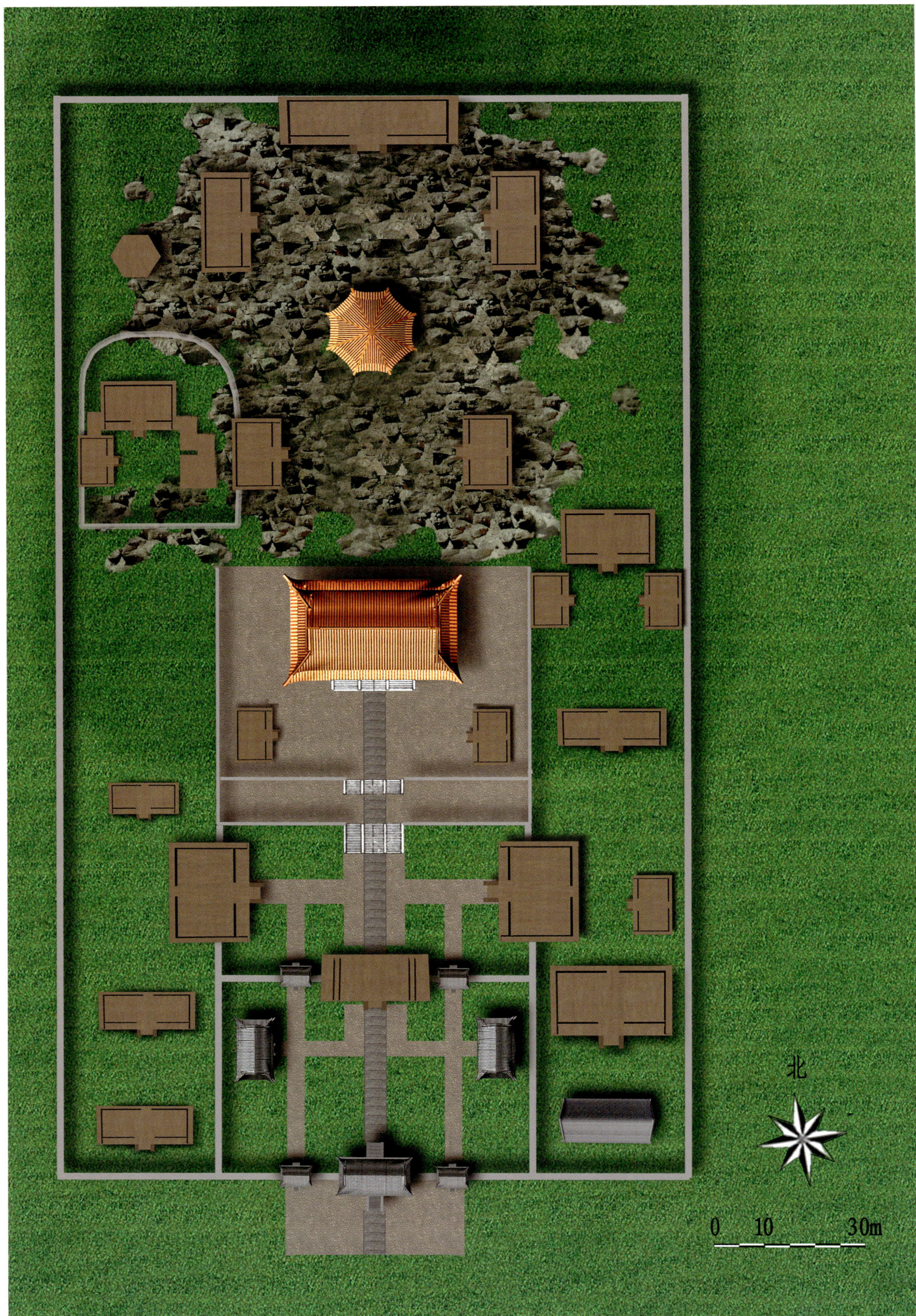

1010 殊像寺现状总平面图 陈东 2005 年绘制

北

0 10   30m

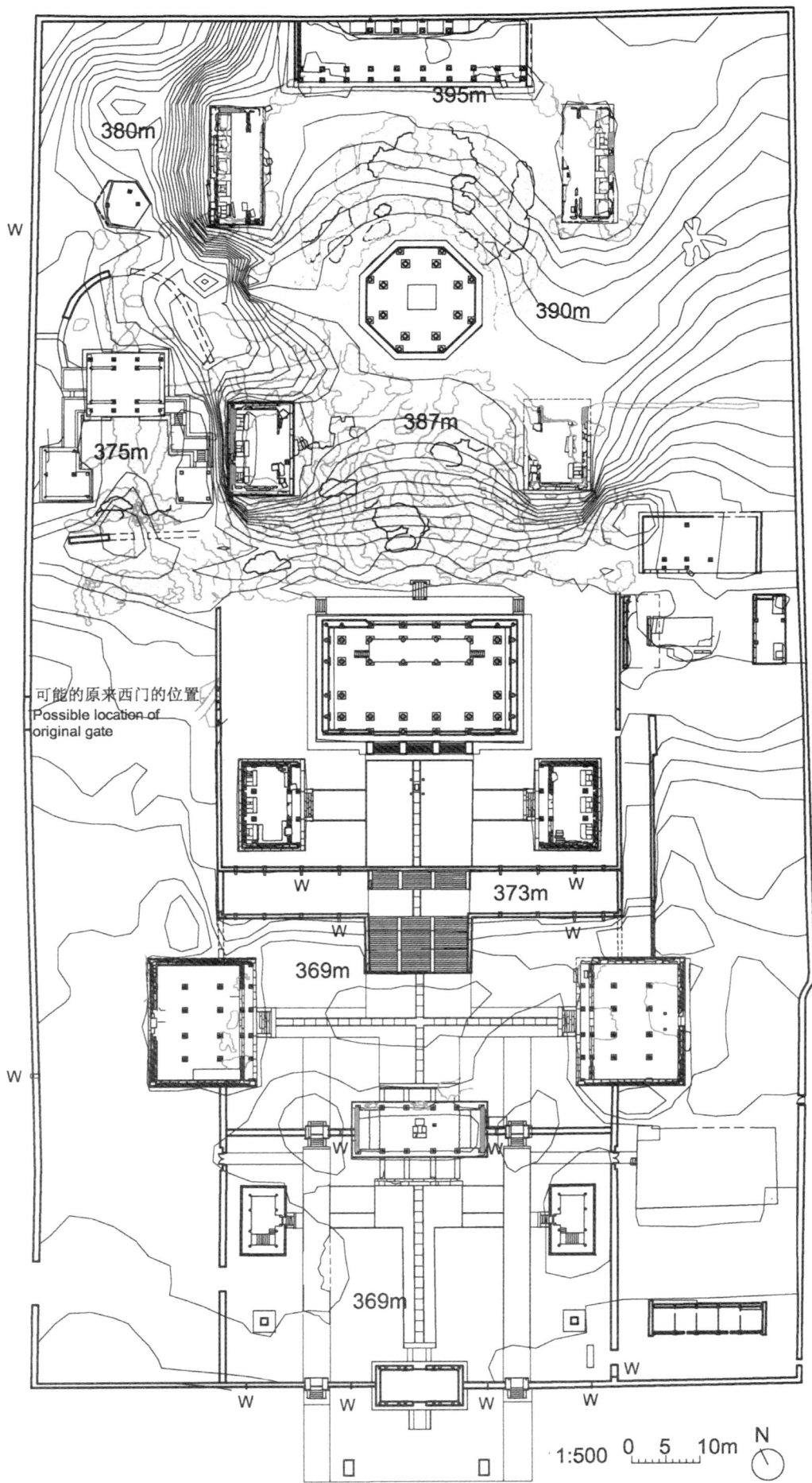

395m

380m

390m

387m

375m

可能的原来西门的位置
Possible location of
original gate

373m

369m

369m

图例
Legend

W 排水口
Water outlet

1:500   0 5 10m   N

遗址地形图
Topographic site plan
Contour data from January 2004

殊像寺
Shuxiang Temple

2007年7月
July 2007

1011 殊像寺现状地形图 引自《殊像寺评估报告》陈东、润得 2007 年绘制

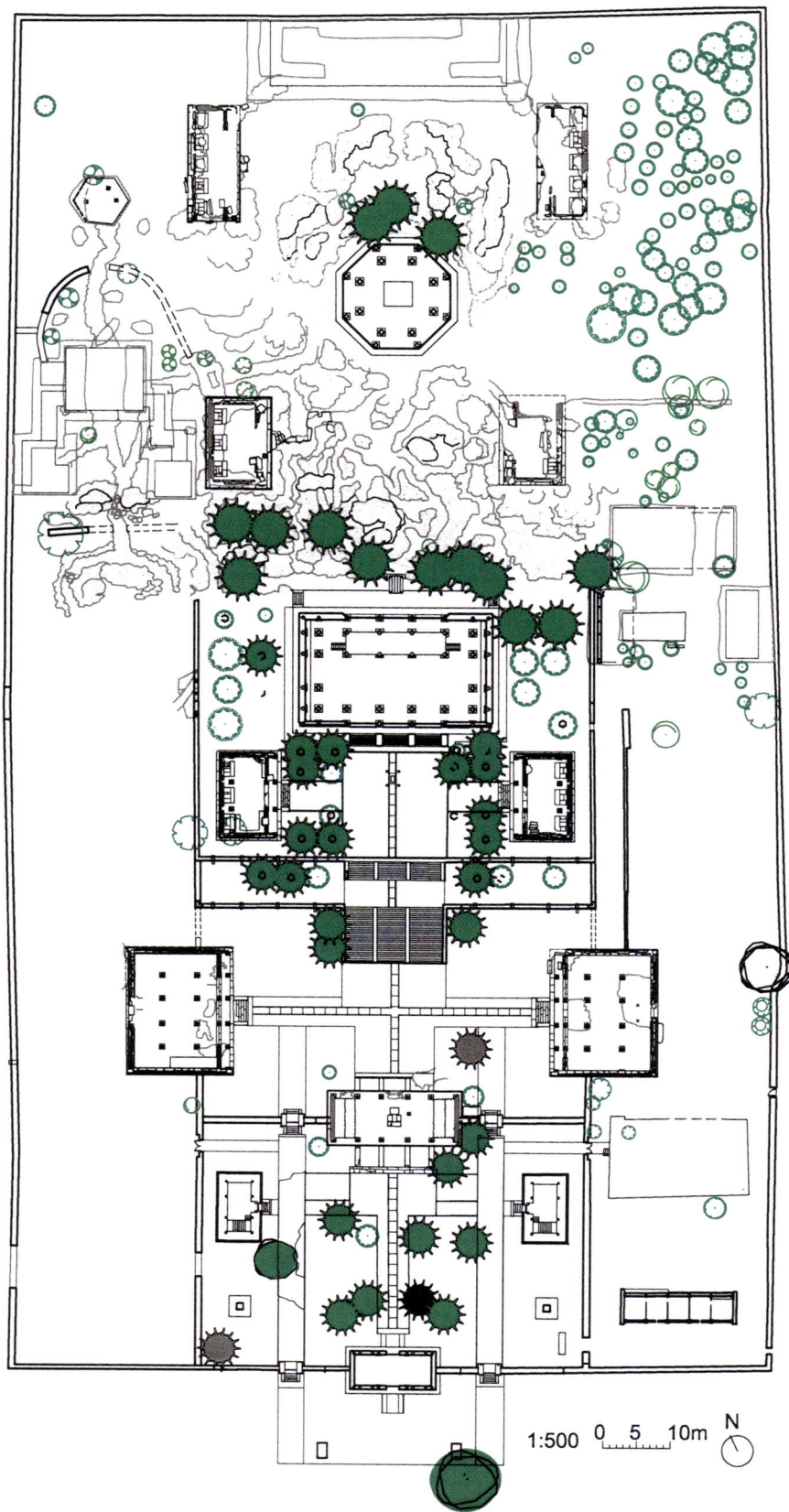

图例
Legend

油松（死亡古树）
dead historic tree
Pinus tabulaeformis Carr.

已经砍伐的死亡古松
dead historic tree, subsequently
cut down
Pinus tabulaeformis Carr.

国槐（古树）
historic tree
Sophora japonica L.

油松（古树）
historic tree
Pinus tabulaeformis Carr.

臭椿（野生）
wild tree
Ailanthus altissima(Mill.) Swingle

蒙桑（野生）
wild tree
Morus mongolica(Bur.) Schneid.

白榆（野生）
wild tree
Ulmus pumila L.

油松（新植）
recently planted tree
Pinus tabulaeformis Carr.

国槐（新植）
recently planted tree
Sophora japonica L.

杏（新植）
recently planted tree
Prunus armeniaca L. var.
ansu Maxim

小叶杨（新植）
recently planted tree
Populus simonii Carr.

枣（新植）
recently planted tree
Ziziphus jujuba Mill.

历史上的石树池
historic stone base surround

1:500 0 5 10m N

古代和现代植物
Historic and new trees

殊像寺
Shuxiang Temple

2007年7月
July 2007

1012 殊像寺现状植物分布平面图 引自《殊像寺评估报告》陈东、润得 2007 年绘制

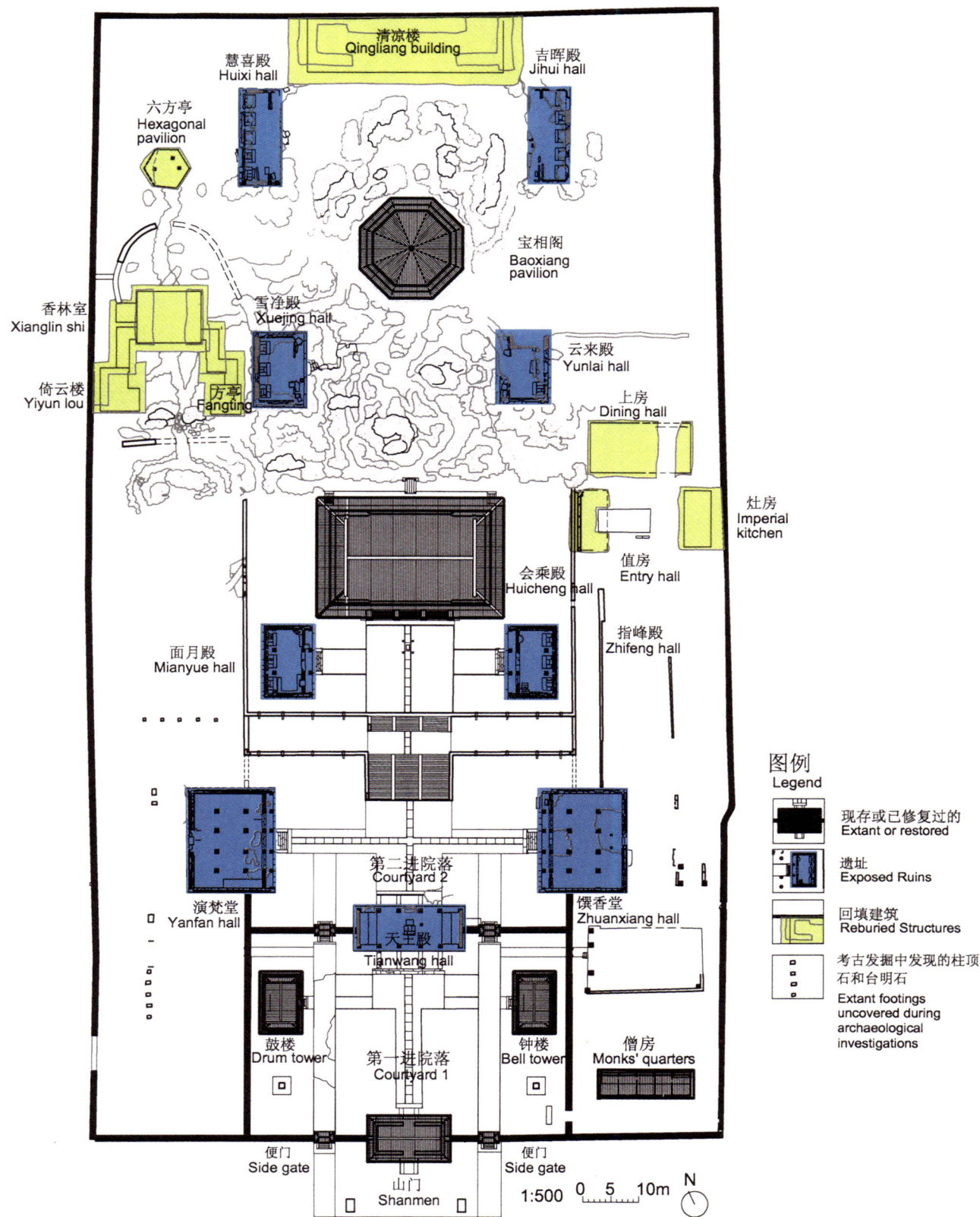

清凉楼
Qingliang building

慧喜殿
Huixi hall

吉晖殿
Jihui hall

六方亭
Hexagonal
pavilion

宝相阁
Baoxiang
pavilion

香林室
Xianglin shi

雪净殿
Xuejing hall

云来殿
Yunlai hall

倚云楼
Yiyun lou

方亭
Fangting

上房
Dining hall

灶房
Imperial
kitchen

会乘殿
Huicheng hall

值房
Entry hall

面月殿
Mianyue hall

指峰殿
Zhifeng hall

第二进院落
Courtyard 2

图例
Legend

演梵堂
Yanfan hall

馔香堂
Zhuanxiang hall

天王殿
Tianwang hall

现存或已修复过的
Extant or restored

遗址
Exposed Ruins

回填建筑
Reburied Structures

鼓楼
Drum tower

第一进院落
Courtyard 1

钟楼
Bell tower

僧房
Monks' quarters

考古发掘中发现的柱顶
石和台明石
Extant footings
uncovered during
archaeological
investigations

便门
Side gate

便门
Side gate

山门
Shanmen

1:500 0 5 10m

N

现存建筑、建筑遗址、回填建筑
Exposed and reburied ruins

殊像寺
Shuxiang Temple

2007年7月
July 2007

1013 殊像寺现存建筑与遗址分布图 引自《殊像寺评估报告》润得、陈东 2007 年绘制

图例
Legend

路/铺面
Pavement

结构
Structures

使用地区/其他特征
Area use/
other features

土质道路
Dirt paths/driveways

垃圾堆
Rubbish heap

电线杆
pp Poles for power lines

坑/水池
Pit/cistern

pp
pp
pp
pp
pp
pp
pp

1:500 0 5 10m N

现代干预
Modern interventions

殊像寺
Shuxiang Temple

2007年7月
July 2007

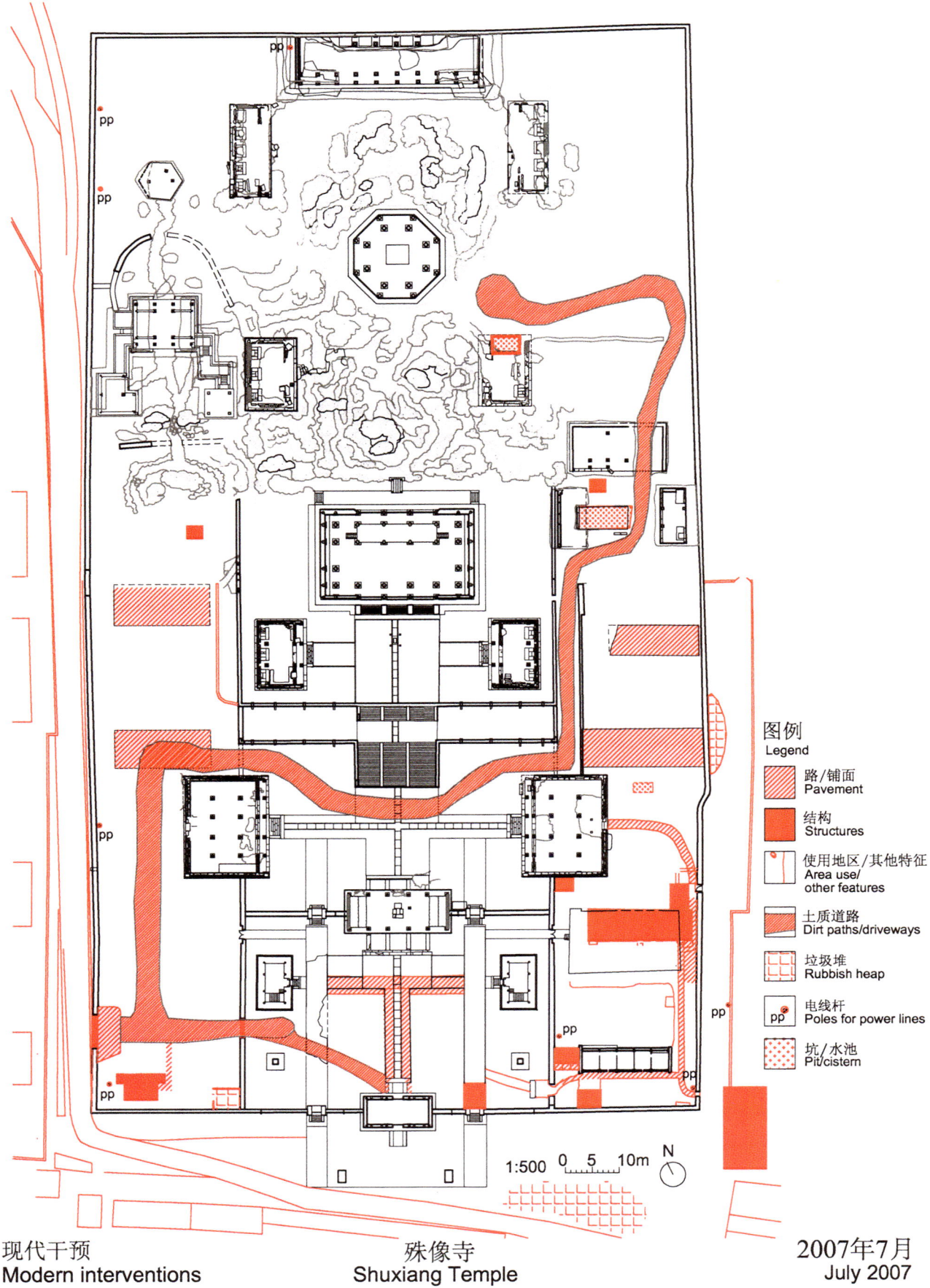

1014 殊像寺现状干预平面图 引自《殊像寺评估报告》润得、陈东 2007 年绘制

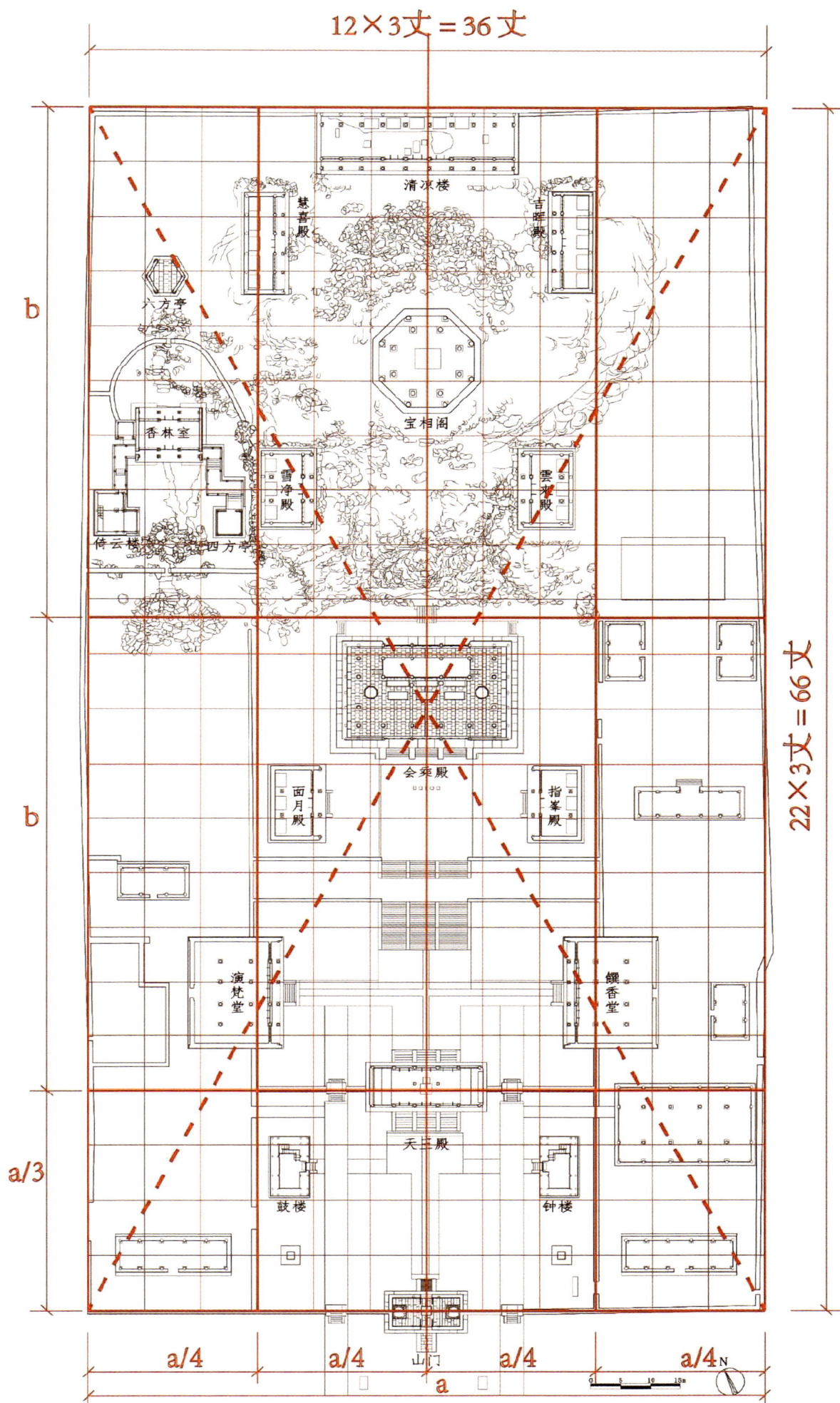

$12 \times 3丈 = 36丈$

$22 \times 3丈 = 66丈$

$a : b = \sqrt{2} : 1$

$1丈 = 0.32 m$

1015 殊像寺平面网格构图分析图 引自天津大学付蜜桥《承德殊像寺建筑研究》

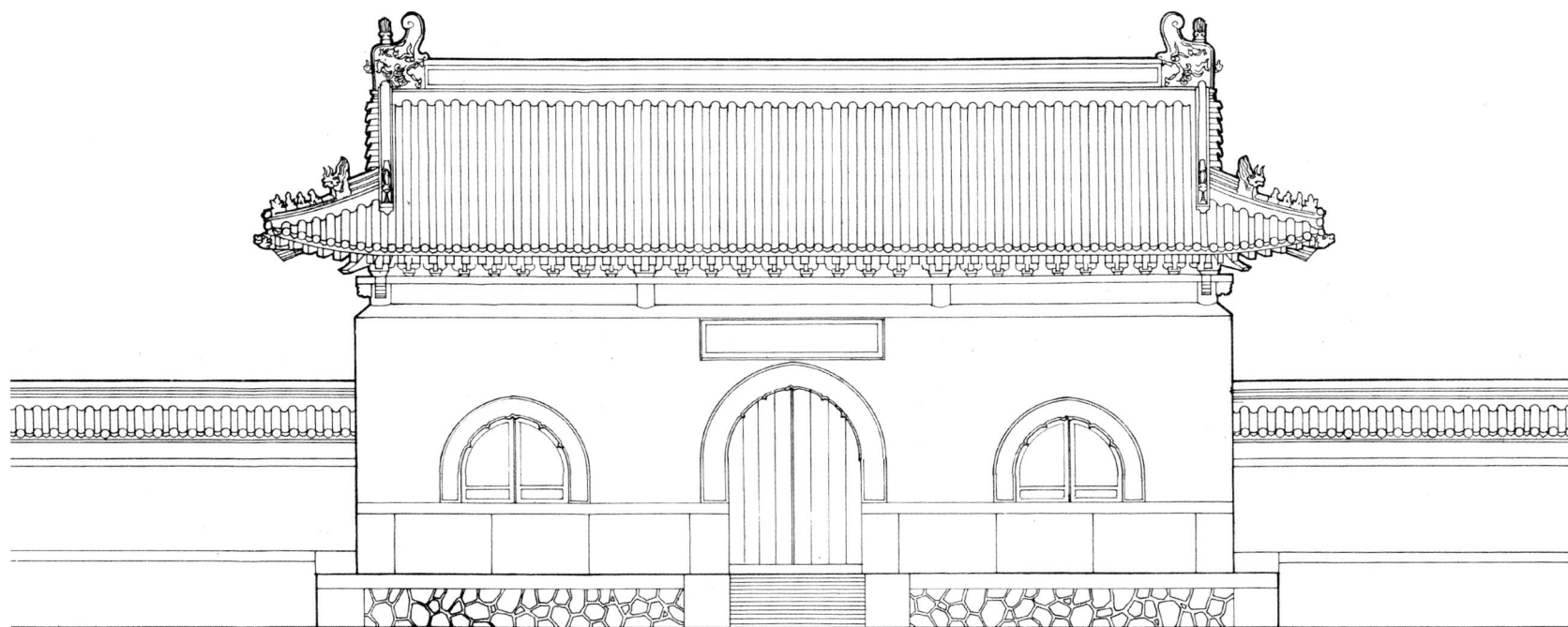

1015 山门正立面 引自天津大学建筑系与承德文物局合著《承德古建筑》

1017 山门窗饰大样 引自天津大学建筑系与承德文物局合著《承德古建筑》

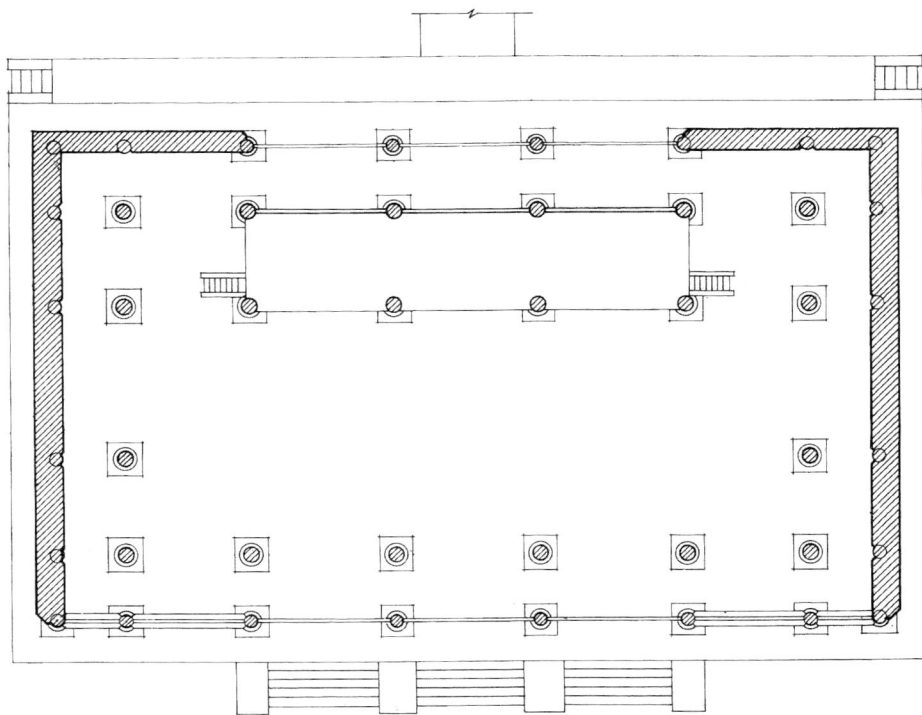
1018 会乘殿平面 引自天津大学建筑系与承德文物局合著《承德古建筑》

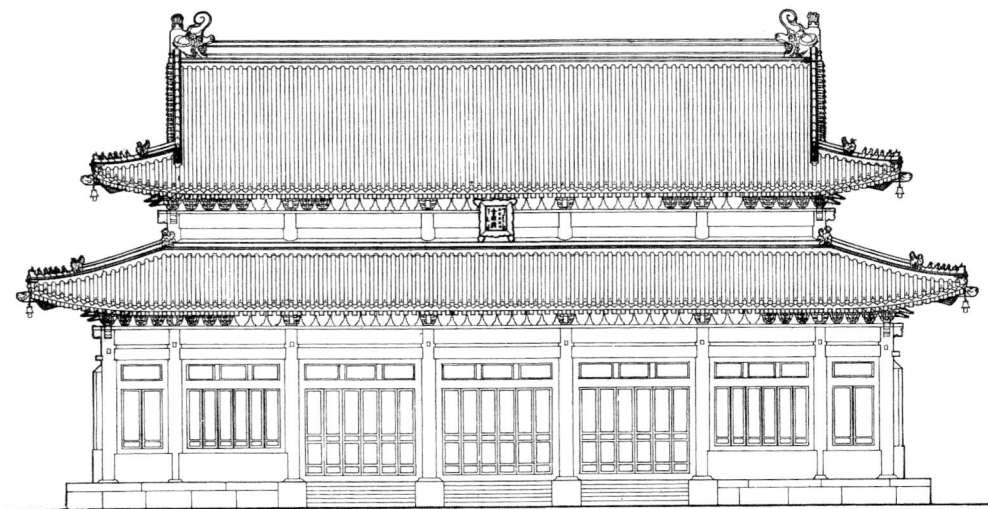
1019 会乘殿正立面 引自天津大学建筑系与承德文物局合著《承德古建筑》

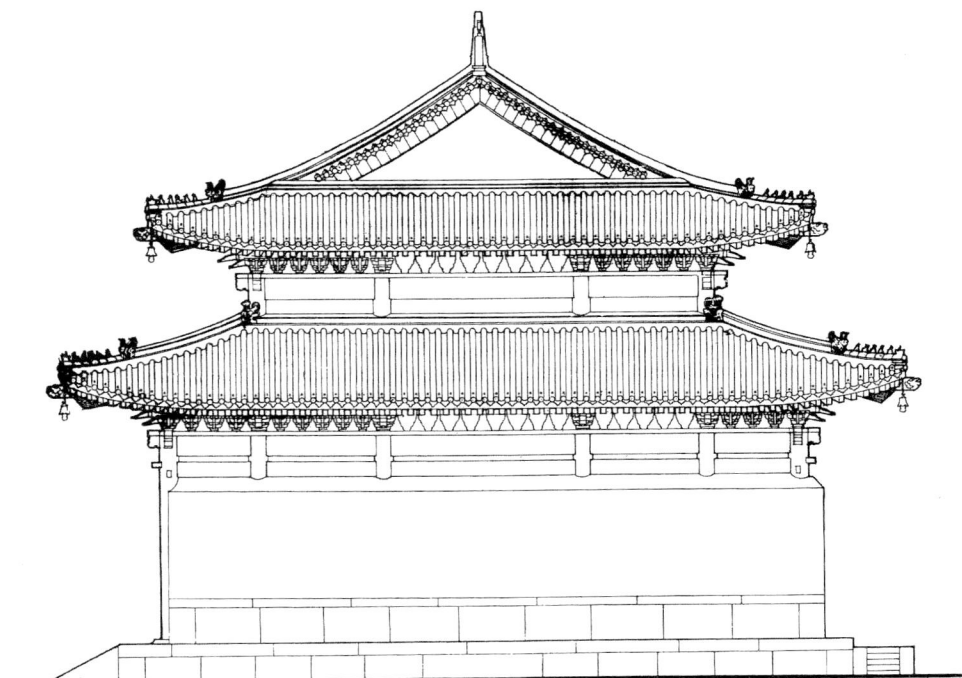
1020 会乘殿侧立面 引自天津大学建筑系与承德文物局合著《承德古建筑》

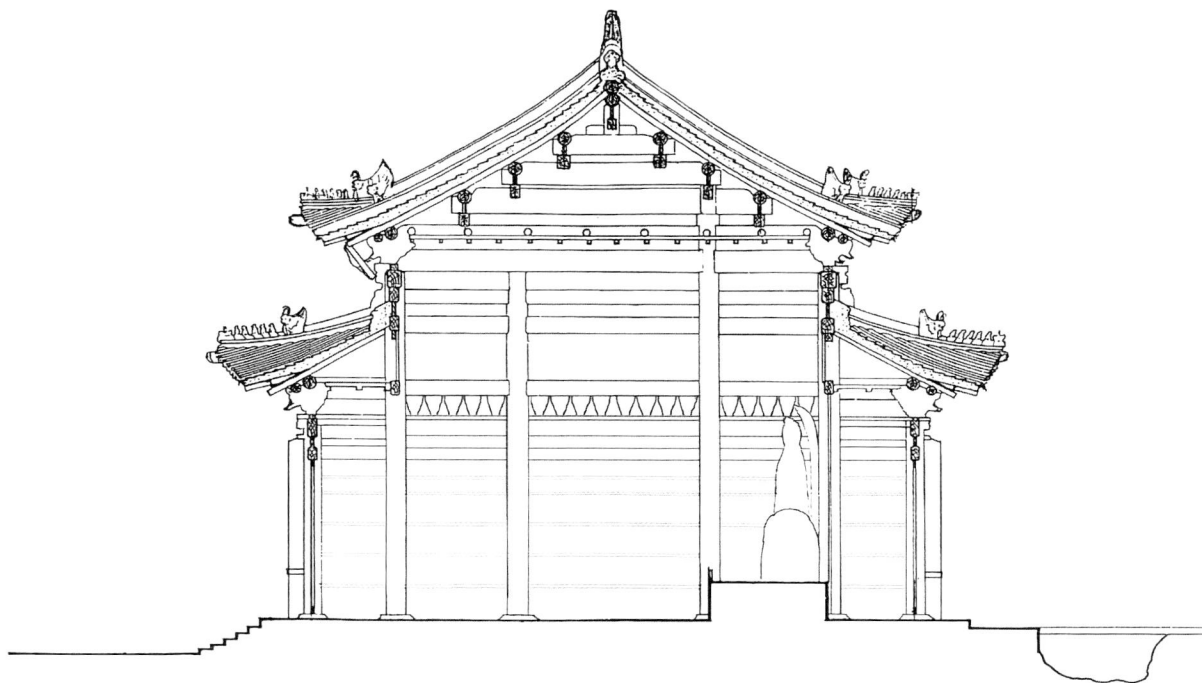

1021 会乘殿剖面 引自天津大学建筑系与承德文物局合著《承德古建筑》

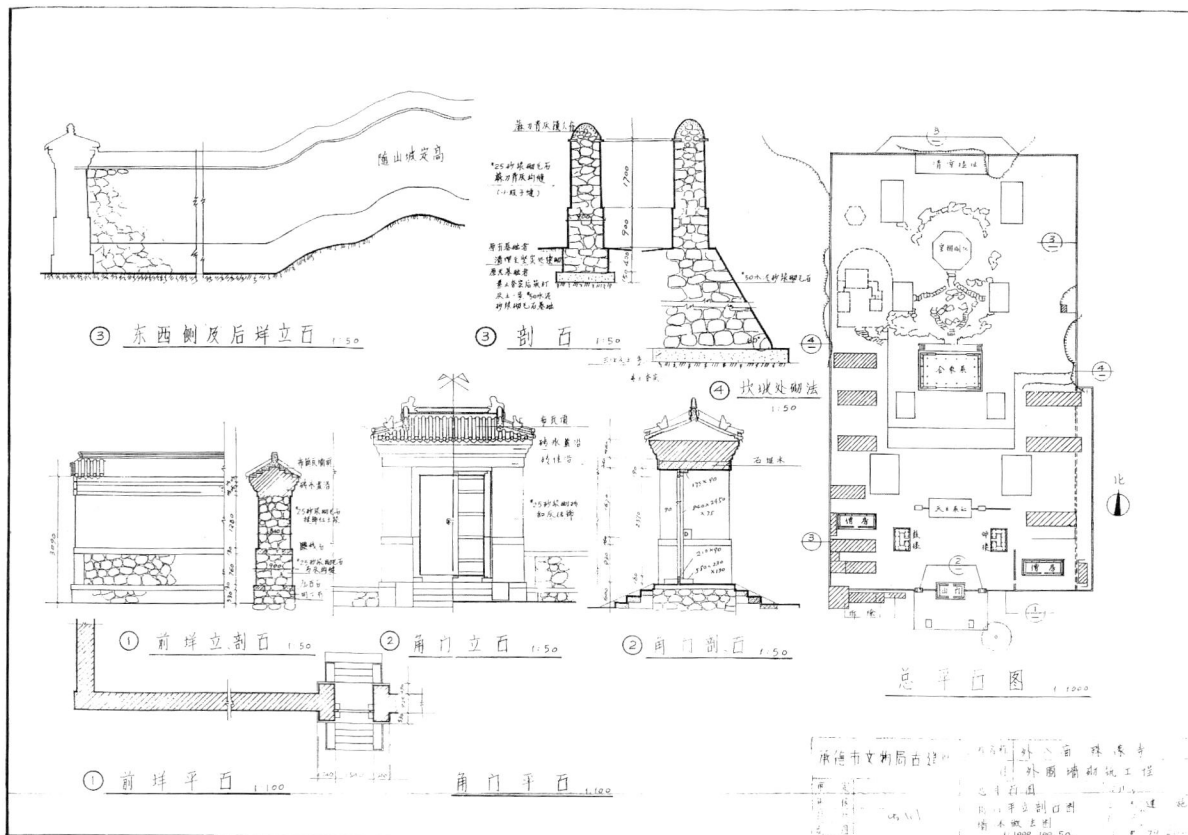

1022 殊像寺围墙修缮图 承德市文物局原古建队 1979 年绘制 承德市文物局档案馆提供

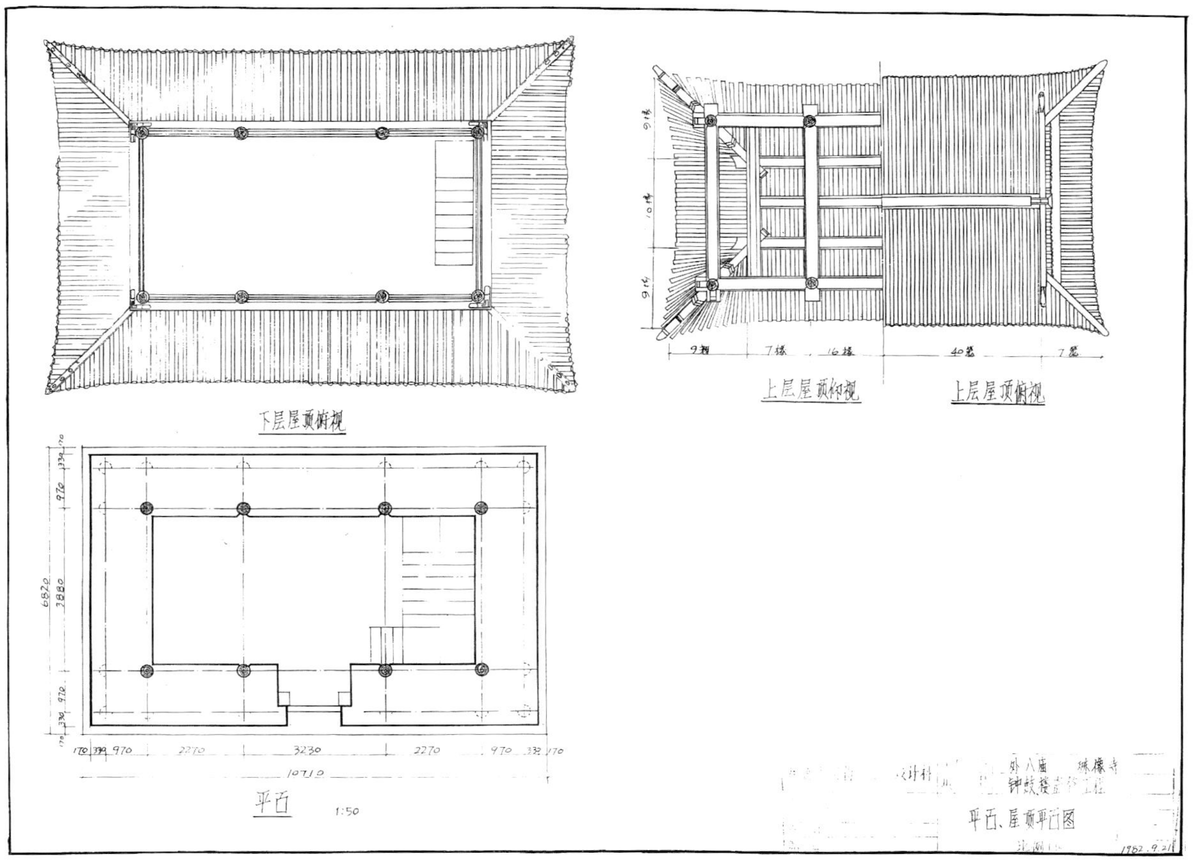

下层屋顶俯视

上层屋顶俯视　　上层屋顶俯视

平面　1:50

1023 钟鼓楼修缮平面图 承德市文物局原规划设计科 1982 年绘制 承德市文物局档案馆提供

纵剖面图 1/50　　横剖面图 1/50

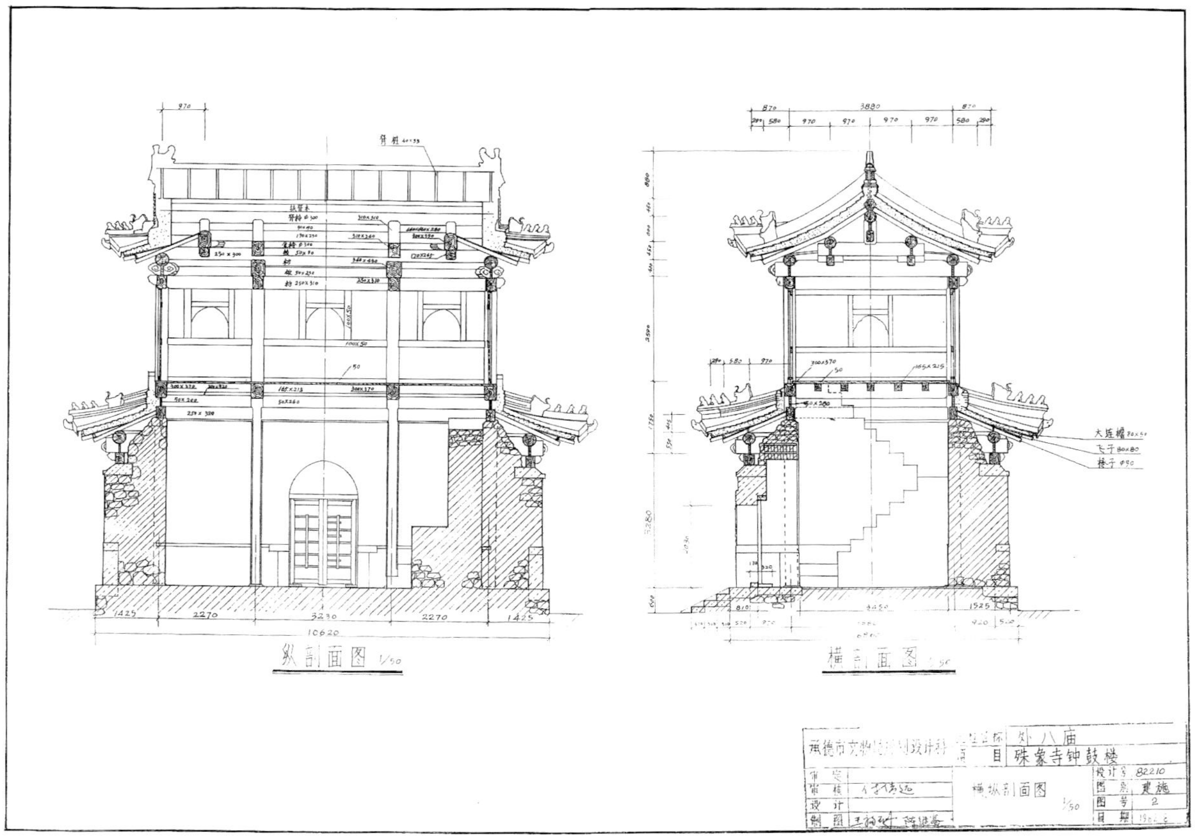

1024 钟鼓楼修缮剖图 承德市文物局原规划设计科 1982 年绘制 承德市文物局档案馆提供

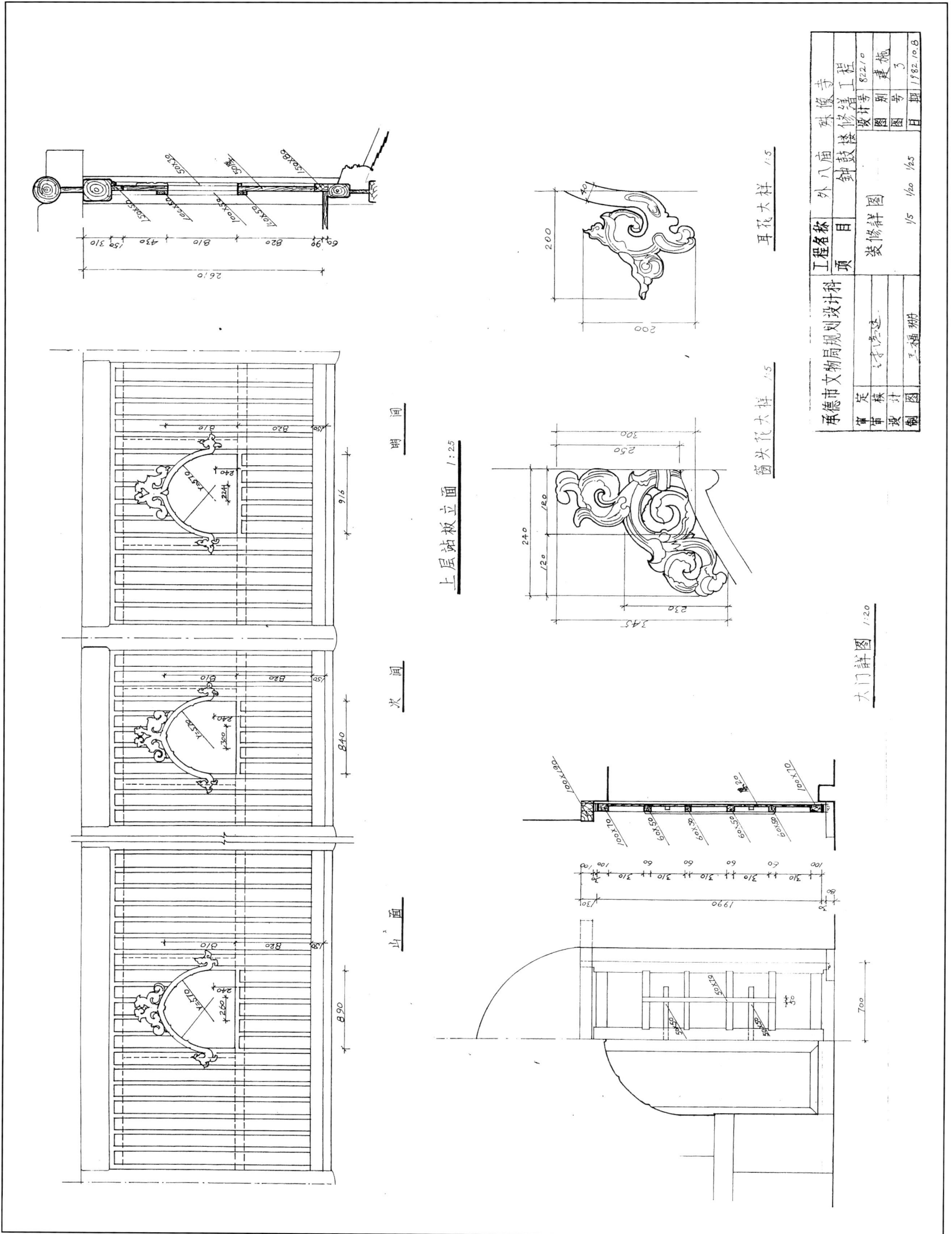

1026 山门和角门激光扫描南立面　天津大学建筑学院杨菁课题组扫描

1027 山门激光扫描西立面　天津大学建筑学院杨菁课题组扫描

1028 山门激光扫描横剖面　天津大学建筑学院杨菁课题组扫描

1029 山门激光扫描纵剖面　天津大学建筑学院杨菁课题组扫描

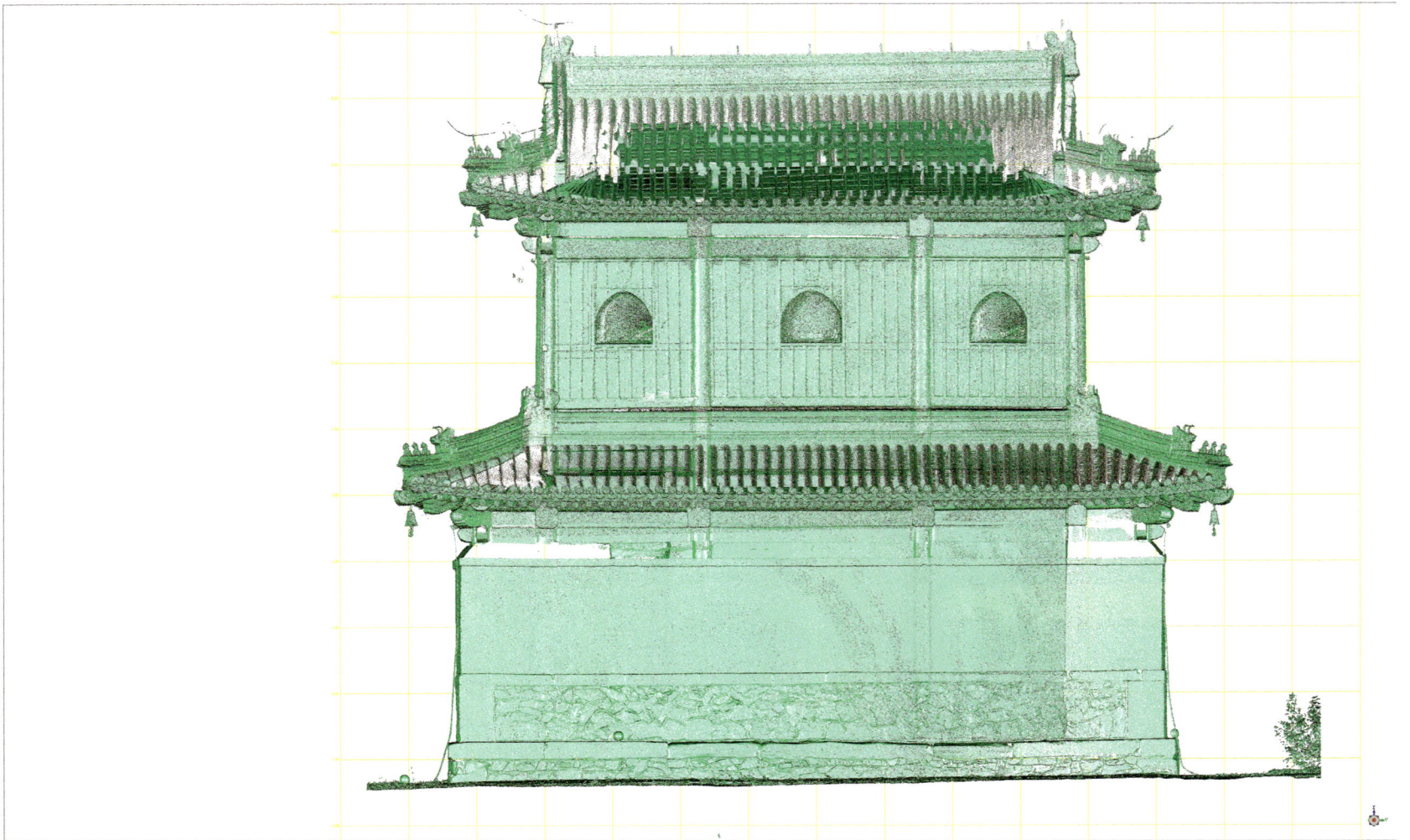

1030 钟楼激光扫描东立面 天津大学建筑学院杨菁课题组扫描

1031 鼓楼激光扫描南立面 天津大学建筑学院杨菁课题组扫描

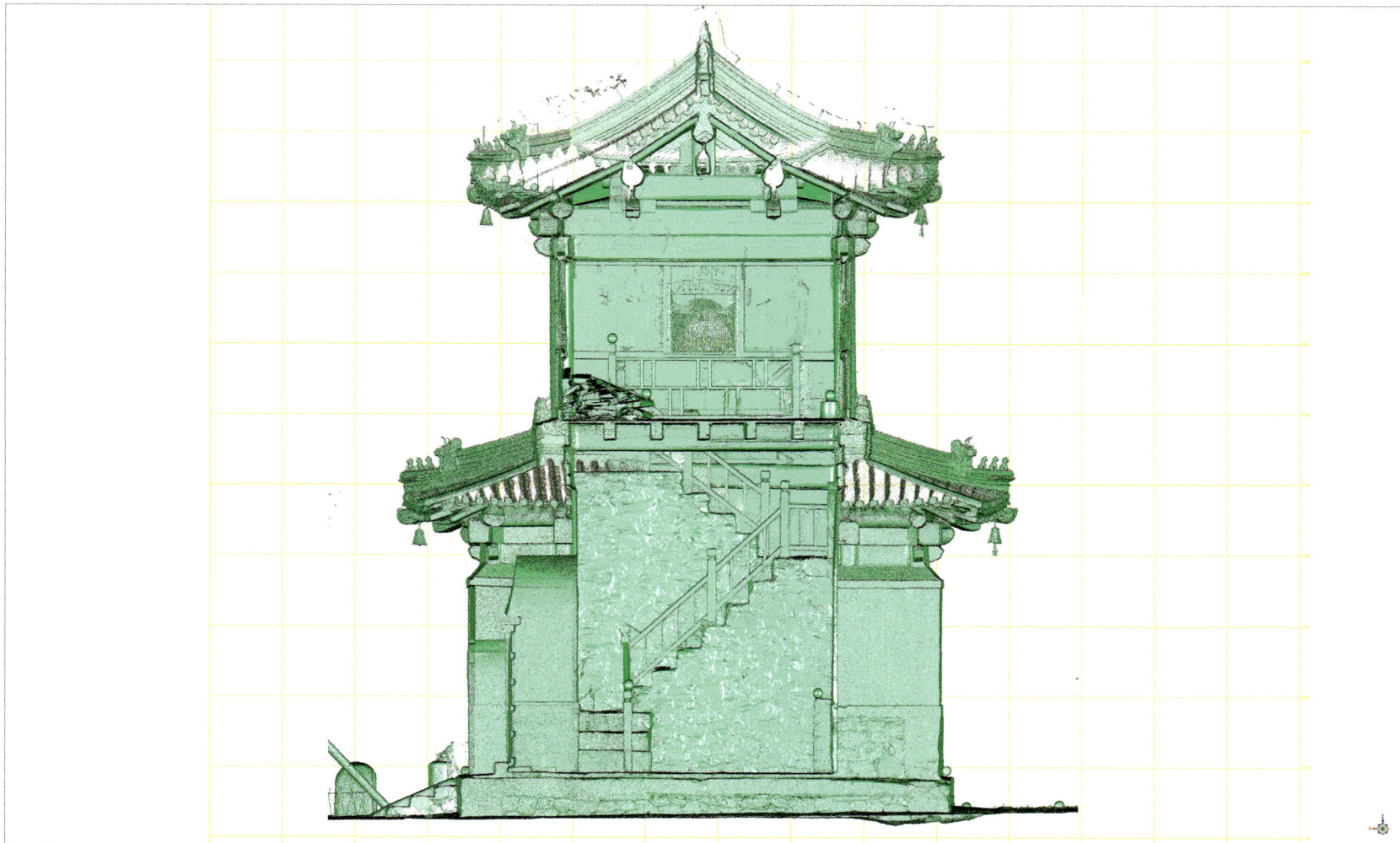

1032 鼓楼激光扫描横剖面 天津大学建筑学院杨菁课题组扫描

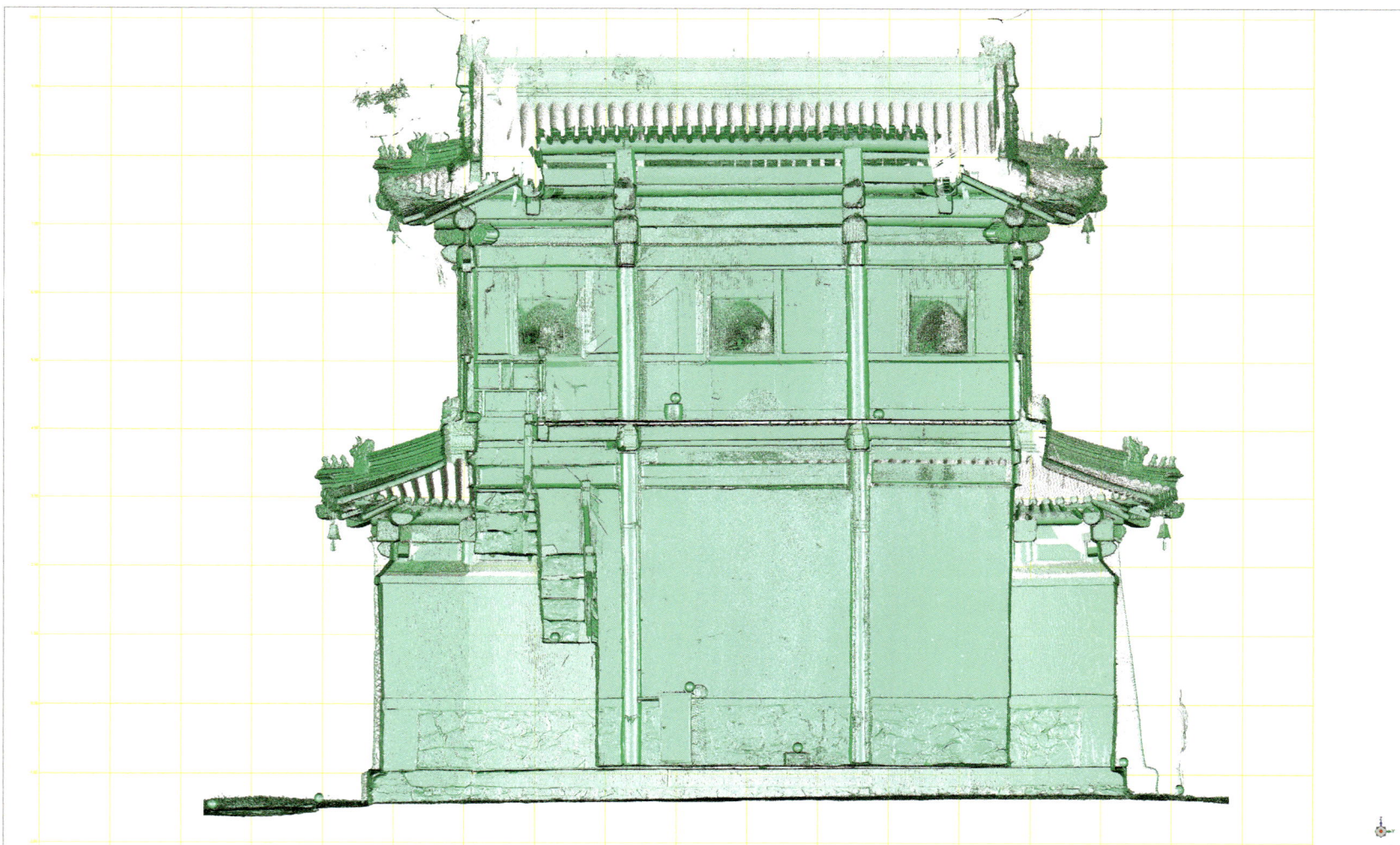

1033 鼓楼激光扫描纵剖面 天津大学建筑学院杨菁课题组扫描

1034 会乘殿激光扫描北立面 天津大学建筑学院杨菁课题组扫描

1035 会乘殿激光扫描东立面 天津大学建筑学院杨菁课题组扫描

1036 会乘殿激光扫描横剖面 天津大学建筑学院杨菁课题组扫描

1037 会乘殿激光扫描纵剖面 天津大学建筑学院杨菁课题组扫描

建筑名称	图名	页码	绘图人
总图	现状总平面图	536	陈东
	复原总平面图	537	
	现状总剖面图	538	于洋
	复原总剖面图	538	
山门	平面图	540	王炜
	正立面图	541	
	侧立面图	542	
	剖面图	543	
天王殿	平面图	544	刘伟
	复原正立面图	545	
	复原侧立面图	546	
	复原剖面图	547	
钟鼓楼	一层平面图	548	刘伟
	二层平面图	549	
	正立面	550	
	侧立面	551	
	剖面图	552	
会乘殿	平面图	553	于洋
	正立面图	554	
	背立面图	555	
	侧立面图	556	
	剖面图	557	
指峰殿	平面图	558	刘伟
	复原立面图	559	
	复原侧立面图	560	
	复原剖面图	561	
馔香堂	平面图	562	张舒怡
	复原正立面图	563	
	复原侧立面图	564	
	复原剖面图	565	
宝相阁	平面图	566	于洋
	正立面图	567	
	剖面图	568	
清凉楼	平面图	569	于洋
	复原正立面图	570	
	复原侧立面图	571	
	复原剖面图	572	

建筑名称	图名	页码	绘图人
吉晖殿	平面图	573	薄如纳
	复原正立面图	574	
	复原侧立面图	575	
	复原剖面图	576	
香林室	复原平面图	577	王炜
	复原正立面图	578	
	复原侧立面图	579	
	复原剖面图	580	
倚云楼	一层复原平面图	581	王炜
	二层复原平面图	582	
	复原正立面图	583	
	复原侧立面图	584	
	复原剖面图	585	
四方亭	平面图	586	王炜
	复原立面图	587	
	复原剖面图	588	
六方亭	平面图	589	王炜
	复原立面图	590	
	复原剖面图	591	
僧房	平面图	592	薄如纳
	正立面图	593	
	背立面图	594	
	侧立、剖面图	595	
大厨房	平面图	596	李俊兴
	复原正立面图	597	张舒怡
	复原侧立面图	598	
	复原剖面图	599	
四合院正房	平面图	600	刘伟
	复原正立面图	601	
	复原剖面图	602	
四合院配房	平面图	603	刘伟
	复原正立面图	604	
	复原剖面图	605	

北

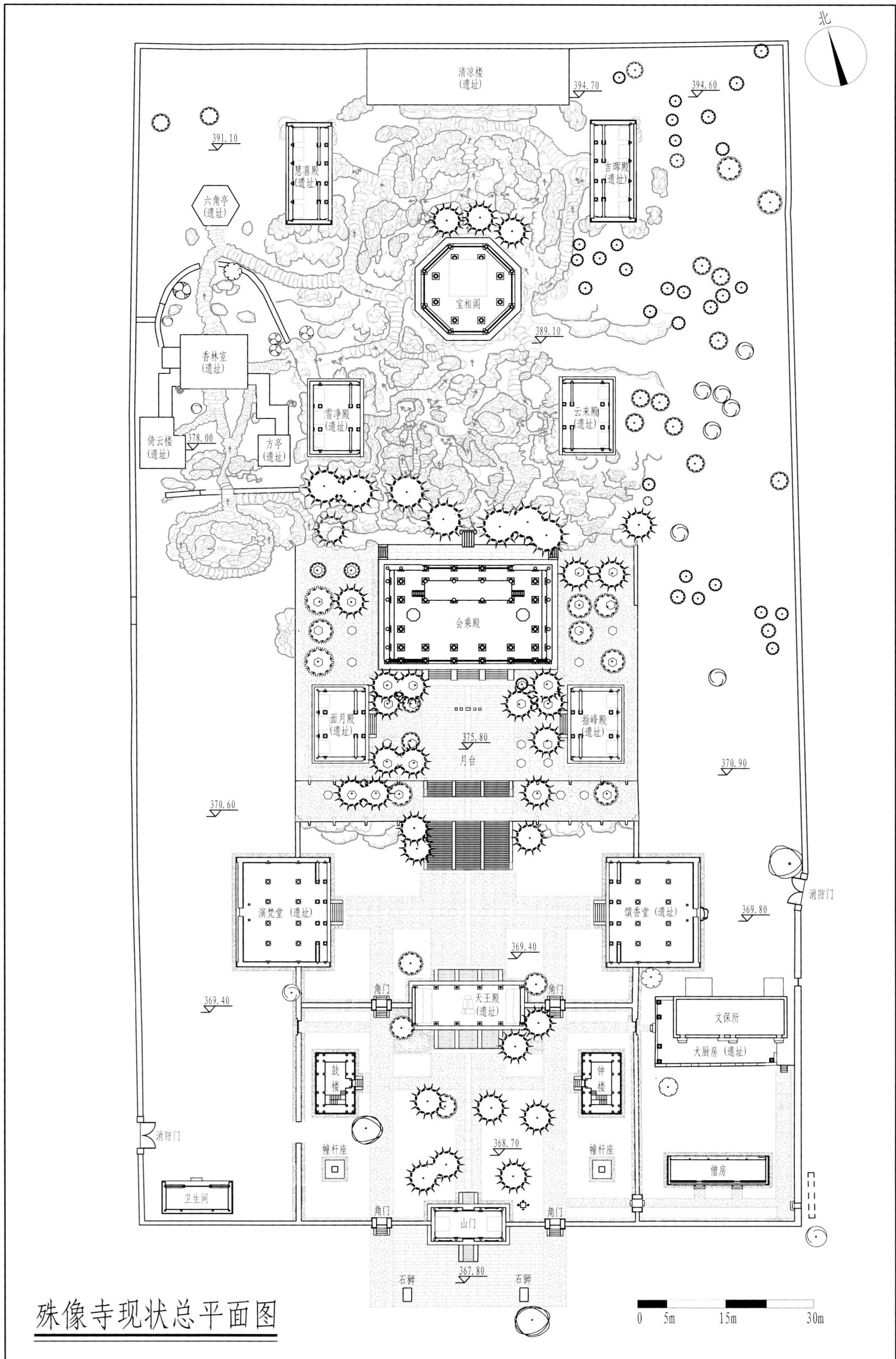

清凉楼
(遗址)

394.70   394.60

391.10

慧喜殿
(遗址)

吉晖殿
(遗址)

六角亭
(遗址)

宝相阁

389.10

香林室
(遗址)

雪净殿
(遗址)

云来殿
(遗址)

倚云楼
(遗址)

378.00

方亭
(遗址)

会乘殿

面月殿
(遗址)

指峰殿
(遗址)

375.80

月台

370.90

370.60

消防门

演梵堂 (遗址)

馥香堂 (遗址)

369.80

369.40

天王殿
(遗址)

角门   角门

文保所

大厨房 (遗址)

369.40

鼓楼

钟楼

幢杆座

幢杆座

368.70

僧房

卫生间

消防门

角门   角门

山门

石狮   石狮

367.80

殊像寺现状总平面图

0   5m   15m   30m

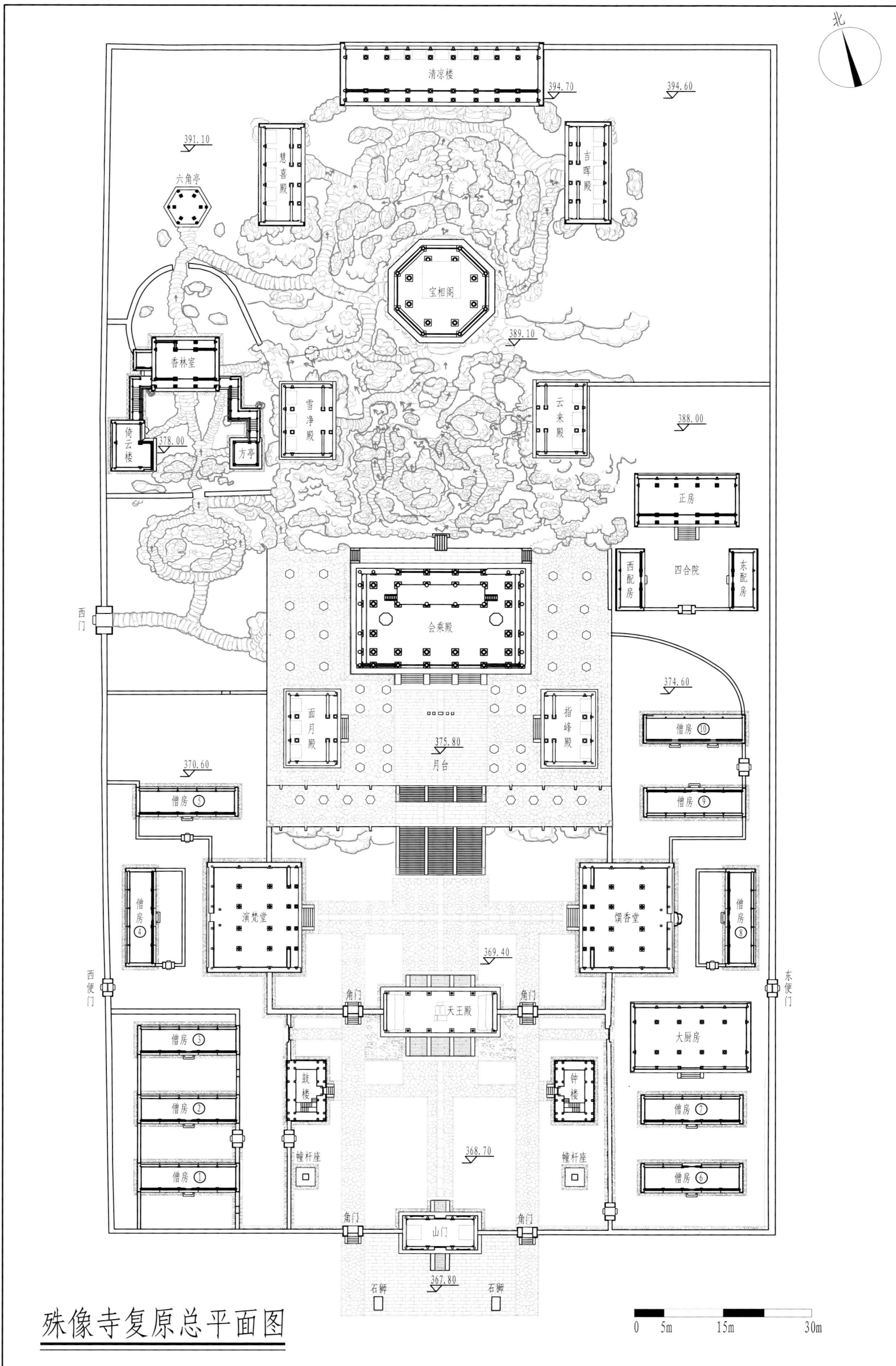

殊像寺复原总平面图

清凉楼

394.70
394.60

慧喜殿
吉晖殿

391.10

六角亭

宝相阁

389.10

香林室
雪净殿
云来殿

倚云楼
388.00

378.00
方亭

正房

会乘殿
西配房
四合院
东配房

西门

374.60

面月殿
指峰殿
僧房⑩

月台
375.80

370.60
僧房⑤
僧房⑨

僧房④
演梵堂
镶香堂
僧房⑧

369.40

西便门
东便门

僧房③
角门
角门
大厨房

天王殿

鼓楼
钟楼
僧房⑦

僧房②

幢杆座
幢杆座

僧房①
368.70
僧房⑥

角门
角门

山门

367.80

石狮
石狮

北

0 5m   15m   30m

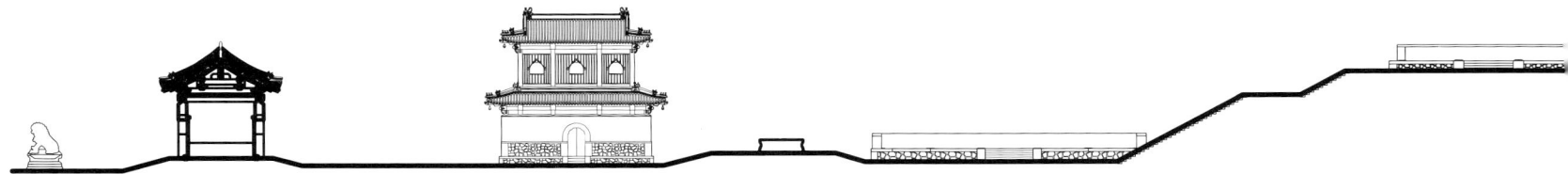

殊像寺现状总剖面图

0　5m　　15m　　30m

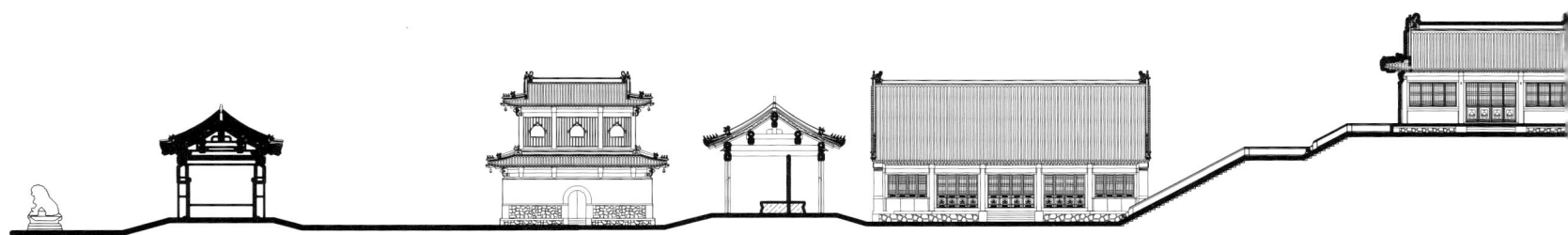

殊像寺复原总剖面图

0　5m　　15m　　30m

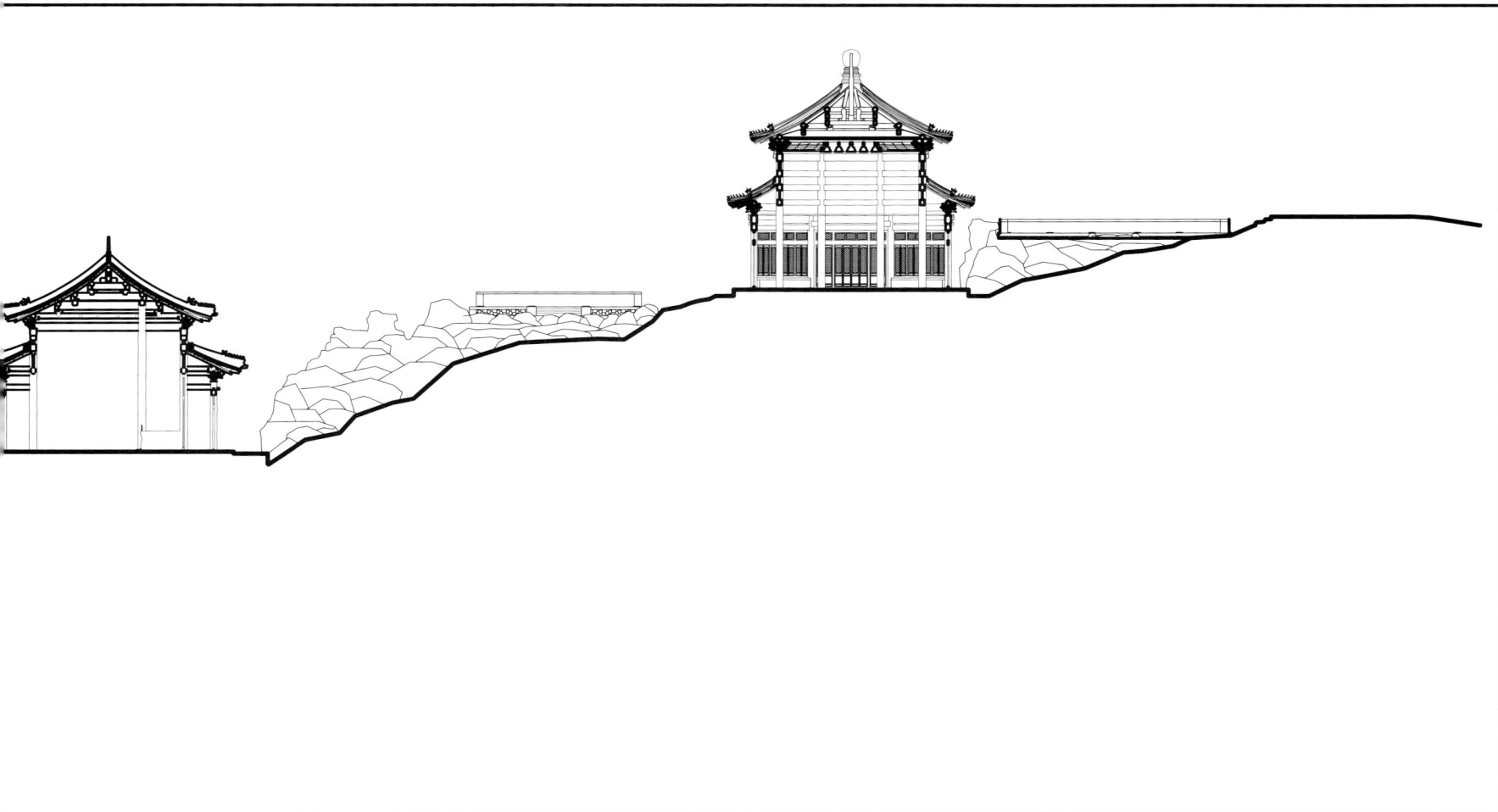

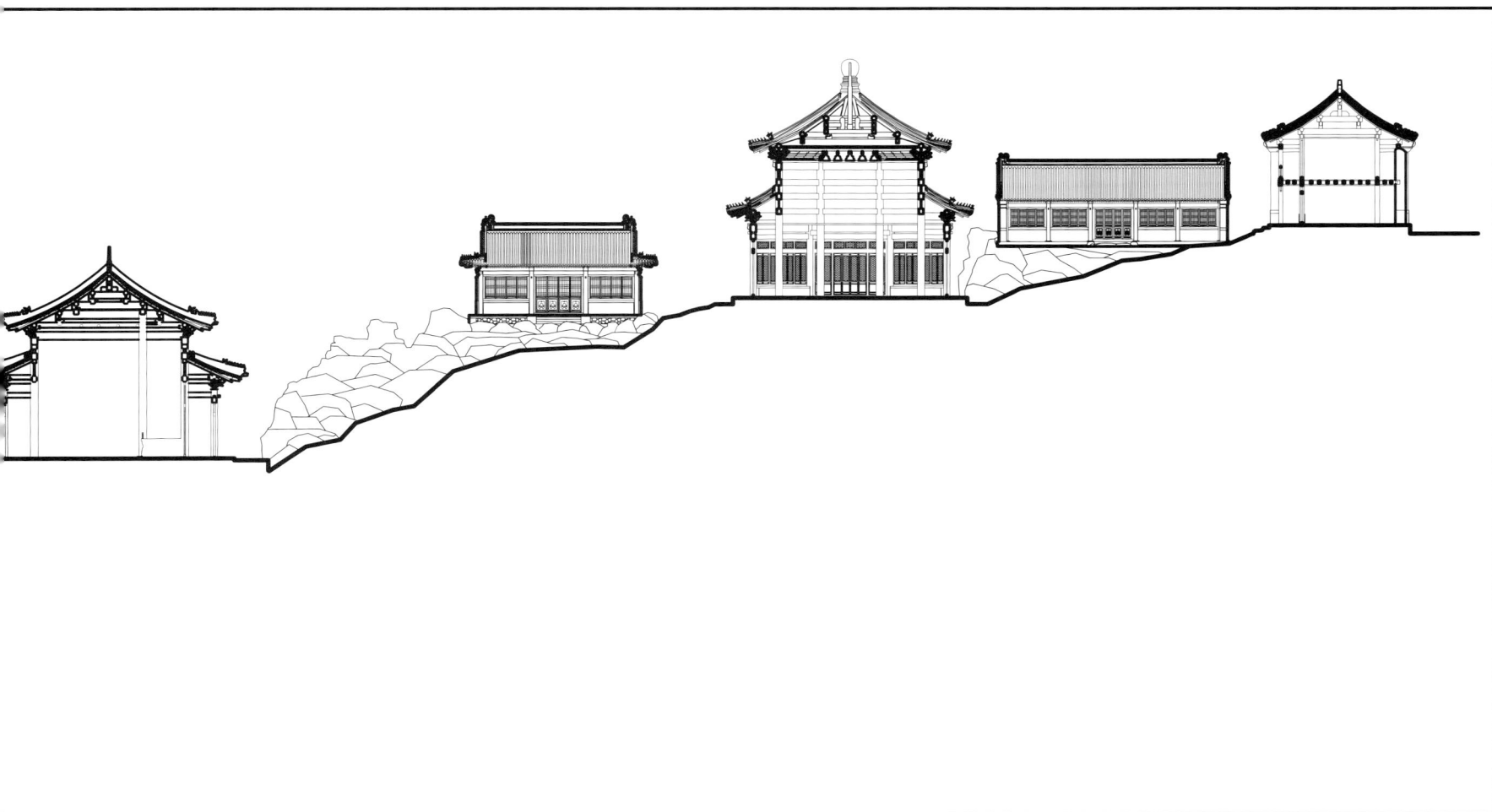

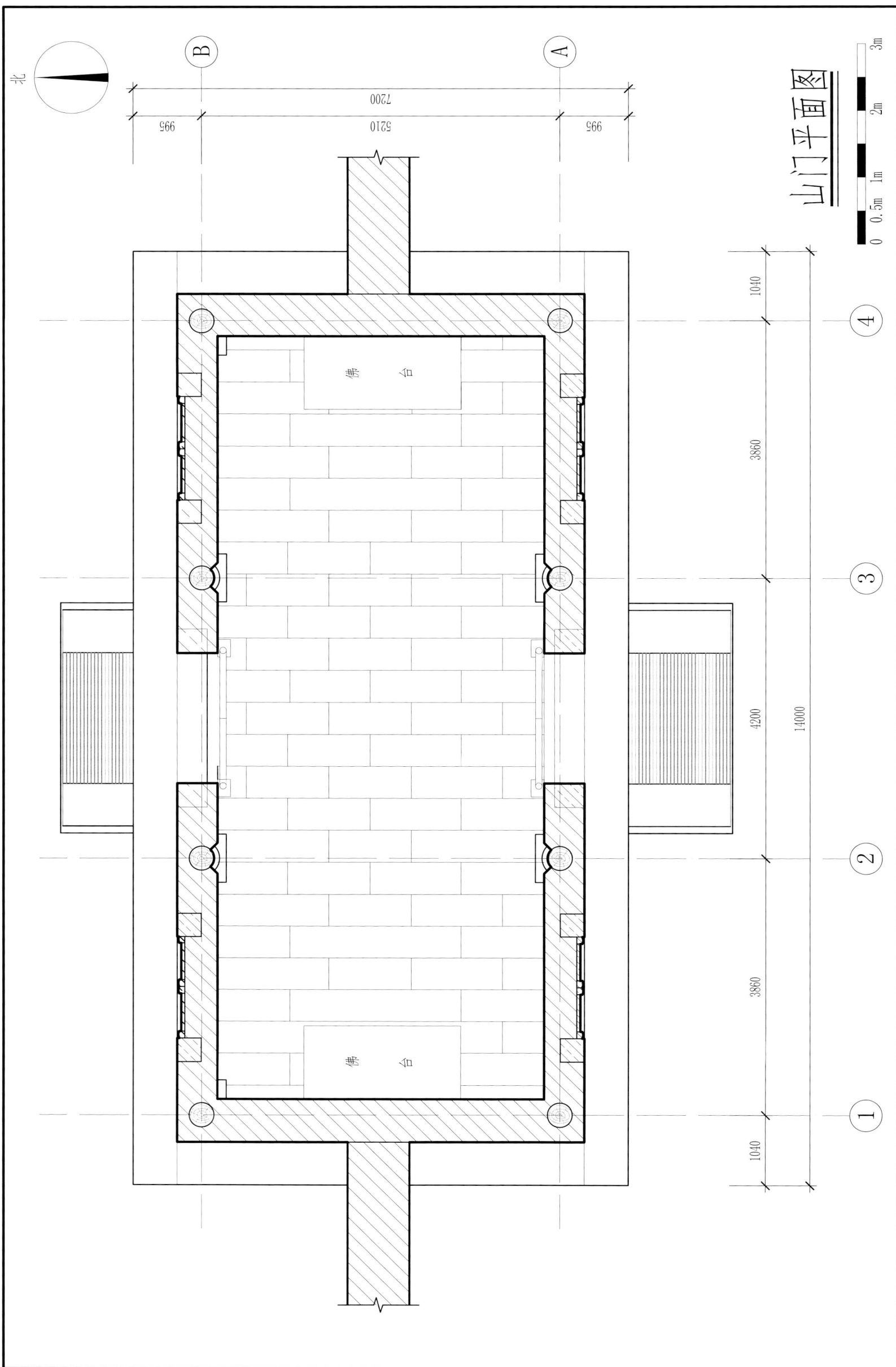

山门平面图

北

Ⓑ Ⓐ

7200
995 5210 995

佛 台

佛 台

1040 3860 4200 3860 1040
14000

① ② ③ ④

0 0.5m 1m 2m 3m

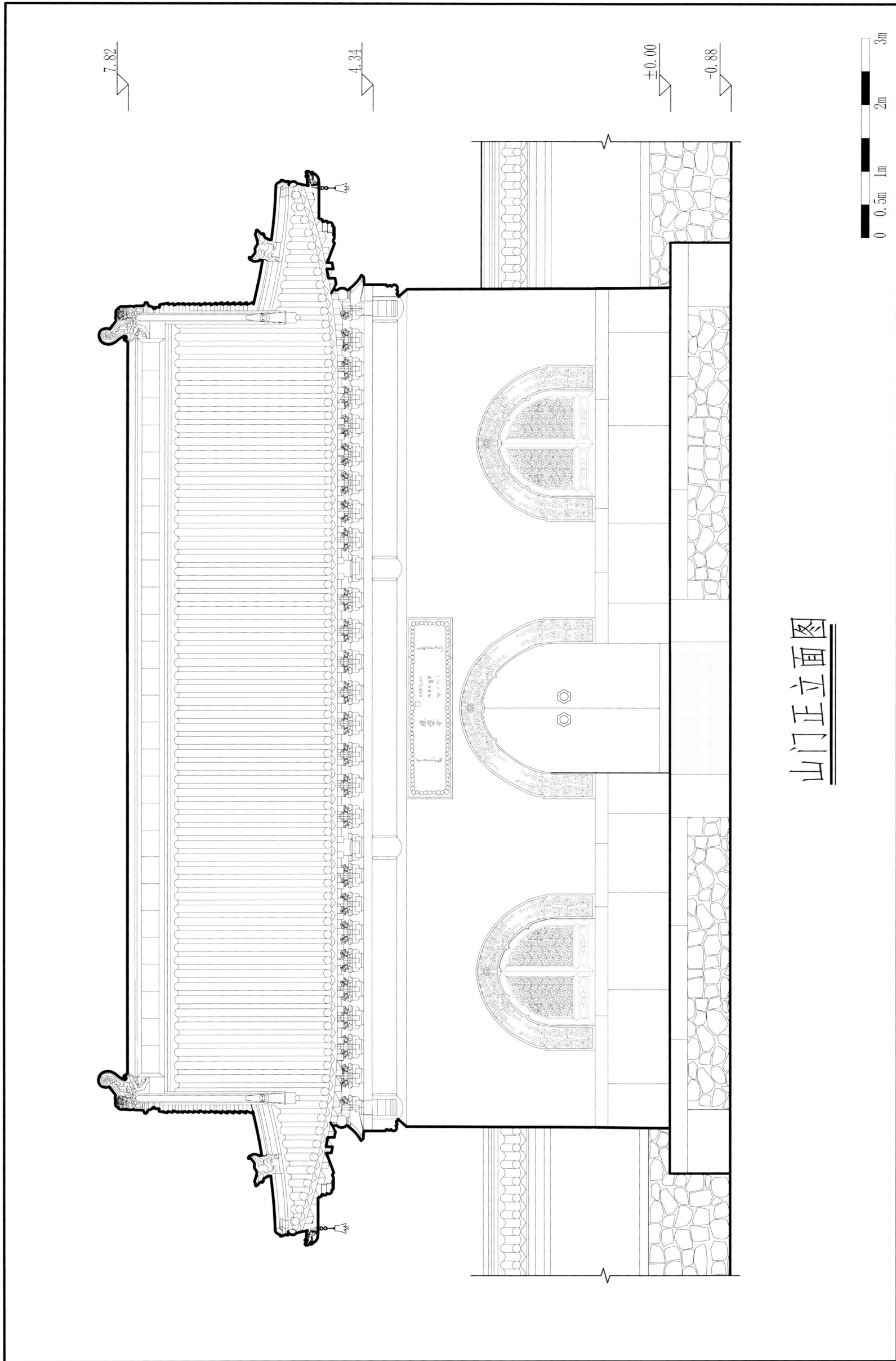

山门正立面图

7.82

4.34

±0.00

-0.88

0 0.5m 1m 2m 3m

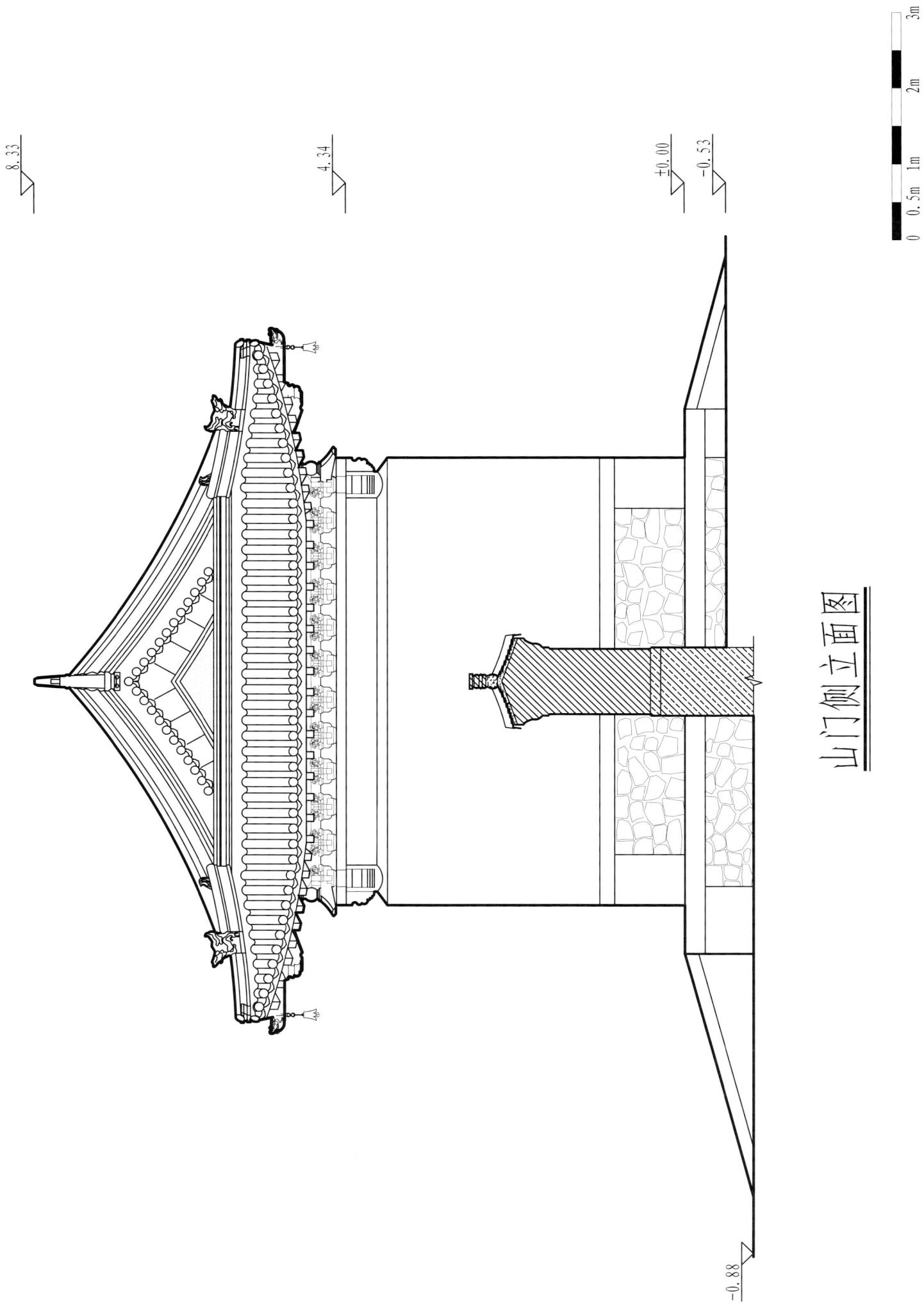

8.33

4.34

±0.00
−0.53

−0.88

山门侧立面图

0 0.5m 1m 2m 3m

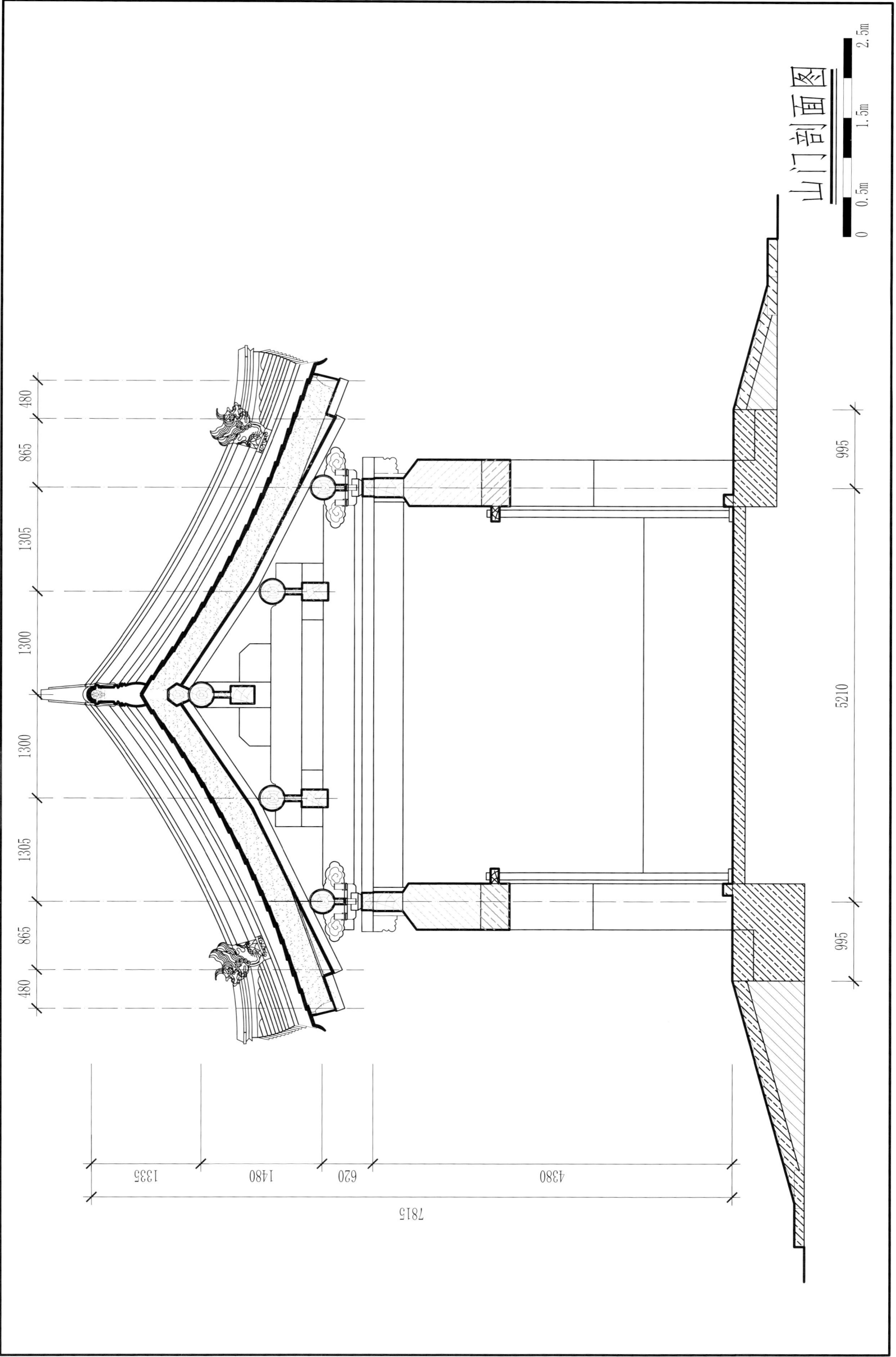

山门剖面图

北

⑧

⑥

1080 | 6470 | 1080

8630

须 弥 座

⑥ 1050

3580

⑤

3560

④ 须弥座 须弥座

3870

20250

③

3560

② 须弥座

3580

①

1050

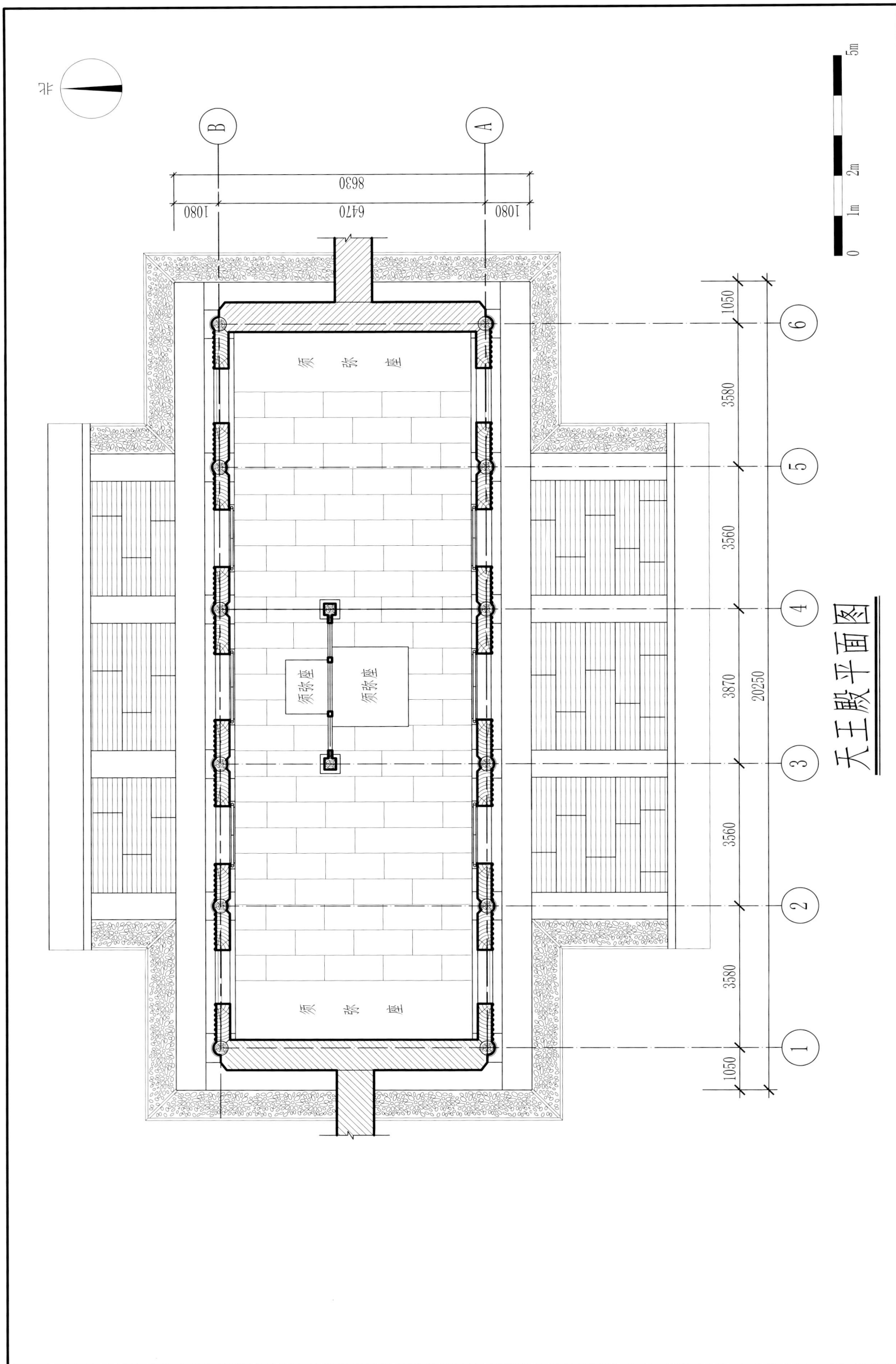

天王殿平面图

0 1m 2m 5m

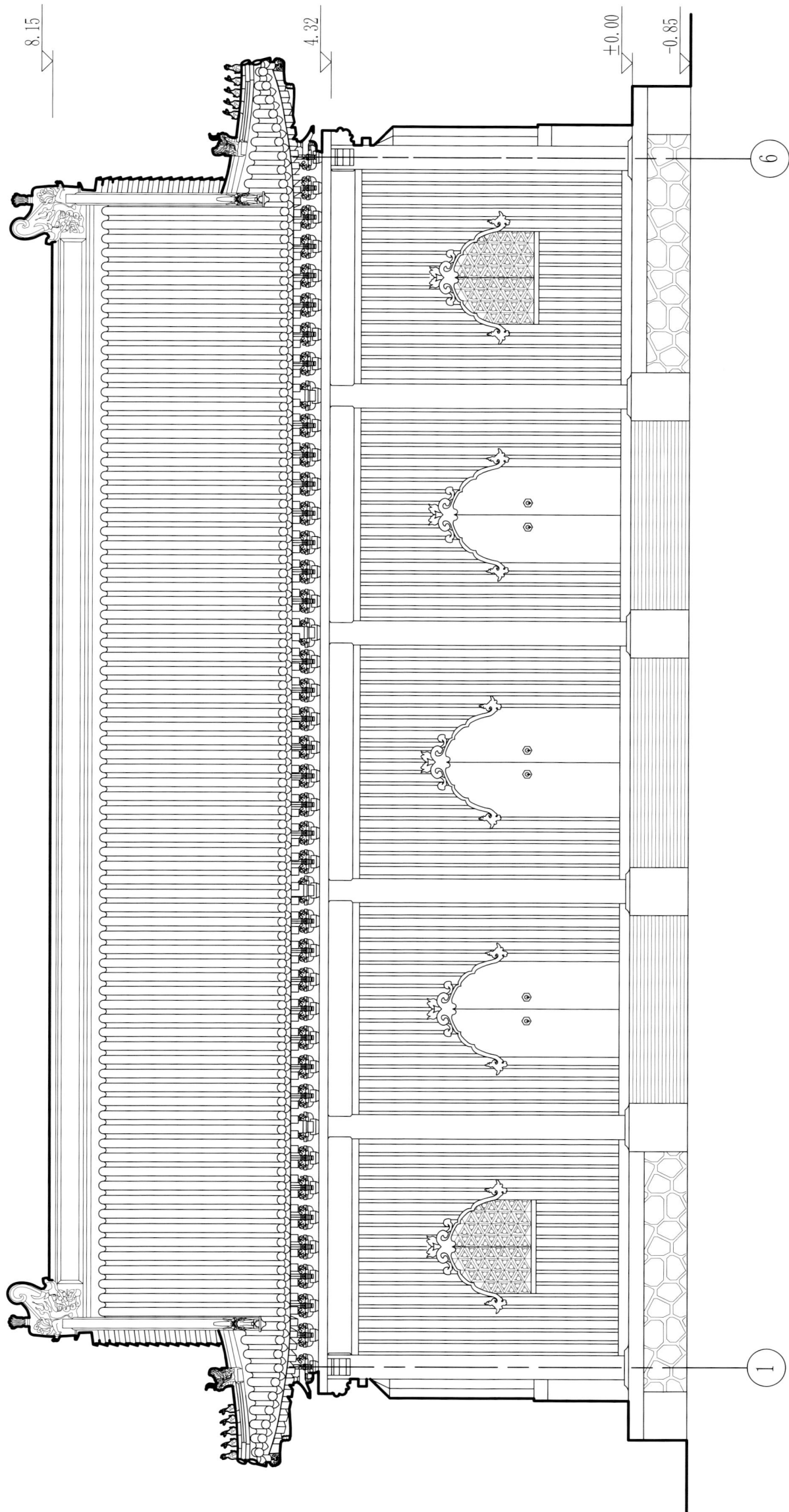

天王殿复原正立面图

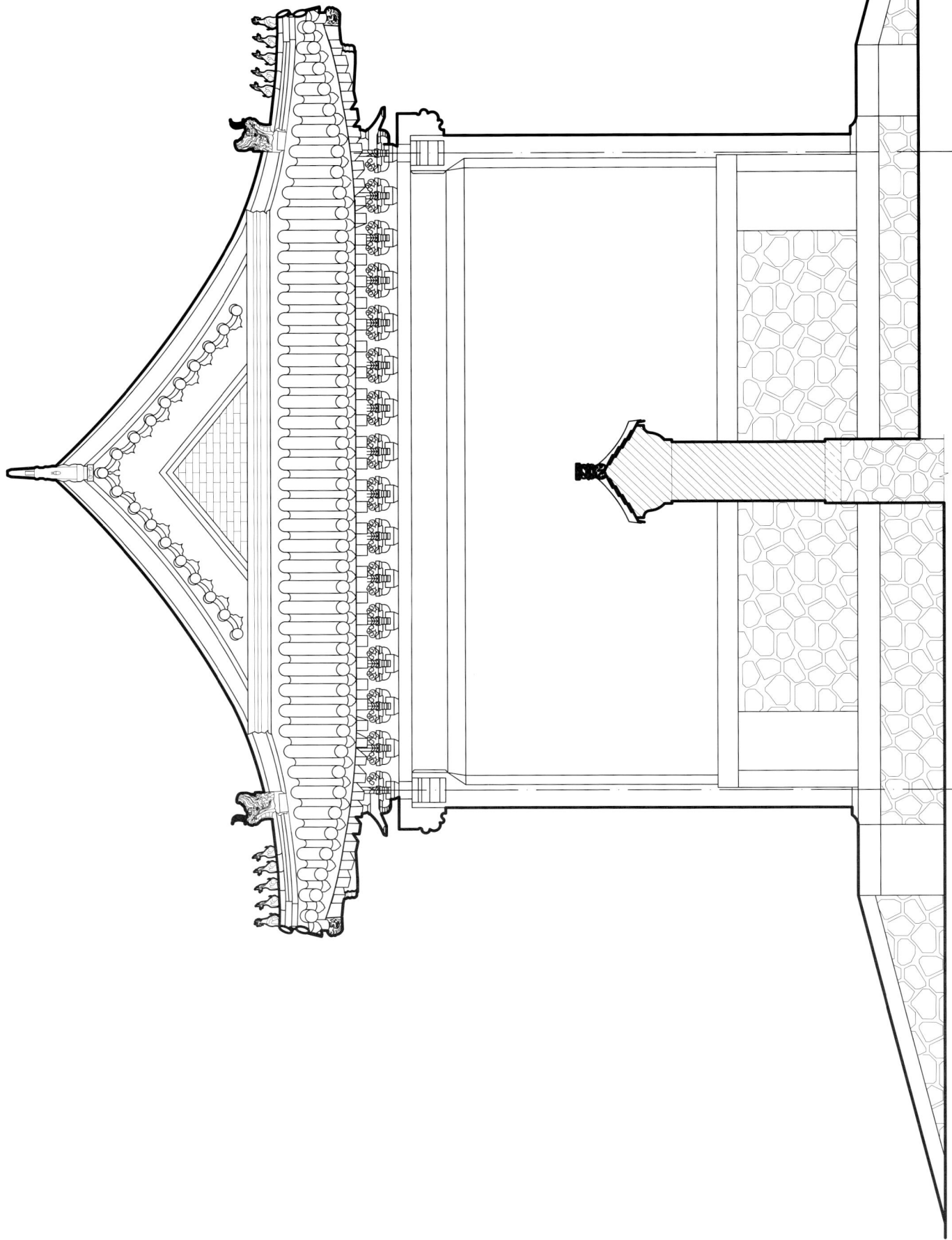

天王殿复原侧立面图

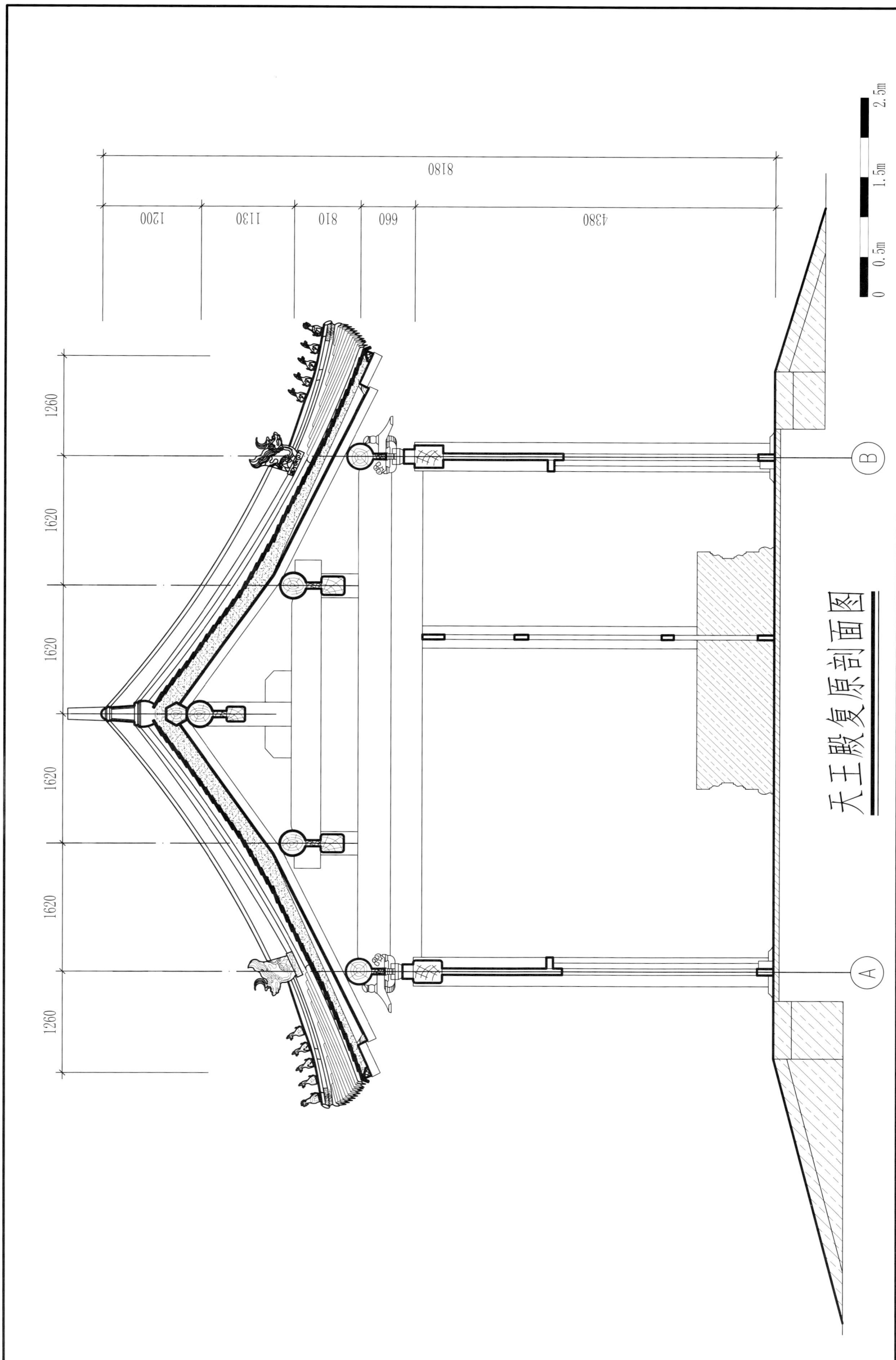

天王殿复原剖面图

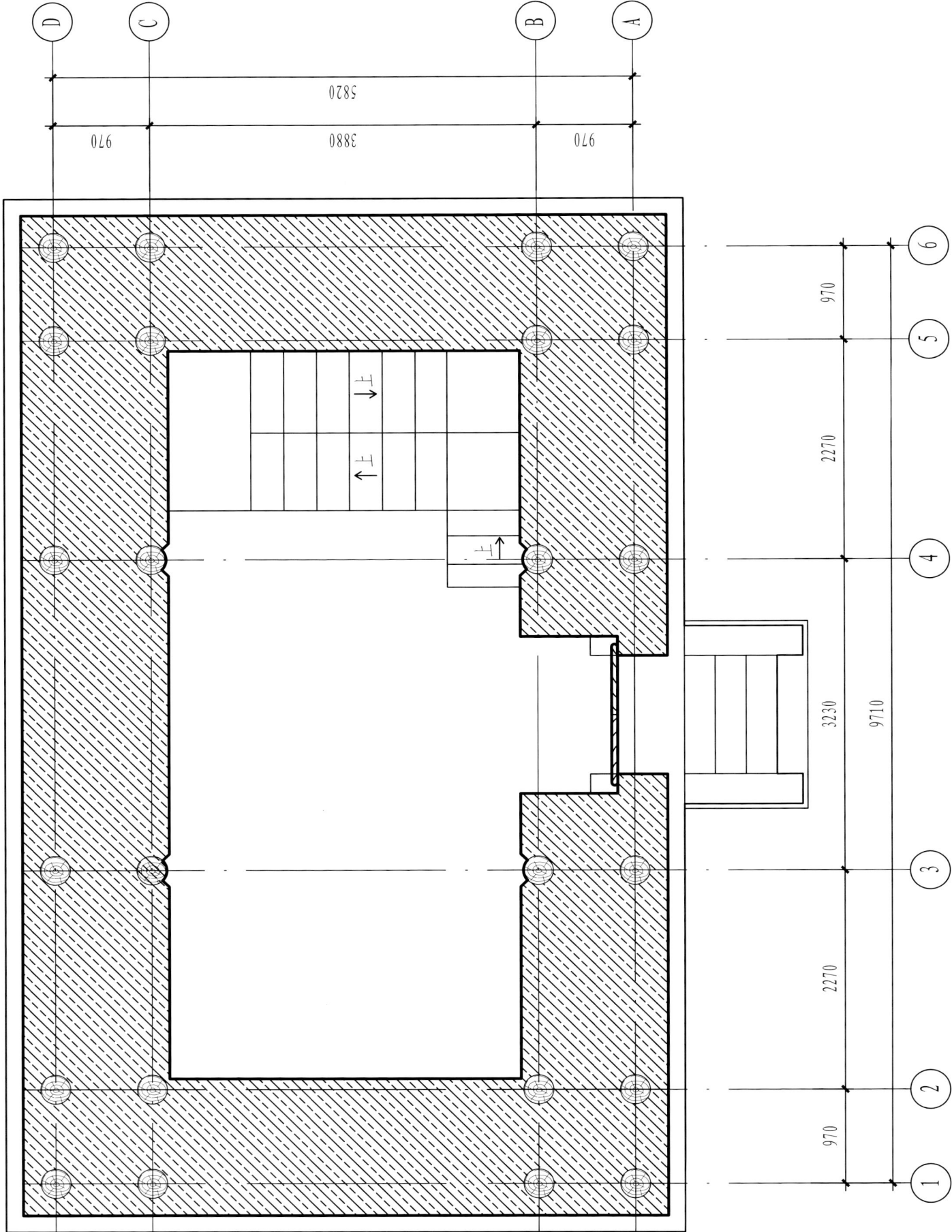

钟（鼓）楼一层平面图

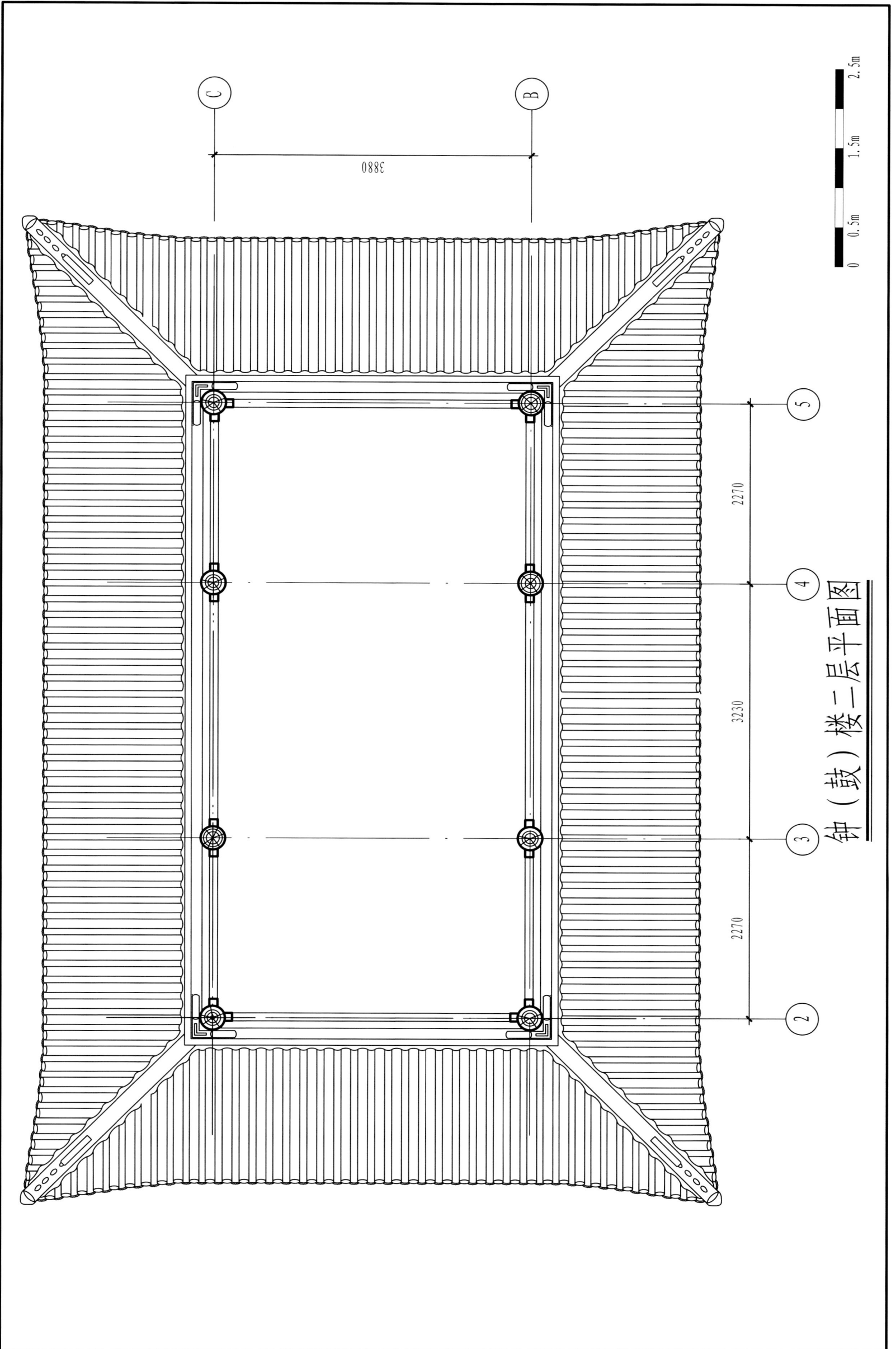

钟（鼓）楼二层平面图

C

B

3880

5

2270

4

3230

3

2270

2

0 0.5m 1.5m 2.5m

▽ 10.16

▽ 5.58

± 0.00

① ⑥

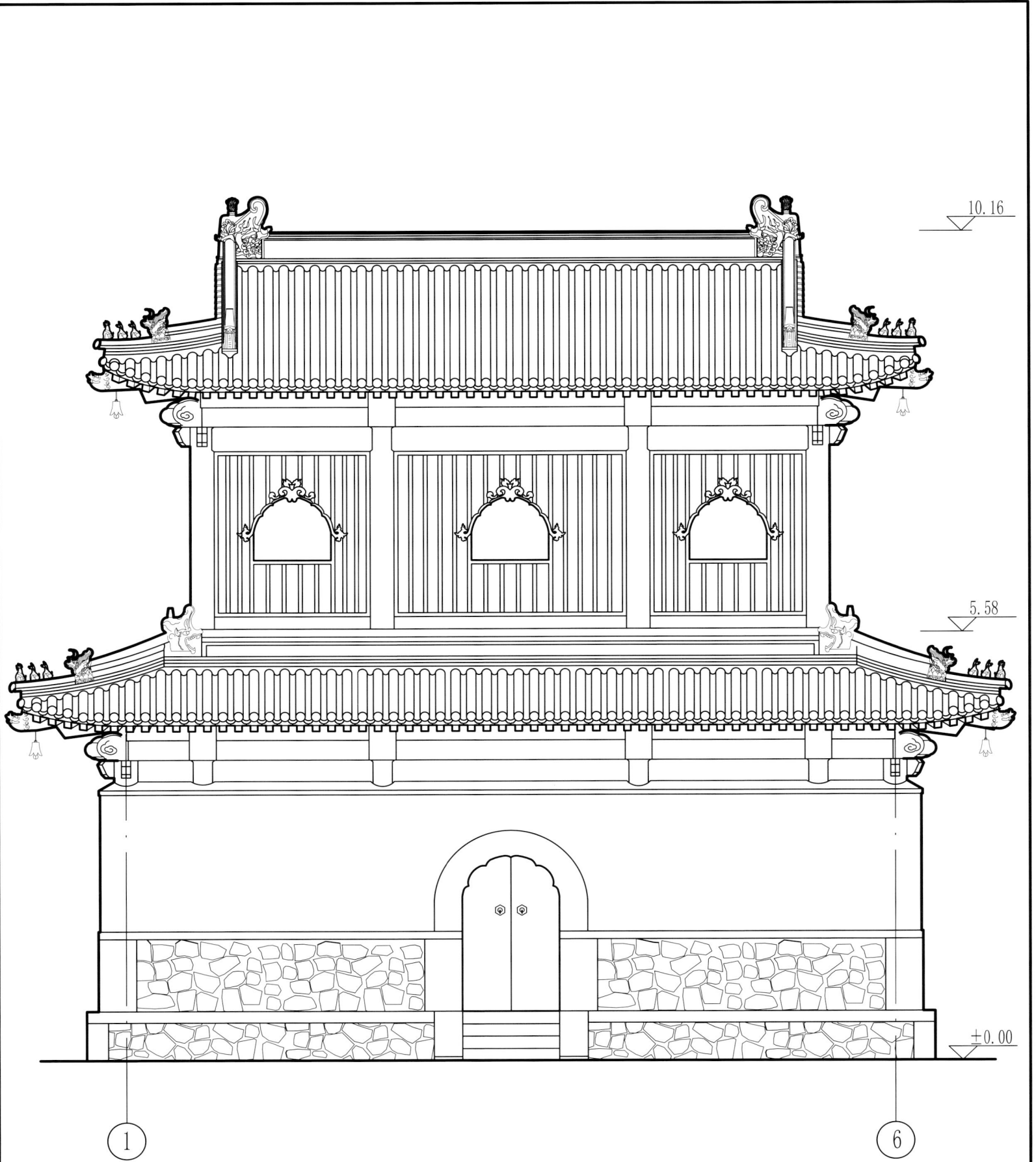

钟（鼓）楼正立面图

0　0.5m　1m　　2m　　　3m

10.16

5.58

±0.00

Ⓐ   Ⓓ

钟（鼓）楼侧立面图

0   0.5m   1.5m   2.5m

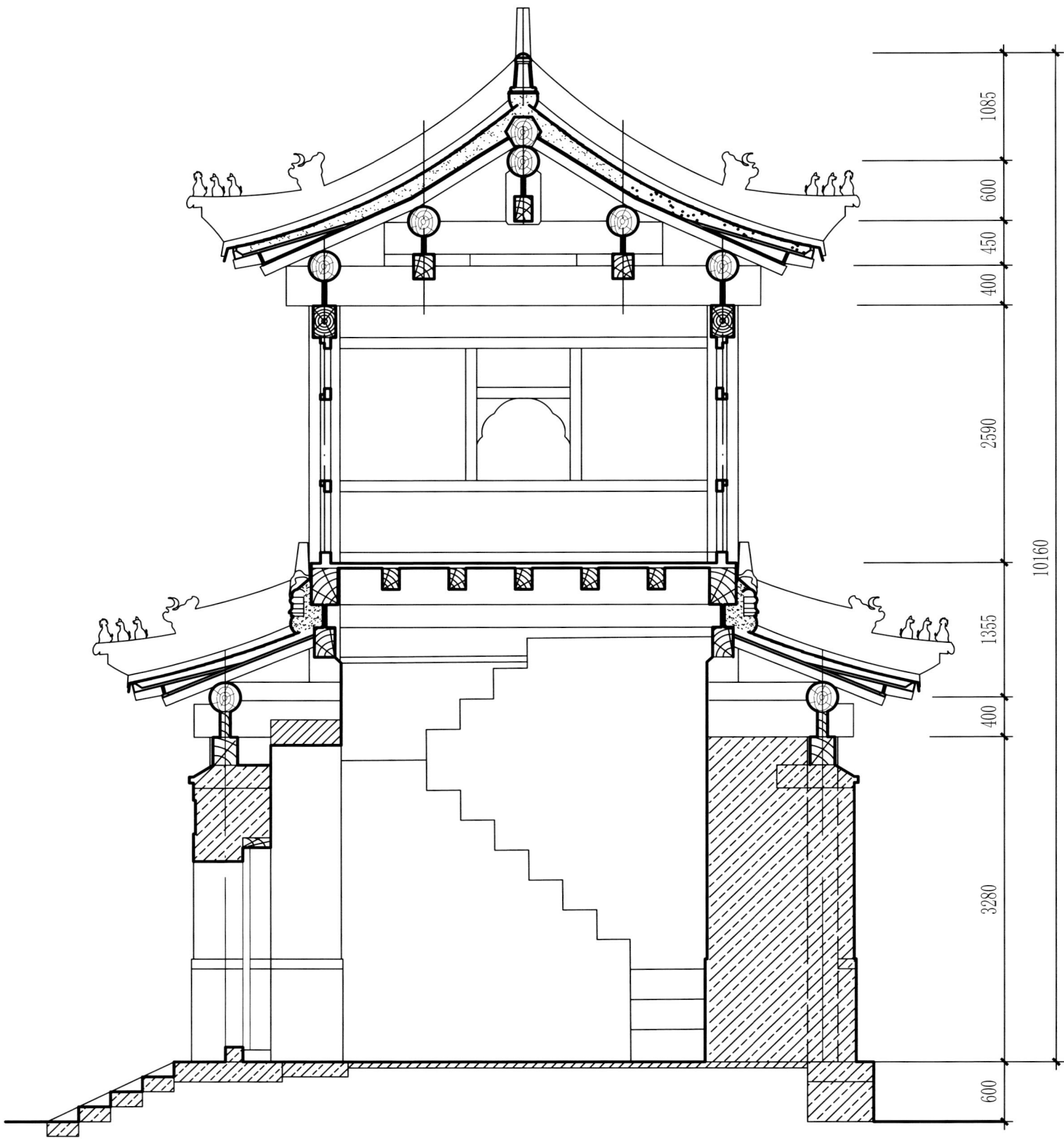

钟（鼓）楼剖面图

1085

600

450

400

2590

10160

1355

400

3280

600

0　0.5m　　1.5m　　2.5m

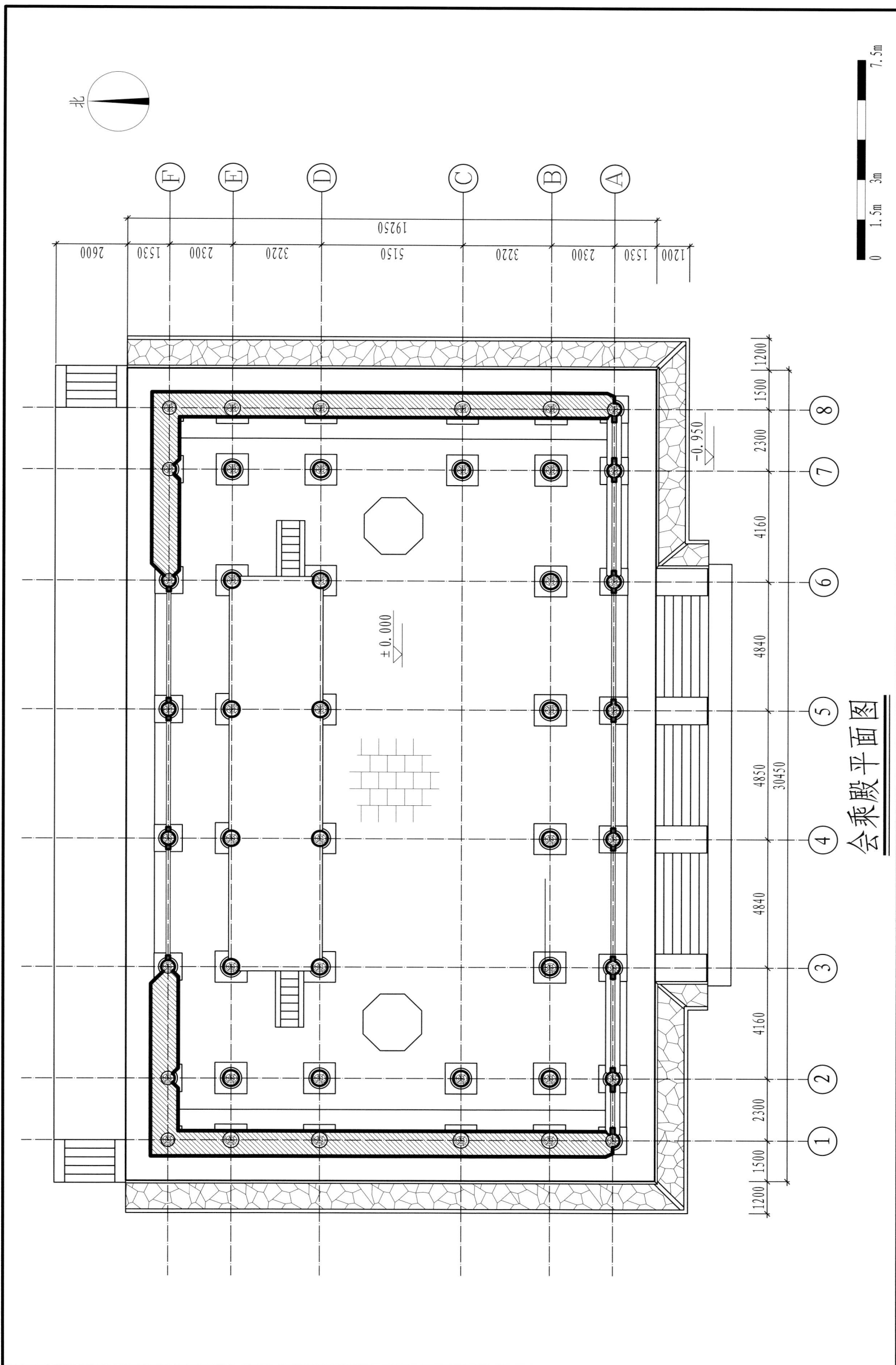

会乘殿平面图

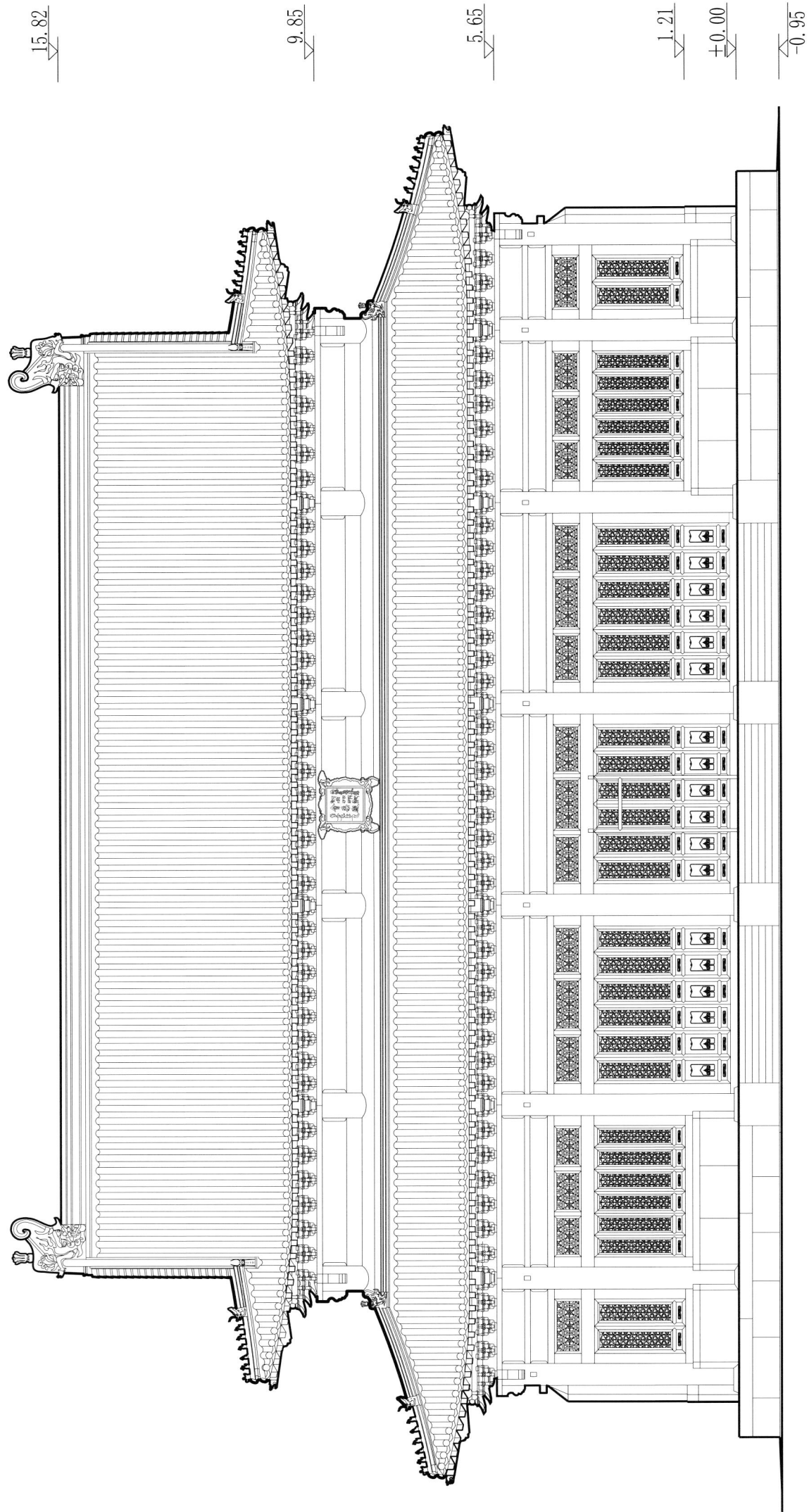

会乘殿正立面图

15.82

9.85

5.65

1.21

±0.00

-0.95

0 1m 2m 5m

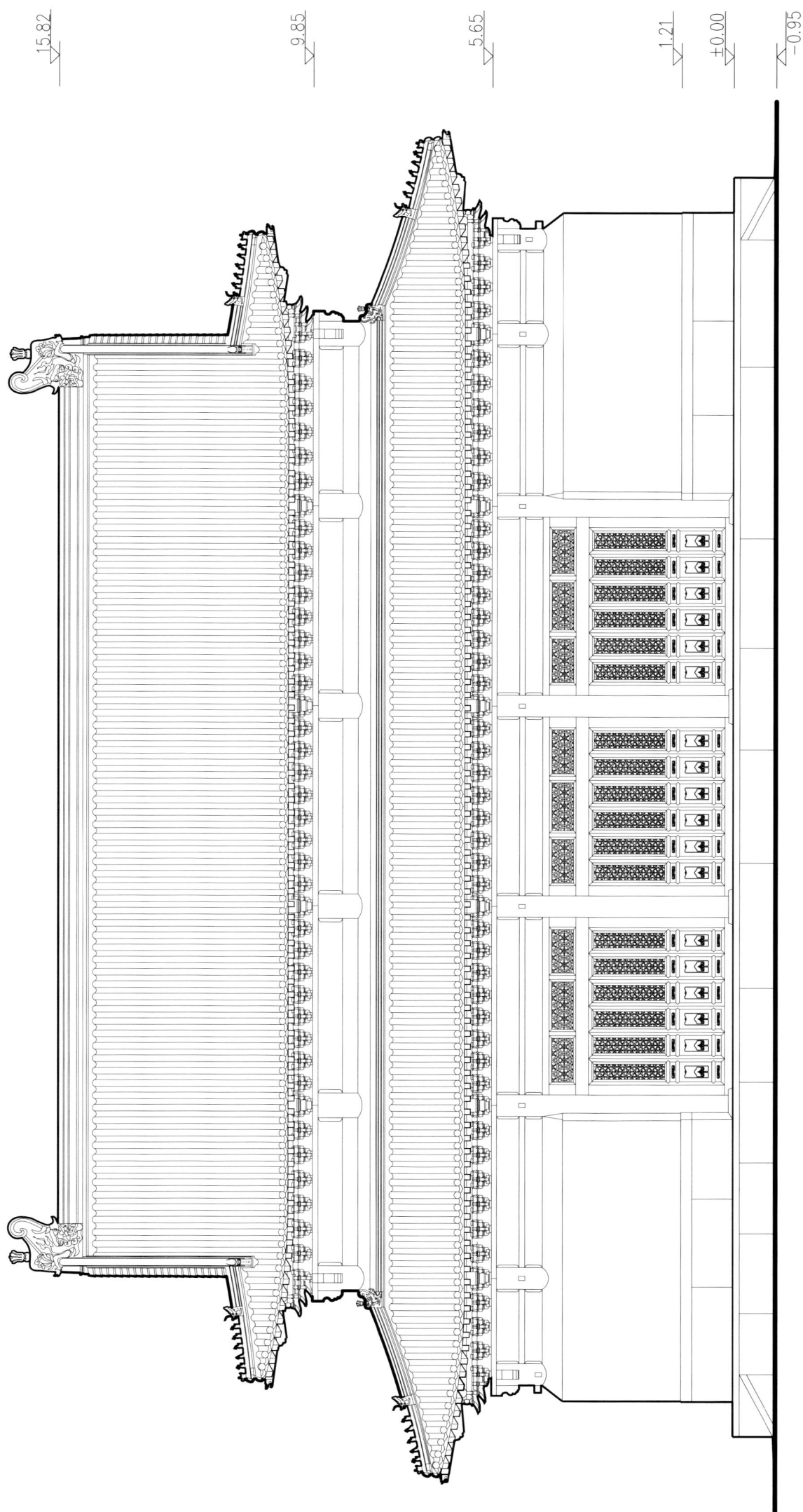

会乘殿背立面图

15.82

9.85

5.65

1.21

±0.00

−0.95

0　1m　2m　5m

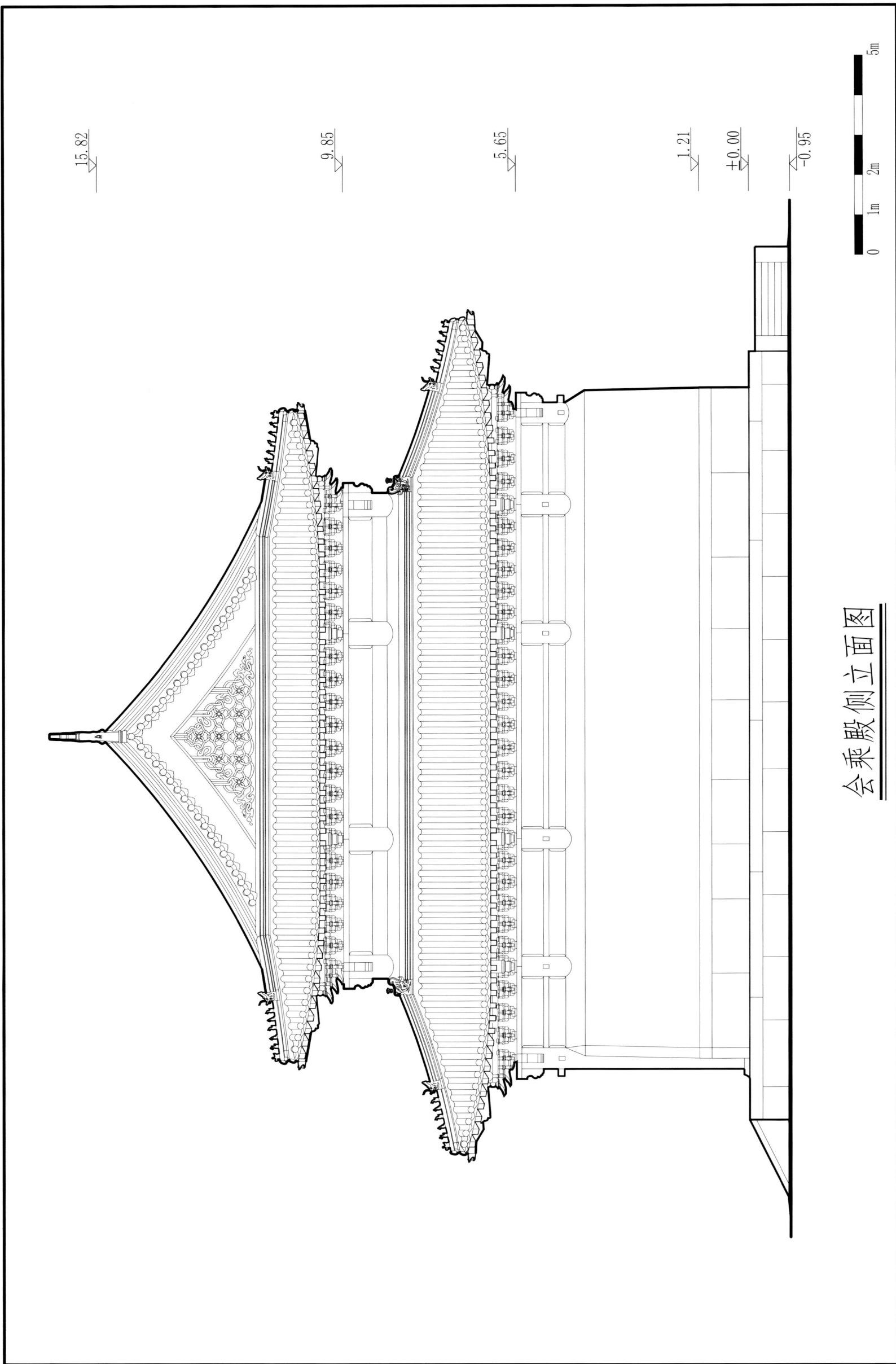

会乘殿侧立面图

15.82

9.85

5.65

1.21

±0.00

−0.95

0　1m　2m　5m

会乘殿剖面图

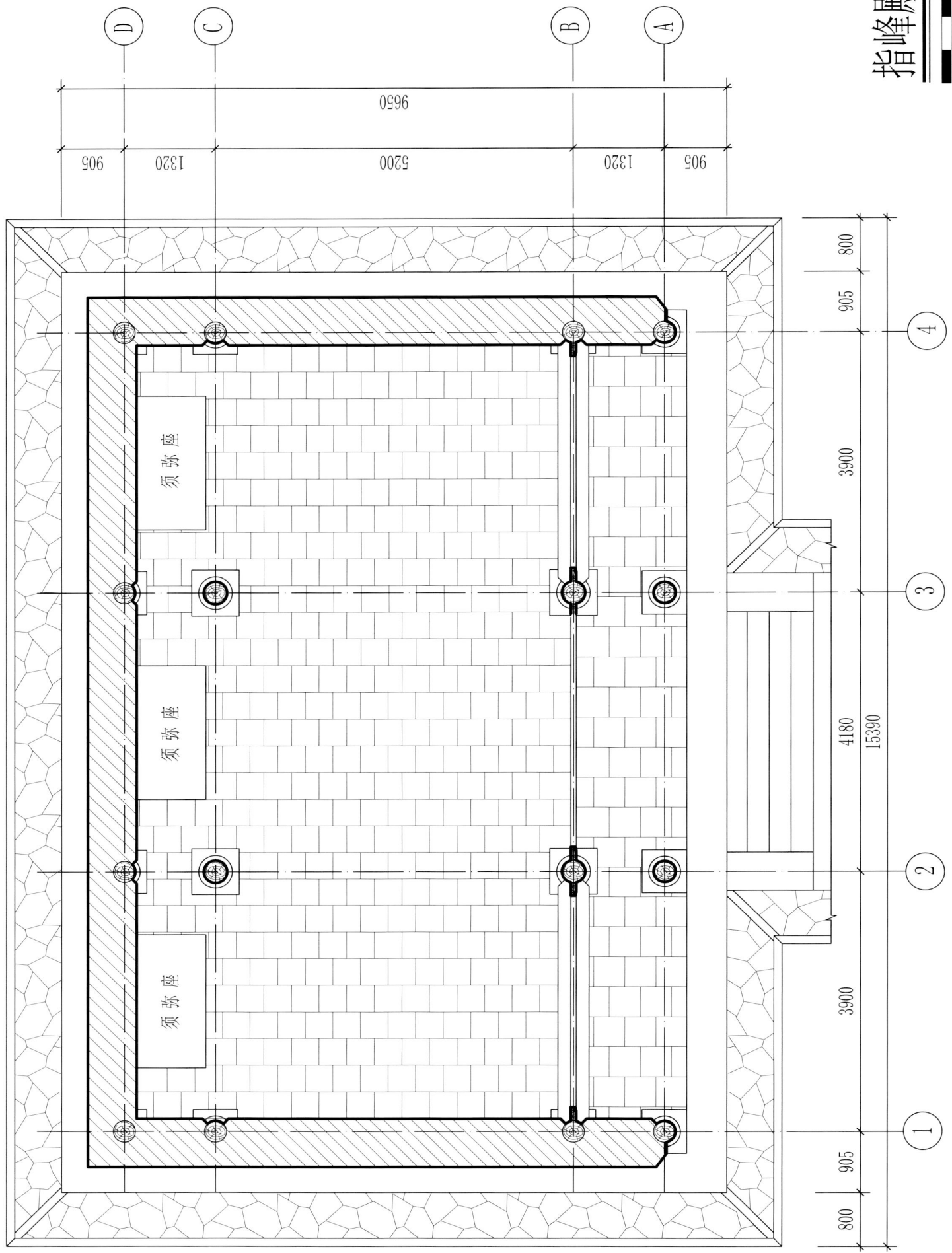

指峰殿平面图

须弥座

须弥座

须弥座

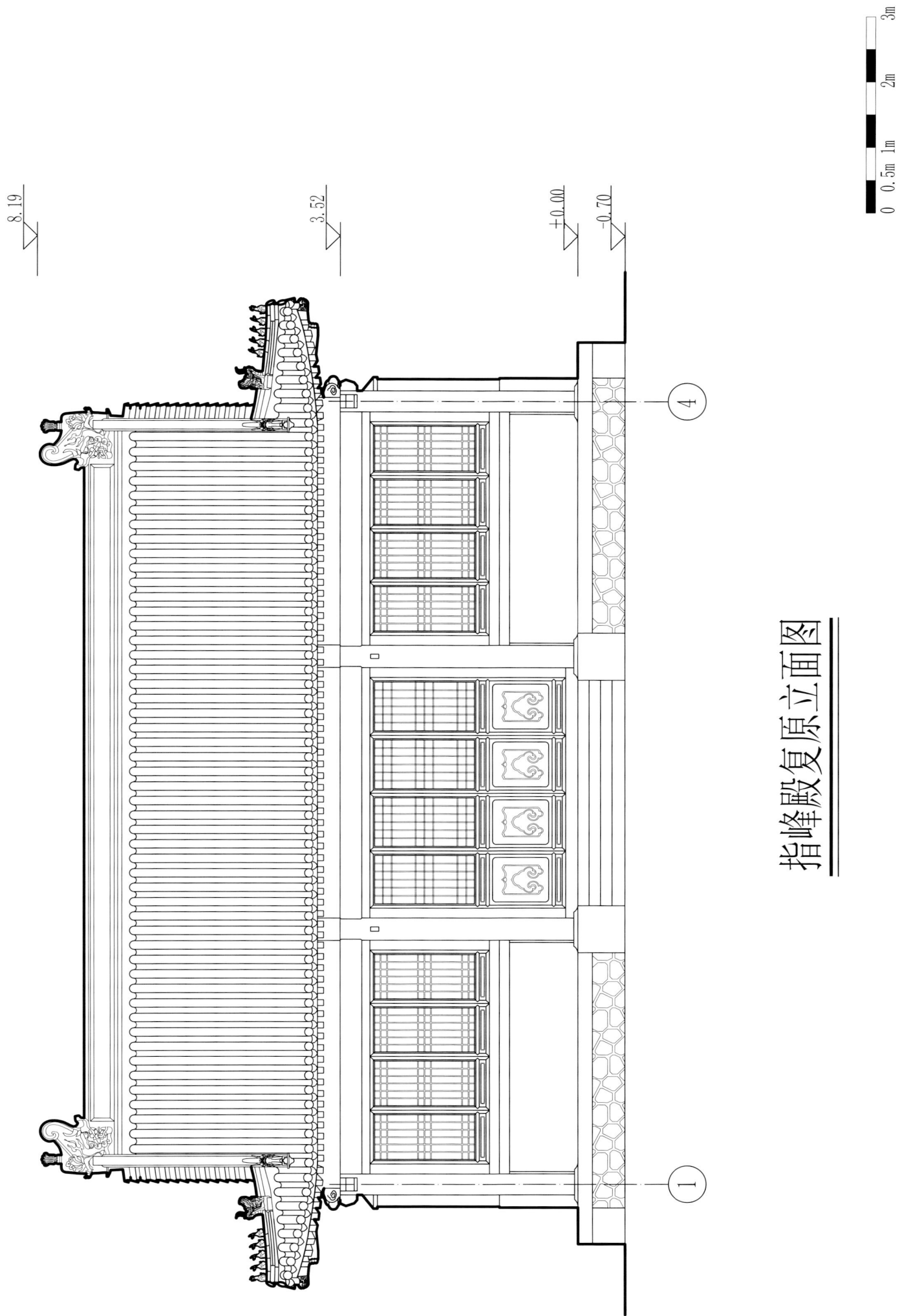

指峰殿复原立面图

8.19

3.52

±0.00

-0.70

0 0.5m 1m 2m 3m

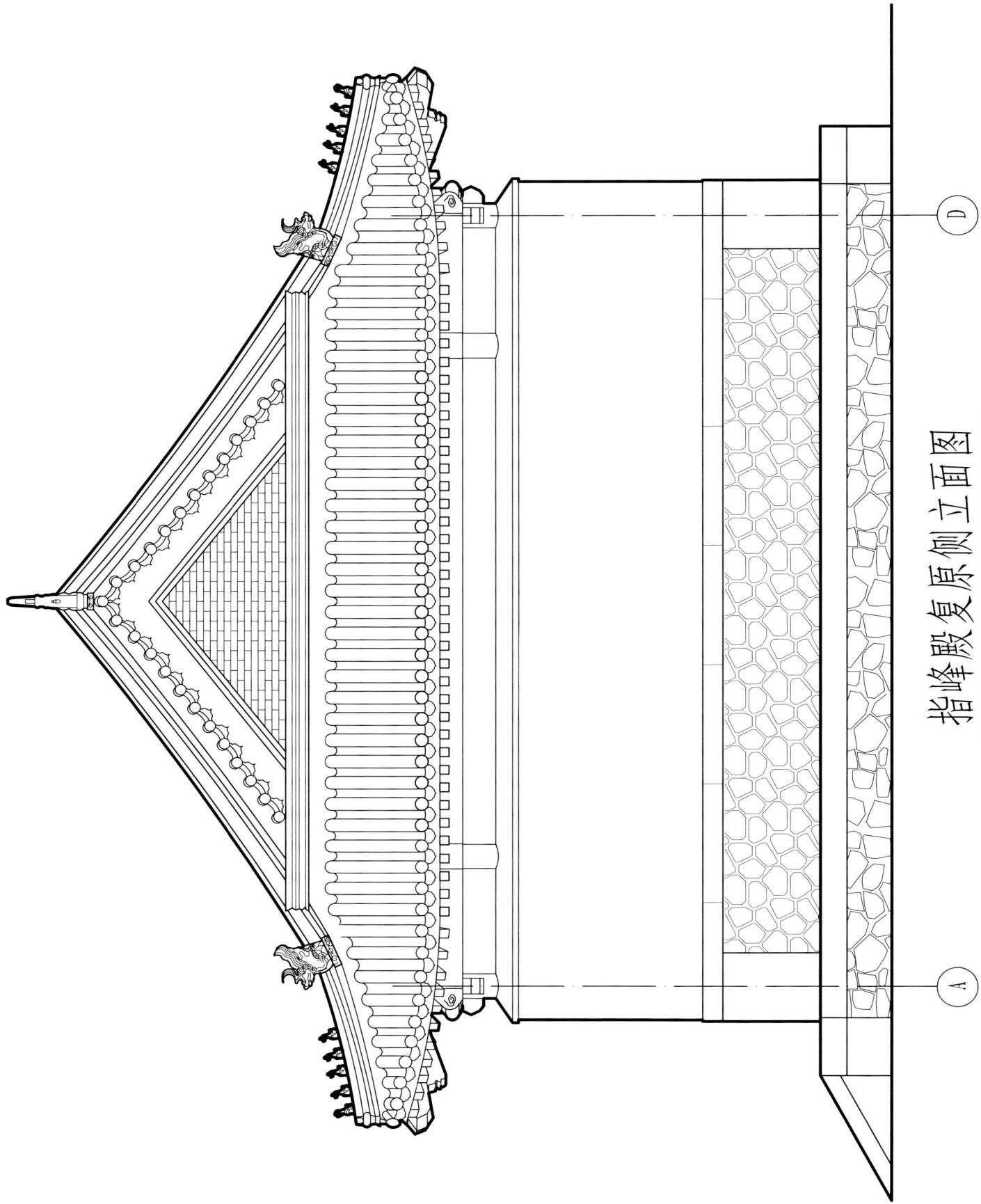

指峰殿复原侧立面图

0　0.5m　1.5m　2.5m

Ⓓ

Ⓐ

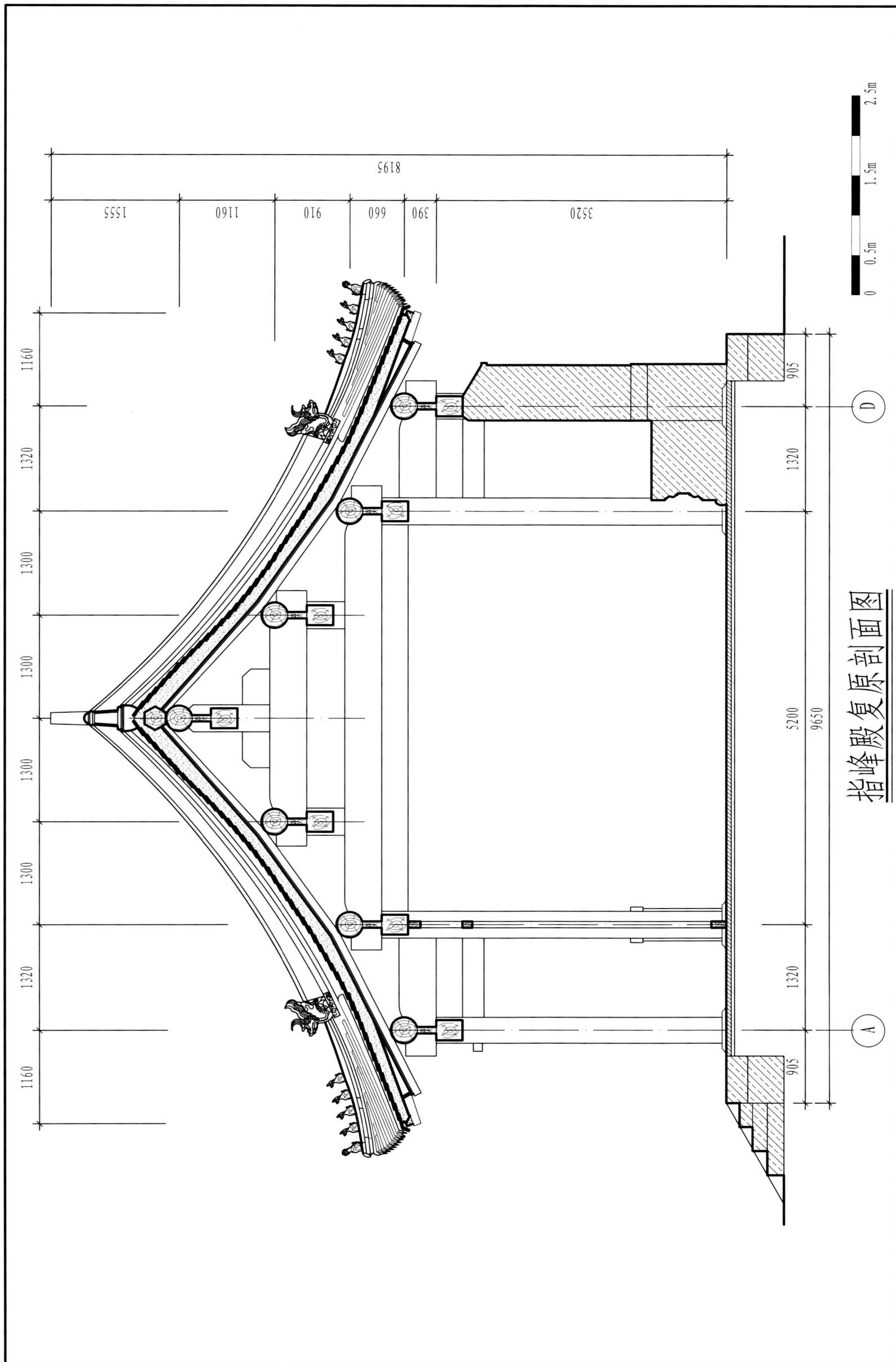

指峰殿复原剖面图

北

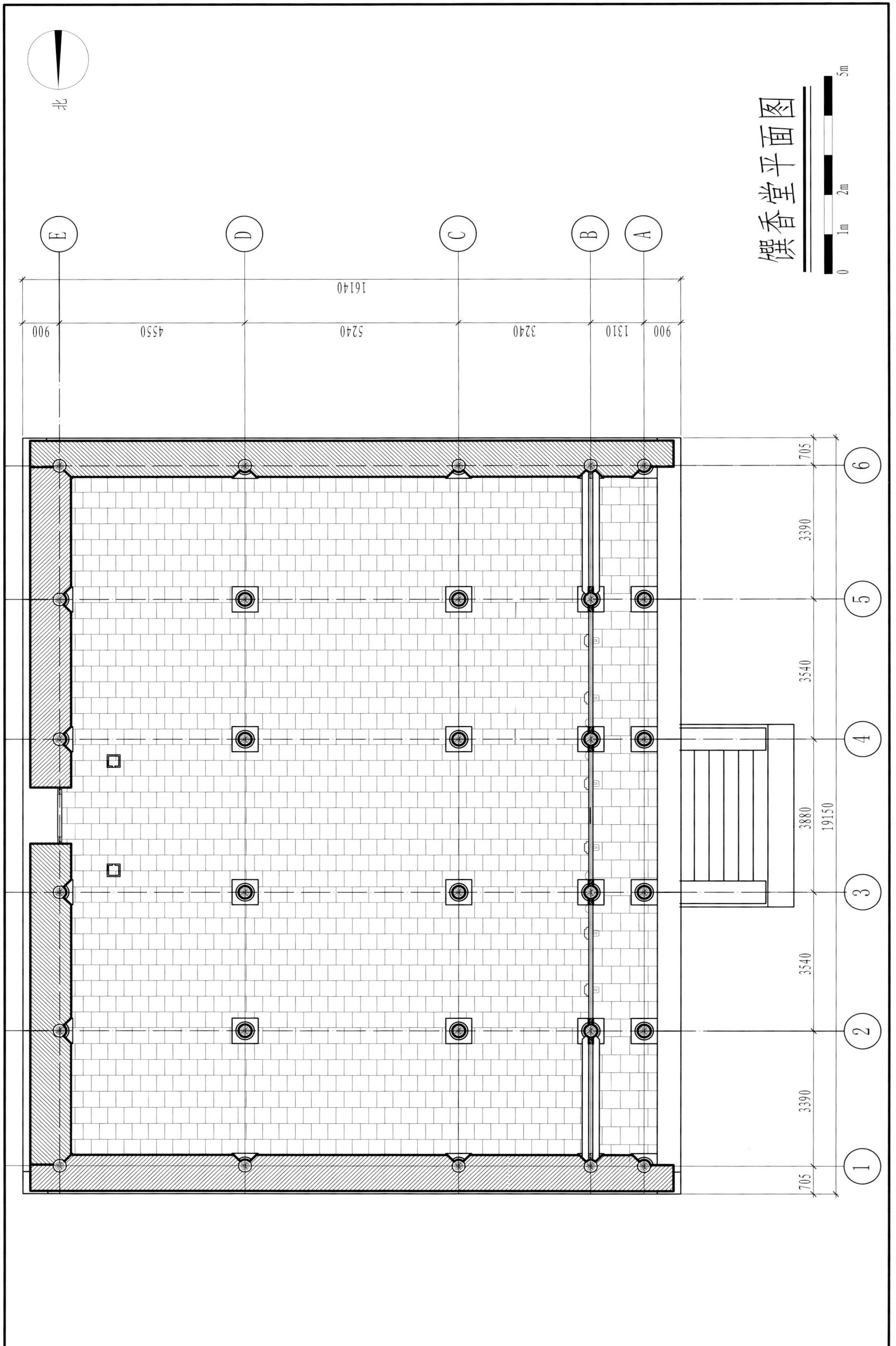

供香堂平面图

| 0 | 1m | 2m | 5m |

16140

900　4550　5240　3240　1310　900

E

D

C

B

A

705　3390　3540　3880　19150　3540　3390　705

1　2　3　4　5　6

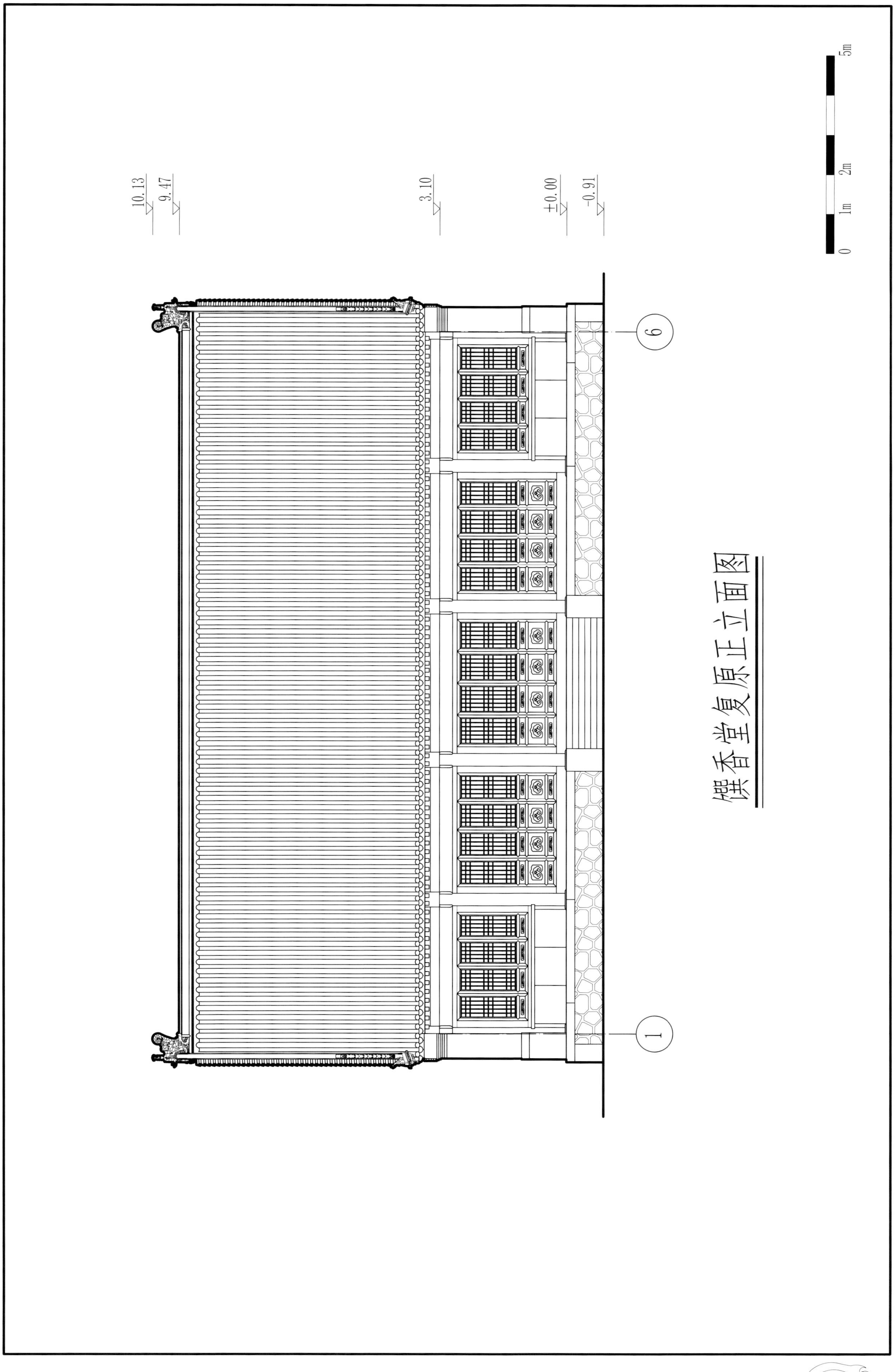
10.13
9.47
3.10
±0.00
-0.91
6
1
0
1m
2m
5m
馔香堂复原正立面图

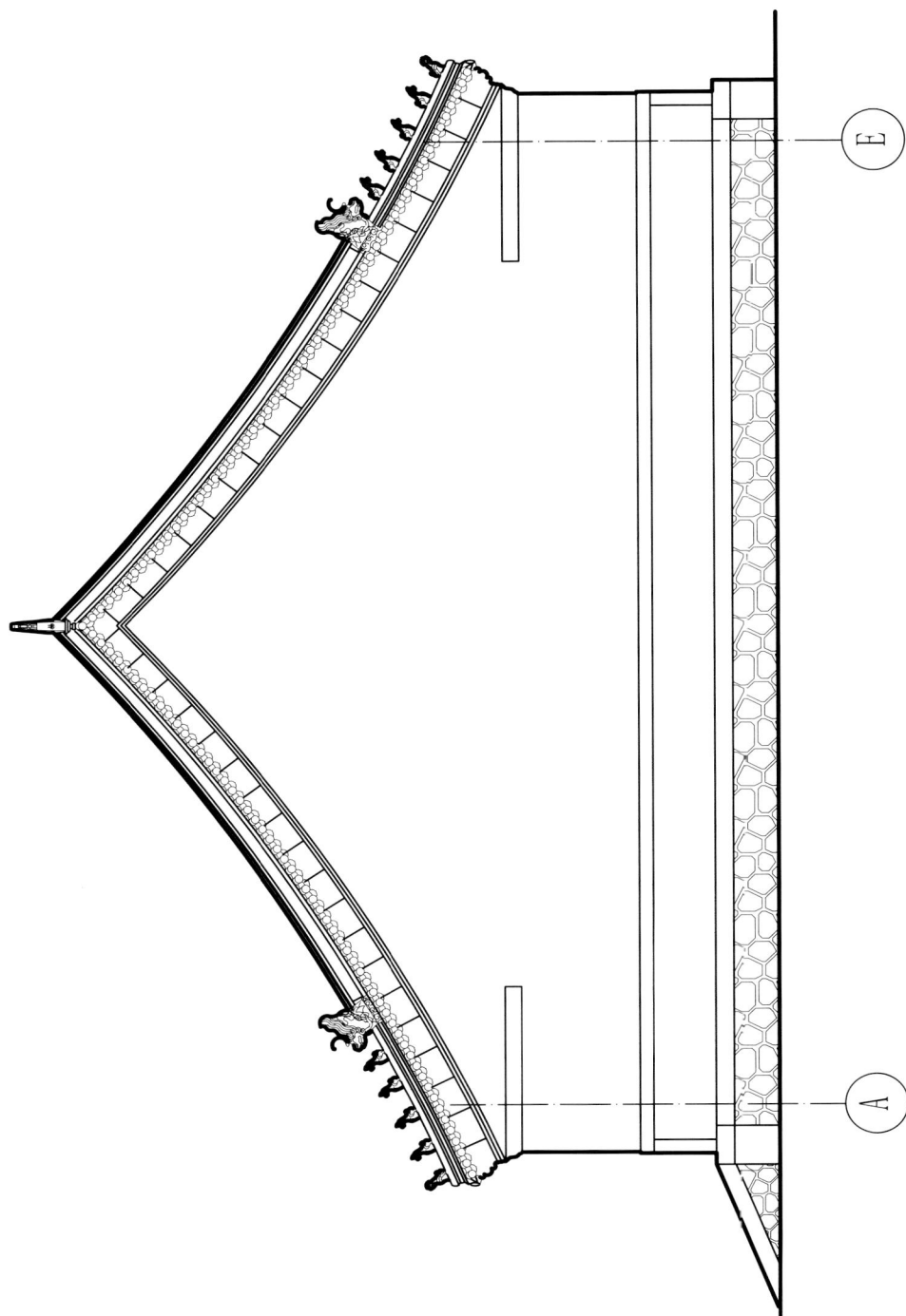

馥香堂复原侧立面图

10.13

3.10

1.09

±0.00

-0.91

Ⓐ

Ⓔ

0   1m   2m   5m

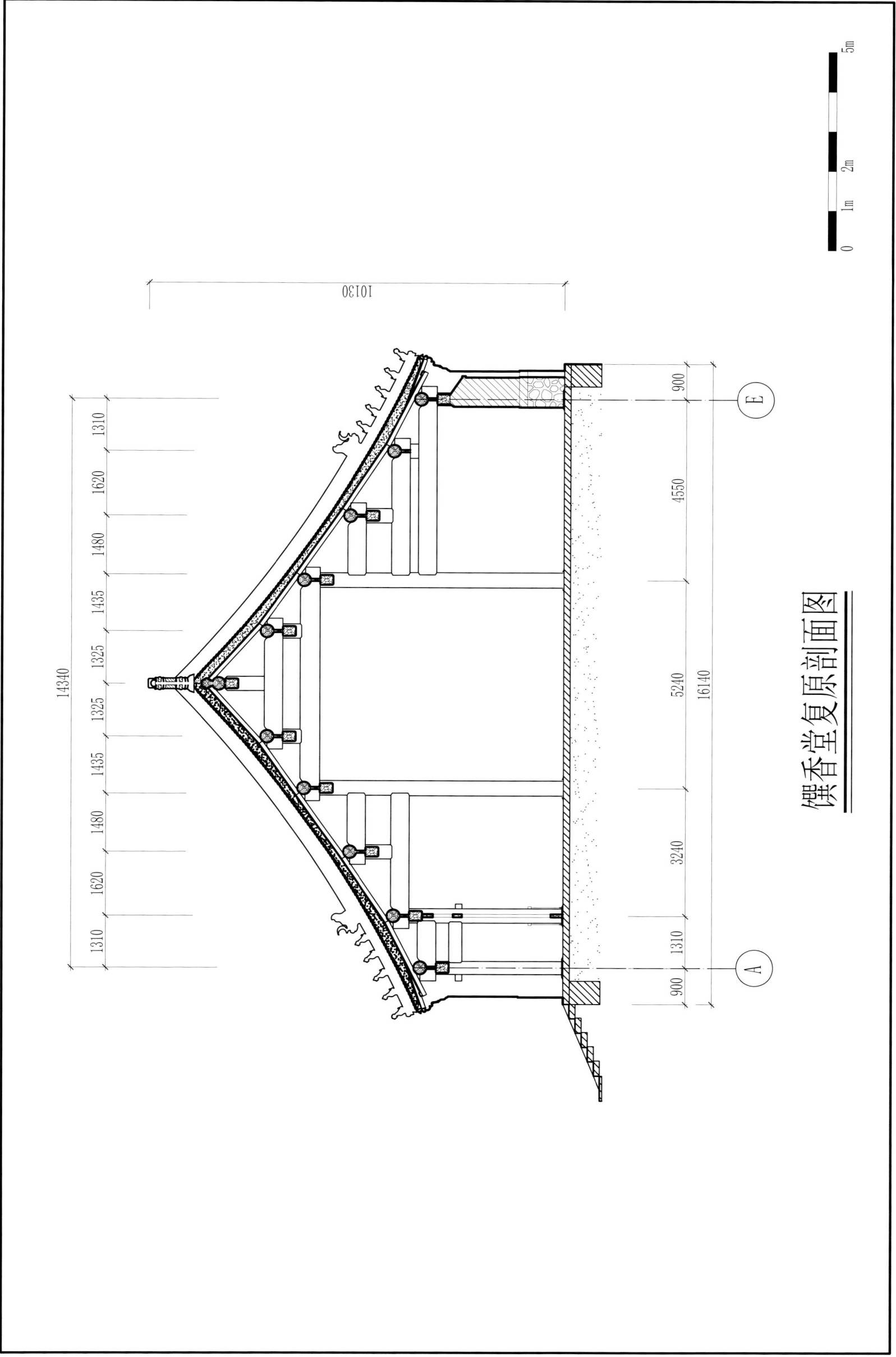

偎香堂复原剖面图

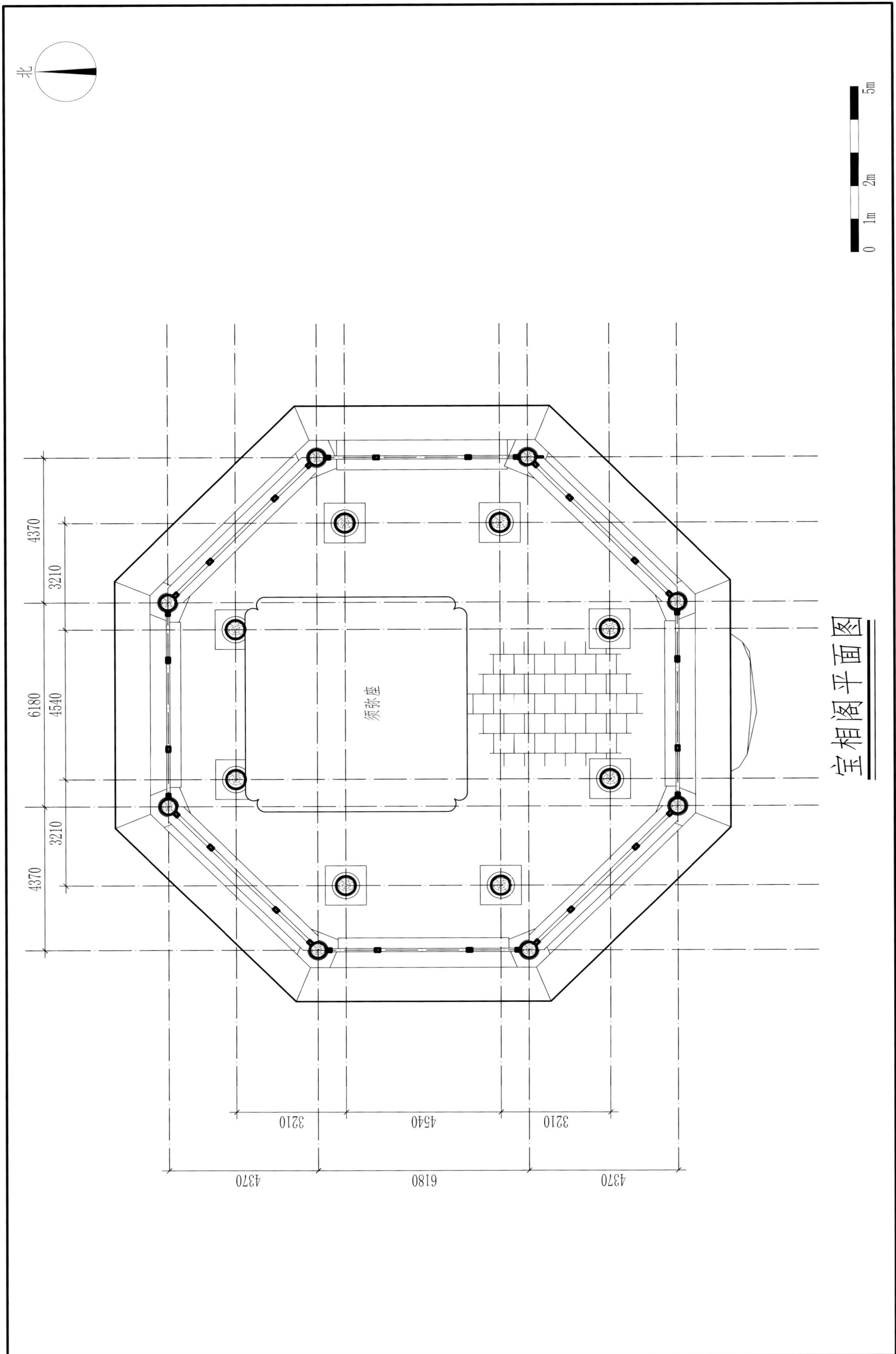

北

须弥座

宝相阁平面图

4370
3210
6180
4540
3210
4370

3210
4540
3210
4370
6180
4370

0 1m 2m 5m

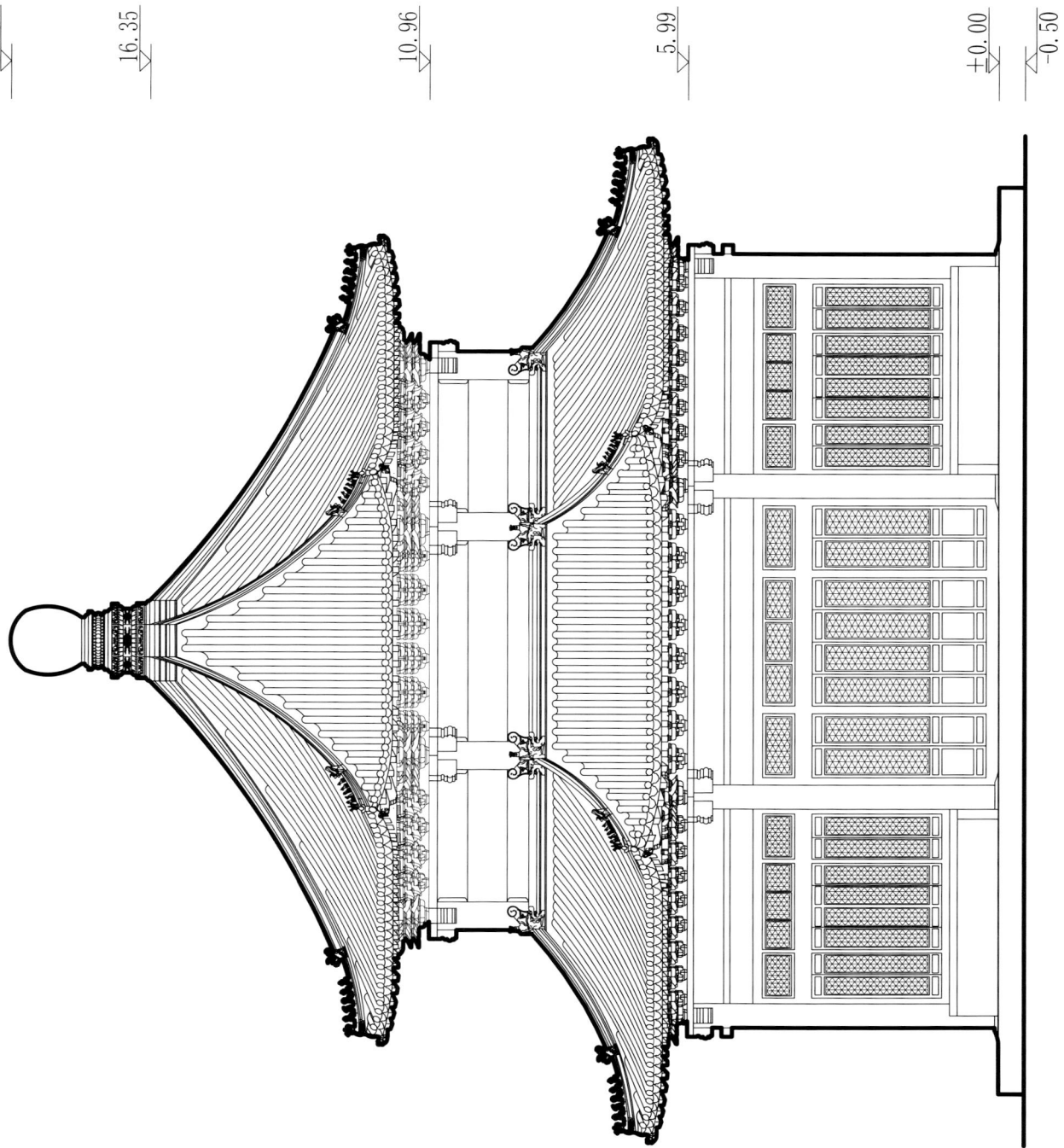

19.03

16.35

10.96

5.99

±0.00
-0.50

宝相阁正立面图

0 1m 2m 5m

宝相阁剖面图

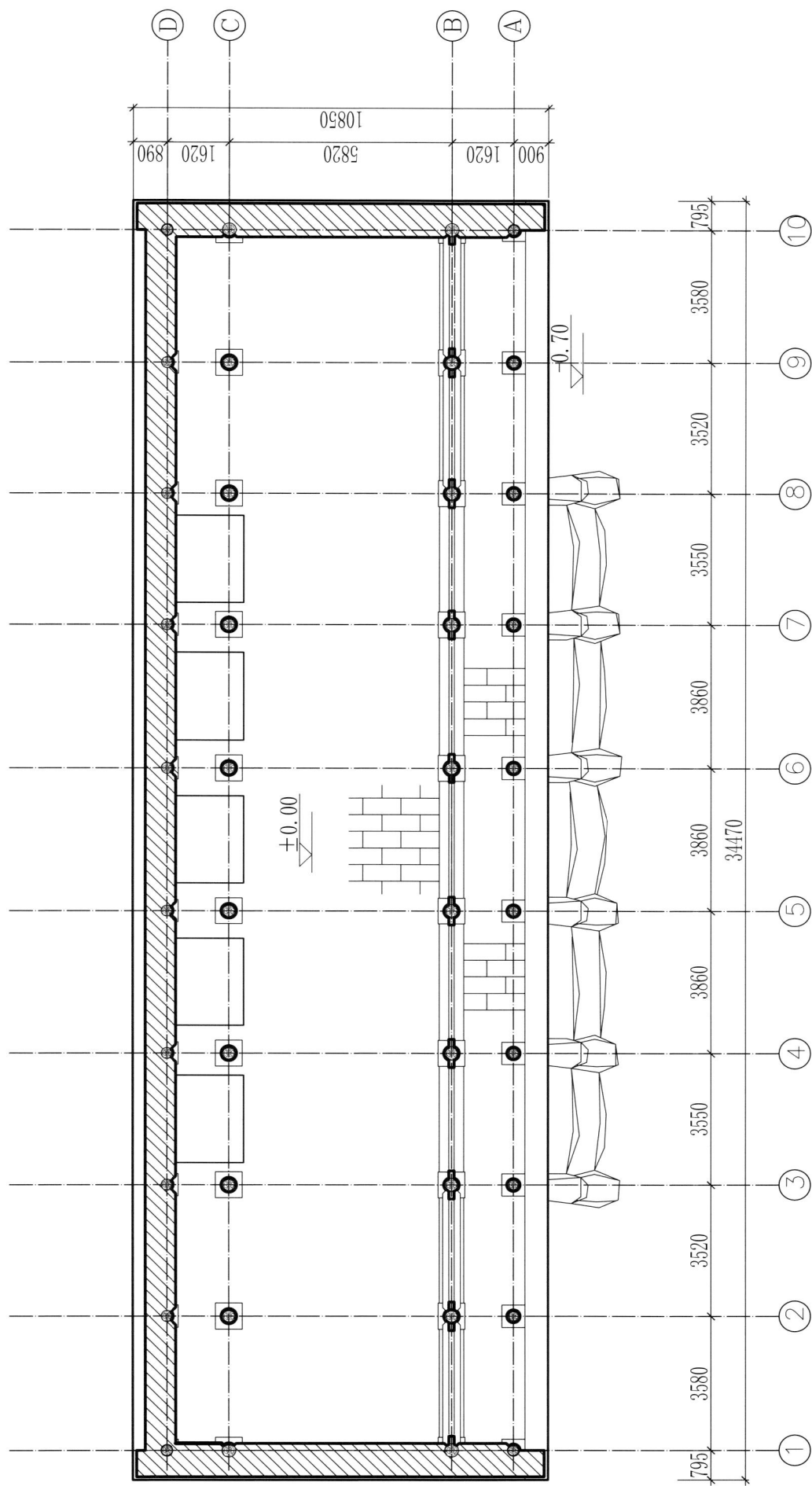

清凉楼平面图

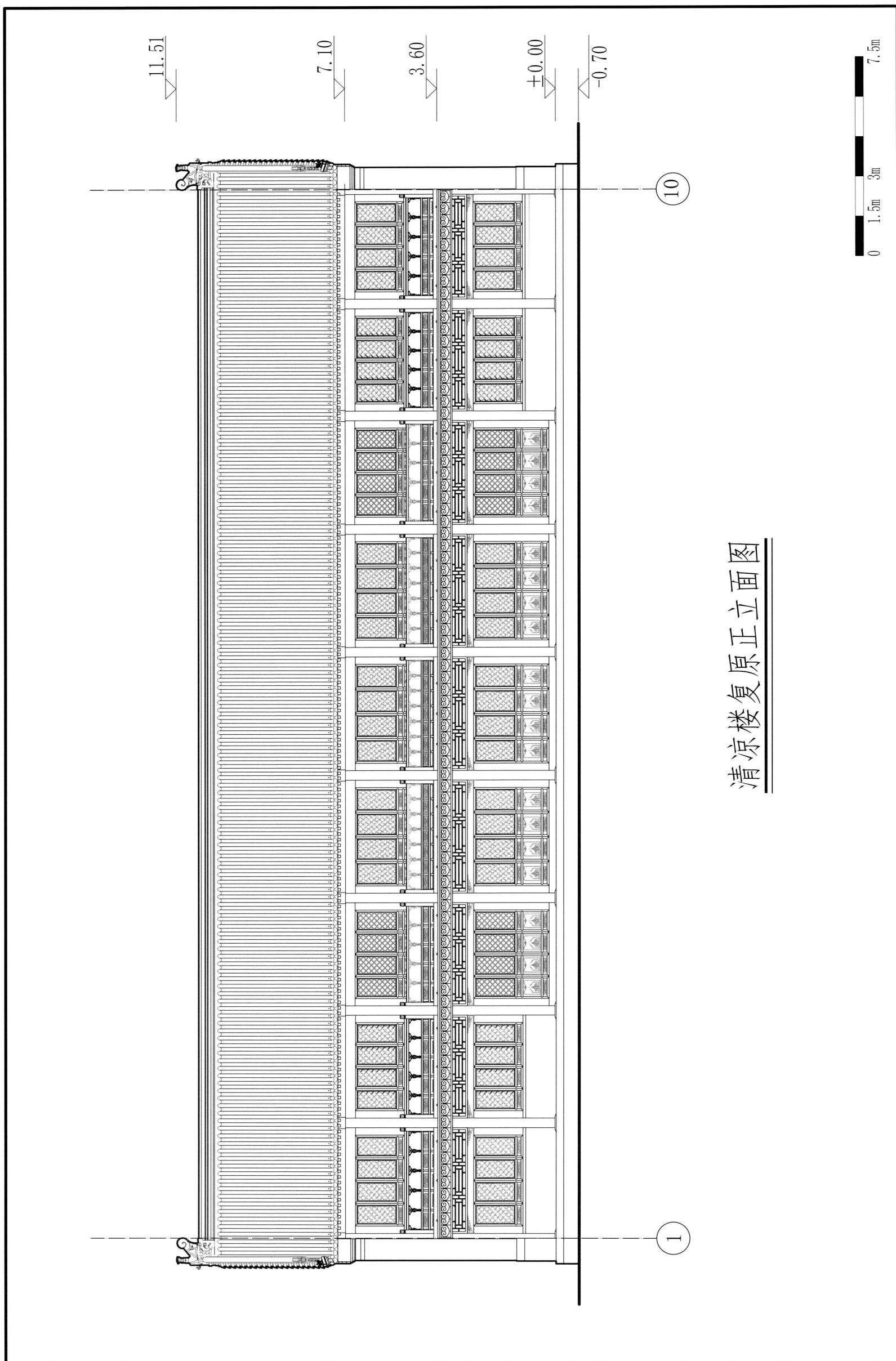

清凉楼复原正立面图

11.51

7.10

3.60

±0.00

-0.70

⑩

①

0　1.5m　3m　　7.5m

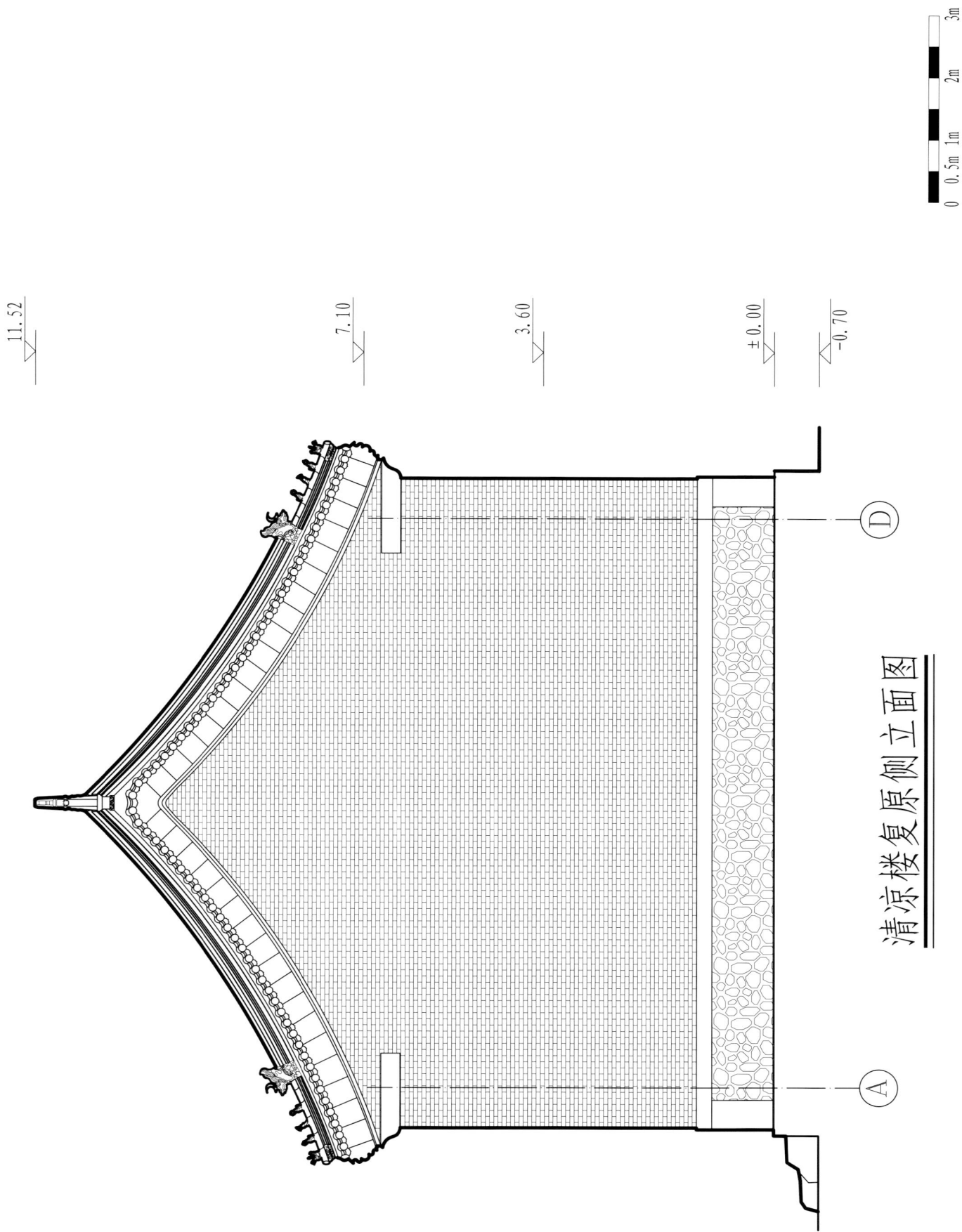

清凉楼复原侧立面图

11.52

7.10

3.60

±0.00

−0.70

Ⓐ　　　Ⓓ

0　0.5m　1m　　2m　　3m

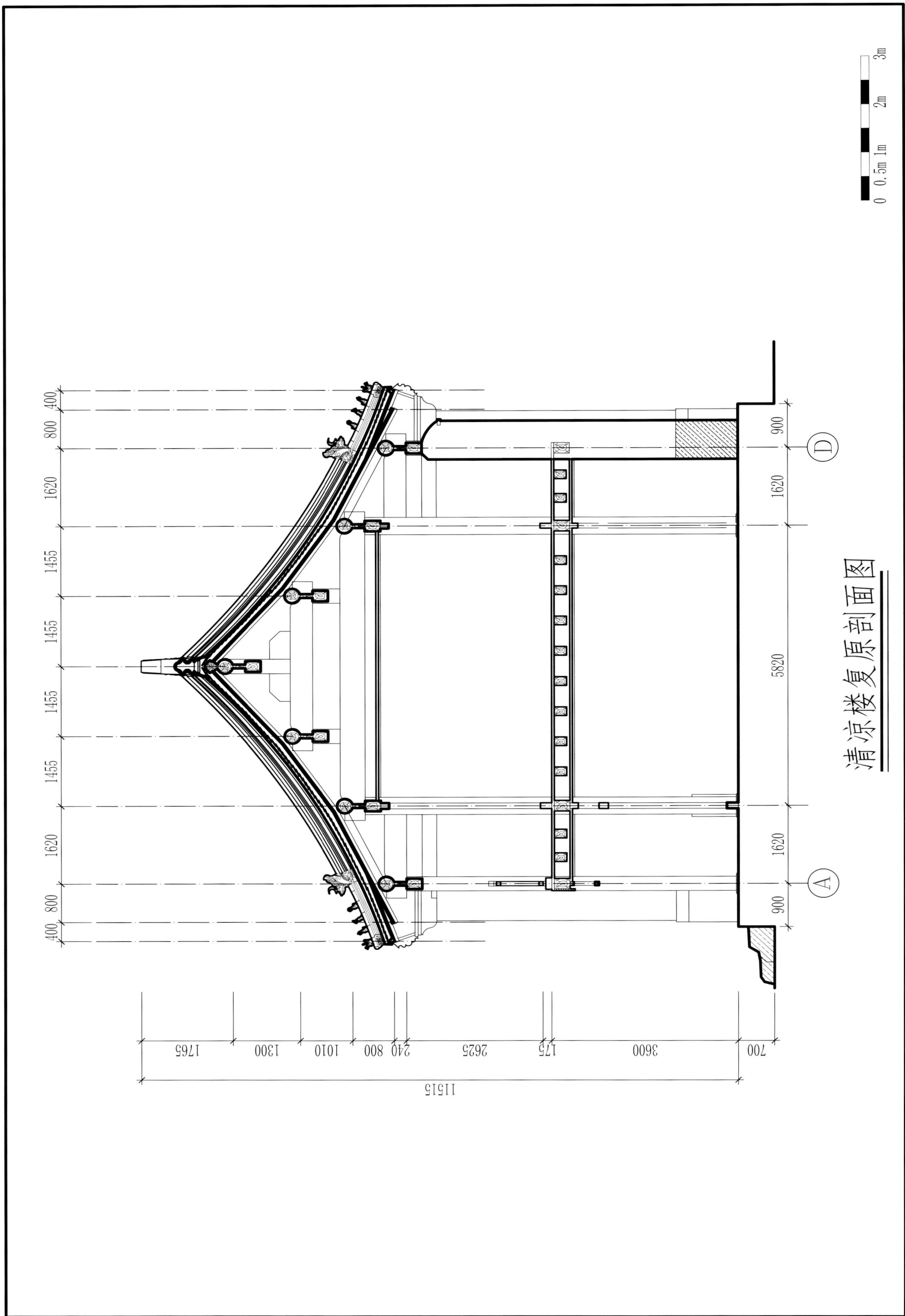

清凉楼复原剖面图

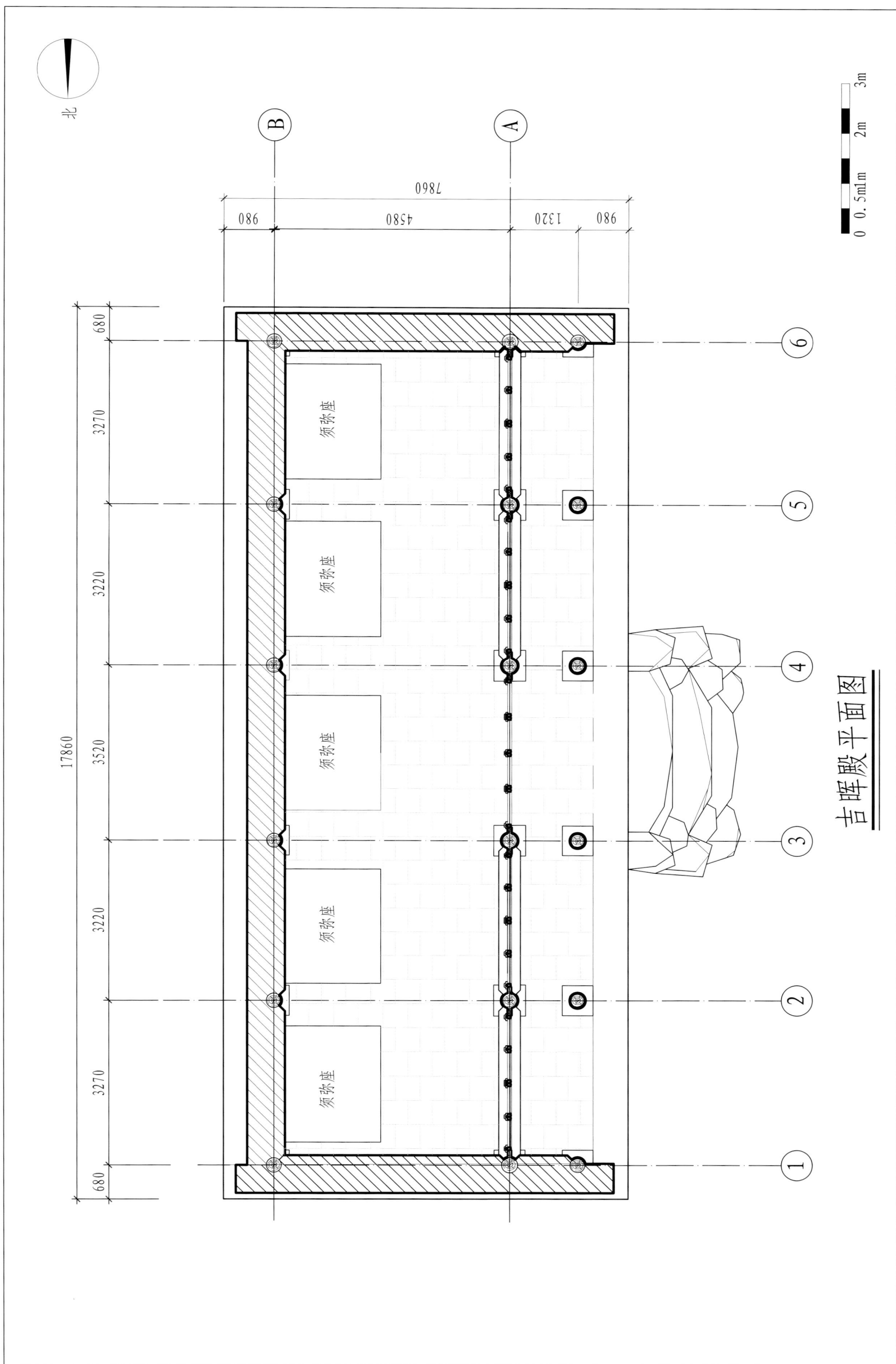

吉晖殿平面图

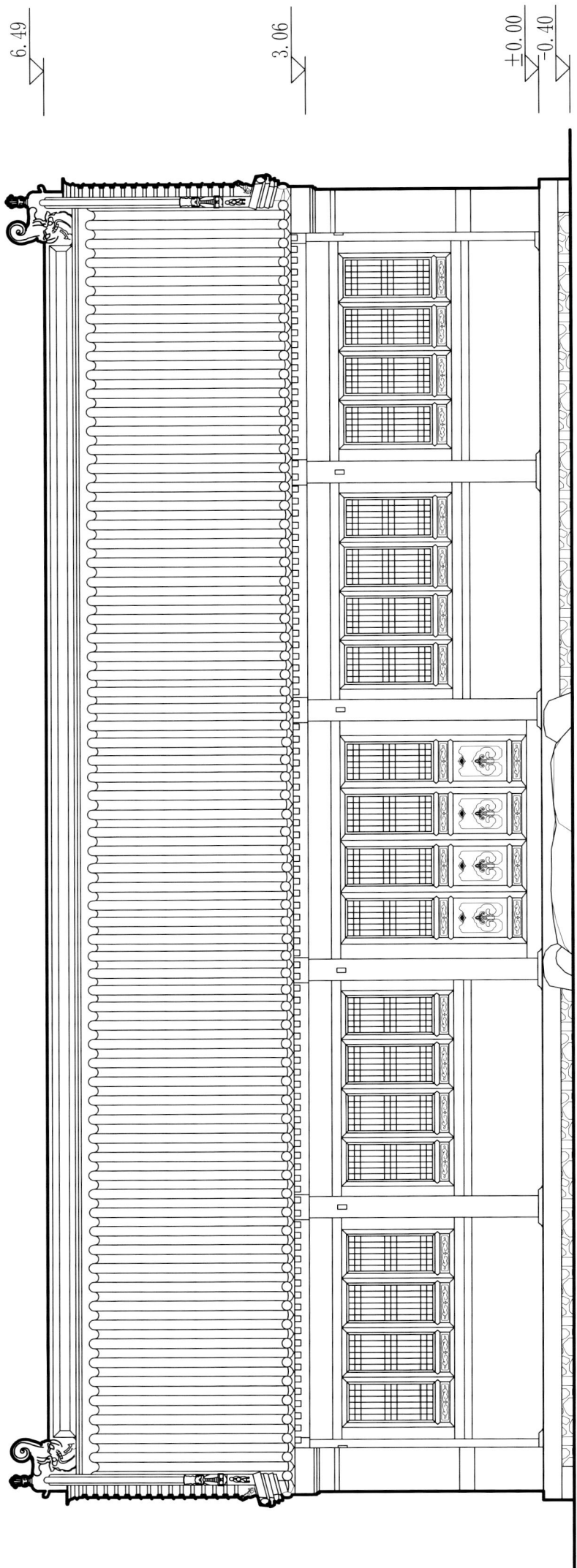

吉晖殿复原正立面图

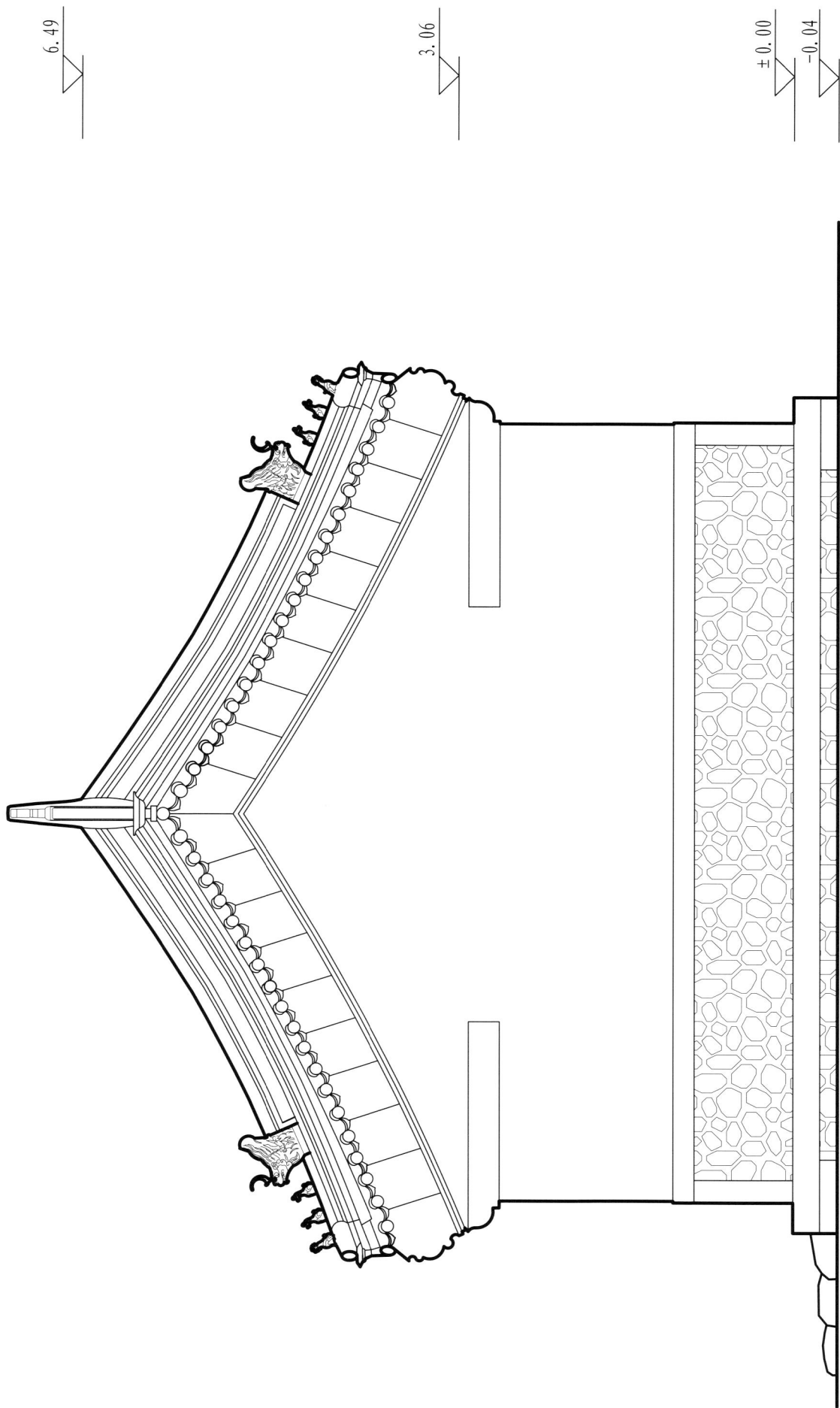

吉晖殿复原侧立面图

6.49

3.06

±0.00
-0.04

0   0.5m   1.5m   2.5m

吉晖殿复原剖面图

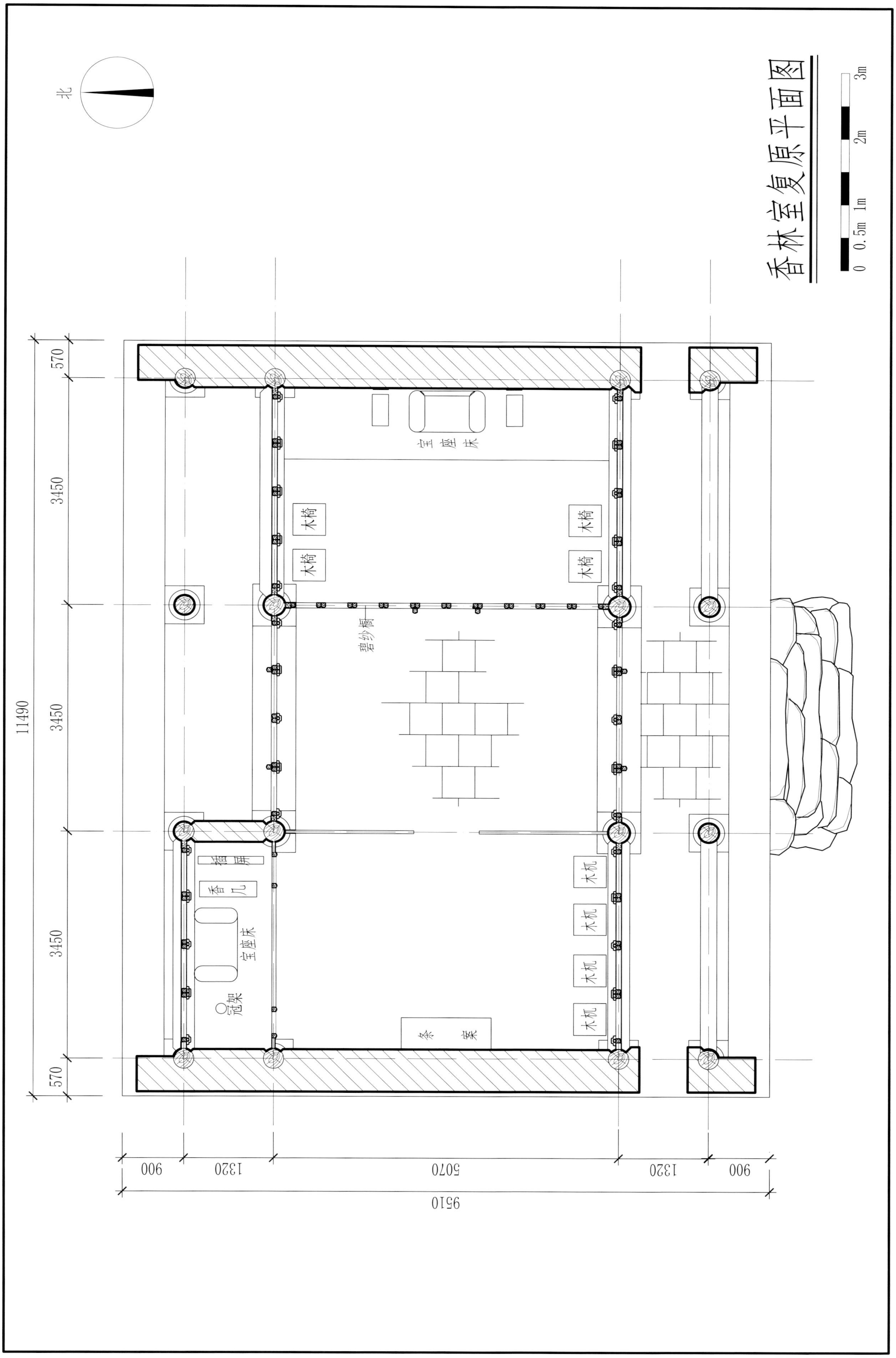

香林室复原平面图

0 0.5m 1m 2m 3m

北

11490

570 3450 3450 3450 570

9510

900 1320 5070 1320 900

宝座床

木椅 木椅

木椅 木椅

碧纱橱

茶几

挂屏

宝座床

冠架

茶几

木机 木机 木机 木机

6.10

3.20

±0.00

−0.64

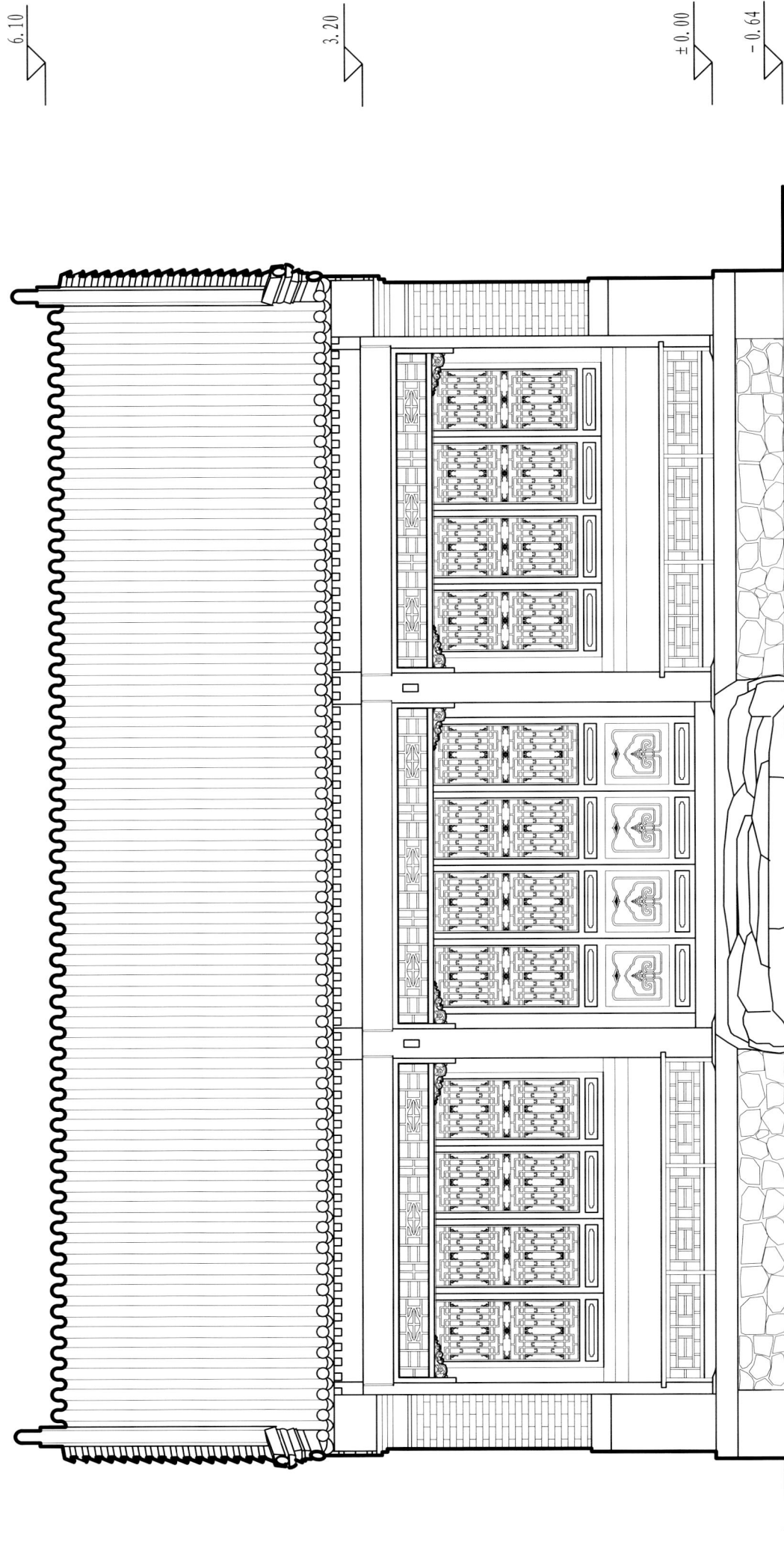

香林室复原正立面图

0   0.5m   1.5m   2.5m

香林室复原侧立面图

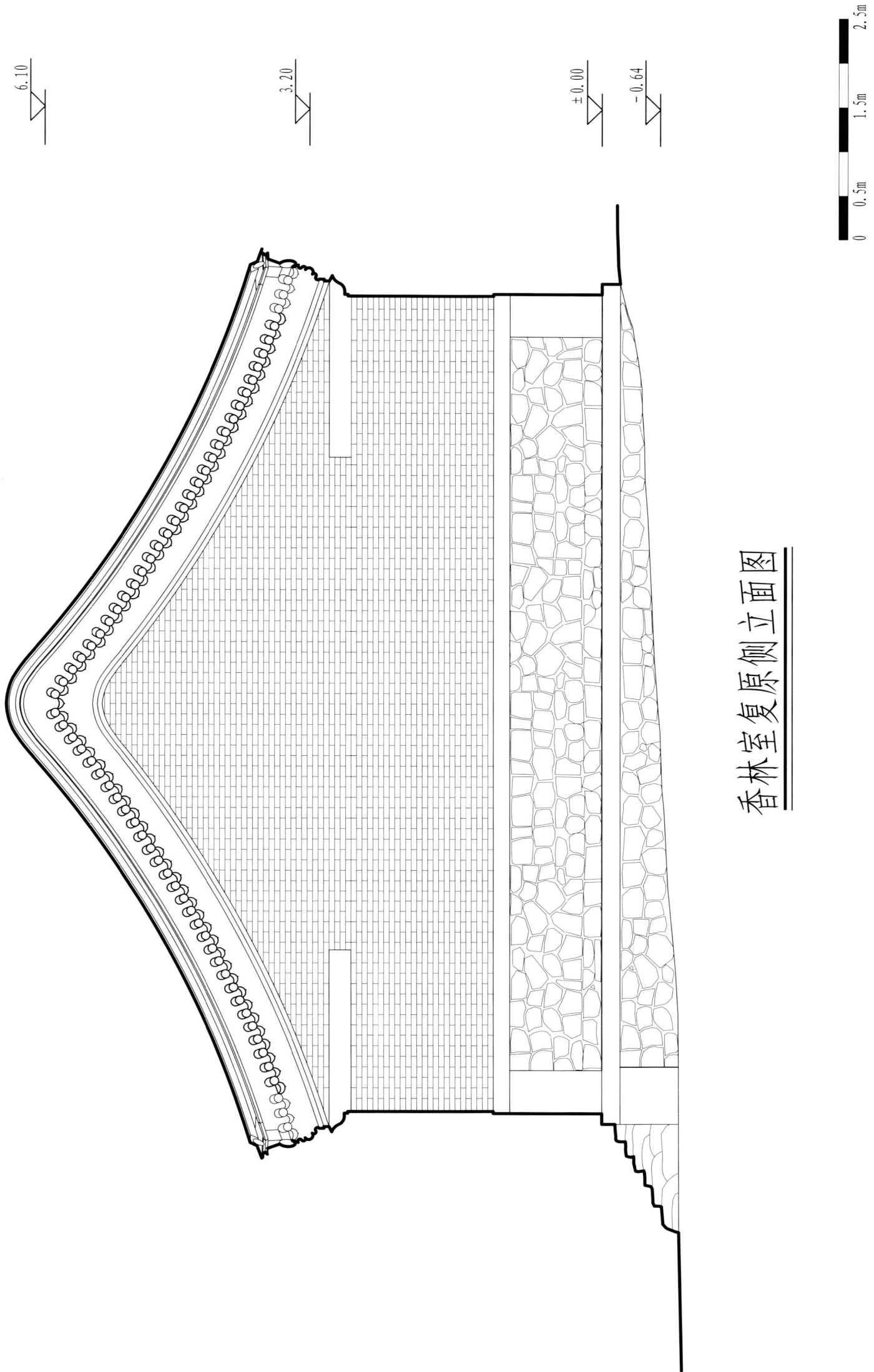

6.10

3.20

±0.00

−0.64

0   0.5m   1.5m   2.5m

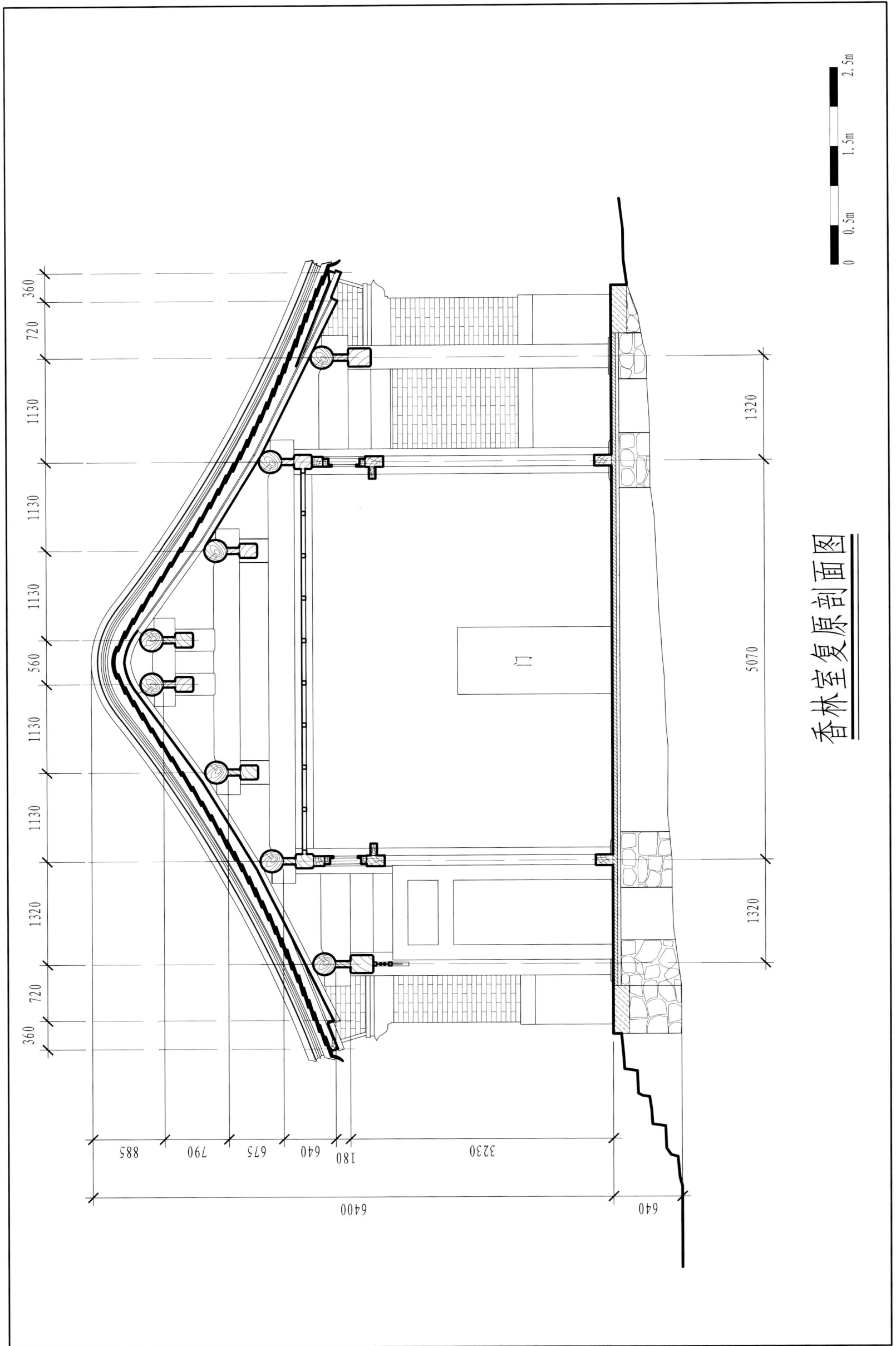

香林室复原剖面图

倚云楼一层复原平面图

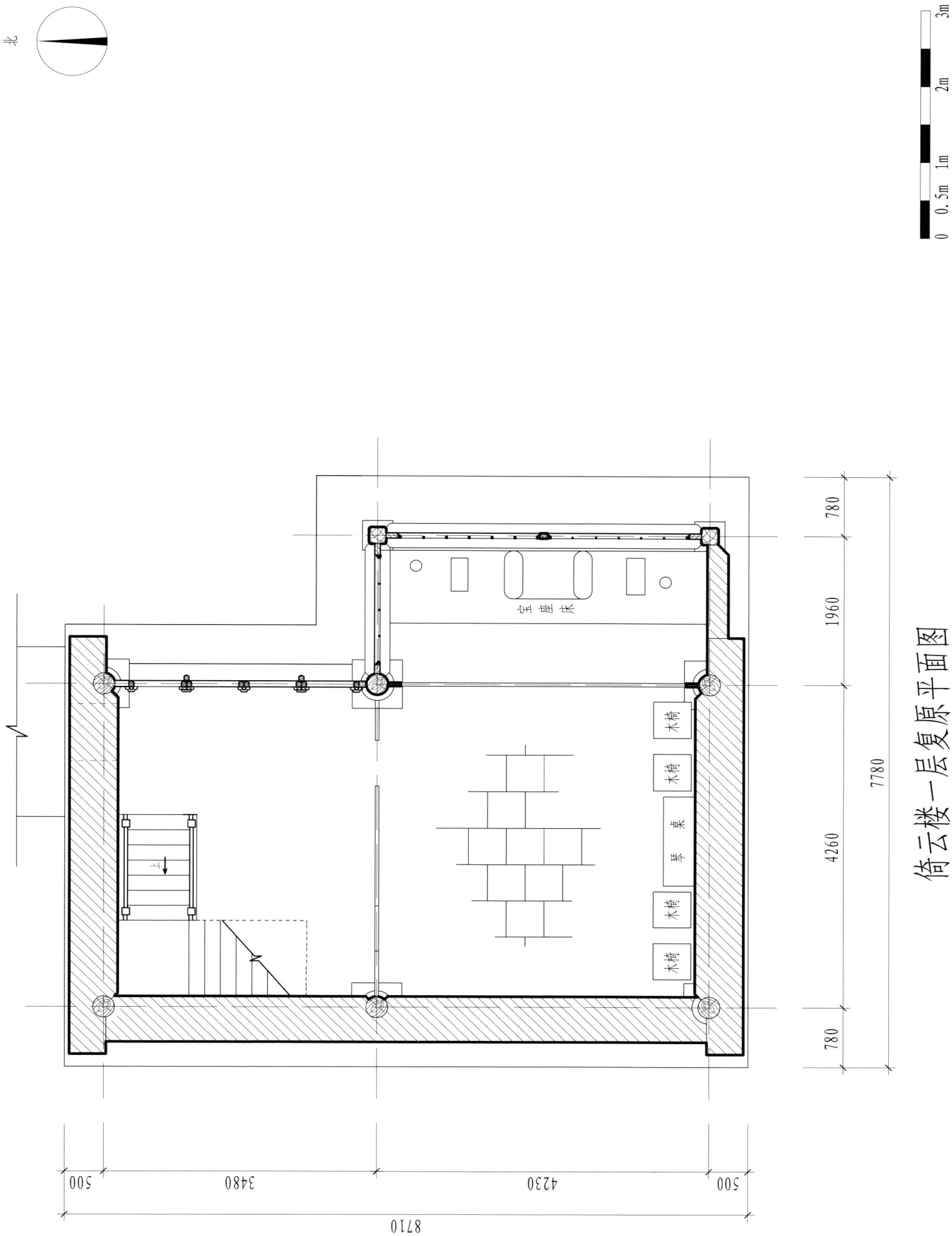

北

木椅
木椅
木椅
木椅

方　窗

宝座床

下

2740

7780

4260

780

500

3480

4230

500

8710

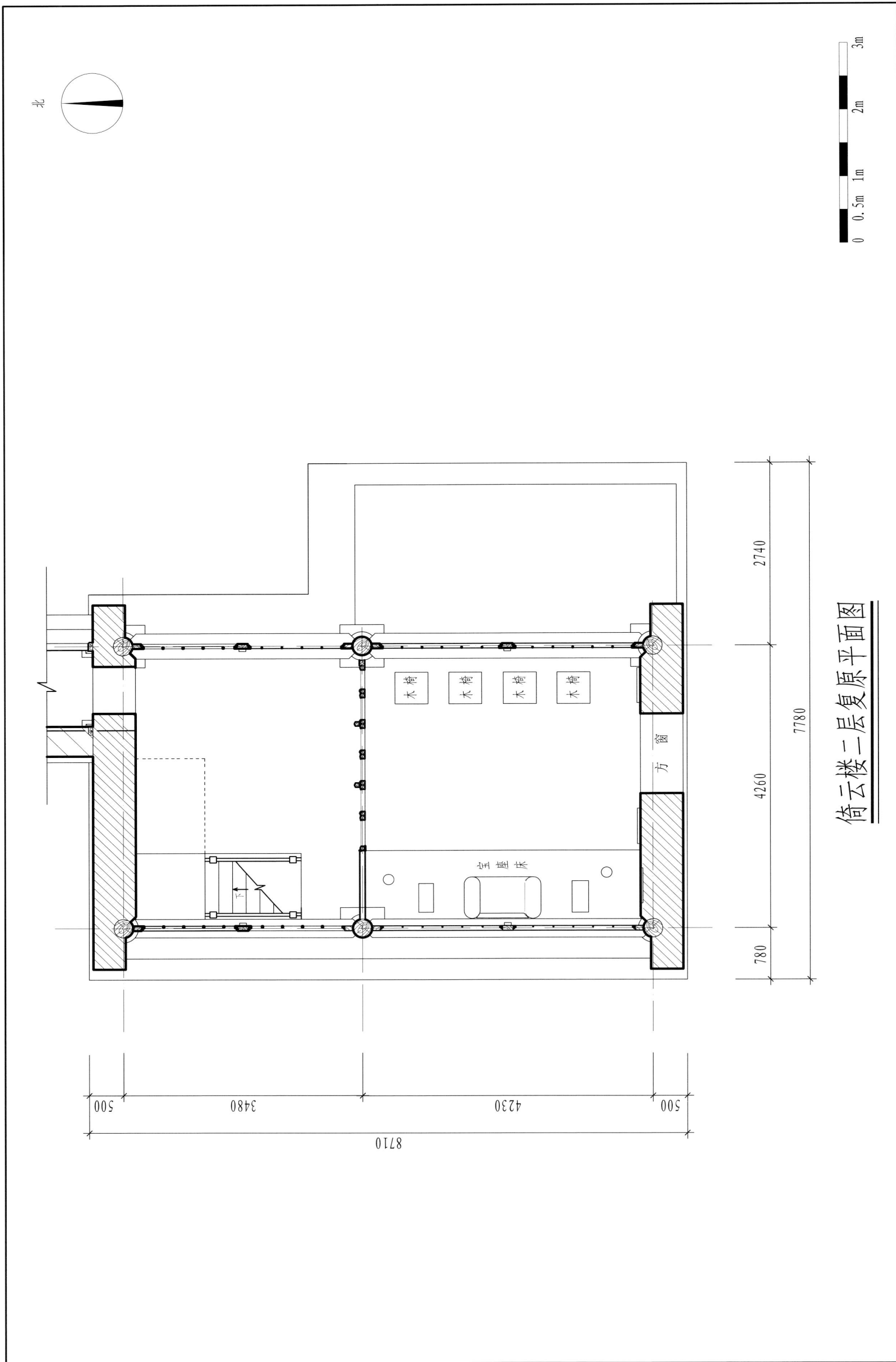

倚云楼二层复原平面图

0　0.5m　1m　2m　3m

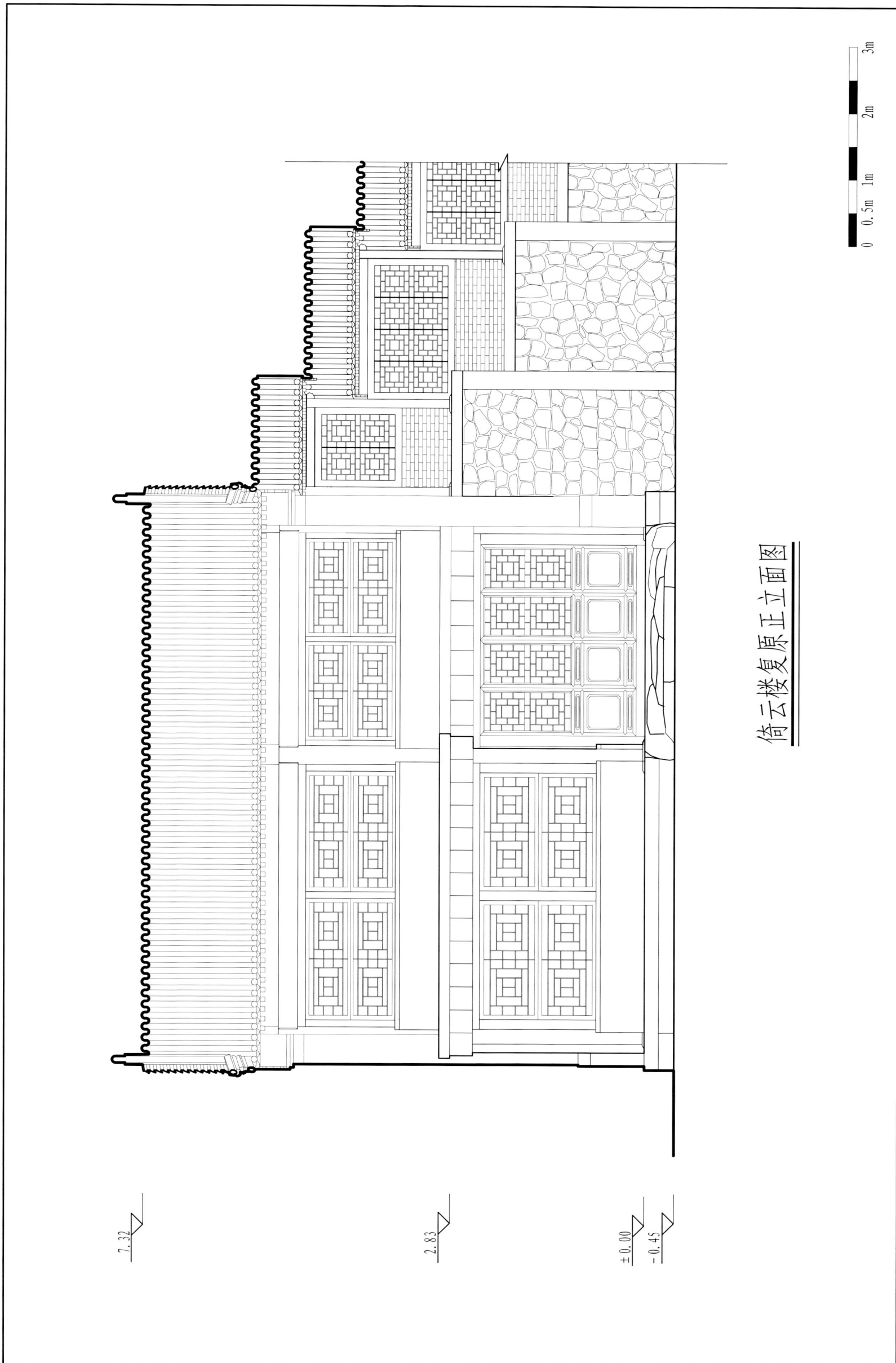

倚云楼复原正立面图

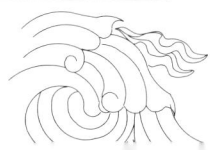

7.32

2.83

±0.00
-0.45

0 0.5m 1m 2m 3m

7.32

2.83

±0.00
-0.36

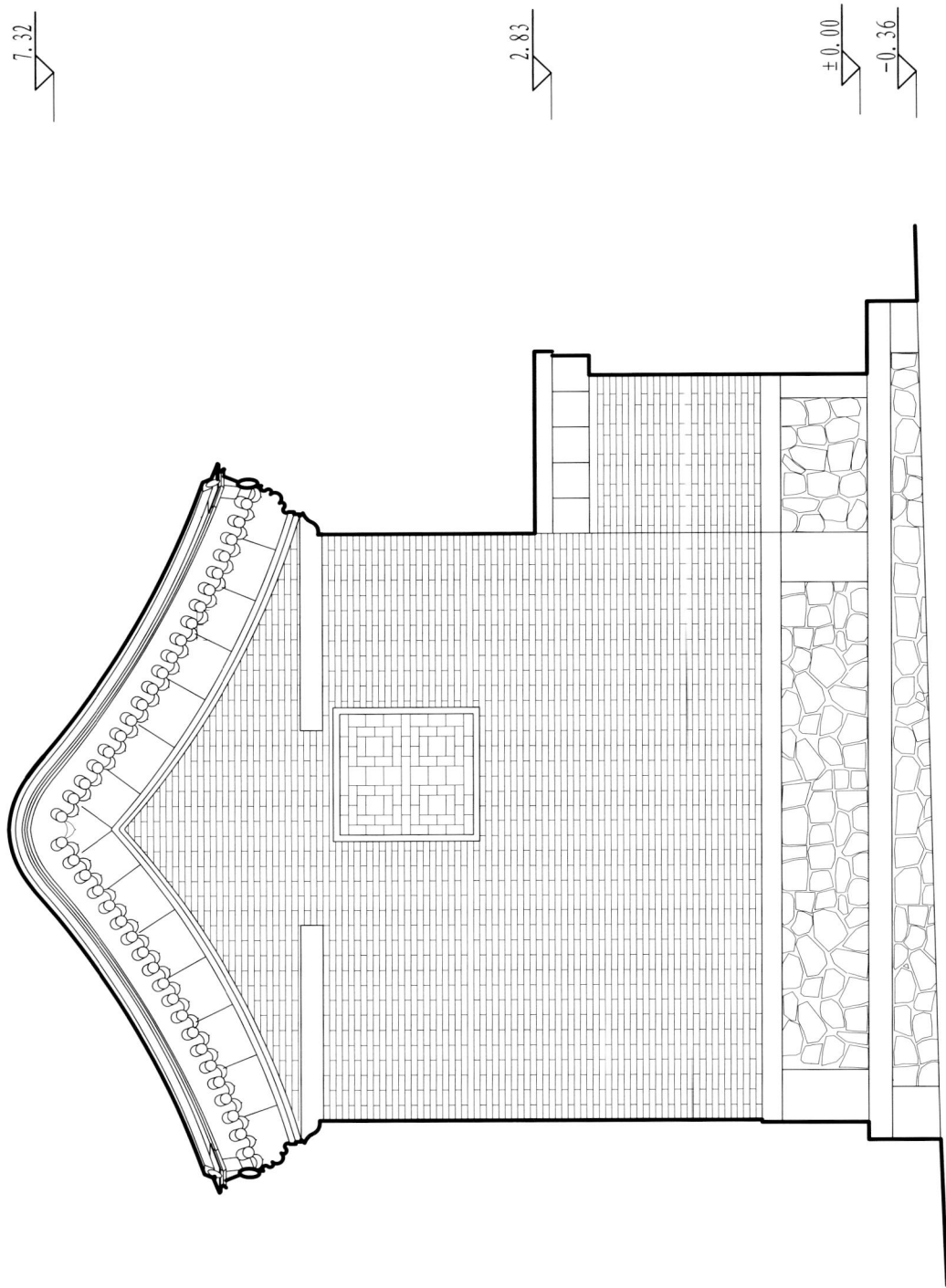

倚云楼复原侧立面图

0 0.5m 1m 2m 3m

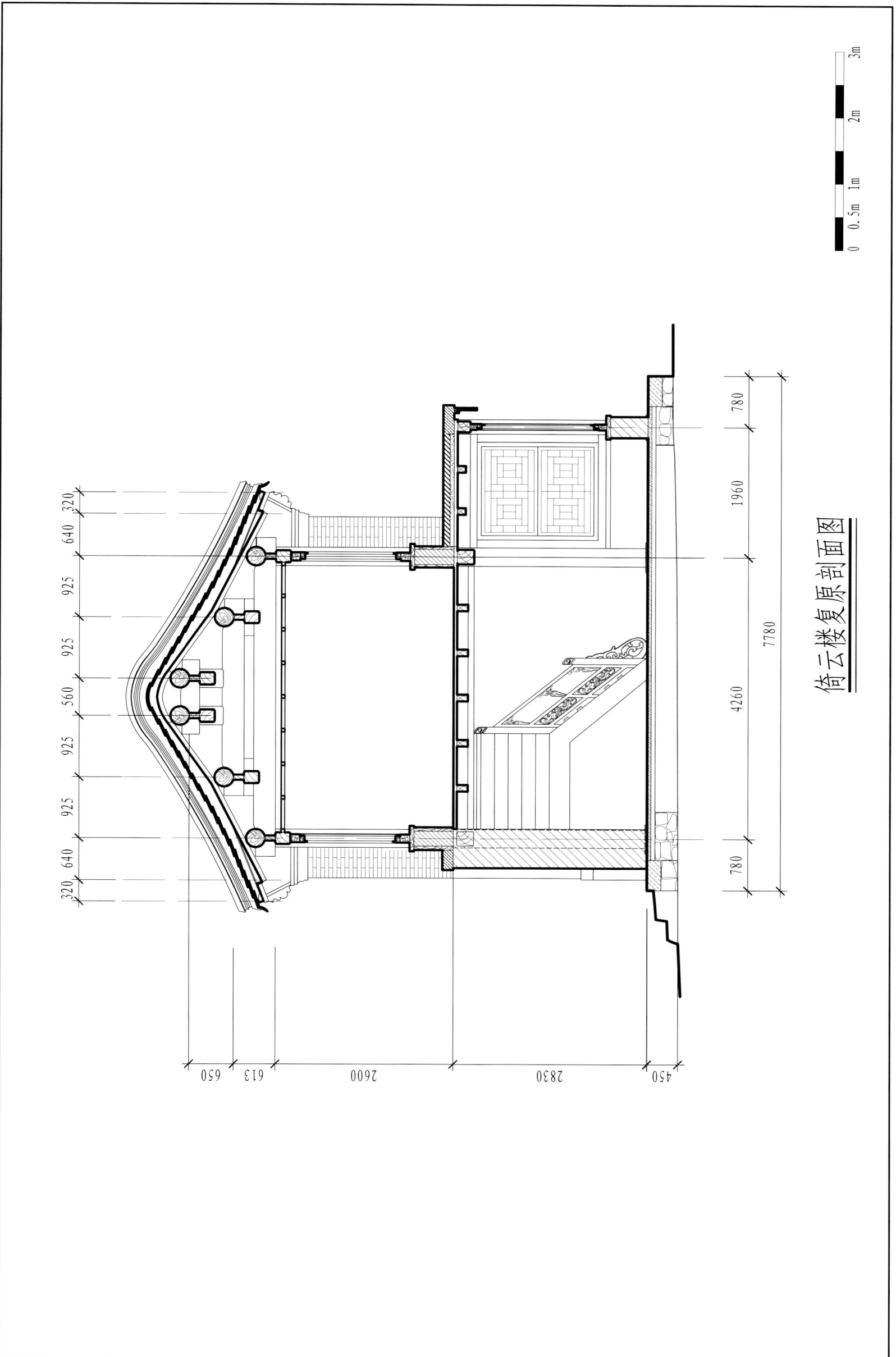

倚云楼复原剖面图

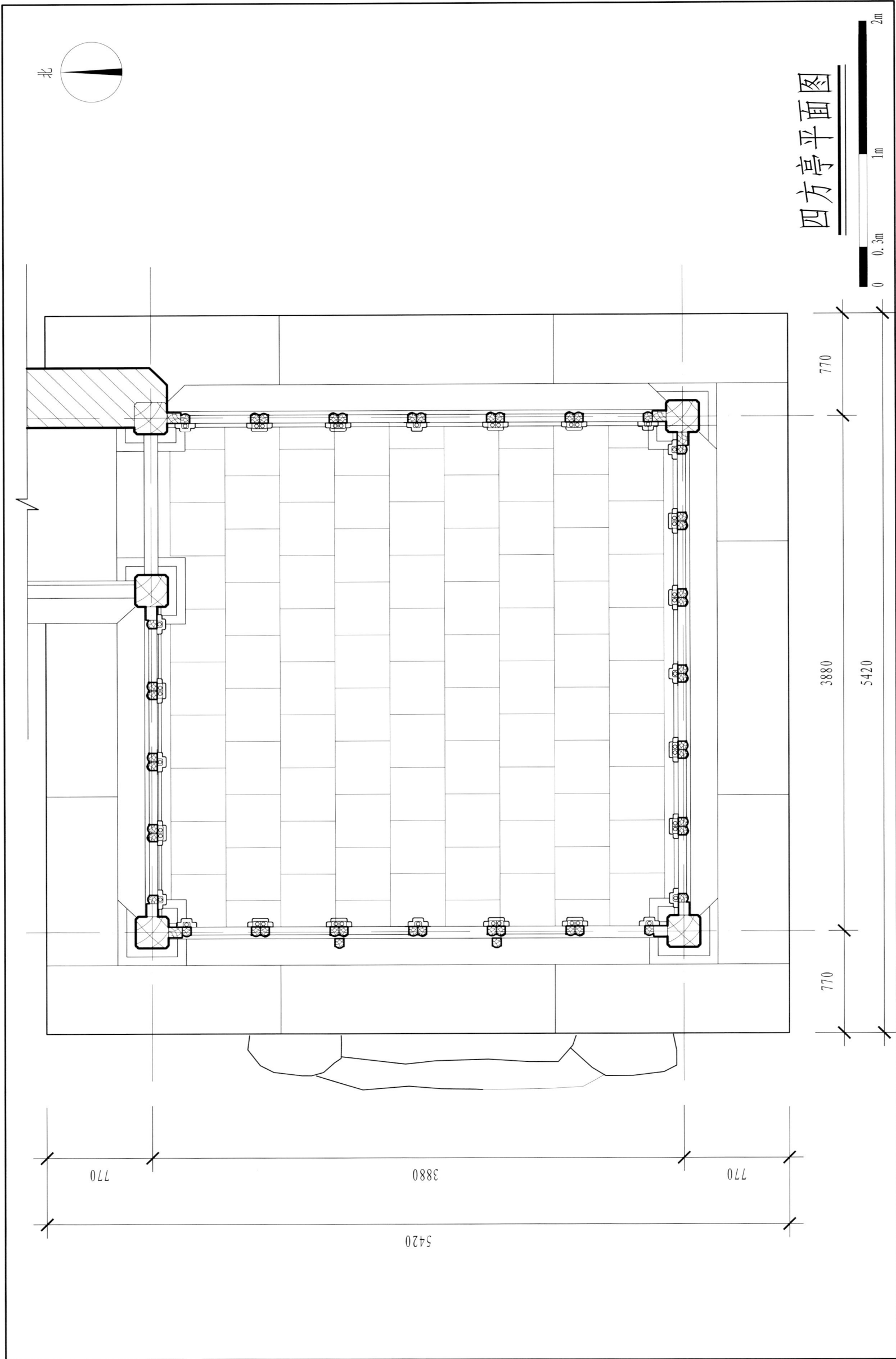

四方亭平面图

北

5420
770
3880
770

770
3880
770
5420

3880
5420

2m
1m
0.3m
0

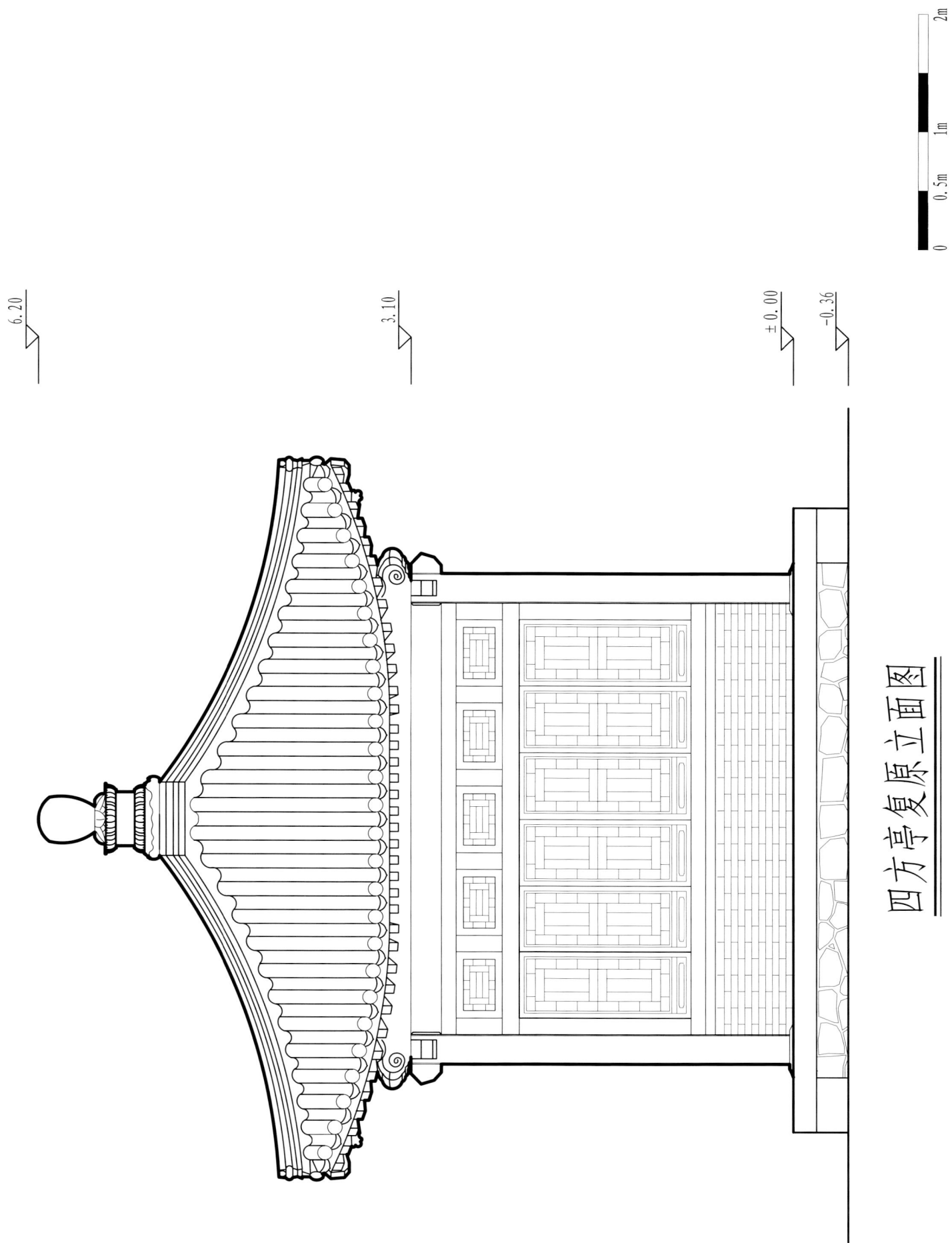

四方亭复原立面图

6.20

3.10

±0.00
-0.36

0　0.5m　1m　2m

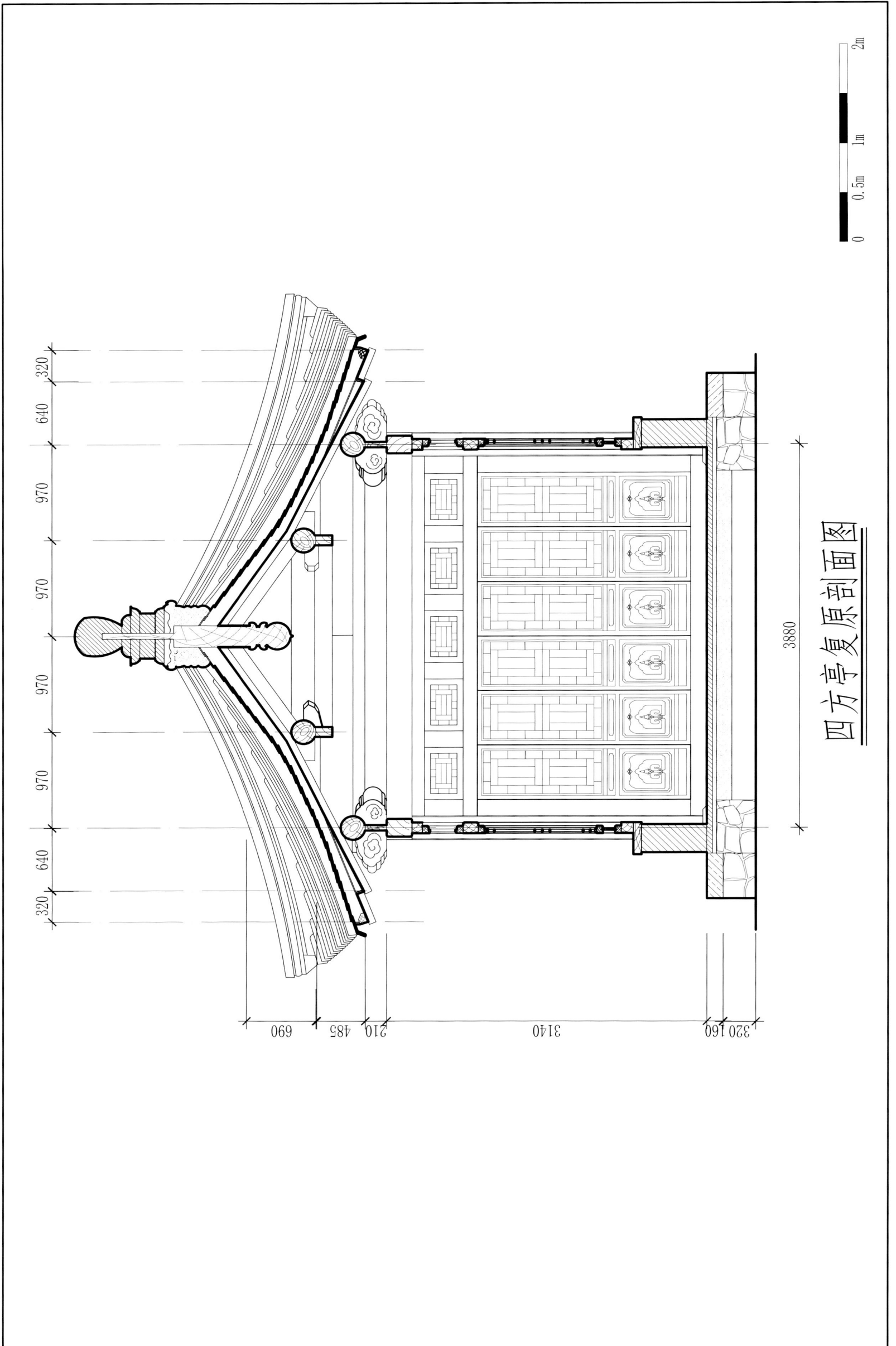

四方亭复原剖面图

六方亭平面图

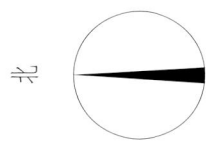

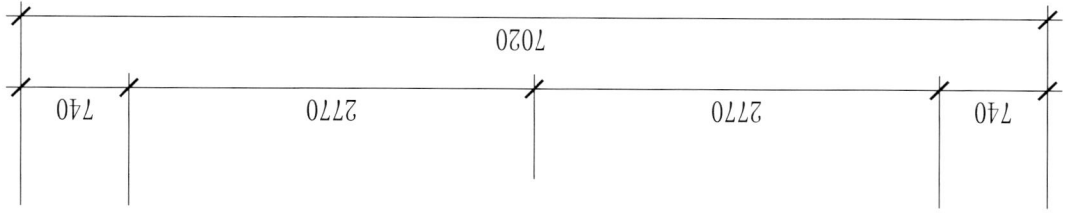

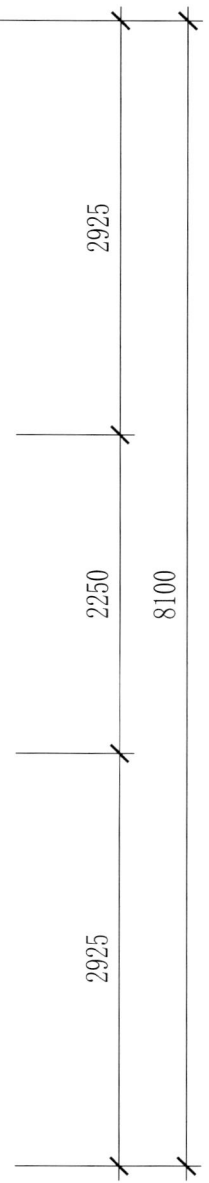

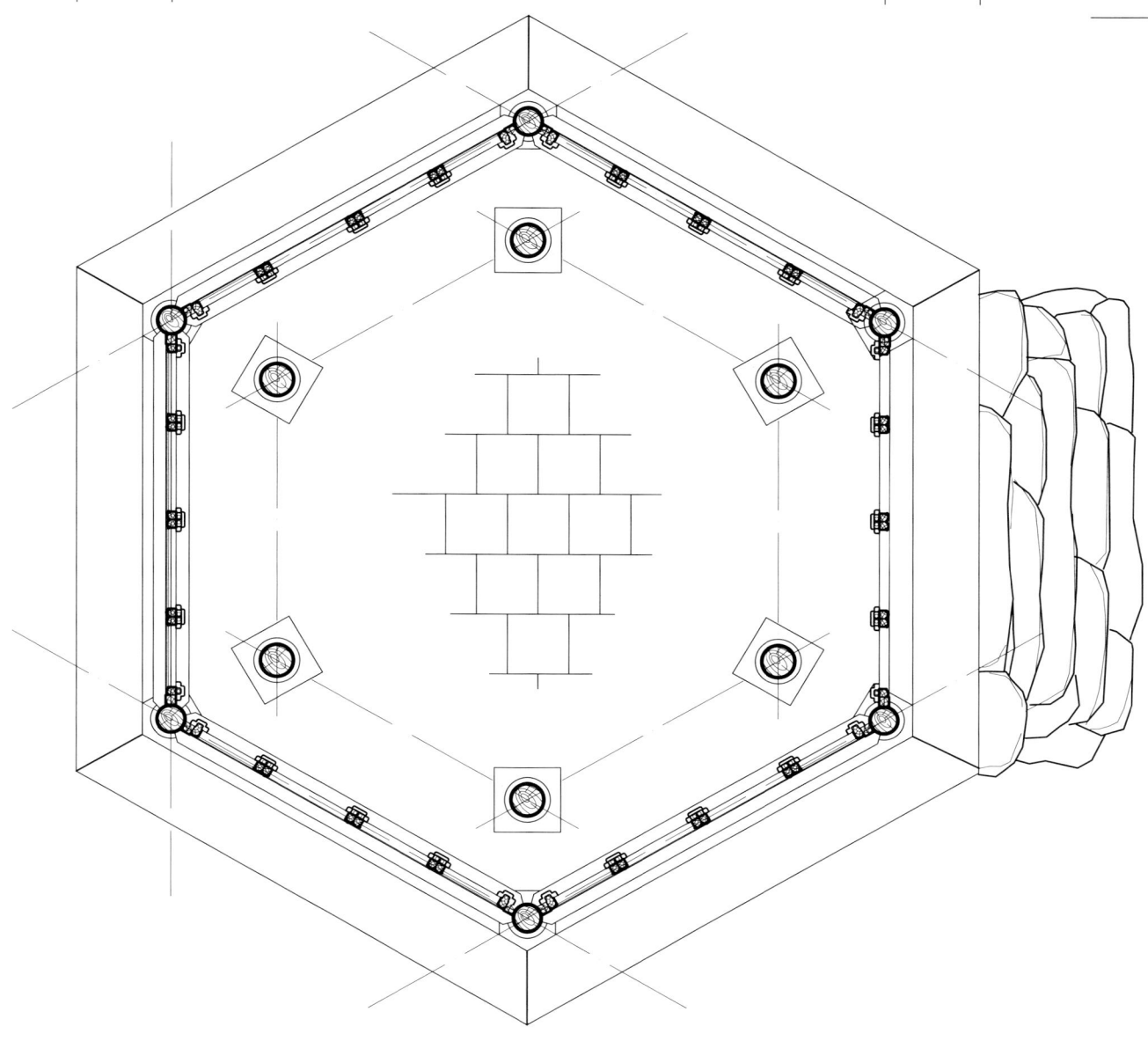

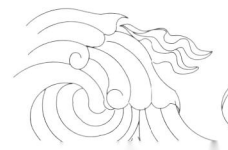

6.57

2.84

±0.00

−0.45

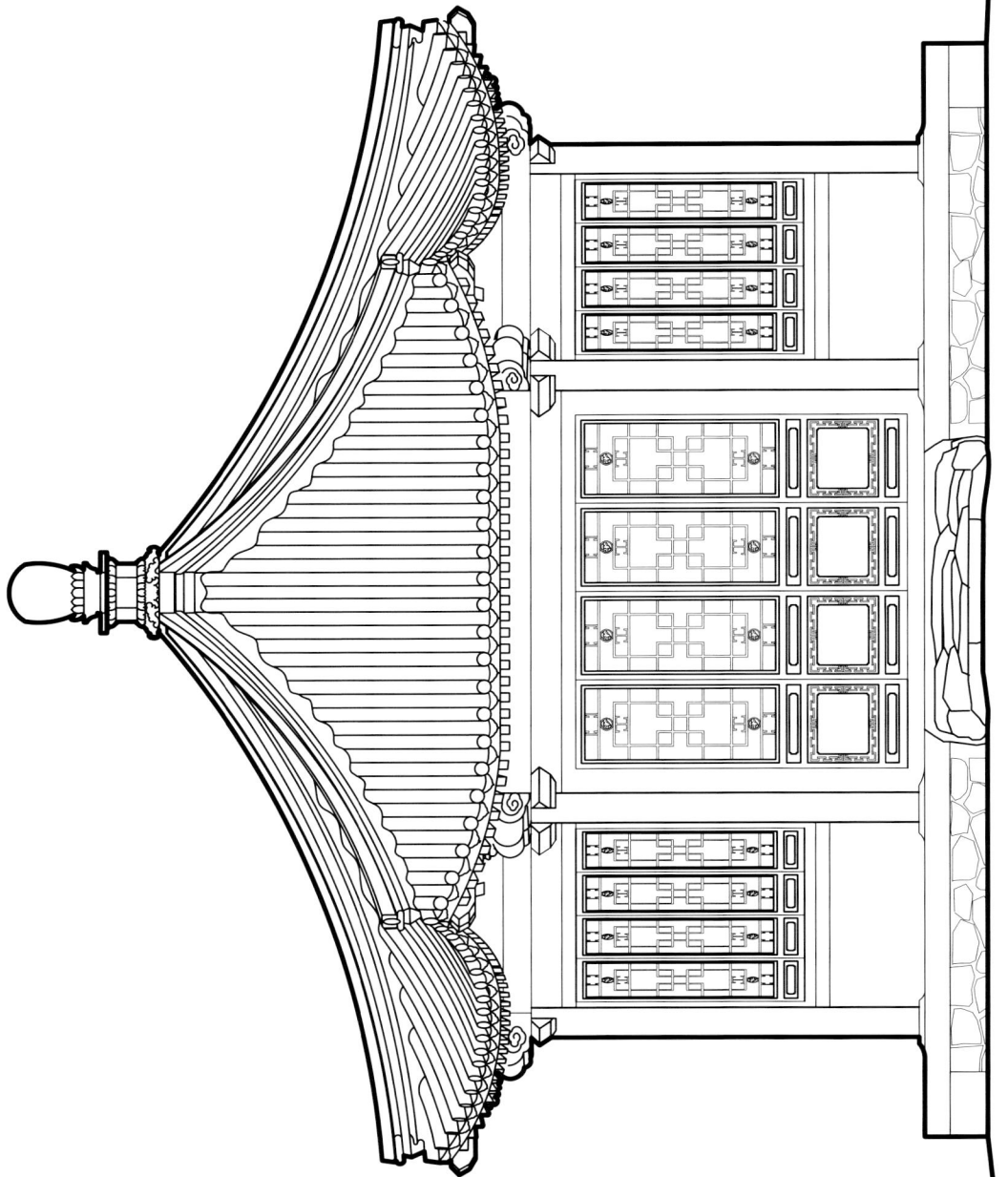

六方亭复原立面图

0　0.5m　1.5m　2.5m

六方亭复原剖面图

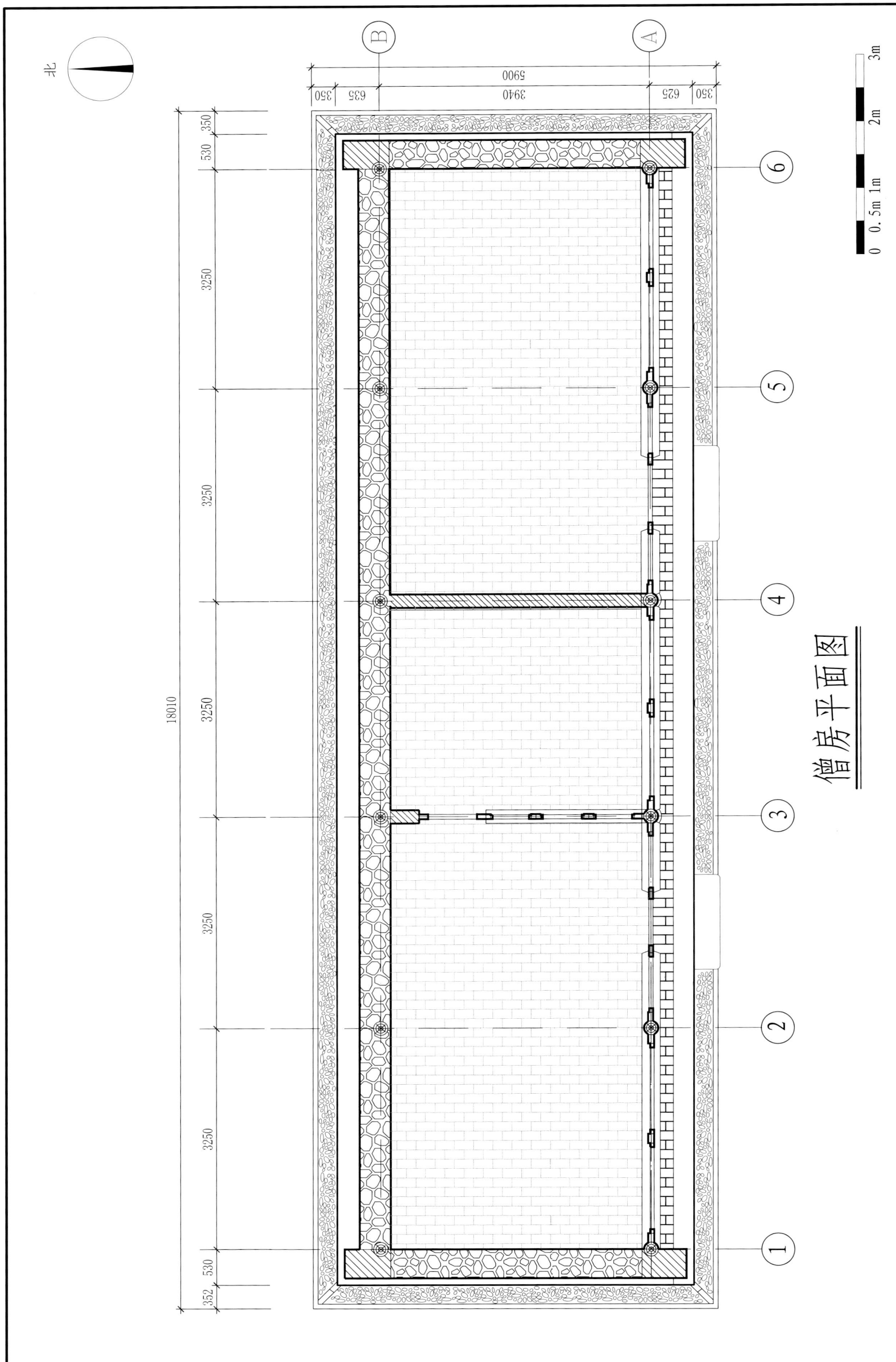

北

僧房平面图

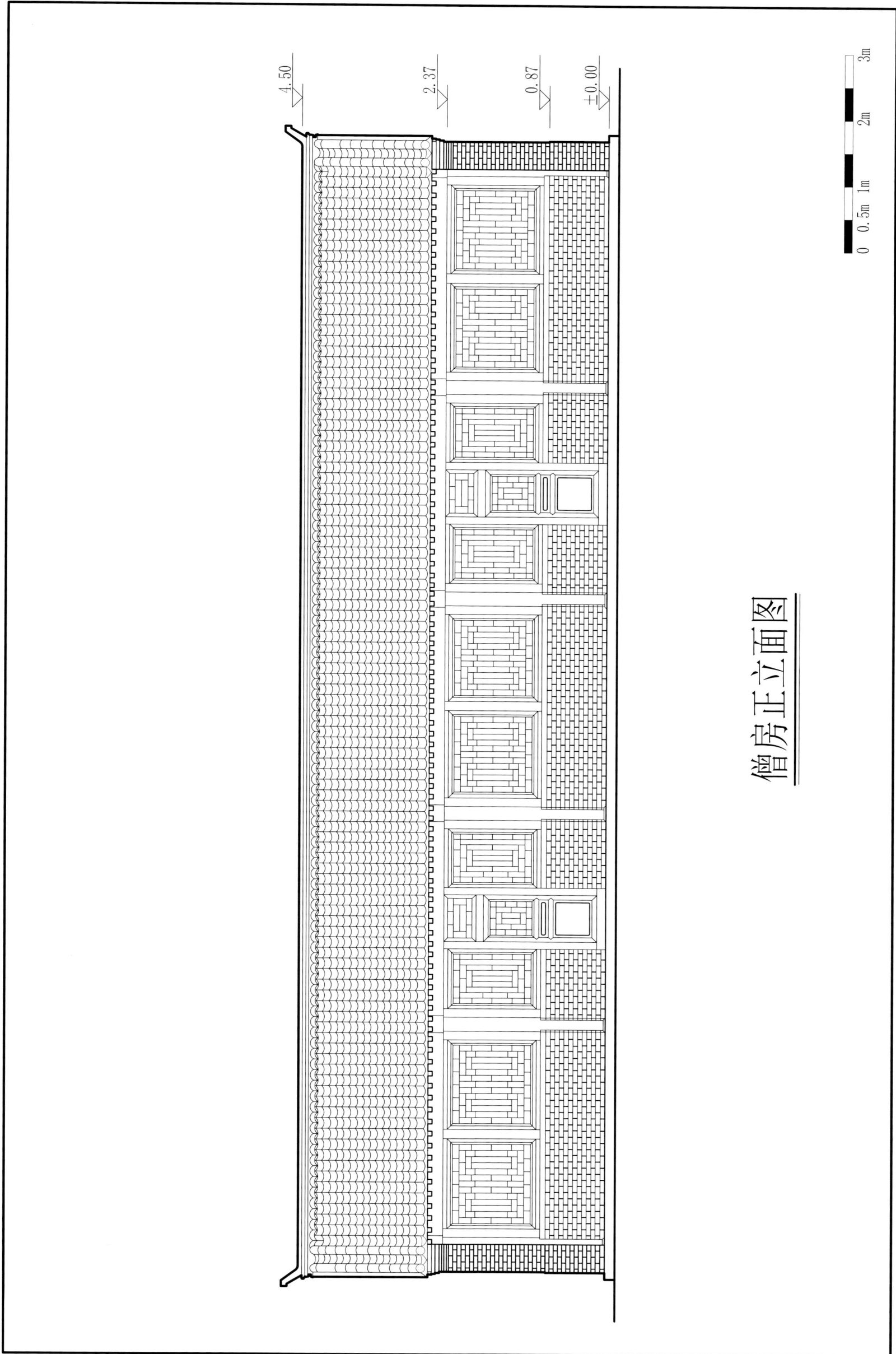

僧房正立面图

4.50

2.37

0.87

±0.00

0 0.5m 1m 2m 3m

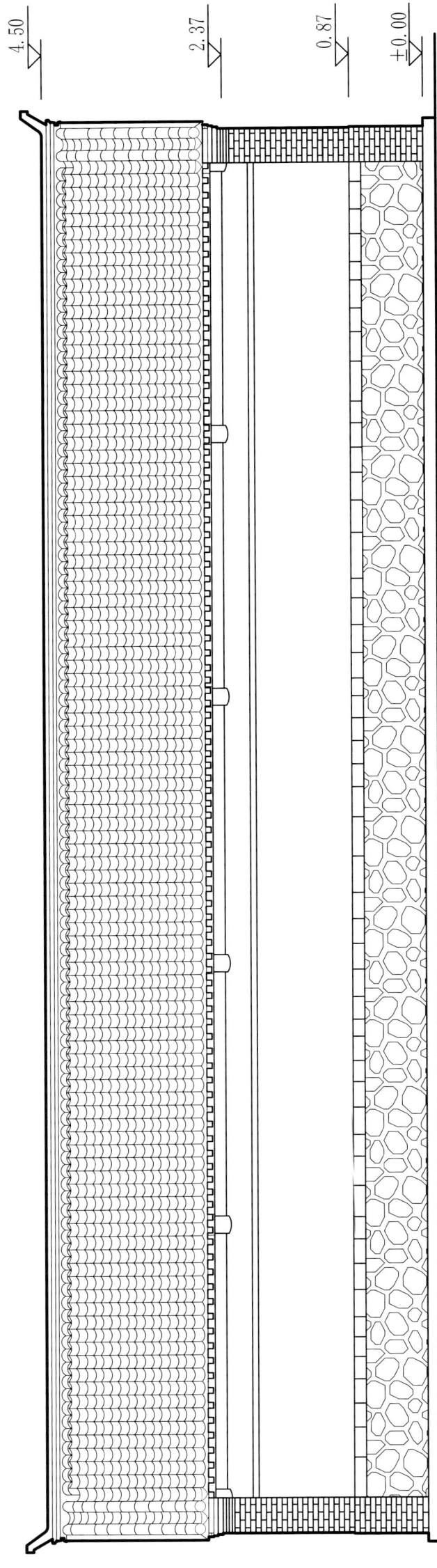

4.50

2.37

0.87

±0.00

僧房背立面图

0　0.5m 1m　　2m　　3m

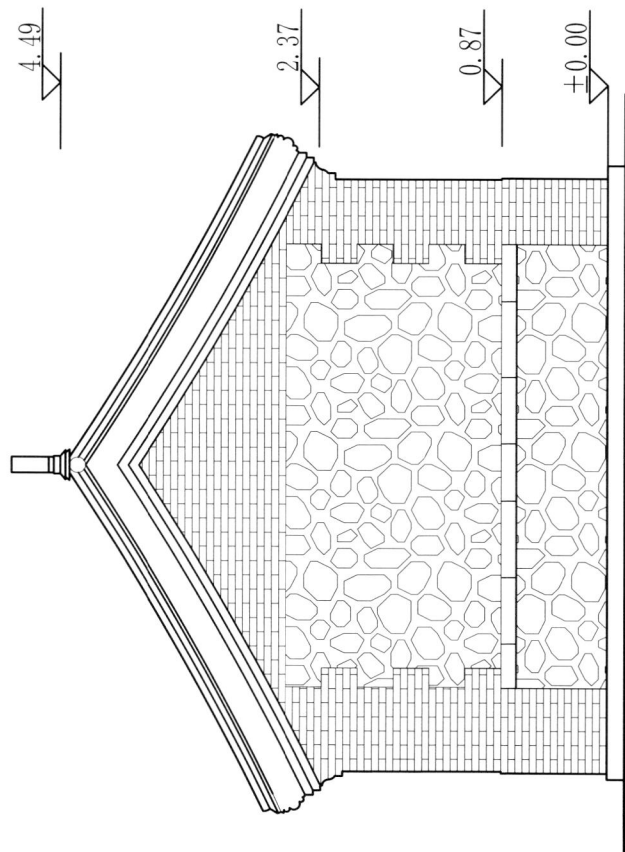

僧房侧立面图

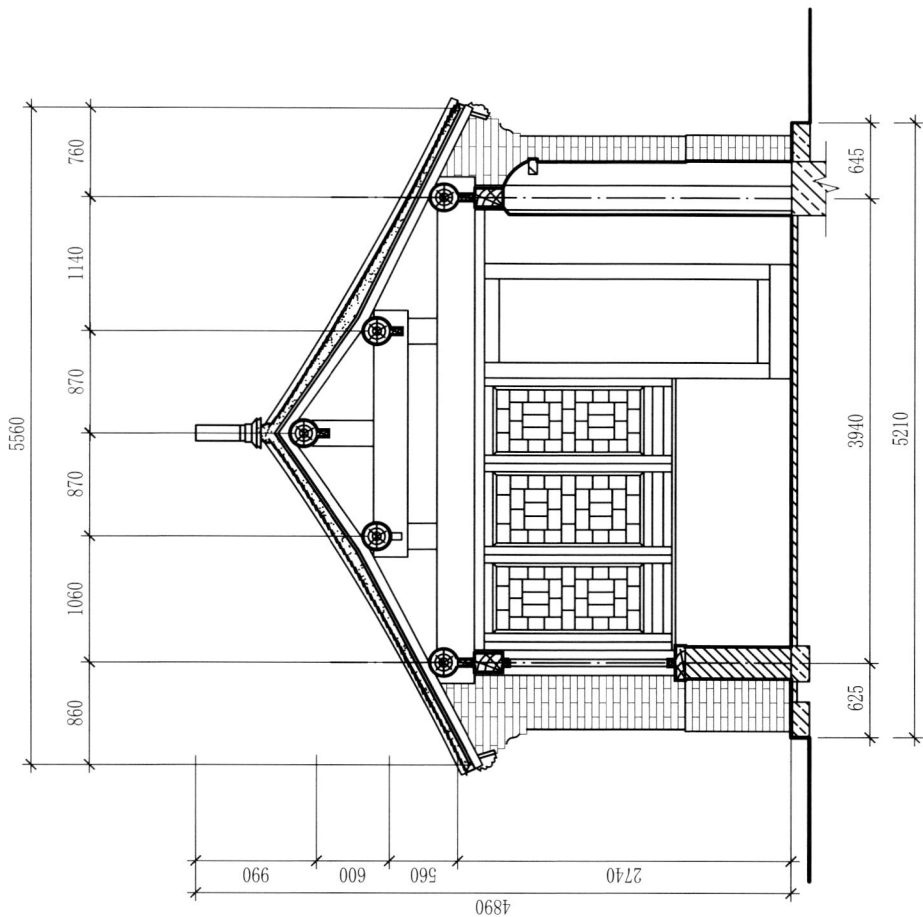

僧房剖面图

北

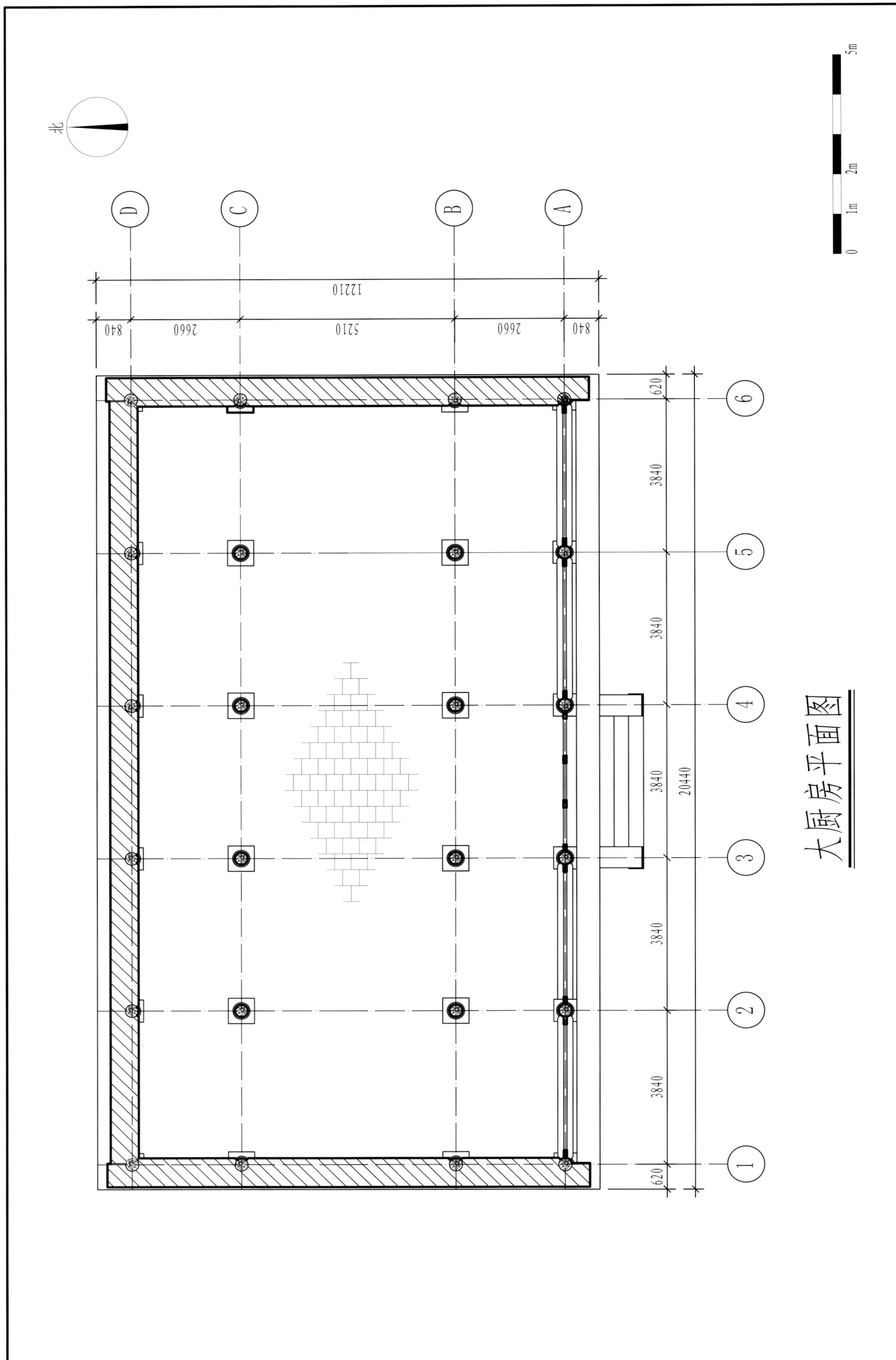

大厨房平面图

12210

840 | 2660 | 5210 | 2660 | 840

D
C
B
A

620 | 3840 | 3840 | 3840 | 3840 | 3840 | 620

20440

6
5
4
3
2
1

0 1m 2m 5m

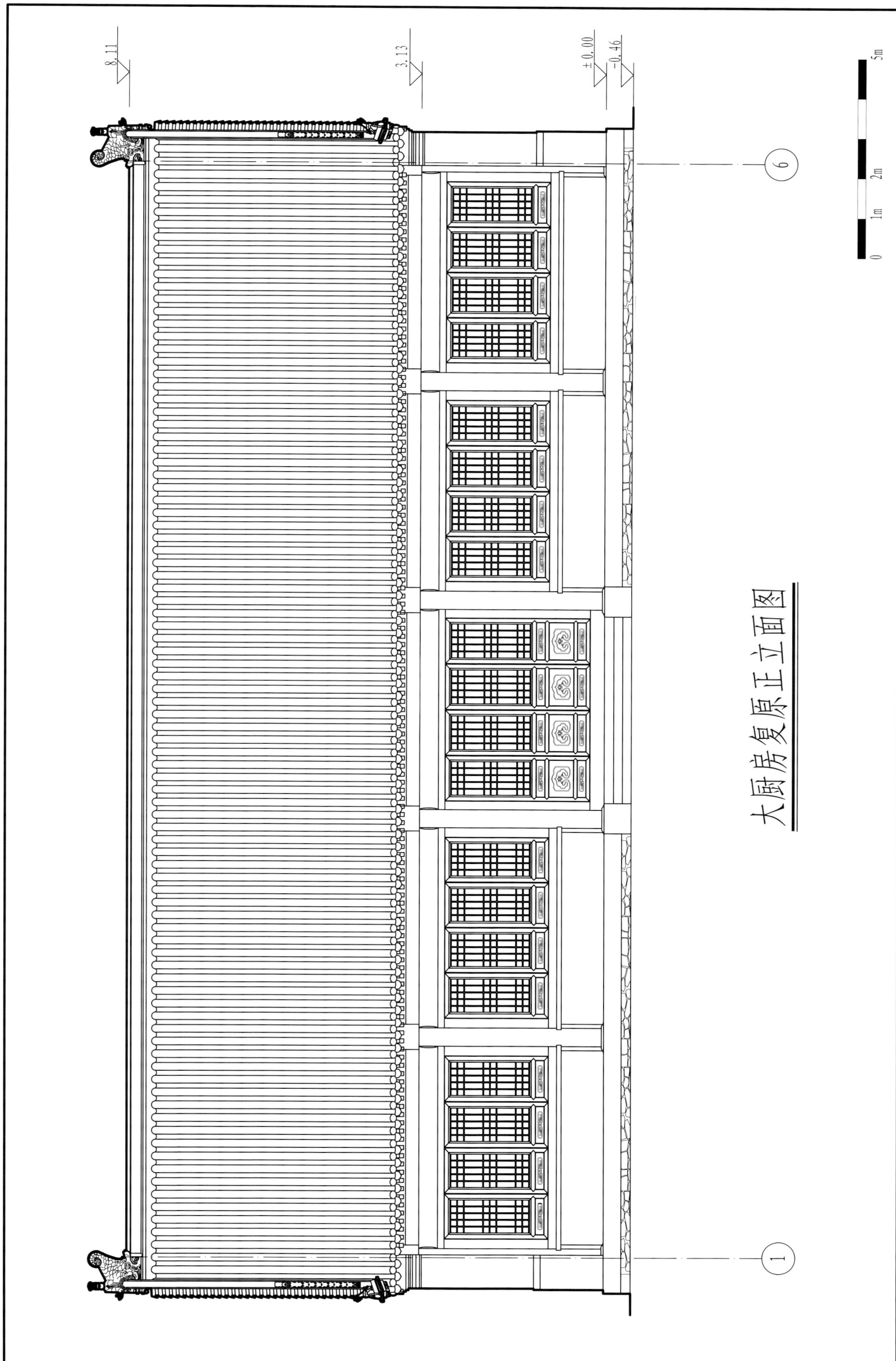

大厨房复原正立面图

8.11

3.13

±0.00
-0.46

0 1m 2m 5m

⑥

①

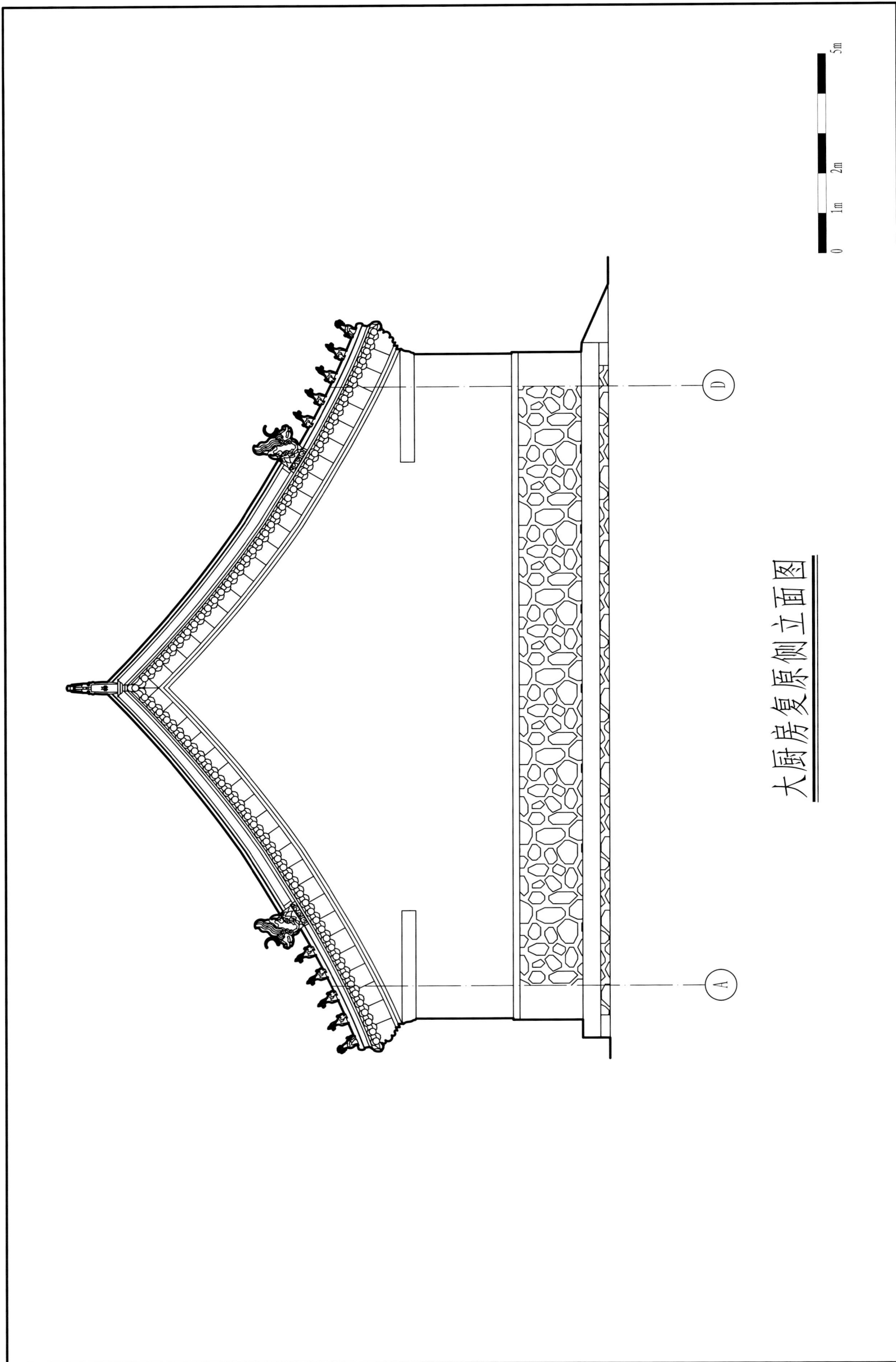

大厨房复原侧立面图

大厨房复原剖面图

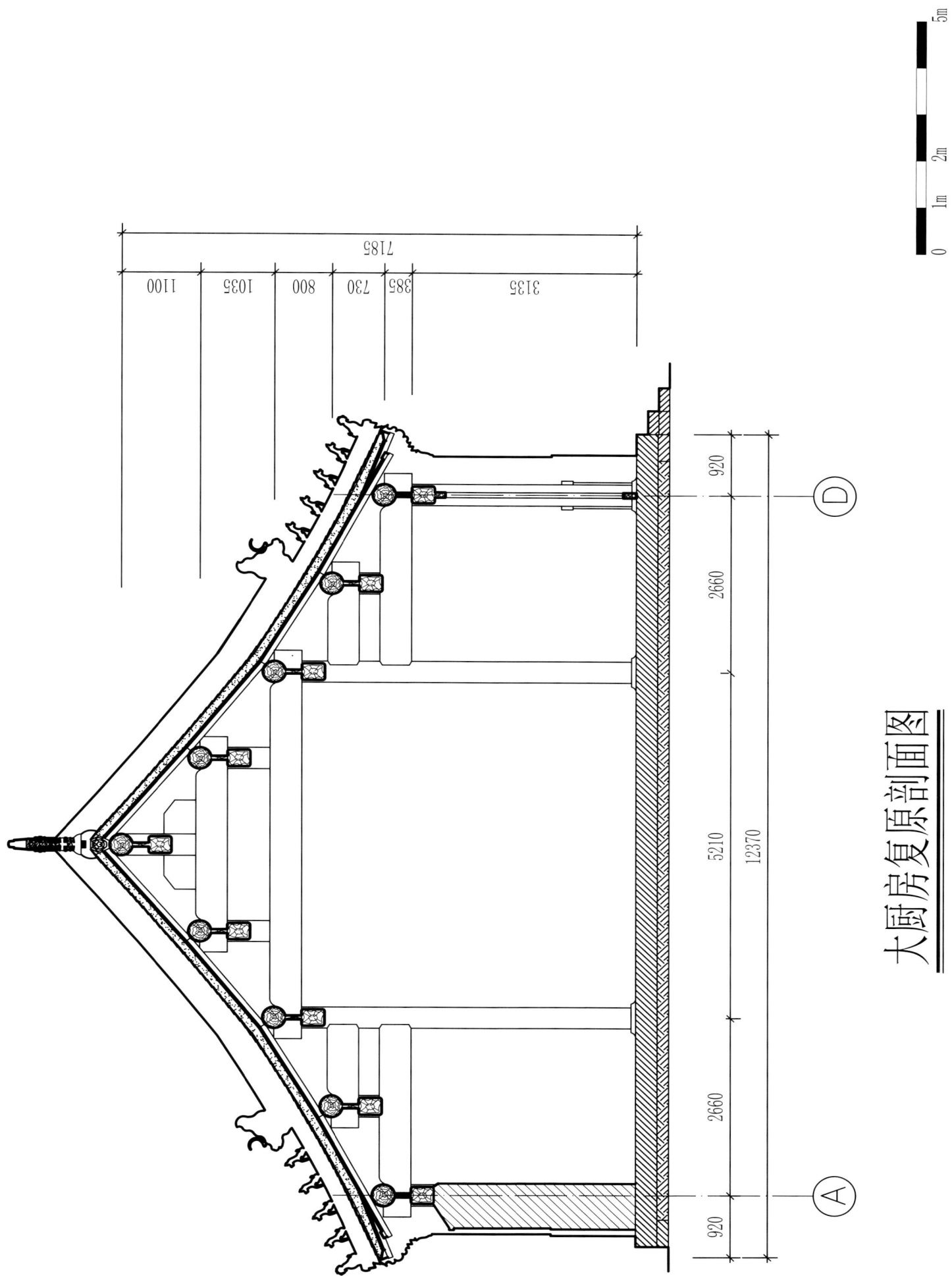

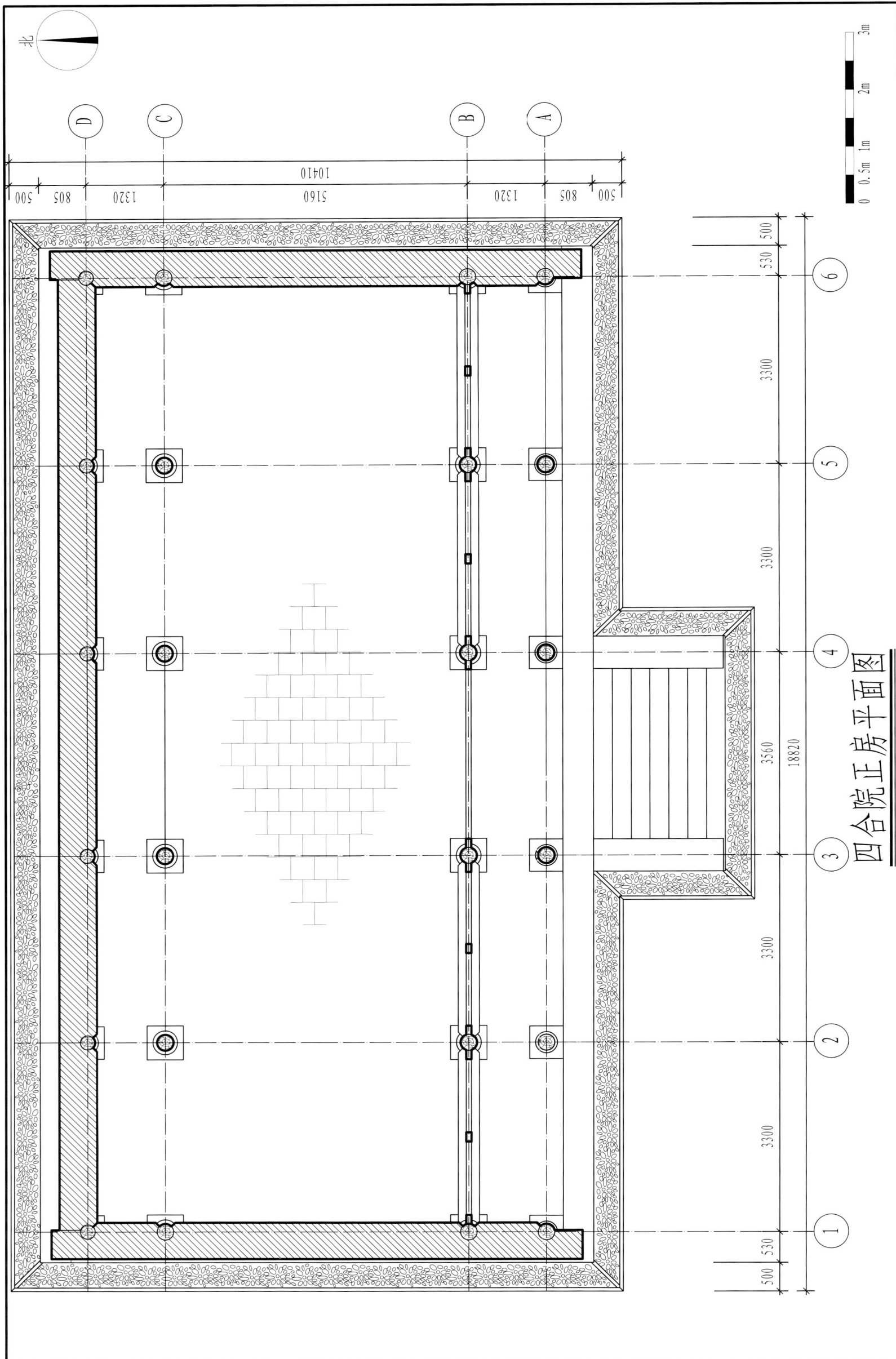

北

D C B A

10410

500 805 1320 5160 1320 805 500

530 500

530

3300

18820

3360

3300

6 5 4 3 2 1

3300 3300

530

500

四合院正房平面图

0 0.5m 1m 2m 3m

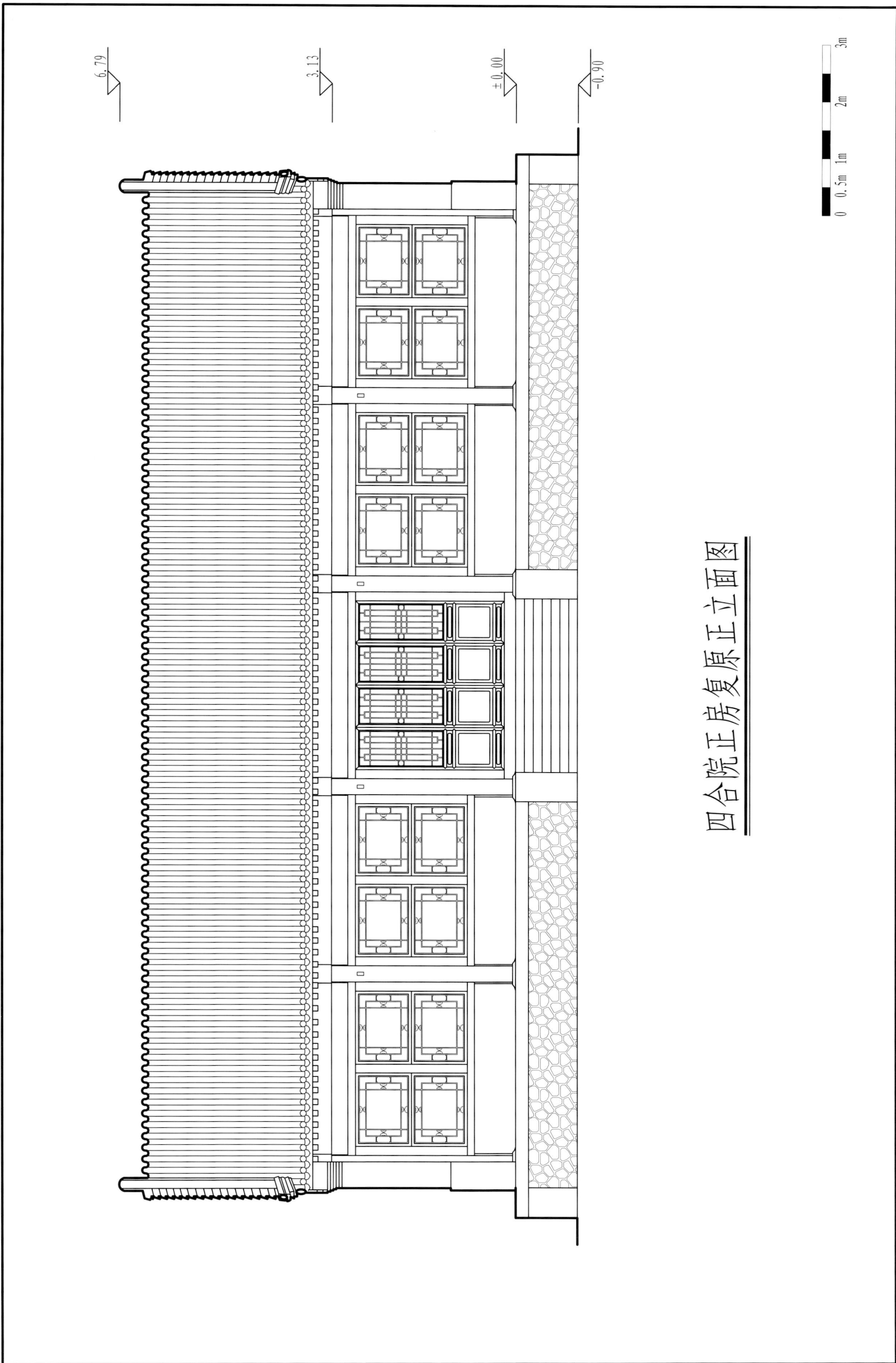

四合院正房复原正立面图

6.79

3.13

±0.00

-0.90

0　0.5m　1m　2m　3m

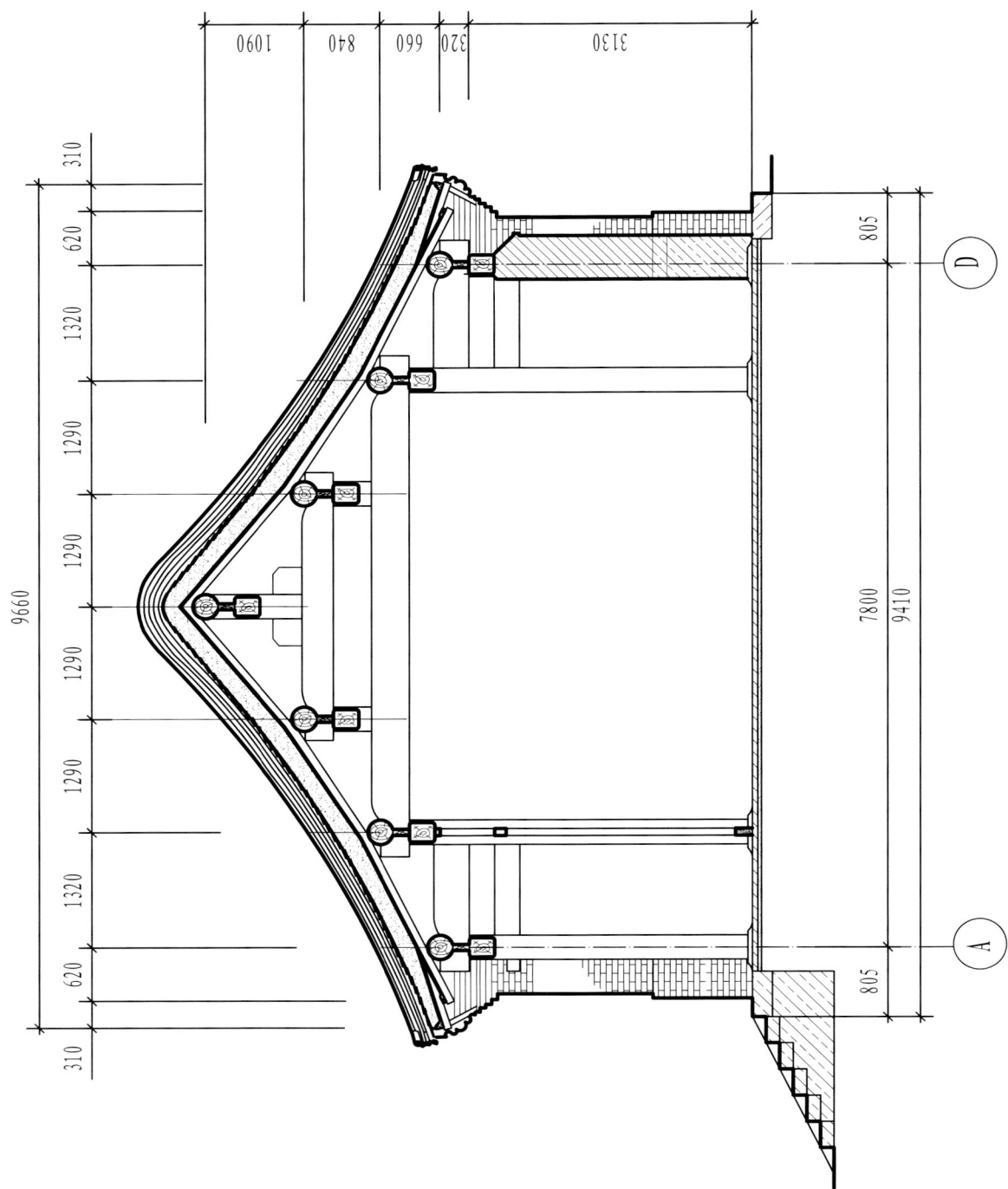

四合院正房复原剖面图

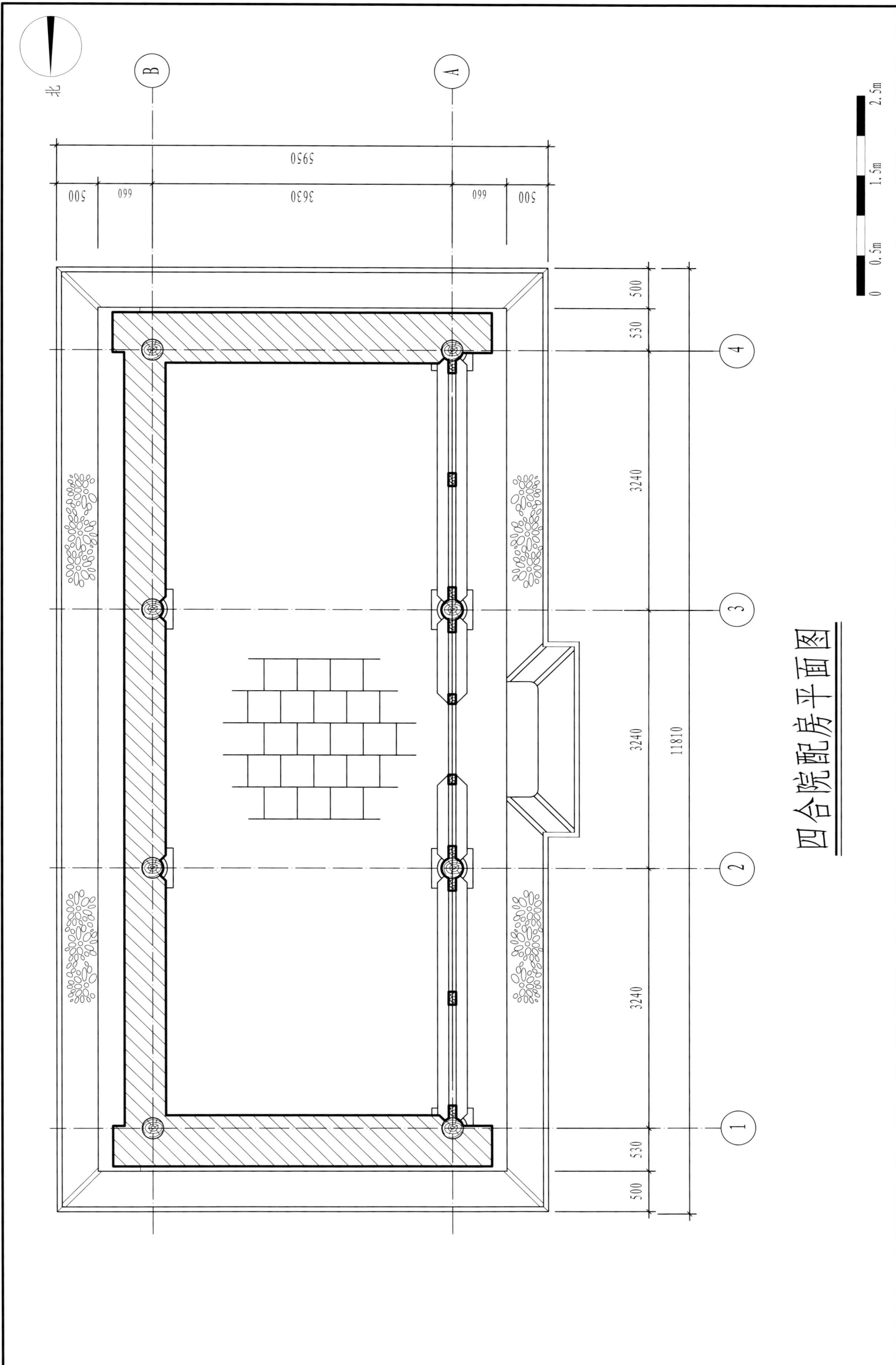

四合院配房平面图

北

B

A

5950

500 660 3630 660 500

4

3

2

1

500 530 3240 3240 3240 530 500

11810

0　0.5m　1.5m　2.5m

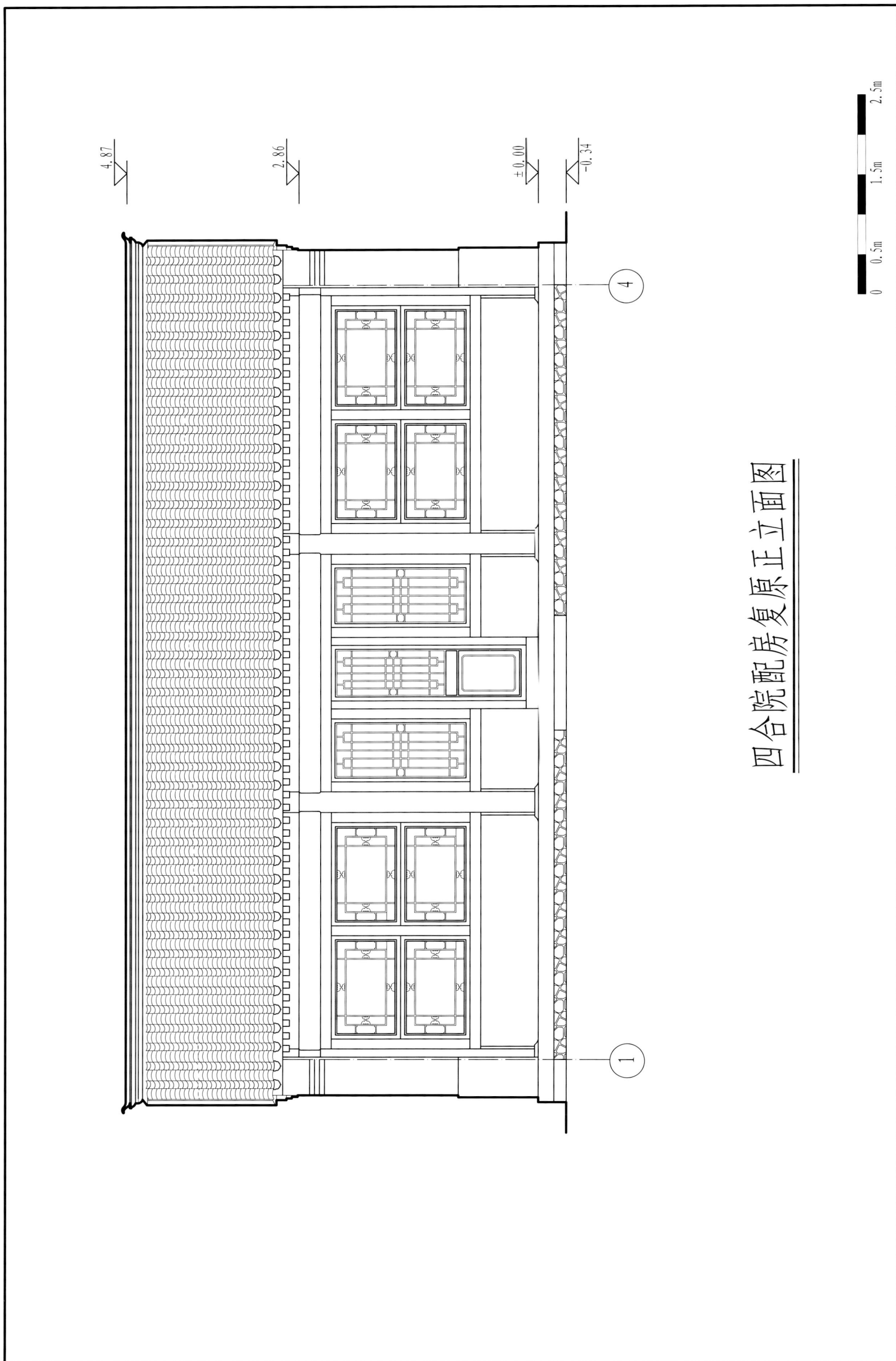

四合院配房复原正立面图

4.87

2.86

±0.00

-0.34

4

1

0　　0.5m　　1.5m　　2.5m

四合院配房复原剖面图

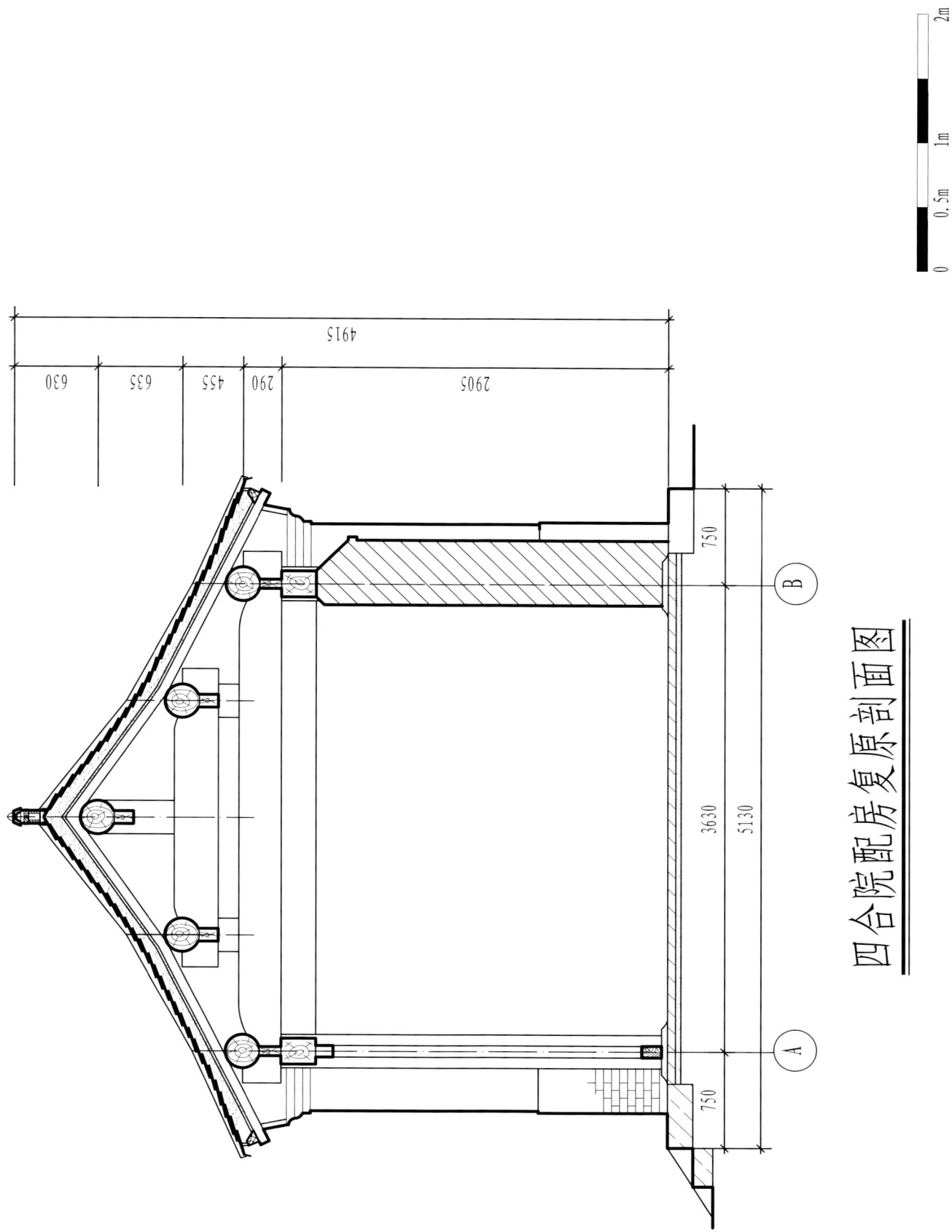

后 记

承德市是我的出生地，我几乎走遍了这里的山山水水。我为自己生活在这样的文明福地，更为家乡拥有如此众多的自然和人文景观而感到无比自豪，那些雄伟壮丽、充满神秘色彩的寺庙建筑群吸引着我，渴望着去探索解读他的全部。大学毕业后，我毅然回到家乡，如愿在文物局参加工作，并有幸得到时任规划设计室主任正高级工程师李林俐和高级工程师王艳秋二位老师的言传身教，毫无保留的教授理论、实践、专业知识，使我在业务管理能力方面不断成长进步。我到承德市文物局参加工作的第二年，正值承德市文物局与美国盖蒂保护研究所开展国际文物保护合作，将殊像寺作为试点单位，按照新制定的《中国文物古迹保护准则》的理念、思路和工作程序开展文物保护、研究和利用。自这一年开始，开启了我和殊像寺的不解之缘。从 2002 年的现场勘察测绘、2003 年绘制殊像寺现状图纸、2004 年的考古结果记录和文献档案整理，到 2005 年编写殊像寺园林和假山勘察报告，2006 年编写殊像寺概念性保护规划园林部分，2007 年以交换学者身份到美国盖蒂保护研究所考察一个月，2009 年参与殊像寺保护实验，2010 年参与《承德避暑山庄及周围寺庙文物保护总体规划》的编写，2011 年至 2017 年作为承德避暑山庄及周围寺庙文化遗产保护工程现场负责人主持殊像寺的各项文物保护工程的实施，一直到 2018 年开始主持编写殊像寺文物保护工程实录。参与殊像寺文物保护的 20 年风雨历程，让我见证了一座残破不堪的寺庙慢慢地得到了有效的保护、深入的研究和合理的利用，我也从一个刚走出象牙塔的毕业生磨练成为了承德市文物局的总工程师。这 20 年对殊像寺积累了无数的档案文献和资料，拍摄了几万张现场照片，绘制了数百张实测图纸，最终用 3 年时间完成了这本工程实录。今年，殊像寺将迎来一个新的开始，那就是正式对公众开放，这将使这座古老而神秘的文化遗产能够与世人见面，慢慢揭开笼罩在他身上的神秘面纱。

一直有人问我，殊像寺会修成什么样子，我总是淡淡地说，文物保护最高的境界就是修完和没修一样。看着提问者诧异的眼神，我向他们解释什么是文物保护不改变原状的原则，什么是最小干预的原则。真正做好这样的文物保护原则，会更大限度的保留原有历史建筑构件，最大限度的保存不同时期有价值的信息，修缮完的古建筑仍然保存着历史沧桑感，而不是焕然一新，让他的容貌尽可能地定格在最真实的状态上，这样真的好像未曾大修过一样。是的，殊像寺是中国第一个用《文物古迹保护准则》实施的文物保护试点项目。在这个过程中，我们在殊像寺学到的不仅仅是这些抽象文物保护原则和理念，也不仅仅是各种先进的科学技术手段在文物保护中的应用。更多的是文物保护的一种态度，或者说是一个观念，在这方面，中国的文物保护还有漫长的路要走。一是在保护前要注重文物价值评估的重要性，一切保护都要从价值评估入手。二是保护方案设计过程中要注重科学的试验数据分析，不能凭主观经验想当然。三是研究是前提，是基础，要将研究贯穿到文物保护的全过程中。

当然，历时 10 年的承德文化遗产保护工程的实施是对殊像寺一次全面的、系统的、科学的保护，但是并没有解决殊像寺所有的问题，依然还有很多的文物保护项目有待实施。例如佛像与陈设的保护（2021 年该项目完成设计方案审批，准备开工）、无雕刻石质文物的保护、遗址砖石构件仿风化措施等等。同样，对于香林室和清凉楼遗址这样脆弱的古迹，现有保护条件和技术无法做到有效的保护，也只能暂时回填保护，使人难以见到这些遗址，无法开展进一步的深入研究。而且，在历经 7 年实施的 9 项殊像寺文物保护工程中，我们也发现了很多的问题。比如说古建筑保护工程定额与实际不适用的问题，再如传统施工材料采购难与施工工艺技术传承难的问题，又如缺乏施工材料质量分析检测的问题。这些都制约着我们文物保护的质量和水平。但很多问题是机制体制的问题，不是一朝一夕能够改变的。当然，对殊像寺的学术研究也是刚刚开始，还有很多的难题有待进一步深入研究。人的一生很短暂，一个人在工作岗位的时间也就 40 年左右，而殊像寺的工作则已经占据了我工作生涯的一半时间了。但 20 年的时间，对于这座有着接近 300 年历史的殊像寺来说真的很短暂，对殊像寺的保护、研究和利用任重而道远，殊像寺还有很多未解之谜，例如山门哼哈二将衣服上纹饰的虎头三爪龙的来历、钟楼采用明代皇家铜钟的原因、会乘殿满文大藏经的下落、香林室香林的植物种类等等。这些都吸引我继续去研究殊像寺，我将会在殊像寺文物保护的道路上不断地攀登，继续深入研究它，让承德殊像寺这一珍贵的世界文化遗产能够得到科学、有效的保护、研究、展示和利用，让文物说话，把承德殊像寺蕴藏的历史智慧告诉人们，激发我们的民族自豪感和自信心，坚定全体人民振兴中华、实现中国梦的信心和决心，也使璀璨的中华文明流芳千古。

陈东

2021 年 5 月于承德避暑山庄

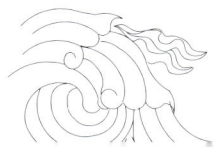